旧石器社会の構造変動

安斎正人 著

同成社

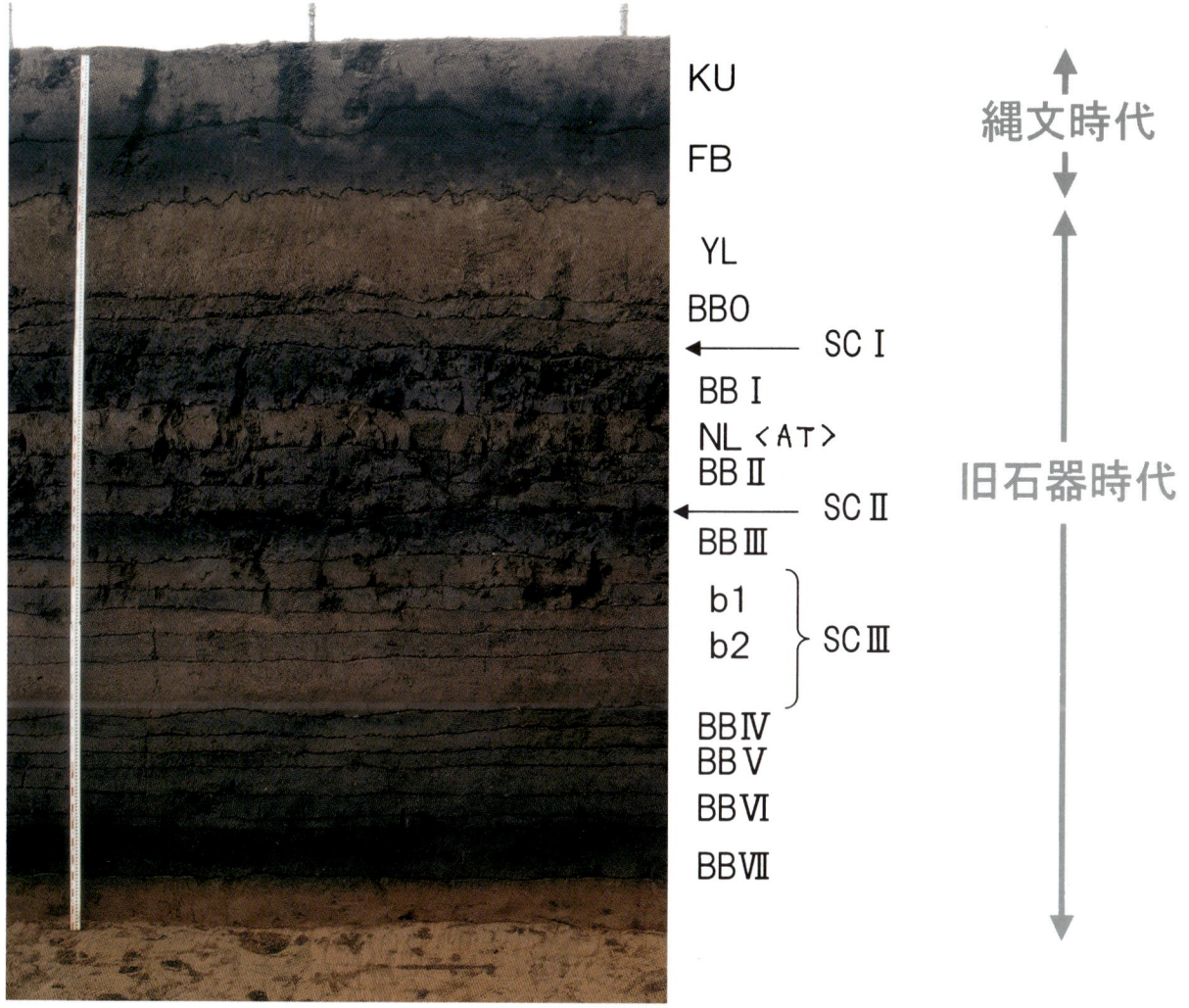

```
                    KU              ↑
                    FB           縄文時代
                                    ↓
                    YL              ↑
                    BBO
                         ← SC I
                    BB I
                    NL ⟨AT⟩
                    BB II
                         ← SC II
                    BB III       旧石器時代
                    b1  ⎫
                    b2  ⎬ SC III
                    BBIV
                    BBV
                    BBVI
                    BBVII           ↓
```

静岡県愛鷹山麓の標準的土層堆積
（本文96頁以下参照）
（写真提供：沼津市教育委員会文化振興課）

群馬県下触牛伏遺跡出土の石器群
（本文94頁以下参照）
（写真提供：(財)群馬県埋蔵文化財調査事業団）

青森県長者久保遺跡

跡出土の石器群

(本文285頁以下参照)

(『角鹿扇三蒐集考古学資料集』<1980>から転載)

岩手県早坂平遺跡周辺の景観（本文230頁以下参照）
（写真提供：岩手県文化振事業団埋蔵文化財センター）

岩手県早坂平遺跡石器群の出土状態（1989年度）

目　次

序章　終わりの始まり ……………………………………………………………… 3

第Ⅰ章　旧石器時代の研究史 ……………………………………………………… 9

第1節　パラダイム史観的素描 …………………………………………………… 9
　　1　3期区分　9
　　2　第1期の成果　10
　　3　第2期の成果　11
　　4　第3期の成果　12

第2節　1940年代生まれの研究者群 …………………………………………… 13
　　1　橘　昌信（1941～　）　13
　　2　稲田孝司（1943～　）　14
　　3　木村英明（1943～　）　15
　　4　安蒜政雄（1946～　）　15
　　5　小野　昭（1946～　）　16
　　6　白石浩之（1946～　）　17
　　7　鈴木忠司（1946～　）　18
　　8　松藤和人（1947～　）　19
　　9　岡村道雄（1948～　）　20
　　10　戸田正勝（1948～　）　21
　　11　萩原博文（1949～　）　21
　　12　安斎正人（1945～　）　22

第Ⅱ章　パラダイム転換のための基礎作業 …………………………………… 29
　　1　脱伝播系統論　29
　　2　型式学の再構築　30
　　3　研究法の階層構造　31
　　4　重層的二項性　35

第Ⅲ章　中期／後期旧石器時代移行期 ………………………………………… 39

第1節　1988年の問題提示 ……………………………………………………… 39

  1　フランス南西部　39

  2　環カルパチア山地　40

  3　レヴァント地方　42

  4　日本列島　45

 第2節　1990年代に入っての新しい動向……………………………………………49

  1　西ヨーロッパ　53

  2　中央ヨーロッパ・モラヴィア地域　54

  3　レヴァント地方　58

  4　カラ-ボム遺跡　59

  5　日本列島　61

第Ⅳ章　後期旧石器時代石器群の変動試論……………………………………73

 1　後期旧石器時代前半期　74

 2　後期旧石器時代後半期　76

 3　後期旧石器時代後半期後葉　79

 4　旧石器時代の終焉　81

第Ⅴ章　後期旧石器時代型構造の形成……………………………………………83

 第1節　列島中央部の後期旧石器時代前半期……………………………………83

  1　後期旧石器時代開始に関わる変化モデル　83

  2　石刃技法の出現　87

  3　台形様・ナイフ形石器石器群　88

  4　二項的モード論　89

  5　愛鷹山麓地域の石器群の変遷　90

  6　箱根山麓初音ヶ原遺跡群　113

  7　相模野台地吉岡遺跡群　117

  8　下総台地　121

  9　利根川水系の遺跡　129

 第2節　その他の地域の後期旧石器時代前半期…………………………………138

  1　北海道　138

  2　東北地方　140

  3　信越地方　145

  4　近畿・中国地方　153

  5　九　州　155

第Ⅵ章　姶良Tn火山灰（AT）降下前後の石器群………………………………169

第1節　Ⅶ層／Ⅵ層並行期··169
　　1　前半期／後半期の移行期　169
　　2　「Ⅶ層石器群」　171
第2節　AT前後の石器群··178
　　1　東北地方　178
　　2　西日本　181
　　3　九州における石器群の変遷　189

第Ⅶ章　後期旧石器時代後半期··195

第1節　槍先形尖頭器石器群···195
　　1　「中部高地の尖頭器文化」　195
　　2　相模野台地で見られた変遷　196
　　3　房総半島の槍先形尖頭器石器群　202
　　4　北関東の槍先形尖頭器石器群　202
　　5　東北日本の槍先形尖頭器石器群　204
第2節　北方系細石刃石器群の南下···205
　　1　東北アジアの細石刃石器群　205
　　2　北海道の細石刃文化期　208
　　3　東北日本の北方系細石刃石器群　219

第Ⅷ章　後期旧石器時代から縄紋時代へ—神子柴・長者久保石器群の再検討—·······247

第1節　社会生態学的背景··247
　　1　更新世／完新世移行期の気候変動　247
　　2　南西ドイツの狩猟採集民の景観：比較研究　250
第2節　神子柴・長者久保石器群···255
　　1　問題設定　255
　　2　神子柴遺跡とその石器群についての林茂樹の所見　256
　　3　長者久保遺跡とその石器群についての山内清男・佐藤達夫の所見　259
　　4　その後の諸氏の解釈　259
　　5　最近の伝播論　267
　　6　栗島説批判　271
第3節　神子柴・長者久保石器群の列島内発生···274
　　1　筆者自説の展開　274
　　2　形成過程論の課題　280
第4節　神子柴遺跡の研究··284
　　1　神子柴遺跡の文化的象徴性　284

  2 景観考古学 286
  3 象徴考古学 291
  4 神子柴遺跡における場の機能 294
  5 唐沢B遺跡 296
  6 遺跡の自然景観と遺物の色彩象徴 299

あとがき 306
初出誌一覧 308
主要遺跡索引 309

旧石器社会の構造変動

1：柏台1遺跡
2：美利河1遺跡
3：大関遺跡
4：石川1遺跡
5：新道4遺跡
6：湯の里4遺跡

7：大平山元（Ⅰ・Ⅱ・Ⅲ）遺跡
8：長者久保遺跡
9：早坂平遺跡
10：家の下遺跡
11：七曲台遺跡群
　　（風無台Ⅰ・Ⅱ、松木台Ⅱ・Ⅲ）
12：大渡Ⅱ遺跡
13：八森遺跡
14：樽口遺跡
15：平林遺跡
16：平林遺跡
17：笹原山遺跡群（A・No.8）

18：正面ヶ原D遺跡
　　正面中島遺跡
19：後田遺跡
20：勝保沢中ノ山遺跡
21：不二山遺跡
　　権現山遺跡
　　桝形遺跡
22：下触牛伏遺跡
　　三和工業団地遺跡
23：鏑川流域遺跡群
　　（白倉下原・天引向原
　　・天引狐崎）
24：八風山遺跡
25：唐沢B遺跡
26：立が鼻遺跡
27：野尻湖遺跡群
　　（仲町・日向林B・
　　貫ノ木）

47：取切遺跡
48：石の本遺跡
49：曲野遺跡
50：百花台D遺跡
51：狸谷遺跡
52：上場遺跡
53：帖地遺跡

43：長原遺跡
44：板井寺ヶ谷遺跡
45：恩原遺跡
46：野原（早風A）遺跡

28：額田大宮遺跡
29：後野遺跡
30：東峰御幸畑西遺跡
31：御山遺跡
32：東林跡遺跡
33：中山新田Ⅰ遺跡
34：白草遺跡
35：高井戸東遺跡
36：武蔵台遺跡
37：相模野台地遺跡群
38：吉岡遺跡群
39：初音ヶ原遺跡群
40：足高尾上遺跡群
41：神子柴遺跡
42：石子原遺跡

本書に登場する旧石器時代の主要遺跡

序章　終わりの始まり

　本著は、1980年代後半に開始した筆者自身の旧石器時代研究におけるパラダイム転換、すなわち「伝播・系統論」から「構造変動論」への転換過程に発表してきた諸論考（あとがきを参照）を、若い世代の近年の研究成果を取り入れながら再構成したものである。一般に、そのパラダイム転換は『旧石器考古学』誌上に連載した「先史学の方法と理論」（安斎 1986/87）で予告したと見られているが、実はそれ以前に今日の筆者の問題意識を準備した一文があった。1986年の『史学雑誌』第95編第5号「1985年の歴史学界―回顧と展望―」への寄稿文である。

　執筆時から17年が経っているが、読み返してみて旧石器時代研究の現状が当時とほとんど変化していない、というよりも大きく後退していると感じられた。その一因である「捏造問題」を経た現在、時代錯誤的な記述を部分的に含んでいるが、全体構成は今日の読者の批評にも耐え得るものと考えるので、以下に若干の表記の変更を加えて本著の導入部としたい。

　日本考古学の現象的栄華が続いている。だが、旧石器時代に限っていえば、昨年も組織的・体系的研究は少ない。①事実の客観的記述、②他人の業績の引用、③独創的自説の開陳、を明確に書き分けるという論文の基本文法に則る本格的論考に代って、前記の第三項を欠いた概説類、しかも個別テーマを数頁程度にまとめる手軽な形式、たとえば『考古学ジャーナル』の特集類や入門講座などが横行している。こうした情況下で、考古学出版ブーム最後の大物と目された〈岩波講座日本考古学〉（岩波書店）の刊行が始まった。評価はシリーズ完結を待たねばならないが、既刊本で見るかぎり、20年前の河出書房版が与えた時代情況への衝撃度に乏しい。書肆企画本の一部常連編集者・執筆者によるマンネリ化の徴候すらうかがわれる。

　他方、発掘報告書の形で記録保存された資料が次々に累積されていく。確かに、自然科学的手法を用い、職人技の発掘法・分析法・記録法など近年の著しい技術発展の極致をいかんなく盛り込んだ、読みごたえのある発掘報告書も少なくなく（長沼編 1985など）、集落景観を想定することが可能にまでなっている（山下編 1985）。ただし筆者の好みからいえば、簡潔な記述ながら適切な挿図により十分な説得力をもち、大分県大野川流域の石器群の変遷を考察した部分もわかりやすい『百枝遺跡C地区』（清水・栗田編 1985）などは、大判化した報告書類中に出会った小佳品といえよう。

　秋田県風無台Ⅱ遺跡（大野・ほか編 1985）の一石器群中に10点以上も含まれていた、母岩分割・剝片剝離工程の復元可能な良好な接合資料に対する、工夫された精密な復元図を見るとき、「剝片剝離の過程を見ていると、フリント加工に〈アイダホ〉派・〈テキサス〉派・〈ヴァージニア〉派とでも名づけられる三つの流派があることが明らかである。すなわち、アイダホでドン＝クラブトリーに習った者、テキサスでソルバーガーに習った者、ヴァージニアでキャラハンに習った

者はそれぞれ程度の差はあれ、かれらの教師の個性を反映している。(中略)〈アイダホ〉派の実演者はハンマーを手首や肩を比較的動かさずに肱の高さから振り下ろす傾向にあるのに対し、〈テキサス〉派の者は腕を振り上げて肩から打ち下ろす傾向にある。しかし〈ヴァージニア〉派では、肱も肩も比較的動かさずに手首をきかしてハンマーを振り下ろしていた」(Johnson 1978) というE・キャラハンの体験談が思い出されて、砂川―野川―月見野と発展してきた調査法・分析法の延長線上に、今後、特定の河川流域に分布する遺跡間の母岩別接合が成功した暁には、「石器は土器のように人(individuals)を語りえるか」(安斎 1990) という問いに現実的な答えを用意できるであろう、との予感がしてくる。

ところで、日本考古学のこの目の覚めるような技術的発展は、いかなる方法・理論によってさらに本質的・普遍的原理の獲得へと転化していくのであろうか。穴沢咊光 (1985a、b) が、人文科学としての考古学を唱える日本の在来型考古学者の立場から、欧米のプロセス学派とその日本の同調者に対してその方法を厳しく批判している。〈プロセス〉・〈システム〉・〈生態〉・〈適応〉・〈機能〉・〈行動〉などの諸概念よりも、〈編年〉・〈系統〉・〈文化〉・〈伝播〉・〈歴史〉といった概念になじんできたわが国の考古学者の多くは、氏の語り口のうまさにものせられて、わが意を得たりとばかり首肯しているかもしれない。しかしながら、日本考古学界とも欧米の「ニューアーケオロジー」運動とも等距離を保ちつつ、独自の学問的地平を切り拓いてきた渡辺仁のライフワークともいうべき『ヒトはなぜ立ちあがったか』(1985) が、海外での研究動向とみごとな照応をなしていることを知れば、根こそぎ否定論だけでは、今日のわれわれが陥っている混沌が克服されるというわけではないことは、どうやら確かなことのように思われる。渡辺の理論と方法に注意を払う必要があろう。また、石器の観察に心理学者J・ピアジェの〈発生的認識論〉の視点を応用して、先史人類の心性の発達段階を推定する論文を最近しばしば目にするが、日本でもこの新しい分野の開拓に取り組む上野佳也『こころの考古学』(1985) の今後に注目したい。

さて、宮城県内出土の〈前期旧石器〉は岡村道雄 (「日本最古の馬場壇A遺跡に原人の影」『科学朝日』527、「前期旧石器研究の近況」『えとのす』26) らの熱心な広報活動 (東北歴史資料館トピックス展〈十万年以前の石器〉『江合川流域の旧石器』〈東北歴史資料館資料集14〉、「最古の日本人をもとめて」『科学朝日』534) によって数年来時事問題化するまでになっている。

こうした時流とは別に、発掘担当者らによる地道な分析研究が続けられており、昨年も宮城県中峯遺跡の発掘調査報告書 (藤沼・ほか編 1985) の刊行を見た。当遺跡VII層出土の石器群は、玉髄・碧玉を主体とする小型の剥片石器89点と、安山岩・流紋岩・脈状石英など粗粒の石材を用いる大型の礫石器17点からなる。小型の剥片石器には定形的な石器は見られないが、切出状・両面半両面・彫刻刀形・両極剥離・錐状に整形した石器とノッチ・スクレイパーなどが識別できるようである。特定のインダストリーを設定するには点数が少なく、型式学上のパターンも明確でないが、青葉山A遺跡や馬場壇A遺跡第3次発掘調査で類例が出ているので、その詳報が発表され次第、インダストリーとしての性格も明らかにされよう。大型の礫石器は同県座散乱木遺跡15層・山田上ノ台遺跡下層・志引遺跡9層の石器類と共通するという。そこで報告者は、岡村・鎌田俊昭の既出の編年案、大型で粗雑な石器を特徴とする石器群から小型剥片石器の一群へという変遷の再検討を迫っ

ている。これに対しては、鎌田（1985）が報告者の事実誤認を指摘し反論している。この石器群には約37万年前の年代が与えられているが、その数値は半分程度だという意見もある。いずれにせよ、下末吉海進期以前だとすれば、氷期に内陸の寒気を避けて朝鮮半島を南下して渡来した周口店動物群、あるいは黄土動物群を追ってやってきたホモ・エレクトゥス段階の人類による所産の可能性も考えられる。彼らがその後この地で寒冷化によって絶滅したのか、それとも生き延びて温暖な気候の下で伝統を形成していったのかはわからない。それはともかく、型式的・編年的位置づけは未解決だが、関連資料として大分県丹生遺跡や愛知県加生沢遺跡や栃木県星野遺跡、韓国全谷里遺跡、賈蘭坡らのいう華北の匼河－丁村系の旧石器への目配りも忘れてはなるまい。

　石器の素材や剥片剥離に規格性がなく、二次加工に際しては局部的な剥離によって必要な刃部形態のみを設ける技術的特徴をもつ中峯Ⅲ層の石器群は、層位的には座散乱木遺跡12層の石器群に対比されている。だが、後者は技術的には確かに高度とはいえないまでも、ある種の規格化が進んでおり、剥片剥離法にパターン化が見られると同時に、得られる剥片にも定形化の徴候もあり、これを素材として〈斜軸尖頭器〉を作出していて、類ムステリアン剥片インダストリーといえないこともない。F・ボルドとL・R・ビンフォードとの間の〈ムステリアン論争〉が提起した問題が早晩日本にも起こってくるかもしれない。これらの石器群を中期旧石器時代と呼ぶかどうかは慎重でありたい。近藤義郎（1985）が説くように、世界の趨勢は地域に合った時代区分を要請している。

　次のナイフ形石器石器群段階へ移る過渡期の情況はよくわかっていない。前記の石器群系統からの移行(transition)であるのか、それとは別系統の石器群による交替(replacement)であるのか、連続(continuous variation)なのか飛躍(rapid progress)なのか、重要な研究課題であるが、1976年の岡村道雄の論考以来、該期の包括的研究は絶えてない。東京都中山谷遺跡などの石器の再検討が急務であろうし、野尻湖発掘調査団考古グループ・哺乳類グループ「野尻湖立が鼻遺跡出土の骨製スクレイパーについて」（『第四紀研究』24-2）など野尻湖発掘調査の成果もこの視点からもっと取り上げられてしかるべきである。那須孝悌（1985）の指摘するように、最終氷期を通じて朝鮮海峡が陸化することがなかったとするならば、後期旧石器時代人は在地人の系統か、マンモス動物群が経由したサハリンルートから渡来した人々ということになるのであろうか。

　一昨年に続いて昨年も、台形様石器・台形石器がAT直下から出土したことが報告された（江本1985、古森1985）。この石器の継続幅が深まると同時に、空間分布も広がることが昨年来話題になっている。北海道湯の里4遺跡（畑編1985）では百花台型に近い形態のものが峠下型細石刃核に伴出している。秋田県風無台Ⅱ・松木台Ⅱ遺跡（大野・ほか編1985）の豊富な接合資料によって、従来孤立していた米ヶ森技法および〈米ヶ森型台形石器〉の理解の緒が与えられた。報告者自ら指摘しているように、台形様石器Ⅰ類中の切出状のものや、〈立野ヶ原型ナイフ形石器〉と同系と見られるⅡ類中の一側縁加工の不定形小型剥片などは、今後その定義を巡って論議を呼ぶことであろうし、従来この手のものは見落とされてきた可能性が大きい。麻柄一志（1985）は〈立野ヶ原型ナイフ形石器〉と局部磨製石斧を主要要素とする石器群が後期旧石器時代初頭に汎日本的に分布していた可能性を述べている。また、同石器群を出す富山県白岩薮ノ上遺跡と〈東山型ナイフ形石器〉を出す同県野沢遺跡A地点について、両石器群の性格や古環境の変遷を考察して、最終氷期の最寒

冷期を迎えつつある2万年前の北陸地方で、環境の変遷に伴う活動領域の変化が原因で、北陸系の石器群を保持していた人間集団から、東北系の石刃石器群を保持した人間集団への主役の交替劇がなされていた、という注目すべき仮説が奥村吉信（1985）によって提出された。他地域の研究にも刺激になる意欲的な論文であるが、石器群の分布や集団論の概念などいまだ考古学的検証の不十分な仮定に仮定を接いだ論考だけに、今後、生態学的視点やエスノアーケオロジーの成果なども援用して検証が必須であろう。

いうまでもなく、私たちは虚心坦懐先学たちの仕事に学ばなければならない。その意味で、故直良信夫の長年の業績を纏めた『日本旧石器人の探究』（1985）の編集に携わったのが、明石人問題を忍耐強く追及し続けている春成秀爾（1985）であることに強い感銘を受けた。「哺乳動物化石を出土する場所でそれに共存する人骨・石器を探すという直良氏のその後も一貫して変わらない方法」は、今後の旧石器時代研究が進む方向を先取りした原点として高く評価されてよかろう。

一方、故杉原荘介の追悼論文集『論集 日本原始』（吉川弘文館）は、個人ゆかりの研究者個々の論文を集めたもので、〈先土器時代〉関係では、松沢亜生（1985）、織笠昭（1985）、矢島國雄（1985）、鶴丸俊明（1985a）、橘昌信（1985）、鈴木忠司（1985）、安蒜政雄（1985）の7編が集録されている。いずれも論者の手馴れたテーマだけに平易に説いてある。なかでも日本考古学が到達した精緻な調査法によって蓄積された考古学上の資料分析に基づく安蒜の論考は、ビンフォードの"Willow Smoke and Dog's Tail: Hunter-Gatherer Settlement Systems and Archaeological Site Formation" (American Antiquity 45-1)を彷彿とさせ、今後の方法論的展開がいやがうえにも期待されてくる。しかし、当論集自体には若干苦言を呈しておきたい。その序で編者が述べているような刊行の経緯を考慮しても、この論集の性格からいって最近の数ある類書とは一線を画して、故人の学問（理論と方法）はいかに受け継がれていくべきかという視点を編集の基本方針に据えた、少なくとも矢島論文程度には故人の業績に触れた論文で構成されるものであってほしかった。

1974年以来、瀬戸内技法・国府石器群の問題を粘り強く研究し続けている松藤和人が昨年も盛んな執筆活動を行っている（1985a、b、c）。一般に研究者が論文を書かなくなってきている昨今、この点だけでも賞賛に値するが、その瀬戸内技法および国府石器群の定義づけは理詰めで明快であり、広島県冠遺跡B地点や大分県岩戸遺跡Ⅰの性格づけ・位置づけにも説得力がある。30代・40代には活発に研究発表をしていても、人生経験を積んで研究の深化も期待される50代・60代になると研究の第一線から退いてしまう学究の多い日本の学問風土にあって、その轍を踏まずに当技法の地域的変異・変容を絡めた編年と系統方面での研究の深化を進めてもらいたい。

旧石器時代終末期の石器群には西洋にいう「パレオリシック」、「エピ‐パレオリシック」、「メゾリシック」、「プロト‐ネオリシック」の諸特徴が複合的に現れていて、優れて過渡期の性格が見て取れる。この時代相を理解するには、〈ナイフ形石器〉・〈細石器〉・〈尖頭器〉・〈神子柴‐長者久保系石器〉の各石器群内部を微視的に見ていくばかりでなく、全体の構造をしっかり見据える巨視的視点が不可欠である。比田井民子（1985）は始めにこうした観点を明言していながら、型式学的視点が欠けたため現実的比較論を展開できぬまま、「一部の細石器が縄文時代に連なる諸要素である、有茎尖頭器や最古の土器群を媒介してきた」と即断してしまっている。人は何かを強く望むと、そ

の方向に資料を整理しがちで、それに矛盾する情報はこれを好んで見落としたがるものだが、この論者もこの陥穽にはまってしまったようである。長年シベリア考古学の研究成果を紹介してきた加藤晋平（1985）は、沿バイカル・ザバイカル地方で3万年前に生まれた細石刃文化に繋がる東北日本型の細石刃文化の担い手たち（内陸漁撈）が原日本列島人成立に大きな役割を果たしたという自説に折りあるたびに言及しているが、それにつけても〈神子柴－長者久保石器群〉に繋がる大陸側の文化はどうであったのかが気になるところである。だが、この方面の研究は今のところ皆無に近い。また、鈴木忠司（前掲）の論は加藤の仮説と相容れないものだけに、両者による活発な論議を望みたい。両面加工石器に対する鶴丸俊明（1985b）の見解、峠下型細石刃核と蘭越型細石刃核の層位的上下関係や後者とかんらん岩製玉の伴出などの新知見（『湯の里遺跡群』『美利河1遺跡群』）が、この時期を理解するのに欠かせない問題となろう。

　最後に日本の考古学者の専門集団としての知的閉鎖性・セクト性の問題に触れておこう。学問領域の細分化傾向の例に漏れず、考古学も研究対象の時間－空間分けに応じて研究者の興味の対照が超微細化してきて、相互の意志疎通も儘ならなくなっている。とりわけ、海外を研究対象としているものと国内のそれとの間の乖離ははなはだしい。竹岡俊樹（1985a、b、c）が細かい属性分析による客観性の高い石器研究法を提示しているが、この仕事はフランスで彼の地の資料を使って成就されたもので、日本の研究体制の生み出した成果ではない。今後、この種の業績が日本の土壌に根づき定着するかどうか、また、これらを通じて海外の体系的研究法をわがものにし、その方法論を適用し、その論理を使い、その分析能力を日本の研究対象領域に発揮させることができるかどうかが一つの課題である。

引用文献

穴沢咊光　1985a「『考古学』としての『人類学』—プロセス考古学（ニュー・アーケオロジー）とその限界—(1)～(4)」『古代文化』第37巻第4号、1-10頁、第5号、1-18頁、第6号、1-13頁、第7号、1-13頁。

穴沢咊光　1985b「ルイス・R・ビンフォード『過去を追求する—考古記録の解読』」『考古学研究』第32巻第1号、122-128頁。

安斎正人　1986「日本 考古一」『史学雑誌』第95編第5号、11-16頁。

安斎正人　1986/87「先史学の方法と理論—渡辺仁著『ヒトはなぜ立ちあがったか』を読む—(1)～(4)」『旧石器考古学』32、1-10頁、33、1-16頁、34、1-15頁、35、1-16頁。

安斎正人　1990「石器は人（individuals）を語れるか」『先史考古学研究』第3号、35-44頁。

安蒜政雄　1985「先土器時代における遺跡の群集的な成り立ちと遺跡群の構造」『論集日本原史』193-216頁。

上野佳也　1985『こころの考古学—猿人からの心の進化—』海鳴社。

江本　直　1985「旧石器時代研究の現状と課題」『肥後考古』第5号、139-149頁。

大野憲司・ほか（編）　1985『七曲台遺跡群』秋田県文化財調査報告第125集。

岡村道雄　1976「日本前期旧石器時代の始源と終末—石器群変遷からの前期旧石器存在の立証—」『考古学研究』第23巻第3号、73-92頁。

奥村吉信　1985「北陸を舞台とした二万年前の出来事」『考古学研究』第32巻第3号、14-48頁。

織笠　昭　1985「ナイフ形石器型式論」『論集日本原史』63-91頁。

加藤晋平　1985『シベリアの先史文化と日本』六興出版。

鎌田俊昭 1985「宮城県における旧石器時代前・中期をめぐる最近の批判について」『旧石器考古学』31、77-86頁。
近藤義郎 1985「時代区分の諸問題」『考古学研究』第32巻第2号、23-33頁。
清水宗明・栗田勝弘(編) 1985『百枝遺跡C地区』大分県三重町教育委員会。
鈴木忠司 1985「再論日本細石器文化の地理的背景」『論集日本原史』161-191頁。
竹岡俊樹 1985a「ル・ラザレ遺跡における剥片の分析—ホモ・エレクトスの住居内での作業の復元—」『考古学雑誌』第70巻第4号、79-107頁。
竹岡俊樹 1985b「テラ・アマタ遺跡(フランス・ニース市)における剥片剥離技法の分析」『考古学研究』第32巻第2号、79-105頁。
竹岡俊樹 1985c「フランス、ル・ラザレ遺跡における剥片石器の分析」『古代文化』第37巻第9号、1-26頁。
橘 昌信 1985「九州における先土器時代石器群の編年と地域性」『論集日本原史』139-160頁。
鶴丸俊明 1985a「〈広郷型細石刃核〉論」『論集日本原史』113-138頁。
鶴丸俊明 1985b「黒耀石供給の一形態とその技術」『考古学ジャーナル』No.244、18-23頁。
直良信夫 1985『日本旧石器人の探求』六興出版。
長沼 孝(編) 1985『美利河1遺跡群』北海道埋蔵文化財センター調査報告書第23集。
那須孝悌 1985「先土器時代の環境」『岩波講座日本考古学 2 人間と環境』51-109頁。
畑 宏明(編) 1985『湯の里遺跡群』北海道埋蔵文化財センター調査報告書第18集。
古森政次 1985「中九州地域の火山灰層」『考古学ジャーナル』No.242、23-28頁。
春成秀爾 1985「西八木出土〈古人類前頭骨〉の初歩的検討」『旧石器考古学』31、1-12頁。
比田井民子 1985「先土器時代終末期における複合石器文化」『考古学雑誌』第70巻第3号、33-51頁。
藤沼邦彦・ほか(編) 1985『中峯遺跡発掘調査報告書』宮城県文化財調査報告書第108集。
麻柄一志 1985「局部磨製石斧を伴う石器群について」『旧石器考古学』31、61-75頁。
松沢亜生 1985「岩宿遺跡の石器」『論集日本原史』45-62頁。
松藤和人 1985a「瀬戸内技法・国府石器群研究の現状と課題」『旧石器考古学』30、119-134頁。
松藤和人 1985b「旧石器時代の石材移動をめぐって」『考古学と移住・移動』145-160頁、同志社大学考古学シリーズⅡ。
松藤和人 1985c「西日本におけるナイフ形石器文化の諸様相—とくに姶良Tn火山灰前後の石器群を中心に—」『信濃』第37巻第4号、61-86頁。
矢島國雄 1985「尖頭器状の石器の性格」『論集日本原史』93-111頁。
山下秀樹(編) 1985『広野北遺跡』平安博物館。
渡辺 仁 1985『ヒトはなぜ立ちあがったか—生態学的仮説と展望—』東京大学出版会。
Johoson,L.L. 1978 A history of flint-knapping experimentation,1838-1976. *Current Anthropology* 19(2):337-372.

第Ⅰ章　旧石器時代の研究史

第1節　パラダイム史観的素描

1　3期区分

　筆者は〈パラダイム〉をキーワードにして、わが国の戦後の旧石器時代研究を3期に区分して理解している。最初の10年間のパラダイム形成期とそれに続く10年間のパラダイムの通常期で1サイクルである。第1期は戦前の反省に立った旧石器時代遺跡・石器群の発見と「石器文化期」の設定の時期、第2期は重層遺跡の面的発掘と「遺跡構造」分析の時期、第3期は集積された大量の考古学資料を分析・解釈する方法論の探究の時期である。

　1949年の群馬県岩宿遺跡の発掘調査に始まる第1期は、芹沢長介の命名による「ナイフ形石器」と「ナイフ形石器文化」いう用語に象徴されるように、技術形態的特徴を有する示準石器を指標とする「石器文化」段階の設定、およびその編年と系統に研究者の思考が枠づけられていた。この時期の研究成果は1965年の河出書房版『日本の考古学』で一応の総括を見た（杉原編 1965）。編者がこの時期を代表する研究者である芹沢でなく―寄稿者中にも入っていない―、戦前派の杉原荘介であったことに当時の考古学界の社会学的脈絡がよく表れている。

　第2期は前期のパラダイムを受けてその通常化・精密化が徹底したが、それと同時に、「相模野・野川以降」と呼ばれるように、1968年と1969年の神奈川県相模野台地遺跡群の調査と、1969年と70年の東京都野川遺跡の調査に始まる重層―複数の「文化層」をもつ―遺跡の調査によって、石器群の段階的変遷の把握が可能になった。そして今日の鹿児島湾北半部にあった火山に給源をもつ広域降下火山灰である始良Tn火山灰（AT）―武蔵野台地第Ⅵ層中を目安とする―の発見（町田・新井 1976）によって全国編年の統一的基準が提供されて、全国規模の地域間対比が可能になった。同様に重要な出来事は、1966年と1973年に行われた埼玉県砂川遺跡の発掘調査と出土石器群の分析であった。その結果、「砂川型刃器技法」という用語に象徴されるような「個体別資料」の接合作業に基づく剥片剥離の技術的研究と、「遺跡構造」という用語に象徴されるような石器の平面的分布（ブロック・ユニット）の認定、およびブロック間接合による遺跡内外への石材・石器の搬入・搬出の解明に研究動向が移っていった。他方で、この時期は行政調査の最盛期に一致し、発掘規模が拡大し分析が精緻化する一方で、研究者の視野は行政単位に縮小していった。この時期の研究成果は『日本の旧石器文化』（麻生・ほか編 1975/76）で一部予告され、1985/86年の『岩波講座　日本考古学』で隣接諸科学の成果を取り入れてまとめられた。そこには研究領域の多様化の徴候が認められた。

　第3期は、1970年代、1980年代の大規模な「行政調査」・「緊急発掘」によって生じた大量の考古

学資料が従来の方法では処理しきれなくなった現実を目の前にして、日本考古学における方法論の貧困を認識することに始まった。欧米の「ニューアーケオロジー」を起点とする「考古学的転回」に触発されて、1980年代後半からさまざまな方法論の試運転が見られた。欧米の考古学および人文社会系諸科学から多様な方法論・分析概念を導入しながら、蓄積された資料の分析・記述から解釈への移行の試みであった。モノからコトへ、すなわち遺物や遺構や遺跡そのものの分析からそれら相互の諸関係を探る研究へと向かおうとしたのである。その推進者のひとりとして当初、筆者は1990年代の旧石器時代研究の飛躍を期待したが、パラダイム転換を担うべき多くの若手研究者が「前期・中期旧石器時代遺跡」の発見熱とその後の「捏造問題」に絡め取られて、新しいパラダイムの創生は遅れている。筆者のパラダイム史観によれば、第3期は1990年前後の10年間の新パラダイム形成期を経て、現在はその通常化を促進する研究論文が次々に発表され、2005〜2006年を目途に最新の『考古学講座』本の出版準備に取りかかっているはずであった。

　新しい動向に関するまとまった著書としては、ごく早い時期の筆者の『無文字社会の考古学』（安斎1990）と佐藤宏之の『日本旧石器文化の構造と進化』（佐藤1992）がある。

2　第1期の成果

　第1期を形成した先達たち―相沢忠洋・麻生優・大井晴男・加藤晋平・加藤稔・鎌木義昌・杉原荘介・芹沢長介・滝沢浩・戸沢充則・中村孝三郎・藤森栄一・松沢亜生・森嶋稔・吉崎昌一ら―の近年の研究成果についてのみ概観しておく。

　「岩宿以後」の旧石器時代研究を主導し、「前期旧石器」の存在を一貫して主張してきた芹沢は、『日本旧石器時代』（芹沢1982）でそれまでの自己の研究を総括する一方で、東北大学考古学研究室に「実験使用痕チーム」を編成し、金属顕微鏡による石器の使用痕研究法をわが国に導入した。栃木市星野遺跡第3地点の「珪岩製前期旧石器」が人工品であることを使用痕の検出によって証明しようという意図であった。芹沢の長年の営為は「捏造問題」によって水泡に帰した。

　芹沢の影響下に山形県の遺跡調査を通じて古代東北文化の源流を追究し続けた加藤稔は、弓張平B遺跡、角二山遺跡、越中山遺跡群、東山遺跡などの発掘成果を『東北日本の旧石器文化』（加藤1992）にまとめている。

　北海道緑ヶ丘B遺跡の細石刃石器群の報告以来、北海道と北アジアの旧石器文化に関心を示してきた加藤晋平は、1980年代に入ると環境考古学の方法論を下敷きにして、生態学的な観点から東アジアにおける狩猟漁撈社会の発達、とくに産卵遡河性魚類の漁撈活動という視野のなかで、日本旧石器文化の源流を探ろうとした。とりわけ「細石器文化」の出現と源流をアジア大陸との関係で説明し、その源郷土をアンガラ川上流・ザバイカルに求めた。加藤の考えは『シベリアの先史文化と日本』（加藤1985）と『日本人はどこから来たか』（加藤1988）の2冊で語り尽くされている。

　第1期の研究の総括的性格を担った『日本の考古学』の執筆陣に若くして加わった戸沢充則は、その後に「埼玉県砂川遺跡の石器文化」（戸沢1968）や「インダストリー論」（戸沢1975）のような方法論によって第2期のパラダイム形成に与った。主要論文に彼の世評高い学位論文「先土器時代文化の構造」（1967)を加えて1冊とした『先土器時代文化の構造』（戸沢1990）が出されている。

筆者にとってそこで提示されている「石器文化」概念の解体（脱構築）と「構造」概念の新たな再構築とが研究課題のひとつであり、本著はその試作でもある。「ナイフ形石器文化」や「尖頭器文化」とは一つの「虚構」である。「石器文化」とは比較的強固に連関しあっている要素群にすぎず、暫定的概観のための実用的概念であった、と見なすべきである。本著での用語はあくまで現象的な「石器群」を使っている。

3　第2期の成果

この時期の研究者は多士済々である。東京都平代坂遺跡・はけうえ遺跡・西之台B遺跡・仙川遺跡・高井戸東遺跡など武蔵野台地の主要な重層遺跡の発掘調査と報告書刊行に尽力し、立川ローム層最古の石器群について新知見を提示し、全国編年を編み、古環境復元に花粉分析の成果を、また編年に火山灰研究をいち早く取り入れて1970年代の旧石器時代研究をリードした小田静夫（1977）や、「範型」・「システム」概念を使って石器研究に斬新な方法論を導入した小林達雄（1967、1970）がまずあげられる。

小田については後期旧石器時代開始期に関連するいくつかの論考について後述する（63頁参照）が、「台形様石器と台形石器」（安斎 2000）に関する初期の研究のなかでも小田の考察（Oda 1969、小田 1971）は重要であるので、ここで触れておく。そこでは1960年代の研究をまとめる形で次のようないくつもの貴重な見解を表明していた。①西北九州、とくに唐津、松浦、佐世保地方などが台形石器の中心地域であること。②台形石器、台形様石器、切出形石器の3型式に分けられること。③台形石器が九州から瀬戸内を経て中部、関東地方へ伝播したこと。④柄の先端に装着される道具であること。⑤台形石器はずんぐりした石刃を素材としていること。⑥両側切断例も石器であること。⑦台形石器の素材は横長の剥片—小田は「石刃」と表現している—から縦長石刃へと転化し、定型化したこと。⑧台形石器は剥片を横に使用する横形を常とすること。⑨台形石器は擦痕がなく、また破損例も少なくて折れている部分も刃先の一部分であること、等々。そのいくつかは今日においても考察に耐え得る指摘であり、台形石器・台形様石器・切出形石器の3型式分類の問題や、柄の先端に装着される直剪鏃かどうかという機能の問題は改めて問題化されている。そして、「いままで台形石器、台形様石器と呼ばれているものがはたして一つの名称で総合してよいものか否かに疑問がもたれる段階になった。……全体的には台形状を呈さない例が圧倒的である。その特長は抉入状刃潰しと、横巾より縦に長い先端のひらいた『ノミ状石器』とも呼べる形態を示している」（10頁）と、形態的属性による分類の限界を認識した注目すべき記述で論文をまとめていた。筆者はこれを含めて小田の問題意識のいくつかを継承している。なお、小田は自らが参加した東京都野川遺跡の出土事例から「文化層Ⅳ3b」を目安として、層位的出土例が不明瞭な西北九州の台形石器の編年的位置を決め、分布の濃密な西北九州から分布のまばらな関東への台形石器の伝播に言及した小田の手法は、当時の「伝播論・編年論パラダイム」の特徴をよく表している。

小田と小林の2人を筆頭に取り上げるべき研究者は多いので、現在の旧石器時代研究の基礎を築き、しかも最近もその成果を著書・論文の形で発表し続けている、筆者と同年代の1940年代生まれの研究者に限り、この後の第2節で改めてその研究成果に言及することにする。

4　第3期の成果

　世代論からいえば、第2期の一応の成果である1985/86年の『岩波講座　日本考古学』を批判的に継承する世代、すなわち1960年前後の10年間に生まれた新世代が第3期の研究を担っていなければならないわけである。当時、「行政調査」によって集積されつつあった新しい資料はそれ以前の方法では分析が難しくなっていたし、同時に欧米の新しい研究動向もポツポツ紹介されていたからである。その意味では筆者はこの世代に対する評価は厳しい。

　最近の10年間に石材分析に基づいたその獲得から廃棄までの石器のリダクションと移動性、剥離実験の一般化、技術的組織論、台形様石器など新しい器種の抽出・同定などに進展が見られたが、石器の分類システムの再構築、使用痕分析などによる機能分析、シェーンオペラトワール（動作の連鎖）の概念を導入しての空間分析・行動論の研究など今後に残された基礎研究も少なくない。何よりも筆者が強調したい点は、時代遅れとなった「石器文化史観」や「発展段階論」に代る新しい先史時代観の創生に対する一般的無関心である。

　第3期の研究成果というよりも、今後研究成果をあげていくうえでの筆者が気づいた点をいくつか列挙しておく。

①タイポロジストが常に直面している問題はその分類システムの一貫性であるが、この問題は意外に見落とされてきた。石器は製作者の範型（mental template）に従ってつくられ、その形態は私たちが見つけ出した石器そのものであると考えられてきた。だが、「彼ら」が遺棄・廃棄した時点と私たちがそれらを発見した時点との間に石器そのものの状態や包含層位は変形を被るという形成論（taphonomy）や、石器は使用中に刃部の再生加工などで小型化し形態を変えていくという変形論（reduction theory）が従来の型式論に変更を迫っている。変形論に関してはハロルド・ディブルによる中期旧石器時代の削器類の変形過程モデルが知られている（Dibble 1995）。ただし、わが国の石器であれほどの変形を被る例はまだ知られていない。石器の形態はむしろ素材の形態と相関関係にあり、その素材の形は石核のリダクション過程に適用される剥離技術に左右されている。そして剥離技術は利用可能な石材と強い相関関係がある。例として、「小口型」石刃技法と尖頭形石器（基部加工尖頭形石刃石器）、「周縁型」石刃技法とナイフ形石器（背部加工尖頭形石刃石器）をあげておく（安斎 2003）。

②列島規模での「ナイフ形石器文化」、「尖頭器文化」、「細石刃文化」、「神子柴・長者久保文化」といった文化階梯論は破綻している。地域の「文化史」は社会生態学的に複雑な様相を呈することが次第に明らかになってきている。想定される変動期において、石器群の技術形態的変化規模はどの程度であったのか、変化はどのような生態的条件・社会的状況下で起こったのか、変化過程での移動性と素材選択の重要性など、解明しなければならない問題は多い。

③さらに石器にコード化された社会的情報に関する問題として石器のスタイルがある。旧石器時代人の信念体系に関する私たちの理解度が低いので、石器に込められたメッセージに限らず、メッセージが込められた石器のタイプの理解もいまだおぼつかない現状である。

④石器を使って行われた作業は石器の刃部の角度と相関関係があるという前提のもとで、石器の刃角の計測が行われているが、刃部角はいくつもの作業においていくつも重複するので、石器

自体の形態を考慮に入れてさえ機能の推定に採用できないという研究（Lewenstein 1991）があることも認識しておく必要がある。

⑤石器そのものの研究に限らず、石器を物理的現象として旧石器時代人の生活様式—道具・装置の生産、生業、物資（石材）の運搬など—に言及することは可能である。実際にその種のテーマを扱った論文がいくつも発表されている。そこで筆者がさらに注意を喚起したいのは—本著の範囲外ではあるが—もう一つの新領域、つまりより抽象度の高い社会組織に関わる行動プロセスとその結節点である〈移動形態〉と〈ジェンダー〉と〈文化の複雑性〉など、石器のデータだけでは難しいだけに他の人文社会諸科学のアプローチを援用する必要がある研究テーマの開拓である。

渡辺仁（1996）の認識に倣えば、現在、旧石器研究者の態度あるいはアプローチは大きく分けて3群に括られる。一つは、石器の記載に終わり、その解釈を通して石器をめぐる製作者・使用者の行動と意味を探ることに消極的ないし否定的な研究者群の態度である。その2は、用途や機能という分野への興味もあり、その方へ踏み出したいという意図はあるが、考古学的解釈の方法論をもたない研究者たちのアプローチである。最後に「日本考古学」の伝統枠にとらわれずに地球規模での研究動向に関心をもち、パラダイム転換に積極的に関わろうとする研究者たちの態度とアプローチである。本著では第2群の研究者にも配慮しつつ、第3群に属する研究者たちの具体的な研究成果を主体的に引用していくことになる。

第2節　1940年代生まれの研究者群

日本経済の高度成長期・バブル期を「経済戦士」としてその発展を担ったのはいわゆる「団塊の世代」（1947～1949年生まれ）である。同様に、1970年代、1980年代に急増した大型公共事業の事前調査としての「緊急発掘」を「行政内研究者」として担ったのもこの世代の研究者たちであった。ここでは、この時期の調査・研究をリードし、今日もなお研究の第一線で活躍する1940年代生まれの研究者に絞って、筆者自身と〈同時代の〉その研究者たちの研究成果を概観しておく。

1　橘　昌信（1941～　）

1970年代から今日まで九州地方の旧石器時代研究をリードしてきた橘昌信の最初の大きな功績は、宮崎県船野遺跡の細石刃資料中から「船野型細石刃核」を析出・同定して、日本「細石器文化」の地域性に注目したことである（1975）。その後、大分県大野川流域における地域研究を精力的に進めてきた。ナイフ形石器・台形石器と細石刃の共伴を積極的に支持し、小型ナイフ形石器・台形石器の細石刃化による組合わせ道具の出現を想定していた。また、九州における「先土器時代」石器群の編年と地域性を論じる一方で、今峠遺跡・津留遺跡・製糸工場前遺跡・上下田遺跡・駒方古屋遺跡、および船野型細石刃核を出した松山遺跡（橘編 1990）など大野川流域の良好な遺跡の調査を通して、流域一帯の石器群を使った編年網の整備に与った。「狸谷型ナイフ形石器」を出す駒方津室迫遺跡では「砂川遺跡研究」以来の伝統である「遺跡構造論的研究」を試みている（橘編

1993)。

近年はAT下位の石器群にも関心を広げ (1999)、大分県牟礼越遺跡 (橘編 1999) や宮崎県後牟田遺跡 (橘・ほか編 2002) の調査を通して、その編年的整備を図っている (橘 2002)。その内容については第Ⅲ章で改めて触れることにする。

2　稲田孝司（1943～　）

稲田孝司の斬新なデヴュー作である論文「尖頭器文化の出現と旧石器的石器製作の解体」(1969) は第2期のパラダイムを予告すると同時に、筆者が進める今日の構造変動論の魁でもあった。稲田の旧石器時代研究の先駆性は「旧石器時代武蔵野台地における石器石材の選択と入手過程」(1984) でも発揮され、旧石器時代社会への新たなアプローチを提示した。そこでは野川流域の遺跡群を取り上げて、各遺跡における「文化層」ごとの黒曜石と在地石材との割合と、遺物集中部ごとの黒曜石保有率とから、東京都鈴木遺跡の「部族長集団」が遠隔地産の黒曜石を独占的に入手・保有・管理し、他の「武蔵野台地部族」に配分するような社会的地位にあったと推測した。旧石器時代の社会集団が部族の段階にあったのかどうか、さらに地域集団の領域が武蔵野台地に限定できるのかどうか、問題を残す論文ではあったが、石材を手がかりに社会集団論に切り込んだ手法は、その後の石材論に大きな影響を及ぼした。また1969年の論文で、骨角器で中小動物を追う狩猟採集場が一定の飽和状態に近づき、集団間の狩猟採集領域をめぐる矛盾も深刻化していた「ナイフ形石器文化」終末期に、「新しい時期のナウマン像が、主に中部地方の高原地帯や東北地方の内陸部に多く棲んでいたことに対応して、中部・東北・関東地方の山岳地域のナイフ文化の主流が、それまでの地域性を破って一斉に尖頭器文化を発生させ」た、と推測した。それ以来、この間「編年研究全盛のなかで等閑視されてきた日本旧石器文化の重大な資料的欠陥を徐々に克服し」ようと努めてきた成果を『哺乳動物化石の産状と旧石器文化』(1989) に結晶化させた。

稲田は、中部地方北部では姶良Tn火山灰 (AT) 降下以後の石器群中に石斧が残ること、長野県下茂内遺跡下層の槍先形尖頭器石器群が「神子柴文化」期以前に遡る可能性があること、樋状剥離を有する尖頭器の系譜と「神子柴文化」石器群との関わりなどの材料から、「北方から波及してきたとする神子柴文化の系譜と編年上の位置づけを根本的に見直」そうとした (稲田 1993)。「細石刃文化」と「神子柴文化」が単一の時間系列のなかで順次交替していく関係にとどまらず、一定の時期と地域において両者が共存し相互に接触する関係にあった、と考え、神奈川県の寺尾遺跡「第1文化層」、月見野上野遺跡第1地点「第2文化層」、長堀北遺跡「第2文化層」、勝坂遺跡「草創期文化層」で見られた削片系細石刃核を指標とする「細石刃文化」と「神子柴文化」の要素を合わせもった石器群 (「削片系細石核・神子柴石器群」)、および船野型細石刃核をもつ石器群に石斧3点が伴った大分県市ノ久保遺跡、野岳・休場型細石刃核をもつ石器群に局部磨製「丸ノミ形石斧」が伴った長野県上ノ原遺跡の石器群をその証拠とした。そして稲田は、「両者のその後の関係は製品の交易・交換を媒介としたものではなく、婚姻関係や戦闘による人間の略奪など集団の直接な関係を基礎として文化の融合が進展した可能性が大きいと考え」ていた。

1984年から発掘調査を主導した岡山県恩原遺跡 (稲田編 1996) では「湧別技法石器群」の存在

を明らかにし、その成果に基づいた最近の著作（2001）では、おおむね同じ地域を居住領域としていたが、おそらく別個の部族関係を形成していた「湧別技法細石刃集団」と「神子柴集団」が、前者は本州全域に殖民・遊動領域を広げ、また後者も九州南端まで到達していた、という縄紋時代開始期までのシナリオを描いた。縄紋文化以前の「石器文化」から縄紋文化初頭にかけての過渡期を「縄文変革」と呼び、この変革が初期尖頭器から弓矢の出現に至る狩猟具の変革過程と、土器の起源や石皿・磨石などに見られる植物性調理の変革過程からなるという新しい視点を提示した「縄文改革の二段階論」を展開した「縄文文化の形成」（1986）と併せ、そうした諸観点を本著の最終章で継承・批判的に検討し、稲田とは異なる解釈を提示する。

3　木村英明（1943～　）

　木村英明は長年にわたり先行者の加藤晋平の華やかな言論活動の陰にあって、シベリアからの視点で北海道の旧石器時代を、また同時に北海道からの視点でシベリアの旧石器時代を、息長く探究し続けてきた。その努力が1990年代に入って一気に開花したように思われる。その諸成果は名実ともにライフワークたる大著『シベリアの旧石器文化』（1997）に結実している。アルタイ山地のムステリアン遺跡群の紹介、カラ・ボム洞穴遺跡の石器群に代表される「ルヴァロワ尖頭器技法」から石刃技法への発展説、マリタ遺跡の詳細な考察、細石器石器群の集成と考察など、いずれも今後旧石器時代研究者にとって重要な情報源となっていくであろう。

　なかでも北海道の細石刃文化期を扱った「黒曜石・ヒト・技術」（1995）は第2期のパラダイムに収まりきらない、石材と技術に焦点を当てた行動論的な重要な論文である。黒曜石の露頭から200mほど下った標高600m付近の小さく張り出した平坦面にある白滝幌加沢遠間地点では、湧別技法札骨型、幌加技法、美利河技法が互いに関連しながら存在している。木村はこれを「湧別・幌加沢テクノコンプレックス」と呼ぶ。また、峠下技法と美利河技法が一つの技術体系として共有されていた新道4遺跡での細石刃剥離技術のあり方を、同様に「峠下・新道テクノコンプレックス」と呼んでいる。他方、帯広市暁遺跡においては、湧別技法札骨型に関連する資料は遠隔地の白滝からもたらされた大きな黒曜石塊と、また峠下型細石刃核はより近い十勝産黒曜石の拳大の円礫との結びつきが強いことを明らかにした。このような考古学的現象の背後に木村は、石材獲得における分業システムと流通のネットワークを見出したのである。たとえば、頁岩利用地帯の渡島半島の遺跡において黒曜石製石器が少数見られるのと対応するかのように、黒曜石利用地帯において頁岩製石器が出土している。頁岩利用地帯の集団が頁岩製の荒屋型彫器との交換品として黒曜石利用地帯の集団から黒曜石を入手したからである、と木村は解釈している。またそれと同時に、利用可能な石材の状態に応じた複数の技法の共存をも見出したのである。木村は、現在もシベリアの細石刃石器群（木村編 1998/99）や北東アジアの「石刃族文化」（木村編 1999）に関する貴重なデータを集成・紹介し続けている。

4　安蒜政雄（1946～　）

　明治大学の「先土器時代」研究の伝統を継承した安蒜政雄は、石器群を把握するうえでの基本的

な方法としての石器の器種別形態・型式分類と、砂川遺跡のミクロな分析による遺跡の構造論によって、その任を果たしている。最初の本格的論考「関東地方における切出形石器を伴う石器文化の様相」（1973）で、素材の形状、素材に対する整形の方法、素材から予察される剥片剥離技術の様態などに関して、ナイフ形石器の他の器種に比べ独自性を有する「切出形石器」を抽出し、その切出形石器を伴う「石器文化」を二分した。そのなかで、「武井Ⅰ石器文化」と「薮塚石器文化」の切出形石器を介在させることによって、「岩宿Ⅰ石器文化」と「岩宿Ⅱ石器文化」の関連性を予察した。

また、戸沢充則から砂川遺跡の構造的分析研究を受け継いでいたが、革新的であったのは、砂川遺跡のA・F両地点の石器ユニット間に石器製作上の癖の差異を認めて、30名ほどの同じ種類の道具を装備した集団が生活を営んでいた、というところまで認識を進めたことである（1977）。「石器の形態と機能」（1979a）では、石器の形態と機能を考察して南関東のナイフ形石器を5段階に分け、それらを時期差あるいは系統差というより、そこに移動に伴う生活の変化を読み取ろうとした。そして、東日本のナイフ形石器を調整加工技術が「形状保持的」な「杉久保系ナイフ形石器」と「形状修正的」な「茂呂系ナイフ形石器」の2者として捉え、東日本「石器文化」の移り変わりとその特徴を示唆した。その後も日本の細石核・「細石器文化」を総括的に論じるなかで、その出現をかなり古い段階まで遡及させ、「細石器文化」の段階では各石器群が組成上の偏りを示さなくなったことから、移動生活から定住化への傾向がうかがえるとした（1979b、1984）。

「先土器時代」における遺跡の群集的な成り立ちとその相互のあり方を通して遺跡群と地域の構成を解き明かそうとする視点、つまり自らが切り開いてきた「先土器時代人」の生活空間に関する問題解明は、「先土器時代における遺跡の群集的な成り立ちと遺跡群の構造」（1985）で一応の完結を見た。序章で述べたように、その論考はルイス・ビンフォードの民族考古学研究の成果「柳の煙とイヌの尻尾─狩猟採集民の居住システムと考古遺跡の形成─」（Binford 1980）と合わせ鏡のようである。安蒜の「先土器時代」観は翌年の「先土器時代の石器と地域」（1986）で総括的に述べられている。その後は南関東の石器群と石材構成を取り上げて旧石器時代の石器石材と技術という新しい問題に取り組み、近年は、自ら主導する黒曜石原産地遺跡である長野県鷹山遺跡群の調査成果に基づいて、「槍先形尖頭器文化期」に中部高地の黒曜石原産地と南関東の生業地間を仲介する「石器製作者集団」の登場を主張している（1997）。

5　小野　昭（1946～　）

旧石器時代における地域性と時代区分に関心を寄せた小野昭は、ナイフ形石器の地域性と分布に関する先駆的研究において理論家としての片鱗を見せた。小野は、第1期の代表的研究者のひとりである鎌木義昌の論文（1965）を石材決定論であると批判する形で、石材は自然的基礎として一義的規定力をもってはいるものの、考古学が問題とする自然は労働過程、技術の適用過程を媒介として捉えられる、いわば歴史的自然でなければならないと主張したうえで、ナイフ形石器の型式的広がり、石器群の組成、編年、剥片剥離技術の4点を指標にして、ナイフ形石器の地域をまず東北・中部北半（地域Ⅰ）、関東・中部南半（地域Ⅱ）、瀬戸内海（地域Ⅲ）、九州（地域Ⅳ）の、それぞ

れ頁岩、黒曜石、サヌカイト、黒曜石という特徴的石材産出地帯にほぼ一致する4地域に分け、その地域性が後に崩壊し、ほぼ前の地域Iを踏襲する地域Vとその他すべてを包括するようになる地域VIの二つの地域に発展的に再編成される、という考えを提示した（1969）。そして、「このナイフ形石器出現時における地域性は、日本列島内に初めて独自性が出現してきたことを意味しており、日本に隣接する諸地域の現状からしてナイフ形石器自体が日本列島内で地域的独自性の具体的形態として出現していると考えざるをえない。これは岩宿I石器群以前からのある一定の蓄積のもとにナイフ形石器が製作されだしたことを示しているのであろう。ナイフ形石器出現段階の地域性は、日本列島内における最初の地域性の出現であり、しかもそれが石刃技法という一つの共通基盤内における最初の地域性の出現であるところに一つの歴史的意義がある」と締めくくって、「ナイフ形石器文化期」の今日的問題の一面を予断していた。現在、研究の大きなテーマとなっている石材論でも先駆的な仕事（1975）をした小野昭は、集団論でも近藤義郎の「先土器時代の集団構成」、春成秀爾の「先土器・縄文時代の画期について」と同時期に「後期旧石器時代の集団関係」を発表した（1976）。そこで、後期旧石器時代の集団構成・集団関係という困難な問題を論じ、後期旧石器時代の集団関係に世帯－世帯共同体－氏族－部族という段階的な単系血縁集団の存在を想定した。こうした観点は分布論においても見られ、石器の地域差、文化系統の差異、遺跡群間の広がり、遺跡の地域的密集、一遺跡（集落）内の遺物に共通して見られる分布状況という相互に関連した項目を、分布の「階層」という形で捉えようとした（1978）。

集落研究においては、民族誌のデータを過去の実在のモデルとして投影するようなことではなく、あくまでも遺物が良好な状態で残っている日本以外の例を参考にすることを主張し、その線に沿ってG・ボジンスキーの『ゲナスドルフ』（小野訳1991）を訳出し、近年もドイツにおける研究状況・成果の紹介に努めている。

1980年代以降の小野は、野尻湖人類考古グループ内での骨器や骨に残る解体痕の比較研究に新しい研究分野の可能性を求め、近年その間の研究成果を「打製骨器」に関する体系的研究書として上梓している（小野2001）。比較の方法論、人為・非人為による骨の変形・破砕、アメリカのキャスパー遺跡の事例、中部ヨーロッパ・アジア・野尻湖立が鼻遺跡の事例、移動性と季節性、仮説・追証・反証にまつわる理論的課題などが取り上げられている。また、このほかの研究活動として、細石刃石器群と小型槍先形尖頭器を出す新潟県真人原遺跡の発掘調査を毎年主導し、報告書作成を指導し編集・出版し続けてもいる（小野編1992、1997、2002）。

6　白石浩之（1946～　）

麻生優とともに長崎県百花台遺跡や泉福寺洞穴遺跡の調査に当たった白石浩之は第1期のパラダイムを継承し、器種の認定やその細分型式の設定に基づく編年、地域的な分布、系統論、石器組成論などを、主に「茂呂系ナイフ形石器」と槍先形尖頭器を対象として一貫して展開して、第1期パラダイムの「通常科学」化に貢献した研究者である。

たとえば、ナイフ形石器については「茂呂系ナイフ形石器の細分と変遷に関する一試論」（1973）と「西南日本におけるナイフ形石器終末期の予察」（1978）での「茂呂系ナイフ形石器」の細分と

変遷の研究がある。「細石器文化の成立基盤を理解する前提として」、その終末期に焦点を当てた後者において、白石は「ナイフ形石器」を7型式に分類したうちの「C型ナイフ」、すなわち台形様石器・台形石器をウワダイラ型、百花台型、日ノ岳型、枝去木型の4形態に分類し、その際の模式図でウワダイラ型の例として日ノ岳遺跡第Ⅲ層出土の石器をあげていたことは注目に値する。そして、それらの台形様石器・台形石器が広域に分布することを明示し、ウワダイラ型が他よりも古く最古の段階に置き、日ノ岳型は百花台型に先行し、枝去木型はほぼ百花台型と同時期まで凌駕するものと推察していた。ただし他方で、台形様石器・台形石器を「ナイフ形石器」の変遷のなかで捉えていたために、編年案は、岩戸Ⅲ（国府型期）→石飛Ⅵ・上場Ⅵ・百花台Ⅵ→平沢良・日ノ岳Ⅲ・中山3・4→原B・日ノ岳Ⅱ・百花台Ⅳという形で、九州地方における「C型ナイフ」すなわち台形様・台形石器の発達をナイフ形石器主体の石器製作体系の崩れ現象と見なす、大きな誤りも犯している。同様に、九州地方を始めとしてナイフ形石器が一様に小型化・幾何形化・細石器化する傾向に注目して、その変容の過程を各地方ごとに検討した「ナイフ形石器文化終末期の様相」（1986）や「関東地方におけるナイフ形石器文化終末期の様相」（1995）など、ナイフ形石器終末期の型式学的編年研究がある。さらに、とくに関東地方を中心とした旧石器時代の層位的出土例からAT降灰前後で石器群の様相に大きな変化があったことを指摘した「考古学と火山灰」（1983a）は、白石がいうように両石器群が系統の異なるものであるかどうかは別にして、重要である。その背景に人口の増加、生活形態の変化、労働形態の組織化を予測しているが、それらは実証的研究が伴わず推測の域を出なかった。

　同じく白石の以前からの研究テーマであった槍先形尖頭器石器群についても、多様で広範囲に分布する槍先形尖頭器の編年を試みている。「旧石器時代における角錐状石器の様相」（1979）や「尖頭器の製作技術とその様相」（1983b）で槍先形尖頭器の製作技術と角錐状石器に関して、九州の角錐状石器を含む石器群の変遷を3段階に区分し、接合例やそれぞれの技術的特徴から、ナイフ形石器と槍先形尖頭器の技術的基盤が類似していることも説明した。槍先形尖頭器の形態分類（型式設定）とその全国編年を試みた『旧石器時代の石槍』（1989）は、その総括的研究書である。そのほかにも縄紋文化の起源を論じたり（1988）、関東地方を中心として立川ロームの基底層から出土してきた石器群を論じたり（1996）と、幅の広いかつ息の長い研究姿勢を貫いている。学位請求論文の表題は『石槍の研究』（2001）となっているが、白石のこれまでの業績の集大成であって、良くも悪くも第1期パラダイムの典型となっている。

7　鈴木忠司（1946〜　）

　鈴木忠司の関心事は多様である。鈴木はまず細石刃石器群の研究で業績をあげた。西南日本における「細石刃文化」を論じるなかで、長崎県野岳遺跡出土の資料から「野岳型細石刃核」を抽出し（鈴木1971）、さらに東海地方の「細石刃文化」について論じるなかで「海老山技法」を提唱した（鈴木1979）。他方で、「先土器時代」の集落景観の復元を最重要課題として、個体別資料の分布、接合関係、置石・礫ブロックおよび土坑の分析を通して、静岡県寺谷遺跡（鈴木編1980）では同時存在の二つの世帯ユニットを、また富山県野沢遺跡（鈴木編1983）においては三つの世帯ユニ

ットを抽出した。

　こうした第2期に典型的な作業をリードして行うかたわら、「先土器時代」遺跡論の新たな試みの「生活空間論」の例として「日本細石刃文化」の地理的背景を探求し、遺跡が低い標高の平坦地という特異な立地にあることから、その生業活動を示唆した（鈴木 1983、1985）。加藤晋平が追及した「細石刃文化」と漁撈活動の関係を否定したところに特徴がある。また当時の食料問題と生業を考える際に植物質食料を考慮する必要から、それに関する素描を行う（鈴木 1988）など、余人に先行した問題意識を表明した。『先土器時代の知識』（1984）で旧石器時代と縄紋時代の生活空間・土地利用形態・生業の違いをわかりやすく論じている。石器研究以外にそうした新しい研究領域を開拓しながら、静岡県磐田原台地の匂坂中遺跡群（鈴木編 1994、1996）、あるいは大分県丹生遺跡（鈴木編 1992）など、層位的データの乏しい石器群の整理・分析およびその解釈にも抜きん出た才能を発揮している。「岩宿時代」の呼称を復活させて（1990）、時代呼称問題に一石を投じたことも記憶に新しい。

　近年は、イノシシ猟の土俗考古学的調査（1992）を実施するかたわら、実験考古学的研究にも関心を向けている。先にあげた寺谷遺跡の報告書で貯蔵穴と解釈した大型の深い土坑について、「岩宿時代」の類例—宮城県青葉山遺跡E地点、同支倉遺跡、同中峯C遺跡、群馬県勝保沢中ノ山遺跡、埼玉県大山遺跡、千葉県木の根遺跡（空港No.6遺跡）、東京都ICL Loc.15、同四葉遺跡E地区チ地点、同菅原神社台地上遺跡、同鈴木遺跡農林中央金庫地点、神奈川県長井台地遺跡群、福井県椎ノ木山遺跡第2地点、長崎県牟田の原遺跡、宮崎県垂水第Ⅰ遺跡、同南学原第2遺跡、鹿児島県仁田尾遺跡、同大久保遺跡、同鹿村ヶ迫遺跡—を集成し、近年発見された静岡県下原遺跡・加茂ノ洞B遺跡・初音ヶ原遺跡群などAT下位層準の例に照らし合わせて貯蔵穴説を撤回するとともに、南関東の武蔵野台地Ⅶ層段階と細石刃石器群期と縄紋草創期に土坑の盛行期を予想した。そして「岩宿時代」後期に狩猟法のなかの待ちの狩として罠猟が多様化・発達し、そうした動向のなかで陥し穴が出現したとして、次のように記述している。「後期岩宿時代にはいり、とくにナイフ形石器の普遍化するⅦ層段階以降、攻めの狩として穂先にナイフ形石器を装着した槍を用いた投げ槍猟が発達し、大、中型動物を対象とした狩を行い、これとあわせてノウサギなどの小動物を対象にククリ罠などが常用されさらに、イノシシ、シカなどの中型動物に加え小型動物も意識しつつ、陥穴も設置されたのであろう」（鈴木 1996）。

8　松藤和人（1947～　）

　同志社大学による大阪府と奈良県にまたがる二上山北麓に分布する遺跡群の分布調査の結果に基づいて、鎌木義昌によって提唱された瀬戸内技法の再検討・再定義をして以来、国府石器群とそれをめぐる諸問題にもっとも関心を寄せ（1985a）、研究を続けているのが松藤和人である。その一方で「舟底形石器」の編年を試み（1981）、とくにAT前後の石器群を中心に西日本における「ナイフ形石器文化」の諸様相に関心を広げ、大分県岩戸遺跡Ⅰ・佐賀県船塚遺跡第Ⅶ層石器群を中心とした九州における国府系石器群の系譜を追った（1985b）。西日本においてもATとの層位的関係をもって出土する石器群の検出例が増加してきた状況のなかで、松藤はAT前後の石器群を中心にいち

早く編年および文化系統の分野での西日本の再編を試みた（1985c）。

　その延長において、その始源の解明、伝統の変遷と後半期石器群との関連性、地域的変異とその系統関係の究明が課題であろうとの認識にたって、西日本におけるAT下位石器群の既存の様相を再度検討している（1987b）。剥片剥離技術について松藤は、「並行剥離技術が特異な発達を見せ、主要な剥片生産基盤をなすグループ（駒方、百枝Ⅲ、恩原第Ⅰ地点最下層文化）、並行剥離技術を部分的に伴うとはいえ、剥片生産基盤の主体は交互剥離・打面転位剥離・求心状剥離技術の複合からなるグループ（曲野、地宗寺、七日市、上場6上石器群）、そして最初のグループとは並行剥離技術の発達度合いの面では遜色が認められるものの、並行剥離技術によって得られた縦長剥片を意識的にナイフ形石器の素材に供する一方で他の剥片剥離技術を随伴するグループ（石飛、百花台、早風A地点、戸谷1・4・5地点、板井下層）に分け」、さらに剥片剥離技術に加えて、石器組成と石器形態を検討して、「①曲野6層石器群を代表とする切出形石器・台形石器・刃部磨製石斧を主要な構成要素とするA群、②戸谷第4・5地点X層、野原早風A地点下層石器群に代表されるような多様な剥片剥離技術の複合をみせながらも、並行剥離技術によって得られた縦長剥片の打面を基部とし、打面を残置した一側縁または二側縁加工のナイフ形石器と刃部磨製石斧を伴うB群、③百枝Ⅲ・駒方下層・恩原最下層の石器群に代表されるような並行剥離技術が特異な発達を見、石刃または縦長剥片素材の斜め整形を施した二側縁加工の端正なナイフ形石器を顕著に伴うC群に大別」して、それらが時期を一部異にしながらもモザイク状に広がっていたと結論づけた。さらに、始良Tn火山灰降下の壊滅的被害を被った南九州のAT直後の石器群を追究し、熊本県狸谷遺跡の入戸火砕流（AT）直上の「狸谷Ⅱ石器文化」中の切出形石器が技術・形態的にきわめて規格性の高いのに注目して、それらを「狸谷型ナイフ形石器」と命名した。そして、「AT降灰後の一時期にあって南九州を中心に盛行した小形切出形・三角形ナイフ形石器との関連を指摘し、……狸谷型ナイフ形石器の系譜を議論する場合、それらの祖型形態としてAT下位の上場Ⅵ層石器群・狸谷Ⅰ石器群に伴う小形切出形・三角形ナイフ形石器も有力な候補にあげられる」とした(1992)。「石器文化」のダイナミックな変動を時間の流れのなかで地域相互の比較研究をもとに把握する手法は、さらに韓国出土の剥片尖頭器を手がかりに、大陸へと拡大されつつある（1987a）。

　なお、近年の諸論文を含む松藤のほぼ全業績をまとめた包括的な研究書が出ている（1998）。

9　岡村道雄（1948～　）

　芹沢長介に師事した岡村道雄の初期の研究は先駆的性格が著しい。長野県石子原遺跡や福島県平林遺跡などの調査を通しての「前期旧石器」時代の始源と終末に関する研究（岡村1976a、b、c）は—「座散乱木遺跡」や「馬場壇遺跡」など宮城県内の「前期旧石器」関連の諸遺跡の発掘調査に主導的にかかわり、「日本の前期旧石器存否論争」に決着をつけたと宣言した事実にもかかわらず—、今もその重要性に変わりはない。石器群が遺跡に残る状態を「遺棄」と「廃棄」という側面から検討した論考（岡村1979）もまたそうである。当初からの研究テーマであった「前期旧石器文化」から「後期旧石器文化」への移行についても繰り返し論じ（岡村1990a）、そうした研究活動を総括する『日本旧石器時代史』（岡村1990b）を上梓した。内的発展論者と目された岡村道雄で

あるが、そこでは伝播論者の立場でつごう5波の流入を図表化して説明している。すなわち、「約20万年前と40万年前前後に周口店動物群と原人が小型剥片石器をもって南ルートで」流入した第1波、「5、6万年前にマンモス動物群と古代型ホモ・サピエンスがムスチェ文化の影響のある剥片石器をもって、北ルートで」流入した第2波、「3万年前にマンモス動物群と石刃技法あるいは現代型ホモ・サピエンスが北ルートで流入の可能性」ある第3波、「1.4～1.3万年前、主に北ルートで細石刃石器群（湧別技法など）と荒屋型彫刻刀形石器、一部南ルートで細石刃石器群（福井技法など）が」流入した第4波、「神子柴・長者久保石器群と無文土器が北ルートで」流入した第5波、という描像であった。その後も類書（岡村1998など）を矢継ぎ早に出し続けていたが、その内容は次々に更新されていった「最古の」石器群を追う形となっていったために、「前期旧石器時代遺跡捏造」の発覚に伴い、著作（岡村2000）の回収という事態に追い込まれてしまった。

10　戸田正勝（1948～　）

　戸田正勝も芹沢門下に連なる一人である。東京都鈴木遺跡の調査に長らく携わり、当遺跡の石器、とくに槍先形尖頭器の型式学的考察を試み、Ⅲ層におけるユニットの形成と性格を論じた（戸田1983、1989a）。その一方で、戸田の研究を特徴づけているのが、岡村道雄が提唱した「祖型石刃技法」を受けて取り組んだ南関東における石刃技法の起源の問題である（戸田1979）。武蔵野台地における旧石器研究の諸成果を足がかりにして、「茂呂系ナイフ形石器文化」の成立と変遷に関する考察を繰り返し行っている（戸田1987、1988、1992）。石刃技法の淵源を「前期旧石器」時代に求め、その延長において北関東の「前期旧石器」時代における「握斧」系譜の跡づけ作業を行いながら、ついには芹沢の「珪岩製旧石器」が栃木県星野遺跡S地点のものを除いて偽石器であるという結論に達した（戸田1989b）。そして「上富士遺跡」の崖錐堆積物を検討して「珪岩製旧石器」の成因を探り出している（戸田1996）。近年、鈴木遺跡御幸第Ⅰ地点の「ⅩⅠ層下部からⅩⅡ層」にかけて包含されていた石器群を、鈴木遺跡地下通路部分Ⅹ層石器群と対比させて、それらが移行期の石器群であることを強調している（戸田1997）。それまでの研究成果を簡便な入門書としてまとめている（戸田1999）が、戸田も栃木県「七曲遺跡」で「前期旧石器時代遺跡捏造」問題の関係者にされている。

11　萩原博文（1949～　）

　萩原博文は西北九州、とくに遺跡の形成状況がけっして良いとはいえない平戸で1970年代から発掘調査を続けて、その地の石器群の変遷を明らかにするとともに、たいへんユニークな研究活動を続けている。橘昌信との連名で、東九州と西・南九州とで石器群に相違が見られるのは、それぞれが乾燥草原的環境と適湿森林環境への適応の結果である、という興味深い研究発表が最初に注目された（橘・萩原1983）。萩原は長崎県中山遺跡出土石器の機能推定に、石器製作の属性と使用痕との相関を統計的に処理する方法を導入して、そのユニークな研究でも注目された（1987など）。そのほかに、南関東の編年に基づく九州地方の石器群の編年を中心とした西日本の様相（1980）、下川達弥との共同での台形石器の型式からAT層直上の百花台Ⅵ層を最古とする日ノ岳→磯道→百花

台Ⅳ層→野岳→福井4層とした変遷観（下川・萩原 1983）、原ノ辻型台形石器の明確な分類（1983）、北部九州における「ナイフ形石器文化」の構造（1985）、などを論じた。

　1980年の論文では「領域論」、「人口論」も次のように展開していた。遺跡が群集する九州の「核地帯」として、西北九州、福岡地域、東北九州、熊本平野、出水地域、宮崎平野、鹿児島周辺をあげ、それらはおそらく婚姻関係によって結ばれた友好的ないくつかのバンドが生活する地域社会であったろうとした。核地帯内部にもさらに石器密集地域が認められる場合、それはバンドの成員が主たる生活の基盤とする「基礎地域」であって、西北九州核地帯では、唐津周辺、平戸・松浦周辺、佐世保周辺、西彼杵半島、大村周辺、島原半島を拠点とする六つ以上のバンドの存在を予測した。さらに平戸・松浦周辺を例に取ると、星鹿半島、田平、度島といった小さな空間に遺跡の集中が認められるという。バンドの構成人口を50人とすれば、核地帯の人口で300人、九州全域では約2,000人、さらに当時の海面低下を考慮してその1.5倍ほどの人口を考えている。

　1990年代に入っても萩原の研究活動に衰えは見られない。萩原の石器分類方法は独自のものである。定形石器を「ナイフ形石器類」「台形石器類」「尖頭器類」の3類にまず分け、「ナイフ形石器類」として「柳葉ナイフ、三角形ナイフ、片側縁加工ナイフ、端部加工ナイフ、基部加工ナイフ、剥片尖頭器」の諸器種に、「台形石器類」として「台形石器、平坦細調整台形石器、切出形石器、端部加工石器」の諸器種に、「尖頭器類」として「三稜尖頭器、槍先形尖頭器」の諸器種に分類する。分類だけに止まらず、そのうえで「ナイフ型石器文化期の剥片剥離技法は定形石器（とくにナイフ形石器類、台形石器類）の形態と強く結びついている。よって、細長のナイフ形石器類が主体を占める石器群では磯道技法などの石刃技法・縦長剥片剥離技術が発達し、台形石器類の豊富な石器文化では幅広・横広剥片剥離技術が優先している。なお、台形石器類の一部はある段階で石刃技法（縦長剥片剥離技術）と結びつくようであり、新期の百花台系統の台形石器は薄手の細長剥片を素材としている」という、技術的組織論に近い認識を表明するにいたっている（萩原・加藤 1991）。そしてその明快な掲載図——第5図の「ナイフ形石器・台形石器・尖頭器類の変遷図」——にもかかわらず、しかしながら、萩原のこの認識が筆者らの「二項モード」とは異質である。そのことは、「今後の課題」の項で、「この現象は安斎正人、佐藤宏之、田村隆らの方法論的視点と石器群の構造的把握によって説明できるかもしれない（安斎 1988、佐藤宏之 1988、田村隆 1989）。しかしながら、……」以下の記述によって明らかである。また、彼の第5図の前期と中期前半の「台形石器類」の欄が空白なことにも問題を残した。

12　安斎正人（1945～）

　筆者は1945年生まれで上記の研究者たちと同じ世代に属する。大枠では同じ教育と研究環境を共有してきたといえるが、学生のときの研究対象は主に西アジアの旧石器時代であった。東アジア・日本列島を展望した伝播・系統論に基づき、アフリカ・西アジア・インド半島の前期旧石器時代をテーマとする論文「アシュール系ハンドアックス石器群のアジアに於ける展開」（1983）を執筆した後に、その東に位置する地域の旧石器時代を伝播論・移住論を枠組にして構築しようと試みたが、その方法論的な限界を痛感し、試みは挫折した。

ちょうどその頃に渡辺仁が1985年に上梓した『ヒトはなぜ立ちあがったか』を読み、そこに提示された人類史の叙述方法と概念装置に少なからず衝撃を受けた。そこでは石器の記述は後景に退き、ヒトの行動が舞台の前面に登場していたからである。すぐに書評の形で言及し、次いで先史考古学の新しい方法論の探究に入った（1986/87）。そして米英のプロセス考古学と廣松渉の『生態史観と唯物史観』に出会って、「特殊進化」と「一般進化」、「システム」と「プロセス」、「生態考古学」と「社会考古学」などの対概念の互換性を意識しながら、日本考古学の方法の問題を論じた一著を上梓した（1990a）。

　そこで論じ切れなかった歴史性の問題を取り込みながら、同じ年に「考える考古学」を書いた（1990b）。ここに至って筆者自身の考古学の方法を「社会生態考古学」と呼び、その実践的作業を廣松の『生態史観と唯物史観』を参照して次のように設定してみた。すなわち、人間の対自然的作用関係＝産業という対象的活動における可変的な"項"たる「労働手段」の"進化"に即して、（人間－自然）生態系＝歴史の構造的編成と段階的進展の具体相を実証的に跡づける、と。さらに、同時期に行った廣松、渡辺との鼎談（安斎・ほか 1990）の席上での廣松の発言を聞くことで、「構造変動論」をはっきり自覚することができた。廣松の発言は次のようなものであった。「ひと昔前のイメージですと、狩猟民というのは、肉食獣か何かの、動物的なレベルと考えて、社会構造とか、道具の進歩というのも、連続的に少しずつ改善されていったということで、エコシステムというか、人間生態系の構造的な大変化ということに必ずしも着目しないかたちのものになっている。しかるに渡辺先生は、まさに一種の構造変動とでもいいましょうか、構造変動という言い方は危険な言葉ですが、……そういうところに着目して、この二段階ということをおっしゃったところに重大な意味があると思うんですね。同じ二足性といっても、ステップの違いがあるということを聞いただけでは便宜的な区分のように思われかねませんけれど、先生のお考えは構造変動と結びついていますから、質的な飛躍に照応する二段階設定ということになる」（46頁）。

　本論では構造変動論の視点から列島の後期旧石器時代史の叙述を試みる。その骨子は、中期旧石器時代（斜軸尖頭器石器群）から後期旧石器時代前半期（台形様・ナイフ形石器石器群）への移行の期間、後期旧石器時代前半期から後半期への移行の期間、後期旧石器時代から縄紋時代への移行の期間に見られた人間生態系の構造的な変化を明らかにすることにある。安田喜憲（1990）のように気候変動と固い関係で結ばれているという見方も可能ではあるが、石器群の変遷と気候変遷とは必ずしも対応しない。気候が人間の行動を規制はしているものの、人間の歴史は環境に決定されてはいない。人間の歴史はその文化や社会の側から書かれねばならない。縄紋時代の始まりの要因に関しても、更新世から完新世への気候変動とともに、後期旧石器時代後半期後葉の槍先形尖頭器石器群および細石刃石器群を残した各地の地域集団の伝統、集団間の社会的ネットワーク、地域集団の主体的行為などへの配視が必要である。

引用文献

麻生　優・加藤晋平・藤本　強(編) 1975/76『日本の旧石器文化』1～5、雄山閣。
安斎正人 1983「アシュール系ハンドアックス石器群のアジアに於ける展開」『岡山市立オリエント美術館研究

紀要』3、1-43頁。

安斎正人 1986/87「先史学の方法と理論 (1)〜(4)」『旧石器考古学』32、1-10頁、33、1-16頁、34、1-15頁、35、1-16頁。

安斎正人 1990a『無文字社会の考古学』六興出版。

安斎正人 1990b「考える考古学」『現代思想』12月号、68-77頁。

安斎正人 2000「台形様石器と台形石器―台形様・ナイフ形石器石器群 (3)―」『九州旧石器』第4号、53-70頁。

安斎正人 2003「石器から見た人の行動的進化」『考古学Ⅰ』78-128頁、安斎正人編・発行。

安斎正人・廣松　渉・渡辺　仁 1990「人類史の可能性」『現代思想』12月号、44-67頁。

安蒜政雄 1973「関東地方における切出形石器を伴う石器文化の様相」『駿台史学』第32号、23-65頁。

安蒜政雄 1977「遺跡の中の遺物」『季刊どるめん』15号、50-62頁。

安蒜政雄 1979a「石器の形態と機能」『日本考古学を学ぶ』(2)、17-39頁、有斐閣。

安蒜政雄 1979b「日本の細石核」『駿台史学』第47号、152-183頁。

安蒜政雄 1984「日本の細石器文化」『駿台史学』第60号、133-159頁。

安蒜政雄 1985「先土器時代における遺跡の群集的な成り立ちと遺跡群の構造」『論集 日本原史』193-216頁、吉川弘文館。

安蒜政雄 1986「先土器時代の石器と地域」『岩波講座 日本考古学5 文化と地域性』27-60頁。

安蒜政雄 1997「旧石器時代の集団―南関東の移動生業集団と石器製作者集団―」『駿台史学』第100号、147-172頁。

稲田孝司 1969「尖頭器文化の出現と旧石器的石器製作の解体」『考古学研究』第15巻第3号、3-18頁。

稲田孝司 1984「旧石器時代武蔵野台地における石器石材の選択と入手過程」『考古学研究』第30巻第4号、17-37頁。

稲田孝司 1986「縄文文化の形成」『岩波講座 日本考古学6 変化と画期』65-117頁。

稲田孝司 1989『哺乳動物化石の産状と旧石器文化』岡山大学文学部研究叢書2。

稲田孝司 1993「細石刃文化と神子柴文化の接点―縄文時代初頭の集団と分業・予察―」『考古学研究』第40巻第2号、21-46頁。

稲田孝司（編）1996『恩原2遺跡』恩原遺跡発掘調査団。

稲田孝司 2001『遊動する旧石器人』岩波書店。

岡村道雄 1976a「北関東前期旧石器時代における2石器群」『野州史学』第3号、1-12頁。

岡村道雄 1976b「約2万5千年前とそれを遡る時期の東アジア旧石器文化と日本の関連」『文化』第40巻第1/2号、1-30頁。

岡村道雄 1976c「日本前期旧石器時代の始源と終末―石器群変遷からの前期旧石器存在の立証―」『考古学研究』第23巻第3号、73-92頁。

岡村道雄 1979「旧石器時代遺跡の基礎的理解について―遺棄と廃棄―」『考古学ジャーナル』No.167、10-12頁。

岡村道雄 1990a「前期旧石器文化から後期旧石器文化への移行について」『伊東信雄先生追悼 考古学古代史論攷』1-23頁。

岡村道雄 1990b『日本旧石器時代史』雄山閣考古学選書33。

岡村道雄 1998『石器の盛衰』歴史発掘1、講談社。

岡村道雄 2000『縄文の生活誌』日本の歴史01、講談社。

小田静夫 1971「台形石器について」『物質文化』18、1-13頁。

小田静夫 1977「先土器時代の東京―『野川以後』の研究史―」『季刊どるめん』15号、32-49頁。

小野　昭　1969「ナイフ形石器の地域性とその評価」『考古学研究』第16巻第2号、21-45頁。
小野　昭　1975「先土器時代石材運搬論ノート」『考古学研究』第21巻第4号、17-19頁。
小野　昭　1976「後期旧石器時代の集団関係」『考古学研究』第23巻第1号、9-22頁。
小野　昭　1978「分布論」『日本考古学を学ぶ』(1)、36-47頁、有斐閣選書。
小野　昭　2001『打製骨器論―旧石器時代の探求―』東京大学出版会。
小野　昭（編）1992/1997/2002『真人原遺跡Ⅰ』『真人原遺跡Ⅱ』『真人原遺跡Ⅲ』真人原遺跡発掘調査団。
加藤晋平　1985『シベリアの先史文化と日本』六興出版。
加藤晋平　1988『日本人はどこから来たか―東アジアの旧石器文化―』岩波新書26。
加藤　稔　1992『東北日本の旧石器文化』雄山閣考古学選書35。
鎌木義昌　1956「刃器文化」『先土器時代』日本の考古学Ⅰ、131-144頁、河出書房。
木村英明　1995「黒曜石・ヒト・技術」『北海道考古学』第31輯、3-63頁。
木村英明　1997『シベリアの旧石器文化』北海道大学図書刊行会。
木村英明（編）1998/99『シベリアの細石刃石器群』『シベリアの細石刃石器群(2)』日本および日本文化の起源に関する学際的研究・研究報告書、考古学資料2・8。
木村英明（編）1999『北東アジアにおける石刃鏃文化』日本および日本文化の起源に関する学際的研究・研究報告書、考古学資料6。
小林達雄　1967「長野県西筑摩郡開田村柳又遺跡の有舌尖頭器とその範型」『信濃』第19巻第4号、25-32頁。
小林達雄　1970「日本列島における細石刃インダストリー」『物質文化』16、1-10頁。
佐藤宏之　1992『日本旧石器文化の構造と進化』柏書房。
下川達彌・萩原博文　1983「西北九州における旧石器時代石器群の編年（上）（下）」『古代文化』第35巻第6号、14-24頁、第35巻第9号、21-27頁。
白石浩之　1973「茂呂系ナイフ形石器の細分と変遷に関する一試論」『物質文化』21、41-55頁。
白石浩之　1978「西南日本におけるナイフ形石器の予察」『神奈川考古』第3号、1-30頁。
白石浩之　1979「旧石器時代における角錐状石器の様相―特に九州地方を中心として―」『大平台史窓』第3号、1-11頁。
白石浩之　1983a「考古学と火山灰―特に関東地方を中心とした旧石器時代の層位的出土例と石器群の様相―」『第四紀研究』第22巻第3号、185-198頁。
白石浩之　1983b「尖頭器の製作技術とその様相」『野州史学』第5号、1-15頁。
白石浩之　1986「ナイフ形石器文化終末期の様相―相模野台地の茂呂型ナイフ形石器について―」『神奈川考古』第22号、1-21頁。
白石浩之　1988「縄文文化の起源をめぐる問題―有舌尖頭器からの一提言―」『神奈川考古』第24号、65-80頁。
白石浩之　1989『旧石器時代の石槍』UP考古学選書7、東京大学出版会。
白石浩之　1995「関東地方におけるナイフ形石器文化終末期の様相―月見野期を中心として―」『古代文化』第47巻第1号、13-29頁。
白石浩之　1996「中期旧石器時代終末から後期旧石器時代にかけての石器群に対する新視点」『神奈川考古』第32号、19-36頁。
白石浩之　2001『石槍の研究―旧石器時代から縄文時代初頭期にかけて―』未完成考古学叢書④、ミュゼ。
杉原荘介（編）1965『先土器時代』日本の考古学Ⅰ、河出書房。
鈴木忠司　1971「野岳遺跡の細石核と西南日本における細石刃文化」『古代文化』第23巻第8号、175-192頁。
鈴木忠司　1979「東海地方の細石刃文化について」『日本古代学論集』、1-34頁。

鈴木忠司(編) 1980『寺谷遺跡』平安博物館。

鈴木忠司 1983「日本細石刃石器文化の地理的背景―先土器時代遺跡論の試み―」『古代学論叢』161-191頁、角田文衞先生古希記念事業会。

鈴木忠司(編) 1983『野沢遺跡』平安博物館。

鈴木忠司 1984『先土器時代の知識』考古学シリーズ3、東京美術。

鈴木忠司 1985「再論 日本細石刃文化の地理的背景―生業論への視点―」『論集 日本原史』161-191頁、吉川弘文館。

鈴木忠司 1988「素描・日本先土器文化の食糧と生業」『朱雀』第1集、1-40頁。

鈴木忠司 1990「先土器・旧石器そして岩宿時代―時代呼称問題によせて―」『古代学研究所研究紀要』第1号、1-17頁。

鈴木忠司 1992「三州愛郷猪狩記」『朱雀』第5集、75-108頁。

鈴木忠司(編) 1992『大分県丹生遺跡群の研究』古代学研究所研究報告第3輯。

鈴木忠司(編) 1994『匂坂中遺跡群』磐田市教育委員会。

鈴木忠司(編) 1996『匂坂中遺跡群Ⅱ』磐田市教育委員会。

鈴木忠司 1996「第4節 岩宿時代の陥穴状土坑」、「第6節 岩宿時代の陥穴状土坑をめぐる二三の問題」『下原遺跡Ⅱ』109-146頁、151-166頁、静岡県埋蔵文化財調査研究所調査報告第72集。

芹沢長介 1982『日本旧石器時代』岩波新書209。

橘 昌信 1975「宮崎県船野遺跡における細石器文化」『考古学論叢』3、1-69頁、別府大学考古学研究会。

橘 昌信(編) 1990『松山遺跡』別府大学付属博物館。

橘 昌信(編) 1993『駒方津室迫遺跡の構造論的研究―剥片剥離・石器製作技術の考察と遺跡の復元―』別府大学付属博物館。

橘 昌信 1999「南九州の旧石器文化―鹿児島県におけるAT下位石器群の最近の調査―」『鹿児島考古』第33号、59-73頁。

橘 昌信(編) 1999『牟礼越遺跡』三重町教育委員会。

橘 昌信 2002「後牟田遺跡AT下位石器群と九州における後期旧石器時代前半期の変遷」『後牟田遺跡』409-429頁。

橘 昌信・萩原博文 1983「九州における火山灰層序と旧石器時代石器群」『第四紀研究』第22巻第3号、165-176頁。

橘 昌信・佐藤宏之・山田 哲(編) 2002『後牟田遺跡―宮崎県川南町後牟田遺跡における旧石器時代の研究―』後牟田遺跡調査団・川南町教育委員会。

戸沢充則 1968「埼玉県砂川遺跡の石器文化」『考古学集刊』第4巻第1号、1-42頁。

戸沢充則 1975「インダストリー論」『日本の旧石器文化』1、64-73頁、雄山閣。

戸沢充則 1990『先土器時代文化の構造』同朋舎出版。

戸田正勝 1979「南関東における石刃技法の起源」『考古学ジャーナル』No.167、45-48頁。

戸田正勝 1983「尖頭器の型式学的一考察―東京都鈴木遺跡の場合―」『大平台史窓』第2号、1-23頁。

戸田正勝 1987「鈴木遺跡をめぐる旧石器時代の諸問題（一）」『大平台史窓』第6号、32-60頁。

戸田正勝 1988「茂呂系ナイフ形石器文化の成立に関する一試論」『大平台史窓』第7号、19-50頁。

戸田正勝 1989a「鈴木遺跡におけるユニットの形成と性格―Ⅲ層ユニットを中心として―」『考古学論叢Ⅱ』53-68頁、芹沢長介先生還暦記念論文集刊行会。

戸田正勝 1989b「北関東前期旧石器の諸問題」『大平台史窓』第8号、1-44頁。

戸田正勝 1992「鈴木遺跡におけるナイフ形石器群の構造と機能論的考察―刺突系石器と切截系石器―」『大平台史窓』第11号、1-38頁。
戸田正勝 1996「『珪岩製旧石器』再考」『國學院大學栃木短期大學紀要』第30号、131-149頁。
戸田正勝 1997「鈴木遺跡御幸第Ⅰ地点石器群の再検討」『國學院大學栃木短期大學紀要』第31号、83-93頁。
戸田正勝 1999『旧石器』考古学ライブラリー67、ニュー・サイエンス社。
萩原博文 1980「西南日本における旧石器時代石器群の様相」『考古学研究』第26巻第4号、46-75頁。
萩原博文 1983「原の辻型台形石器について」『人間・遺跡・遺物―わが考古学論集 1―』55-75頁、発掘者談話会。
萩原博文 1985「北部九州におけるナイフ形石器文化の構造」『國學院大學考古学資料館紀要』第2輯、72-90頁。
萩原博文 1987「中山遺跡出土ナイフ形石器の多変量解析による再検討」『平戸市の文化財』23、11-16頁。
萩原博文・加藤有重 1991「平戸諸島における旧石器文化の諸様相」『九州旧石器』第2号、3-28頁。
ボジンスキー G.(小野　昭訳) 1991『ゲナスドルフ―氷河時代狩猟民の世界―』六興出版。
町田　洋・新井房夫 1976「広域に分布する火山灰―姶良Tn火山灰の発見とその意義―」『科学』第46巻第6号、339-347頁。
松藤和人 1985a「瀬戸内技法・国府石器群研究の現状と課題」『旧石器考古学』30、191-134頁。
松藤和人 1985b「九州における国府系旧石器の系譜―岩戸Ⅰ・船塚Ⅶ層石器群を中心として―」『肥後考古』5号、181-200頁。
松藤和人 1985c「西日本におけるナイフ形石器文化の諸様相―とくに姶良Tn火山灰前後の石器群を中心に―」『信濃』第37巻第4号、61-86頁。
松藤和人 1987a「海を渡った旧石器"剥片尖頭器"」『花園史学』第8号、8-19頁。
松藤和人 1987b「西日本におけるAT下位の石器群」『国立歴史民俗博物館研究報告』第13集、206-230頁。
松藤和人 1992「南九州における姶良Tn火山灰降灰直後の石器群」『考古学と生活文化』同志社大学考古学シリーズⅤ、21-35頁。
松藤和人 1998『西日本後期旧石器文化の研究』学生社。
安田喜憲 1990『気候と文明の盛衰』朝倉書店。
渡辺　仁 1985『ヒトはなぜ立ちあがったか―生態学的仮説と展望―』東京大学出版会。
渡辺　仁 1996「遺物から道具へ―理論考古学のためのパラダイム転換―」『先史考古学論集』第5集、1-9頁。
Binford, L.R. 1980 Willow smoke and dog's tails: hunter-gatherer settlement systems and archaeological site formation. *American Antiquity* 45(1): 4-20.
Dibble, H.L. 1995 Middle Paleolithic scraper reduction: background, clarification, and review of the evidence to date. *Journal of Archaeological Method and Theory* 2: 299-368.
Lewenstein, S.M. 1991 Woodworking tool at Cerros. In T.Hester and H.Shafer (eds.), *Maya Stone Tools*, pp.239-249. Prehistory Press: Madison.
Oda, S. 1969 Some aspects of Japanese Preceramic Age: the microlithic tendency in the southwestern parts of Japan.『人類学雑誌』第77巻第5・6号、224-245頁。

第Ⅱ章　パラダイム転換のための基礎作業

1　脱伝播系統論

　日本列島における先史時代の文化的変遷は大陸など周辺地域との関係を重視して、文化の新しい要素を抽出しては画期の目安とし、その節目節目を新しい文化をもつ集団の大陸からの移住に伴う文化伝播として説明してきた。このことは日本列島が北から南西にかけてアジア大陸の東海岸に平行して、また太平洋の西側縁辺に弧状をなして位置するので、北端ではサハリン島と千島列島経由で、中央部では小笠原諸島とミクロネシア経由で、西端では朝鮮半島経由で、南端では南西諸島と台湾とフィリピン経由で、それぞれ渡来できると考えられてきたからである。主たる生業が狩猟採集であった旧石器時代においても、更新世氷河期のある時期には、間宮海峡・宗谷海峡・津軽海峡・対馬海峡・朝鮮海峡は陸化しており、したがって中国南部の万県動物群や中国北部の周口店動物群と黄土動物群の渡来・大量移入と絶滅の繰返しによって、哺乳動物相の変遷が説明されてきたことと関係している。すなわち、列島と大陸間に陸橋が形成されるたびごとに、移動してくる動物群を追って新たな狩猟民が次々に陸続きとなった旧列島内にやってきては交代を繰り返してきた、という歴史のシナリオを多くの考古学者は前提にしてきたのである。

　新しいところでは、先に言及した岡村道雄の5波の渡来説がある（27頁参照）。ところが、日本の中・後期更新世の哺乳動物相について、河村善也らによる最近の古生物学上の見解によると、動物群は中期更新世の中葉以来、日本列島特有の森林環境への適応や地理的隔離によって固有化した固有種の割合が高いという特徴があるようである。そしてとくに重要なことは、後期更新世前葉になって新たに大陸から渡来したと断言できるような種類が見られず、後期になってウマ・ヘラジカ・オーロクス・バイソンが大陸北部から渡来したが、この現象が当時の動物相の特徴を大きく変えることはなかったという点である（河村・ほか 1989）。旧石器時代人の遊動形態と動物群の移動形態との相関性は今のところ明らかでないが、少なくとも古生物学上の新見解は従来の考古学的前提の再検討を要求するものであった。

　ここで筆者は伝播そのものを否定しているのではない。私たちは周りの文化要素の多くが外から伝えられたものであることを経験的に知っている。問題視しているのは、先史時代の文化伝播をいうとき、一般には物質、たとえば「渡来石器」が時間の経過に連れて空間的場所を移動するだけであって、「渡来石器」自体は常に自己同一的に捉えられて、周囲の具体的存在が排除されてしまうことである。伝播論においては伝播物のみがもっぱら実体性をもち、周囲の存在との関係性は編年的な座標軸としてしか問題にならない。しかし、伝播とは周囲の具体的な時空間的存在との相互関係・交通関係であって、つまりは布置的関係態の変遷過程にほかならない。それゆえ、伝播による

文化変化を実態に即して捉えようとするならば、関係態の編成的変化を追究する必要がある。

英米考古学においては、ゴードン・チャイルドを最後に伝播・移住論は下火となっていたが、プロセス考古学とポストプロセス考古学との対立を自覚するなかで、システム論・構造論的アプローチを通過した再評価、すなわち「移住の構造」を問題化する研究者が現れている(Anthony 1990)。翻訳の出ているアーヴィング・ラウスの『先史学における移住』（小谷訳 1990）もその流れの一環にある。日本考古学において伝播論の再構築を困難にしているのは、伝播元と見なされてきた大陸側のいずれの地域においても、遺物・遺構・コンテクスト研究や地域的編年研究が比較研究にとって十分ではなく、そのため移住仮説の考古学的検証ができない点にある。そういうわけで、東北アジアを日本文化の起源論から開放して、〈環日本海生態系〉における時空間的構造化の形成過程という視座からのモデルを開拓すべきである、というのが筆者の主張である。

2　型式学の再構築

考古学研究の基本的かつ伝統的な方法論の一つである分類学の重要性は今も変らない。石器の分類は旧石器時代研究の基礎的な作業である。しかし、だからといってその分類法自体も変らなくていいということはない。普遍的分類法というものはないのである。今までの石器の分類は「石器文化論」をパラダイムとして行われてきた。周知のように、考古学においても現在パラダイム転換が図られている。筆者はそれを旧石器時代研究における「石器文化論」から「構造変動論」への転換として試みている。当然、その一環として石器の分類法と呼称法の転換も必要となっている。

遺物や遺構の型式に実質的な意味を見出そうとする本質主義への懐疑は、佐藤達夫の「異系統土器論」（佐藤 1974）にすでに表明されていた。科学的な考古学は疑うことから始まる。いかなる権威も例外ではなく、「山内型式学」もまた例外ではなかった（大塚 2000）。実在するのは個々の遺物や遺構であって、誇張していえば、型式はあくまでも分類上の便宜的な記号である。その点は型式名称によく表れている—卑近な例でいえば、最近刊行された北海道礼文島船泊遺跡の報告書では「石匙」を「つまみ付きナイフ」とした結果、遺跡の機能的性格が鮮明化されている—。絶対に正しいという型式論はないのであって、極論すれば、型式は研究者ごとに設定可能である。「発展段階論」に基づく型式もあれば、「進化系統論」あるいは「社会生態論」を背景とする型式もありうる。「デザイン論」あるいは「動作の連鎖論」からの型式設定も可能である。田村隆の言葉を借りれば、「新しい分類システムを採用することは、新しい分節原理に基づいた、新しい語りをはじめることだ。新しい統辞法や修辞法、つまり文体をつくりだすことである」（田村 2001）。科学的考古学の知的体系は仮説の体系であって、絶対的な真理を前提とするものではないからである。

型式は実在ではないといったが、石器を正確に理解する有効な方法は竹岡俊樹の仕事に見るように個々の石器の科学的な記述に基づく型式学である（竹岡 1989）。ただし、以前から筆者は、いまだ出土事例の少ない石器について他人と見方が異なる場合には、共通の属性を強調して「素刃石器」とか「基部加工尖頭形剥片」とか、仮称で呼んできた。これは筆者が「固体識別法」と呼ぶ佐藤達夫の遺物の見方を踏襲したもので、絶対的な型式を保証するのではなく、相対的に確からしいものを提案して、従来気づかれなかった新しい問題を提起しようとすることにある。

それとは別途に、今日常用されている分類と呼称に対する異議申立ての道がある。ある種の石器の呼称は厳密性に欠けており、考古学における非科学的面の一例となっている。たとえば「ナイフ形石器」がそうであって、AT下位の石器群が十分に認識される前に設定されたこの器種は、使用者たちの「石器文化」観を強く反映してきた。今では定義があいまいになり、適用範疇も拡大の一途である。この場合は、加工部位－形態－素材の三名法を使って「背部加工尖頭形石刃石器」（茂呂型例など）・「背部加工尖頭形剥片石器」（国府型など）を正式名称とし、「ナイフ形石器」は通称とすればよいと考えている。筆者は「ナイフ形石器」の発生前後の当該石器類の系統関係を考慮して、ナイフ形石器は背部加工のある尖頭形石器（「有背刃器」）に限定し、いわゆる「基部加工ナイフ形石器」を範疇からはずして、新たに「基部加工尖頭形石刃石器」（「有茎刃器」）―ナイフ形石器に対応する通称としては尖頭形石器―のカテゴリーを設けた(安斎 2000a)。後期旧石器時代開始期前後に見られた個々の石器の進化系統関係を明示したいがためであった。前記のようなパラダイム転換に関連した提案であったが、反応した研究者はわずかであった（佐藤 2000、田村 2001）。

田村隆は筆者と同様の趣旨で範疇の拡大した感のある「台形様石器」にメスを入れ、「端部整形石器」―「端部整形刃器」と「端部整形尖頭器」―を分離して新たな範疇を設定した（田村 2001）。また筆者は、「台形様石器」と「台形石器」の混用を解決する目的で、学史的背景と両石器の編年的位置を勘案して、前者を剥片素材のもの、後者を石刃素材のものとするように提案した（安斎 2000b）。

後期旧石器時代は「ナイフ形石器文化」の時代とされてきた。しかしながら、上記のような石器型式の点検・再構築を行って見ると、少なくとも東北日本の前半期においては石器群の変遷は、まず小型剥片石器モードに始まり、小型剥片石器モードと石刃石器モードの二項的あり方を介在させた後、石刃石器モードに収斂していったようである。石刃石器モードにおいても、尖頭形石器を基幹としてナイフ形石器は派生的・副次的な存在であった。そこで学史的背景も考慮して、前半期の石器群を「台形様・ナイフ形石器石器群」―実質的には「台形様・尖頭形石器石器群」―と呼ぶことも提案した（安斎 1997）。以上の論点はいずれも本著の基盤を構成している。

3　研究法の階層構造

(1)　四つの段階

人文社会系科学であれ自然系科学であれ、今日、いずれの研究領域においても研究目的・研究対象の具体性および抽象度に応じて階層的な研究戦略・戦術がとられている。考古学も例外ではなく、発掘から一般理論の構築に至るまでに、低位理論（考古学的経験則）、中位理論、高位理論というように論理的な階層化を図っていく必要がある。この論理に即して考えると、考古学の実践的な研究法は次のような4階梯を経ることになる。

第1段階は事実認識のレベルとでもいうべき行為で、石器の一つひとつの形態的・技術的属性を確認する作業である。もっとも基礎的な作業であってその後の研究の基盤となるのがこの「石器研究」である。

第2段階は二つの作業を区別して行う。一つは遺跡での石器群をめぐるコンテクストの分析で、

従来「遺跡構造」の研究といわれてきたものである。次に述べるように筆者自身は「構造」という用語・概念を別様に使っているので、ここでは「遺跡の空間分析」と呼んでおく。もう一つは分析されたコンテクストの「行動論的諸関係」（生業的行動・居住形態・社会的関係等）の解釈である。前者から後者への進展には、いわゆる〈中範囲の研究〉成果を応用する必要がある。

　第3段階は文化システムや社会構造を視野に入れた「システム・構造研究」のレベルである。文化論や社会論は要素主義を排してシステム論・構造論に基づくことはいうまでもない。ここでいう構造とは構造主義以降の用法に準じた用語・概念であって、観察可能なデータとは直接には関係をもたない。構造とはシステムを生み出すコードであり、構造が間接的に投影されたデータを通して解釈していかなくてはならない。

　そして第4段階が以上の3作業の重ね併せによる綜合的な把握、つまり長期的展望に立った「構造変動の研究」である。

　この階層的研究法は研究対象の時空間認識においては、第1段階がゼロ点（時空間を特定しない）、第2段階が局地かつ短期（遺跡およびその周辺と「文化層」の形成期間）、第3段階が地域かつ中期（特定石材の分布域と移行期・前半期・後半期）、第4段階が広域かつ長期（列島および周辺地域と旧石器時代）に対応してくる。

　「石器研究」の領域では竹岡俊樹の体系的な研究書がある（竹岡1989）。ここでは石器の個別的な研究であってもそれは体系的研究の基盤をなすものであるから、第2段階から第4段階の既存の研究成果を考慮に入れて行う必要があることを強調しておく。

　分類学的には優れた「型式論」であった須藤隆司の論考を例にして、今日的な研究に生かし得ない理由を述べてみたい。須藤は、「剥片の鋭利な縁辺を機能部として活用するために調整加工によって整形された石器の総称をナイフ形石器とし」ている（須藤1991）。ナイフ形石器の定義としては最大限に拡張されたもので、この定義に則れば、列島内のいたるところにナイフ形石器が認められることになり、したがって、後期旧石器時代が「ナイフ形石器文化」であるという従来の命題は揺るがない。裏を返せば、後期旧石器時代は「ナイフ形石器文化」として特徴づけられているのであるから、列島のいたるところにナイフ形石器があるはずなのである。そうした意味で旧来の旧石器研究者は自家撞着に陥っていたわけである。

　さて、上のように「ナイフ形石器」を定義した上で須藤は、「体系的な製作技術を基準に三つの基本的な形態」、すなわち、「藪塚系ナイフ形石器」、「茂呂系ナイフ形石器」、「杉久保系ナイフ形石器」に大別した。筆者流にいえば、剥片モード系の小型剥片石器類、石刃モード系の背部加工尖頭形石刃石器（ナイフ形石器）と基部加工尖頭形石刃石器（尖頭形石器）の3器種である。須藤は系統を異にする「藪塚系ナイフ形石器」、「茂呂系ナイフ形石器」、「杉久保系ナイフ形石器」が、千葉県中山新田I遺跡第IX層ユニット3の石器群（80、95-97頁参照）において共存していると見なしたが、その種の解釈は田村隆の「二項的モード論」によってすでに論破されていたものである。

　遺跡の空間分析の領域は埼玉県砂川遺跡を嚆矢とする「遺跡構造論」として研究が進んでいる分野である。後期旧石器時代前半期に特有の「環状ユニット」（橋本1989）が格好の研究対象となっている。環状ブロック群は環状構成という遺跡のデザインゆえに、遺跡内の布置にはさまざまな関

係が含意されていると推測されるからである。

　大工原豊は、群馬県下のこの種の遺跡である古城遺跡、分郷八崎遺跡、北山遺跡、和田遺跡、下触牛伏遺跡における石器ブロック群について、接合資料と個体別資料、石器組成と石材組成、および立地を分析して、環状ブロック群のあり方に三つのパターンを見出している（大工原 1990/91）。すなわち、大工原が「古城型単位集団」と呼ぶ類型は「世帯ユニット」と「作業ユニット」からなる「コ」の字形あるいは環状を呈する集落構造をもち、「小形ナイフ形石器」を主体とする石器組成と黒色安山岩を主体とする石材組成をもち、比較的起伏の激しい立地環境に存在している。「北山型単位集団」は「世帯ユニット」の並列の集落構造を有し、「小形ナイフ形石器」を主体とする石器組成をもち、比較的起伏の激しい立地環境に存在している。そして「牛伏型集団群」は「世帯ユニット」の集合体である単位集団と、複数の「作業ブロック」からなる大きな環状を呈する集落構造をもち、「古城型単位集団」と共通する石器組成・石材組成に石刃主体の石器群と複数の局部磨製石斧を加え、水の豊富な起伏の緩やかな平坦地に立地しているという。

　環状ブロック群を集落と解釈しているわけだが、その実証的・理論的根拠はあげられていない。「砂川方式」の限界を超える検証法として石器の密度分布（安斎 1990、125-132頁参照）、とりわけ最近津島秀章が群馬県三和工業団地Ⅰ遺跡の報告書（津島編 1999）で提示した微細剥片の密度分布は有効で、津島が作成した密度分布図（図 1）を見れば、環状ブロック群を一概に集落跡と決めつけることは不可能である。

(2) 空間分析法

　考古学の生のデータは寡黙である。そうであるから、考古学者は遺跡内外の空間に人の行動がどのようにコード化されているのか、また、それを読み取るために考古資料のいかなる属性に注目し、どんな分析道具を応用していったらいいのか、といったことを常に意識しているものである。さらに分析結果を解釈する際には、先に述べた地域規模—特定石材の分布範囲—での考古学的現象に及ぼす自然環境と社会環境との二重の、つまり社会生態学的諸条件を考慮することになる。そうした視点の一端は遺跡内に限定されない日常的活動領域全体を視野に入れたロバート・フォーリーの「オフ・サイト論」(Foley 1981)や、ルイス・ビンフォードの「コレクター／フォレイジャー論」(Binford 1980)で提示されていた。日常的生活空間—遺跡とその周辺—といった局地的な場に現れた考古学的現象であっても、それらはその場に集合した集団をはるかに超えた集団間の情報ネットワークと、単位集団をはるかに超えた社会集団規模での地域社会の秩序に左右されているのである。地域的規模での社会的メカニズムが機能して、各集団の危機を緩和し、彼らの経済的生産と生計に必要な資源の利用とその循環とを保障しているのである。遺跡は個々人の無定見な集合の跡ではなく、地域内のあらゆる潜在的な可能性を考慮したうえで選択された地点に布置された、社会的単位集合体を含意する空間なのである。

　遊動型狩猟採集民のキャンプ地の空間的配置に関しては、ジョン・イエーレンによるカラハリ砂漠での調査に基づいた「環状モデル」(Yellen 1977)や、ビンフォードによるアラスカでの調査に基づいた「座席の配置モデル」(Binford 1978、1983)が提示されている。しかし、日本ではこうしたモデルを念頭においた発掘調査、遺構や遺物の分析はまだほとんど実行されていない。ヌナミュート

第4文化層　全石器　密度分布図

第4文化層　微細剥片　密度分布図

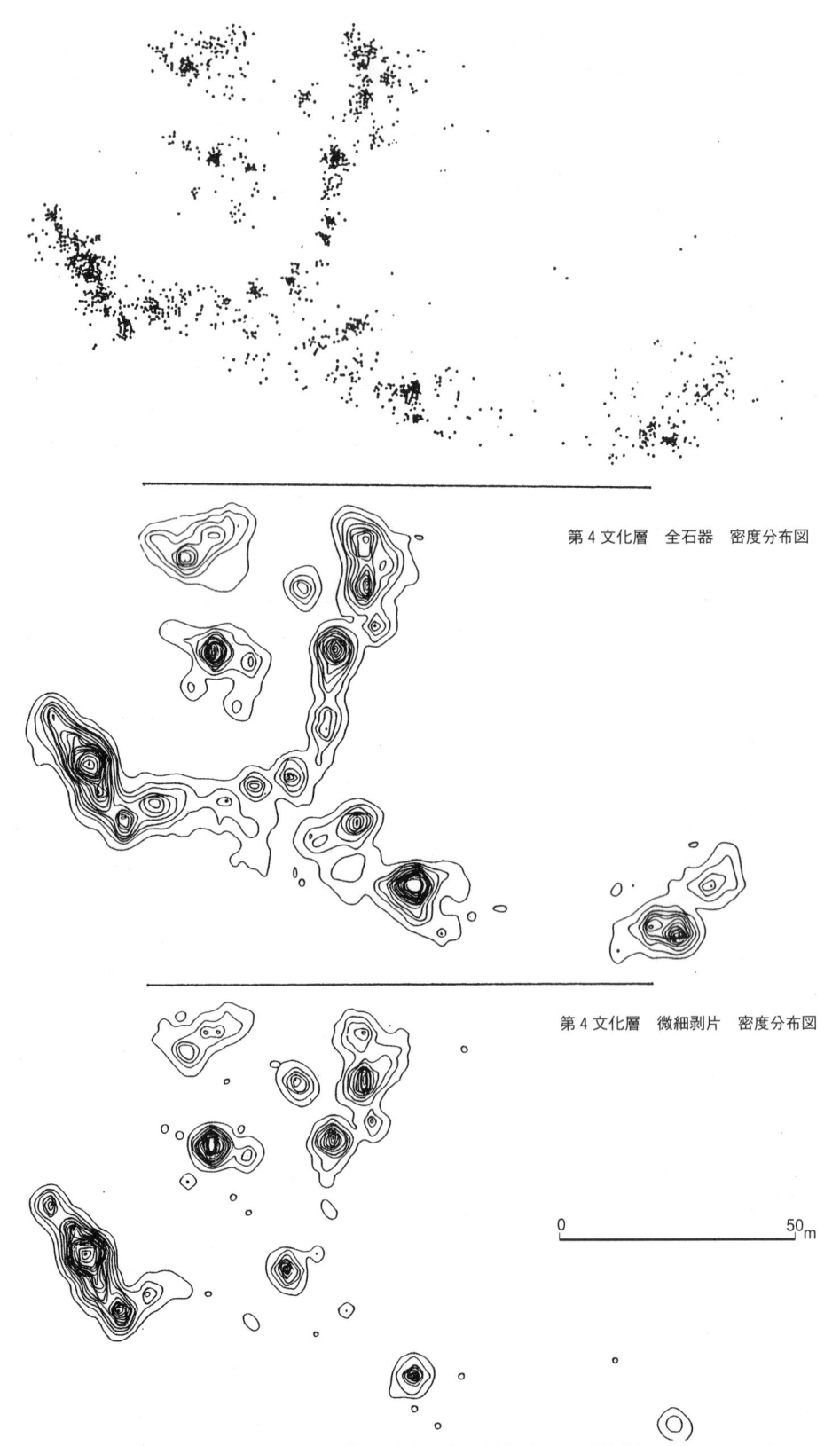

0　　　　　50m

図1　群馬県三和工業団地Ⅰ遺跡「第4文化層」の環状ブロック群（津島 1999による）

の民族考古学的研究から描かれたビンフォードの「開地炉モデル」、「解体場モデル」、「居住地モデル」、「猟場モデル」(Binford 1983)は、アンドレ・ルロワ＝グーランによるフランスのパンスバン遺跡の「テント・モデル」(Leroi-Gourhan et Brezillon 1972)と相俟って、近年、フランスのエチオール遺跡やヴェルベリ遺跡やマルサンジ遺跡などマグダレニアン期の遺跡空間の解釈にとって重要な手引きとなっている（図2）(Audouze 1987)。ただし、いずれのモデルも石器の分布以上に炉跡を中心とした動物骨の分布が分析対象となっているので、炉跡が少なく動物骨がまったく伴わない日本の旧石器時代遺跡に応用する際には工夫が必要であろう。

　日本では記録された石器の水平分布図が上記に関わる方法論的問題とほとんど無関係にさまざまに解釈されてきた。近年は移動期間中の短期滞在地、狩猟・解体場、加工処理場、石器製作址、拠点生活址、あるいは個別集団の集合地といった場の機能を推定しようとする機運も生まれてきているが、考古遺跡の静態的観察から過去の人・集団の動態的行動への言及にはそれなりの方法論を要する。ほとんど石器資料に限定される日本の場合には、ハンマー・台石、各種石器類、剥片・石片類の分布と接合関係から、石器製作者の打撃時の位置と姿勢、炉址との絡みで炉周辺の人の数、テントの有無と人の活動などの解釈に際しては、主観が投影されやすい視覚的な石器ブロック認定よりも、ディック・スタパートらが開発した遺跡の空間分析用コンピュータ・ソフト(The ANALITH-IC project)のような「客観的な」方法の開発と応用を図るべきである。スタパートらの場合は、ドイツのフェダメッサー遺跡の分析をビンフォードが提示した炉を中心とした廃棄物の「ドロップ・ゾーン」と「トス・ゾーン」を前提に実施し、炉を中心とした二つの石器ブロックのうち一方は特定の大きさのテント内における分布であり、他方は露天で形成された分布である、という結論を導き出している(Stapert and Street 1997)。望月昭彦らによって報告された出土黒曜石全点の産地同定分析（望月・ほか 1994）や津島秀章が群馬県三和工業団地Ⅰ遺跡の石器ブロック群に応用した微細剥片の密度分布分析（津島編 1999）などは、今後威力を発揮してくるであろう。さらに、比較資料として、クライヴ・ギャンブルらのキャンプ地に関する民族考古学的研究(Gamble and Boismier 1991)や、石器類だけでなく骨角器や動物骨が豊富なフランスやドイツの旧石器時代遺跡を対象としたマイケル・ジョッチムの行動論的研究(Jochim 1998)への目配りを忘れてはならない。

　2003年3月16日に大阪歴史博物館4階講堂で、「旧石器人たちの活動をさぐる―遺跡の空間分析から何がわかるのか？―」と題した公開シンポジウムが開かれた。4人の発表、すなわち、絹川一徳の「長原遺跡における石器遺物集中部の分析」、高橋章司の「翠鳥園遺跡における遺跡構造研究」、野口淳の「粟生間谷遺跡を中心とした遺跡間分析」、山田哲の「炉址周辺における遺物分布の検討」（大阪市学芸員等共同研究「朝鮮半島総合学術調査団」・旧石器シンポジウム実行委員会編 2003）は、新しい分析方法を探る意欲的な発表で、新世代の台頭を印象づけた。

4　重層的二項性

　東京都武蔵台遺跡は後期旧石器時代開始期前後、すなわち移行期石器群と後期旧石器時代初頭石器群の層位的変遷をよく表している標準遺跡である。中期旧石器時代の「斜軸尖頭器と素刃石器」から後期旧石器時代前半期の「ナイフ形石器と台形様石器」という二極構造的変化（佐藤 1992）に

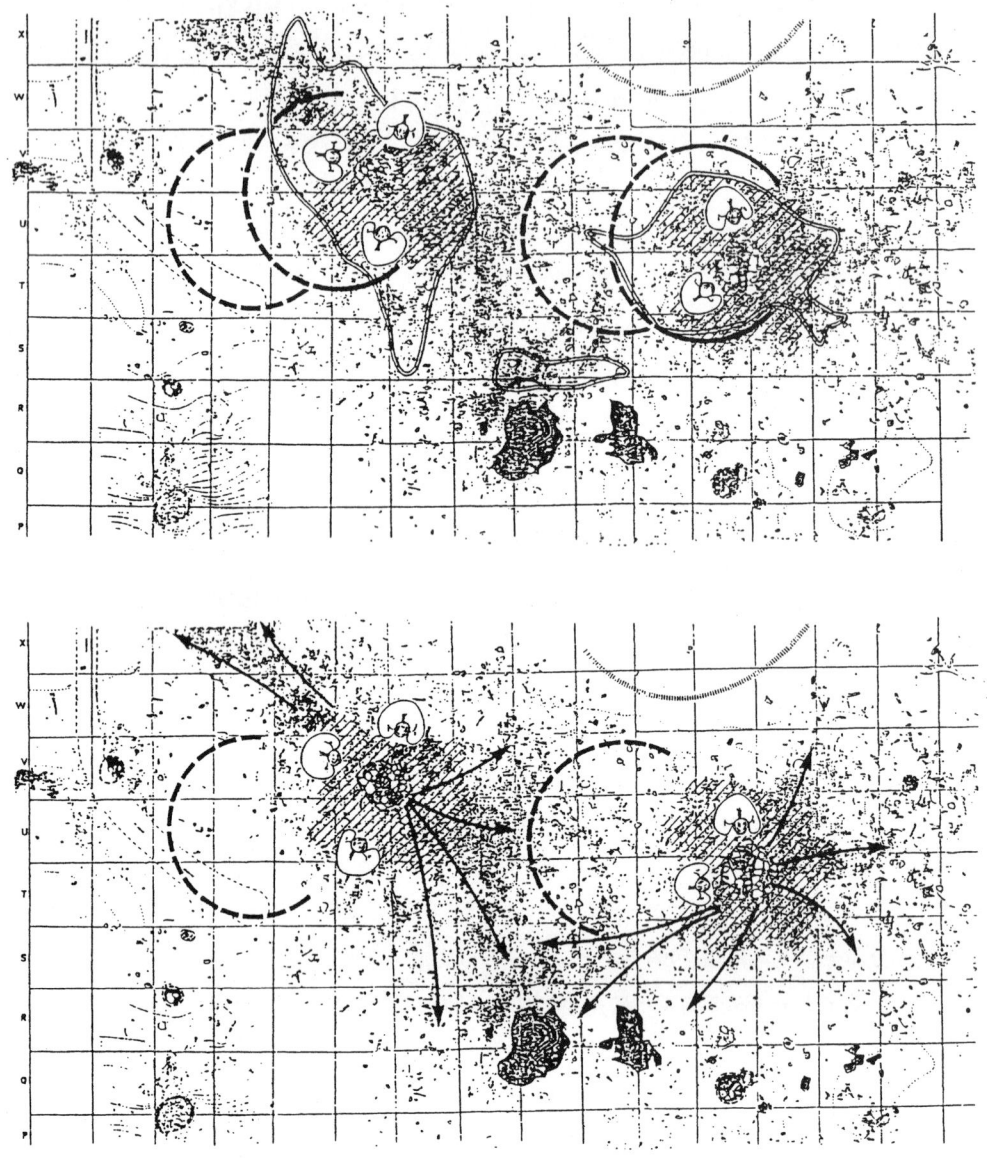

図2　フランスのパンスバン遺跡第36区Ⅴ105とT112ユニット（Julien et al. 1987から転載）
　　　上：モデルで想定されたように入口に非常に近い場所に人々がしゃがみ込んでいる。
　　　下：上とは異なる居住プランの可能性。テントは大きく開かれ、炉の周辺は活動の場
　　　　　として解放されている。

介在する時期が移行期であって、武蔵台遺跡Xb層が相当する。

　しかし、この移行期の二項論的な意味づけはあいまいのままであった。最近、田村隆が端部整形石器というカテゴリーを抽出して、「重層的二項性」として明確化した（田村 2001）。ここではこの概念を借用して、次のような変遷観をつくってみた。

　小型剥片石器モード（素刃石器・端部整形石器・台形様石器など）と石刃石器モード（尖頭形石器・ナイフ形石器など）の特徴的な組合わせがもっとも顕著な時期ごとに、斜軸尖頭器＋素刃石器｛中期旧石器時代｝→基部加工尖頭形剥片石器＋素刃石器・端部整形石器｛移行期：武蔵台Xb層相

当｝→基部加工尖頭形石刃石器（尖頭形石器）＋端部整形石器・台形様石器｛後期旧石器時代開始期：武蔵台Ⅹa層相当｝→背部加工尖頭形石刃石器（ナイフ形石器）＋台形様石器｛後期旧石器時代前半期：武蔵台Ⅸ～Ⅶ層相当期｝（図7、8参照）という変遷である。ここでは、田村の端部整形刃器はそのまま採用する。端部整形尖頭器の方は小型のものはいいのだが、大型のものは系統観からいって基部加工尖頭形剥片石器のままでいいと思っている。上記の変遷は文字だけで見ると、中期旧石器時代以来漸移的な連続過程に映るが、気候の変動、生態環境の変化、生業形態の変化、移動形態の選択、石材の選択、石器の素材形態の選択、応用剥離技術の選択、器種形態の選択、といったシステム変化のもっとも具体的な相を照射しているからにすぎず、この具体的な相を手がかりに構造へとアプローチしていくことが目的である。石刃技法の出現が注目されてきたが、この問題は後述するように（93頁参照）、尖頭形縦長剥片（尖頭形石器用の目的剥片）の剥離を目的とした石核リダクション─「小口型」石刃技法と呼ぶことにする─と、稜付き石刃を伴ういわゆる"真正の"石刃技法─「周縁型」石刃技法と呼ぶことにする─の出現を分けて論じなければならない。「周縁型」石刃技法出現以後の石刃石器群とそれ以前の石器群との間にも大きな格差が生じており、ここにも構造変動（不連続）の概念を導入する必要があるかもしれない。この段階すなわちⅨ層相当期に現れⅦ層相当期に完成した石刃石器群をもって「ナイフ形石器石器群」と呼ぶことは可能である。これに関連するかもしれない現象として指摘しておきたいのは、移行期のある時期までの遺跡は、山間の丘陵部や高位の河岸段丘上に単独で存在する傾向があるのに対して、それ以降の遺跡では、武蔵台遺跡にしても神奈川県吉岡遺跡にしても、開けた台地上を繰り返し利用する重層遺跡が多いことである。この行動論的な土地利用の相違にも注目しておきたい。〈ミトコンドリア・イブ仮説〉を念頭において、ここに現代型ホモ・サピエンスの到来を仮定したものかどうか迷うところであるが、先史人類学・考古学研究の現状では何ともいえない。

　上記の変遷観は列島中央部を念頭に構築したものである。田村が示唆したように、たとえば東北地方の後期旧石器時代前半期では、基部加工尖頭形石刃石器＋端部整形石器という組合わせが顕著であった。北海道や近畿・中四国、九州での展開もそれぞれの地域性を強く反映していて、石器群の技術と形態が異なっていたようである（安斎 2000a）。もう少し細かな分析を行えば、関東・中部地方においても構造内変異を明らかにしていけるであろう。

引用文献

安斎正人 1990『無文字社会の考古学』六興出版。
安斎正人 1997「台形様・ナイフ形石器石器群 (1)」『先史考古学論集』第6集、79-115頁。
安斎正人 2000a「台形様・ナイフ形石器石器群 (2)─構造変動研究法の階層的秩序─」『先史考古学論集』第9集、1-28頁。
安斎正人 2000b「台形様石器と台形石器─台形様・ナイフ形石器石器群 (3)─」『九州旧石器』第4号、53-70頁。
大阪市学芸員等共同研究「朝鮮半島総合学術調査団」・旧石器シンポジウム実行委員会（編）2003『旧石器人たちの活動をさぐる─日本と韓国の旧石器研究から─』講演会・シンポジウム予稿集。
大塚達朗 2000『縄紋土器研究の新展開』同成社。
河村善也・ほか 1989「日本の中・後期更新世の哺乳動物相」『第四紀研究』第28巻第4号、283-292頁。

佐藤達夫 1974「土器型式の実態―五領ヶ台式と勝坂式の間―」『日本考古学の現状と課題』81-102頁、吉川弘文館（1983『東アジアの先史文化と日本』六興出版に再録）。

佐藤宏之 2000「日本列島後期旧石器文化のフレームと北海道及び九州」『九州旧石器』第4号、71-82頁。

須藤隆司 1991「ナイフ形石器の型式論 (1)」『旧石器考古学』42、55-66頁。

大工原 豊 1990/91「AT下位の石器群の遺跡構造分析に関する一試論―群馬県下のAT下位石器群の遺跡のあり方を中心として―(1)(2)」『旧石器考古学』41、19-44頁、42、33-40頁。

竹岡俊樹 1989『石器研究法』言叢社。

田村 隆 2001「重層的二項性と交差変換―端部整形石器範疇の検出と東北日本後期旧石器石器群の生成―」『先史考古学論集』第10集、1-50頁。

津島秀章（編）1999『三和工業団地Ⅰ遺跡 (1)―旧石器時代編―』群馬県埋蔵文化財調査事業団調査報告書第246集。

橋本勝雄 1989「AT降灰以前における特殊な遺物分布の様相―いわゆる『環状ユニット』について（その１）―」『考古学ジャーナル』No.309、25-32頁。

望月明彦・ほか 1994「遺跡内における黒曜石製石器の原産地別分布について―沼津市土手上遺跡BBⅤ層の原産地推定から―」『静岡県考古学研究』No.26、1-24頁。

ラウス・Ⅰ（小谷凱宣訳）1990『考古学への招待―先史時代の民族移動―』岩波書店。

Anthony, D.W. 1990 Migration in archaeology: the baby and the bathwater. *American Anthropologist* 92(4): 895-914.

Audouze, F. 1987 Des modéles et des faits: les modéles de A. Leroi-Gourhan et de L. Binford confrontes aux résultants récents. *Bulletin de la Société Prehistorique Française* 84: 343-352.

Binford, L.R. 1978 Dimensional analysis of behaviour and site structure: learning from an Eskimo hunting stand. *American Antiquity* 43: 330-361.

Binford, L. R. 1980 Willow smoke and dog's tails: hunter-gatherer settlement systems and archaeological site formation. *American Antiquity* 45: 4-20.

Foley, B. 1981 A model of regional archaeological structure. *Proceedings of the Prehistoric Society* 47: 1-17.

Gamble, C. S. and W. A. Boismier (eds.) 1991 *Ethnoarchaeological Approaches to Mobile Campsites: Hunter-Gathere and Pastralist Case Studies.* International Monographs in Prehistory: Ann Arbor.

Jochim, M. A. 1998 *A Hunter-Gathere Landscae: Southwest Germany in the Late Paleolithic and Mesolithic.* Plenum: New York.

Leroi-Gourhan, A. et M. Brezillon 1972 *Foulles de Pincevant, Essai d'Analyse Éthnographique d'un Habitat Magdalénien.* C.N.R.S.: Paris.

Stapert, D. and M. Street 1997 High resolution or optimum resolution ?: special analisis of the Federmesser site at Andernacha, Germany. *World Archaeology* 29(2): 172-194.

Yellen, J.E. 1977 *Archaeological Approaches to the Present: Models for Reconstructing the Past.* Academic Press: New York.

第Ⅲ章　中期／後期旧石器時代移行期

第1節　1988年の問題提示

　プロセス考古学が残した成果に、地域文化の継起的発展は外部からの伝播よりもその地域での変化のプロセスとして捉えるという見方と、文化変化を促す生態的・社会的環境条件は異なっていても、文化が進化していく機構には一般的システムが存在するという考え方がある。生物学とのアナロジーでいえば、遺伝子型と表現型ということになる。このような認識に立って、地球的視野で日本列島の旧石器時代を総体的に展望してみたいと考えていた。

　後期旧石器時代の社会変動を考えるには、後期旧石器時代開始期から始めるのではなく、そこからはるか前まで遡り、また後期旧石器時代終焉期で締めくくるのではなくさらに後まで下って、長期的展望に立つ必要がある。世界の先史学においては、中期旧石器時代から後期旧石器時代への変化は地質編年でいうヴュルムⅡ／Ⅲ亜間氷期からⅢ亜氷期へ移るおよそ3万5千年前あたり、つまりネアンデルタール人の絶滅と現代型ホモ・サピエンスの出現によって引き起こされたと考えられてきた。このヨーロッパ中心の伝統的思考に対し、中期旧石器時代の後半には後期旧石器型石器の比率が高まっており、さらに後期旧石器時代初頭から中期旧石器型石器が次第に減少していく連続的現象から推して、ホモ・サピエンス段階の人類とその文化の起源とはそれぞれの地域の先行時代に求めるべきである、という説が対置していた(Brose and Wolpoff 1971)。

　ところが、1980年代に入ると、最後の間氷期からヴュルム氷期の開始期頃に後期旧石器時代へ移行していく変化の予兆が認められるようになってきた。そうした新しい考古学的現象を背景として、「移行期」の概念を使って日本列島における斜軸尖頭器を特徴とする石器群の終焉をナイフ形石器石器群まで下って、またナイフ形石器を特徴とする石器群の出現を斜軸尖頭器石器群に遡って考察したのが1988年の拙論であった（安斎 1988）。進化論的視点から中期／後期旧石器時代移行期に関する問題設定を行ったこの論考では、筆者は、①フランス南西部ペリゴール地方、②中部ヨーロッパ・環カルパチア山地、③西アジア・レヴァント地方、④日本列島、以上四つの地域の石器群を概観して、その表現形態が時空間的に多様であったことを明示した。以下に当時の所見を再録し、その後で改定した今日の所見を叙述する。

1　フランス南西部

　ヴュルムⅡ／Ⅲ亜間氷期終末に現れたフランスの当該期の石器群はシャテルペロニアンと呼ばれ、特徴的な背部加工尖頭形石刃石器を指標とする。この石器群は時にその組成の半数をムステリアン型石器で占めることがある。そこで石器製作の面だけから見ると、続ムステリアンあるいはム

ステリアンの衰退相と見なせる。在地性のかなり特殊化した石器群であって、フランス南西部を中心にアシュール系ムステリアンの分布域を縮小した形で分布している。フランソワ・ボルドによれば、ヴュルムⅡ亜氷期のB型アシュール系ムステリアンの直系である(Bordes 1972)。B型アシュール系ムステリアンはその祖形であるA型に比べて石刃剥離が発達しており、石刃指数が40％に達する遺跡がある。削器・尖頭器・両面加工石器などムステリアン型石器の色彩が薄れ、自然面を背部とする尖頭形石器（ナイフ）が顕著になるほか彫器・搔器・錐器・截頂器など後期旧石器型石器も数を増している。ムステリアン型尖頭器のなかにはシャテルペロニアン型と区別のつかないものもある。東方に分布するオリニャシアンはムステリアン型石器をほとんど含まない十分に発達した後期旧石器時代石器群である。

　ここでも自然環境の変化が社会的変化の契機になったと考えられる。P・G・チェイスの動物化石研究がこの点を明示している(Chase 1987)。ドルドーニュ地方のコンブ・グルナル遺跡のムステリアン層（第54～11層）出土の動物化石は種類が豊かで、各層は一つの〈動物群系〉(biome)に集中する傾向—とくにヴュルムⅠ期—が見られ、下層から上層へ、プレリー系→ツンドラ系→ステップ系→プレリー系と変遷している（図3）。これは、この洞穴に居住したネアンデルタール人の狩猟活動が周辺の生態系と密接な関係にあったことを意味している。チェイスが提示した動物化石資料はまた、南西フランスの中期／後期移行期に一般的狩猟から特殊化した狩猟への移行、すなわち食料資源として一つの種とりわけトナカイに依存するようになったという説への反証となっている。さらに彼の資料が示すところによれば、ドルドーニュ地方の後期旧石器時代初頭の遺跡、たとえばペリゴールⅢ期のアブリ・パト遺跡とロク・ド・コンブ遺跡では確かにトナカイが卓越しているが、ラ・シェーブル遺跡とラ・フェラシー遺跡では野牛が顕著であるし、同様の現象はⅥ期など他の時期にも見られた。むしろ二つの〈動物群系〉にわたって狩猟が行われたことを示唆する場合さえある。ドルドーニュ以外の後期旧石器時代初頭の諸遺跡では異なった様相が見られる。ツンドラ・ステップ・プレリー・森林・高山各〈動物群系〉にわたって均衡の取れた組成をもち、どれか一つに偏る遺跡が少ない。特定の群居性大型動物を組織的かつ効率よく捕獲する活動が後期旧石器時代開始の説明になり得ないことを示している。狩猟の特殊化の兆候は中期旧石器時代に遡って認められる。

2　環カルパチア山地

　中部ヨーロッパにおける石器群の進化傾向は、最終間氷期からヴュルム氷期開始期以降に繰り返された地球的規模の気候変動に伴う地域生態系の変化と無関係でない。この時期はまたユーラシア大陸の各地で地域文化が形成され始めた時期でもある。中部・東部ヨーロッパの中期旧石器時代は西ヨーロッパの伝統とは異なり、一般に〈握斧・木葉形削器・木葉形尖頭器石器群〉と総称される、多様な両面加工石器の存在で知られる。最終間氷期からヴュルム氷期開始の頃、すなわちアメルスフォールト(Amersfoort)亜間氷期(69,000～66,000BP)を遡る時期に現れ、プレルプ(Prørup)亜間氷期(65,000～61,000BP)まで続いた「ミコキアン」を母体として発生したと考えられている。その伝統のなかから、たとえばドイツ南部のアルトミューリアンのように特殊な尖頭器石器群も生じている。その尖頭器は縦長扁平で、両面ともに見事な面的調整剥離痕で覆われており、製作技術は後期旧石

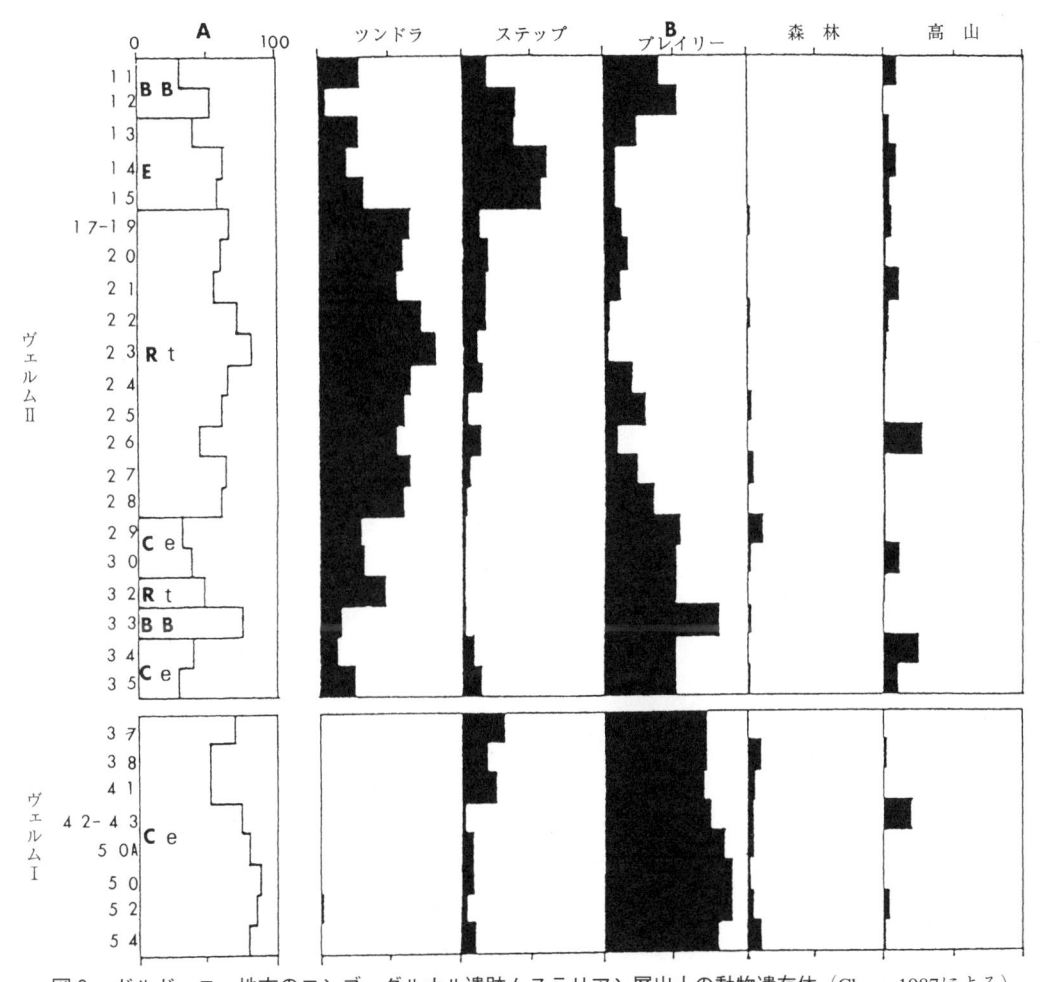

図3 ドルドーニュ地方のコンブ・グルナル遺跡ムステリアン層出土の動物遺存体（Chase 1987による）
A：最多出土有蹄動物の比率　B：各生息地に属する動物種の比率　BB：野牛／バイソン
E：ウマ　Rf：トナカイ　Ce：アカシカ

器段階のものに匹敵するとまでいわれている（Gabori 1976）（図9、10参照）。

　中部・東ヨーロッパにおいて、後期旧石器時代初頭に位置づけられている石器群で技術形態学上中期旧石器時代の石器群に確実に繋がりのあるものは少なく、大部分はまったく新しい要素から成り立っている。ツェレティアンはその数少ない例に属する。ツェレティアンの中心はハンガリーの東北部ビュック高地にあり、その東南部には広義のツェレティアンに含め得るが、東南ヨーロッパに分布する「ルヴァロワゾ＝ムステリアン」との関係が強いジャコヴィッティアンが分布する。中部ヨーロッパにおける中期／後期旧石器時代移行期の石器群であるツェレティアンを考える際には、〈木葉形尖頭器石器群〉が果たした役割を無視するわけにいかない。オルズワース＝ジョーンズの著書(Allsworth-Jones 1986)に準拠して、伝統文化の保守性と変容の面から移行期問題に触れておこう。

　ツェレティアンの名称は、北部ハンガリーのビュック高地にあるツェレタ丘の頂上直下に南面して開口するツェレタ洞穴遺跡に由来する。洞穴は1906～1913年に集中的に発掘調査が行われて以来、

1966年の最後の調査までたびたび調査が繰り返されてきた。ムステリアン層とグラヴェッティアン層に挟まれて多くの炉址とともに見つかった石器群中に見られる両面加工石器は、当初「美しく整形された大型の月桂樹葉尖頭器」と呼ばれ、前期ソリュトレアンとされた。次いで「退化したハンドアックス」あるいは「尖頭器というよりも小型ハンドアックス」と記述され、原ソリュトレアンという位置を与えられることもあった。そして、最終的に後期ムステリアンとの技術形態学的連続性を主張するL・ヴェルテスによってツェレティアンと名づけられて今日に至っている。ツェレタ洞穴の当該時期下層の石器中43.63%を、また上層の36.57%を尖頭器が占めているが、それは主に利用可能な盤状の瑠璃質石英斑岩に負うところがある。尖頭器製作に適した石材を基盤とした「技術的開花」と見なせる。もちろん、この瑠璃質石英斑岩製尖頭器の優越に見合った特殊化した狩猟活動が想定される。尖頭器に技術形態学的発達が認められるものの、その石器組成についていえば、先行のムステリアンと後続のグラヴェッティアンからの混入要素、および同時期のオリニャシアンとの接触を示す骨製尖頭器を除いても、ヘンゲロ（Hengelo）亜間氷期（39,600±900～35,600±900BP）初期のある時期からデネカンプ（Denekamp）亜間氷期（32,490±440～28,200±700BP）にほぼ一致する時期にわたった、中期旧石器型と後期旧石器型との双方の要素をもつ「技術形態学的混交」を特徴とする石器群である。オルズワース＝ジョーンズが26遺跡の資料を使って50器種を因子分析した結果、ツェレティアンに共通の石器として次のような石器が一群を構成した。すなわち、直刃削器・両刃削器・両側刃削器・斜刃削器・交互剥離削器・平坦剥離掻器・裏面剥離削器・薄背削器・片面加工尖頭器・チョッパー／チョッピングトゥール・横刃削器・不定龍骨形掻器・尖頭削器・ナイフ形石器・扇形掻器。ツェレティアンはフランスのシャテルペロニアン同様、中期旧石器時代石器群を基盤として外来文化の影響下、とりわけオリニャシアンとの関係により文化変容をきたした、とオルズワース＝ジョーンズは考えている。

3 レヴァント地方

　中央ネゲヴ砂漠で調査を行っていたアンソニー・マークスは、レヴァント型ムステリアンの前期・中期・後期に属するロシュ・アイン・モル遺跡、トル・サビハ遺跡、ボウカー・タクチット遺跡のそれぞれ第1層の石器群を対比して、ルヴァロワ型尖頭器用石核が単設打面から両設打面へ（2%→46%→95%）、石刃素材の後期旧石器型石器の増加（20%→48%→58%）、典型的ルヴァロワ型石核・剥片の減少・消滅（26.2%→1.2%→0%）という変遷を見出した(Marks 1983)。さらに、ボウカー・タクチット遺跡出土の石器の接合資料に基づく剥片剥離工程の詳細な研究によって、およそ4万7千年前に始まるルヴァロワ技法から石刃技法への継起的発展を跡づけた（図4）。すなわち、第1層では、剥離工程は明らかに小型長狭のルヴァロワ型尖頭器の生産を目的としたものであったが、石核の調整・整形の過程で稜つき石刃が剥離されること（6）、および尖頭器が剥離される直前に作業面調整としてその反対方向から2枚の石刃が剥離されること（5）、この2点で通常のルヴァロワ型尖頭器剥離とは異なっていた。特殊なこのルヴァロワ型尖頭器剥離工程の結果、40%以上という高率で石刃が生じていた。石器の60%はこの石刃を素材としていた。中期旧石器型石器はルヴァロワ型尖頭器を除いては、ムステリアン型尖頭器も削器も見当たらなかった。基部右側縁、時に

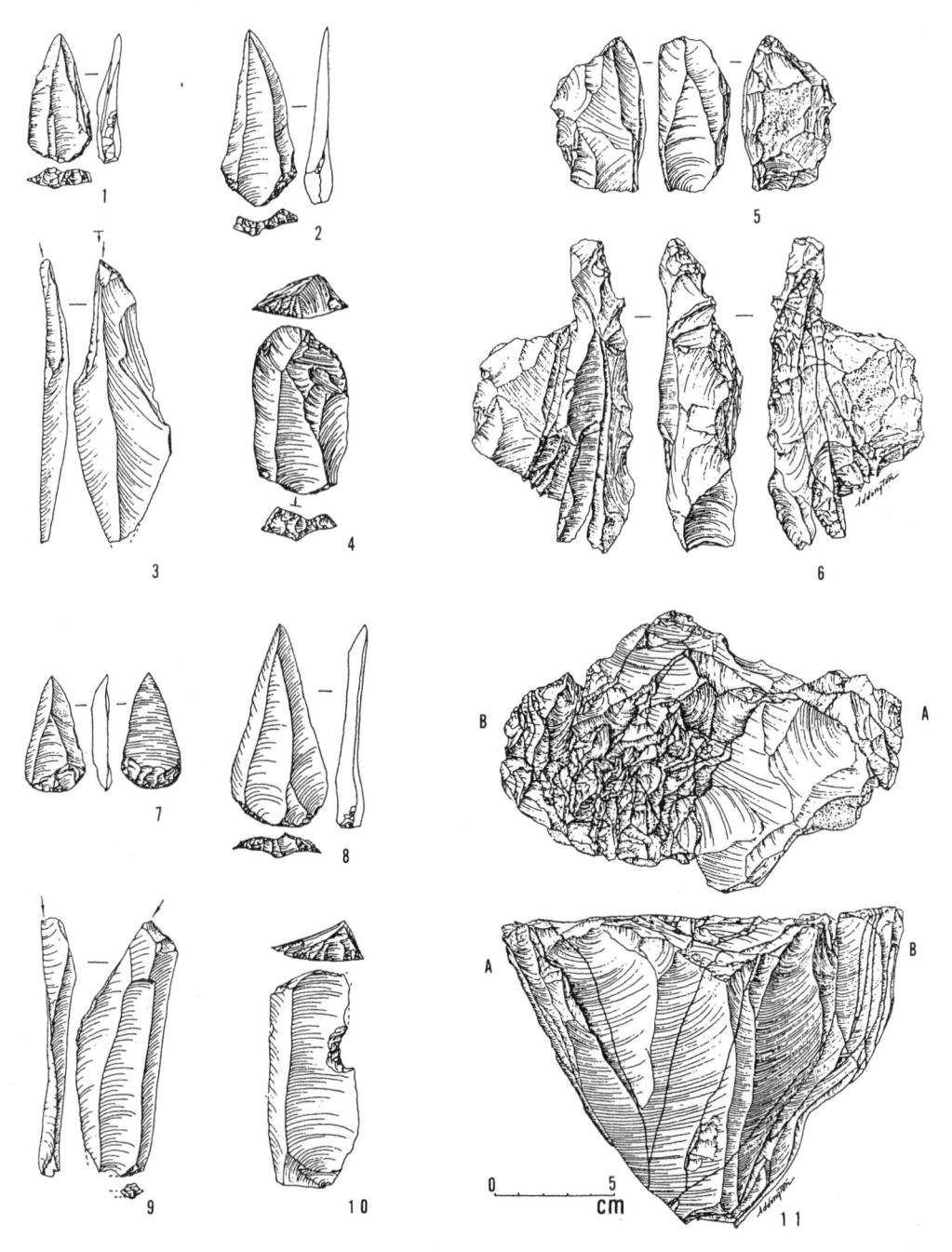

図4　中央ネゲヴのボウカー・タクチット遺跡出土の石器（石核以外は縮尺不同）（Marks 1983による）
　　1～6：第1層　7：第2層　8～11：第4層

左側縁あるいは両側縁に加工痕をもつルヴァロワ型尖頭器—基部加工尖頭器—（1、2）が注目される。第2層も第1層同様に両設打面石核を特徴としているが、ルヴァロワ型尖頭器用に限られず、複数の石刃を目的に剥離していた。第3層で単設打面石核が急増し、第4層にいたってルヴァロワ型石核は単設打面の石刃石核（11）に取って代わられていた。この石核から連続的に石刃を剥離する過程で長狭の三角形剥片が生じているが、外見上典型的ルヴァロワ型尖頭器と区別がつかない（8）。石器の69％は石刃を素材としており、43％が典型的な後期旧石器型である。ところが、搔器（10）の比率が上がった以外に石器組成に変化は見られないし、新しい器種も加わっていない。最大の変化は第2・3層から215点も出ていたエミレ型尖頭器（7）が消失したことである。以上のように、本質的にルヴァロワ型剥片剥離である第1層が中期旧石器段階、真正のルヴァロワ技法を欠き石刃生産を開始した第4層は後期旧石器段階、そして異なる技術が混交する第2・3層が移行期である、とマークスは結論づけている(Marks 1983)。

こうした技術的変化の背景となった根本的な適応変化はどのようなことであったのか。マークスの仮説はこうである。

中央ネゲヴのムステリアン初期の居住システムは、水やフリントなど主要資源との空間的位置関係と石器組成が異なる多様な遺跡、つまり頻繁に居住が繰り返される定着性の強いベースキャンプを中心とする関連諸遺跡で構成された〈放射型〉であった。植物が繁茂し、動物が密集し、地表水が容易に利用できる気候条件がもっともよい時期に、〈ムステリアン人〉は比較的狭い地域の局地地形に適応した活動分化によって、地域資源を常時集約的に利用していた。ところが、初期レヴァント型ムステリアンの末期に変化が生じた。大きな気候変化による乾燥化が始まったからである。時とともにこの地が干上がってきたため、人々は地域的経済を維持していくことが困難となり、広域に渡って資源を求めて歩く移動生活を余儀なくされた。こうしてムステリアン初期の居住システムとは対照的に、後期旧石器時代の居住システムは、類似した石器組成と多々繰り返された居住層をもつが、目立った活動的差異の証を欠く類似の遺跡からなる〈循環型〉となった。キャンプ地の移動が頻繁かつ遠距離になるにしたがって、居住地付近での利用可能なフリントの入手が予測できなくなるという問題に直面した集団にとって、所定のルヴァロワ技法の〈経済的〉改良が緊急かつ必須となった。初期レヴァント型ムステリアンにすでに剥片の長狭化傾向が見て取れたが、両設打面調整石核の技術が導入されるや、石材単位当たりの長狭剥片の生産性は高まる結果となった。ところが、生産される剥片の数が増える一方で、両端から剥離を進めるこの剥片剥離技法には剥片が小型化してしまう欠陥も現れた。剥片が小さすぎて石器の素材とならない場合が多くなった。こうして最終的に、石核を保有することから既製の石器を携帯して移動するような行動様式へと変化した。この変化は特殊な活動の場から一般的な活動の場への居住形態の変化とも連動していた。要約すれば、気候の悪化が居住システムへの圧力となり、多くの集団が頻繁な移動生活を余儀なくされ、その結果、伝統的なルヴァロワ技法による剥片生産に適した石材がいついかなる場所でも必要に応じて入手できる見通しがなくなり、この石材確保の先行き不安がルヴァロワ技法に淘汰圧として作用して石刃技法の発生を見た、というのである(Marks 1983)。

マークスの解釈が後期旧石器時代開始の一般的説明とはなり得ないが、移行期の問題は居住シス

テムの変化と関連しており、地域の古生態を無視しては考えられないことは確かである。角張淳一はマークスの〈放射型〉、〈循環型〉の概念を応用して、日本列島中央部の石器群の変遷を、武蔵野台地Ⅹ・Ⅸ層相当を「地域循環単位型」、Ⅷ・Ⅵ層相当を「広域循環放射型」、Ⅴ・Ⅳ下層相当を「広域循環単位型」、Ⅳ中層相当を「地域循環放射型」として理解しようとした（角張1991）。

4　日本列島

　この列島に新しく現れた文化的要素は大陸から渡来したものである、というのがわが国の研究者に根強く残る考え方である。当該期についても、石刃技法と石刃を素材とするナイフ形石器は大陸渡来のものであって、しかも列島最古の石器群であるという見方が長く続いた。1983年の宮城県座散乱木遺跡の発掘によって「前期旧石器存否論争」に決着がついたとされてきたが、「捏造問題」によって前・中期旧石器は存在しないという見解が復活し、当該期をどのように見るかという問題が重要な課題となってきている。

　岡村道雄は1976年の論考で次のように述べた。

　　　この時期は少なくとも3つに細分されよう。石子原・向山鹿沼直上・平林の石器群は、古くからのルヴァロワ型石核や円盤形石核を残し、祖型石刃技法が新しく加わった多様化した技術基盤をもっており、石器組成は、剥片の一端にあらい基部加工を施した石器、プティ・トランシェ、切出形を呈する粗雑なナイフ、彫刻刀形石器に若干の両面加工石器とチョッパー、チョッピング・トゥールが伴う。剥片の一端に基部加工が施された石器は、所謂斜軸尖頭器のバリエーションとしてとらえられる石器で、中部ローム下半期の所謂斜軸尖頭器中にも入念に基部加工の施されたものが権現山、桐原、星野Ⅱに数点みとめられる。これらの点から中部ローム下半期の特色を受け継いだ様相も認められる。

　　　中山谷Ⅹ、西之台BⅩ、星野Ⅳ、向山黒色帯、三角山の石器群は前述のものに比較すると、多様な剥片生産技術が整理されて祖型石刃技法にその特色が認められる。石器組成は粗雑なナイフ形石器、ノッチ入りの錐、スクレブラなどが複雑な様相をもって存在している。大別すれば前述の石器群に包括されるかもしれない。

　　　さらに鈴木Ⅹ・高井戸東Ⅹなどは、ナイフ形石器、磨痕のある楕円形両面加工石器や所謂スクレブラを石器組成にもち、剥片生産の技術基盤は祖型石刃技法にとどまらず、石刃技法に近いものの存在がみとめられるようである。漸次、石刃技法が定着し、立派なナイフ形石器が存在するようになるらしい。この3グループは記述した順に新しいと考えられるが、前期旧石器から後期旧石器への過渡期として複雑な様相を示すのであろう（岡村 1976）。

　こうした岡村の先行研究を批判的に継承したのが筆者の1988年の論考であるが、そこで移行期に属するとした遺跡の石器群のうち、今日においても有効であると考える3遺跡の部分を再論しておく。

(1)　長野県石子原遺跡

　次に言及する平林遺跡の報告書同様、報告書で使われている用語とそこに込められた概念は、「丹生・早水台」以来のある観念、ある命題を明らかにするために用いられてきた硬直した石器認

識を反映しているので、新しい現実的な認識によって読替えが必要である。

剥片・剥片石器の特徴に乏しい当遺跡の石器群（図5）で注目されるのは石核類である。とりわけ岡村（1972）の分類によるⅠ類（祖型石刃石核）とⅡ類の共存がこの時期を特徴づける。前者（1～3）は、打面調整を繰り返しながら同一打面の周辺に沿って打面から垂直に少なくとも5～6回連続的に剥片を剥離していく石核で、長幅指数が100前後の台形もしくは方形の剥片が複数生産されたものと考えられる。剥離が進み全周縁に及ぶものがあるが、さらに重ねて連続的に剥離を加えるようなものではない。岡村がディスク（円形石器）と認定したもの（4）は、実は石核であろう。この石核を中間に置くことによって前段階の円盤形石核から祖型石刃石核への技術的進化の過程が推測できる。それは石核素材の厚みに応じた技術適応である。そして茨城県山方遺跡の石刃石核―現在は時期が新しくなると考えている―を経て、ナイフ形石器の素材生産を目的とするシステマティックな石刃技法に収斂していったと考えられる。後者の石核（5）は、筆者のいう〈盤状連続横打剥片石核〉の祖型で、一方向に粗い打面調整を施した後、その縁辺に沿って2～3回連続的に幅広剥片を剥離していく石核である。この技術の究極的に発達した姿は、もっぱら「ペン先形ナイフ」や台形様石器の素材剥片の生産を目的とする、岩手県上萩森遺跡や秋田県米ケ森遺跡のシステマティックな〈盤状連続横打技法〉に見られる。

上記2種の石核から剥離された剥片はある程度の規格性をもつが、剥離過程で生じる剥片をそれぞれ適当に使っているらしい。「きわめて強い類似性をもった一群であり、石子原の石器を特徴づけるものである」と岡村がいう石器（6、7）は、「①一側辺は鋭利なまま残され、そこにわずかながら使用痕が認められる。②基部加工が打面から側辺に一部にかけて施されている。③二次加工による意図的な尖頭器の作出はみとめられない。などにより機能的に後期旧石器時代のナイフ形石器に類似すると考えられる。……典型的なナイフ形石器との間にまだかなりのへだたりがあるが、斜軸尖頭器の一群がナイフ形石器の源流またはその出現に大きな影響を与えた石器と考えられる」（岡村 1972）。超横長剥片を縦位置にし、両側下半部から基部にかけて加工された石器が武蔵野台地Ⅹ層相当の石器群においても見られ（図7-7）、この種の石器の素材を石刃に変換すれば尖頭形石器（基部加工尖頭形石刃石器）に進化する。

(2) 福島県平林遺跡

平林遺跡の石器分類は岡村道雄がしているので、筆者がここでいうべきことはあまりない。ただし、筆者が2度実見したところでは、石核類とその剥片に対する認識は大幅に改める必要があった。

平林の石器群（図6）を代表するというⅠ類からⅢ類の石核のうち、Ⅲ類のルヴァロワ型石核と円盤形石核は石子原遺跡のⅠ類とⅡ類、すなわち「祖型石刃石核」と祖型〈盤状連続横打石核〉に対応する（1、2）。確かにⅠ類の石核類はこの遺跡の剥片生産技術を特徴づけているが、それ以上に重要なのが〈盤状連続横打剥片石核〉（3）と、石子原型「祖型石刃石核」とは別種の「祖型石刃石核」である。前者からは素刃石器（4、5）の素材剥片が剥離されている。後者は角柱状あるいは板状の石材を素材として、その小口または稜の部分から1～3枚の厚手の縦長剥片（6、7）を剥離している。連続横打剥離痕と縦長剥離痕とが同一個体に残された例もあり、これも山方遺跡出土例を連想させる。平林遺跡からは長幅指数150以上の縦長剥片が30点（11.8％）出ているものの、多く

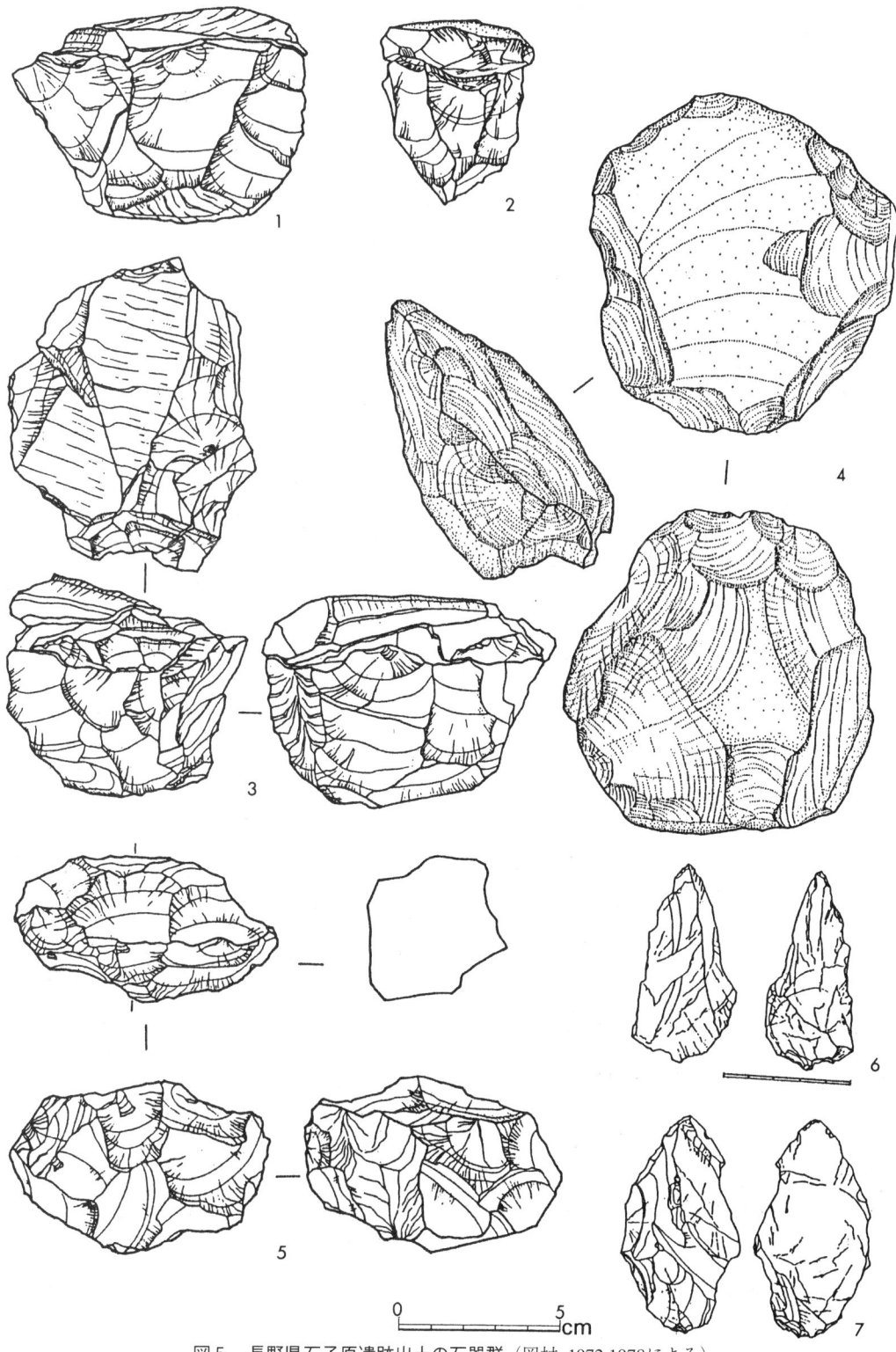

第Ⅲ章　中期／後期旧石器時代移行期　47

図5　長野県石子原遺跡出土の石器群（岡村 1972,1978による）
1～3：「祖型石刃石核」　4：その原初形態　5：盤状連続横打石核の原初形態　6、7：基部加工尖頭形剥片石器

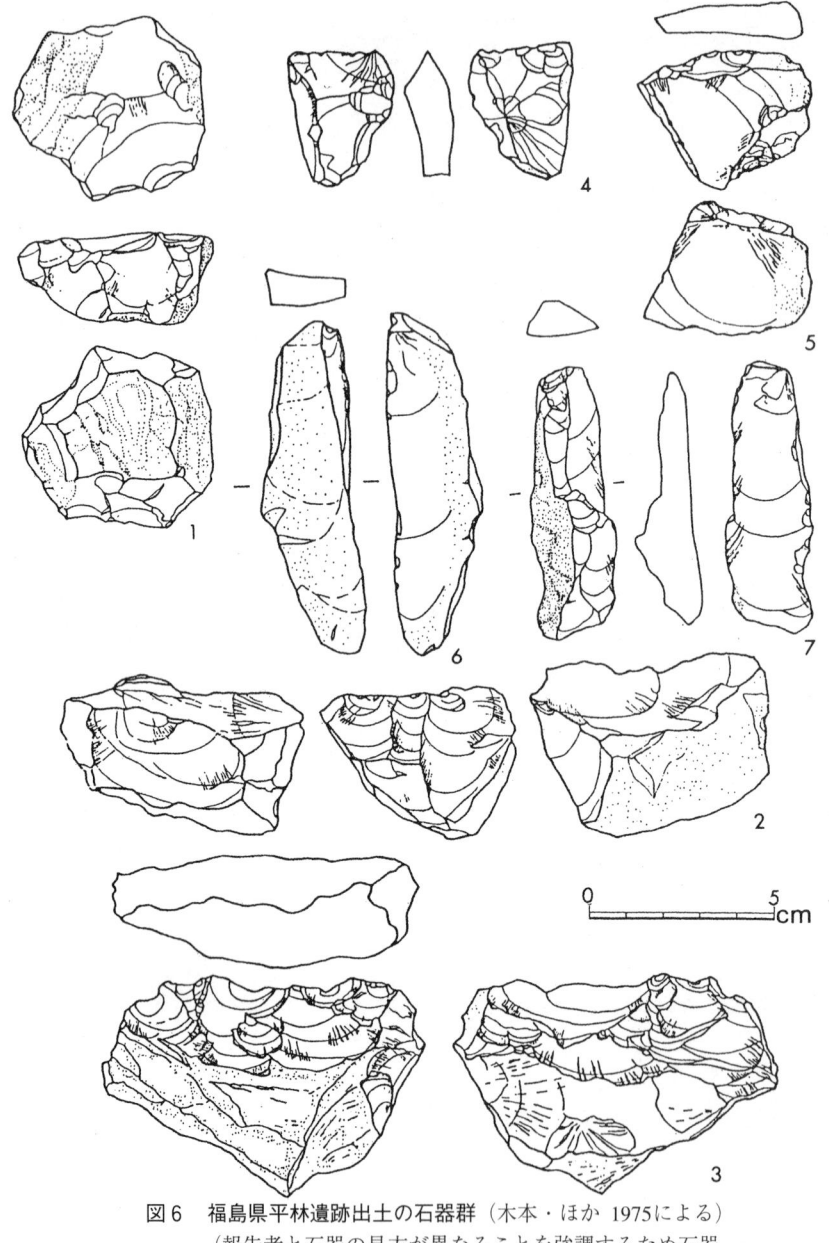

図6　福島県平林遺跡出土の石器群（木本・ほか 1975による）
　　　（報告者と石器の見方が異なることを強調するため石器
　　　の置き方を変えている）

は不規則で特定の石器の素材として意図的に剥離されたものではない。石子原→平林→山方という流れで各石器群中の石核類を検討することで、剥片の縦長化傾向を掴むことができた。

(3)　東京都武蔵台遺跡

　武蔵野台地における立川ロームX層で、時期の異なる二つの石器群を初めて分離した武蔵台遺跡は、先に述べた移行期の2遺跡では漠然としていた石刃製ナイフ形石器の発生過程を示す重要な手がかりを与えてくれた。

　Xb層出土の総数60点の剥片石器を報告者の横山祐平は七つの類型に分類している（早川・河内

編 1984)。第Ⅰ類「平行剥離痕を有するもの」、第Ⅱ類「抉入刃部を有するもの」、第Ⅲ類「鋸歯状の二次加工を有するもの」、第Ⅴ類「二次加工の剥離面の大きさが均一でなく、急角度のもので剥片の打面あるいは縁辺を折り取るような加工の見られるもの」は、広義の素刃石器の範疇に入るもので、技術形態的に斜軸尖頭器石器群のものと近似する例を多く含んでいる。しかし、〈盤状連続横打剥片石核〉にしろ、「回転系多打面型」や「置換系打面交代型」石核（田村 1986）にしろ、台形様石器製作を目的とするシステム化した剥片剥離はまだ見られないようである。また、第Ⅳ類「彫器」、第Ⅵ類「剥片の一端に尖頭部を作出されているもの」、第Ⅶ類「楔形石器」はいずれも先行石器群を構成している石器であって、数が増えていることと、縦長剥片を散発的に利用していることで、この種の石器に若干の進展が認められる。他方で、斜軸尖頭器石器群を特徴づけていた斜軸尖頭形剥片やそれを素材とした削器・尖頭器類がまったく見られない。代わってこの石器群を特徴づけているのが石斧類で、打製石斧が 2 点、局部磨製石斧が 5 点、刃部破片が 1 点、刃部再生剥片を含む同一母岩その他製作時に剥離されたと考えられる多量の剥片が出土している（図 7）。

　Ⅹa 層出土の石器群（図 8）に見られる新しい要素は、縦長剥片（石刃）製の石器と台形様石器（3、4）—報告書ではヘラ状石器とスクレイパーとして分類されている—で、しかも黒曜石が使われていることも注目される。ただし、縦長剥片製の石器は黒曜石製とチャート製のいずれも、超横長剥片を縦位置に使い側辺から基部に平坦剥離を加える素刃石器—今にいう基部加工尖頭形剥片—に類縁する。「末端の薄く断面が鋭角になる部分にインバースリタッチにより粗鋸歯状の二次加工が見られ、背面側にも同様に細かな二次加工が見られる」石器（11）も先行石器群に系譜がたどれよう。黒曜石製の「局部磨製石斧」(14) に関しては、横山自身、「（極端に器厚が薄いことから）したがって平面形が直刃であり、断面が薄い本遺跡資料、多門寺前遺跡、房谷戸遺跡資料と共に石器群の組成上『石斧』的なものと異なる位置づけが必要となろう」と述べているとおり、別器種とすべきであろう。不定形剥片素材の切断整形による石器が多い点も以前からの伝統を感じさせる。

　1988 年の時点では、「石刃製ナイフ形石器」—今にいう基部加工尖頭形石刃石器、略して尖頭形石器—の本格的な出現をもって後期旧石器時代の開始と見なし、武蔵台遺跡Ⅹb層とⅩa層の石器群間で線引きして、前者を移行期石器群とした。おそらく黒曜石の利用や局部磨製石斧の出現もこの動きと連動したものであろうと考え、後期旧石器時代開始の問題は個々の文化要素の出現を指標にするのではなく、構造変動の視点から取り組まなければならない、と主張したのである。

　ところが、1990 年代以降世界の旧石器時代研究は大きく様変わりしつつある。

第 2 節　1990 年代に入っての新しい動向

　ヨーロッパの後期旧石器時代（4 万年前以降）は石器の素材を生産する"真正の"石刃技法によって特徴づけられるのに対して、中期旧石器時代（20 万〜 4 万年前）はルヴァロワ技法やより一般的な剥片剥離技法によって特徴づけられる。この種の二項対立的な観点は、今なお多くの研究者に支持されている。確かに、ユーラシア西部の後期旧石器時代においては、石刃の生産と石刃製の石器類が顕著であるが、こうした厳密な技術的二分法は、ヨーロッパでも西アジアでもサハラ以南の

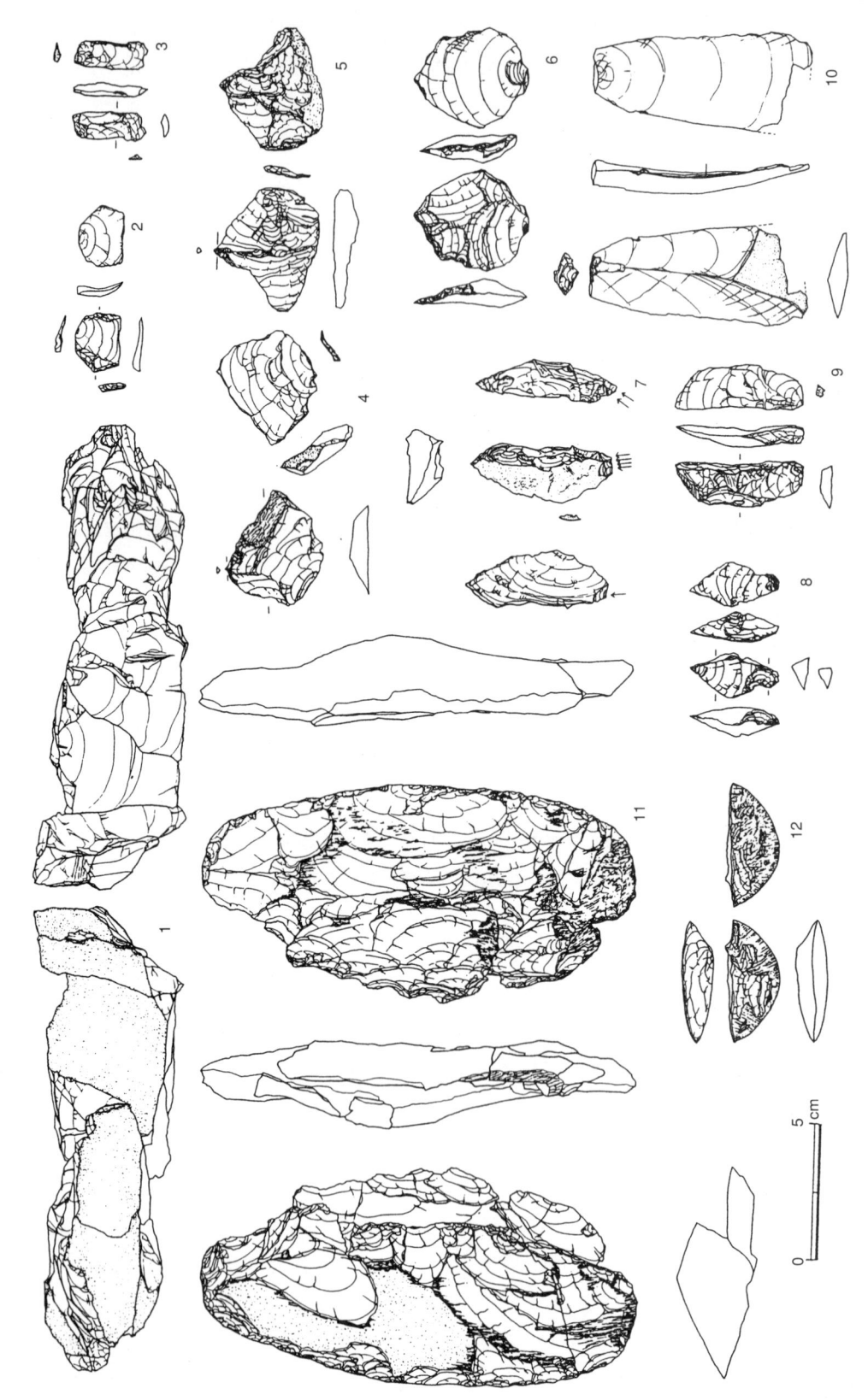

図7 東京都武蔵台遺跡「Xb文化層」出土の「剝片モード」の石器群（早川・河内編 1984による）

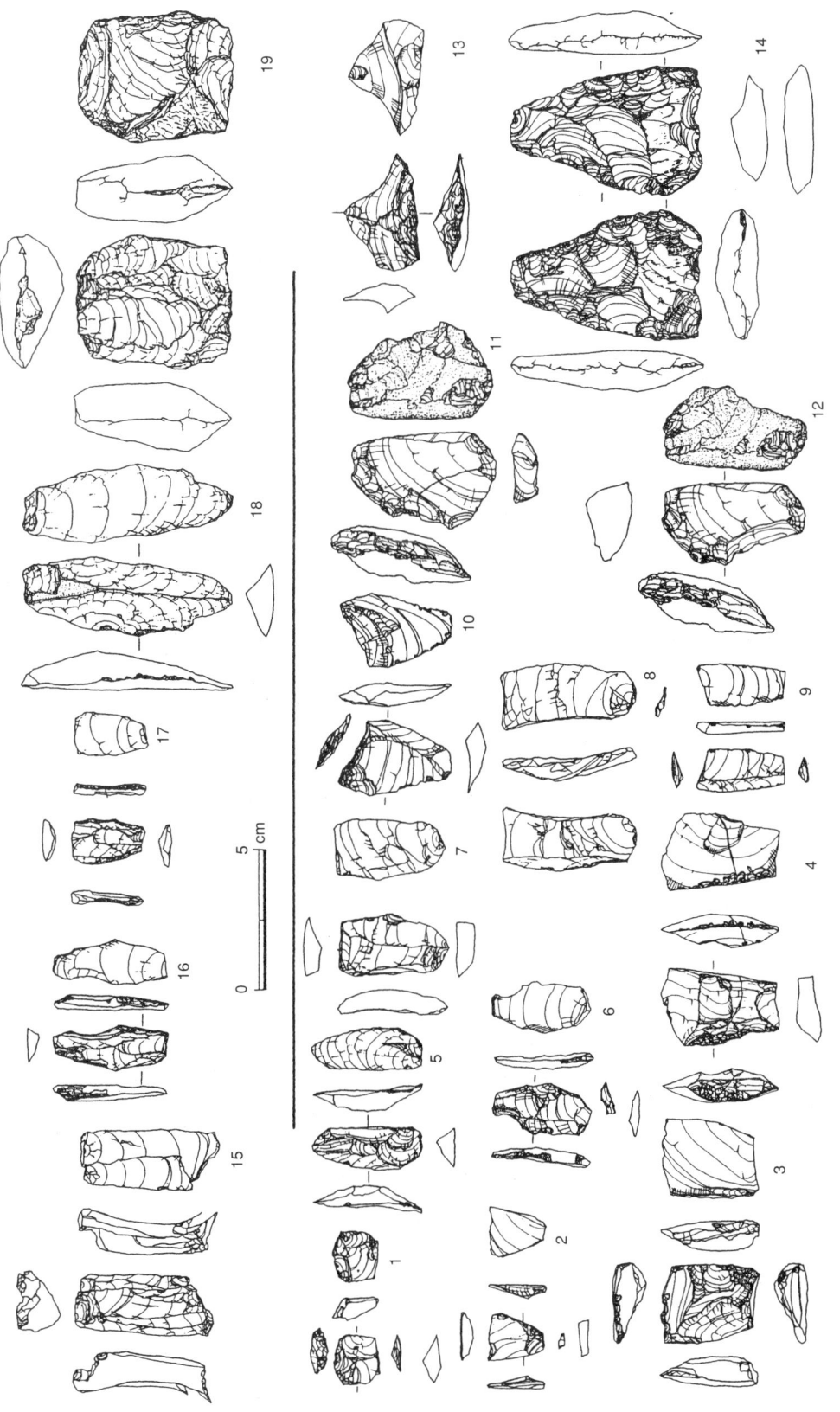

第Ⅲ章　中期／後期旧石器時代移行期　51

図8　東京都武蔵台遺跡「Ｘa文化層」（下）と「Ⅸ＊文化層」（上）出土の「二項的モード」の石器群（早川・河内編 1984による）

アフリカでも有効性をなくしてきている(Bar-Yosef and Kuhn 1999)。

　西ヨーロッパにおいては、すでに中期旧石器時代の早い時期に、縦長剥片あるいは石刃とその石核を組成する石器群が北西部の遺跡でいくつか知られている。遺跡によって非調整の単純な縦剥ぎであったり、ルヴァロワ技法であったり、トサカ状稜付き石刃を伴う後期旧石器時代型の石刃技法であったりする。中期旧石器時代の晩い時期でも事情は同じである。しかし、各石器群の正確な時期が不明なために、その間に進化的系統関係が存在したのか、それとも一時的・局地的な現象であったのか、今のところ問題を残している(Revillon 1995)。

　その一方で、西アジアにおいても、イスラエルのタヴン洞穴D層出土の石器群を標準とする前期レヴァント型ムステリアンは、縦長剥片・石刃が石器中の30～50％を占めていることで知られている。中央ネゲヴにあるロシュ・アイン・モル遺跡では、中期旧石器時代の石器群であるにもかかわらず、ルヴァロワ石刃技法よりも非ルヴァロワ石刃技法が顕著に見られる(Marks and Monigal 1996)。その年代が、ダチョウの卵殻を試料としたウラン系列年代測定法で21万年前と出ているそうである。驚くことに出土石器中の15％に当たる403点は、一般に後期旧石器時代の特徴的な石器といわれている彫器である(Marks et al. 2001)。

　〈ミトコンドリア・イブ仮説〉以来、アフリカにおける現代型新人の出現と出アフリカに関する論議が活発に行われ、考古学者の関心がアフリカに向けられるようになった。ケニアのバリンゴ地域に堆積する中部更新世カプサーリン（Kapthurin）層の上位（K3（ⅲ））で、約25～24万年前のハンドアックスとともに石刃が見つかっている。この「カプサーリン型石刃」は両設打面角柱状石刃石核と両設打面板状ルヴァロワ石刃石核の両技法で剥離されているらしい（McBrearty et al. 1996）。これはヨーロッパ中期旧石器時代に属する最古の石刃より12.5万年古く、後期旧石器時代のものより20万年も古い。エチオピアのある遺跡では18万年前といわれ、ハウイーソンズ・プアート(Howieson's Poort)遺跡では8万年前の古い石刃の存在が指摘されている。最近では、形質的に現代型の人類の出現は10万年前であるが、行動的に現代型といえる表象は5万年前ころに現れたといわれている。だが、そうは考えない研究者も少なくない。アフリカに現代型行動を示唆する古い考古資料が出始めている。

　ところで、遺跡における石器組成の具体的な表現型は、さまざまな要因、たとえば頻繁な使用や修正による石器のリダクション（縮小・形態変化）、利用する石材の品質に応じた剥片剥離技術の難易、高品質石材の入手の可能性（石材産出地へのアプローチの難易）、異なる環境や資源状態への適応形態、剥片剥離技術の個人的能力など局所的かつ個別的な要因によって、強く影響を受けることが知られている。そこで、後期旧石器時代石器群の典型あるいは中期旧石器時代石器群の典型という場合でも、どの遺跡出土の石器群が典型に当たるのかを、具体的に指摘するのは困難になってきている。いわゆる標準遺跡出土の石器群が必ずしも典型といえないのは、上記のような要因が働いているからである。この点は後期旧石器時代と中期旧石器時代との狭間、つまり両者の移行期にあってはその時代的性格もあずかって、典型的な移行期の石器群はこれだと指摘することは困難な作業である。「石器文化」という概念に付随した「典型」という概念自体が、「石器文化」概念とともに見直しの時期にあるといえよう。

1 西ヨーロッパ

　西ヨーロッパの地域では、「サン＝セゼール遺跡で最近シャテルペロニアンに伴って発見された頭骨は、ネアンデルタール人であるといわれている」と、トピック風に紹介していた事例が増えて、シャテルペロニアンは後期旧石器時代最古の石器群から、ネアンデルタール人が独自に、あるいは新来のオリニャシアンから石器技術を模倣して残した石器群へと解釈が変更されている。

　3.8万年前の地中海世界は、西アジア側に後期旧石器段階の現代型ホモ・サピエンスないしネアンデルタール人、ヨーロッパの大部分にシャテルペロニアンとその他の後期旧石器段階のネアンデルタール人、イベリア半島に中期旧石器段階のネアンデルタール人、アフリカ北西部に中期旧石器段階の現代型ホモ・サピエンス、という配置であった。それが3万年前になると、西アジアとヨーロッパは、クリミア半島に中期旧石器段階のネアンデルタール人、クロアチアに後期旧石器段階のネアンデルタール人、イベリア半島に中期旧石器段階のネアンデルタール人を残して、オリニャシアンの現代型ホモ・サピエンスの世界に代ってしまった。1998年にポルトガルのラガ・ヴェロ（Ragar Verho）岩陰で見つかった幼児骨は、ネアンデルタール人と初期現代型ホモ・サピエンスとの混血であると解釈されている(Zilhao 2000)。

　ネアンデルタール人をめぐる論争には三つの立場がある。古くからの多地域進化主義者は、地理的に多形化したホモ・エレクトゥスを祖形として各地でホモ・サピエンスが進化した、と主張する。ネアンデルタール人はヨーロッパの古代型ホモ・サピエンスで、旧大陸全体にわたる遺伝子交換を通じて解剖学的な現代型ホモ・サピエンスに進化したのであり、スペインのオリニャシアンが最古の年代を示したことが、生物学的にも文化的にも後期旧石器時代への移行は地域的出来事であったことを示すものである、とも主張する。

　他方、その対極に過激な出アフリカ主義者がいる。彼らは、ネアンデルタール人が解剖学的に特異でDNA研究が証明したように現代人とは異種であるので、異なる脳の構造が象徴的表現の発展を阻止したのである、と主張する。ネアンデルタール人は象徴的行動を獲得して文化的に優位にたった現代人に完全に取って代わられたため、子孫を残すことなく滅びてしまった。シャテルペロニアンは北部スペインに達した最古のオリニャシアン集団との接触を通じて、理解を欠いたまま模倣したもので、ネアンデルタール人による独自の後期旧石器の発明ということは認めがたい。何万年間もの停滞の後に、周辺に現代人が現れたときにのみ偶然にも革新が起ったなどということは統計学上あり得ないことである、とも主張する。

　両者の中間に穏健な出アフリカ主義者がいる。彼らは、ネアンデルタール人が私たちとは異なる種であるかもしれないが、文化的能力においてはまったく同等である、と主張する。ただし、北スペインにおけるオリニャシアン人が時間的に先行していることから見て、シャテルペロニアンは文化変容の結果である、と主張している。

　ここでは最古のオリニャシアンに関するホアオ・シルアオとフランシスコ・デリコの論考（Zilhao and d'Errico 1999）にそって、この問題を概観しておこう。

　シャテルペロニアンがオリニャシアンの下位にくるという層位学的事例が30例に上るにもかかわらず、シャテルペロニアンの文化変容説が力を得てきているのは、北部スペインで得られたオリニ

ャシアンのいくつかの理化学的年代値が3万9千年前前後を示すことと、フランスのル・ピアジェ遺跡とロク・ド・コーム遺跡、スペインのエル・ペンド遺跡の3遺跡で両者が互層となって見つかったからである。

年代測定値についていえば、日本の水月湖の年縞が示唆するように3万4千年前前後の放射性炭素年代値は正しいのであるが、3万1千年前前後は明らかに新しく出すぎるようである。現在も2万年前から4万年前あたりの年代較正はなお難しい問題を多く抱えている。こうした一般論に加えて、シャテルペロニアンに関して得られた加速器質量分析法（AMS）による^{14}C年代値はすべて骨を資料としたものなので、炭を資料とした北スペインのオリニャシアンとの比較には問題が残ること、また年代値の問題に加えて、北スペインの諸遺跡には堆積が複雑で均一でない層から検出された資料のタフォノミー（形成過程）上の問題があることが指摘されている。ここ20年間のタフォノミーの登場によって、考古学者は歴史学者の文献批判に匹敵するような資料批判の方法論を獲得しており、ここをクリアしなければ考古学的評価が確定しないのである。さらにもう一つ石器群の定義という方法論上の大きな問題も残されている。彼らは当該包含層中の石器群がオリニャシアンではないというのである。以上の点は中央ヨーロッパや東ヨーロッパにおけるシャテルペロニアン以前に位置づけられたオリニャシアンについてもいえることである。

放射性炭素年代値で36,500BP以前にはヨーロッパのどこにも骨牙製尖頭器を有する真のオリニャシアンは出現していない。シャテルペロニアンは3万8千年前以前に年代づけられる。フランス北部にあるアルシ - シュル - キュール洞穴群中のグロット・ドュ・ルネ遺跡のⅩ～Ⅷ層はシャテルペロニアン層である。その層から153点を下らない骨製遺物と36点の装飾品が出ている。イタリアのウルジィアン(Uluzzian)、中央・東ヨーロッパのツェレティアンやボフニシャンのようなネアンデルタール人による地域的な移行期石器群（安斎 2002）が広範囲に地理的分布を見せている時期と同時期に、シャテルペロニアンに見られる石刃技法・骨製道具・個人的装飾品だけを文化変容の産物として説明づけるのは困難なのではないか。ネアンデルタール人も独自に後期旧石器段階へと進化していた、と彼らはいうのである。

2 　中央ヨーロッパ・モラヴィア地域

中央ヨーロッパの地域では、オルズワース＝ジョーンズの著書に依拠しながらも、「彼の結論の正当性は、オリニャシアンの性格・年代・起源に関する正確な情報をもたないいまの筆者には、判断しかねる」と留保していた件に関して、最近出版されたスヴォボダらの著作(Svoboda et al. 1996)に依拠して、モラヴィアの旧石器時代、とくに中期／後期旧石器時代移行期に焦点を当てて概観しておこう。

中央ヨーロッパは西ヨーロッパと東ヨーロッパとを結ぶ地政学的位置にある。氷河時代においても二つの氷河、つまり北のスカンジナビアと南のアルプスとで発達した氷河に覆われることなく、開けた回廊をなしていた。そのために、アシュリアン、ムステリアン、オリニャシアンなど汎大陸的な文化も、ボフニシャンのような西アジアに類似した文化も、グラヴェティアンやエピグラヴェティアンのようなユーラシア・ステップ地帯の文化も、マグダレニアンのようなフランコ・カンタ

ブリアの文化も、そして当然のことにツェレティアンのような在地の文化も出現するような、特異な地理的位置を占めていた。

　地理学的位置からモラヴィアの旧石器時代は低地オーストリア、ポーランド南部、一部スロヴァキア西部と一体をなし、ダニューブ川上流域を通してドイツ南部と、またポーランド南部を通して東ヨーロッパ平原へと通じていた。他方で、ボヘミヤのような山地にさえぎられて、ドイツ中央部やさらに西方とは文化的形態が多少異なっていた。

　中央ヨーロッパでの旧石器時代石器群は編年的に前期旧石器時代の小型石器石器群の出現に始まり、以後、アシュレアン、前期ムステリアンと続き、さらに中期旧石器時代に入ってタウバキアン、ミコキアン、後期ムステリアンと続いた後に、移行期のボフニシャン、ツェレティアンを経て、以後、後期旧石器時代のオリニャシアン、グラヴェティアン（パヴロヴィアン→ヴィレンドルフィアン／コステンキアン）、エピ・グラヴェティアン、マグダレニアンと展開した（図9, 10）。

　中央ヨーロッパにおいて出土状況の確実な最古の石器群は、3 cmに満たない小型の石器が特徴で、ビルツィングスレーベン遺跡やヴェルテスゼレス遺跡ではほとんどの石器が2 cm以下の大きさである。削器、抉入石器、鋸歯縁石器、タヤク型尖頭器、ベク（嘴状）、石錐、搔器、片刃礫器、両刃礫器、彫器などのカテゴリーに加えて、大型の礫器が伴う。モラヴィアではまだ確証はない。

　型式学上紛れもないアシュリアンの石器群は北部ボヘミヤを東限として、その東方モラヴィアではハンドアックスが個別に見つかるだけである。

　ハンドアックスを欠き、ルヴァロワ技法も発展型アシュリアンに比べて少ない前期ムステリアンの石器群は、キナ型削器を含む削器類とキンソン型尖頭器を含む両面加工の尖頭器類から成る。

　最後の間氷期と次の氷期初頭に再び出現する小型石器群はタウバキアンと呼ばれている。ハンガリーのタタ遺跡の石器が特徴的である。

　前期ヴュルム亜氷期の「ミコキアン」と呼びならわされた石器群は、西ヨーロッパのそれとは異なる。発見当初に両面加工石器をキコキアンのハンドアックスに対比しての呼称かと思われる。非ルヴァロワ技法の剥片剥離と削器類の割合が高い。平坦剥離による両面加工石器（ナイフ・尖頭器・木葉形尖頭器）も特徴である。石刃を比較的多く含む。ツェレティアンに漸移していくと見られている。

　後期ムステリアンは剥片剥離が主体であるが、石刃の割合が比較的高くなっている（シプカで15％）。ルヴァロワの要素もいくらか見られる。片刃削器がもっとも多いが、後期旧石器型石器も目に見えて増えている（シプカでは搔器と彫器で14％）。「ミコキアン」に比べ、平坦剥離と両面加工がかなり少ない。

　以上が前期旧石器時代と中期旧石器時代の石器群である。

　4万年前前後の後期旧石器時代開始期には、ボフニシャンとツェセレティアンが並走して、オリニャシアンが追走する。

　中央ヨーロッパは伝統的に非ルヴァロワ地域であったが、ボフニシャンにおいて西アジア・レヴァント地方の後期旧石器時代最初頭期の石器群（図11参照）およびロシア・アルタイ地方のカラ・ボム洞穴遺跡第5、6層出土石器群（図12参照）（Derev'anko and Markin 1998）に非常に類似したル

タウバキアン

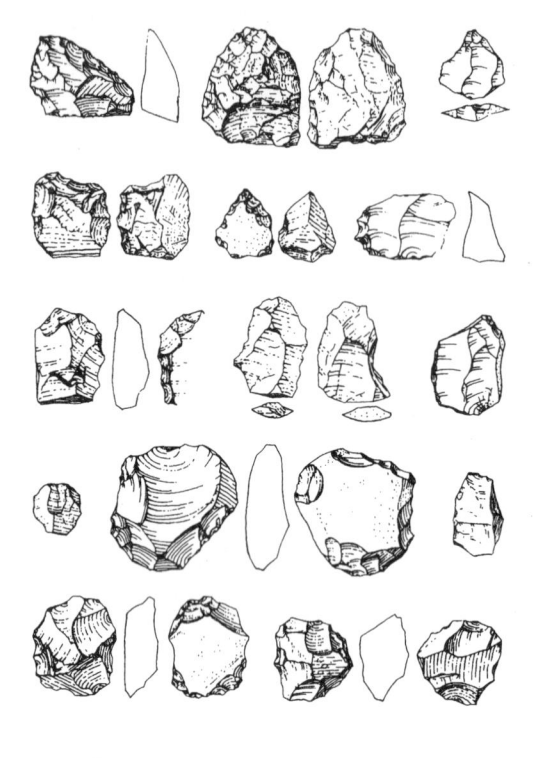

ミコキアン

後期ムステリアン

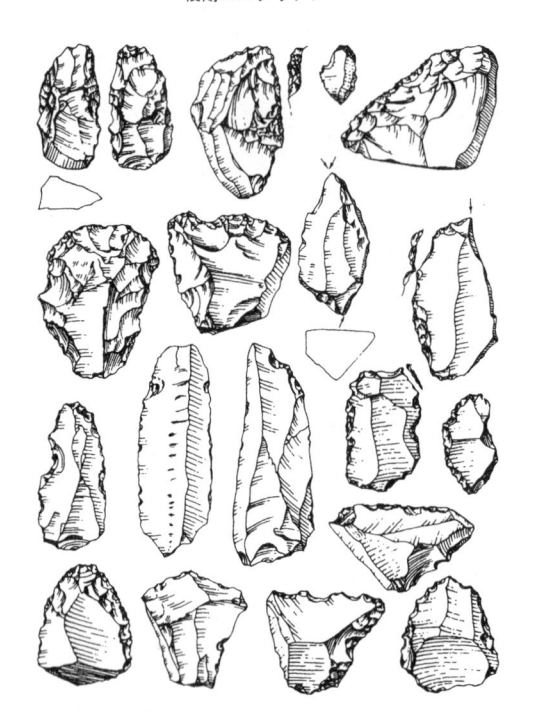

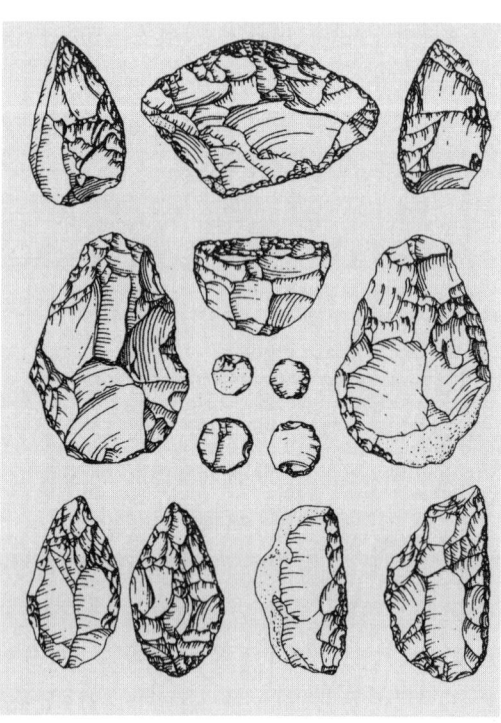

図9　中央ヨーロッパ上部更新世の中期旧石器時代石器群

第Ⅲ章 中期／後期旧石器時代移行期 57

ボフニシャン

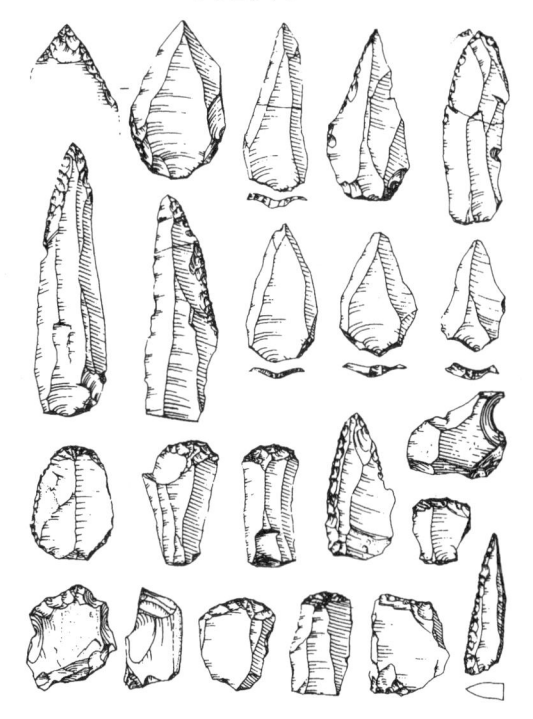

ツェレティアン

オリニャシアン

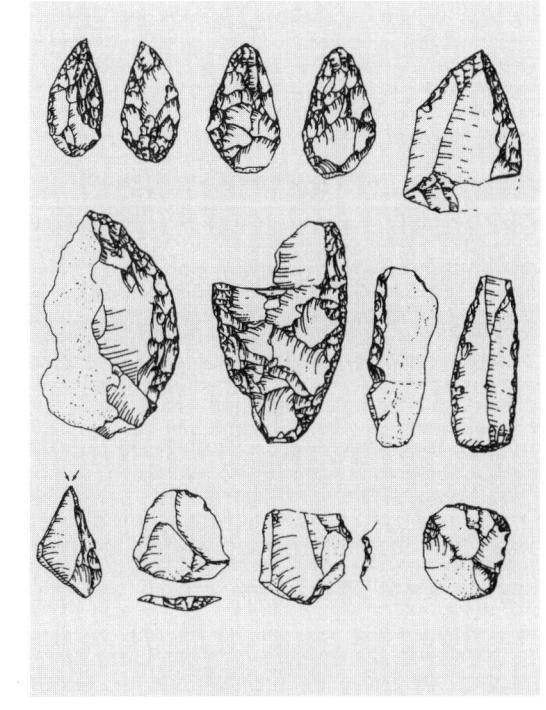

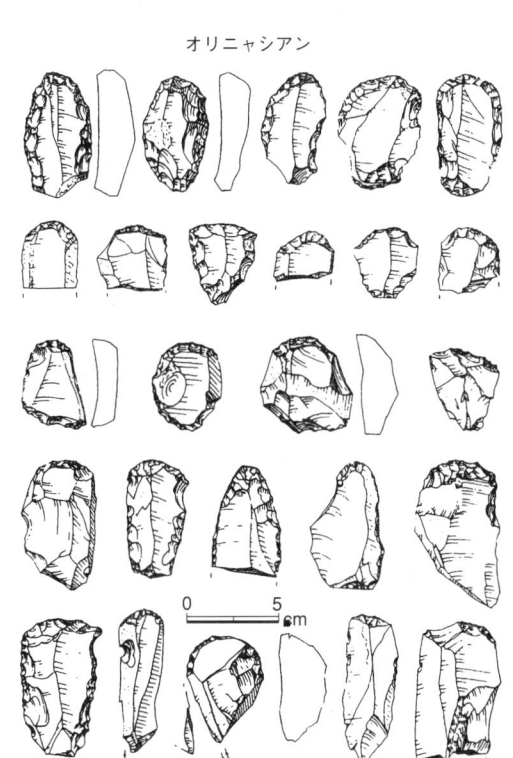

図10 中央ヨーロッパの中期/後期移行期および後期旧石器時代初頭の石器群（Svoboda et al. 1996による）

ヴァロワ技法に関連する要素が現れた。ルヴァロワ型石刃を特徴として、石刃の比率は20～45%に急増する。搔器と彫器が多く、遺跡によってはオリニャシアン型高刃搔器、木葉形尖頭器などを含む。削器とムステリアン型尖頭器が中期的要素として混在する。ボフニシャンの遺跡は南東ヨーロッパと中央ヨーロッパに広く分布するが、まばらである。最近、レヴァント地方との中間に位置するトルコのアンタキヤ市付近の洞穴遺跡から、最初頭期の石刃石器群が見つかっている（Kuhn et al. 1999）。放射性炭素（AMS非較正）による測定年代値は39,400±1,200BPと38,900±1,100BPである。

他方、ツェレティアンは中央ヨーロッパの南東部を起源地とする在地性の石器群である。地域の中期旧石器、とくに非ルヴァロワ技法による剥片製作と、石刃を素材とした典型的な両面加工石器の製作伝統を受け継いでいる。石刃の割合は「ミコキアン」より高くて、ボフニシャンよりは低い。削器（20～30%）がもっとも多いが、搔器（20～30%）と拮抗している。ムステリアン型尖頭器と尖頭形石刃を含む場合もある。

トサカ状稜調整に始まる石刃剥離とその結果生じる角錐状石核、すなわち後期旧石器型技術の完成を見たオリニャシアンの遺跡は、フランスより東では低地オーストリアとモラヴィアとに集中している。長さの短い剥片や石刃、あるいは厚手の石片を素材とした特徴的な搔器と彫器を伴う「典型的」なものは、放射性炭素年代測定値が3.3～2.9万年前に集まっているが、多少異なる石器群ではそれより古い年代値も出ている。石器以外に特徴のある骨角器を加えた最初の文化である。

以上の簡単な記述からも、旧石器時代石器群の地域的変遷が予想外に複雑なことが知られる。日本列島のそれとて例外ではない。なお、モラヴィアにおける後続の後期旧石器時代最盛期の石器群については省略する。

3　レヴァント地方

西アジアのレヴァント地域では、「過渡期問題の焦点は10～4万年前頃にありそうである」という予測は間違いなかったが、当地のムステリアン石器群の年代値とその担い手について、1989年以前とはすっかり様変わりしてしまった。レヴァント地方のムステリアンは18/15万年前から4.7/4.5万年前の年代値が与えられている(Bar-Yosef 1993)。イスラエル・カルメル山諸洞穴の一つケバラ洞穴の再発掘に際して、新たにユニットⅠ～Ⅶに分層されているが、最上位のユニットⅠ・Ⅱが「レヴァント・オリニャシアンA」、Ⅲ・Ⅳが「前期アフマリアン(Ahmarian)」、移行期のエミラン層が欠如していて、Ⅴ～Ⅶがムステリアンである。その年代はユニットⅣ－Ⅱが4.3/4.2～3.6万年前、ユニットⅡ－Ⅰが3.6～2.8万年前である(Bar-Yosef et al. 1996)。新資料の増加にもかかわらず、今日でもクサル・アキル遺跡(Ohnuma 1988)とボウカー・タクチット(Boker Tachtit: Marks 1983)遺跡の重要性に変わりはない。

年代的にアシュレアンとレヴァント型ムステリアンとの間に位置づけられる「アムディアン」や「先-オリニャシアン」—両者は後期旧石器型器種を高率で含む—、および「フンマリアン」と呼ばれる石器群中に、石刃製作の伝統が長く続いたことはよく知られている。イスラエルのタブン洞穴では、タヤシアンと発展型アシュレアン（GとF層）に始まり、非ルヴァロワ型石刃製作を伴うアシュレオ-ヤブルディアン（E層）、長形のルヴァロワ型尖頭器と石刃を組成する前期レヴァン

ト型ムステリアン（D層）と続いたが、その後は幅広のルヴァロワ型剥片を特徴とする後期レヴァント型ムステリアン（C層）となり、短形の尖頭器を製作した終末期レヴァント型ムステリアン（B層）で終わっている。ただし洞穴外の地域で、単設打面の石刃技法が継続し（移行期）、後期旧石器時代初頭の単設打面石刃石核の登場を見ている。前期レヴァント型ムステリアンは縦長剥片・石刃が石器中の30～50％を占めていることで知られている。中央ネゲヴにあるロシュ・アイン・モル遺跡でも、ルヴァロワ石刃技法よりも非ルヴァロワ石刃技法が顕著に見られる(Marks and Monigal 1996)。レヴァント地方においては、単線的・定向的進化ではないが、アムディアン－タブンD型石器群－ボウカー・タクチット型石器群－アフマリアンというラインで石刃伝統が継承されていた（図11）(Jelinek 1990、Marks and Kaufman 1983、Monigal 2001)。

先に述べたようにレヴァント地方の中期旧石器時代の石器群はタブン洞穴での層位的出土石器群をモデルとして3群に分けられている。西秋良宏(1993)によれば次のとおりである

・タブンD層型：縦長のルヴァロワ尖頭器が特徴的である。石器群は全体的に縦長の傾向をもち、ルヴァロワ・非ルヴァロワの石刃も豊富である。石核調整は単軸的で、求心的な調整によるルヴァロワ石核は少ない。二次加工石器には削器・尖頭器などのムステリアン型石器が少なく、彫器を中心とした後期旧石器型石器が比較的多い。

・タブンC層型：幅広のルヴァロワ剥片に特徴づけられる。石器群も全体として幅広で、石刃をわずかしか含まない。求心的剥離による典型的ルヴァロワ石核が用いられ、単軸石核はほとんどない。二次加工石器は削器が主で、後期旧石器型石器は少ない。また、裁断＝小剥離石器も目立つ。

・タブンB層型：短躯なルヴァロワ尖頭器が代表的な石器である。石器群は全体に小型で、縦長の剥片・石刃も少なくない。石核調整には求心的・単軸的の双方が実施された。二次加工石器にはムステリアン型石器、後期旧石器型石器が含まれる。

西秋はこれを編年的差異として捉えるのではなく、地域性の視点から捉えようとした。すなわち、前期にはD型が南部・中部・東部に広く分布するのに対し、C型が北部に分布していた。中期になると北部に現れたB型に押されるような形で、C型が中部に、D型が南部に分布を変えた。そして後期になると、D型が引き続き南部に分布する一方で、中部以北にB型が広く分布した、というのである。これは間接的に、現代型ホモ・サピエンスのアフリカ起源と出アフリカ説、およびネアンデルタール人のヨーロッパでの特殊適応進化とその南下説の支持を示唆している。

4 カラ－ボム洞穴遺跡

レヴァント地方と同様に、在地のムステリアンから後期旧石器時代の石刃モードへ進展した証拠が、カザフスタン、中国、モンゴルと国境を接するロシアのゴルノアルタイ地方にあるカラ－ボム遺跡でも見つかったといわれていた。近年の報告で、同遺跡からはアナトリイ・デレヴァンコらの発掘調査によって2枚のモードⅢ石器群（ムステリアン層）と6枚のモードⅣ石器群の包含層が間層を挟んで検出されていたことがわかった。2枚のムステリアン層に挟まれた間層の電子スピン共鳴（ESR）法による年代測定値が約6万2千年前、上位のムステリアン層の^{14}C年代値が4万4千年

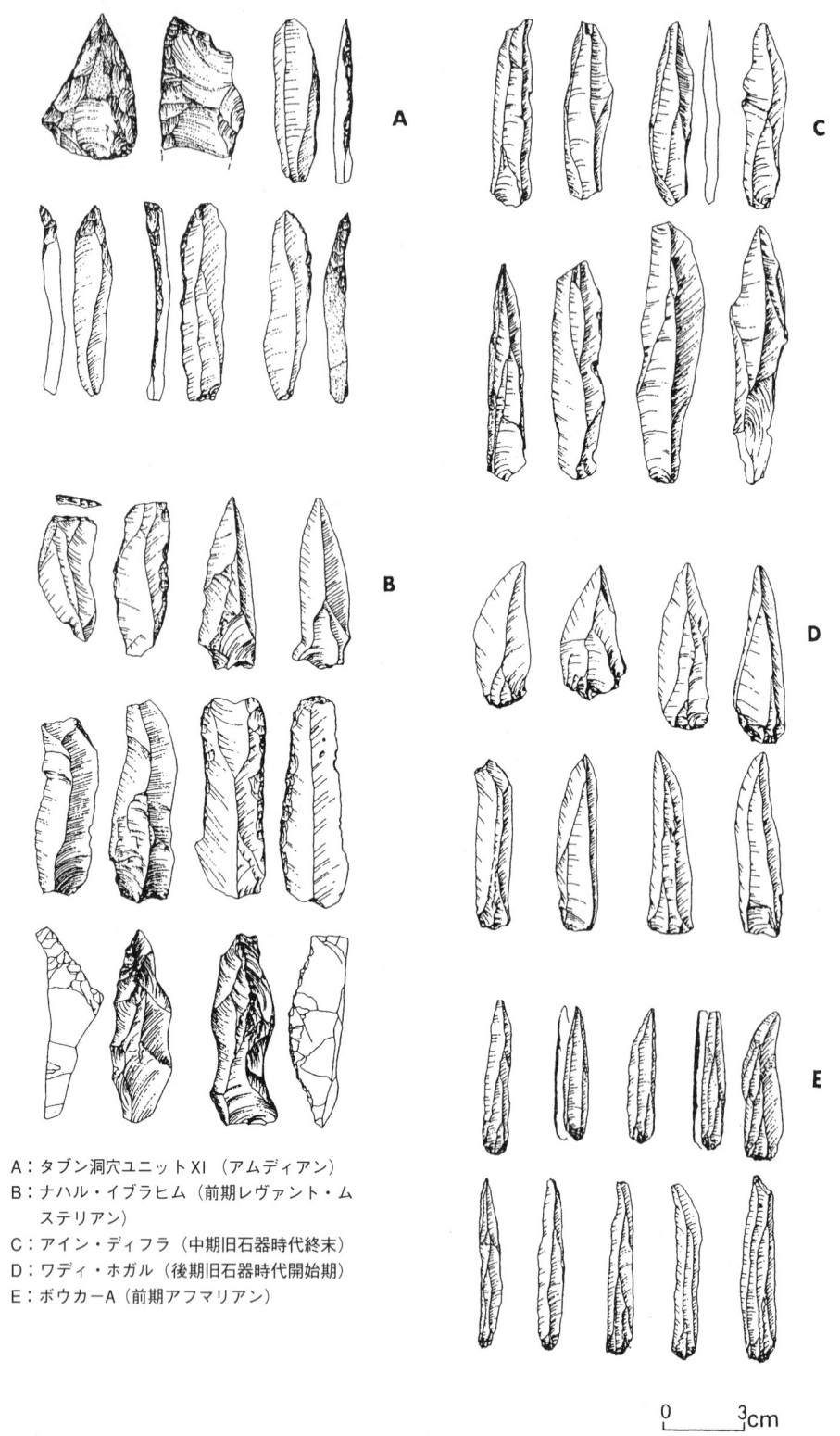

A：タブン洞穴ユニットXI（アムディアン）
B：ナハル・イブラヒム（前期レヴァント・ムステリアン）
C：アイン・ディフラ（中期旧石器時代終末）
D：ワディ・ホガル（後期旧石器時代開始期）
E：ボウカーA（前期アフマリアン）

図11　レヴァント地方における後期旧石器時代以前の石刃モード（Monigal 2001による）

前以前と4万2千年前以前である。モードⅣ石器群の下層の方（第6、5層）が約4万3千年前、上層の後期旧石器時代（第4-1層）の五つの¹⁴C年代値が約3万4千年前～3万1千年前を示している。古土壌学の方法によって第6-4層（とくに第4層）が温暖な状況下に形成されていたことがわかっており、第3層も現在の広葉樹林あるいは森林性ステップと同じような環境条件であった、といわれている。石器群（図12）の技術形態学的変遷を、ムステリアンの2枚の層、後期旧石器時代下層（第6、5層）、後期旧石器時代上層（第4-1層）の順で、いくつかの要素対比で見てみると、以下のとおりである(Derevianko et al. 2000)。

・剥片と石刃の比率：62.2%対30.6%、39.3%対52.1%、41%対43.6%、
・剥片素材の石器と石刃素材の石器の比率：29.1%対36.4%、19.6%対70%、19.1%対79.4%、
・ルヴァロワ型尖頭器：38点(28.3%)、13点(7.1%)、0点、
・後期旧石器型尖頭器：1点(0.7%)、9点(4.9%)、5点(6.7%)、
・二次加工のある石刃：9点(6.7%)、15点(8.2%)、5点(6.7%)、
・彫器：4点(2.9%)、20点(11%)、6点(8.1%)、
・掻器：7点(5.2%)、24点(13.2%)、7点(9.5%)。

　前者（ムステリアン石器群）と後2者（後期旧石器時代石器群）との間にギャップを認めてその間に急激な変化を読み取るのか、デレヴァンコらのように一貫した石刃指向を認めて「移行期」石器群を設定・介在させるのか、判断の分かれるところである。彼らはアルタイ地域のムステリアン（「カラ－ボム型ムステリアン」―かつて「ルヴァロワゾ－ムステリアン」と呼ばれたレヴァント・ムステリアンを連想させる―）から在地において後期旧石器時代の石器群（「カラ－ボム型石器群」）が発展したと解釈している。見解を同じくする―「ルヴァロワ尖頭器技法」から石刃技法へ―木村英明がゴルノアルタイ地方の石器群に見られる剥片剥離技法を豊富な挿図付きで説明している（木村1997）。これに対して最近、当該期を含むシベリアの旧石器研究で学位をとった折茂克哉は、カラ－ボム洞穴遺跡においてムステリアン石器群と「カラ－ボム型石器群」の包含層の間に無遺物層が介在していること、後者に石刃石器群の特徴が強く現れていることなどの理由で、「移行期」説を採らずに断絶説を採っている（折茂2002）。

　ところで、デレヴァンコらによれば、カラ－ボム遺跡と同様の石器群変遷は中央アジア西部やモンゴルでも見られるということである。化石人骨が見つかっていないので、「カラ－ボム型ムステリアン」と「カラ－ボム型（移行期あるいは後期旧石器時代）石器群」それぞれを残した人類については推測の域を出ないが、〈ミトコンドリア・イヴ仮説〉あるいは〈現代型ホモ・サピエンスのアフリカ起源と出アフリカ説〉と密接な関係があろう。

5　日本列島

　日本列島では、「馬場壇A遺跡、座散乱木遺跡、安沢A遺跡」の石器群が「前期旧石器時代遺跡捏造問題」との関連で資料価値を失ってしまった。この「捏造問題」を踏まえて、まず簡単に学史を振り返って移行期をめぐる問題の所在を確かめておきたい。

　周知のように移行期の問題化は芹沢長介による「前期旧石器」の提唱に始まる。芹沢の諸論はこ

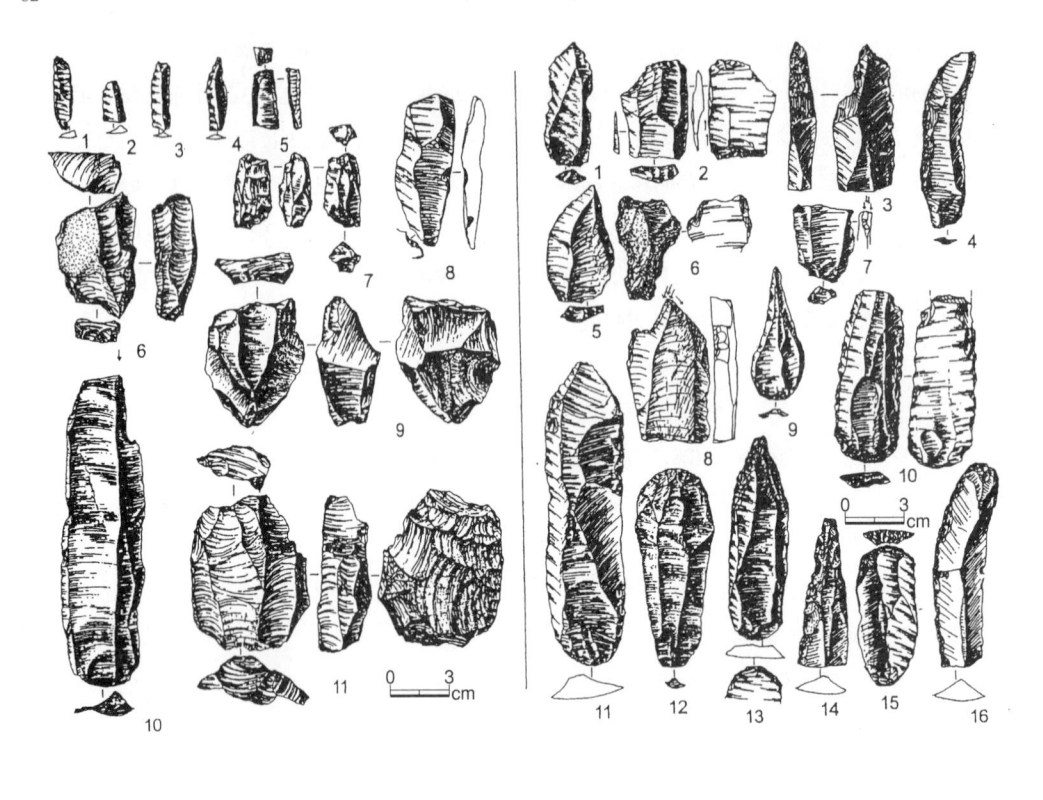

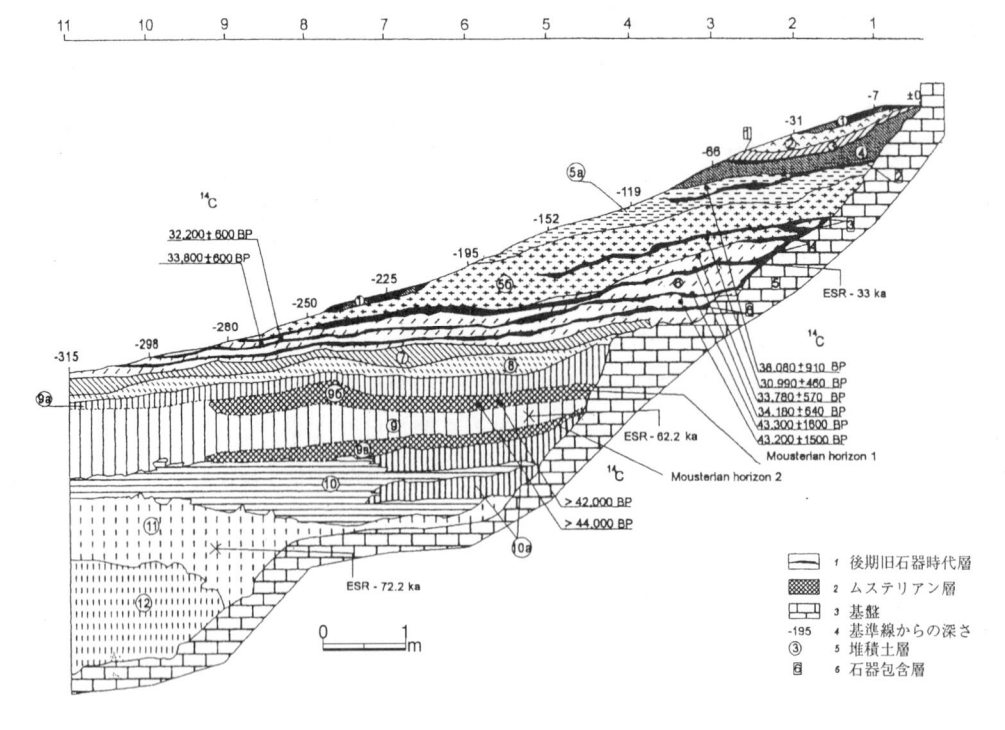

図12 ロシアのカラ・ボム洞穴遺跡の堆積層と第6・5層出土「移行期」石器群
　　　（Dereviano et al. 2000による）

こでは直接関連しないので、これ以上の言及は要さない。他方で、小田静夫とチャールズ・キーリーは武蔵野台地、とくに野川流域のそれまでの調査経験から「前期旧石器」を批判した。1970年に調査された野川遺跡では10枚の「文化層」と石器群が検出され、立川ローム層内の石器群はⅠ期、Ⅱa・Ⅱb期、Ⅲ期、Ⅳ期に区分された。野川流域の平代坂遺跡や石神井川流域の栗原遺跡ではⅩ層から石器が見つかり、局部磨製石斧が伴うことも知られた（Oda and Keally 1973）。西之台遺跡B地点ではⅩ層下部から磨石の破片らしきもの、Ⅹ層中部から2点の礫石器の出土が報じられた。Ⅹ層上部の石器は大形の礫器類とチャートの小型石器からなり、後者は不定形剥片の尖った一辺にノッチをいれ錐状に仕上げた石器と楔形石器などで、「立川ローム層最古の文化」として報告された。小田とキーリーは、芹沢が主張していた「それ以前の石器文化」はいずれも人工品であるとの確証、遺物包含層の問題でどれも解決がついていない、と退けたのである（小田・キーリー1974）。

　芹沢を継承した岡村道雄は、「前期旧石器文化の歴史的発展と後期旧石器文化との文化的連続性の追究」を「祖型石刃技法」の介在によって試みようとした。岡村は長野県石子原遺跡のⅠ類石核の分析から「祖型石刃技法」を次のように定義した（図5参照）。「礫もしくは粗割礫の一部に打撃を加え、平坦な打面を作出する。この打面の周辺に沿って打面から垂直に連続的に縦長もしくは台形剥片を剥離する技法である。縦長で稜線の平行したより整った剥片が量産されることをもってより進歩した段階のものとみなしうる。ただし主要剥離は数回で、打面の周辺を一回以上まわることはない」（岡村1974）。

　小田静夫はその後高井戸東遺跡などの新データを加味して、Ⅰa・Ⅰb・Ⅰc期、Ⅱa・Ⅱb期、Ⅲ期、Ⅳ期のようにⅠ期を3細分した。ここで注目されるのは、Ⅰa期に西之台BⅩ－石子原、中山谷Ⅹ－福井15を配し（後に福井15をⅠbに位置づけている：Oda and Keally 1979）、Ⅰb期に平代坂Ⅹ－栗原Ⅹ－高井戸東Ⅹ－三里塚55地点、ICU Loc.15Ⅸ－鈴木Ⅹ－高井戸東Ⅸ中・下－岩宿Ⅰ、平代坂Ⅸ－鈴木Ⅸ－打越Ⅸ－武井Ⅰを配していることである。また「いも石」との関連では、「武蔵野台地にはじめて現れた人達は、地表にころがっていたチャートなどの硬い石質の小礫を使用し、小型の石器類を製作したのかもしれない」と述べていた。「磨製石器」との関連でも、「Ⅸ・Ⅹ層文化より古い石器文化がまだ発見されずローム深くに埋まっていて、その中に磨く技術のナゾがかくされているのであろうか」とも述べていた。もっとも注目されるのは「ナイフ形石器の始源」の項での「祖形的様相を呈するⅩ層のナイフ形石器」が一番古いとなれば、「縦長剥片の基部加工という出発点をもって、日本でつちかわれてきた石器といえよう」という言説である（図13）（小田1977）。この時点での小田は、明らかに武蔵野台地Ⅹ層以前の石器群の存在を予想していたのである。ここで腑に落ちないのは、なぜ福井洞穴15層の石器群が武蔵野台地Ⅹ層並行なのかということである。後年、この時期の研究史を回顧して、「確かな石器、遺構の発見（文化層）は、すべて立川ローム第Ⅹ層までで終了してしまった。こうした事実から、日本にはヨーロッパの後期旧石器時代に対比される『新期』の旧石器遺跡しか存在しないという考えを強くしたのである」（小田2001）と述べている。

　岡村道雄と同じく芹沢門下であった戸田正勝は、小田らの研究を背景とし、鈴木遺跡での発掘調査の経験から岡村の「祖型石刃技法」を継承、定義を拡大して立川ローム基底部（Ⅹ～Ⅶ層）の縦

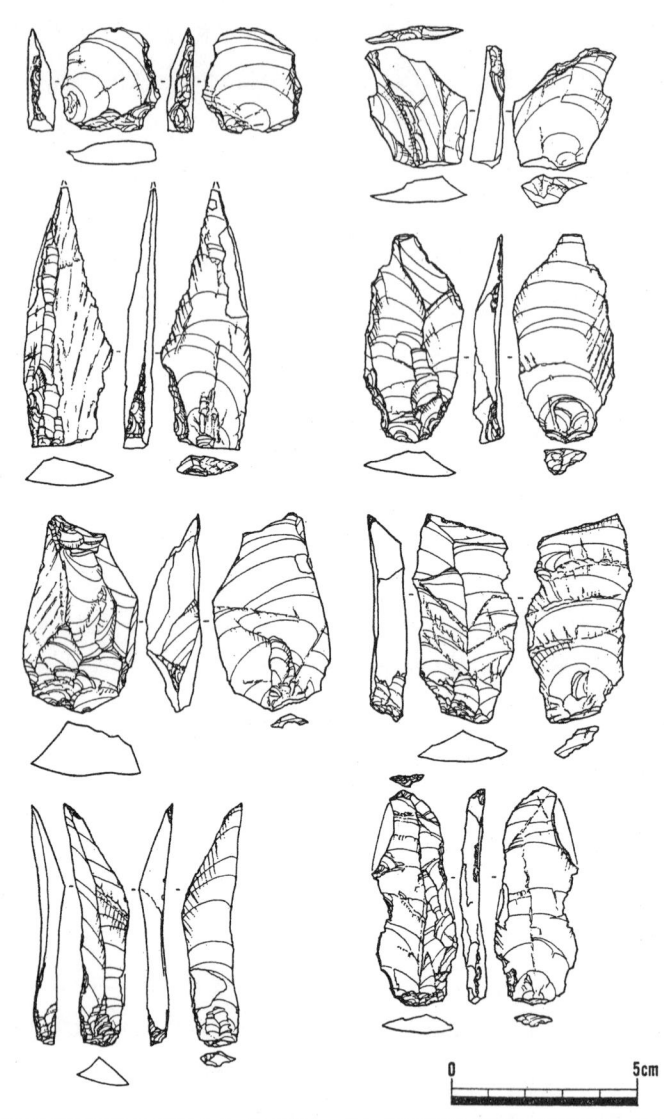

図13 東京都高井戸東遺跡X層出土の「二項モード」の石器群；端部整形石器と尖頭形石器
（基部加工尖頭形石刃石器）（小田 1977から転載）

長剥片剥離過程を 3 類に分け、それらが東京都鈴木遺跡第Ⅵ層のような石刃技法の祖型となったと主張した（戸田 1979）。戸田の第Ⅰ類は横打石核の系列、第Ⅱ類は小口面を作業面として打点がジグザグに後退する縦打石核の系列、第Ⅲ類は打点が打面周縁をめぐる縦打石核の系列と読みかえられる。

芹沢－岡村－戸田と発展してきた石刃技法の内的発展論は、しかしながら、岡村と戸田が時おり発表する大陸からの伝播論によって不明瞭なものであった。石刃技法および石刃素材のナイフ形石器は大陸から伝播したものであるのか、それとも先行する石器群を基盤として列島内で進展したものであるのか、問題設定は明白であった。しかし、宮城県「座散乱木遺跡」の発掘調査以降、多くの関心は「前期・中期旧石器時代」へと急速に移っていった。

以上のような先行研究を背景として、問題の進展を図ろうとしたのが先に言及した1988年の拙論

であった。そこでの「前期旧石器」の研究法に対する批判と展望の部分（18～19頁）は現在も有効である。むしろ「前期旧石器時代遺跡捏造問題」を契機として、そこから再出発すべきかもしれない。また、中期旧石器時代の斜軸尖頭器石器群についての概観部分（19～21頁）も基本的に今日においても妥当である、と筆者は考えている。ただし、「馬場壇A遺跡、座散乱木遺跡」、それと「安沢A遺跡」の記述部分はもはや有効ではない。それらに替わって、ここでは相沢忠洋が回収した群馬県の不二山遺跡、権現山遺跡第1地点と第2地点の石器（相沢・関矢1988）を使って、中期旧石器時代の（斜軸尖頭器）石器群とそれに続く移行期石器群との一般的器種組成、および石器の個別的特徴を予察しておきたい（図14, 15）。

　予察に入る前に、小田と戸田の最近の考えを確認しておく。「日本の『前期旧石器』が本当の事実であれば正当化されるであろうし、また事実でなければ消滅するとの信念から、いずれ時間が解決するものと今日まで『旧石器研究』に距離をおいてきた」という小田の「日本の旧石器文化」観は、第Ⅰa亜文化期：約3.5万～3.3万年前、第Ⅰb亜文化期：3.2万～2.6万年前、第Ⅰc亜文化期：2.5万～2.4万年前、第Ⅱa亜文化期：2.3万～2.1万年前、第Ⅱb亜文化期：2.0万～1.7万年前、第Ⅲ文化期：1.6～1.4万年前、第Ⅳ文化期：1.5～1.2万年前という年代値以外には30年前と変っていない（小田2001）。小田は明確に叙述していないが、掲載図と記述から推して、第Ⅰa亜文化期の石器群の系譜を、種子島→琉球列島→台湾島→中国南部→東南アジアに想定している。しかし、台湾、香港、東南アジアに分布するという「不定形剥片石器文化」（小田2002）についての小田の認識は、型式学的にも編年学的にも、さらに事実関係からも認めがたい。このいずれの地域にも小田の想定を実証する考古学的資料は現在見つかっていない。ちなみに、「武蔵野台地に認められた旧石器文化の変遷は、日本各地の石器群様相とほぼ共通したものであり、ここに全国編年の基礎的資料が確認された」という小田の「武蔵野台地中心史観」は、ここ10年ほどの諸研究によって限定されたものとなっている。この点に関しては次節で詳説する。

　戸田は「Ⅺ層下部からⅫ層」にかけて包含されていた鈴木遺跡御幸第Ⅰ地点石器群の再検討を行っている。石器群は、「基部整形石器（報告書ではナイフ形石器）1点、折断整形石器（報告書では台形状ナイフ形石器）1点、スクレイパー3点、楔形石器5点（うち砕片1点）、錐2点、二次加工のある石器7点、石核17点、剥片56点、折断剥片12点、砕片33点」で構成されていた。その御幸第Ⅰ地点石器群の技術基盤と立川ロームⅩ層石器群の技術基盤が明らかに異なり、祖型石刃技法から石刃技法への系統的な発展は認められないとの認識に立って、戸田は御幸第Ⅰ地点石器群を中期旧石器的な石器群の存続と見なし、「おそらくⅩ層段階で外来的な石刃技法を技術基盤とする石刃石器群を受容した列島の旧石器文化は石器群の構造を変化させ、二極構造の石刃石器群を生み出していったものと考えられる。この石刃石器群の出現をもって、後期旧石器時代が始まる」と結論づけている（戸田1997）。以上の記述から明らかなように、小田のⅠa亜文化期の石器群、戸田の鈴木遺跡御幸第Ⅰ地点石器群、すなわち筆者のいうⅩb層相当石器群（安斎1988）をどのように見るか、ということがポイントである（安斎編2002）。

　座散乱木遺跡の発掘調査によって「前期旧石器存否論争」に決着がついたといわれた後も、筆者はいくつかの石器群を俎上にのせてきた。そのうちの大分県丹生遺跡の石器群は鈴木忠司の再整

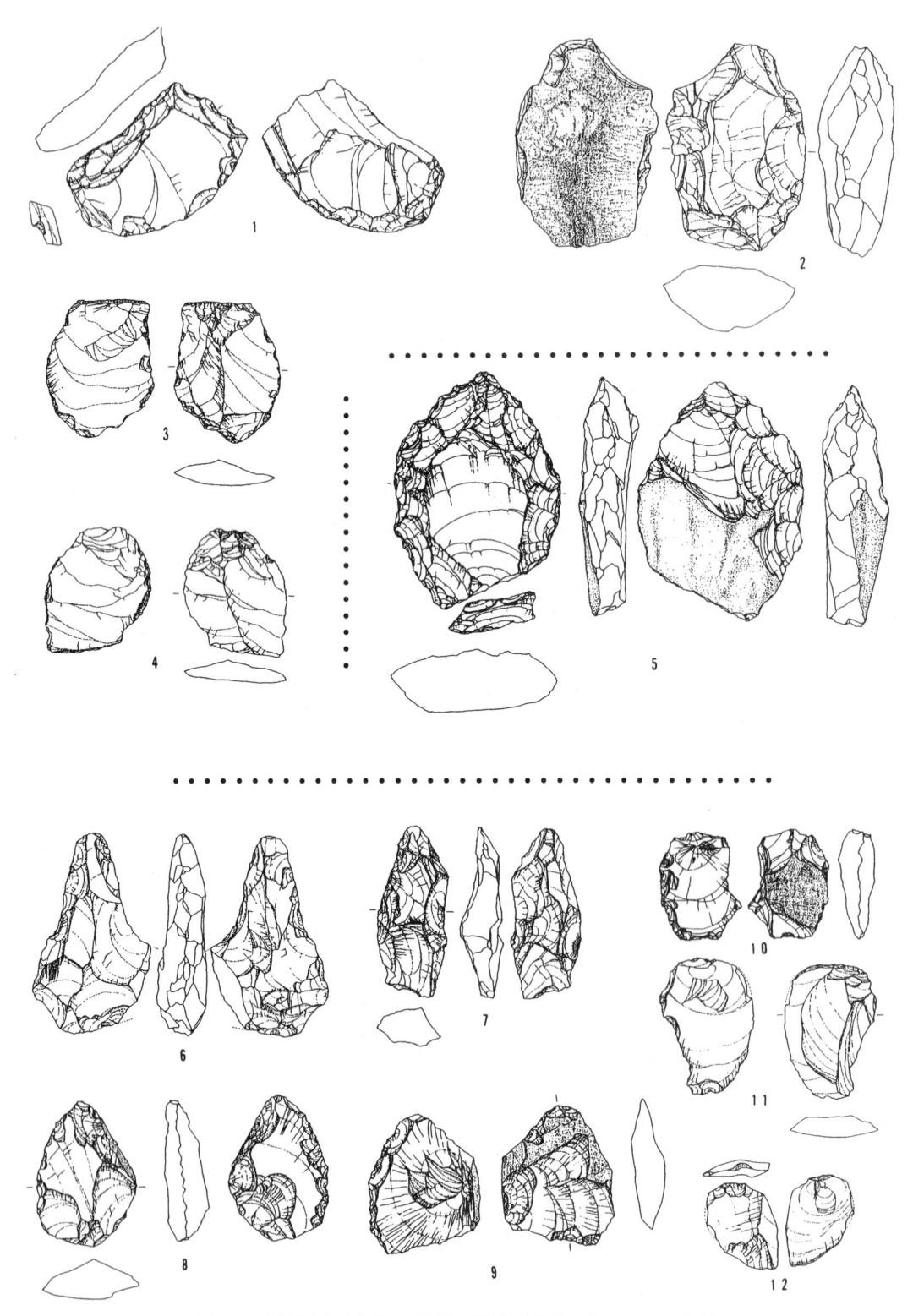

図14　中期旧石器時代斜軸尖頭器石器群（相沢・関矢 1988による）
1～4：群馬県不二山遺跡　5：同山寺山遺跡　6～12：同権現山1遺跡

図15　中期/後期旧石器時代移行期の石器群（相沢・関矢 1988による）
1～15：群馬県権現山2遺跡（石器の縮尺30％）

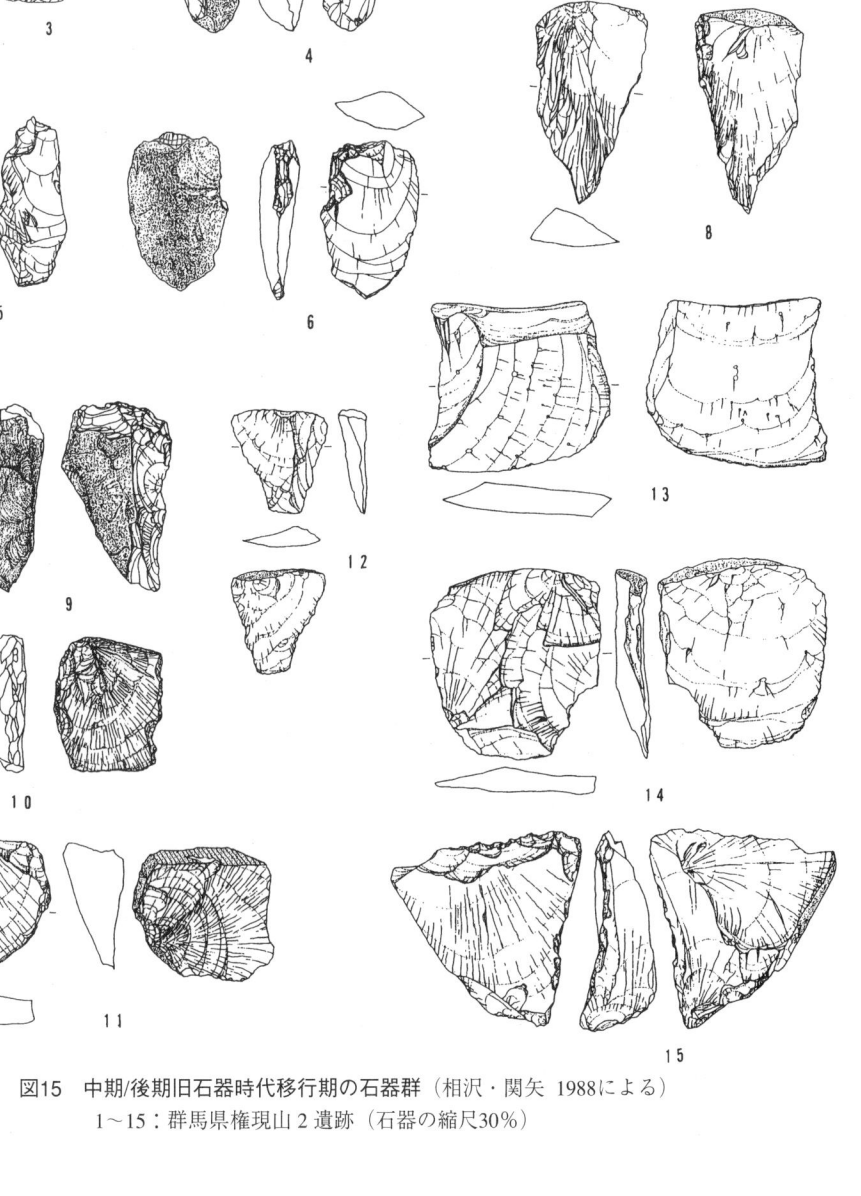

理・分析によって、後期旧石器時代以前に遡ることはない（鈴木編 1992）、という一応の結論に達した。そこでここではその他のいくつかの石器群に触れておく。

(1) 愛知県加生沢遺跡

小型石器と大型石器で構成された加生沢遺跡出土の石器群は、紅村弘によって1968年に報告書が出されて以来、丹生の石器群と同様な批判と無視にあっている。実見した当初、小型石器類は斜軸尖頭器石器群の一群かと思ったが、その後紅村が自費出版した『加生沢遺跡石器資料写真集』(1989)と、「東京都多摩ニュータウンNo.471-B遺跡、群馬県入ノ沢遺跡、福島県上野出島遺跡、同大平遺跡、栃木県七曲遺跡」など新発見の石器群——今日、いずれも「捏造問題」との関連を指摘されている——と比べてみて違和感を覚え、あるいは大型石器とともに前期旧石器であるのかもしれない、と考えた（安斎 1994）。

紅村は、「裁断剥離による尖頭形成、尖頭対照部に原礫面を遺存すること、それに器体中央の稜上打撃という三つの要素の揃った裁断剥離尖頭器」を重要要素とする特徴的な石器群が、東アジア地域において「黄河流域および近傍・朝鮮半島・日本を連係する前期旧石器」であるという観点から、加生沢第1地点と周口店遺跡第1地点の関係、加生沢第2地点と丁村遺跡や全谷里遺跡の共通点について検討していた（紅村 1984）。

(2) 栃木県星野遺跡

栃木市星野町在住の斎藤恒民が採集した珪岩製の「ルヴァロワ型石核」に注目した芹沢長介は、4次にわたって星野遺跡の発掘調査を行った。その結果、「珪岩製旧石器」を層位的に確認できたことがもっとも大きな成果であったと考えた。それ以前に芹沢は、大分県早水台遺跡から中国の周口店遺跡と同じように石英脈岩を主材とする旧石器を発掘し、「前期旧石器」の存在を証明したと思っていたからである。そこで「珪岩製旧石器」の出土地を集成して、それらが関東平野の外縁をなす山麓面に分布することを強調し、「珪岩製旧石器」の分布が下末吉海進（古東京湾）と関連するであろうと推測した。そして、「古東京湾の時代に生活した古人類の遺跡を探そうと思うならば、私たちは関東平野の山麓面にこそ注目しなければならない」という結論を引き出した（芹沢 1968）。

ところが、1980年代に入って芹沢の門下生を中心としたグループによって宮城県下で次々に見つけ出された「前期旧石器」は、芹沢の見通しとは異なり「珪岩製旧石器」ではなかった。この結果を受けて、岡村道雄は崖錘地形に位置する場所の「珪岩製旧石器」を自然破砕礫であると断定した（岡村 1990）。他方で、戸田正勝も佐野市上富士と星野S地点の表採資料を駆使して「珪岩製旧石器」を2群に分け、「上富士石器群」と共通する特色を備えている星野第3地点・岩宿D地点・大久保例を破砕礫（偽石器）であると断定する一方で、良質の青色珪岩を使用した星野S地点石器群を斜軸尖頭器石器群に関連し、その母体となるものであるという考えを提示した（戸田 1989）。星野S地点は未調査であるが、戸田の論点は明快である。

芹沢の調査地点を含めた場所に市立のローム探検館が建設される際に、鹿沼層以下のローム・火山灰層はショベルカーで掘りあげられた。その排土中から斎藤恒民が採集した石器がある。そのなかには非珪岩製の旧石器が混じっている。広報を目的に、その一部を加生沢遺跡の石器とともに池袋のオリエント博物館に展示した（安斎 2001）。目にした研究者は少なくないと思うのだが、この

件の公式発言・見解発表は耳目に入ってこない。
(3) 群馬県不二山遺跡・権現山遺跡

　不二山遺跡の石器類は湯の口軽石層（UP：約5万年前）の下の層から抜き取られている。権現山1遺跡の石器類は湯の口軽石層と八崎軽石層（HP：約4～3.5万年前）との間の層から、また権現山2遺跡の石器は八崎軽石層と黒色帯との間の層から抜き取られている（相沢・関矢1988）。出土層位からいっても、前2者は中期旧石器時代、後者は移行期に相当する。図14の1、3、4、8～12は斜軸尖頭形を含む剥片とそれを素材とした削器（芹沢長介の定義によれば、1と8が斜軸尖頭器）である。ここでは採集されていないが、「素刃石器」の一群が伴うはずである。同図の2、5（山寺山遺跡出土例）、6は両面体の大型石器である。栃木県星野遺跡の新資料（安斎2001、図10左）との類似から、2は片面加工の大型石器としてもよい。6はミコキアンの洋梨形ハンドアックスに対比されたこともあるが、筆者は「石斧形石器」の範疇に入れている。7もハンドアックスとされていたが、佐藤達夫が「反転横打剥片石核」であるとした（佐藤1976）。今に生きる卓見であって、筆者もこれを「盤状連続横打石核」と概念化して、図15の7や9を経て、この剥離技術が後期旧石器時代に受け継がれ、最終的に米ヶ森技法に至ったという見解を表明している。以上の3点の石器は90度回転した位置で図を見ると理解しやすい。図15の3、6、8は「基部加工尖頭形剥片」である。6と8の石器も180度回転した位置で図を見ると理解しやすい。剥片は斜軸尖頭形ではなく、縦長の二等辺三角形化している。この時期をもっともよく特徴づけている石器であって、長野県石子原遺跡や東京都中山谷遺跡にもある。後期旧石器時代に入って石刃技法が登場すると、石刃を素材とする基部加工尖頭形石刃石器（尖頭形石器）となる。同図の5は石刃様の縦長剥片である。福島県平林遺跡（図6-7参照）などにも見られ、移行期の石器群を構成する石器として注意を要する石器である。

　以上の記述を参考にすれば、岩手県金取遺跡（金取遺跡調査団1986、菊池・ほか2002）、栃木県星野遺跡の新資料（安斎2001）、静岡県ぬたぶら遺跡の石器群（高尾2002）、長野県竹佐仲原遺跡（大竹2002）、同仲町遺跡Ⅰ区P列におけるスコリア質砂礫層出土の27点の石器（野尻湖人類考古グループ1996、中村2002）、福岡県辻田遺跡（山手1994）、長崎県福井洞穴15層および相当層（川道2000）、熊本県大野D遺跡Ⅷ層（北森2003）、宮崎県後牟田遺跡（橘・ほか編2002、佐藤2002）など中期旧石器時代から移行期へかけての石器群の理解は可能である。後牟田遺跡と同時期に調査された大野遺跡群の報告書も同時期に出されたのであるが、「捏造問題」の影響をもろに受けて、「判断は各研究者に委ねるということ」になった。和田好史らはⅦa・Ⅶb層の台形様石器群をAT直上と直下に、Ⅷa・Ⅷb層とⅧc・Ⅷe層を地層形成上から分離できると報告した（人吉市教育委員会編2002）。筆者は調査現場で石器類を実見した際に、前者の石器群は中期旧石器時代終末から移行期に、後者は中期旧石器時代に位置づけられると判断した。最近、発掘調査と出土石器の整理・分析作業に参加した北森梨恵子が修士論文でこのテーマに取り組み、その詳細な石器分析の部分を公表した（北森同上）。重要な情報源となろう。

引用文献

相沢忠洋・関矢 晃 1988『赤城山麓の旧石器』講談社。

安斎正人 1988「斜軸尖頭器石器群からナイフ形石器群への移行―前・中期／後期旧石器時代過渡期の研究―」『先史考古学研究』第1号、1-48頁。

安斎正人 1991「ナイフ形石器群の発生―日本旧石器時代構造変動論 (2)―」『東京大学考古学研究室研究紀要』第10号、103-127頁。

安斎正人 1994『理論考古学―モノからコトへ―』柏書房。

安斎正人 2001「旧石器時代研究とアマチュアリズム」『ORIENTE』23号、20-23頁。

安斎正人(編) 2002『後期旧石器時代開始期前後の遺跡・石器群』公開セミナー討論資料。

大竹憲昭 2002「長野県竹佐仲原遺跡」『考古学ジャーナル』No.495、20-23頁。

岡村道雄 1972「石子原遺跡出土石器群」『長野県中央道埋蔵文化財包蔵地発掘調査報告書：飯田市地内 その3』28-71頁。

岡村道雄 1974「前期旧石器」『考古学ジャーナル』Nos.100、13-17頁。

岡村道雄 1976「日本前期旧石器時代の始源と終末―石器群変遷からの前期旧石器存在の立証―」『考古学研究』第23巻第3号、73-92頁。

岡村道雄 1990『日本旧石器時代史』雄山閣考古学選書33。

小田静夫 1977「先土器時代の東京―『野川以後』の研究史―」『季刊どるめん』15号、32-49頁。

小田静夫 2001「日本の旧石器と前期旧石器の問題」『シンポジウム：前期旧石器問題を考える』13-27頁、国立歴史民俗博物館春成秀爾研究室。

小田静夫 2002『遥かなる海上の道―日本人の源流を探る黒潮文化の考古学―』青春出版社。

小田静夫／C・T・キーリー 1974「立川ローム層最古の文化―西之台X上層文化について―」『貝塚』13、5-10頁。

折茂克哉 2002「東アジアにおける中期〜後期旧石器初頭石器群の変遷過程」『先史狩猟採集文化研究の新しい視野』国立民族学博物館調査報告33、23-47頁。

角張淳一 1991「黒曜石原産地遺跡と消費地遺跡のダイナミズム―後期旧石器時代石器群の行動論的理解―」『先史考古学論集』第1集、25-82頁。

金取遺跡調査団 1986『金取遺跡』宮守村教育委員会。

川道 寛 2000「福井洞穴第15層石器群の再評価」『九州旧石器』第4号、33-52頁。

菊池強一・ほか 2002「岩手県金取遺跡」『考古学ジャーナル』No.495、6-10頁。

北森梨恵子 2003「熊本県人吉市大野遺跡群D遺跡」『考古学Ⅰ』129-166頁、安斎正人編・発行。

木村英明 1997『シベリアの旧石器文化』北海道大学図書刊行会。

紅村 弘 1984「前期旧石器の認定と体系について―学史の視覚からの検討―」『古代人』43、1-13頁。

紅村 弘 1989『加生沢遺跡石器資料写真集』(自費出版)。

佐藤達夫 1976「茨城県山方遺跡調査略報」『茨城県史研究』34、55-69頁。(1978『日本の先史文化』河出書房新社に再録)

佐藤宏之 1992『日本旧石器文化の構造と進化』柏書房。

鈴木忠司(編) 1992『大分県丹生遺跡群の研究』古代学研究所研究報告第3輯。

芹沢長介 1968「珪岩製旧石器群と古東京湾」『日本文化研究所研究紀要』第4集、1-45頁。

高尾好之 2002「静岡県愛鷹山麓遺跡群とぬたぶら遺跡」『考古学ジャーナル』No.495、24-27頁。

橘 昌信・ほか 2002『後牟田遺跡―宮崎県川南町後牟田遺跡における旧石器時代の研究―』後牟田遺跡調査

団・川南町教育委員会。

田村　隆　1986「ナイフ形石器の地域相―下総台地における変遷過程―」『千葉県立房総風土記の丘年報』9、33-46頁。

戸田正勝　1979「南関東における石刃技法の起源」『考古学ジャーナル』No.167、45-48頁。

戸田正勝　1989「北関東前期旧石器の諸問題」『大平臺思窓』第9号、1-44頁。

戸田正勝　1997「鈴木遺跡御幸第Ⅰ地点石器群の再検討」『國學院大學栃木短期大學紀要』第31号、83-93頁。

中村由克　2002「長野県野尻湖畔におけるステージ3の旧石器文化」『考古学ジャーナル』No.495、16-19頁。

西秋良宏　1993「レヴァント地方の中部旧石器研究と現生人類の起源問題」『考古学雑誌』第78巻第3号、74-104頁。

野尻湖人類考古グループ　1996「仲町遺跡　第7回陸上発掘の成果」『野尻湖博物館研究報告』第4号、127-164頁。

早川　泉・河内公夫（編）1984『武蔵台遺跡Ⅰ』都立府中病院内遺跡調査会。

人吉市教育委員会（編）2002『大野遺跡群』人吉市文化財調査報告第20集。

山手誠治　1994「辻田遺跡出土の旧石器」『研究紀要』8、1-14頁、北九州教育文化事業団埋蔵文化財調査室。

Allsworth-Jones, P. 1986 *The Szeletian and the Transition from Middle to Upper Palaeolithic in Central Europe*. Clarendon Press: Oxford.

Bar-Yosef, O. 1993 The contributions of Southwest Asia to the study of the origin of modern humans. In *Origins of Anatomically Modern Humans*, edited by M.H.Nitecki and D.V. Nitecki, pp.23-66. Plenum: New York.

Bar-Yosef et al. 1996 The dating of the Upper Paleolithic layers in Kebara Cave, Mt Carmel. *Journal of Archaeological Science* 23: 297-306.

Bar-Yosef O. and S.L.Kuhn 1999 The big deal about blades: laminar technologies and human evolution. *American Anthropologist* 101(2): 322-338.

Binford, L.R. 1983 *In Pursuit of the Past*. Thames and Hudson: London.

Bordes, F. 1972 Du Paléolithique Moyen au Paléolithique Supérieur, continuité ou discontinuité ? In *The Origin of Homo Sapiens*, edited by F.Bordes, pp.211-218. UNESCO: Paris.

Brose, D. S. and M. H. Wolpoff 1971 Early Upper Paleolithic Man and late Middle Paleolithic tools. *American Anthropologist* 73(5): 1156-1194.

Chase, P. G. 1987 Spécialisation de la chasse et transition vers le Paléolithique Supérieur. *L'Anthropologie* 91(1): 175-188.

Derev'anko, A. P. and S. Markin 1998 The Paleolithic of the Altai. In *The Paleolithic of Siberia: New Discoveries and Interpretations*, edited by A.P.Derev'anko,pp.84-105. University of Illinois Press: Chicago.

Gabori, M. 1976 *Les Civilisation du Paléolithique Moyen entre les Alpes et l'Oural*. Akademiai Kiado: Budapest.

Kuhn, S. L., M. C. Stiner and E. Gulec 1999 Initial Upper Palaeolithic in south-central Turkey and its regional context: a preliminary report. *Antiquity* 73: 505-517.

Julien, M. C. et al. 1987 Pincevent: ou en est le modèle théorique aujourd'hui ? *Bulletin de la Société Préhistorique Française* 84: 335-342.

Marks, A. E. 1983 The Middle to Upper Paleolithic transition in the Levant. *Advances in World Archaeology* 2: 51-98.

Marks A. and K. Mongal 1995 Modeling the production of elongated blanks from the Early Levantine Mousterian at Rosh Ein Mor. In *The Definition and Interpretation of Levallois Technology*, edited by H. Dibble and O. Bar-Yosef, pp.267-277. Prehistory Press: Madison.

Marks, A.E., H. J. Hietala and J. K. Williams 2001 Tool standardization in the Middle and Upper Palaeolithic: a closer look. *Cambridge Archaeological Journal* 11(1): 17-44

McBrearty, S., L. Bishop, and J. Kingston 1996 Variability in traces of Middle Pleistocene hominid behavior in the Kapthurin Formation, Baringo, Kenya. *Journal of Human Evolution* 30(6):563-579.

Oda, S. and C. T. Keally 1973 Edge-ground tools from the Japanese Preceramic culture. 『物質文化』 22、1-26頁。

Oda, S. and C. T. Keally 1979 Japanese Paleolithic cultural chronology. Paper presented to the XIVth Pacific Science Congress held in Khabarovsk, U.S.S.R., August 20 to September 5, 1979.

Ohnuma, K. 1988 *Ksar Akil, Lebanon: a Technological Study of the earlier Upper Palaeolithic Levels at Ksar Akil, Vol. III*

Levels XXV − XIV. BAR International Series 426: Oxford.

Revillion, S. 1995 Technologie du débitage laminaire au Paléolithique Moyen en Europe Septentrionale: état de la quetion. *Bulletin de la Société Préhistorique Française* 92(4): 425-441.

Svoboda, J., V. Lozek and E. Vlcek 1996 *Hunters between East and West: the Paleolithic of Moravia*. Plenum: New York.

Zilhao, J. 2000 Fate of the Neandertals. *Archaeology* (July/August): 25-31.

第Ⅳ章　後期旧石器時代石器群の変動試論

　1991年に「日本旧石器時代構造変動試論」と題した一文を発表した（安斎 1991）。本著はそのときに提示した思考の枠組と方法論的観点に基づいている。今日の筆者の見方や表現と異なる部分を含む簡単な素描であるが、次節以下の本論を理解する一助ともなるので、後期旧石器時代の部分だけを抽出し、表記法など若干の部分訂正を加えて再録しておく。

　台形様・ナイフ形石器石器群段階に入って、石器技術の変化のペースが加速し始めたことは確かである。前段階では、石器技術は連続していることが特徴であったのに対して、それ以後は変化が当たり前のことになってきた。とくにその後半期においては、地域生態系に適応した各々の集団群は、以前よりも繊細で融通性がある道具をそろえるようになった。そして非常に驚かされるのは、隣り合う遺跡から見つかった石器類の形態にさえも、以前には見られなかったほどの相違が生じ始めていたことである。それは、アシュリアンからムステリアンへの転換に関してグリン・アイザックがいったように、あたかもある閾、「情報量と表現の精度における限界閾」を超えたかのようである。社会的相互作用が細分化され拡大された結果だと考えられる。

　「茂呂型ナイフ形石器」と「九州型ナイフ形石器」、あるいは東京都嘉留多遺跡「第4文化層」石器群と「第2文化層」石器群のように、「ナイフ形石器文化」には空間的距離とか時間的距離を遠く隔てていても類似している現象がしばしば見られる。この石器あるいは石器群の類似性の現れ方は2通り考えられる。一つは系統観である。もっとも近い共通の祖形から類似性を受け継いだか、遠い共通の祖形から代々漸進的に変化しながらも類似した特徴を受け継いだ場合があり、類似したものすべてが系統関係の近さを意味するとは限らない。もう一つは適応観である。同じような環境への適応の結果、類似した場合があり、系統関係は問題にならない。系統関係があっても先の場合と違って石器あるいは石器群に違いが生じることがある。共通の祖形に発する一方が新しい機能を獲得して技術的発展の結果もとの形態からずっと遠ざかる間に、他方が技術的発展に取り残されて古拙なままに止まる場合である。系統論の危うさがここに現れてくる。

　「ナイフ形石器文化」は一般的にその技術を漸移的に進化させてきたと考えられているが、類似の石器形態、類似の石器組成が時空間の諸所に反復的に現れており、実態は〈反復的な適応進化〉であったと思われる。この時代は社会生態学的な視点から前半期と後半期に大きく二分できる。すなわち、武蔵野台地Ⅹ～Ⅶ層相当の前半期は、「斜軸尖頭器石器群」を基本的に基盤として独自の石器群に変容していく過程であった。したがって、地域性が生じつつあったが、段階的な変遷過程は汎列島的に対比が可能である。ところが次の武蔵野台地Ⅵ～Ⅲ層相当の後半期は、前半期に確立したことを継承しながらも、「斜軸尖頭器石器群」の系譜が実質的に消滅して、その変遷過程は地

域ごとに顕著な独自性をもつため、汎列島的対比は困難である。後半期後葉は槍先形尖頭器と細刃の出現で特徴づけられる。

1 後期旧石器時代前半期

　台形様・ナイフ形石器石器群の草創の時期、つまり佐藤宏之のいう「初期二極構造」から「二極構造」へシフトしていく様相（佐藤 1990）は、近年発掘資料が激増している千葉県下総台地例と照合しながら、武蔵野台地の古い発掘資料を見直すことによって次第に明らかになりつつある。そこでは、「石刃を生産せず、剥片製の台形石器やナイフ形石器を持つグループ」や「多様な横打剥片生産技術に立脚しつつも、少量の石刃をその組成に加えるようなあり方」や「石刃生産に立脚したブロック」など、地点によって石器の技術的・形態的組成に偏りが認められる。このような石器組成の多様性は横打剥離系列と縦打剥離系列の根本が同じであって、共通の進化の由来をもつことが明らかになった今、系統の異なる剥片石器群と石刃石器群の両系統が段階的に交替を繰り返すという類の解釈では説明がつかない。廃棄の場としての遺跡の石器組成は、横打剥離系列と縦打剥離系列の「二項的にコード化」された技術的な二項性の振幅を反映しており、それは対自然－間集団的関係（人類生態系）に基づく諸活動に規定されている。だからこそ、各項固有の属性が結合する変遷過程を読み取って編年的前後関係は決めるべきである。

　上のような視点を提示した田村隆(1989)によれば、千葉県中山新田Ⅰ遺跡の第3ユニットaでは、「黒曜石－横打剥片－台形石器－ブロック内消費」と、「頁岩－石刃－ナイフ形石器－ブロック内搬入」のように石器群は典型的な二項的属性群の相補的パターンを示している一方で、第3ユニットcでは石刃の一部が明らかにブロック内で生産されており、第3ユニットdでは石刃生産に偏ったブロック形成が見られるという。このように剥片製石器群と石刃製石器群とが地点と様相を変えながら、そして相互に諸種の脈絡によって結ばれながら集合的に立ち現れている。これと対照的に第4ユニットはわずかな搬入石刃・石刃製ナイフ形石器を除いてほとんどが横打剥離による矩形・横長剥片と、それを素材とする台形様石器によって占められている。中山新田Ⅰ遺跡における第3ユニットと第4ユニットの両極的な廃棄パターンは、一般化するとⅩ層段階においては高井戸東遺跡と中山谷遺跡との関係、Ⅸ層段階においては武蔵台遺跡と下里本邑遺跡との関係に変換させることができると指摘されている。そしてⅨ層からⅦ層への推移は台形様石器から剥片製ナイフ形石器への変容として捉えられている。現在のところ、台形様石器とナイフ形石器のあり方を指標とし、さらに局部磨製石斧などの石器組成を加味して、南関東の当該期石器群は大別3期—Ⅹb層段階、Ⅹa～Ⅸ下層段階、Ⅸ上～Ⅶ層段階—に分けられるが、〈系統的個体識別法〉によって各項固有の属性が結合する変遷過程を読み取っていけば、各段階内での細別も不可能ではない。

　細別を試みる場合、近年になって報告が相次いでいる北関東の諸遺跡—和田・下触牛伏・分郷八崎・善上・磯山・後田など—における技術形態学的分析研究の成果、および愛鷹山麓遺跡群の連続した層位的出土例が重要な意味をもち、漸移的進化の側面と反復的進化の側面の見通しを与えてくれる。

　東北地方でも秋田県七曲台に分布する遺跡群の調査によって、横打技法に根拠づけられた「台形

様石器」を保有するグループと、「岩井沢型石刃技法」に剥離基盤をもつ石刃と「ナイフ形石器」を保有するグループに二分され、その集合的・二項的構造が関東地方の後期旧石器時代前半期ときわめて類似していることがわかってきた。風無台Ⅱと松木台Ⅱは「台形様石器」を特徴とする遺跡で、前者で60点、後者で51点も報告されている。いずれも素材に応じた多様な形態を含むが、風無台Ⅱの方が整っているような印象である。しかし、この点が編年上の新旧を意味するかどうかの判断は保留しておく。両者とも掻器と報告されているもののなかに「斜軸尖頭器石器群の新段階」で触れておいた石器の系統に入るものがあることに注目している。武蔵野台地Ⅹ～Ⅸ層段階に相当する。一方、風無台Ⅰ遺跡では多数の大型・小型石刃と5～8cmの中型石刃を素材とする16点の「基部加工ナイフ形石器」が出土したのに対し、「台形様石器」はわずか5点、しかも4点は形が一定せず、1点だけが石刃の両端を折り取って腹面側から急角度の二次加工で矩形に整形したものである。「台形様石器」の最終末、群馬県後田遺跡の石器群に近い時期と思われる。同じく秋田県此掛沢Ⅱ遺跡の石器群はその直前に置けるようである。ここでは「基部加工ナイフ形石器」と「米ヶ森型台形様石器」が共伴している。「米ヶ森型台形様石器」は岩手県上萩森遺跡にも見られ、そこでは「ペン先形ナイフ形石器」が共伴しているので、それを介在させることで北関東の分郷八崎遺跡や磯山遺跡との対比が可能である。

　これまで説明してきたような石器群の技術構造の認識、石器の観察法、それらの比較法により、東海地方の愛鷹山麓遺跡群、北陸地方の「立野ヶ原型ナイフ形石器群」、中国地方の「中国山地帯系石器群」においても、廃棄の場としての遺跡の石器組成が二項性の振幅の反映を読み取れそうである。九州の「始良Tn火山灰下位のナイフ形石器文化」においてさえも、一方に曲野遺跡第Ⅵ層、下城遺跡「第2文化層」、上場遺跡第6層などの石器群を、他方に百花台遺跡第Ⅶ層、百枝遺跡「第Ⅲ文化層」、駒方遺跡第Ⅳ層、石飛分校6層などの石器群を念頭に置くことで先の仮説が適用できる。「ナイフ形石器文化」が発達しなかったといわれてきた北海道においても、「前期白滝文化」以前の、石刃技法をもたない帯広空港南A・勢雄D・祝梅三角山・嶋木などの遺跡群と、岐阜第二・美沢1・タチカルシュナイⅤC下層など縦長剥片をもつ遺跡群との間に、本州以南とは表現型を異にした二項性の振幅のあり方が考えられる。最近報告された桔梗2遺跡では連続横打剥片を素材とする「台形様石器」の一群が出ている。

　「初期ナイフ形石器」に特徴があるにせよ、「初期台形様石器」を特徴とするにせよ、それらを含む石器群では打製石斧・局部磨製石斧・へら状石器・楔形石器・石錐など「斜軸尖頭器石器群」に祖形が認められる石器類が発達している。とくにこれまで等閑視されてきた当該期の楔形石器は、その素材剥片を作出する剥離過程が縦打・横打の両剥片を同時に生産可能な技術であるため、「サイコロ状石核」を仲介にして「台形様石器」との関係性が最近注目されてきている。前半期を特徴づけているもう一つの器種である局部磨製石斧は、すでに110遺跡を越える出土・発見例が報告されており、列島に居住した人々が森林という新しいニッチ（生態的地位）に適応放散できたことを示唆している。

　石刃製ナイフ形石器の本格的な出現や局部磨製石斧が含意する生業活動の変化は、「岩宿」以来編年研究全盛のなかで先送りにされてきた動物化石や木製品などの資料的欠陥を克服しようとする

努力なしには明らかにできない。さらに近年研究者の注目を集めている黒曜石や「環状ブロック群」の出現にしても、その経済的・社会的意味の解釈論的研究を開始しなければならない。

　黒曜石がガラス質で破砕しやすいため、石器の素材として使いこなすには打撃の際の微妙な力のコントロールが必要である。この技術的能力の有無が黒曜石出現の背景にあったと思われ、「斜軸尖頭器石器群」段階には黒曜石は見られず、台形様・ナイフ形石器石器群で使われ始める。それでも前半期はもっぱら横打剥離の「台形様石器」などの素材としてで、ナイフ形石器の素材として多用されるのは後半期に入ってのことである。そうはいっても、黒曜石が産地を遠く離れた遺跡から出土するときの消尽された形態や、南関東の諸遺跡での黒曜石の時期別出現頻度の大きな変動は、単に技術論では片づけられない、石材の流通網といった社会的側面の考察を要請している。また、径25〜50mの円環状に——多い場合には15以上の石器ブロックが——分布する「環状ブロック群」は関東地方の12例と長野県と静岡県の各1例を加えた14例が現在のところ——1990年——Ⅸ層段階以前に限定されていることから推して、この種の遺跡が離合集散を繰り返しながら生活をしていた旧石器時代人の集合時の「ムラ跡」と想定するだけではすまない。〈道具—行動—認知〉が三位一体化した構造的変化、つまり中期旧石器時代の社会から後期旧石器時代の社会への社会的構造変動のコンテクストで解釈するべき遺構である。

2　後期旧石器時代後半期

　旧石器時代文化への社会生態学的アプローチは地域集団が占めるニッチ（生態的地位）を重視するが、同時に社会的側面も視野に入れなければならない（対自然−間集団関係）。伝播や文化変容など異文化の相互接触による変化の過程が、とりわけ地域化が著しくなる後期旧石器時代後半期において、地域集団の居住形態を規制する自然的要因と並んで、集団間の社会的コンテクストのなかで明らかにされねばならない。前半期と後半期との境界は一般に言及されているような姶良Tn火山灰（AT）層にあるのではない。画期はあくまでも社会構造上の現象として捉えなければならない。広域テフラであるATの編年学上の重要性はいうまでもなく、第2黒色帯、AT直下、Ⅳ層上部などに現れた石刃技法や「茂呂型ナイフ形石器」の〈反復適応性〉が認識できたのは、ATが絶対的基準として存在し、AT下位とAT上位の石器群を比較することが可能になったからである。しかしながら、ATが石器群を変えたという言説は比喩的であって、便宜的な言及に限定される。

　南関東では、Ⅶ層からⅥ層にかけての石器群の変遷過程は多様な一般的剥離手法を保持し、これに「磯山技法」を基調とする精粗二様の石刃が付加される様相から、精製のものを主体とする石刃石器群主導型の様相への変容の過程——中山新田Ⅰに現れている石刃技法の技術的特徴の体系的構造化——として、また寺尾遺跡第Ⅵ文化層と鈴木遺跡第Ⅵ層石器群の関係は、前半期段階の石器群の保有した二項的構造の時代水準の両極性にほかならない（田村　同）。この二項的構造性はその後、二側縁加工ナイフ形石器と切出形石器——台形様石器を機能的に代替したという見方がある——に継承された石器組成の振幅として展開したようである。「茂呂型／茂呂系」はいまや廃語とするか、この二項的構造性を含意する概念に転化する必要がある。

　それではこのような石器群（道具系システム）の変化をもたらした行動系システムの変化とはど

のようなことであったのだろうか。ここで南関東の各台地では産出しない黒曜石に注目してみよう。武蔵野・相模野両台地の遺跡では一般に前半期には箱根方面から黒曜石の供給を受けており、下総台地の遺跡では栃木県高原山から受けていた。ところが両地域ともⅥ層以降、供給源がもっぱら信州方面に移り、しかも多量の原石が搬入されるようになった。明らかにこの時期に黒曜石の流通システムに変化が起こったと考えられる。領域内を遊動しながら直接的な開発によって入手できる資源から自集団の維持に必要な生活物資を生産する、集団の構成員がきわめて流動的なので交換の概念が適用できないバンド社会から、親族集団間を贈与交換などの形で物資が動いていく社会的ネットワークの成立した準部族社会へと、旧石器時代社会が変化したと推測している。

地域生態系によりよく適応した地域集団が地域社会を成立させ、地域集団間のネットワークを形成していった後半期社会の動向は、武蔵野台地Ⅶ層上部からAT直下にかけての時期に現れた特徴的な石器群を基幹として始まった各地域独自の石器群の変遷と、各地域を特徴づけた剥離技術や石器形態の分布域の拡張過程によく現れている。民族誌が教えるところでは、地域生態系に適応した集団は季節的に変化する資源の獲得に応じた居住形態をとっているのだが、列島の土壌に起因する動植物遺存体の欠落のため生業と居住形態の研究に困難がある。次善の策として注目を集めてきたのが、石器の素材となる石材の産地同定とその分布から集団の移動性を追及する研究である。

北海道では余市郡赤井川村の余市川上流、河東郡上士幌町の音更川上流、常呂郡置戸町の所山、紋別郡白滝村の赤石山とその付近などの黒曜石産地が知られている。一般に10km四方に顕著な分布を見せていて、たとえば白滝では、湧別川に沿って黒曜石の産地に通じる沢の入口付近に1万m²以上の広大な範囲で石器の表採できる大遺跡群が形成されている。しかし産地付近に限られず原石は手ごろな大きさの両面体に整形されて遠くまで搬出されたようで、ここの黒曜石は300km以上離れた湯の里4遺跡でも多用されているだけでなく、サハリンやアムール川口の遺跡で見つかった黒曜石が白滝産であるという同定結果も報告されている。起源がどこまで古く遡るのかわかっていないが、この良質の石材を利用した「細石刃文化」がある時期以降、本州以南の「ナイフ形石器文化」と並立・対峙していたようである。

東北地方の日本海側から北陸にかけては珪質頁岩がもっぱら使われている。今のところ特定産地と遺跡との関係は明らかでないが、この地域では全体に前半期に顕著であった二項性が潜在化して、珪質頁岩の特質を生かした「基部加工ナイフ形石器」—尖頭形石器／基部加工尖頭形石刃石器—を主体に、掻器や彫器を組成する石刃石器群への純化・展開が見られる。「杉久保系・東山系」は今や廃語とするか、構造性を含意する概念に変える必要がある。

霧ガ峰・男女倉・和田峠など信州産の黒曜石は原産地遺跡群との関係でも、また南関東など遠隔地の消費地遺跡群との関係でも早くから注目されてきた。この黒曜石の大産地利用の時空間的構造は複雑で、その流通システムの解明はようやく緒についたばかりである。伊豆七島の一つ神津島産の黒曜石が南関東の後期旧石器時代初頭の層から出てくる。海上交通の問題と絡んでその流通システムの解明が急がれる。

産地と分布域が限定される飛騨地方の下呂石の場合、150km圏内に分布し、50～100km圏内の遺跡では利用石材の3割から5割を、25km圏内の遺跡では8～9割を占めるようである。このように

距離と消費量との反比例関係を単純に示す事例研究を積み重ねることで、集団の移動性の問題にアプローチするのも堅実な方法である。

最近報告書が出た兵庫県板井寺ヶ谷遺跡下層の石器群に翼状剥片用石核が含まれていた。AT下位のこの石器群が示唆するように、あるいは従来の「井島Ⅰ型ナイフ形石器」や「櫃石島技法」にAT下位とAT上位の石器が混在していた可能性を認識することによって、中国・近畿地方の前半期から後半期への変動過程は一般的横打技法から瀬戸内技法への転換、あるいは国府石器群の成立過程として捉えられる。サヌカイトの特徴を生かした翼状剥片を素材としたナイフ形石器を主体とする国府石器群への純化・展開は、前述の東北地方の珪質頁岩地帯での石刃石器群への順化・展開と対比できる現象である。サヌカイトの大原産地である奈良県と大阪府にまたがる二上山付近の遺跡群や香川県五色台・金山の国分台遺跡群と各消費地遺跡とは、その位置的関係によってサヌカイトの流通形態に変化が生じたと考えられている。たとえば、原産地で大まかに国府型ナイフ形石器に仕上げて消費地遺跡にもち込み、そこでより綿密な細部調整を施して希求するプロポーションに仕上げた事例、あるいは遠距離遺跡の場合は、国府型ナイフ形石器や翼状剥片といった目的剥片よりも盤状剥片のような、より多目的利用に供しやすい素材を選択・運搬することで石材消費のリスクを少なくしようとした事例を集積していく必要がある。

大分県大野川流域など東九州では、無斑晶流紋岩を用いてAT直下黒色帯に見られる石器群の技術的伝統の上に、一時、剥片尖頭器・角錐状石器（三稜尖頭器）など新たな器種を組成しながらも、縦打技法と横打技法を使い分けて多様な形態のナイフ形石器を製作し続けていた。黒曜石の豊富な西北九州には異なる伝統が形成された。長崎県百花台遺跡第Ⅶ～Ⅲ層、あるいは平戸島の諸遺跡の石器群を通覧すると、熊本県狸谷遺跡第Ⅰ石器群などに見られた二項性を、黒曜石を利用した二側縁加工ナイフ形石器（九州型ナイフ）と台形石器の併用という形で特殊化している。この地域ではとくに後期旧石器時代初頭の「台形様石器」に繋がる「台形石器」を終末まで使い続けているので、日ノ岳型→枝去木型→原ノ辻型→百花台型と多様な形態・スタイルを生み出した。また石刃技法も素材の黒曜石の形態に応じたヴァリエーション―磯道型石核・西牟田型石核・中山型石核―が見られる。

以上のように後期旧石器時代後半期には地域化が進み、各地域集団は独自の適応行動をとっていたと考えられる。したがって地域編年がなお不備な現在、列島規模での編年的対比は意味がない。一方で、一つの石器群の分布範囲を超えて特徴のある剥離技術や器種が広がる現象が諸所に観察されている。この現象を従来どおりに伝統の異なる社会集団間の交代劇のシナリオで解釈するのは無理である。後半期までに各地域集団は集団間の〈交通網〉を整え、交渉を頻繁に行っていたと推測される。

この種の現象でもっとも規模が大きいのは瀬戸内技法あるいは国府型石器群の東西への拡張である。瀬戸内技法を基盤とする国府型石器群は瀬戸内海東部のサヌカイトの産地帯で特殊に進化し、AT前後に確立したようである。原因やプロセスはまだ明らかでないが、拡散のルートの一つは日本海に沿って新潟県御渕上遺跡などを経て遠く山形県越中山遺跡K地点に達している。そこでは在地の石材を利用しながらも、変容することなく在地の石刃石器群と共伴している。太平洋側にも広がっている。岐阜県日野Ⅰ遺跡には瀬戸内技法に基づいた国府石器群が見られ、さらに東にもその

痕跡を追うことができる。埼玉県殿山遺跡などの関東地方の遺跡では国府型ナイフ形石器は認められるものの、瀬戸内技法そのものが入っていたかはっきりしない。おそらく在地の横打技法が代替的に用いられていたようである。西日本的要素が武蔵野台地V層期に集中していることから、その拡張期が想定できる。九州方面への拡張も同時期であったと考えられる。佐賀県船塚遺跡では瀬戸内技法に基づいた国府石器群が在地の石器群と混在していた。さらに西の長崎県百花台遺跡にもすっかり変容してしまっているが、その痕跡が認められる。

　東北地方に目を転じてみると、「基部加工ナイフ形石器」が優越するこの地域にも、福島県塩坪遺跡、山形県弓張平遺跡、岩手県和賀仙人遺跡など点々と二側縁加工ナイフ形石器を組成する石器群が分布している。この種のナイフ形石器が関東地方との交通関係を表しているのか、それとも在地の「基部加工ナイフ形石器」からの変異形態であるのか、結論づける根拠をもっていない。さらに判断の困難な現象は、湯の里4遺跡で峠下型細石刃核に伴って「台形様石器」が2点出土したことである。東北北半地域との交通関係を想定するのが順当であろう。一般論でいえば、分布域を遠く離れて飛び地や迷い羊のように見つかる考古資料の背景に、民族誌に見るような地域集団間を自由に出入りする個人や親族集団の存在があったのであろう。

3　後期旧石器時代後半期後葉

　後期旧石器時代後半期後葉は槍先形尖頭器と細石刃の出現で特徴づけられる。この前後の様相は相模野台地の層位的出土例が最良の資料である。現在、層位的に確実な槍先形尖頭器の最古の出土例は柏ヶ谷長ヲサ遺跡と下九沢山谷遺跡の各1例がB2L層中部から上面で見つかっている。いずれも大きさと形態は同時期のナイフ形石器に類似し、整形加工に若干の差異が認められる石器である。この違いは西から及んだ角錐状石器に起因するのかもしれない。角錐状石器と槍先形尖頭器とナイフ形石器とをある意図のもとに選択的に並べてみると、この3器種の技術形態は推移的で間断がない。槍先形尖頭器はその後在地に祖形のない両面加工で先端部に特徴的なファシットを有するものが現れるが、このファシットはなおナイフ形石器の形態を意識して施されたもののようである。つまり、槍先形尖頭器の出現はナウマン象など大型動物を狩猟対象にすることに対応した機能的な技術革新ではなく、異なる技術伝統の接触に誘発された狩猟具のスタイルの変化であったと考える。その過程は当初多数のナイフ形石器に数点の槍先形尖頭器が伴う形で始まり、最新の形態が次第に旧形態に取って代わった。槍先形尖頭器は両面・片面・周辺加工と形態が多様化する一方で、ナイフ形石器の方は小型化・幾何学形化していった。両器種の増減に相関関係が認められるが、ナイフ形石器が姿を消す直前は槍先形尖頭器との比率やナイフ形石器自体の形態・組成は石器群によって違いが大きいといわれる。機能性よりも様式性を示唆する様相である。L1H層中部で完全に槍先形尖頭器主体の石器群となる。

　東日本に広く分布した槍先形尖頭器の出現の契機を黒曜石原産地に結びつけようとする考え方がある。豊富な黒曜石が槍先形尖頭器の製作を促進したことは確かであるが、出現の契機については、信州産黒曜石の分布に現れているように、信州と南関東の間には親疎の変遷はあっても常に確固とした〈交通網〉が存在していて、新しい情報には共通に通じていたはずである。相模野台地の情勢

と無関係に出現の契機があったとは思えない。東北地方の槍先形尖頭器については、いっそうわかっていない。山形県平林遺跡、同越中山遺跡A'地点、青森県大平山元Ⅱ遺跡なども、関東甲信越の状況と無縁であったとは思われない。

　相模野台地の層位的事例に再度目を向けてみると、L1H層上部からB0層下部にかけて細石刃が現れる。ナイフ形石器と槍先形尖頭器がまだ残存しているが、狩猟具の地位は細石刃に完全に取って代わられたようである。当地の細石刃剥離技術は当初、もっぱら野岳・休場型細石刃核で、続いて船野型細石刃核を加え、その後に北方の削片系細石刃核が流入した。しかし、そのときには細石刃は客体的で再び槍先形尖頭器が主要な狩猟具の位置を回復していた。石材は下層では主に黒曜石を使っていたのに対し、上層では細粒凝灰岩やチャートなど在地の石材が多用されていた。〈交通網〉に綻びが生じたのかもしれない。また、削片系細石刃核がその特徴である珪質頁岩でなく、より近くに産する玄武岩・安山岩製であることには重要な集団論上の意味がある。安山岩地帯をクッションにして到来したものと思われ、神奈川県の上野遺跡第1地点、相模野第149遺跡、寺尾遺跡、長堀北遺跡、勝坂遺跡などのこの石器群には土器が伴っている。相模野台地での槍先形尖頭器の消長には在地の伝統の継続・維持ということがあったと思われるが、削片系細石刃核や大型石斧に伴う大型槍先形尖頭器の列島規模での動向が関係していたはずである。

　そこで細石刃石器群の列島内での動向を眺めてみよう。細石刃石器群は東北アジア一帯で普通に見られ、沿バイカル・ザバイカル地方で3万年前に発生したと見られている。一説に、この系譜に繋がる細石刃文化の担い手たち（内水漁撈者）が現日本列島人成立に大きな役割を果たしたといわれている。実際どの程度の集団規模で到来したのかは藪の中の出来事であって、この説の当否を論じることは困難である。その考古学的指標である削片系細石刃核が、北海道を中心に一時東北日本を席巻したように見受けられる。東北日本に分布する北方系細石刃剥離技術に対峙して、西南日本には九州を中心として別の技術系が存在することは研究の初期から認識されてきた。1980年代の発掘成果である新知見に照らして、これら東西二つの技術系の系統関係や集団論的意味の解読が問題化している。

　北海道最古の石器群の一つに位置づけられていた嶋木遺跡の再調査で、細石刃核1点と細石刃（？）4点が出土した。予想外の古い出土例になる。旧石器時代後半期の北海道は細石刃文化の展開によって特徴づけられるかもしれない。そのように細石刃使用の長い歴史があったからこそ、剥離工程の異なる細石刃核—峠下型・蘭越型・白滝型・札滑型・ホロカ型・オショロッコ型・射的山（広郷）型・紅葉山（置戸）型—などの変異が生じたのである。かつてこれらは時間差をもつ別個の社会集団を表現していると考えられてきたが、美利河1遺跡から峠下型と札滑型の剥離工程の特徴を併せもつ美利河型細石刃核が検出され、さらに美利河型・峠下型・ホロカ型（？）の共伴例も知られるようになった。そこでは同一母岩から細石刃と細石刃核が生産されていた。母岩別接合が広く応用されてくると、石核はその消費過程（リダクション）で多目的に利用されていたことが明らかになった。石核のリダクションは伝統に規制される一方で、石材など遺跡の生態環境に応じた融通性が生かされていたのである。北海道の細石刃文化には多彩な石器技術とそれに見合った石器組成が見られる。とりわけ新しい時期のオショロッコ型細石刃核石器群が検出された祝梅三角山遺跡上層に

は石刃技法と石刃が存在し、多数の石刃素材の搔器や荒屋型彫器とともに局部磨製石斧があることが注目される。他の遺跡でも片刃石斧や大型槍先形尖頭器や有舌尖頭器の伴出が報告されている。

　北海道で多彩な展開を見せた細石刃文化の一部は南下して、本州のナイフ形石器文化の終末期に行き詰まっていた遊動的狩猟採集型の生業形態に替わる、定住的狩猟採集型の生業形態への道を開いた。ホロカ型細石刃核が石刃素材の搔器などを伴って茨城県額田大宮遺跡や沖餅遺跡、群馬県桝形遺跡に分布する一方で、東北地方に産する珪質頁岩製の荒屋型彫器を伴う削片系細石刃核石器群が利根川水系をほぼ南限として、茨城県後野遺跡、栃木県赤羽根遺跡、千葉県木戸場遺跡、群馬県頭無遺跡、新潟県荒屋遺跡などで次々に新発見・再調査されてきた。この石器群はさらに荒川中流右岸の埼玉県白草遺跡や遠く岡山県恩原遺跡からも検出された。一説にはこの石器群はサケ・マス漁撈との関連が取りざたされていて、その意味では縄紋文化の発生に与っているのかもしれない。しかし、細石刃は列島の完新世へ向けての新しい生態環境に適応する際の道具としては機能しなかった。それは神子柴・長者久保石器群の役割であった。

　九州でも初現の時期ははっきりしないが、完新世まで残存しただけにここでも細石刃の剥離工程と残核形態に多様な変異が見られる。九州では槍先形尖頭器が未発達で、ナイフ形石器・剥片尖頭器・三稜尖頭器・台形石器などが細石刃の出現まで狩猟具の主役を務めていた。遺物包含状況に問題を残しているが、百花台遺跡や船野遺跡などで小型ナイフ形石器や台形石器と細石刃が共伴していると報告された。北海道の細石刃石器群と違って大陸との関係がはっきりしない。九州一円から本州西半部に分布する「野岳型細石刃技法」は「磯道型石刃技法」との類似点が指摘されている。東九州を中心に西南日本一帯に分布する船野型細石刃核も長崎県福井洞穴遺跡の第7層出土の石核と同じ技術的特徴をもつといわれている。こうして現在のところ大陸側に直接対比できる資料が見当たらないこともあって、在地の「ナイフ形石器文化」のなかにその起源を求めようとする意見がある。しかし昨夏（1989年）、シベリアのイルクーツク大学で実見したベルホレンスク山などの細石刃石器群には、削片系細石刃核に混じって「野岳型」とも「船野型」とも呼べるような残核があり、九州の細石刃石器群の起源については予断を許さない。剥片尖頭器に関して韓半島との〈交通〉が示唆されているように、土器を伴う「福井・泉福寺型」細石刃核と類似の資料が最近韓国居昌任佛里遺跡で出ているといわれている。船野型細石刃核の地方形と解釈される南九州の畦原型や加治屋園型細石刃核にも土器が伴い、大分県市ノ久保遺跡では船野型細石刃核にいわゆる「神子柴型石斧」が伴っていた。鹿児島県加治屋園遺跡では野岳型細石刃核に土器が伴い、同加栗山遺跡では細石刃に石鏃と片刃石斧が伴出している。東北日本で細身の槍先形尖頭器や有舌尖頭器に取って代わられた機能を、西南日本では細石刃が果たし続けたようである。

4　旧石器時代の終焉

　大平山元Ⅰ遺跡や後野遺跡において削片系細石刃核石器群の上の層から神子柴・長者久保石器群が土器を伴って出現した。この石器群は以前「無土器新石器文化」と考えられていたので、旧石器時代研究者からも縄紋時代研究者からも等閑視されてきた。土器の伴出事例によってようやく脚光を浴びるようになった。

器種の揃っている青森県長者久保遺跡での石器組成は、円鑿形の局部磨製石斧・打製石斧・槍先形尖頭器・彫／掻器・彫器・掻器・削器・石刃・その他である。長野県神子柴遺跡でも「神子柴型石斧」・「神子柴型尖頭器」・木葉形尖頭器・半月形尖頭器・彫器・掻器・石刃・円盤状石核・棒状砥石などでほぼ同様の組成である。神子柴遺跡では局部磨製石斧・打製石斧と槍先形尖頭器がそれぞれ14点と16点もあって、しかもいわゆる「デポ」の出土状態を呈していた。当初、各石器の形態、その組成、出土状態のいずれにおいても特異な石器群であると認識されたため、大陸渡来の新しい文化であると解釈された。しかし、更新世末期の大陸側に同様の石器群が見つかっていないこと、円鑿形の局部磨製石斧を除いてその他の器種およびその製作法が、まとまってはいないが北海道南部の細石刃文化—とくにオショロッコ型細石刃核を伴う石器群—や、東北地方北部の「ナイフ形石器文化」の石器群中に既存のものであることなどを考慮して、筆者は在地の伝統のなかでの進化現象であると捉えている。

それでは、その発生の契機は何であったのだろうか。激しく変遷する晩期更新世の環境下で新たな適応形態を模索しつつあった東北日本各地の在地の遊動的狩猟採集型集団と、北海道で多彩な展開を見せた細石刃文化を担った集団の一部が南下し遭遇したことで、定住的狩猟採集型の生業形態への道程が開けたことにあった、と筆者は考えている。冬のイノシシ・シカなど中型動物猟などに加えてサケ・マス漁に従事すれば、夏から晩秋にかけても同一地点での生活が可能となる。貯蔵技術と生業分化による「縄文式階層化社会」が形成される素地ができ上がる。東京都前田耕地遺跡や長野県下茂内遺跡でのようにもっぱら槍先形尖頭器類を製作する遺跡が出現するのも、その間の事情を反映してのことである。「ナイフ形石器文化」における生産様式から縄紋文化における生産様式への転換過程は、神子柴・長者久保石器群の成立から縄紋草創期石器群への変遷過程に読み取ることができる。

何よりも注目すべきことは台形様・ナイフ形石器石器群に始まる二項的モードの解体の時期である。それが槍先形尖頭器の出現に一致するのか、それとも細石刃石器群の登場によるのか、はたまた神子柴・長者久保石器群と関連するのか、縄紋文化の起源問題と絡んで重要な研究テーマをなしている。

以上の文章を発表してから10年以上が過ぎた。この間、関連するテーマの論文をいくつか執筆するなかで、とりわけここ数年間に集中的に考察を加えることで複数の未解決であった問題に解明の光を当てることができた。以下の章において筆者の最新の見解を叙述していくことにする。

引用文献

安斎正人 1991「日本旧石器時代構造変動試論」『岩手県山形村早坂平遺跡』99-120頁、岩手県山形村教育委員会。
佐藤宏之 1990「後期旧石器時代前半期石器群構造の発生と成立」『法政考古学』第15集、1-42頁。
田村　隆　1989「二項的モードの推移と巡回—東北日本におけるナイフ形石器群成立期の様相—」『先史考古学研究』第3号、1-52頁。
(事実関係に関連のその他の文献は省略した。以下の各章に掲げた文献を参照されたい)

第Ⅴ章　後期旧石器時代型構造の形成

　石刃技法と石刃を素材とするナイフ形石器で特徴づけられる「ナイフ形石器文化」が大陸から渡来することで列島内の後期旧石器文化は始まった、という説がかつては有力であった。東アジアにおける石刃技法の起源—日本列島も含めてのこと—の背景にルヴァロワ技法を想定する見方はその新ヴァージョンである。

　1923年にE・リサンとピエール・テイヤール・ド・シャルダンによって調査された中国寧夏回族自治区水洞溝遺跡においては、ルヴァロワ技法と石刃技法が共伴するといわれてきた。この資料を実見調査した稲田孝司によれば、後期旧石器時代に一般的な石刃技法の指標の一つとされるトサカ状稜付き石刃と見なされてきたものは、稲田が「水洞溝型素材製作技法」略して「水洞溝技法」—円盤状・半割礫などの原形に打面と側縁の連続した調整を施した石核から、作業面縁取り石刃ついで石刃を剥離する技法—と仮称する石核リダクション過程の最初に剥離する「作業面縁取り石刃／剥片」である。稲田が復元した水洞溝技法は、アルタイからモンゴル地方を中心に分布した中期旧石器時代のルヴァロワ技法の伝統を受け継ぎ、後期旧石器時代にいたって地域的な変容を遂げたもので、シベリアのマルタ遺跡出土の石器群とも共通の文化伝統に属するものである、という結論である（稲田1994）。

　稲田の「水洞溝技法」や木村英明の「マリタ・剥片剥離技法A」(木村1993)などルヴァロワ技法から非ルヴァロワ的な後期旧石器時代の石刃技法が生まれてくる過程を示すといわれる資料（図16）は、稲田や木村の思惑にもかかわらず、現在のところそうした伝統の東端に位置し、それ以東では同種の石器資料は見つかっていない。日本列島の石刃技法に関しては先述のように列島内の資料で検討することが正道である。

第1節　列島中央部の後期旧石器時代前半期

　列島全体を見渡すに当たって必要な後期旧石器時代前半期の細かな全国編年案は、すでに佐藤宏之が提案している（図17）（佐藤1992b）。個別遺跡の位置づけで修正が必要であるが、大枠は今もなお有効である。しかし何よりもそこになお残された—その発表当時、筆者自身も佐藤の試案を共有していた—伝統的な段階区分枠をはずして、構造変動論の視点から地域ごと、また地域間の動態を描写する作業に入っていきたい。

1　後期旧石器時代開始に関わる変化モデル

　群馬県権現山遺跡や岩手県金取遺跡の石器群を見ると、中期旧石器時代の石器群は片面および両

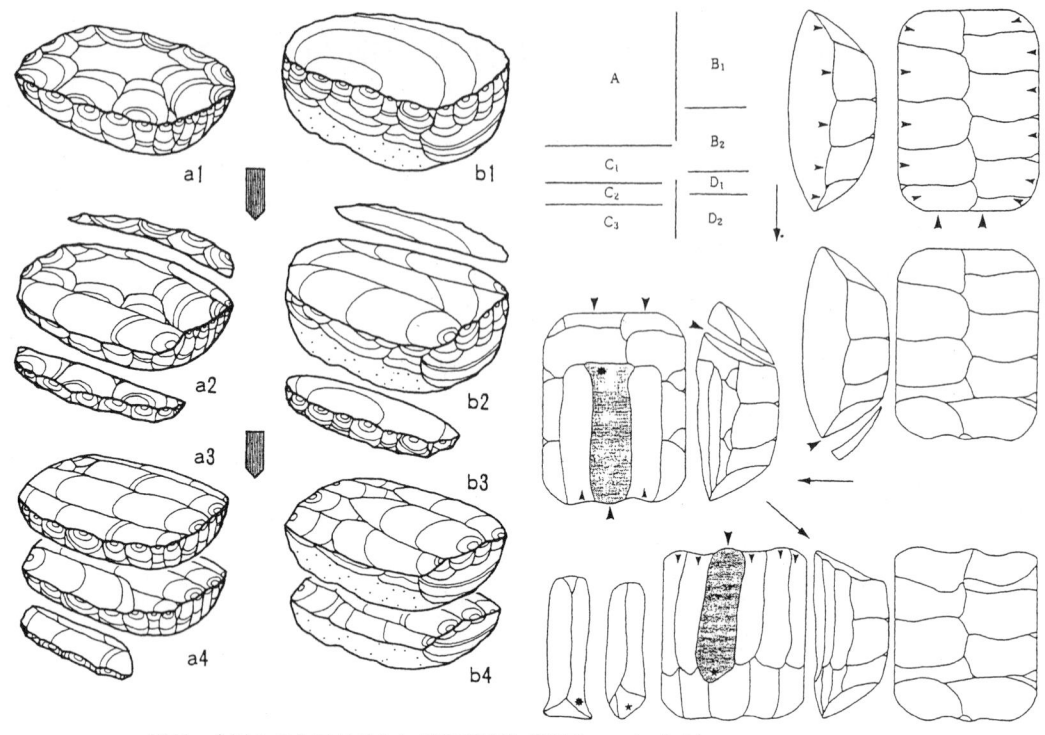

図16　中国とロシアに見られる石刃技法（稲田 1994による）
　　左：中国寧夏回族自治区水洞溝遺跡の稲田孝司のいう「水洞溝技法」
　　右：ロシア・シベリアのマリタ遺跡の木村英明のいう「マリタ・剥片剥離技法A」

面加工の礫器と両面体（斧形）石器などの大型石器、斜軸尖頭形を含む剥片とそれを素材とした中型の石器類、鋭い刃部を有する小型剥片石器（素刃石器）で構成される。そうした石器群以外に主に小型の石器類で構成される石器群も存在するようである。熊本県大野遺跡群や大分県早水台遺跡で見られるように、遺跡周辺で小型の石材が得やすい場合である。

　大型石器は両面体（斧形）石器の系譜から局部磨製石斧が登場し、へら形石器や扇形（鉞形）石器など他の大型石器も移行期から後期旧石器時代前半期へ継承されたようである。

　長野県石子原遺跡や福島県平林遺跡などの出土石器を観察すると、目的剥片の縦長化（縦長指向性）が進行して、多様な縦剥ぎ剥片とそれに対応する石核類が現れている。こうした目的剥片の縦長化に伴って、斜軸尖頭形剥片は次第に左右対称の縦長の三角形剥片に移行し、この縦長三角形剥片を素材とする「基部加工尖頭形剥片石器」が出現した。後に縦長剥片（石刃）の剥離技術―「小口面型」石刃技法―が進展すると、これを素材とする「基部加工尖頭形石刃石器」（尖頭形石器）へと転化し、さらに尖頭形石器製作の技術伝統内で"真正の"石刃技法―「周縁型」石刃技法―への技術革新が行われ、"真正の"石刃を素材とする「背部加工尖頭形石刃石器」（ナイフ形石器）が作製されるようになった（安斎 2000）。この過程については後に詳述する。

　素刃石器の製作伝統からは「端部整形石器」（田村 2001）が、次いで「台形様石器」（佐藤 1988）など多様な形態の小型剥片石器が生み出された。その変遷過程は長野県中野市高丘丘陵遺跡群―がまん淵遺跡など―の資料を使って中島庄一が一応の説明を試みている（図18）（中島 1999）。この

第V章　後期旧石器時代型構造の形成　85

段階	北海道	東北	北陸・信越	東海・中部	北関東	下総	武蔵野	相模野	近畿	中国	九州
X	三角山?	鳳無台I 松木台II 大畑G	立科F ……野尻仲町水成層……	清水柳北 弓振日向	向山鹿沼直上	中山新田II 草刈六ノ台 テサツル山4 御尾山下層 高井戸東 多摩蘭坂 藤久保東第2 武蔵久保東Xa	中山谷Xb　下山 中山合六ノ台 鈴木都道北 多摩蘭坂 高井戸東 西之台B 藤久保東第2 武蔵久保東Xa				[福井15]
下						坊山					
	桔梗2?	笹山原A 鳳無台II	立科F ……野尻仲町水成層……	立石 初音ヶ原B 見代I 5	和田 下館牛状 古城 頭無 武田西搦I	池花南 中山新田I 小金沢貝塚 芝山仲ノ台B 西大宮バイパス5はけうえ ○ 出口鐘塚	鈴木都道南 西之台B 鈴木はけうえ	栗原中丸IX	高津尾 溝ノ口	地宗寺 溝ノ巣 冠D	曲野
IX		笹山原8	細谷3	葛原沢IV 清水柳北	殿山	復山合6 権現後 三里塚馬場	鈴木都道中 打越IA 高井戸東（IX） お伊勢山		七日市II（古）	○ 西ガガラ2 早風AIIob	○
上											
下	神丘2?	岩井沢 笹山原A 此掛沢II 上悪戸 富ノ沢 上林森	ウワダイラI 台岩薮ノ上 宿向山 宿東山	一杯窪 中身代II 中身代I3・4 寺田 柳又A	分郷八崎 磯政 薮塚I 北山	聖人塚	下里本邑 多摩寺前 西之台B はけうえ 廻沢北	長サラXIII 根下	七日市II（新）	西ガガラ1（1.2b） 戸谷1 早風AII	土浜2ーヤ 上場6ノ原1 半田ノ原4 崎瀬1 下城2
VII		地蔵田B 大台野IIb-2 愛宕山	伊勢見山下層 西原C 太子林 ウワダイラL 直坂I	清水柳北 針ケ平	諏訪西 善谷上 房谷上 小竹A 留田 後谷岩 岩田　勝沢 岩宿I　棚沢I	復山合 北海道 御原山上 中山新田II 空港7 東林跡I	嘉留多 尾崎崎 鈴木都道中 大門4 西松原I	地蔵坂 橋本VI 栗原中丸VIII 長サラXII	板井下層 畑ヶ平7	早風AI 戸谷4.5	百枝原III 百花亭D 丹生（富末） 駒形古屋2 馬部蓮蔵山 枝去木II中
上		松本台III 小出I……	…………………西大曲	………………西大曲							
VI	鴫木	金原 三貫地	野尻仲町風成層 追分茶屋	池のくるみ 清水柳北 茶白山 椿洞KIII 日野I	大竹 堀下八幡	聖人塚　白幡前 テサツル山2 若葉台 小由仲台 飯仲金堀 栗立I	鈴木都道北 真名谷ツ 茂呂 貝塚山	寺尾VI 地蔵坂 　　……橋本V……	平城京跡 七日市I 畑ヶ平I-3	恩原 西ガガラ1（3-5b） 小林河原	堤西牟合I 狸合I 石飛

図17　1992年に佐藤宏之によって提案された後期旧石器時代前半期の全国編年（佐藤 1992bから転載）

86

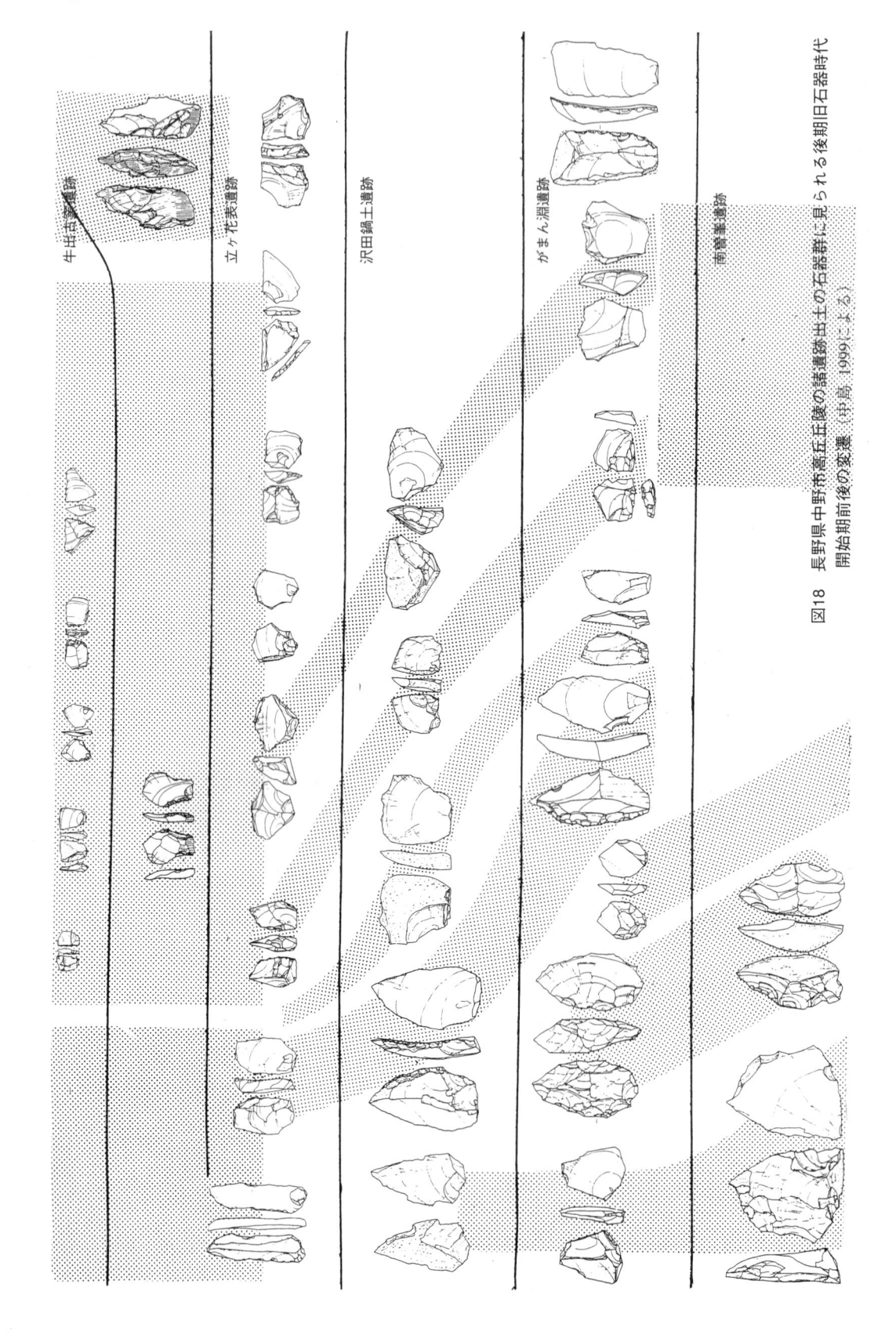

図18 長野県中野市高丘丘陵の諸遺跡出土の石器群に見られる後期旧石器時代開始期前後の変遷（中島 1999による）

牛出古遺跡
立ヶ花表遺跡
沢田鍋土遺跡
がまん淵遺跡
南香美遺跡

ような動向を中期／後期旧石器時代移行期と呼んできたが、この時期は漸進的進化の時期ではなく、段階的構造変化の時期として捉えられる。

列島内の既知の石器群に表出したこの最初の構造変動期—後期旧石器時代開始期前後—では、小型剥片石器モード（素刃石器・端部整形石器・台形様石器など）の出現が先行し、遅れて石刃石器モード（尖頭形石器・ナイフ形石器）が出現する。小型剥片石器モードと石刃石器モードとの二項的モードの最初の出現をもって後期旧石器時代の開始とする。この二項的モードは端部整形石器・尖頭形石器・台形様石器・ナイフ形石器それぞれの多様な組合わせとして出現したが、後期旧石器時代前半期の研究史に照らして、すなわち小型剥片石器モードを台形様石器で、石刃石器モードをナイフ形石器で象徴させて「台形様・ナイフ形石器石器群」の時代と呼ぶことにする。

2　石刃技法の出現

後期旧石器時代初頭とされる時期に列島には大別二つの石刃技法があった。これを先に「小口面型」石刃技法と「周縁型」石刃技法と呼んでおいた。前者すなわち「小口面型」石刃技法—厳密には尖頭形縦長剥片剥離技法—は、小口面を作業面として打点をジグザグに後退させながら縦長の尖頭形剥片を目的に連続的に剥離するものである。武蔵野台地Ⅹa層相当期にはすでに出現していた。もっぱら尖頭形石器（基部加工尖頭形石刃石器）の製作を目的としたもので、石核本体の調整は最小限で打面再生も行われないことが多い。剥離された尖頭形石刃も基部加工を施されるだけで、必要なときに先端部に最小限の加工を施す場合以外、素材形態を変えずに尖頭形石器として用いられた。目的剥片の不良品に掻器・削器・彫器・錐器もどきの加工を施す場合もあるが、臨機的な行為であったので、結果として尖頭形石器群の器種組成は乏しくなっている（図70参照）。東北日本の日本海側で姶良Tn火山灰（AT）層下位の時期にとくに盛んに用いられたが、その後の時期も途絶するということはなく臨機的に使い続けられた。

後者すなわち「周縁型」石刃技法はいわゆる"真正の"石刃技法で、打面調整・打面再生、トサカ状稜付き石刃の整形・剥離、側縁・底縁調整、頭部調整など各種の石核調整を頻繁に行い、打面の周縁に沿って打点を移動させながら規格性の強い石刃を目的に連続的に剥離するものである。石刃技法自体がナイフ形石器だけを目的とするものではなくなっており、剥離された石刃は彫器、掻器、錐器など多器種の素材として用いられた。そこで、長方形の石刃は基部加工に止まらず、尖頭部をつくり出すために斜めに裁断するような加工を施して素材の形態を大きく変えて初めて目的の器種、すなわちナイフ形石器（背部加工尖頭形石刃石器）が得られるのである。この二次加工はけっして刃潰しのためなどではなく、素材石刃を尖頭形にするための調整加工である。ナイフ形石器石器群は尖頭形石器石器群と比べて器種組成が豊富である（図71参照）。いわゆる「茂呂型ナイフ形石器」は一般的素材である石刃生産に伴って作出された器種であって、「茂呂系ナイフ形石器」という用語が含意した文化史的意味は仮構にすぎない。「周縁型」石刃技法の出現は「小口面型」石刃技法に遅れ、武蔵野台地Ⅸ層相当期後半にかけての時期に出現したと思われる。おそらく「小口面型」石刃技法の伝統内で、天然の稜をもたない転石を利用するに当たって考え出された技法であろう。時期が下って北海道の細石刃文化の終末期に、この石刃技法の技術は最高度に達し、剥離

された厚手の石刃は細石刃核の素材としても使われた。

3　台形様・ナイフ形石器石器群

　1984年11月18日に群馬県下触牛伏遺跡のAT下位の石器群（口絵写真）を実見した。その時点では石器群の特徴を次のように捉えた。①縄紋の扁平な打製石斧に近似する局部磨製石斧、②安山岩（剥片）と黒色頁岩（石刃）の使い分け、③接合資料を含む「ルヴァロワ様石核」、④4～5点認められる「ルヴァロワ様剥片」、⑤接合資料を含む打点を連続的に横に移動した横剥ぎ剥片、⑥基部と先端部に加工のある尖頭形石刃、⑦岩宿Ⅰよりも形態の整った尖頭形石刃と縦長剥片、⑧切出様の石器、⑨黒曜石製台形様石器、⑩礫類と多数の不定形剥片。

　その2日後に埼玉県藤久保東第二遺跡Ⅹb層出土の石器群も見ることができた。その時点では石器群の特徴を次のように捉えた。①両面加工大型スクレイパーあるいは刃部磨製石斧の再加工品、②「ルヴァロワ様（準）楕円形剥片」、③基部と先端部に加工のある尖頭形石刃、④尖頭形石刃、⑤錯向剥離の石錐、⑥チャート製縦長剥片、⑦スクレイパーなどの不定形小型石器、⑧多数の不定形剥片。

　それ以前に西アジアにおける中期旧石器時代の「ルヴァロワゾ-ムステリアン」と呼ばれた石器群を中心に、その前後の移行期の石器群を研究していたので、上記の両石器群の対比の結果、日本列島においても移行期を設定することで、中期旧石器時代の「斜軸尖頭器石器群」から後期旧石器時代の「ナイフ形石器石器群」への内的発展過程を説明できるかもしれない、というアイディアを得た。

　下触牛伏遺跡の発掘調査報告書は1986年に刊行された。当該石器群は黒色帯のⅦ層下部を中心として、総数2,037点が大別15（細別26）のブロックに分かれ、それらが径50mの環状を呈して見つかった。報告者の岩崎泰一はこの「第Ⅱ文化層」石器群を、「ナイフ形石器」11点、「基部・側縁部整形石器」10点、局部磨製石斧7点を主体にした石器群で、「ナイフ形石器の多くが黒色頁岩製でいずれも環状に配列する石器ブロックの内側に検出された同一のブロック(15b・d)から出土し、大半が〈搬入品〉であると見られるのに対し、基部・側縁部整形石器は14ブロックから出土した3点を除いたほかは、環状に配列する石器ブロック（2・4・7ブロック）から出土している」点、「基部・側縁部整形石器」の整形加工に、切断手法・平坦剥離・裏面基部の平坦剥離が用いられている点に特徴を見出した（岩崎・小島編1986）。

　その後の論考で岩崎は、「機能部の作出という点において互いに著しい類似性が認められることを重視し」、「ナイフ形石器」と「基部・側縁部整形石器」を「ナイフ形石器」として一括し、それぞれA群、B群と呼んだ。そしてA群を4類（基部・先端部加工、一側縁加工、二側縁加工、端部加工）、B群を3類（台形状・切出状、菱形状、「立野ヶ原」類似）に分け、それらの組成上の類似から群馬県内の当該期における石器群の変遷を〔下触牛伏遺跡・和田遺跡〕→〔藪塚遺跡・分郷八崎遺跡→武井遺跡・古城遺跡→大竹遺跡・善上遺跡・北山遺跡〕→〔勝保沢中ノ山遺跡・見立溜井遺跡→後田遺跡〕とした（岩崎1988）。なお、峯岸遺跡の台形状を呈する石器を介して、後田遺跡のB群Ⅰ類が岩宿Ⅱ段階に認められる切出形石器および台形石器と系統関係にあるという見解を表明

しており、これは再検討の価値がある。

　いまさらいうまでもないことであるが、岩崎が「基部・側縁部整形石器」および「ナイフ形石器」B群とした一群が、今日一般に「台形様石器」と呼ばれている石器類である。「台形様石器」については、同じ年に佐藤宏之が体系的な論考を発表した（佐藤 1988）。考察は「台形様石器群」の認識、「台形様石器」の分類、剝片剝離技術、分布、編年、先行の「斜軸尖頭器石器群」および後出の切出形石器との系譜関係など、多方面にわたっていた。ちなみに、佐藤の分類も大筋で岩崎と同じく3大別であるが、Ⅰ類を細別しており、とりわけ〈精製石器〉の抽出に特徴が出ている。また、佐藤は後期旧石器時代前半期の全国編年案を提示した（佐藤 1989）。群馬県の岩崎が言及した遺跡だけに限ってみると、〔和田→下触牛伏遺跡→古城〕→〔分郷八崎→藪塚→武井→北山〕→〔善上→溜井・勝保沢→後田〕→〔大竹〕という変遷観である。古城遺跡や大竹遺跡など個別の位置づけに違いがあるものの、全体的な推移すなわち武蔵野台地Ⅹ層→Ⅸ層→Ⅶ層並行という流れの内実においては、岩崎と佐藤の編年観に違いがない。

　同時期に諏訪間順は層位的出土の条件・状態がもっとも良好である相模野台地の石器群を12の段階に分けた（諏訪間 1988）。このような段階的図式はわかりやすい一方で、石器群の変遷については静態的な理解に留まらざるを得ず、各段階を通した変化のメカニズムは見えにくい。この欠陥を補うために、筆者らが構造変動という方法的視点を導入したことは、前章の冒頭で述べたとおりである。近年、相模野の石器群に関連する加速器質量分析法（AMS）を用いた^{14}C年代測定値とその較正年代値が少しずつ集積されてきた。諏訪間はグリーンランド氷床コアの酸素同位体比による地球規模の気候変動との対比—最終氷期最寒冷期は較正年代で2万7千〜2万3千年前に相当—により、相模野段階Ⅴ（いわゆる「Ⅳ下・Ⅴ層石器群」）を中心とした時期を最寒冷期に対応させて、石器群の段階的変化が気候変動に応じた適応的変化であった可能性を示そうとした（諏訪間 2002）。問題設定の方向性は間違っていないと思うが、諏訪間のいう段階内においても遺跡ごとの石器群の様相が多様で一括りにできないのであるから、気候変動と石器群の変化を単純な因果関係で捉えることはできない。社会生態学的関係性での石器群の構造こそが問題化されなければならない。

　1949年の^{14}C年代測定法の発見が後の「ニューアーケオロジー」およびプロセス考古学を生み出す要因の一つであったことはよく知られている。高精度の^{14}C年代測定法（AMS）とその較正年代値の集積は、世界の旧石器時代研究を新たな段階へと導きつつある。考古学における社会生態学的現象の地球的規模での比較が可能になり、旧石器時代の構造変動論的理解が手近なところに迫ってきている。

4　二項的モード論

　田村隆の「二項的モードの推移と巡回」はその方面の大きな収穫である（田村 1989）。田村は自ら報告した千葉県中山新田Ⅰ遺跡の石器群を、石器石材・剝片剝離技術・二次加工技術・石器の形態と型式・廃棄パターンなどの総合的視点から分析し直し、後期旧石器時代全体に通底する石刃と横打剝片という二項的にコード化された技術的な系列の、東北日本におけるナイフ形石器群成立期における相互関係を明らかにした。たとえば先にも引用したように、中山新田Ⅰ遺跡の第3ユニッ

トaでは、「黒曜石－横打剥片－台形様石器－ブロック内消費」と、「頁岩－石刃－ナイフ形石器－ブロック内搬入」のように、石器群は典型的な二項的属性群の相補的パターンを示している一方で、第3ユニットcでは石刃の一部が明らかにブロック内で生産されており、第3ユニットdでは石刃生産に偏ったブロック形成が見られた。そのように剥片製石器群と石刃製石器群とが地点と様相を変えながら、そして相互に諸種の脈絡によって結ばれながら集合的に立ち現れている（図19）。また、わずかな搬入石刃・石刃製ナイフ形石器を除いて、ほとんどが横打剥離による矩形・縦長剥片とそれを素材とする「台形様石器」で占められる第4ユニットは、径約25mの円環状の遺物集中地点で、橋本勝雄の命名による「環状ユニット」（橋本 1989）である。ちなみに、橋本は「環状ユニット」をⅨ層段階以前に限定している。また、15以上のブロックが径50mの環状に分布していた群馬県下触牛伏遺跡を調査した岩崎泰一は、遺跡は離合集散を繰り返し生活していた旧石器時代人の集合時のムラ跡と解釈した（岩崎 1989）。

　中山新田Ⅰ遺跡における第3ユニットと第4ユニットの両極的な廃棄パターンは、Ⅹ層段階においては東京都高井戸東遺跡と中山谷遺跡との関係に、Ⅸ層段階においては東京都武蔵台遺跡と下里本邑遺跡との関係に変換することができる。そしてⅨ層からⅦ層への推移は台形様石器群から剥片製小型ナイフ形石器群への変容として捉えられ、さらにⅦ層からⅥ層にかけての石器群の変遷過程は、多様な一般的剥片剥離技法を保持し、これに「磯山技法」を基調とする精粗二様の石刃が付加される様相から、生成のものを主体とする石刃石器群主導型の様相への変容過程―中山新田Ⅰ遺跡で見られた石刃技法の技術的諸特徴の体系的構造化―として、また神奈川県寺尾遺跡Ⅵ文化層と東京都鈴木遺跡Ⅵ層石器群の関係は、この段階の石器群の保有した二項的構造の時代水準の両極性にほかならない、と理解された。北関東においても、下触牛伏→磯山→後田各段階の石器群の変遷過程に同様の二項的モードが認められる。

　田村隆が指摘したⅩ層段階の様相、Ⅸ層からⅦ層への推移、Ⅶ層からⅥ層にかけての石器群の変遷という後期旧石器時代前半期の石器群の変遷過程は、関東およびその周辺地域においては大枠において同一の傾向を示している。しかし、主として地域生態とりわけ石材環境と、隣接集団との交通関係とによって、副次的には石器包含層の残存状態によって、石器群の様相に地域的な差異が生じていた。降下火山灰の給源に近いため地層の堆積状態がもっとも良好な愛鷹・箱根山麓地域（口絵写真）から、まずその実態――一般的な類似と個別的な差異――を見ていくことにする。

5　愛鷹山麓地域の石器群の変遷

　愛鷹山の東南麓では、山が傾斜を緩めて放射状の丘陵に移行する部分に広い緩斜面が形成されており、その北部の急傾斜地との傾斜変換付近から湧き出る水によって形成された支谷が多く発達している。そうした広い緩斜面に足高尾上遺跡群が残されている（図20）。

　当該地域における近年の発掘調査の成果を手っ取り早く知るには、1995年2月18・19日に開催されたシンポジウムの予稿集（静岡県考古学会・ほか編 1995）が便利である。AT下位から第Ⅶ黒色帯（BBⅦ）の直上までの各暗色帯で12枚の「文化層」が確認されていたが、最近第Ⅶ黒色帯中からも石器の出土が伝えられている（高尾 2002）。高尾好之が関東地方のそれまでの研究成果を参照

第Ⅴ章 後期旧石器時代型構造の形成 91

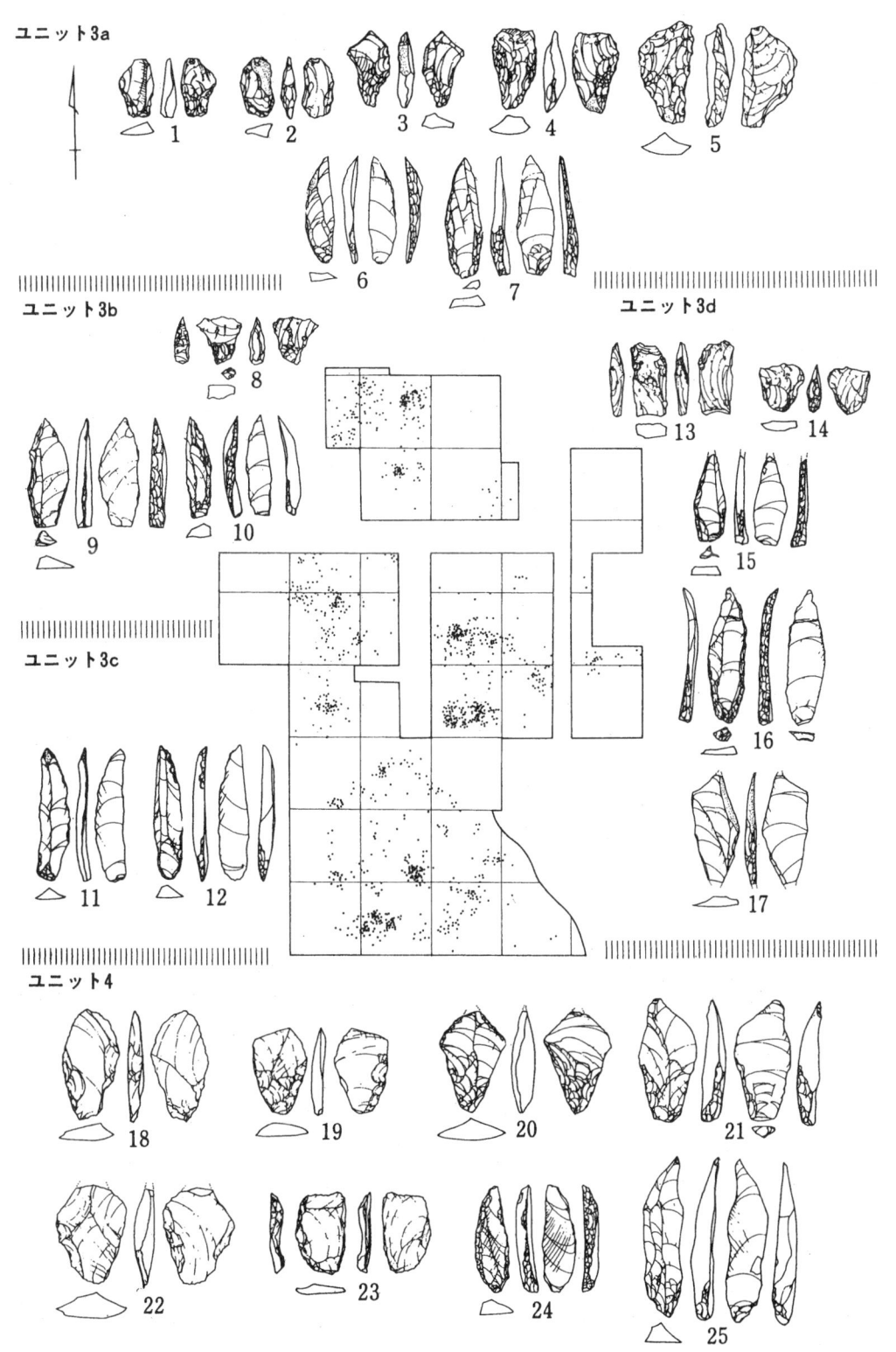

ユニット3a

ユニット3b

ユニット3c

ユニット3d

ユニット4

図19 千葉県中山新田Ⅰ遺跡において表出した「二項的モード」（田村 1989から転載）

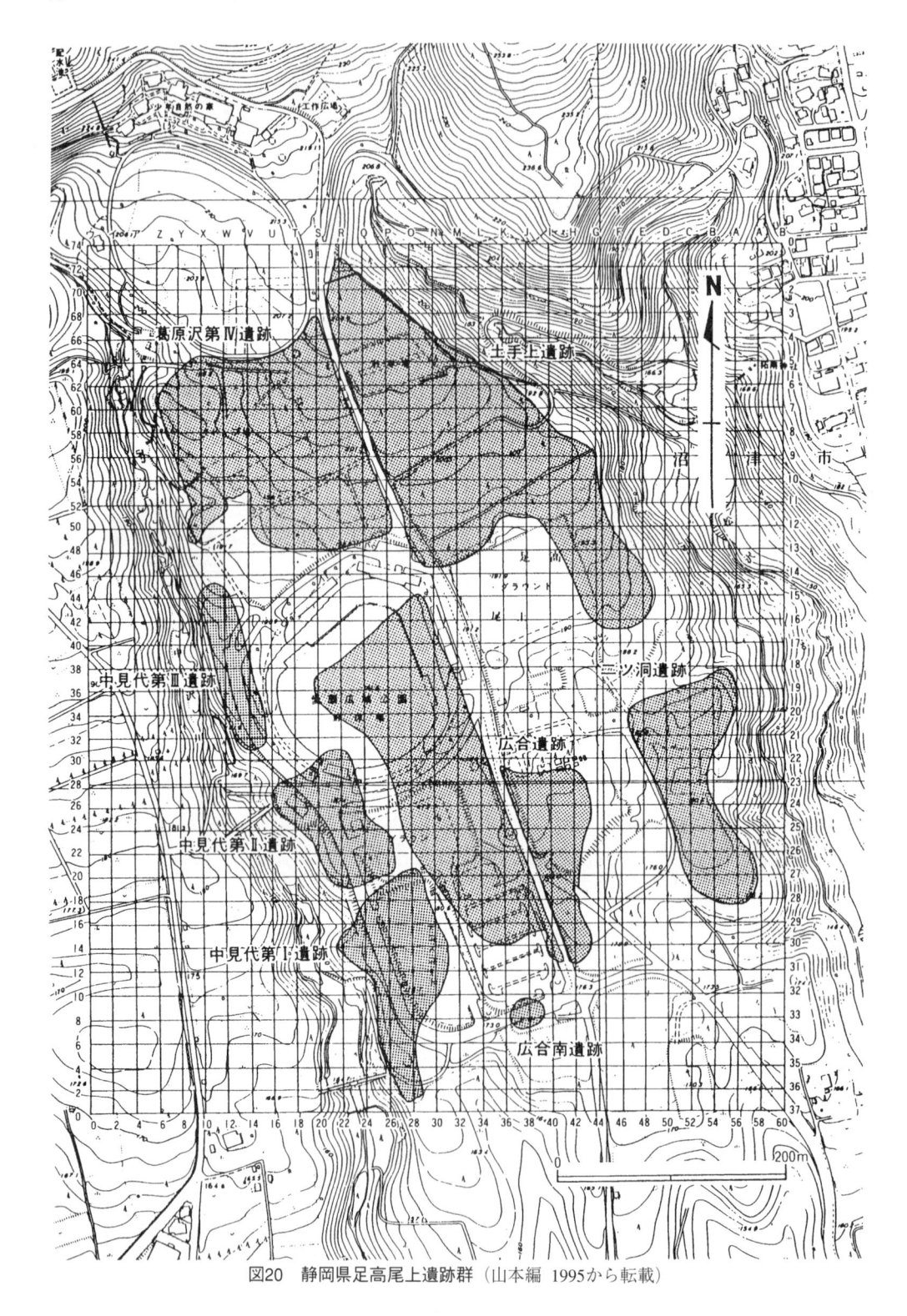

図20　静岡県足高尾上遺跡群（山本編　1995から転載）

し、対応させてこれを最古段階（BBⅦ）、中見代第Ⅰ段階前半（BBⅥ）・後半（BBⅤ・Ⅳ）、中見代第Ⅱ段階前半（SCⅢb2）・後半（SCⅢb1）、西大曲第Ⅲ文化層段階（BBⅢ）、清水柳北段階（BBⅡ）の5段階（7亜段階）に区分した。笹原芳郎の見解と合わせ見てみると、大きな画期は、「台形様石器」を主体とする第Ⅳ黒色帯（BBⅣ）以前と、本格的な石刃技法と石刃素材のナイフ形石器が出現した第Ⅲスコリアb2層との間、およびATを含むニセ・ローム（NL）層とその直上との間に引かれている（高尾1994、1995、笹原1995）。

各層位ごとに少し詳しく石器群とその出土状況を見てみることにしよう。

(1) BBⅦ層

足高尾上遺跡群の南東、旧浮島沼の低湿地を眼下に望む丘陵の先端、標高64〜68mの比較的平坦な尾根上に立地する子ノ神遺跡では、第16層（BBⅦ）中から礫器（？）1点が見つかっていた。さらに第17層黄褐色土層直上から16層下部にかけて、93点の焼け石片や小礫が散在していた。足高尾上遺跡群中の一つであり、西側を中沢川（葛原川）に、東側を中沢川に並行する埋没谷に挟まれた細長い痩せ尾根に立地している中見代第Ⅱ遺跡の第32層（BBⅦ）の直上でも台石2点と頁岩の砕片1点が検出されていた。遺跡群のなかでは南東部に位置し、中見代遺跡群の反対側の東側に松沢川を臨む標高170〜180mほどに拡がる二ッ洞遺跡のBBⅦ層下部からも大きさ6cmほどの安山岩の礫剥片1点が検出されていた（石川編1982、高尾編1988、池谷編1991）。いずれも積極的な評価を受けていなかったが、先に述べたように、最近になってBBⅦ層中に石器群が検出されるようになってきた。

(2) BBⅥ層

未報告であるが、中見代第Ⅰ遺跡のBBⅥ層下部から出土している。シンポジウム予稿集に掲載された石器実測図によれば、その石器群は縦長剥片とそれを素材とした基部加工尖頭形剥片、および端部整形石器・台形様石器を特徴としており、東京都武蔵台遺跡Ⅹb層の石器群に対比できる（図21）。石器群の詳細は中見代第Ⅰ遺跡の西側、中沢川の対岸に位置する西洞遺跡b区（笹原編1999）のBBⅥ層直上出土石器群に見ることができる。石器類は南東部の環状の11ブロック群と北西部の列状の3ブロック群に分けられた。笹原芳郎が報告した石器は「打製石斧、局部磨製石斧、へら形石器、ナイフ状石器、ナイフ形石器、台形様石器、削器類、楔形石器、加工剥片、使用痕有剥片、剥片、敲石、台石、石核」である（図22）。「ナイフ状石器とナイフ形石器」は本著でいう基部加工尖頭形剥片石器で、長形のものの素材は背面がほとんど礫面で覆われた剥片であって、石刃技法とは無関係である。削器類中には後期旧石器時代開始期ないしそれ以前の石器群の主要な構成要素である鋸歯縁石器（佐藤2002）が混じる。「台形様石器」も中見代第Ⅰ遺跡BBⅥ層下部出土のものと比較すると形態が安定してきているが、素刃石器・端部整形石器も多い。両ブロックの石器類は類似するが、接合関係が見られないので多少の時期差が見込まれている。環状ブロック群は径十数メートルの小型のもので、先に述べた下触牛伏遺跡の大型のものとは性格が異なるであろう。北西部のブロック14には周縁に礫が配置された炉跡状の遺構が見られ、検出された炭化物から得られた加速器質量分析（AMS）法による^{14}C年代値は30,200±360BP、29,700±210BP、30,400±230BPである。

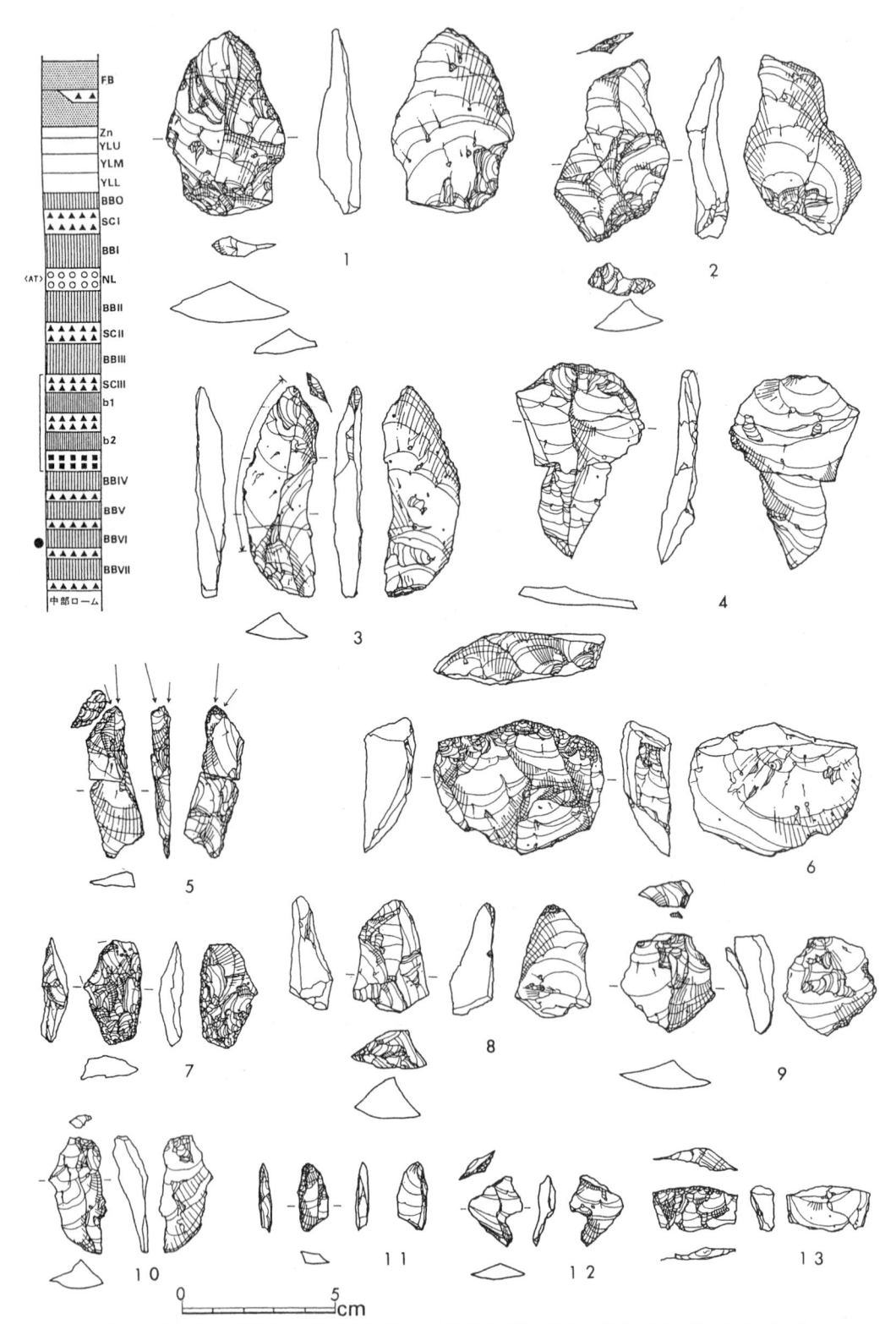

図21　静岡県中見代第Ⅰ遺跡BBⅥ層出土の石器群（静岡県考古学会・ほか編　1995による）

第Ⅴ章 後期旧石器時代型構造の形成 95

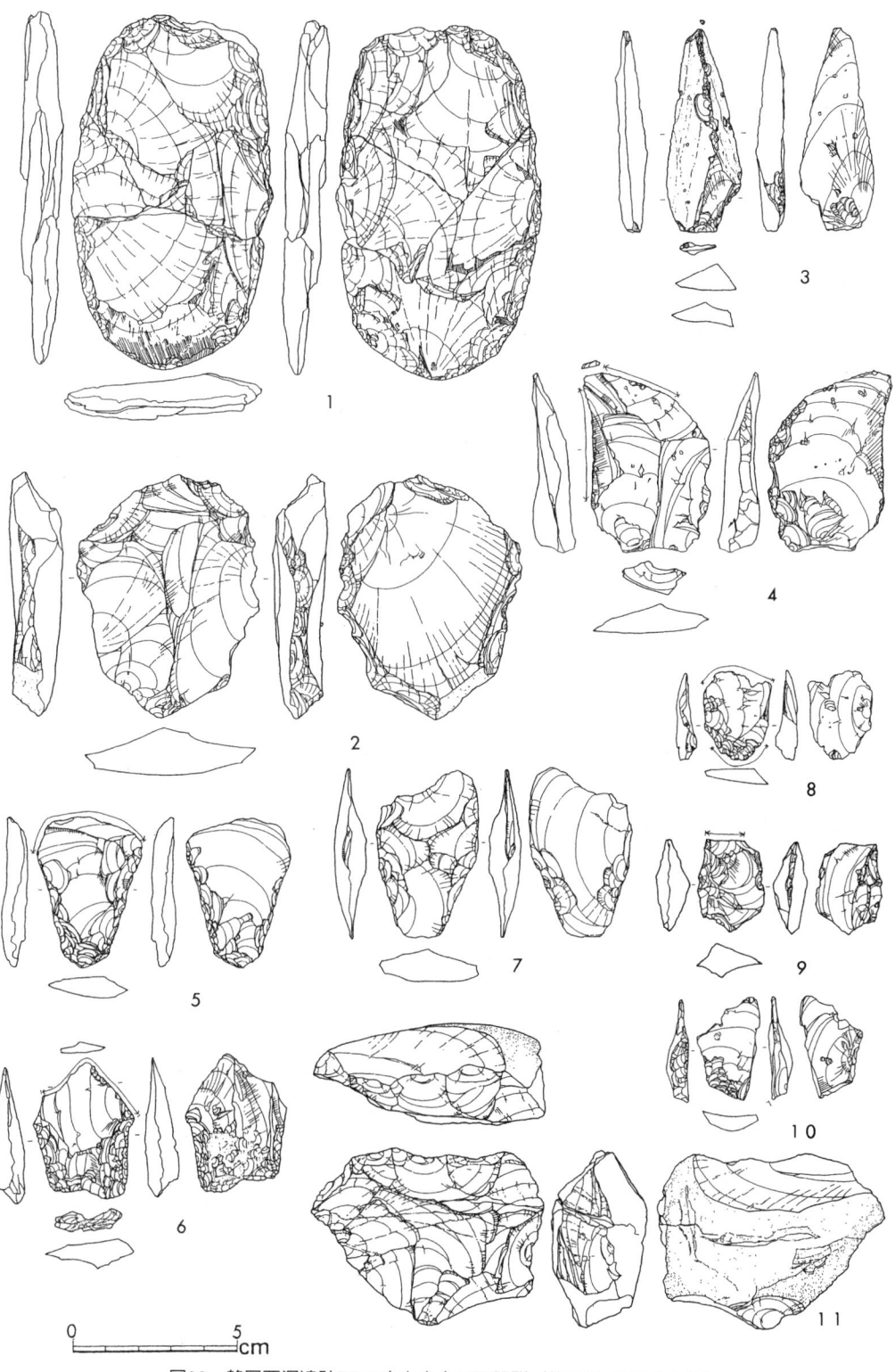

図22 静岡西洞遺跡BBⅥ直上出土の石器群（笹原編 1999による）

(3) BBⅤ層

　BBⅤ層からのまとまった石器群は、中見代第Ⅰ遺跡（高尾編 1989）において、標高164.5m付近の環状を呈するブロック群と、そこから北西に20～30m離れた標高165m付近の1ブロックで検出された。環状ブロック群（図23）は、「台形様石器・打製石斧・掻器・削器・台石・敲石・石核・剥片類」に炭化物集中箇所を伴う2号ブロック（図24）を中心にして、その周辺に「台形様石器・局部磨製石斧・削器・台石・石核・剥片類」に炭化物集中箇所を伴う1号ブロック、「台形様石器・打製石斧・掻器・削器・台石・石核・剥片類」からなる3号ブロック、「台形様石器・台石・石核・剥片類」からなる4号ブロック、「ナイフ形石器・局部磨製石斧（刃部破片）・楔形石器・削器・台石・石核・剥片類」からなる5号ブロック、「楔形石器・削器・石核・剥片類」からなる6号ブロック、「削器・石核・剥片類」からなる7号ブロックで構成され、その外側に台形様石器1点を含むまばらな8号ブロックと2ヵ所の炭化物集中地点がある。そこから離れた北西のブロックは台石と剥片類だけであると報告されている。遺跡全体で「台形様石器」として19点報告されている（図25）。緑色凝灰岩製と安山岩製の2点を除いてすべて黒曜石製である。刃部の形状を基準に3形態に分類されている。すなわち、長軸または側縁に対してほぼ直行する直線的な刃部を有するもの、長軸に対して斜めの傾斜刃部を有するもの、長軸の延長上に尖形（ペン先形）刃部を有するもの、この3形態である。「台形様石器」の型式学的考察については先に言及した佐藤宏之の先駆的業績があるが、最近は再定義・再分類の必要性が認識されてきている―筆者の「素刃石器」や田村隆の「端部整形石器」も含めたうえで小型剥片製石器モードとして一括できる―。残核および接合資料で見る限り、素材剥片の剥離技術に一貫性が欠けているようなので、ここでは、ある程度の規格性を保ちながらも小型剥片製石器の形態がその素材の形態に規定されて多様である、という指摘にとどめておく。2号ブロックと3号ブロックから1点ずつ出ている「掻器」は、前者が器面のほとんどを自然面と節理面で覆われた石片の長辺に粗い急角度の剥離で直刃をつけたもの、後者が残核の長軸の末端に同様の刃をつけたものである。AT前後期以降に広く見られるようになる掻器とは別器種で、鋸歯縁石器に繋がる石器であろう。また、「ナイフ形石器」として報告された石器も、基部は未加工で打面と打瘤を残しているものの、先端部を急角度の剥離で斜めに加工しているので、広義に基部加工尖頭形縦長剥片石器の範疇で捉えておく（図26）が、全体的に石刃モードの石器の不在が注目される。

　足高上尾遺跡群中の一つ、土手上遺跡のBBⅤ層からも環状ブロック群が検出されている。石器群は第Ⅰ地点、第Ⅱ地点、第Ⅲ地点のいずれも、中見代第Ⅰ遺跡の当該石器群と同様に黒曜石が石材の主体を占めている。調査報告書は未刊であるが、調査者の池谷信之が望月昭彦の協力を得て、一つの「文化層」から出土した黒曜石の全点について原産地推定を行っている。その結果、環状ブロック群を構成する第Ⅰ地点では、柏峠・霧ヶ峰系は西群のブロックにのみ分布し、箱根系A群は東群のブロックのみに分布することがわかった。畑宿産黒曜石は東群に石器製作のブロックを残しながらも全域に分布し、神津島系は東西両群に分布していた。また、第Ⅱ地点の黒曜石については、神津島・畑宿・柏峠・霧ヶ峰・蓼科・和田峠の各系統の原産地から搬入されていたが、近距離の畑宿産が81％を占めていた。第Ⅲ地点の構成も同様であったが、主体となるのは神津島1群と畑宿産

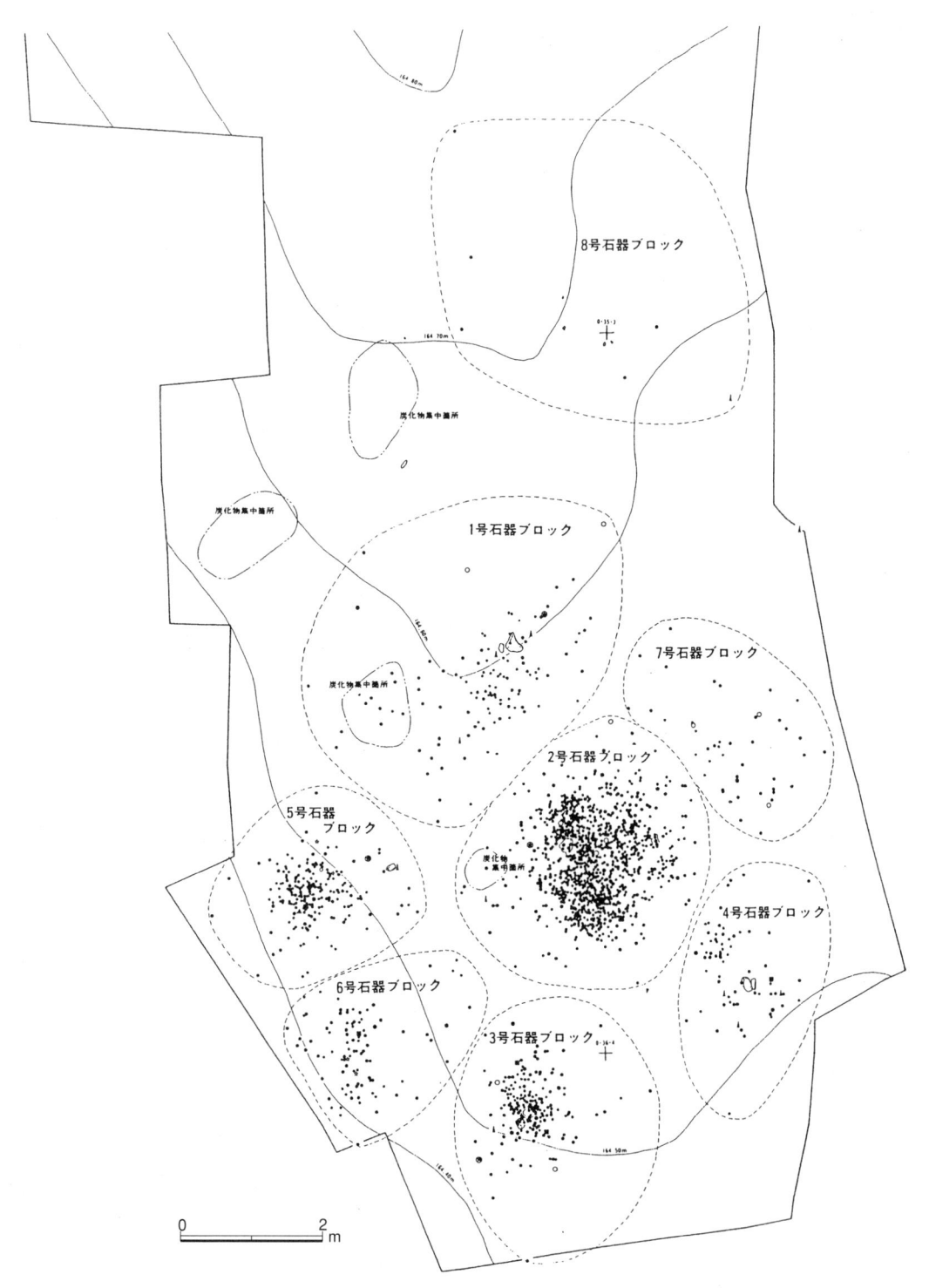

第Ⅴ章　後期旧石器時代型構造の形成　97

図23　静岡県中見代第Ⅰ遺跡BBⅤ層出土の環状ブロック群（高尾編 1989から転載）

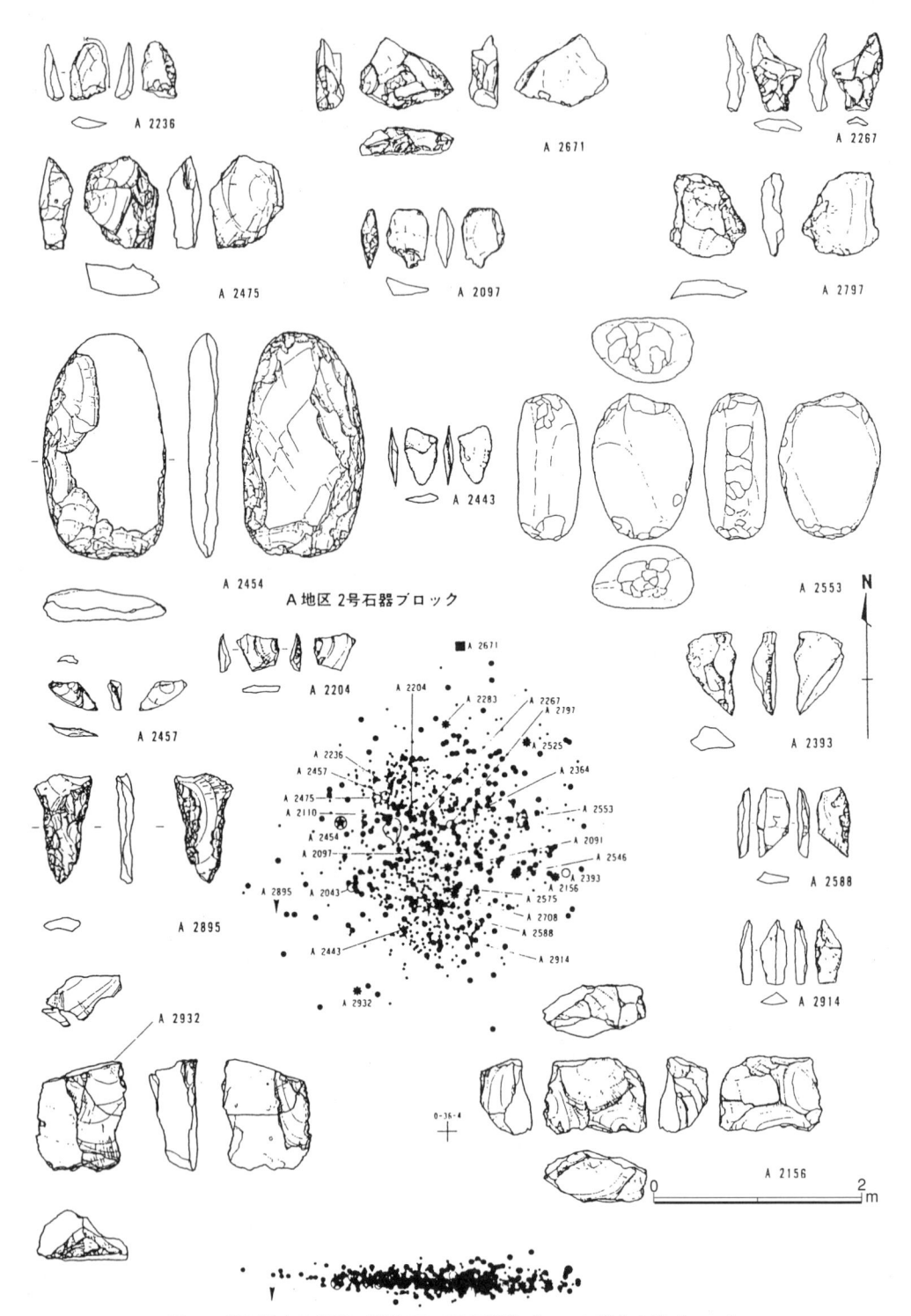

図24 静岡県中見代第Ⅰ遺跡BBⅤ層の環状ブロック群内2号ブロック
（高尾編 1989から転載）

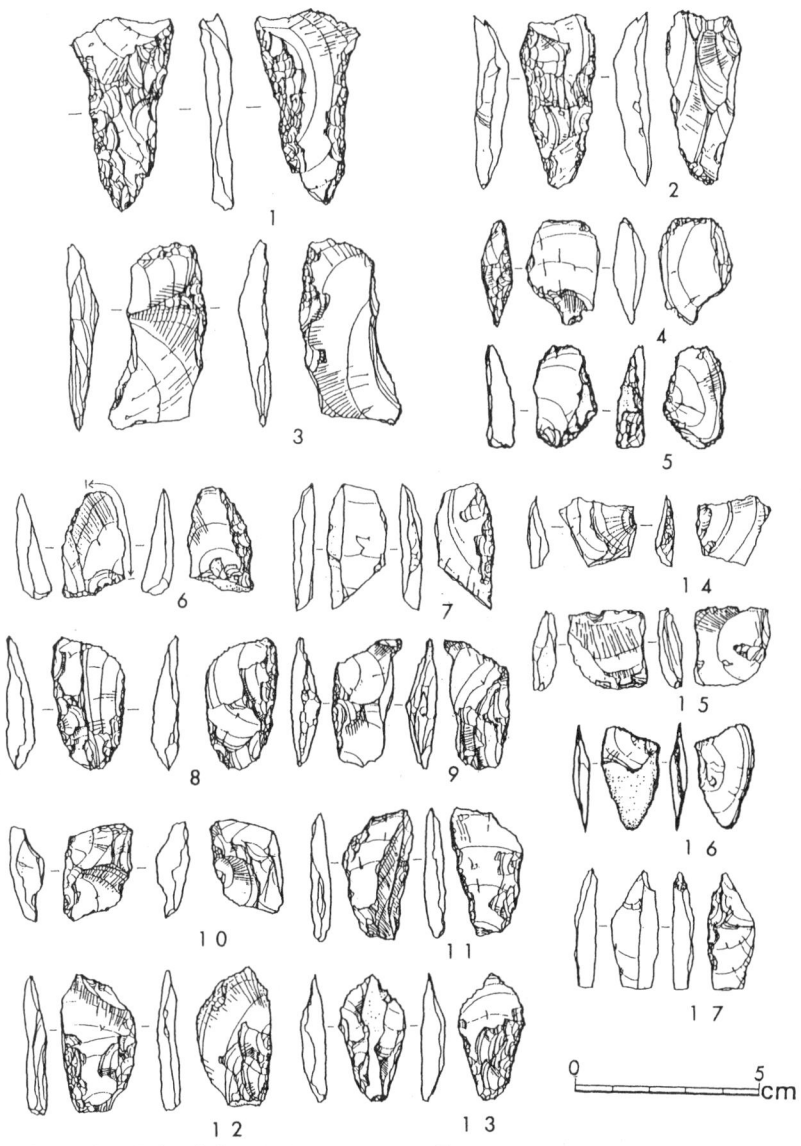

第Ⅴ章 後期旧石器時代型構造の形成 99

図25 静岡県中見代第Ⅰ遺跡BBⅤ層出土の「台形様石器」(高尾編 1989による)

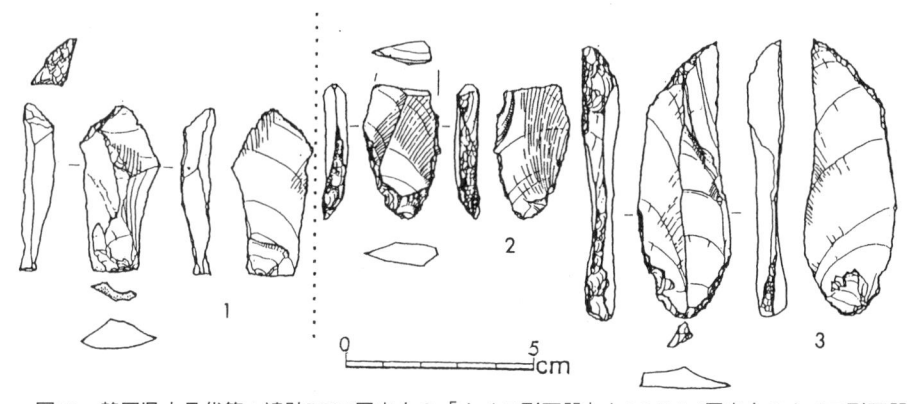

図26 静岡県中見代第Ⅰ遺跡BBⅤ層出土の「ナイフ形石器」とSCⅢ-b1層出土のナイフ形石器

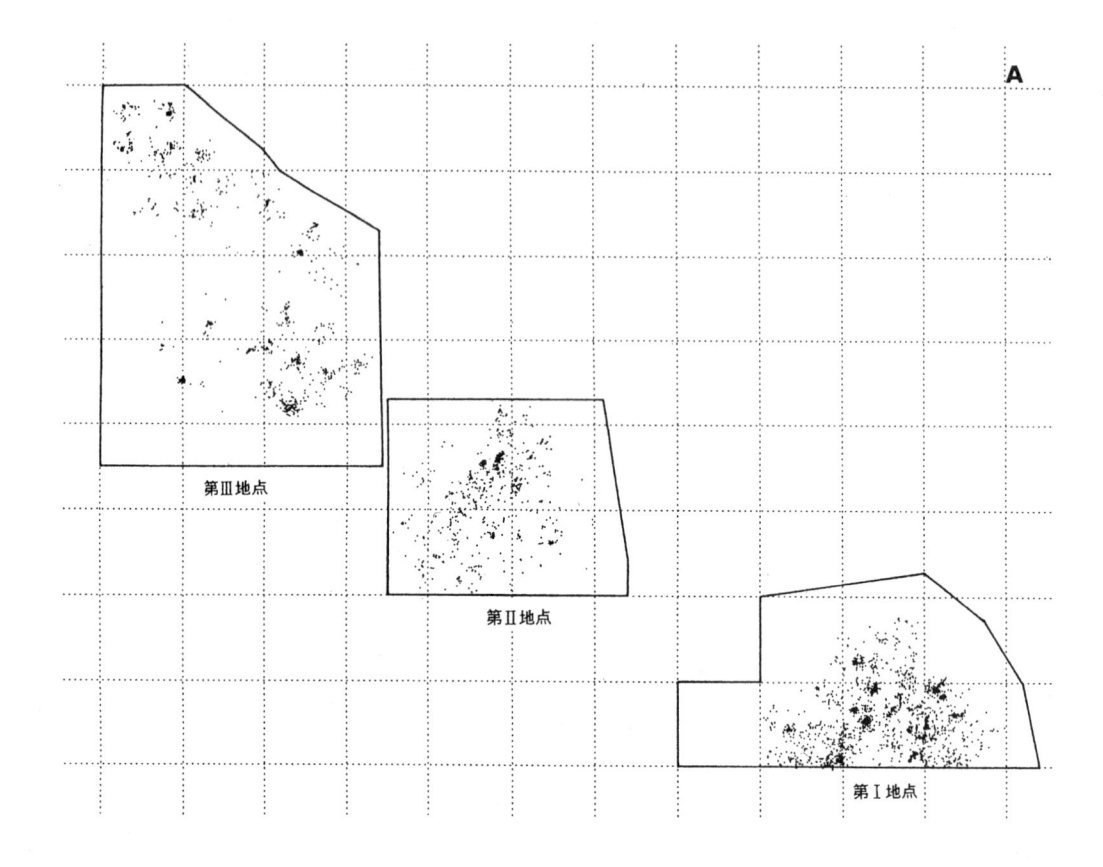

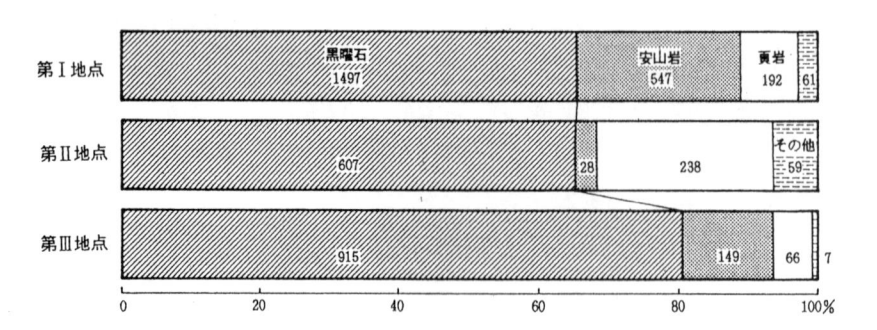

図27　静岡県土手上遺跡BBⅤ層出土石器群の石材分析（望月・ほか 1994による）
　　A：石器の分布
　　B：各地点の石材組成
　　C：黒曜石の原産地
　　D：第Ⅰ地点環状ブロック群に搬入された石材

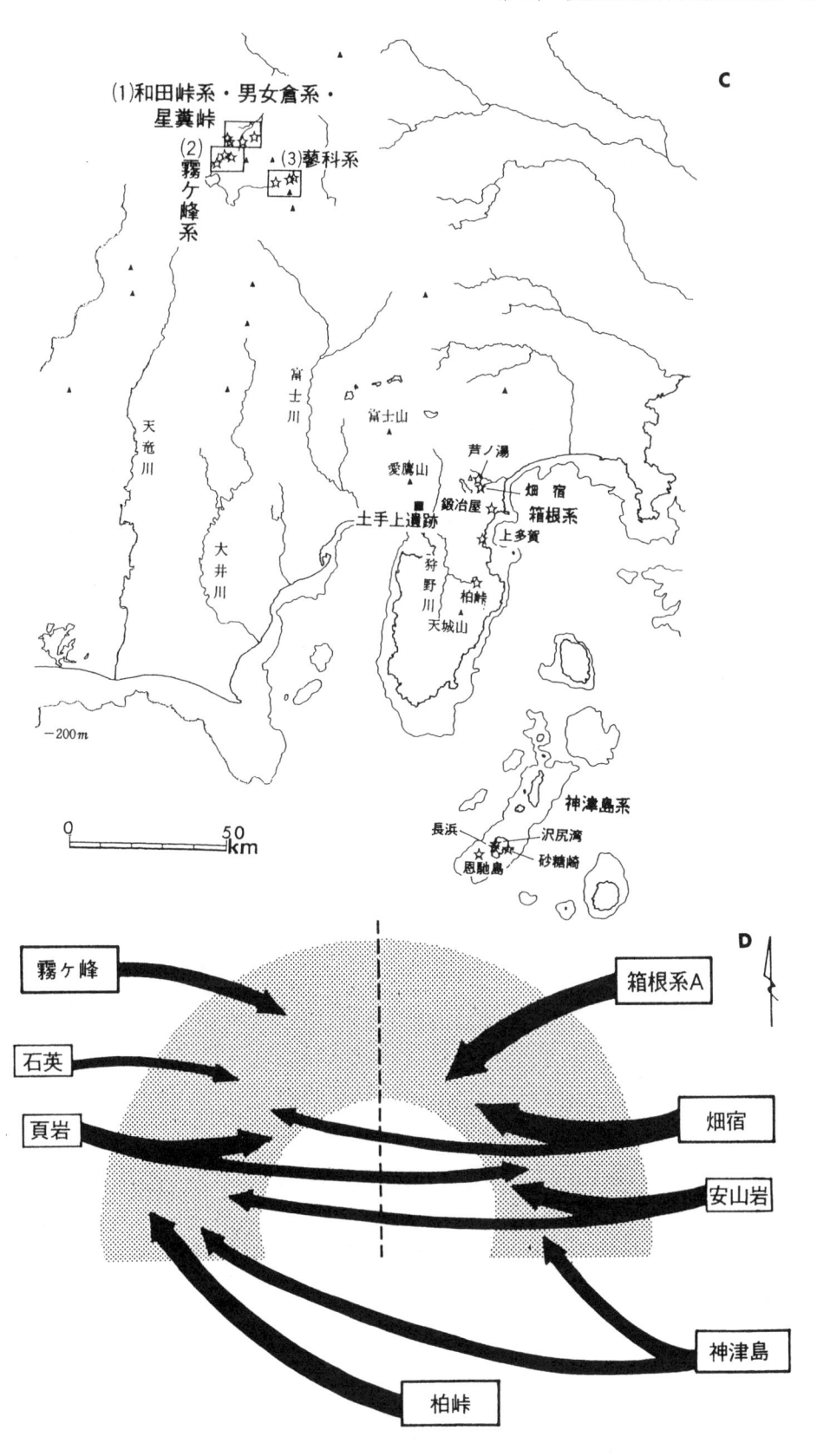

第Ⅴ章　後期旧石器時代型構造の形成　101

C

(1)和田峠系・男女倉系・星糞峠
(2)霧ヶ峰系
(3)蓼科系

天竜川
富士川
富士山
愛鷹山
土手上遺跡
鍛冶屋
芦ノ湯
畑宿
箱根系
上多賀
大井川
狩野川
柏峠
天城山

神津島系
長浜　沢尻湾
恩馳島　砂糖崎

−200m
0　50km

D

霧ヶ峰
石英
頁岩

箱根系A
畑宿
安山岩
神津島
柏峠

であった（望月・ほか 1994）。原産地の異なる黒曜石のこのような複雑なあり方（図27）は、孤立した狩猟採集民小集団の季節的な循環移動に組み込まれた石材採取モデルだけでは説明不可能で、すでに複雑な集団間の交通関係が形成されていたことを示唆している。なお、この時期の石材獲得戦略については、後述の千葉県下総台地例（とくに133頁）も参照されたい。

清水柳北遺跡（関野編 1989、1990）は東側の芹沢川に臨む東尾根と、浅い谷を挟んでその西側に広がる中央尾根の 2 地点で、標高150〜170mに位置する。東尾根調査区の南西部、BBⅤ層でも中見代第Ⅰ遺跡と同様の石器群が検出されている。ただし当遺跡では環状ブロック群を構成していない。地形に関連しているようである。「台形様石器 6 点、局部磨製石斧 1 点、削器 1 点、剥片272点」からなる石器ブロックで、石器が密集している所とブロックの南西部との 2 ヵ所に炭化物が集中して検出された。「台形様石器」では 4 点が黒曜石で 2 点が頁岩製であるが、剥片のほうでは黒曜石が19点で、残り253点は頁岩である。北に 3 m離れて黒曜石製の「台形様石器」2 点を含むもう一つの小さなブロックが、やはり炭化物集中箇所を伴って検出されている。こちらの剥片は黒曜石96点、頁岩 6 点である。南北20m、東西10mの範囲に、ほかに炭化物の集中地点 4 ヵ所が分布している。都合 7 ヵ所の炭化物集中地点は130×120cmから90×80cmの範囲内におさまる。調査者の関野哲夫は、「これは旧地形からすると、遺構の占地する場所はきわめて狭い独立丘となっており、遺構の分布状況のあり方から短期間（一過性）の生活様相を示している」と判断している。「台形様石器」の多くは整形に折取り切断が多用されていて、形状が整った例が少ない「素刃石器」の範疇のものである。中見代第Ⅰ遺跡BBⅤ層の石器群より一見古拙に思われるが、しかし両者は発展段階の違いではなく、〈技術的組織〉論上の差異と見るべきであろう。「削器」とも「スクレイパー様石器」とも記述されている、両側縁を折り取り切断しただけの大型石器は中期／後期の移行期前後にちらほら見受けるので、かつて独立器種として「鉞形石器」と呼んだ（安斎 1997）が、佐藤宏之が後牟田遺跡の報告書中で指摘しているように、簡単に「扇形石器」と呼ぶことにする。2 号石器ブロックと同じN-69区出土ながら、理由が明示されないままブロックからはずされている端部整形石器とへら形石器も重要である。へら形石器については佐藤宏之の論考がある（佐藤 1992）。接合資料を見ると、「台形様石器」の素材となる寸詰まりの縦長剥片は、打点をジグザグに後退させながら連続的に剥離されている（図28）。石刃技法の出現が問題となっている時期だけに、剥離技術上注目される。

二ッ洞遺跡ではBBⅤ層の中ほどで長さ 5 cm余の黒曜石製縦長剥片が 1 点だけ出ている。先が丸みを帯びた三角形状を呈していて基部加工剥片石器の素材と思われる。加工はされていない。中見代第Ⅰ遺跡の環状ブロック群から直線距離にして北東に800m以上離れている。

(4) BBⅣ層

中見代遺跡群中には残されていないBBⅣ層の石器ブロックが二ッ洞遺跡（池谷編 1991）で見られた。2 点の礫を中心として径 1 mの範囲に集中する炭化物を伴って検出されている（図29）。黒色帯の下面に張りつくような形で出土した黒曜石製石器は、「台形様石器 4 点・楔形石器 1 点・彫器 1 点・石核 1 点・剥片 9 点の計17点」と小規模である。3 点の接合資料からなる削器とされたものが台形様石器である可能性が指摘されている。「台形様石器」とされた基部加工のある矩形の剥片

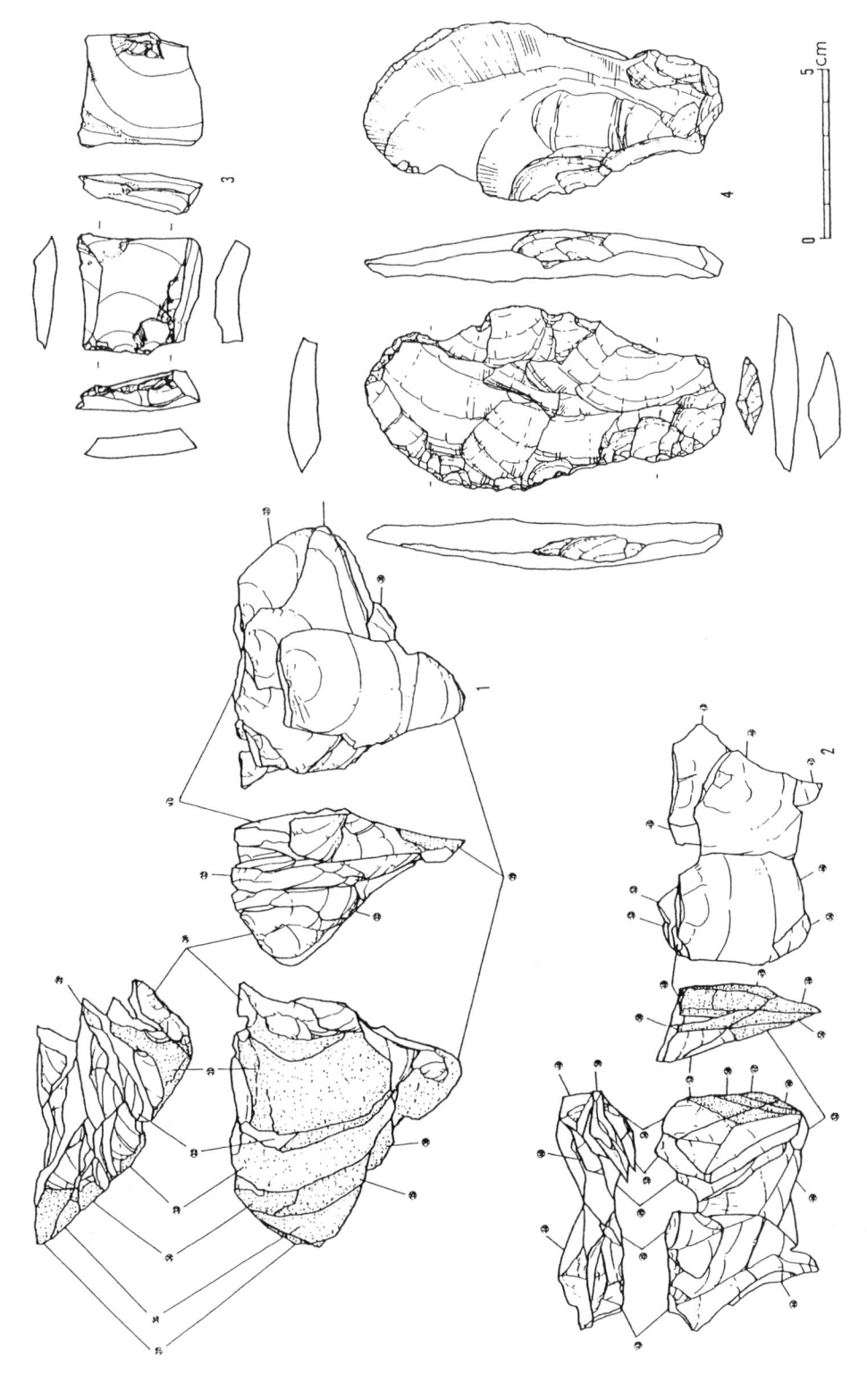

第Ⅴ章　後期旧石器時代型構造の形成　103

図28　静岡県清水柳北遺跡BBⅤ層出土の接合資料（端部整形石器・へら形石器）（関野編 1990による）

104

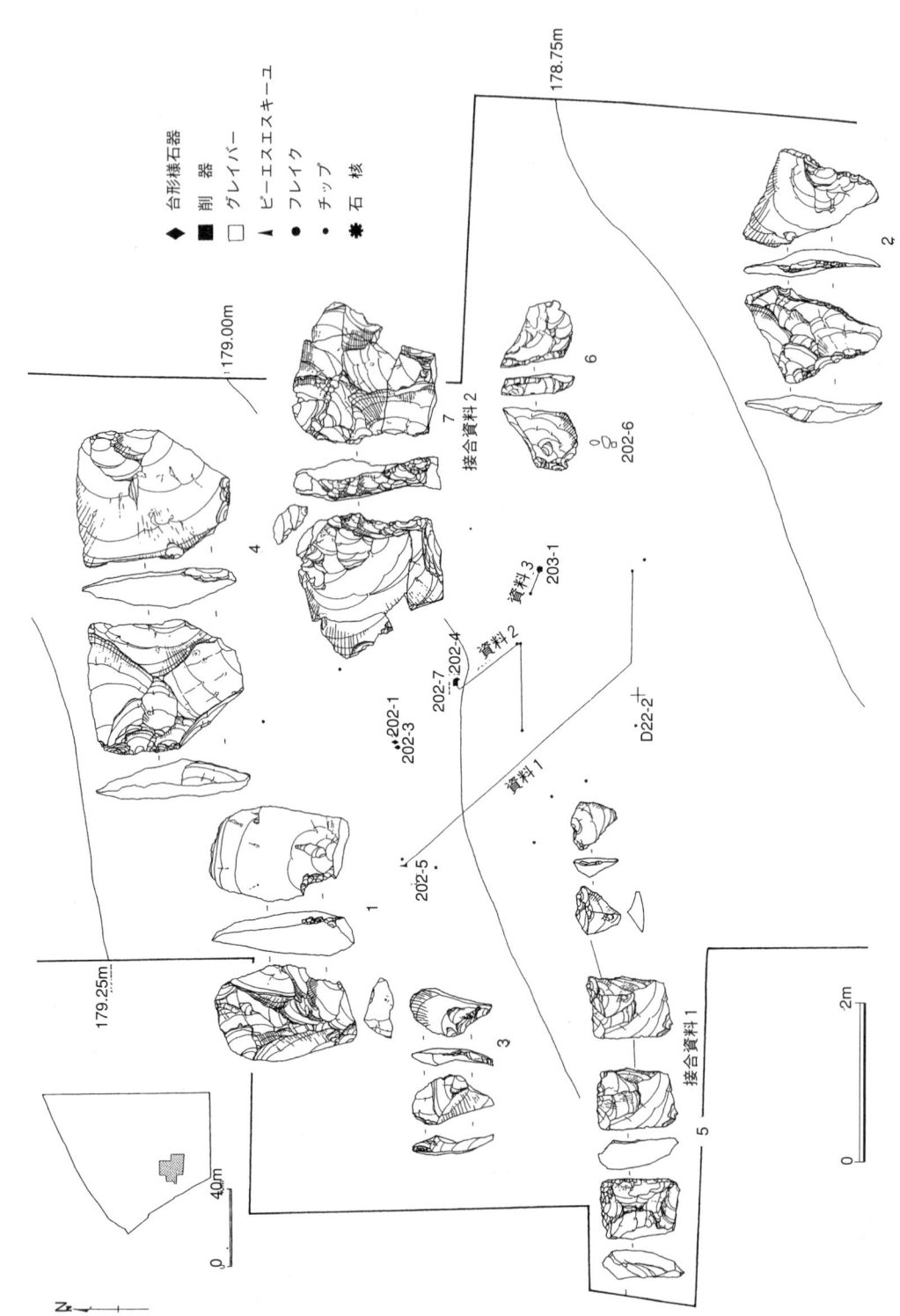

図29 静岡県ニツ洞遺跡BBIV層の石器ブロックと石器群（石器の縮尺1/2）（池谷編 1991による）

は田村のいう「端部整形石器」である。台形様・ナイフ形石器石器群の形成期は素刃石器・端部整形石器・台形様石器など小型剥片石器モードの器種分化の過程であり、また石材環境などによりつくり分けられることもあるので、石器の技術的進展過程をある程度示しているものの、地域によっては段階差として相互に明確な線引きは難しい。

(5) SCⅢ-b2層

当該地域での石器群の最初の大きな変化が、この層で指摘されている。清水柳北遺跡中央尾根に残されたブロックからは黒曜石製の小型石刃が注目されるだけであるが、葛原沢第Ⅳ遺跡からは石刃と石刃素材の二側縁加工のナイフ形石器が出ている。未報告なので詳細はわからない。

(6) SCⅢ-b1層

中見代第Ⅰ遺跡では下層で見られた環状ブロック群の北30m余、西側の沢に張り出した緩やかな斜面上に、台石2点、礫3点、黒曜石製のナイフ形石器、頁岩製のナイフ形石器と剥片が各1点ずつ、および台石1点と頁岩の剥片3点が2ヵ所に別れてまばらに散在していた。調査終了直前の残存地形から検出されたものであるので、本来の石器群を検出し得なかった可能性があるという。

まとまった資料は中見代第Ⅱ遺跡から出ている。そこでは8ヵ所の石器ブロックから「ナイフ形石器9点、削器1点、敲石1点、剥片27点、石屑74点」(図30)が検出されたと報告されている。石器群は南北15m前後に分散しており、比較的まとまっているのは1号ブロックと2号ブロックで、素刃石器・端部整形石器・台形様石器など小型剥片石器モードに関連する。1号ブロックに属する小型石刃の基部と先端部を加工した石器は基部加工尖頭形石刃石器（尖頭形石器）と二側縁加工ナイフ形石器の中間形のような形態である。その他の安山岩・チャート・石英製の3点のナイフ形石器は搬入品と見られている。

清水柳北遺跡東尾根調査区では3地点から石器ブロック・礫群・配石が検出された。東南端から検出された「ナイフ形石器1点、ハンマーストーン9点、剥片44点（黒曜石1点、頁岩42点、珪質頁岩1点、石核1点）からなる2号ブロックでは、敲石4点が直線的に並んでいた。小型石刃製ナイフ形石器は混在の可能性もあるというが、大型縦長剥片と縦長剥片を剥離した石核とが出ているので、その場で縦長剥片の剥離生産が行われたと見なしえる。このブロックの東側で、北半部が10cm大の石を12個組み石風に配し、南半部には拳大の石が散在する70点からなる礫群と配石が、そこから60m離れて円盤形石核1点と剥片4点と台石が、さらに北に200m離れた地点から台石とわずかな剥片が検出された。西洞遺跡b区でも周縁部のほとんどを加工したナイフ形石器が出ているが、石核や剥片に石刃技法の痕跡は認められない。

(7) BBⅢ層

中見代第Ⅰ遺跡ではその下の層の石器群と若干位置をずらして分布している。2点の台石を中心に、すべて黒曜石製で、「ナイフ形石器10点、石核1点、石刃1点、剥片38点、石屑845点」が集中する1号ブロック（図31）、その西側に数メートル離れて、「ナイフ形石器3点、石刃2点、剥片14点、石屑2点」が散在する2号ブロック、さらに1号ブロックの南側に数メートル離れて、「台石1点、剥片4点、石屑8点」が散在する3号ブロックで、一つのユニットを形成すると見なされている。それから北へ10mほど離れて散在する「ナイフ形石器2点、石刃1点、抉入石器1点、石屑1

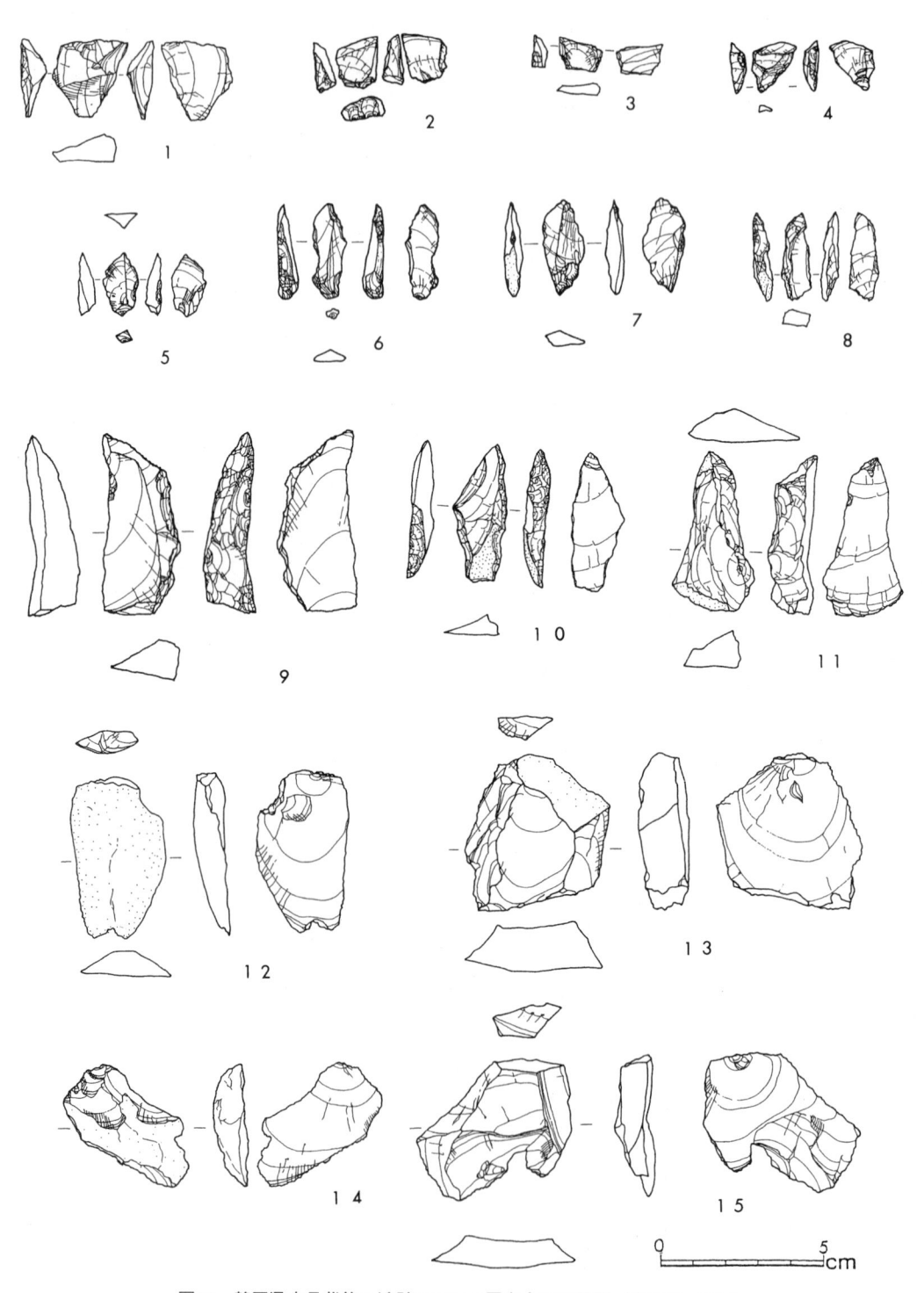

図30　静岡県中見代第Ⅱ遺跡SCⅢ-b1層出土の石器群（高尾編　1988）

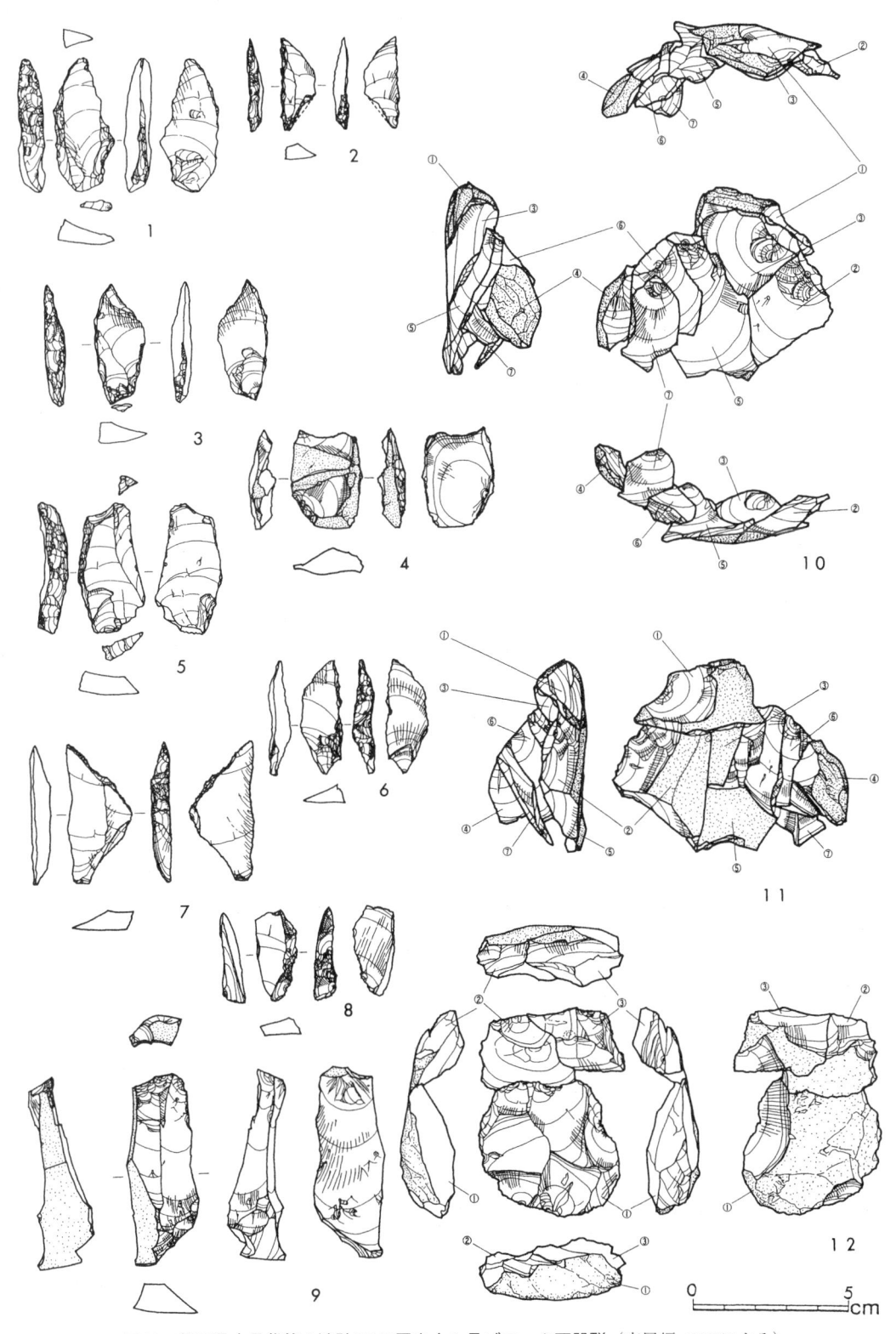

第Ⅴ章　後期旧石器時代型構造の形成　107

図31　静岡県中見代第Ⅰ遺跡BBⅢ層出土1号ブロック石器群（高尾編 1989による）

点」からなる4号ブロックは、ナイフ形石器2点がBBⅢ層上部で検出されているので時期が異なるとされる。1号ブロックの「ナイフ形石器」とされたもののなかには、「台形様石器」や形態の整わない小型のナイフ形石器が混じる。それらの素材剥片を剥離した残核は円盤形である。

中見代第Ⅱ遺跡でもSCⅢ層直上からBBⅢ層上部にかけて、幼児の頭大の配石と15点の礫からなる礫群と41点の礫からなる礫群とが、大型の縦長剥片を伴って相互に7～8m離れて検出されている。黒曜石製のナイフ形石器の基部破片が1点出ているが、石器群の性格は明確ではない。そこから70～80m北西方向に離れた中見代第Ⅲ遺跡の同層準からも石器群が出ている。炭化物集中箇所と配石（台石）を伴う、黒曜石と頁岩の40点ほどの石器ブロックである。中見代第Ⅱ遺跡SCⅢ-b1層出土のナイフ形石器に類似の、ただし基部まで加工した黒曜石製切出形の石器が1点含まれている。

清水柳北遺跡東尾根調査区最北端からは打面を頻繁に転移した黒曜石製石核1点と安山岩製剥片13点が、台石と炭化物を伴って出ている。400m離れた調査区最南端からも礫が3点検出された。これまで述べてきた石器群からはその性格がはっきりしないが、中央尾根から出た石器ブロックが良好であった。調査区中央西側から石器ブロック3ヵ所と礫群1ヵ所が比較的近接して検出された。2号ブロックとされた箇所は5×4.5mの範囲である。「ナイフ形石器18点、加工痕のある剥片4点、使用痕のある剥片2点、剥片1,117点、石核4点」からなる石器群と炭化材の細片は径2.5mの円形状に密集していた。9点の剥片が頁岩である以外はすべて黒曜石である。他のブロックのものも含めて、「ナイフ形石器」は3.7×1.7×0.8cmから1.8×0.7×0.3cmの範囲におさまる小型・極小型ばかりである。報告者の関野哲夫は4形態（図32）に分類しているが、形態は多様ですべてがナイフ形石器として括っていいものか問題を残す。関野自身も、「形態Ⅱ・Ⅲには切出形石器・台形石器を該当させてある。分離すべきであった」と述べている（関野編 1990、633頁）。こうした石器の特徴は拳大の原石を使っていることにも一因があると思われるが、台形様・ナイフ形石器石器群の「二極構造」・「二項的モード」の終末の一様相とも見なせる。

(8) BBⅡ層

清水柳北遺跡東尾根調査区で台石周辺に炭化物が集中し、その周りに石器・石片類が円形・楕円形に分布する11ヵ所のブロックが、五つのユニットにまとまって検出された。ナイフ形石器はBBⅢ層出土のものと同様に、3.7×1.6×0.7cmから1.5×1.4×0.3cmの範囲におさまる小型・極小型ばかりである（図33）。BBⅡ層では形態Ⅲの「二側縁にブランティングが施され、刃部が直刃となるもの」が加えられて、5形態に分類されているが、上下層の「ナイフ形石器」の形態や組成の違いは小さい。形態Ⅲに分類された石器は2点であるが、関野が一方を「形状は台形様石器に類似する」という印象を受けている。小型ナイフ形石器と小型剥片石器との形状が接近しているのは、それらの素材として縦長剥片の切断片が多用されているからである。接合資料に見られる「削器」は群馬県後田遺跡の切断石刃を素材とした台形石器を連想させる（図34）。

西洞遺跡b区BBⅡ層上部からは清水柳北遺跡の石器群とは様相の異なる頁岩製の大型石刃石器群が出ている（図35）。拳大の礫3個を中心とした径5m弱の円形のブロックが1ヵ所だけ残されていた。「石器の総点数は、礫も含めて269点である。そのうちナイフ形石器が13点あり、彫器1点、石刃8点、小石刃6点、ナイフ状石器1点が存在する」。「ナイフ形石器」は、10cm近い石刃と8cm

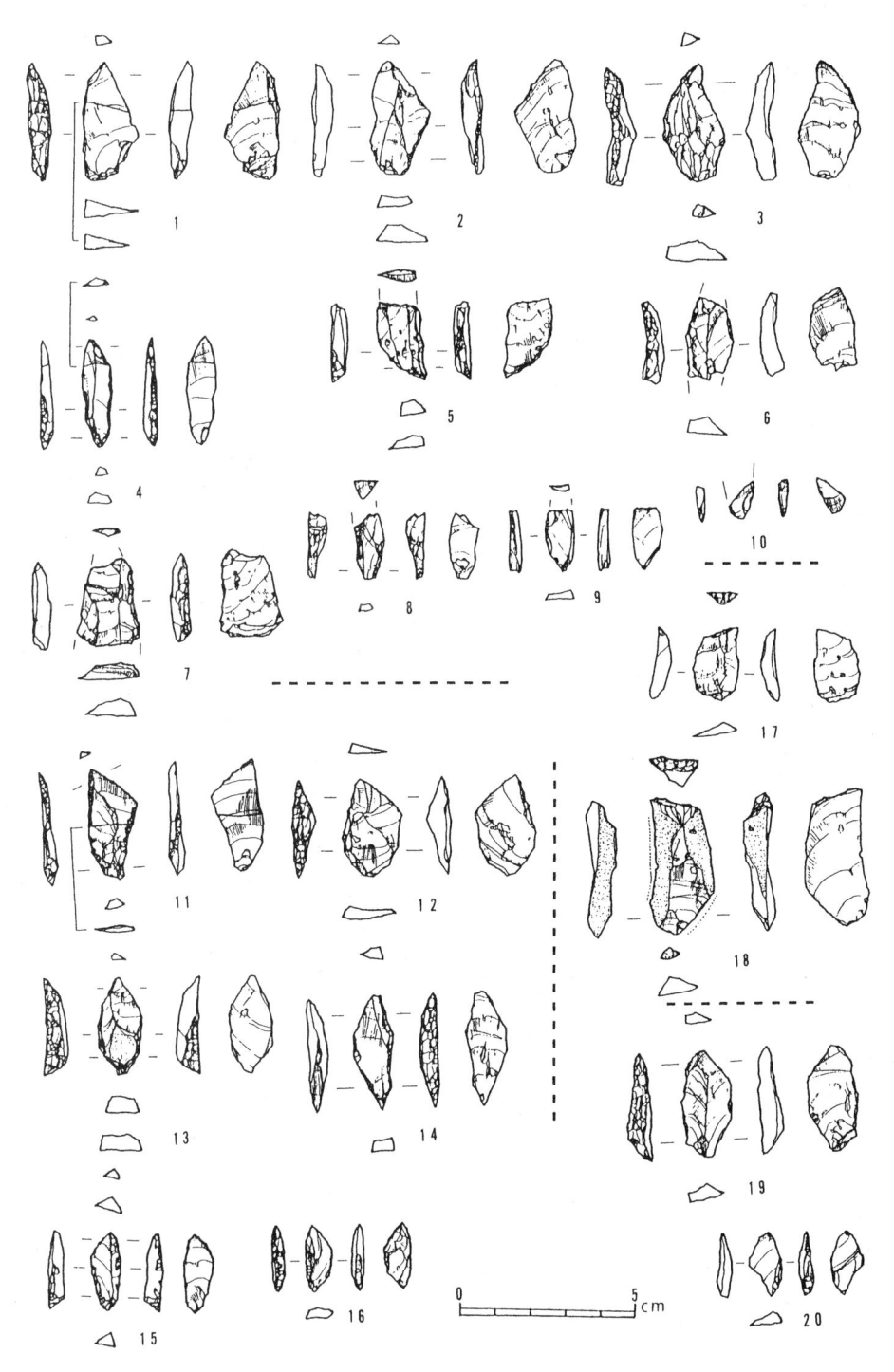

第Ⅴ章　後期旧石器時代型構造の形成　109

図32　静岡県清水柳北遺跡BBⅢ層出土の「ナイフ形石器」類（関野編　1990による）

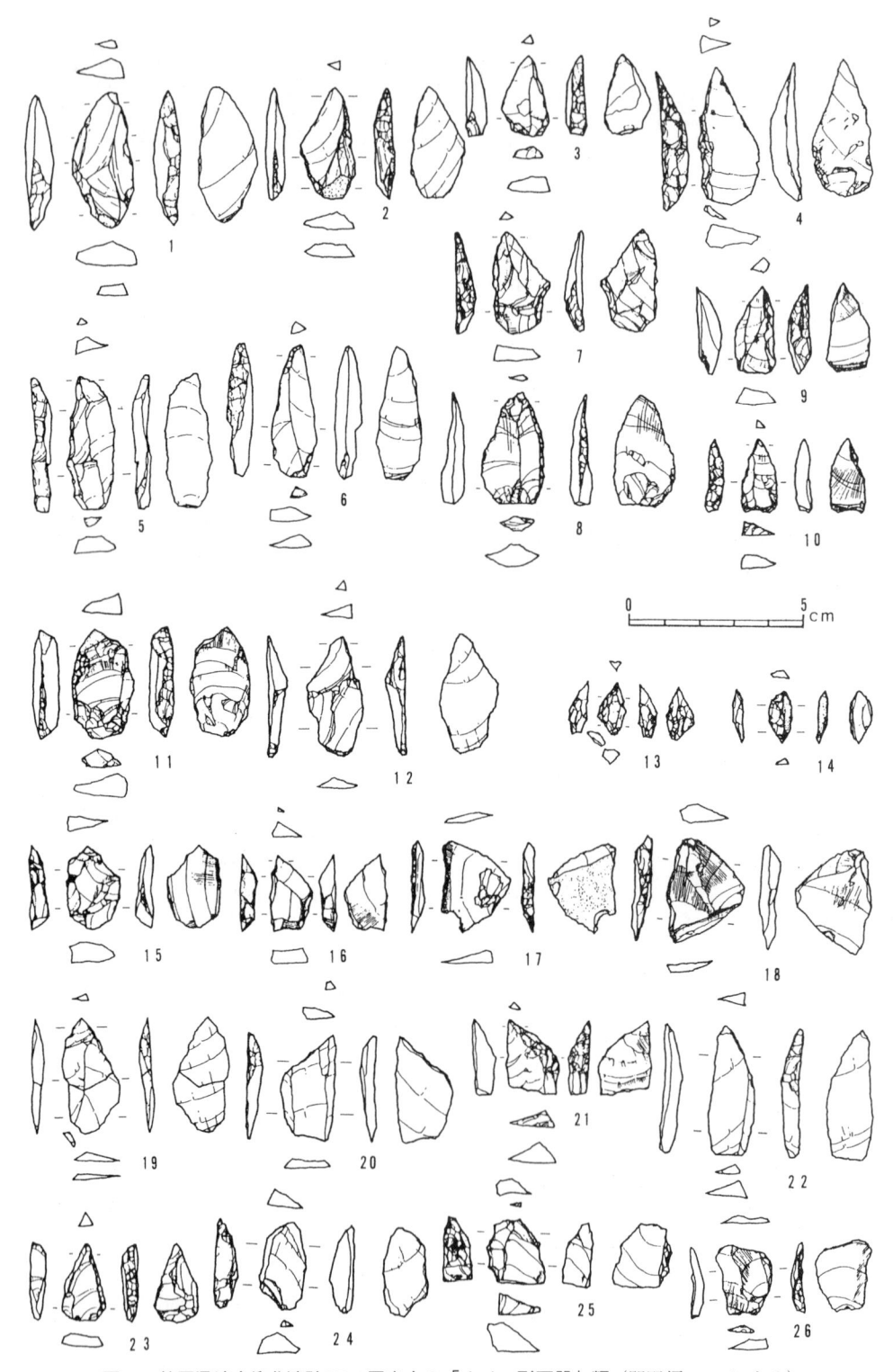

図33　静岡県清水柳北遺跡BBⅡ層出土の「ナイフ形石器」類（関野編 1990による）

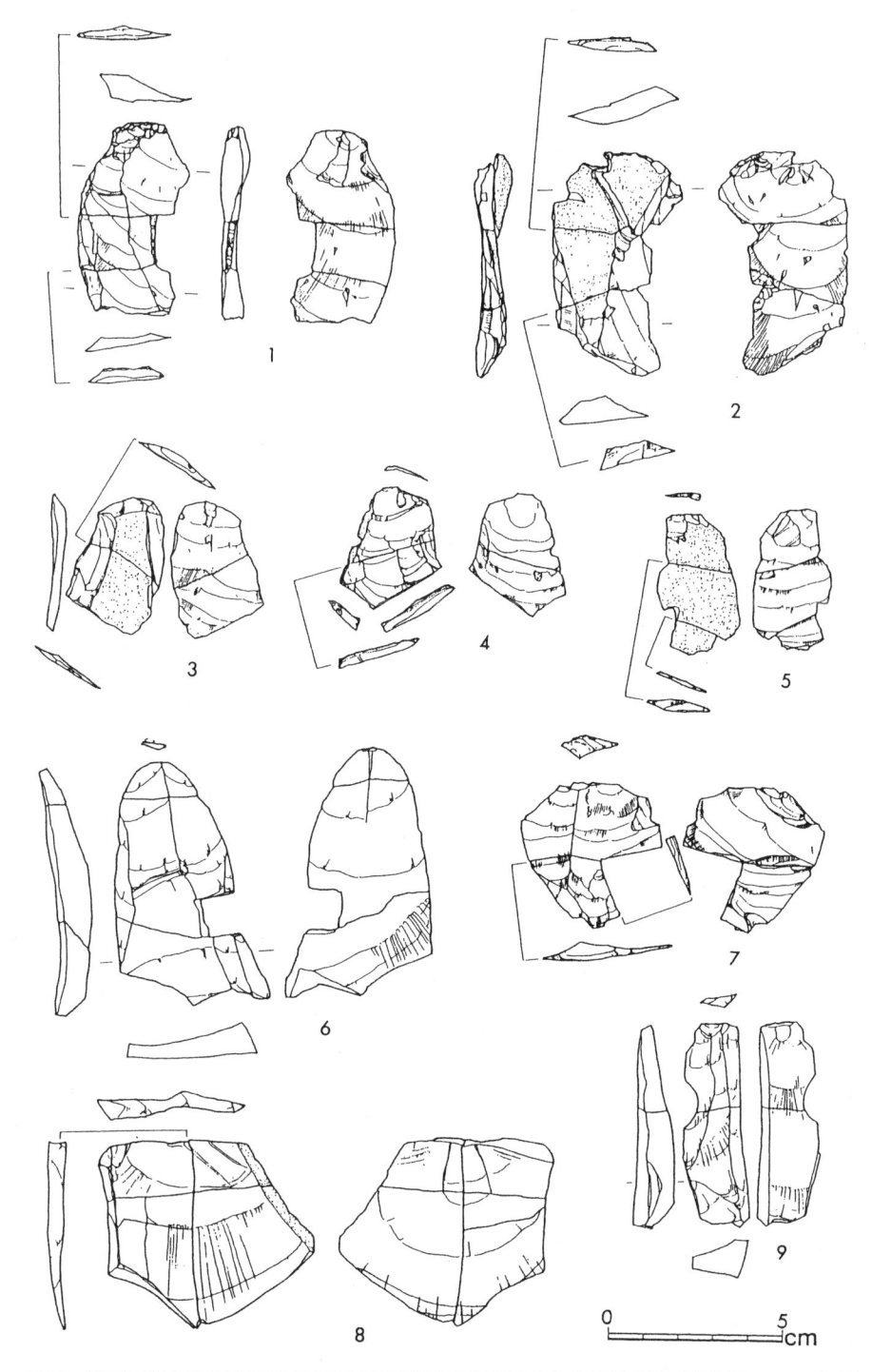

第Ⅴ章 後期旧石器時代型構造の形成 111

図34 静岡県清水柳北遺跡BBⅡ層出土石器群中の切り取られた縦長剥片（関野編 1990による）

112

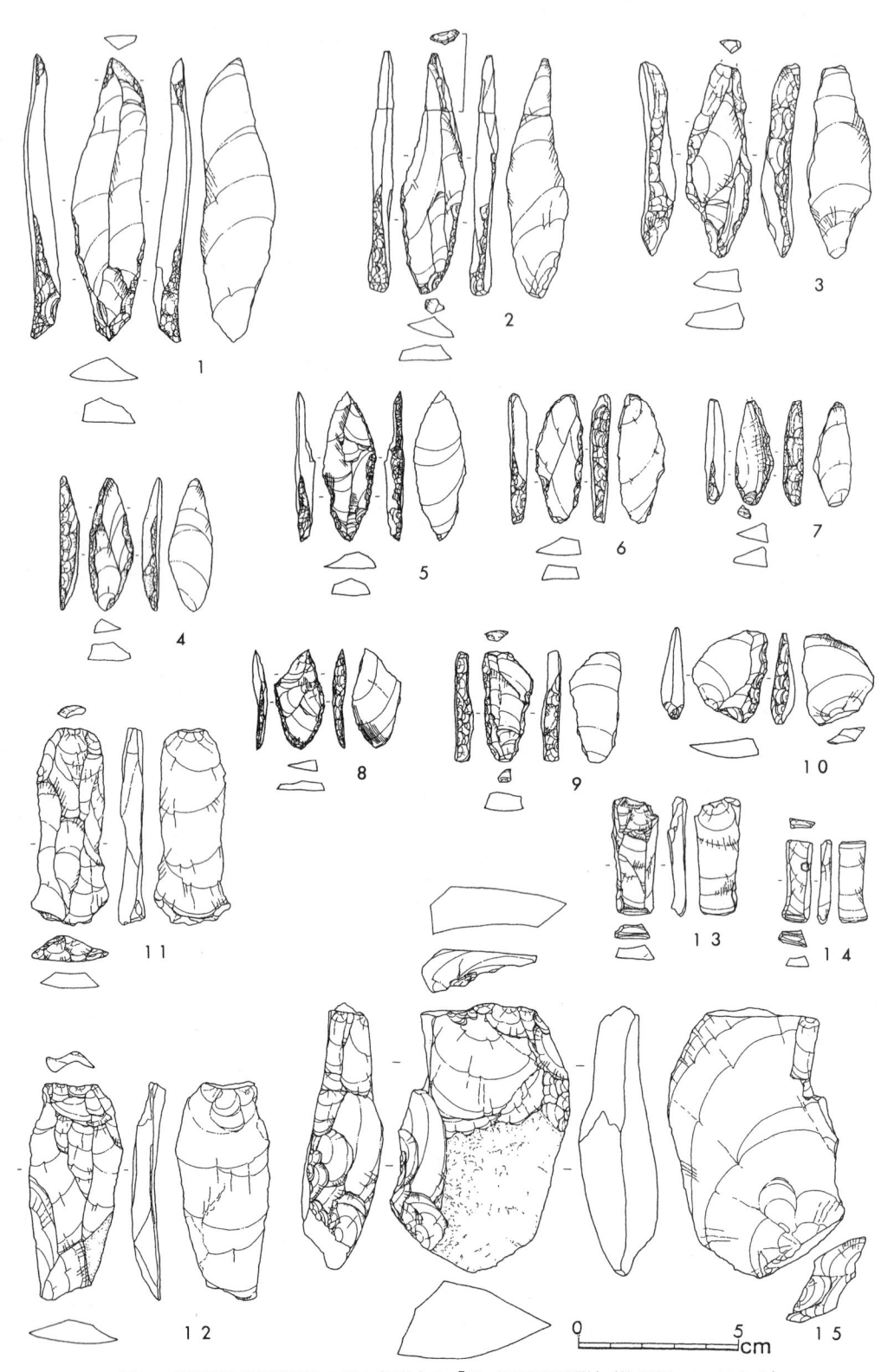

図35　静岡県西洞遺跡BBⅡ層上部出土の「Ⅶ／Ⅵ層石器群」（笹原編　1999による）

程度の石刃を素材とした基部加工尖頭形石刃石器と、多様な形態の中・小型ナイフ形石器からなる。笹原芳郎が指摘するように、清水柳北遺跡の黒曜石が柏峠系を多用しているのに対して、当遺跡出土の2点の黒曜石が信州系であることに、両遺跡の石器群の違いを解くヒントがありそうである。「ナイフ形石器」は搬入品であり、形態が多様であるのは移動過程で「基部加工型」→「茂呂型」→「切出形」のようにリダクションするからだと、報告者の笹原は考えているが、リダクションで説明できる部分も含めて、この現象はさらに大きな構造変動に関わるものである。「彫器」と小石刃に関しても下総台地でのいわゆる「新田イフェクト」と関係のあることかもしれない。

愛鷹山麓の遺跡群では第Ⅵ黒色帯の小型剥片石器モード—素刃石器・端部整形石器・台形様石器など—から第Ⅲ／第Ⅱ黒色帯の剥片製小型ナイフ形石器群への変容過程を主流として、そのなかに第Ⅲスコリア帯以降の石刃技法と石刃素材のナイフ形石器群の支流が認められた。先に触れなかったが、とくに西大曲遺跡の第Ⅲ黒色帯（BBⅢ）での大型石刃とそれを素材としたナイフ形石器石器群の出現は、西洞遺跡b区BBⅡ層上部石器群および北関東のいわゆる「Ⅶ層石器群」との関連で注目される。この点に関しては笹原の指摘がある。笹原は西大曲の石器群を群馬県勝保沢中ノ山遺跡より新しく、千葉県東林跡遺跡や群馬県後田遺跡と同じかやや古手と考えている（図36）（笹原1996）。この大型石刃石器群に関連しては、より東側の箱根山麓で興味深い様相が見られる。なお、これらの石器群に関わる後期旧石器時代前半期／後半期の画期論的意味については次章で述べる。

6　箱根山麓初音ヶ原遺跡群

箱根山西麓から延びる丘陵の末端、標高約100mの平坦な部分に初音ヶ原遺跡群—A遺跡第1〜4地点、B遺跡第1〜3地点—がある。ここにも愛鷹山麓遺跡群と同様の石器群の層位的重なりが見られる。

調査者の鈴木敏中が最近まとめた報告書（鈴木編1999）によれば、A、B両遺跡の各地点は相互に関連した一つの大きな活動空間であった。A、B両遺跡のBBⅢ層からは土坑が56基検出された。規模の小さな2基を除いて、小さなものは上面、底面、深さがそれぞれ1.05×1.03m、0.49×0.40m、1.25mから、大きなものは1.96×1.71m、0.6×0.59m、1.80mまで、バケツ型の同一形態を有し、規格性をもった配置をなす一連の遺構群である（図37）。土坑群に絡む石器群は3点の剥片以外に出ていない。今日では複数の集団による協業システムを背景とする大規模な陥し穴猟が想定されている（図38）。同様の遺構は同一丘陵の一段上段の平坦面にある下原遺跡や北に1kmほど離れた加茂ノ洞B遺跡のBBⅢ層でも検出されている。佐藤宏之が旧石器時代の陥し穴を集成したなかで、季節性・定住性の強い縄紋時代の陥し穴猟と比較しながら、結論としてこのBBⅢ層期に集中する陥し穴猟を「イノシシを第一としながらも他の動物も同じ程度に対象としていたこと」を導き出している（佐藤2002）。すでに個別に触れられることがあったが、構造変動論の視点からも、BBⅢ層期に集中する陥し穴猟が、先出の「環状ブロック群」と後出のいわゆる「Ⅶ層石器群」との中間時期に出現していることが注目される。

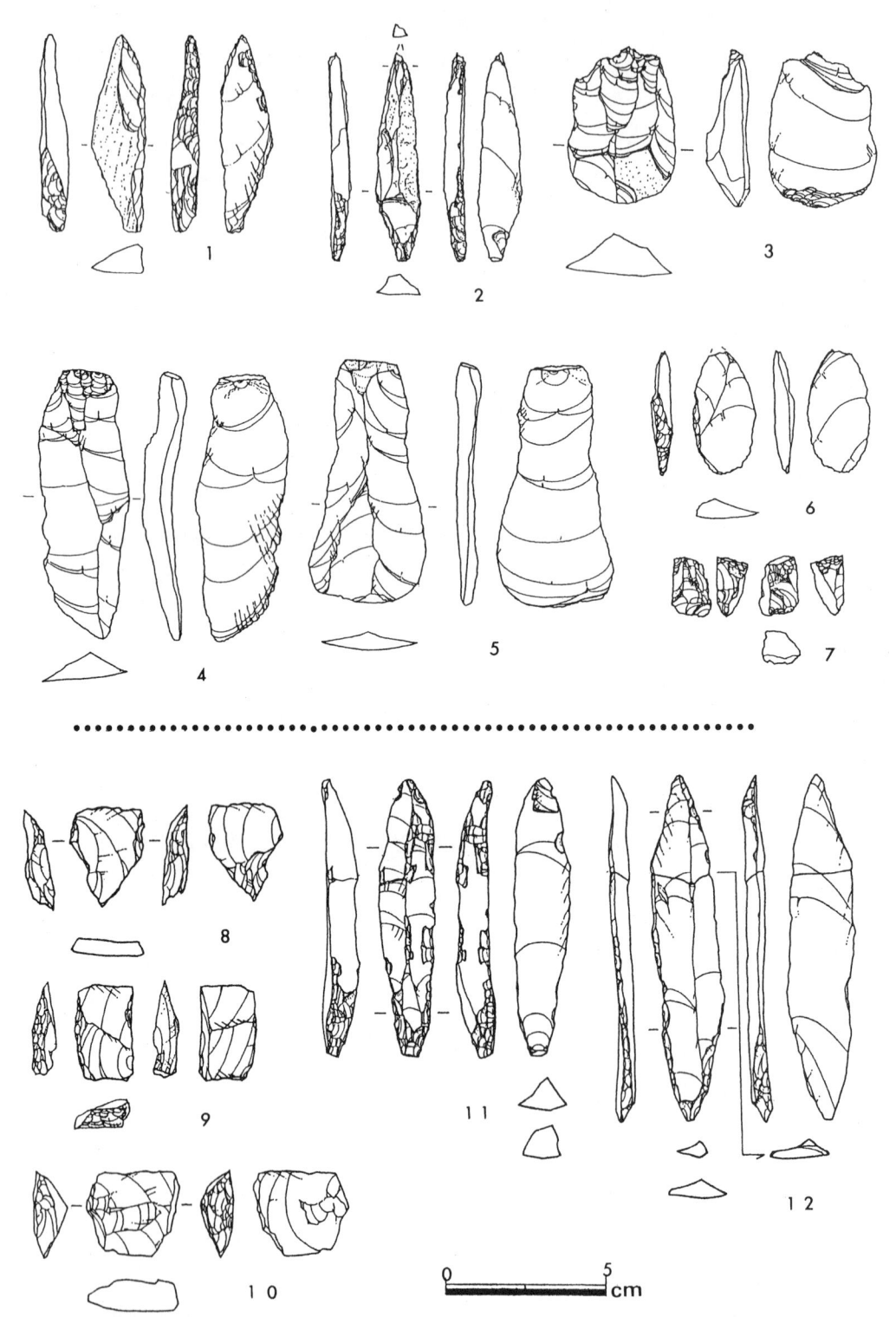

図36 静岡県西大曲遺跡（上段：1〜7）と群馬県勝保沢中ノ山遺跡（下段：8〜12）出土の「Ⅶ層石器群」
（笹原編 1996による）

第Ⅴ章　後期旧石器時代型構造の形成　115

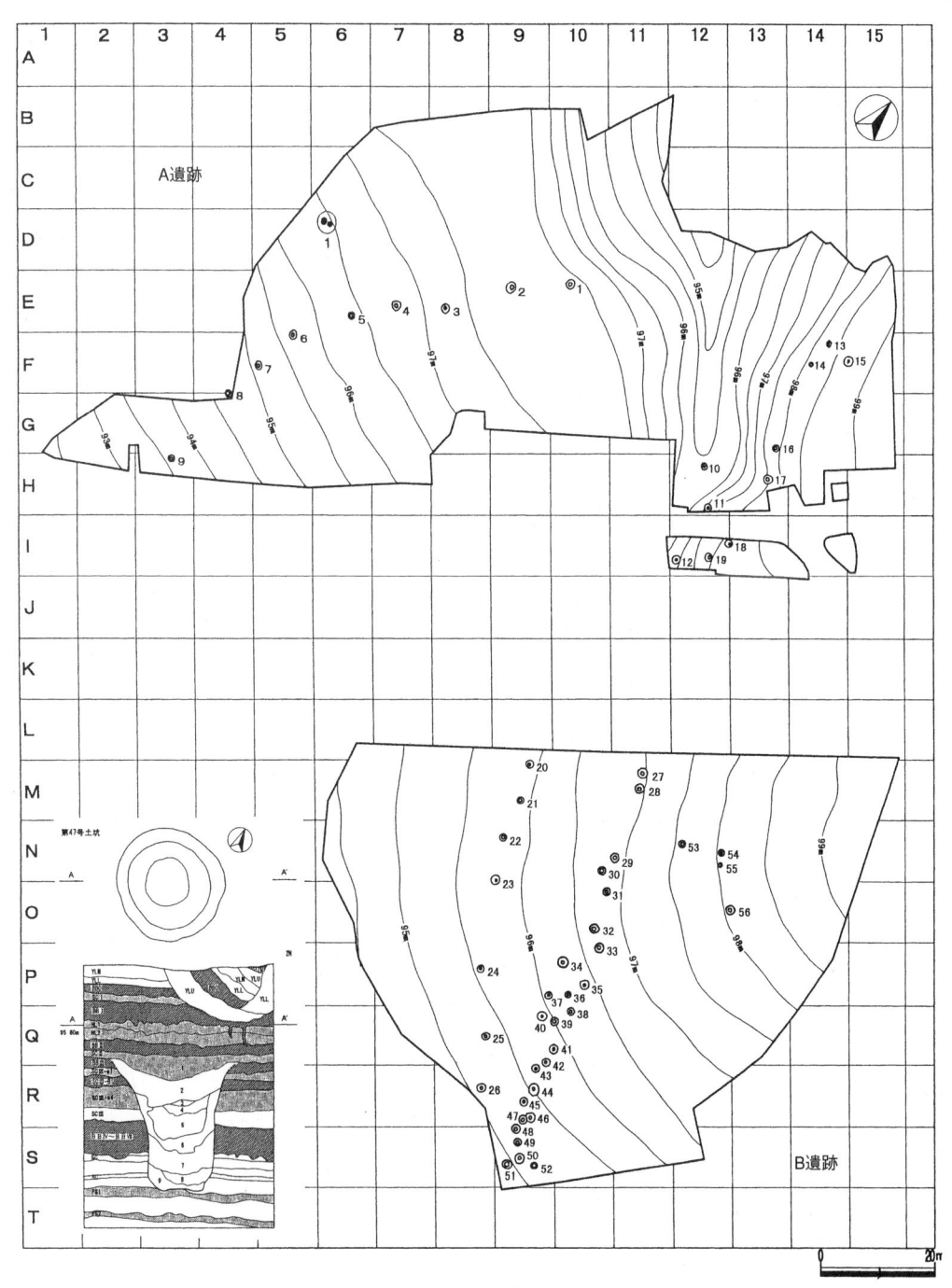

図37　静岡県初音ヶ原遺跡BBⅢ層の土坑（陥し穴）群（鈴木編 1999による）

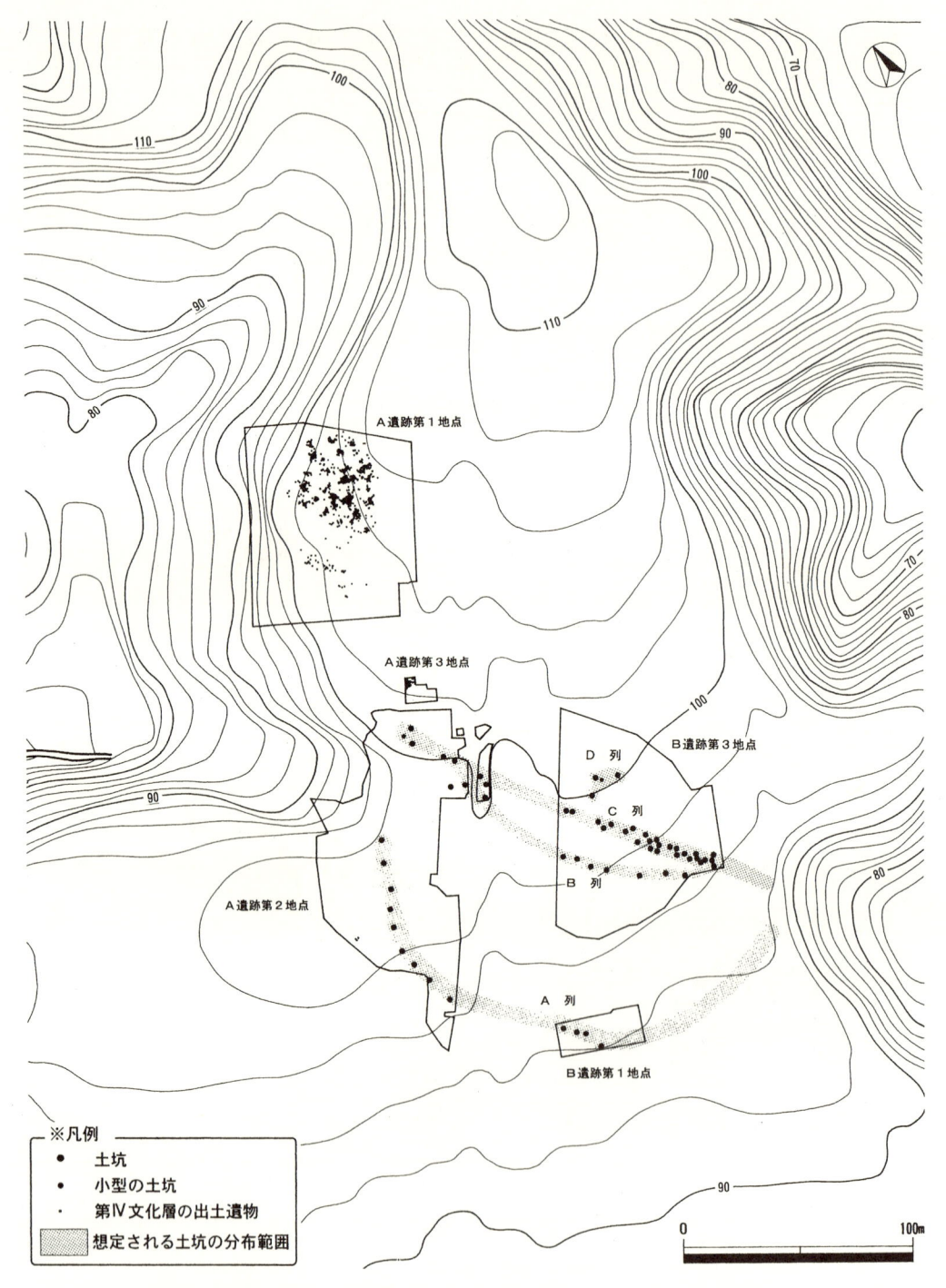

図38 静岡県初音ヶ原遺跡BBⅢ層検出の陥し穴群（鈴木編 1999から転載）

BBⅡ層からはA遺跡（第2地点）で遺跡の中央部で確認された埋没谷を挟んだ両肩部で、石器ブロック23ヵ所、焼礫の集中する礫群20ヵ所、大型礫で構成された配石8ヵ所が検出されている。「石器類の内訳は、ナイフ形石器23点、彫器2点、ピエス・エスキーユ22点、敲石3点、使用痕のある剥片5点、石刃・折石刃31点、石核3点、剥片・破片260点の器種の合計349点と、焼礫298点、配石の構成礫8点と、これ以外に単独で分布していた礫46点が出土しており、これらの総計は701点である」。ブロックと認識されたものも71点の第4号ブロック、52点の第11号ブロック、45点の第7号ブロック、42点の第6号ブロックがめぼしいところで（図39）、他は剥片・砕片3点の第10、15ブロックや、石刃と剥片2点の第1、2、17、22ブロックなどで構成され、弧状だが比較的まばらな分布である。この石器ブロックと重なり合うようにして20基の礫群が検出された。これらのブロックは「個体別資料」の共有や接合関係などから四つのユニット（ブロック群）に統合されている。ナイフ形石器は5cm以上のもの7点、5〜3cmのもの9点と中・大型のものが多く、石刃も10cmを越えるような大型のものを含んでいる。

　A遺跡第3地点（鈴木編1992）では発掘区は狭く、出土石器類も総数178点にすぎなかったが、BBⅢ層とBBⅡ層最下部との石器群に相違が認められた。下層の石器群は伊豆箱根系黒曜石製の楔形石器を中心とした剥片・砕片118点からなる「6号ブロック」だけである。上層の石器群は「ナイフ形石器3点、磨石1点、使用痕のある剥片2点、石刃9点、剥片38点、破片6点、素材1点」の総数60点が、弧状の分布のまばらな5ブロックから七つの礫群─1号礫群を囲むように2.2×1.4mの楕円形に2cmの厚さの炭化物─とともに検出された。谷を挟んだ第2地点と谷頭を取り巻く形で連続していたものと見なされる。ナイフ形石器は4〜5cmの比較的小型品で、いずれも二側縁加工で打面部を先端にし、尖形の基部をつくり出している。1点が頁岩製、2点が「玄武岩」製である。石刃は9cm前後の大型のものが多く、チャート製の1点以外は第2地点と同様にホルンフェルスである（図40）。やや離れた丘陵の縁辺部にある第4地点でも同層準からホルンフェルス製の同様の石刃が2点検出されている。

　鈴木敏中は、笹原芳郎が「第2期b段階」のナイフ形石器が小型化すると指摘したこと（笹原1995）に対して、上記の資料によって批判を加えている。両者の相違は「愛鷹・箱根山麓」という地域内で生じる現象で、関東・中部地方に視野を広げてみると、矛盾は解消される。すなわち、「Ⅸ層」からの小型化傾向が進行するなかで、「Ⅶ層」において突然大型化が生じるという大状況の反映と見なせるからである。いわゆる「Ⅶ層石器群」の出自問題が重要になってくる。

7　相模野台地吉岡遺跡群

　神奈川県吉岡遺跡群出土の石器群は石材環境のためか、技術形態学的には古拙な印象を受けるが、層序的な展開は先の愛鷹・箱根山麓や武蔵野台地と対応して、その一般的進展傾向を反映している（図41）。

　D区B5層（白石・加藤編1996）では炭化物集中地点を中心に南北約18m、東西約15mの範囲に6ヵ所の石器ブロックが検出された。視覚的にはブロックは約12mの環状を呈し、とくに「5ブロック」について、白石浩之は「この中央に炭化物や貴重な黒曜石の縦長剥片が検出されている点」に

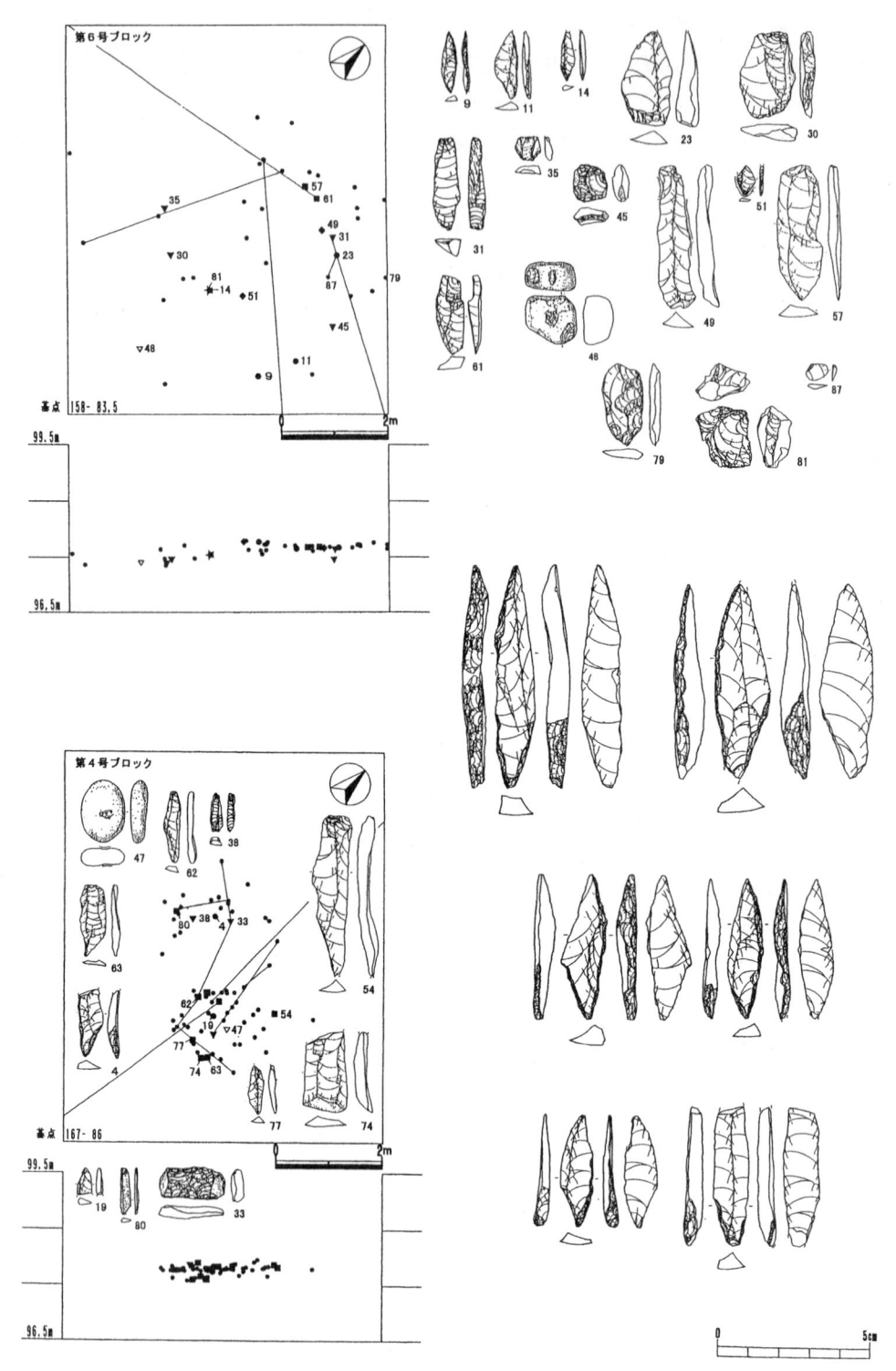

図39 静岡県初音ヶ原遺跡BBⅡ層検出の第4、第6号ブロックと出土ナイフ形石器・基部加工尖頭形石刃石器（鈴木編 1999による）

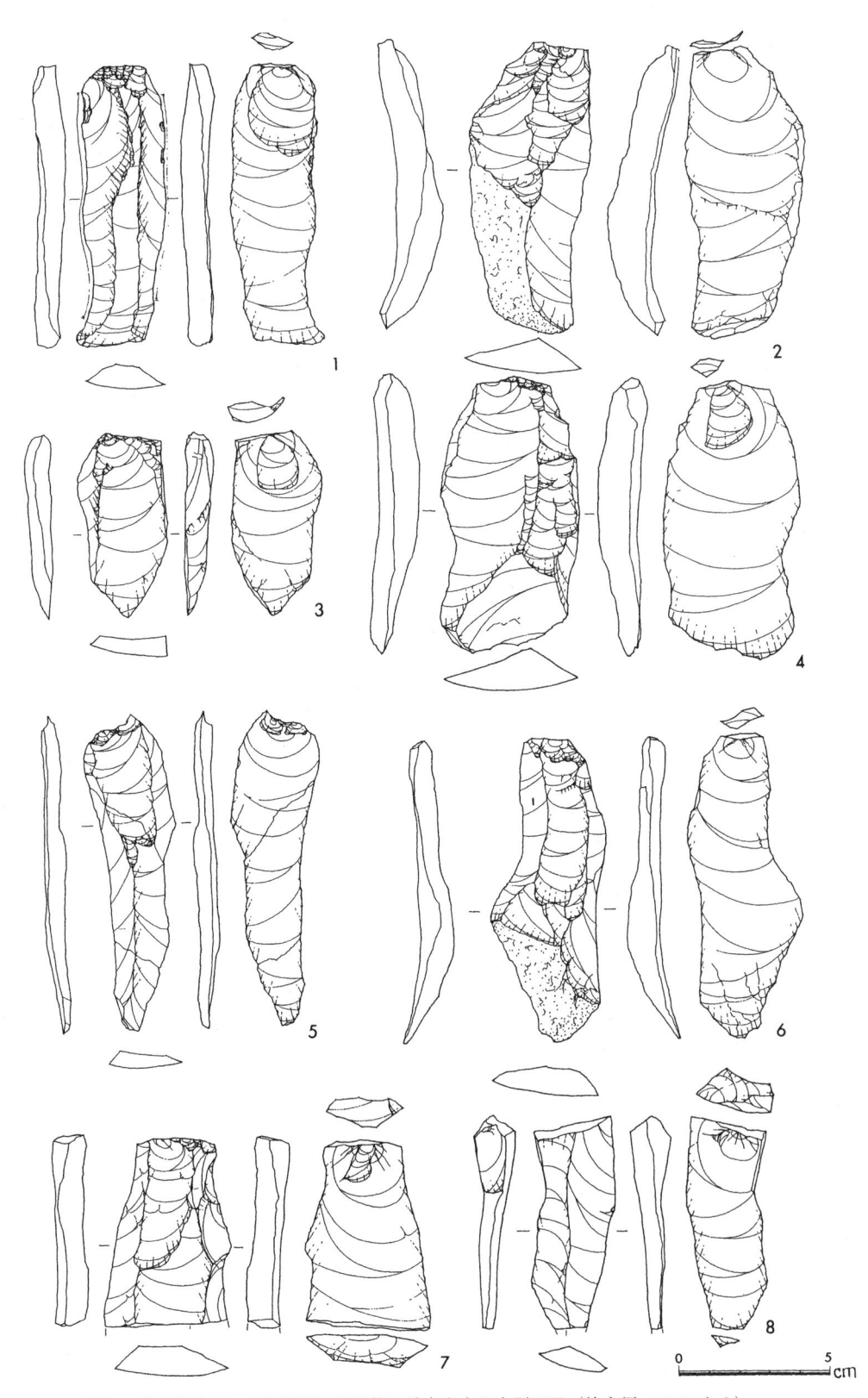

第Ⅴ章　後期旧石器時代型構造の形成　119

図40　静岡県初音ヶ原遺跡群A遺跡第3地点出土の大型石刃（鈴木編 1992による）

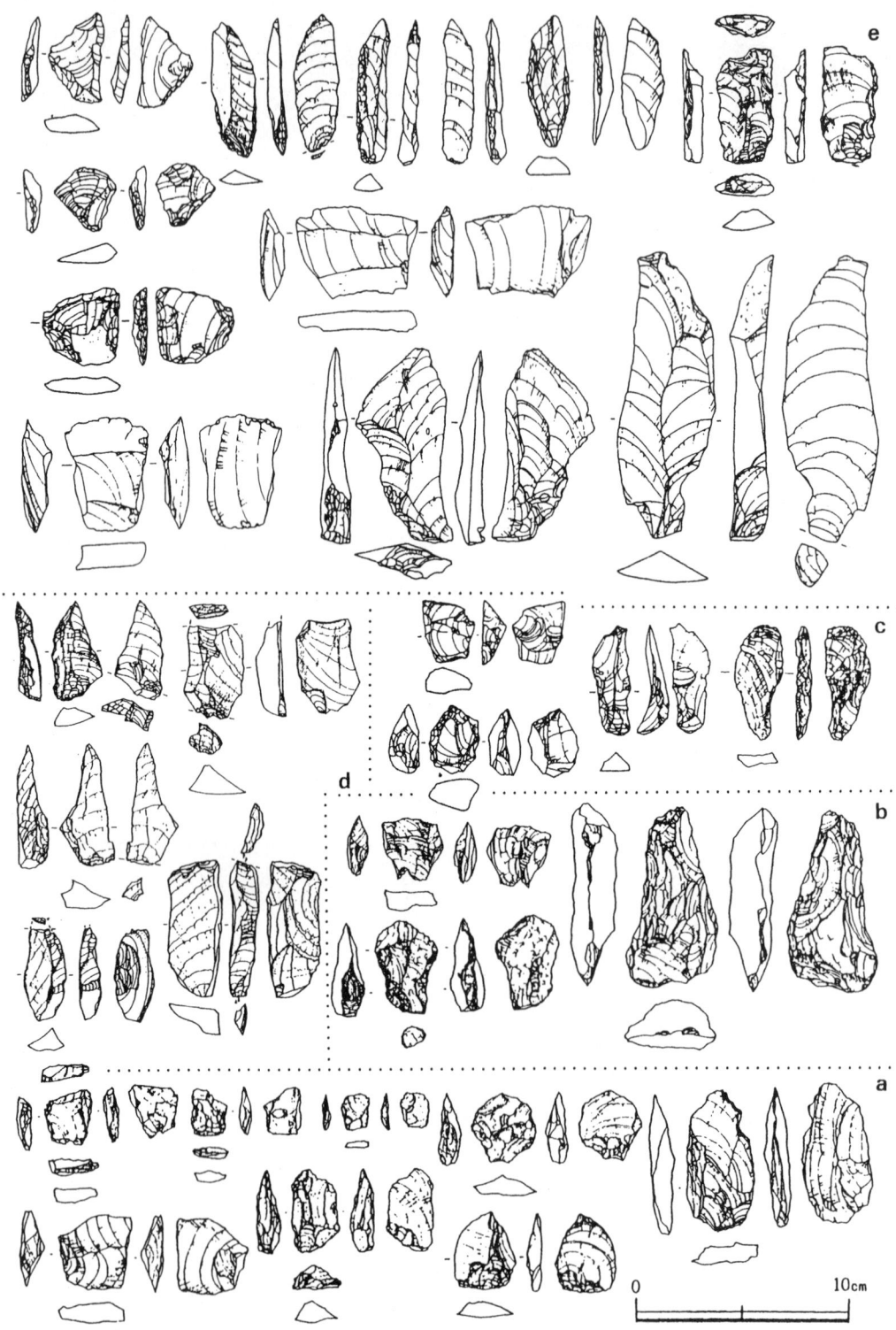

図41　神奈川県吉岡遺跡群出土のAT下位石器群（白石・ほか 1996、砂田 1996による）
　　　a：B5層　b：B4層下部　c：B4層中部　d：B4層上部　e：B3層下部

注意を促している。後の環状ブロック群の先駆形と見なしてのことのようである。ただし、各ブロックのあり方は等質的でない。「1ブロック」に石器類が集中していて活動の中心的場であったらしい。小型剥片石器類は形態も大きさも多様で、技術形態学的な安定性に欠けている。「ナイフ状石器」として報告されているものは端部整形石器と基部加工尖頭形剥片石器で、この一群は構造変動（移行）期をよく特徴づけている（同図-a）。基部加工尖頭形剥片石器は横長剥片を縦位置に使用したものである。削器や加工痕のある石器に編入されているもののなかに素刃石器が多く含まれている。その一部については報告書中で次のように記述されている。「34・35は台形状をなし、台形様石器にもみえるが、二次加工ではないようである。……45・46は台形様石器の形態に類似するが、明瞭な二次加工は認められない」。

　D区B4層下部出土の石器類は砕片21点を含めても54点にすぎないが、黒曜石が主体となり、小型剥片石器に技術形態的な進展が見られる（同-b）。石刃石器モードに繋がる要素を欠くのは、石刃石器モードが発達した東北日本の南西端という地理的位置を反映してのことか、それとも良質石材の欠如のためであるのか、にわかに判定しがたい。楔形石器を主体とするC区B4層中部の石器類は出土層位がわからなければ編年的な位置づけに困る石器群である。事実、白石も困惑している。「台形様石器」は古拙な感じであり、「尖頭状石器、掻器、彫器」などとされた石器類もAT上位のものよりも後期旧石器時代開始期以前のものにはるかに類似した石器である。ただし、見方によれば、東方の地域で顕在化した二項的モードの余波が感じられる（同-c）。C区4層上部（白石・加藤編1996）およびA区とB区とE区のB4層上部（砂田編1996）から出た石器類になって縦長剥片が目につきだすが、石材が安山岩のため他地域の同時期の石器群と比較して技術形態学的に古拙な感じは否めない。A区から不定形の縦長剥片を素材としたナイフ形石器が出ている。ナイフ形石器として報告されている他の3点は、基部加工尖頭形縦長剥片石器と横長剥片を縦位置で使用した石器で、いずれもナイフ形石器の成立過程を推測できる資料である（同-d）。

　C区B3層下部出土の石器類はいわゆる「Ⅶ層石器群」であろうが、北関東の石器群と異なり小型剥片石器類が卓越している。そのなかに大型の縦長剥片（石刃）を切断したものや急角度の整形加工があるものを含む点に、わずかに当該期の特徴が読み取れる。吉岡遺跡群ではここに至ってようやく石刃石器モードの顕在化が認められるが、石刃技法および石刃素材のナイフ形石器の発達は十分ではない（同-e）。おそらく石材環境に起因してのことであろう。

8　下総台地

(1)　東峰御幸畑西（空港No.61）遺跡

　武蔵野台地の後期旧石器時代開始期前後の様相については、東京都武蔵台遺跡の「Ⅹb文化層」、「Ⅹa文化層」、「Ⅸ中文化層」の石器群を使ってその変遷モデルをすでに述べた（54-55頁参照）。また、その後の二項的変遷観についても田村隆の優れた論考（田村1989）がある。そこで下総台地に目を移してみると、下総台地のAT下位石器群の見方に関しては田村隆による中山新田Ⅰ遺跡出土石器群の詳細な分析（95-97頁参照）があるので、ここでは他の地域、とくに先に記述した愛鷹・箱根山麓地域の石器群変遷との比較を念頭におきながら、最近報告書が刊行された東峰御幸畑

西遺跡（空港No.61遺跡）（宮・永塚2000）で田村の変遷観を補足しておく。

　遺跡は利根川水系と太平洋水系との分水界に位置しており、利根川水系支流香取川に開析された支谷の最奥部に、南に舌状に張り出した半島状の台地、標高約40mの部分にある。石器の集中地点は零細なものを含めて49ヵ所検出され、大きく三つの時期に分けられた。ここで取り上げるのは第2黒色帯～X層上部に集中し、三つのエリアのブロック群—二つはいわゆる環状ブロック群—および炭化物集中地点3ヵ所—石器集中地点からやや離れたエリア1西端、エリア2の環状ブロック群の外周部、エリア2環状部の石器集中24と重複—が検出された「第1文化層」の石器群である。

　報告者の永塚俊司によれば、「エリア1は円弧状に数条並列するような分布形状を示している。エリア2・3は石器集中が環状に広がる、いわゆる『環状ブロック群』を形成している。エリア1～3からは台形様石器・ナイフ形石器・局部磨製石斧・打製石斧・掻器・削器・石核・剥片・砕片等、総点数2,184点の遺物が出土した」ということである。石器群はエリア3→エリア2→エリア1の順で展開したようで、利用石材やブロック構成でも各エリアで性格が異なっていた。

〔第1文化層〕

エリア3　舌状台地先端部東端の緩斜面にブロック38を中心にブロック31～37が径約25mの小型の環状ブロック群を形成していた。出土層位は第2黒色帯下部～X層上部に相当する。永塚によれば、石器群は「台形様石器17・削器1・楔形石器11・楔形石器剥片3・局部磨製石斧1・打製石斧1・石斧調整剥片4・使用痕のある剥片21・調整痕のある剥片6・剥片113・砕片22・石核26・磨石1・敲石3・礫2点が出土した」（図42）。楔形石器の多いのが特徴であると記述されている。「台形様石器」は形状が不安定で、素材の形をそのまま用い、片側を折断したものが多い。そのなかに比較的ていねいな調整の台形様石器が数点混じっている。小型剥片石器モードに偏った石器群であって、石材は房総半島南部の嶺岡山地白滝層の珪質頁岩（田村編1993、加納・ほか2003）が比較的多いが、ほかに安山岩、チャート、メノウなどもあり、利用石材が著しく偏らない。ブロック32は「台形様石器」製作を中心とした珪質頁岩・チャート・安山岩を主体とし、ブロック33は楔形石器製作を中心としたチャート・メノウ・ホルンフェルス・黒色頁岩を主体とするなど、ブロック間の差異が顕著である。それとブロック間に接合関係が見られる点も後述の他のエリアと異なっている。

エリア2　舌状台地先端部中央やや東寄りの台地縁辺部に、ブロック29を中心にブロック19（図43）～28が径約20mの小型の環状ブロック群を形成していた。ほかにブロック26と重なりながら、またブロック23に近接して炭化物の集中が2ヵ所に見られた。永塚によれば、石器群は「ナイフ形石器1・台形様石器38・削器4・石斧調整剥片2・使用痕のある剥片18・調整痕のある剥片9・剥片494・砕片131・石核52・原石1・敲石2・礫12・礫片13点が出土した」。「ナイフ形石器」とされたものは小型の縦長剥片の先端部に斜めの調整を施して尖頭形にしたもので、基部は未加工である。田村のいう「端部整形尖頭器」の部類である。「台形様石器」は素刃石器・端部整形石器・台形様石器などの小型剥片石器の混成であるが、IX層下部を特徴づける定形化した台形様石器に近似の例が目につく。残核すべてを含めて小型剥片石器モードに偏った石器群である。主要石材の黒色ガラス質安山岩の原石は10cm以下の礫が多く、ブロック群全般に行きわたって接合関係も各ブロック内で完結している。いわゆるトロトロ石はブロック20と29の2地点に集中し、チャートもチャート

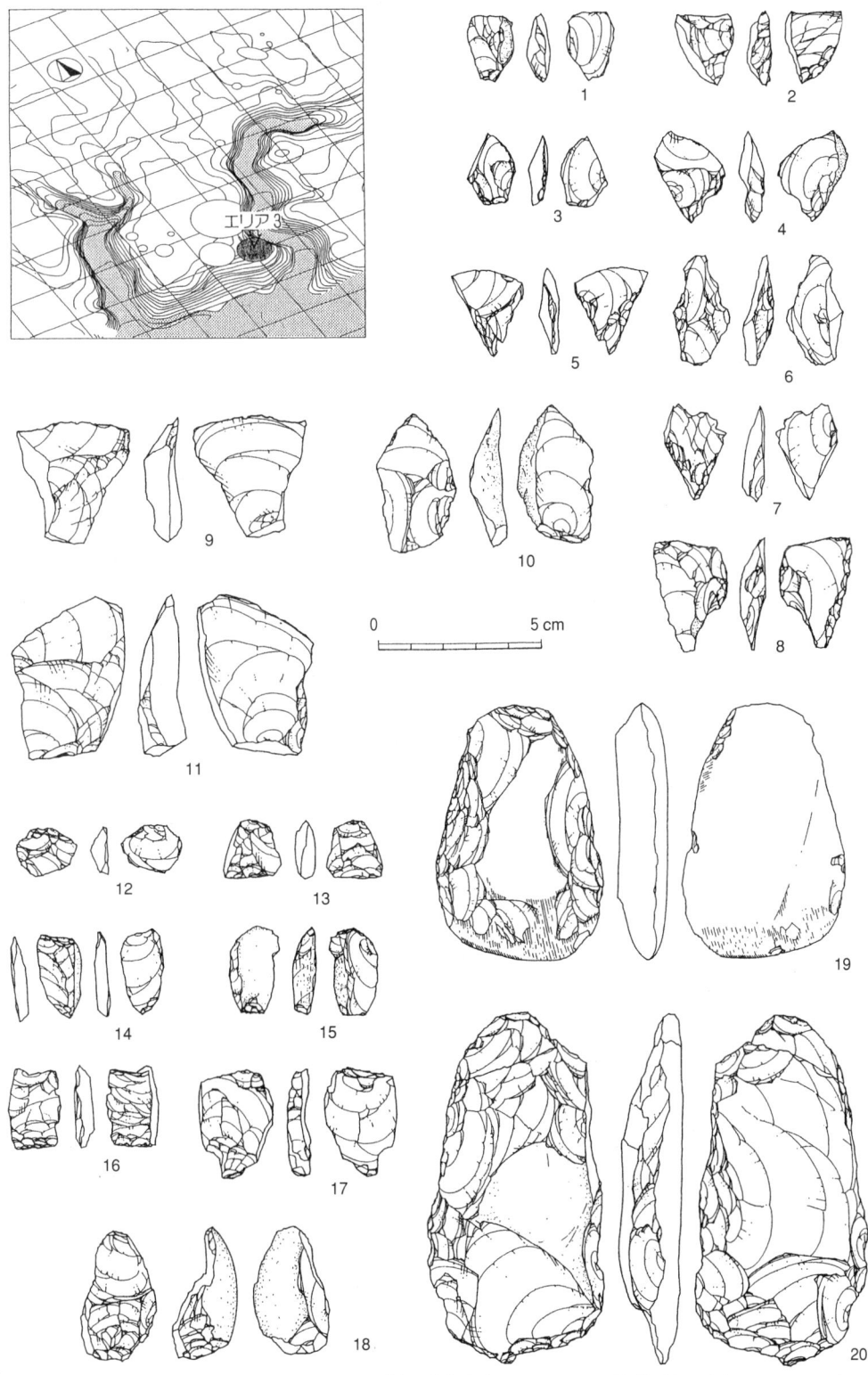

第Ⅴ章　後期旧石器時代型構造の形成　123

図42　千葉県東峰御幸畑西（空港№61）遺跡「第1文化層」エリア3の石器群（宮・永塚 2000による）

凡例:
- ★ 台形様石器
- ◨ 削器
- ◉ 調整痕のある剥片
- ◎ 使用痕のある剥片
- • 剥片
- ・ 破片
- ⦿ 石核
- △ 礫片

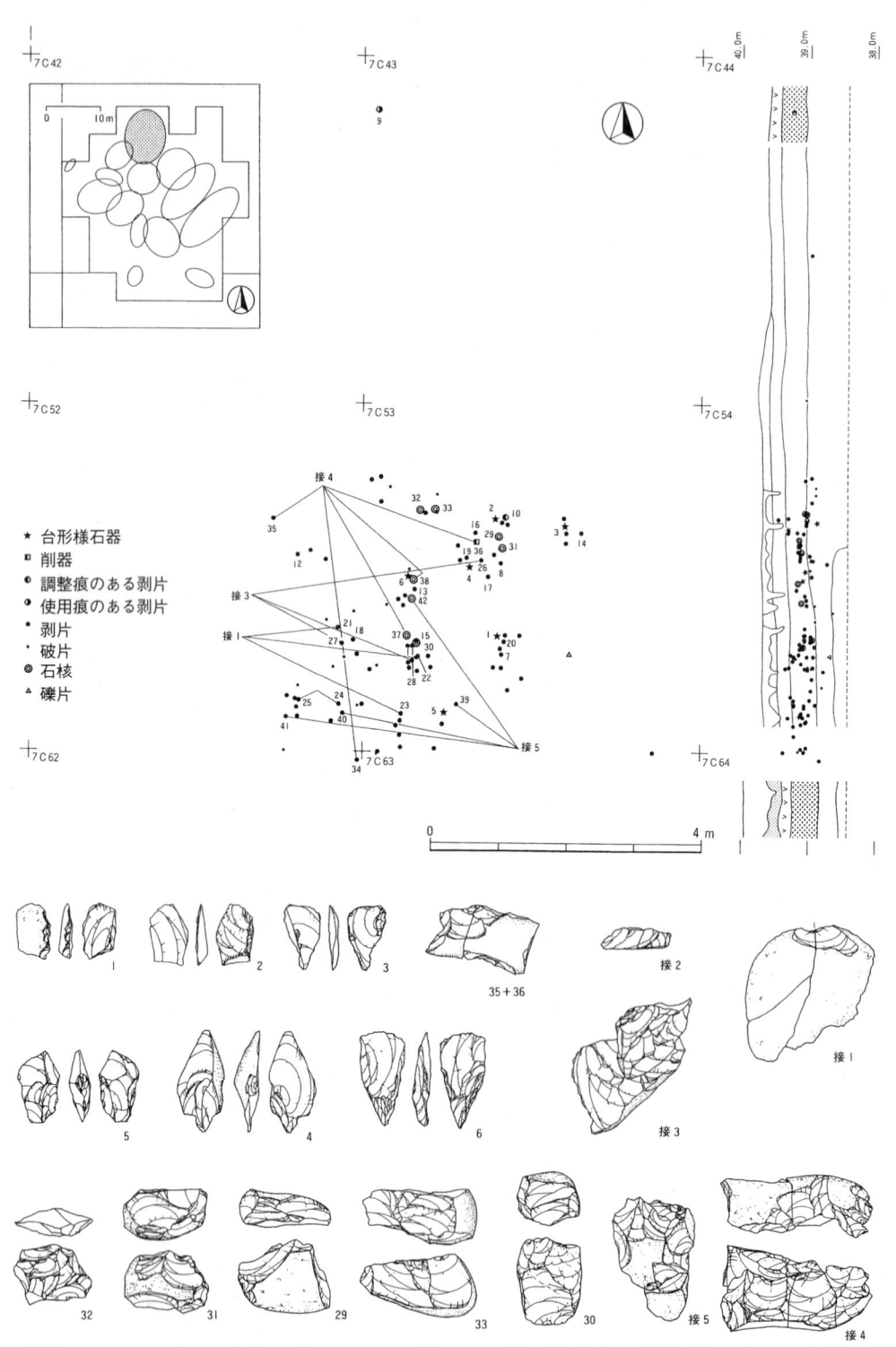

図43　千葉県東峰御幸畑西（空港№61）遺跡「第1文化層」エリア2の「ブロック19」（石器の縮尺1/3）
　　　（宮・永塚　2000から転載）

1＝ブロック23、チャート2＝ブロック27、チャート3＝ブロック27、チャート9＝ブロック20のように消費母岩とブロックの密接な対応関係が認められるが、全体的に各ブロックは等質的である。ブロック25のみがメノウと珪質頁岩が伴い、他のブロックとは様相が若干異なると記述されている。安山岩を中心としてチャートや玉髄などの多様な小円礫から構成される点から見て、房総半島南部上総丘陵の万田野層産の石材と推定される(田村・澤野 1987)。

エリア1　18の石器ブロックが抉れるように開析された地形を3重に囲むように径約50mにわたって扇形に分布していた。環状ブロック群を形成していないことが、ここでは注目される。永塚によれば、石器群は「ナイフ形石器11・台形様石器9・削器2・掻器2・楔形石器1・彫刻刀形石器1・局部磨製石斧4・石斧調整剥片7・打製石斧1・使用痕のある剥片108・調整痕のある剥片13・剥片701・砕片99・石核22・礫13・礫片11点」(図44)で構成される。「ナイフ形石器」は基部加工尖頭形石刃石器（尖頭形石器）、尖頭形石器を祖形として発展した基部と先端部に調整を加えた「優美な」柳葉形のもの、やや厚みをもつ急角度調整の二側縁加工のもの、打面を残す一側縁加工のもの、小型石刃を素材としたものなどからなり、いわゆる「Ⅶ層石器群」(次章参照)と呼んできた石器群の先駆的な様相であろう。石刃石核は小口面を中心に剥片剥離を行うものと、「打面を再生したり、作業面から側面へ向けて稜調整を行って稜付き剥片を剥取」する単設打面・両設打面のものとがある。後者を明示する円筒形の石刃石核の接合資料と、タブレット状を呈する打面再生剥片が出ている。ここでは「小口面型」と「周縁型」の石刃技法が同居していることに注目したい。「台形様石器」は「剥片の形状をなるべく生かして調整を最小限にとどめたもの」と「切断により逆三角形に整えたもの」で、厳密には台形様石器の範疇に入れにくいものばかりである。関東地域の小型剥片石器モードの末期的様相と見ておく。「掻器」と「彫刻刀形石器」の器種認定は微妙である。全長22.9cm、重量1kgの大形の片刃打製石斧が出ていることにも注目しておく。

利用石材では、褐色系の「珪質頁岩A」とされたものが18母岩に細分されたが、A1はブロック13と、以下、A2＝ブロック7、A3＝ブロック3、A4＝ブロック9、A5＝ブロック4で消費母岩とブロックの密接な対応関係が認められた。緑色系の「珪質頁岩B」とされたものが16母岩に細分されたが、B1＝ブロック10、B2＝ブロック13、B3＝ブロック4と8、B4＝ブロック14、B5＝ブロック4、B6＝ブロック12で消費母岩とブロックとの対応関係が認められた。乳褐色系の「珪質頁岩C」とされたものからは2母岩が抽出されたが、ブロック8を中心に周辺に散漫に分布している。その他の珪質頁岩3母岩のうち、珪質頁岩1＝ブロック8、珪質頁岩2＝ブロック7の対応関係が認められる。凝灰岩は6母岩に細分されたうち、凝灰岩1とブロック10に強い対応関係が認められる。ガラス質黒色安山岩はブロック18に収束するが、「エリア2では、安山岩Aを用いた台形様石器製作が積極的に行われているが、生産される剥片の大きさ・形態等を見ても、エリア1では消極的である」という永塚の指摘は、当該期全般に応用できよう。3母岩に分けられた黒色頁岩も黒色頁岩1＝ブロック17、黒色頁岩2＝ブロック5、黒色頁岩3＝ブロック9のように1石器集地点だけで限定的に用いられる傾向がある。黒曜石が2点しか検出されていない希少性が注目される。永塚は母岩ごとの分布状況から、分布Ⅰ—ブロック18—、分布Ⅱ—ブロック7・8・10・12—、分布Ⅲ—ブロック4—、分布Ⅳ—ブロック13～16—、分布Ⅴ—ブロック1・2・3・5・6・9・17—ブロック群に分けて、その

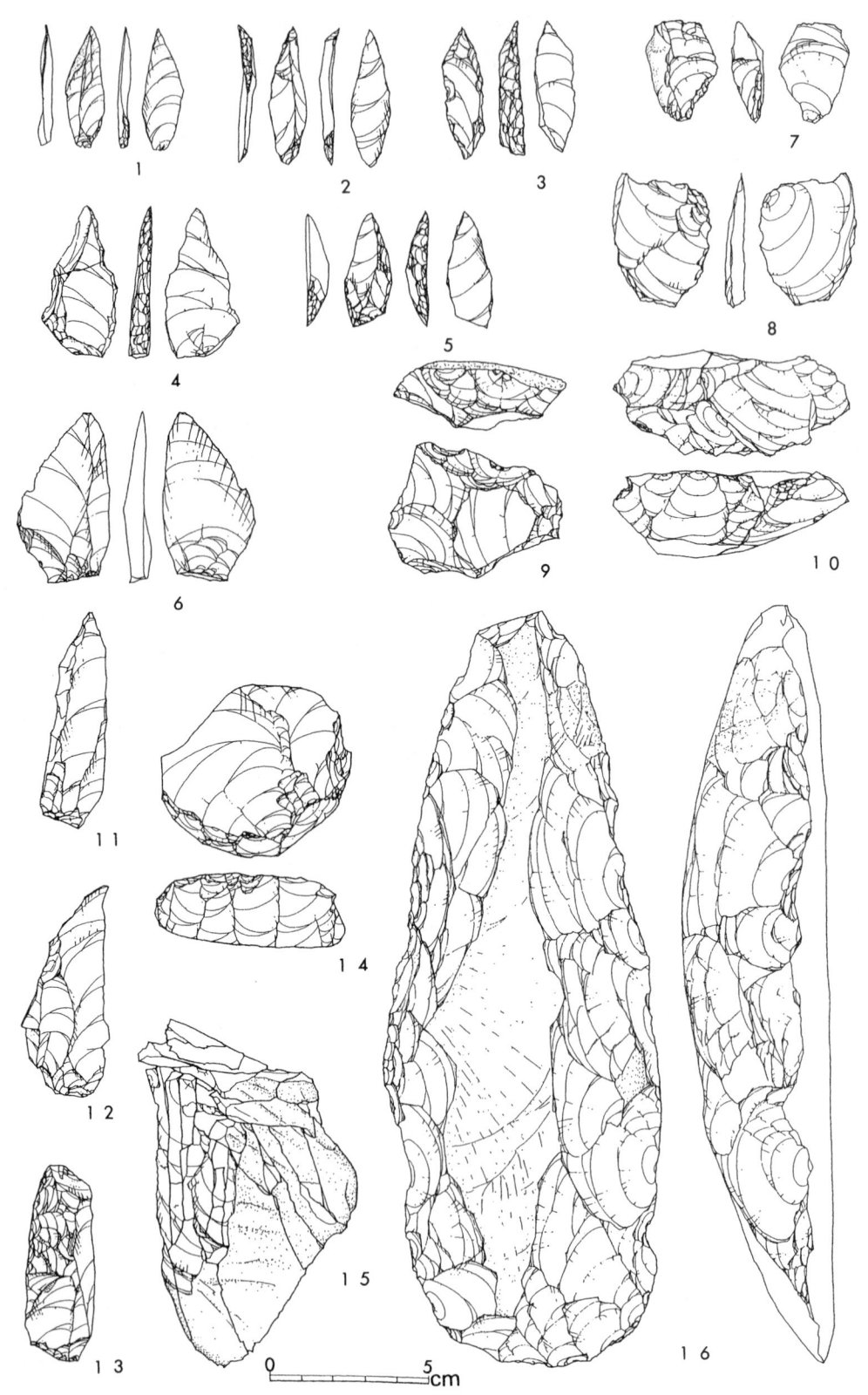

図44　千葉県東峰御幸畑西（空港№61）遺跡「第1文化層」エリア1の石器群（宮・永塚 2000による）

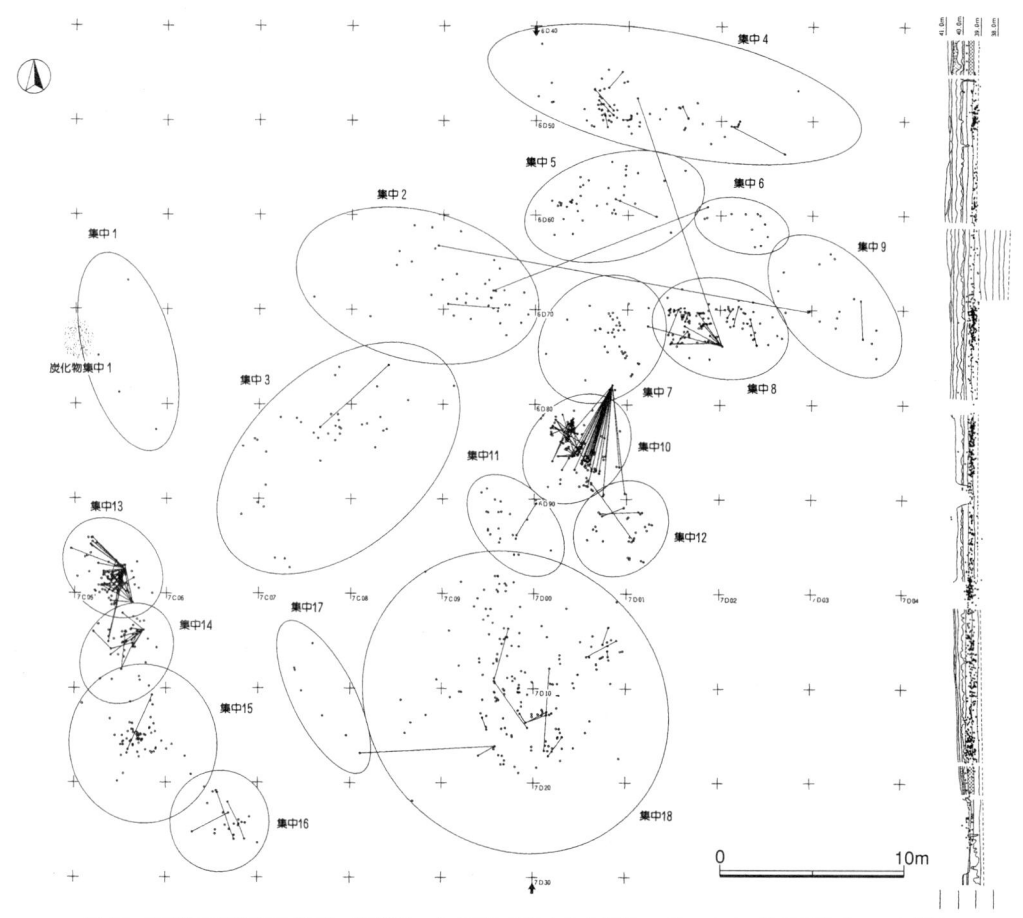

第Ⅴ章　後期旧石器時代型構造の形成　127

図45　千葉県東峰御幸畑西（空港No.61）遺跡「第1文化層」エリア1の「重扇状ブロック群」
　　　（宮・永塚 2000から転載）

あり方を「重扇状ブロック（重扇状石器集中群）」と呼んでいる（図45）。ただし接合関係や石器の出土層準を勘案すると、各ブロック群の同時性と形成過程が不明瞭なので、「重扇状ブロック」が時期的・地域的特徴であるのか、小ブロック群の累積的すなわち偶発的形態であるのか判断がつかない。広くⅨ層上部の石器群として捉えておく。

　最近の田村隆らによる石材産地の踏査研究によれば、珪質頁岩は栃木県矢板市にある高原山南麓に分布する寺島累層上部に産するもの(珪質頁岩B)、高原山北麓に分布する鹿股沢層産のもの（珪質頁岩C）で、「珪質頁岩A」とされたものも同じく高原山周辺で採取可能な流紋岩である（田村・ほか 2003）。注目されるのは、下層のエリア3と2の時期には南の房総半島南部から石材を獲得していたのに対し、上層のエリア1の時期になると北の高原山方面に移っていたことである（国武貞克氏による教示）。

(2)　仲ノ台遺跡

　東峰御幸畑西遺跡において部分的に現れていた「周縁型」石刃技法の実態は、八千代市仲ノ台遺跡（落合編 1989）出土の接合資料でうかがうことができる。

　資料はⅨ層中部からA、B二つのブロックに分かれて出土した。いずれも同様の内容の石器群で

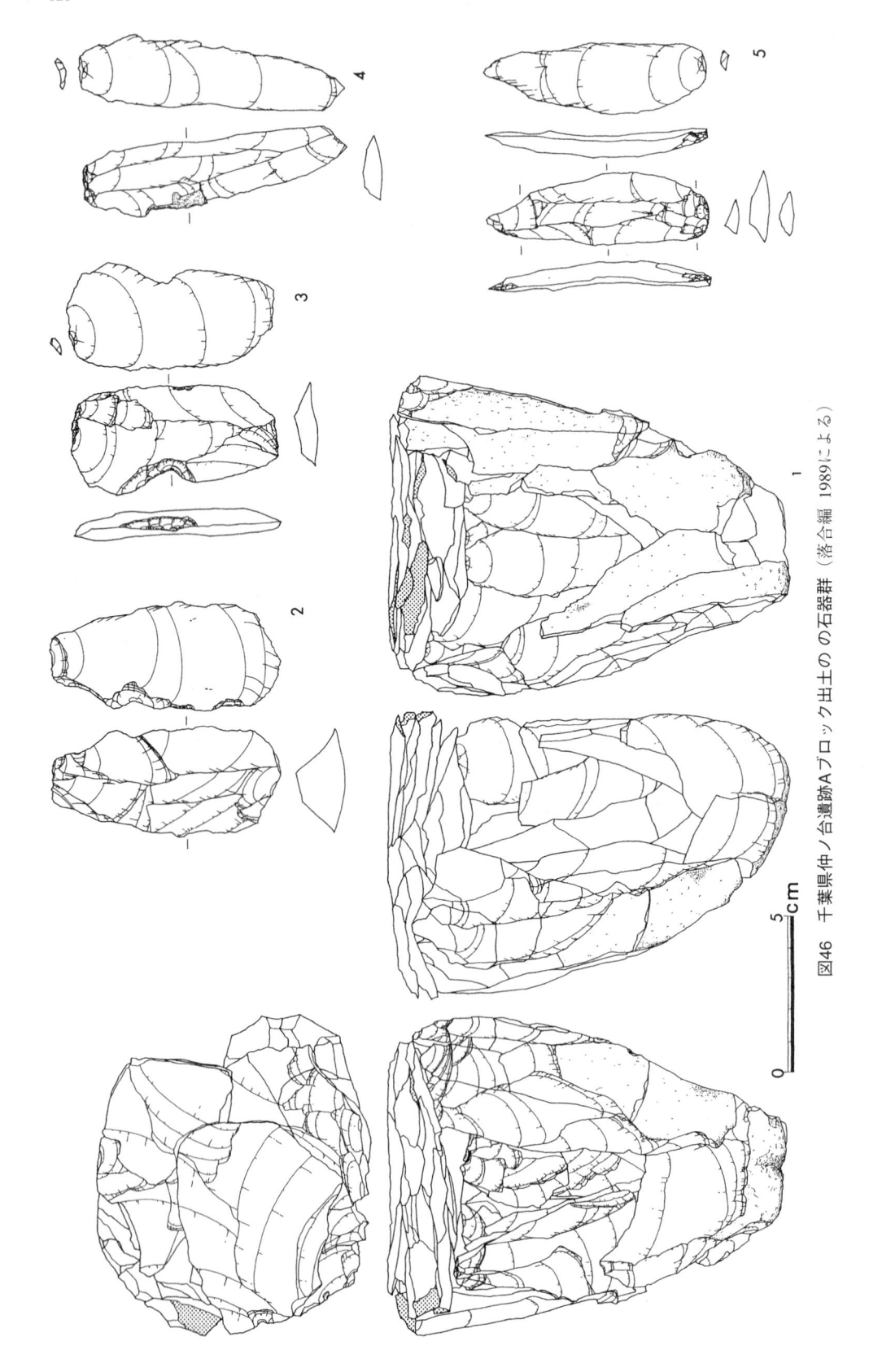

図46 千葉県仲ノ台遺跡Aブロック出土の石器群（落合編 1989による）

ある（図46）。報告者の落合章雄によれば、「凝灰岩A」の接合資料（1）は、「主要な剥片搾取」→「打面再生」→「石核整形」→「主要な剥片搾取」→「打面再生」→「主要な剥片搾取」→「石核整形」→「主要な剥片搾取」という作業手順が観察できる。「頁岩」の接合資料では、「打面再生」→「主要な剥片搾取」→「打面再生」→「石核整形」→「主要な剥片搾取」→「打面再生」→「主要な剥片搾取」→「石核整形」→「主要な剥片搾取」という手順で、前者が直径10cm内外の楕円礫を母岩とし、後者が幅10.5cm、厚み7cmの扁平礫を母岩としているが、剥離技法に違いはない。

剥離された石刃の大部分は先端の尖りが鈍いか平坦化していて、尖頭形石器の素材を意図的に目指したものではなさそうである。この遺跡では安山岩製の尖頭形石器（5）の搬入品が見られるだけであるが、同時期の中山新田Ⅰ遺跡（田村 1989）を参考にすると、まれに生じる尖頭形石刃を選んで尖頭形石器をつくるか、あるいは素材石刃の形態を大幅に変えてナイフ形石器をつくっていたようである。

9　利根川水系の遺跡

(1)　三和工業団地Ⅰ遺跡

武蔵野台地Ⅹ層相当の遺跡として先に下触牛伏遺跡に言及した。次章でⅦ層相当の遺跡として後田遺跡に言及する。ここではおそらくⅨ層中部から上部相当、すなわち基部加工尖頭形石刃石器（尖頭形石器）から背部加工尖頭形石刃石器（ナイフ形石器）が派生した時期の、まさにそうした状況下の良好な資料を出した伊勢崎市三和工業団地Ⅰ遺跡（津島編 1999）の石器群を検討する。

遺跡は赤城山南麓の大間々扇状地上、下触牛伏遺跡の東方約3.5kmの湧水地に伴う低地に挟まれた舌状のローム台地の東端、標高約90mの地点に立地する。当該石器群はAT下位の暗色帯上部（当該地域におけるⅧ層）を中心に検出された。津島秀章によれば、「局部磨製石斧1点、台形様石器57点、ナイフ形石器10点、尖頭状石器2点、エンドスクレイパー5点、彫刻刀形石器4点、ピエス・エスキーユ7点と両極剥離による剥片9点、二次加工ある剥片40点、微細剥離痕ある剥片66点、石刃44点、剥片594点、微細剥片436点、石核57点、礫159点、ハンマーストーン6点」の計1,724点で構成される。

石器群は小型剥片石器モード（黒曜石）と石刃石器モード（黒色頁岩・黒色安山岩）の典型的な二項的モードを示している（図47）。打面再生剥片を含めた石刃石核がほぼ原石の状態にまで復元され、当該期の石刃石核のリダクション過程を知る良好な接合資料となっている（図48）。石刃は10cmを越えるものを含む6～10cmの大型を主体とする。石刃製石器では尖頭形石器が2点あり、一方は硬質頁岩製の搬入品である。他方の先端部には斜めの加工が施されている。黒曜石製の二側縁加工ナイフ形石器の背部加工は上半部だけで一部に原礫面を残している。これら8cm前後の大型品以外に、5cm前後のナイフ形石器も7点あるが、二次加工は尖頭部の作出が主眼で、背部加工は部分的で均一性に欠ける。周縁全体に二次加工痕の見られる「尖頭状石器」は上記のような不安定な背部加工過程のなかで、石刃を尖頭形にかえようとして偶発的に生じたものであろう。小型剥片石器は素刃石器・端部整形石器・台形様石器を含む多様な形態で古拙な印象を受けるが、それは見かけだけで石材環境に起因するのかもしれない。石核中に〈盤状連続横打石核〉が複数認められる。

130

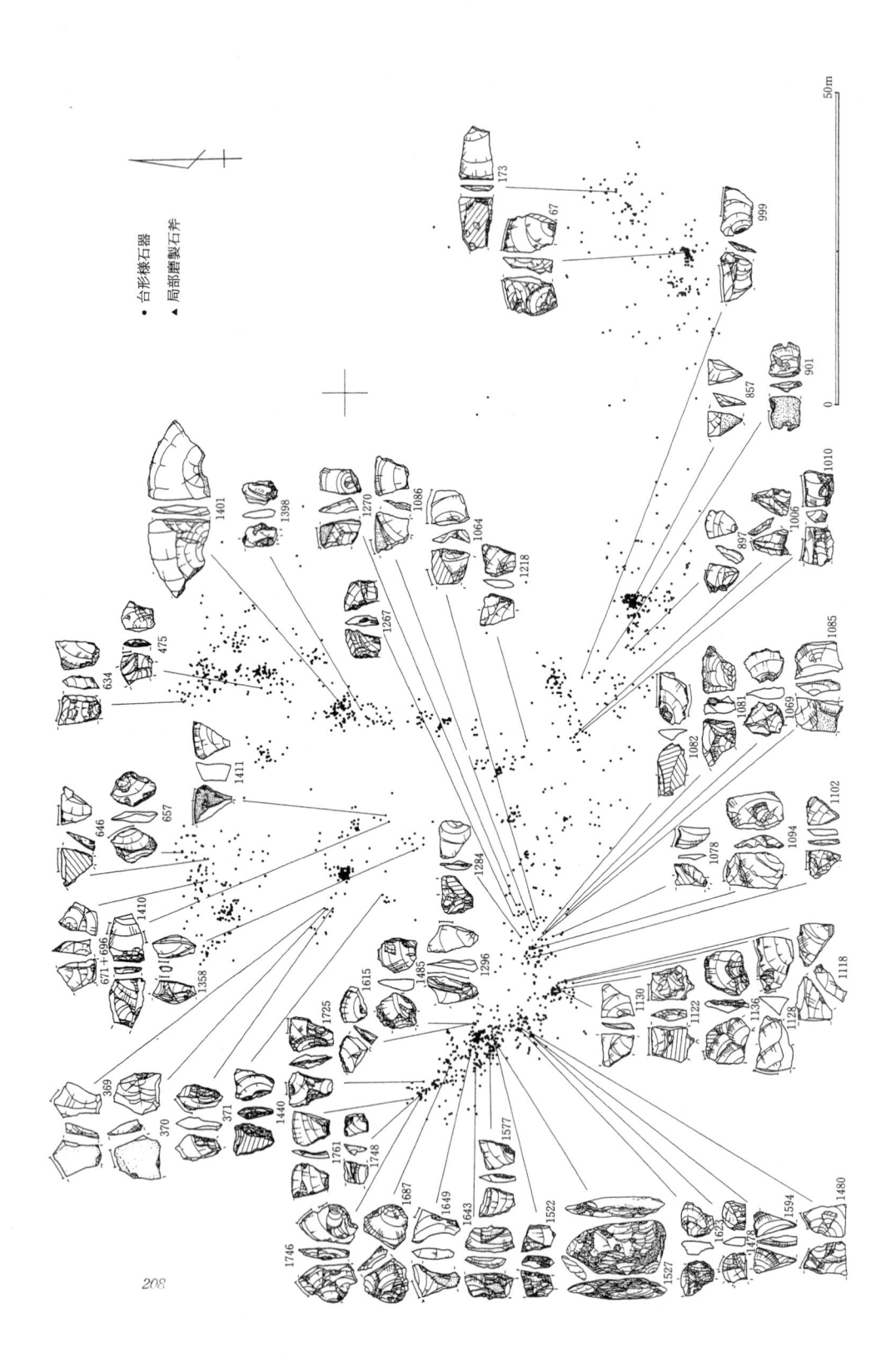

● 台形様石器
▲ 局部磨製石斧

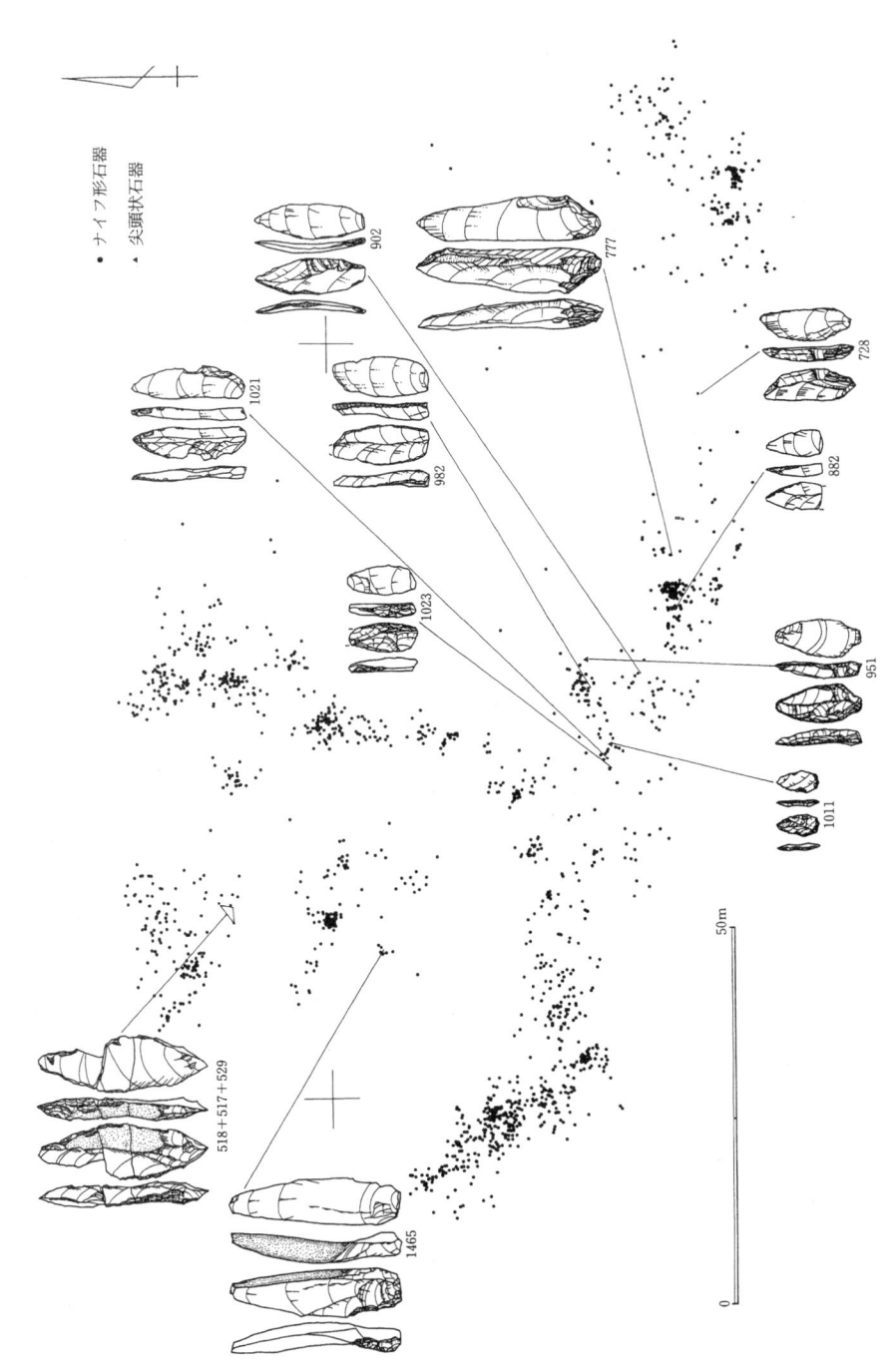

図47 群馬県三和工業団地I遺跡「第4文化層」出土「台形様・ナイフ形石器石器群」に見られる二項性(津島編 1999から転載)
上:環状ブロック群 下:帯状ブロック・小型剥片
(環状ブロック群の2点は黒曜石製であることに注意)
・ナイフ形石器・黒曜石・黒色頁岩・石刃モード
▲尖頭状石器・硬質頁岩製・硬質頁岩製

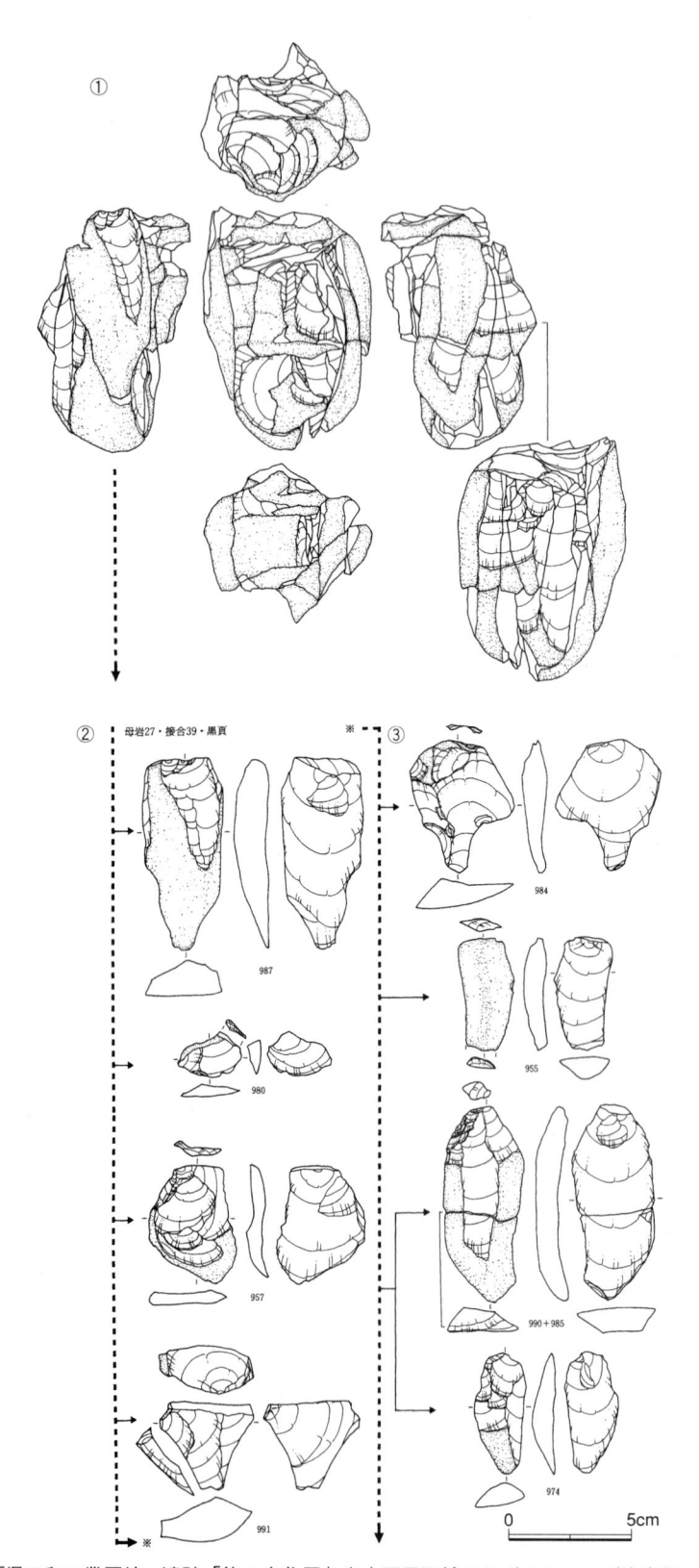

図48　群馬県三和工業団地Ⅰ遺跡「第4文化層」出土石刃石核のリダクション（津島編 1999による）

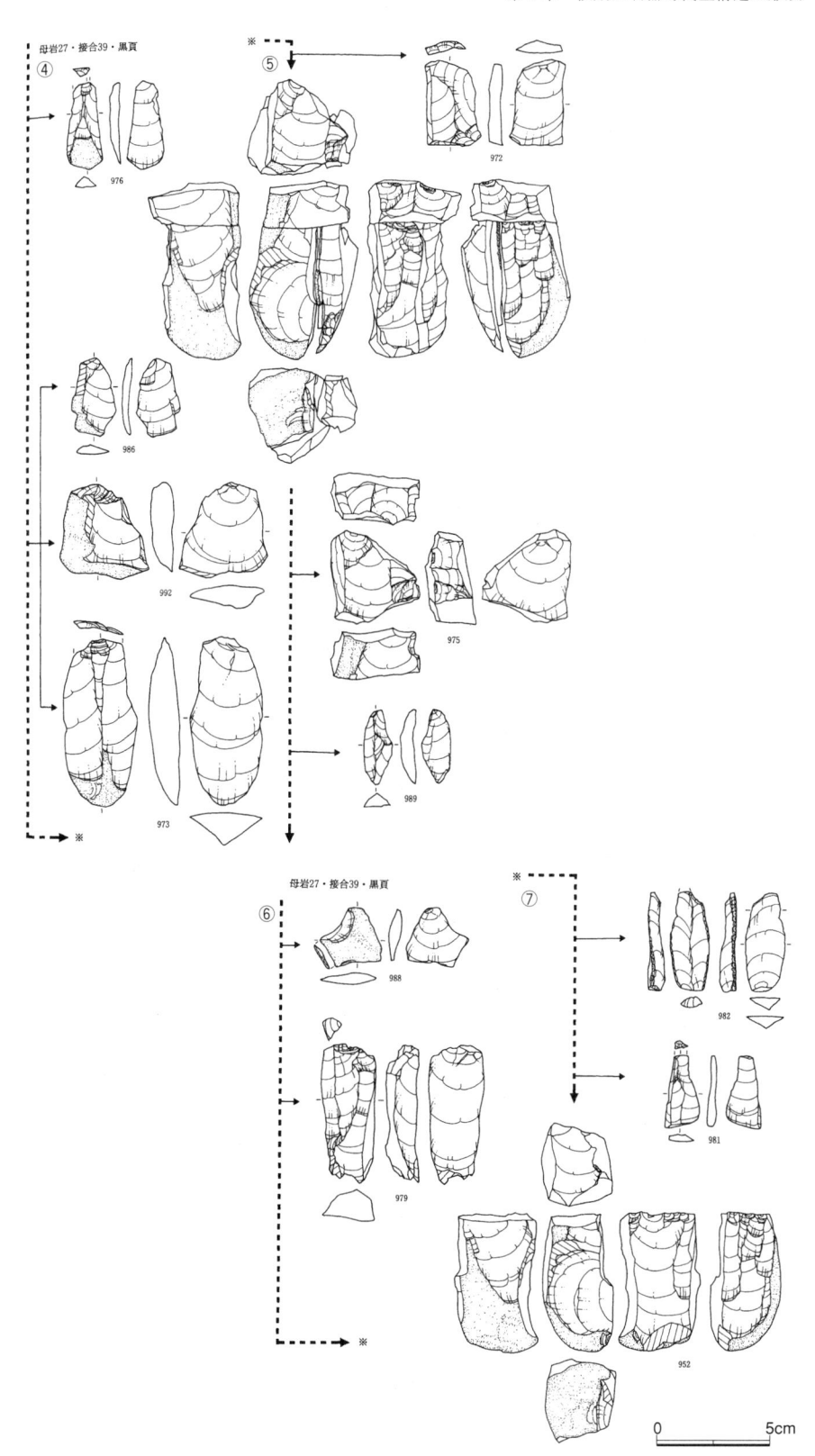

第Ⅴ章 後期旧石器時代型構造の形成　133

母岩27・接合39・黒頁

「エンドスクレイパー」とされたものはいずれも粗雑なつくりで、AT前後以降の搔器とは一線を画するものである。

石器は東西約150m、南北約80mにわたって径60mの環状ブロック群と、その南東端から東に100mほど延びる帯状のブロック群として分布する。環状ブロック群の北端のブロックは炭化物集中を伴っていて、両側が空白のため環状が途切れた形になっている。帯状ブロック群は中央に空白地帯があるので視覚上さらに東西二つに別れる。津島の微細剥片などの詳細な分布密度分析によっても、この分離が検証されている（図1参照）。母岩別資料では環状ブロック群と帯状ブロック群、帯状ブロック東群と西群にわたる資料が存在して同時性を保証しているが、接合資料では環状ブロック群、帯状ブロックの東群と西群の相互をつなぐ資料はなく、それぞれ独立的である。黒曜石製石器は環状ブロック群に多く存在するが、小型剥片石器類は両ブロック群にわたってある。黒色安山岩および黒色頁岩製石器は帯状ブロック群にのみ存在し、西群に石刃製作に関連した地点が3ヵ所ある。硬質頁岩製と黒曜石製のナイフ形石器は環状ブロック群に存在したが、他のナイフ形石器はすべて帯状ブロック群に存在した。石刃も黒曜石製1点をのぞいてすべて帯状ブロック群からの出土である。

黒色頁岩と黒色安山岩の原石産地は同定されなかったが、黒曜石は24点の分析資料中19点が栃木県高原山産、5点が長野県和田峠産で、いずれも100km前後の距離があるが、より東方との交通を示唆しているのであろう。

(2) 八風山Ⅱ遺跡

基部加工尖頭形石刃石器のより古い資料に関しては、須藤隆司が調査した長野県八風山Ⅱ遺跡（須藤編1999）出土の石器群が興味深い。

群馬県と長野県の境にそびえる八風山はガラス質黒色安山岩の原産地として知られていて、Ⅰ～Ⅷまでの8ヵ所の遺跡が確認されている。八風山Ⅱ遺跡は崖錐性堆積物を基盤とした尾根上の標高約1,060mの平坦面に立地する。石器群の出土層位はAT層準（Ⅷ層）や八ヶ岳4テフラ（Ⅹa層）より下位のⅩb層中位に当てられている。須藤によれば、「ナイフ形石器21点、搔器15点、削器44点、刃部磨製石刃1点、微小剥離痕石刃29点、石刃289点」ほか計5,794点を数える。発掘区は分布の中心部を外れているので、遺跡全体の石器数は計り知れない。「総数238点、総重量24kg弱、搔器3点、削器8点、微小剥離痕のある石刃14点、石刃70点、微小剥離痕のある剥片11点、剥片121点、砕片4点、石核7点から構成される原石の状態までに復元された接合例」に代表される、原産地における石刃とそれを素材とする基部加工尖頭形石刃石器（尖頭形石器）（図49）の製作遺跡であって、石刃の剥離技術や石刃の形態が安定していないこと、基部加工技術も多様で定型化が見られないことなどから見て、武蔵野台地Ⅹ層上部相当の時期を当てておく。ちなみに、「ブロック4」の炭化物集中部から採集した炭化物の加速器質量分析（AMS）法による^{14}C年代測定値は3万2千年前と出ている。

わずかに存在する遠隔地産石材の黒曜石からは和田峠方面、頁岩からは新潟県津南町の清津川上流から湯沢町・塩沢町方面との交通が示唆されるが、須藤は、母岩別接合資料を使った石器ブロック形成過程の精緻な復元作業の結果から、この石器製作地が居住単位集団の季節的な移動生活サイ

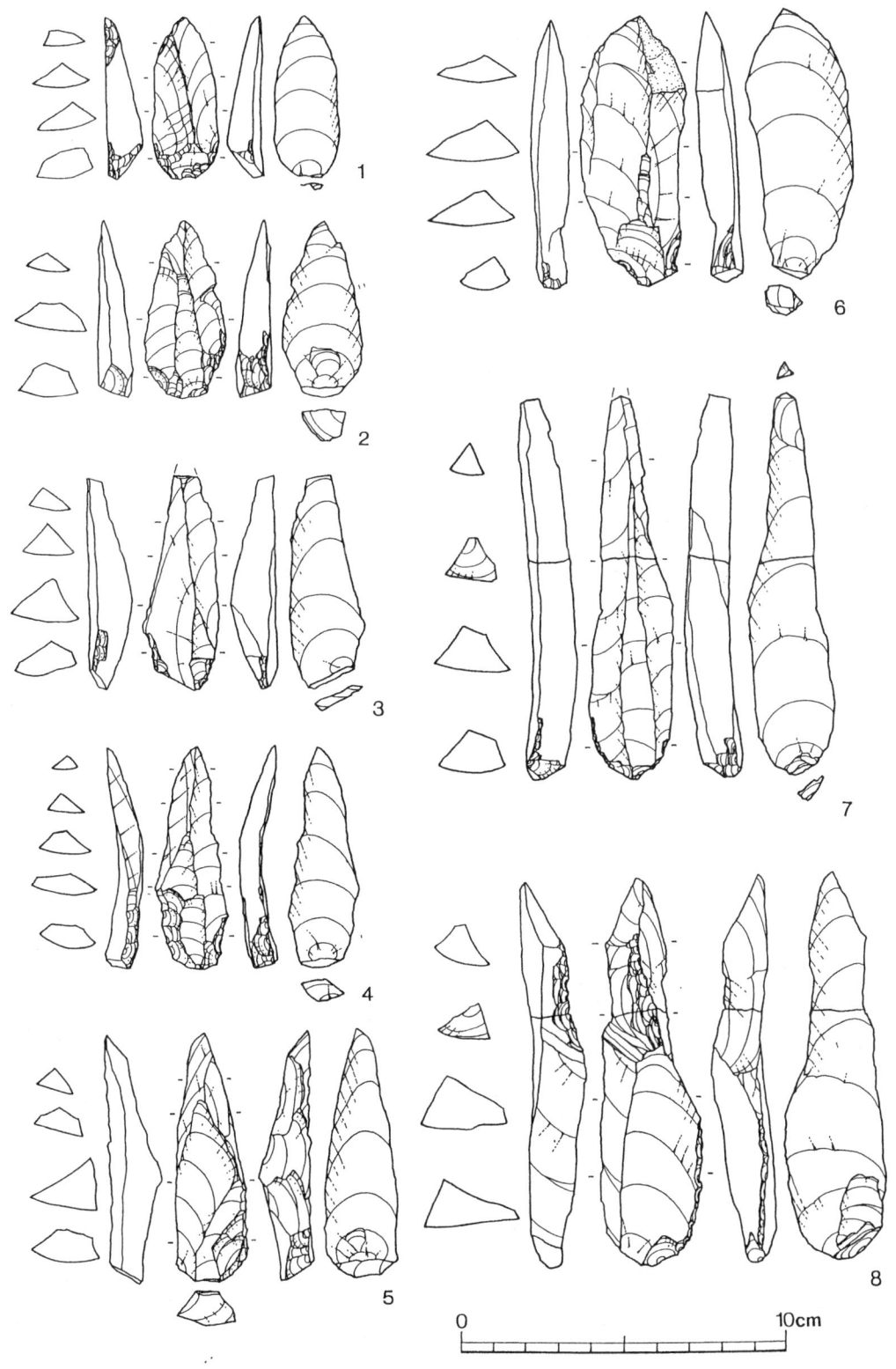

第Ⅴ章 後期旧石器時代型構造の形成 135

図49 佐久市八風山Ⅱ遺跡出土の基部加工尖頭形石刃石器（尖頭形石器）（須藤編 1999による）

クルに埋め込まれていること、そしてその居住集団の移動領域として群馬西毛地域の鏑川流域遺跡群が想定されるとしている。

(3) 鏑川流域遺跡群

　鏑川は八風山麓に源を発し、東流して利根川の一支流である烏川と合流している。流域一帯は関東地方と中部地方とを結ぶ交通の要衝的地域であった。右岸に発達する上位段丘面は中小河川とその枝谷によって分断され、いくつもの舌状に延びる台地を形成している。東側を天引川、西側を白倉川に挟まれたほぼ800m余の間のこのような台地の先端部あるいは縁辺部に、西から順に白倉下原遺跡、天引向原遺跡、天引狐崎遺跡が立地しており、各遺跡出土の石器群は関口博幸によって報告されている（関口編 1994）。石器群の包含層はAT（XII層）下位の暗褐色粘土層（XIII層）で、鏑川が上位段丘面から離水して間もない頃に残されたものと考えられている。白倉下原遺跡のA区で径16〜18m内に6ヵ所、B区でも同規模でまばらに4ヵ所、天引向原遺跡のA区で長径44m短径24mにまばらに13ヵ所、天引狐崎遺跡で径16〜18mに7ヵ所のブロックがそれぞれ環状ブロック群を形成していたほかにも、いくつかのブロックが検出された（図50）。関口が栗島義明（1991）の説を引いて言及しているように、ここでの環状ブロック群は下触牛伏遺跡などの環状ブロック群とは性格を異にする。栗島によれば、径が30mを越す規模で正円形を呈し、「個体別資料」がブロック間を頻繁に移動する真正の環状ブロック群と、径が20mを越すことがほとんどない不正円形を呈し、「個体別資料」が各ブロック内で完結するような見かけ上の環状ブロック群とに大別できる。前者は複数「世帯」の集合形態、後者は石器製作空間（個体消費空間）と見なし得る。

　関口によれば、白倉下原遺跡A区の石器群は、「ナイフ形石器2点、台形様石器13点（接合後11点）、局部磨製石斧3点（接合後1点、刃部破片1点）、スクレイパー2点、二次加工のある剥片7点、石刃6点、石核17点、剥片232点、砕片107点、敲石11点（接合後4点）、礫器1点、台石2点」の計403点である。2点の基部加工尖頭形石刃石器（尖頭形石器）は黒色頁岩と黒色安山岩製であるが、石刃は3点が硬質泥岩製である。小型剥片石器類にも黒色安山岩が多用されているが、形態は安定していない。母岩別接合資料から見ると、A1ブロックは東西2群に分かれ、東群はA2ブロックと、西群はA5、A6ブロックと頻繁な接合関係をもっている。

　A区から100mほど西側のB区の石器群は、黒色安山岩を主体とするA区と異なり、黒曜石を主体とする「ナイフ形石器5点、台形様石器10点、局部磨製石斧1点、スクレイパー12点、ドリル2点、二次加工のある剥片6点、石核6点、石刃9点、剥片43点、砕片25点、敲石1点」の計120点からなる。尖頭形石器はすべて黒色頁岩製剥片を素材とした一側縁加工のものである。「台形様石器」には厚みのある縦長剥片を横位に切断した素材に急角度の加工を施したものがある。黒色頁岩の母岩が比較的多くなっている。

　天引狐崎遺跡の第1ブロック群の石器群は、「ナイフ形石器1点、台形様石器18点、スクレイパー1点、楔形石器1点、使用痕のある剥片8点、石核19点、剥片269点、砕片209点、敲石6点、砥石1点、台石1点」の計534点である。硬質頁岩製のナイフ形石器は二側縁加工で、外から搬入されたものである。「台形様石器」はほとんど黒曜石の縦長剥片か小型石刃を素材とするもので、周縁全体に二次加工が施された尖頭形石器あるいは「ペン先形」の範疇のものを筆頭に、尖頭形のものが多

第Ⅴ章 後期旧石器時代型構造の形成 137

天引向原遺跡A区

天引狐崎遺跡第1ブロック群

白倉下原遺跡A区

白倉下原遺跡B区

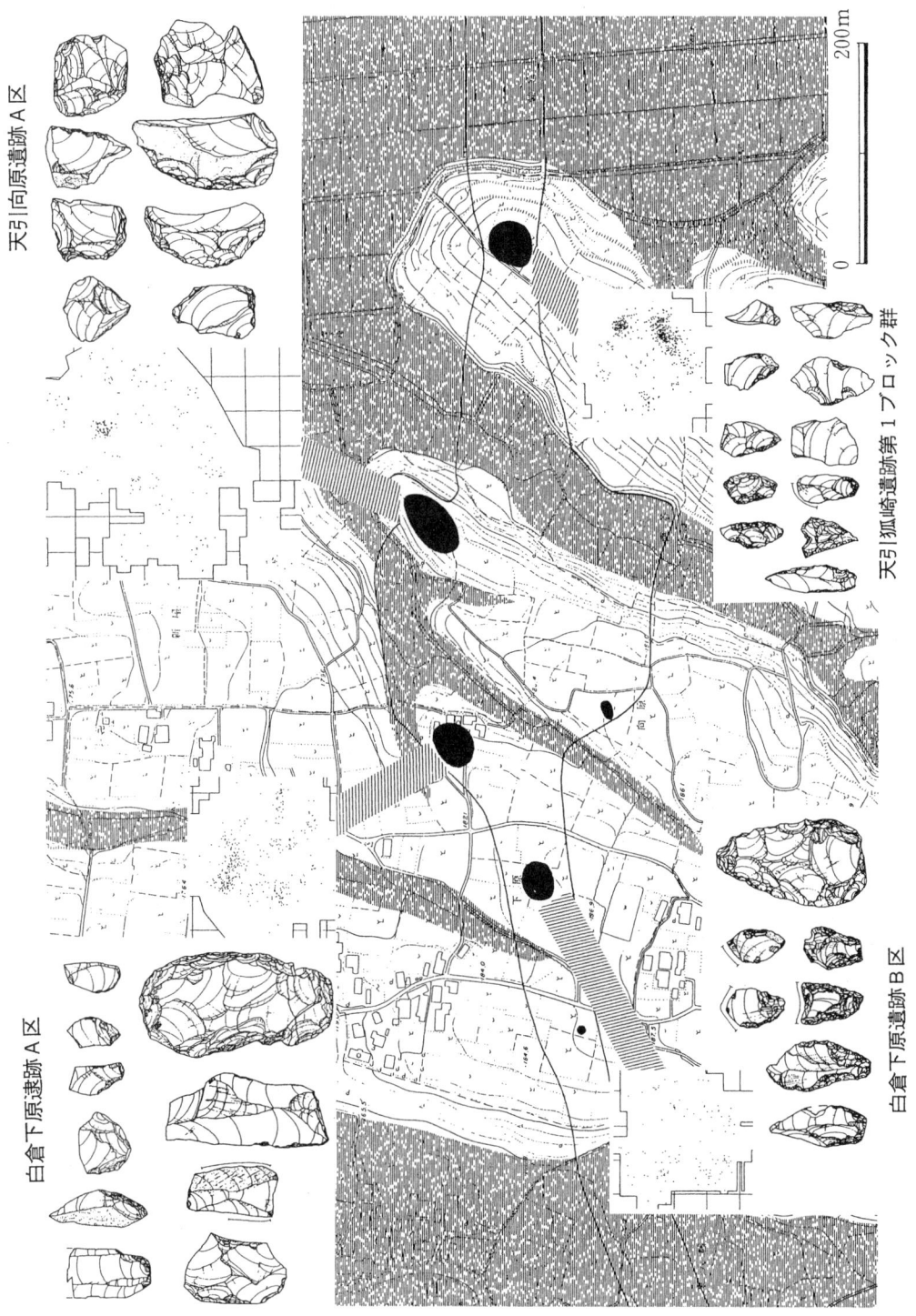

図50 群馬県鏑川流域の遺跡群（関口編 1994から転載）

い。佐藤宏之のいう「精製石器」も含んでいる。

天引向原遺跡A区の石器群は、「ナイフ形石器3点、台形様石器3点、スクレイパー4点、楔形石器1点、二次加工のある剥片1点、石核20点、砕片66点、敲石3点、台石4点」の計268点である。ナイフ形石器は黒色頁岩、黒色安山岩、珪質頁岩の厚みのある縦長剥片を素材としており、一括できないほど技術形態的に多様である。チャート製のものは外から搬入されたものである。

関口は鏑川流域の遺跡群を白倉下原遺跡A区・天引狐崎遺跡→白倉下原遺跡B区→天引向原遺跡B区という変遷で捉えているが、尖頭形石器とナイフ形石器の前後関係から考えて、天引狐崎遺跡は白倉下原遺跡B区並行かその後が妥当と思われる。鏑川流域では各時期を通じて八風山産（および荒船山産）の黒色安山岩を素材とした小型剥片の生産に偏った剥片石器モードが卓越していた。尖頭形石器やナイフ形石器は携帯品として搬入されていたようで、石刃の生産は見られなかった。なお、黒曜石も霧ヶ峰産という分析結果が出ており、長野県側との交通が強く示唆されている。

以上、この節では愛鷹・箱根山麓に始まって、次第に東北方向に地域を移しながら関東地域における前半期の石器群の変遷を追ってきた。この過程で明らかになったのは、この地域では素刃石器・端部整形石器・台形様石器などの小型剥片石器モードに始まり、尖頭形石器を加えて次第にナイフ形石器へと移行していった全体的な流れが認められる一方で、東北方向へ移るにつれて石刃石器モードの様相が強まる傾向である。こうした二つの流れは後期旧石器時代前半期石器群に見られた西南日本と東北日本との地域性の間接的な反映でもある。

第2節　その他の地域の後期旧石器時代前半期

この節ではまず特異な状況にある北海道の石器群を、次いで石刃石器モードの卓越する東北方面の石器群を検討してから、剥片石器モードが卓越し石刃石器モードの出現が遅れた西南方面の石器群へと視点を移し、小型剥片石器モードと石刃石器モードとの列島規模での二項性を確認したい。

1　北海道

旧石器時代全体を通して本州とは異なった変遷を示す北海道においても、先に簡単に触れたように（81頁参照）、細石刃石器群以前に位置づけられる石器群に二項性らしきものが認められる。北海道では始良Tn降下火山灰（AT）層が確認できないため、本州のようなATを目安とする前半期／後半期という時期区分は行われない。一応の目安としては恵庭a降下火山灰層（16,000～17,000BP）があるのだが、最近、この火山灰層の下位から細石刃石器群が検出されて約2万年前に年代づけられたので、細石刃石器群の以前／以後という画期も相対化してきている。

細石刃石器群以前に位置づけられる石器群には石刃技法以外に、剥片石器モードに一般的に見られる4種類の剥片剥離法、すなわち打点を連続的に横に移動するもの（盤状横打石核）、打点を両面に交互に入れ替えるもの（チョッピングトゥール状石核）、打点を周縁に沿って移動するもの（円盤状石核）、打点を次々に変えていくもの（サイコロ状石核）がある。山原敏朗は北海道におけ

る「台形様石器」を伴う石器群を集成し、「台形様石器」を 4 類に分けた（山原 1993）。主要なものは、古くから知られた祝梅三角山遺跡出土のような北海道に特徴的な a 類と、「米ヶ森型台形様石器」と関連するという c 類である。桔梗 2 遺跡で多く認められた b 類は「立野ヶ原遺跡群」出土のものに類似し、基部加工で尖頭形の d 類は出土例が少なく由来がわからないともいう。筆者はかねがねこれらの石器は本州以南の台形様石器とは違った名称で呼ぶべきだと思っていたが、最近田村隆が一括して端部整形石器―端部整形刃器・端部整形尖頭器―の範疇に入れている（田村 2001）。こうすることで、北海道では狭義の台形様石器が未発達であったことが浮彫りになる。

山原はその後に十勝地方の当該石器群を 3 群、すなわち、「台形様石器」を主体的にもつ A 群―勢雄遺跡Ⅱ区Dブロック、共栄 3 遺跡、嶋木遺跡東地点―、掻器を主体的にもつ B 群―嶋木西地点、南町 2 遺跡スポット 1 ―、石刃（技法）をもつ C 群―空港南 A 遺跡、上似平遺跡下層、勢雄遺跡Ⅰ区―に分け、編年的にはこの順で進展したという考えを提示した（山原 1996）。山原はまた、C群の石刃技法は大陸由来のものであって、それ以前にうかがえる石刃技法とは別系統としている。十勝地域では検出されていないが、この後に広郷 8 遺跡 a ブロックや神丘遺跡 B 群（D 群）が介在して細石刃石器群に移行するともいう。

山原が本州をにらんで編年を行ったのとは対照的に、木村英明はシベリアのマリタ遺跡の石器群を念頭において編年を行っている（木村 1994）。木村は細石刃石器群以前と考えられる北海道の石器群を、「切り出し形ナイフ」を特徴とする黒曜石主体の剥片石器の一群（祝梅三角山）、各種の石材を使う剥片（石器）主体の石器群（美沢 10 など）、大量の掻器に、細石刃・細石刃核が伴う可能性が指摘されている石器群（嶋木）、「広郷型ナイフ形石器」に各種の掻器が伴う石刃技法を技術基盤の一部にもつ石器群（広郷 8、神丘 2）、「立野ヶ原系石器群」や「米ヶ森型ナイフ」に関連するといわれる小型のナイフ状石器（台形様石器）を特徴とした剥片石器群（桔梗 2、共栄 3）、石刃技法と「剥片」技法とが共存する珪質頁岩製の石器群（岐阜 2）、細石刃をもつ石器群（越川）に整理したうえで、大きく 3 段階、すなわち嶋木石器群の段階、祝梅三角山→共栄 3・桔梗 2 石器群の段階、広郷 8・神丘 2 石器群の段階に編年した。木村編年の特徴は、縦長剥片（石刃）が必ずしも明瞭ではないが縦長剥片（石刃）用の石核がある嶋木、およびそれに続く段階に編年される帯広空港南 A、勢雄、上似平などの石器群に伴出しており、岐阜 2 石器群に確かな姿がある定形的な石刃とそのための石核―しかも始原的な小口型石核―を指標として、マリタ段階に並行するものとしていることである。木村編年に見られる石刃石器モード→小型剥片石器モード→石刃石器モードという変遷観は受け入れ難いが、日高山脈を境とした道西部と道東部の地域性という視点は当該期の北海道の石器群を理解する際の〈カギ〉となろう。

他方、先に言及した全国編年案で予察を行っていた佐藤宏之は、改めて本州の前半期石器群の変遷を念頭において他者とまったく異なる変遷観を提示している（佐藤 2003）。すなわち、①後期旧石器時代を遡る可能性のある石器群として、忠類村ナウマン象化石包含層出土の「石器」、歌登町採集の「石器」、南茅部町臼尻 B 遺跡の深堀トレンチ下部層発見の「石器」、木古内町釜谷 4 遺跡出土資料、美唄市光珠内町採集の削器、下川町ルベの沢下層、②後期旧石器時代成立期（武蔵野編年 X 層段階）の石器群として、更別町勢雄遺跡、帯広市上似平遺跡下層「先土器Ⅱ期」石器群、同帯

広空港南A遺跡、幕別町札内Nスポット1～3、白滝村奥白滝1遺跡「白滝Ⅰ群」、③後期旧石器時代前半期前葉（武蔵野編年Ⅸ層段階）の石器群として、清水町共栄3遺跡Ⅴ層、函館市桔梗2遺跡、千歳市祝梅下層三角山地点、④後期旧石器時代前半期後葉（武蔵野編年Ⅶ～Ⅵ層段階）の石器群として、千歳市柏台1遺跡、帯広市川西C遺跡、上士幌町嶋木遺跡、千歳市丸子山遺跡下層石器群、同メボシ川2遺跡、常呂町岐阜2遺跡、長万部町オバルベツ2遺跡、今金町神丘2遺跡、白滝村上白滝7遺跡を列挙している。

先に述べてきたように、本州においてはおおむね武蔵野編年でⅩ層→Ⅸ層→Ⅶ層といった段階的変遷が妥当していた。しかし筆者の少ない知見からも、木村のいうように北海道の特殊事情と層位的出土例や理化学的年代測定例がないに等しいような状況なので、佐藤がいうような段階変遷が妥当なのか、筆者は確信がもてない。ただし佐藤が指摘したように、渡島半島に見られる東北地方から北上したと思われる基部加工尖頭形石刃石器群（尖頭形石器）との接触を契機として、広郷型尖頭形石器（広郷型ナイフ形石器）群が形成された、という視点は重要である。

北海道の混沌とした状況を反映して四者四様の見方であるが、そして筆者にも確固とした見解はないのであるが、小型剥片石器と石刃石器の二項的モード、道西部と本州および道東部とシベリアとの関係性が北海道においては構造変動論の前提であろう。さらに踏み込んでいえば、北海道においても、小型剥片石器を埋め込んだ槍（田村 2001）→尖頭形石刃（尖頭形石器・ナイフ形石器・剥片尖頭器・広郷型尖頭形石器など）を着柄した槍(安斎 1997、2000)→槍先形尖頭器を着柄した槍→細石刃を埋め込んだ槍→弓矢といった、狩猟具の一般的な変遷観が妥当するのか、それとも地域的な特異性が見られたのかどうかが問題である。

2　東北地方

東北地方における後期旧石器時代開始期前後の石器群の様相はいまだはっきりしない。その最有力候補は岩手県峠山牧場Ⅰ遺跡B地区第1遺物集中区の石器群である（吉田編1996）。報告書ではチャートとされているが、石材の主体は碧玉・玉髄・メノウ類である。後期旧石器時代を通して頁岩が主体のこの地域にあって異色である。石器は石核3点（円盤状・サイコロ状・ポジの剥離面から貝殻状小型剥片を剥離するタイプ）、斜軸尖頭器状削器1点、端部整形石器（プロト・米ヶ森型小型剥片？）数点、基部加工尖頭形剥片石器（あるいは端部整形尖頭器）2点などで構成される。後者の2点は基部を茎状につくり出したいわゆる剥片尖頭器を思わせるが、素材や加工技術が後世の物と微妙に異なっている。こうした諸点は報告書からはうかがい知れないので、各自実物を見ての再検討が必要である。

さて、本題に入る前にまずは石刃技法の発展という伝統的な基準をよりどころとする柳田俊雄の近年の編年案を見ておこう。柳田は当該期を4期に区分している。

　　Aグループ：福島県平林遺跡・（宮城県座散乱木遺跡9層）・（同宮城平遺跡）。
　　Bグループ：秋田県風無台Ⅱ遺跡・同松木台Ⅱ遺跡・同地蔵田B遺跡・岩手県上萩森遺跡・同大
　　　　　　　台野遺跡Ⅱb層・福島県上悪戸遺跡。
　　Cグループ：秋田県風無台Ⅰ遺跡・同松木台Ⅲ遺跡・同小出Ⅰ遺跡・岩手県下成沢遺跡・山形

県岩井沢遺跡・福島県笹山原A遺跡。
　Dグループ：秋田県此掛沢Ⅱ遺跡・同下堤G遺跡・岩手県愛宕山遺跡・福島県成田遺跡・同笹山原No.8遺跡。
　C・Dグループを武蔵野台地Ⅸ層並行期として捉えている（柳田 1995）。
　柳田編年案に対しては、個々の遺跡の編年的な位置づけだけでなく、全体構造に関わる二つの問題が指摘できる。Aグループは「藤村石器」を排除しても平林遺跡が残る。筆者もかつてその石器群をいわゆる「移行期」石器群として言及したことがある（52-54頁参照）。報告書（木本・ほか 1975）および福島県立博物館で実際に石器を観察した経験から、次のように記述し解釈した。「平林を代表するというⅠ類からⅢ類の石核のうちⅢ類のルヴァロワ型石核とⅡ類の円盤形石核は、斜軸尖頭器石器群の終末段階で高度に発達した円盤形石核の退行化形態であろう。Ⅰ類は石子原遺跡のⅠ類とⅡ類、すなわち〈祖型石刃石核〉と祖型の盤上連続横打石核に対応する。確かにⅠ類の石核類はこの遺跡の剥片剥離生産技術を特徴づけているが、それ以上に重要なのが盤上連続横打石核と、石子原型〈祖型石刃石核〉とは別種の〈祖型石刃石核〉であろう。前者には山方遺跡で詳細に説明した〈反転横打剥片石核〉も含まれており、素刃石器の素材が剥離されている。後者は角柱状あるいは板状の石材を素材として、その小口ないし稜の部分から1〜3枚の厚手の縦長剥片を剥離している。連続横打剥離痕と縦長剥離痕とが同一個体に見られる例もあり、これも山方遺跡例を連想させる。しかし、ここでは長幅比150以上の縦長剥片が30点（11.8％）出ているものの、多くは不規則で特定の石器の素材として意図的に生産されたものではない」（安斎 1988）と。また、筆者の視点からはBグループは必然的に武蔵野台地Ⅹ層並行期に位置することになる。そうすると柳田編年では、Aグループにおいて現象化した剥片の「縦長指向性」がBグループで途絶え、Cグループになって石刃技法が唐突に現れたことになる。さらにまた、柳田案ではAT下位の石器群から武蔵野台地Ⅶ層／Ⅵ層下部並行期の石器群が欠落することになる。
　ところで、東北地方では秋田県七曲台に分布する遺跡群（風無台ⅠとⅡ遺跡、松木台ⅡとⅢ遺跡）に見られるように、小口型（岩井沢型）石刃技法に生産基盤をもつ石刃と尖頭形石器（基部加工尖頭形石刃石器）を保有するグループと、連続横打（米ヶ森）技法に根拠づけられた小型剥片製石器類（端部整形石器・台形様石器など）を保有するグループに二分され、その集合的・二項的構造が関東地方の後期旧石器時代前半期にきわめて近似していることが知られてきた。田村隆は古・中・新の3段階の変遷過程を予測し、松木台Ⅲと風無台Ⅱ・松木台Ⅱの二項的推移群を「古」に、岩手県上萩森遺跡相当を「中」に、風無台Ⅰと秋田県米ヶ森遺跡相当を「新」に位置づけ、その後に山形県金谷原遺跡段階を画期として、東北地方日本海側の石器群は二項性の潜在化という構造変化を媒介として、石刃製石器群（巡回群）への純化が図られた、と解釈した（田村 1989）。すなわち、東北地方の前半期から後半期への変遷過程を「石刃石器群と台形様石器群の推移的構造」から「石刃石器群の巡回的構造」への転換過程として捉えたのである。

(1) 福島県笹山原遺跡群
　猪苗代湖の北西に位置する笹山原A遺跡と笹山原No.8遺跡は柳田俊雄によって1988年と1989年に調査された。A遺跡からは「ナイフ形石器、彫刻刀形石器、スクレイパー、敲石、石核、剥片、砕

図51 福島県笹山原A遺跡出土の石器群（柳田 1995から転載）

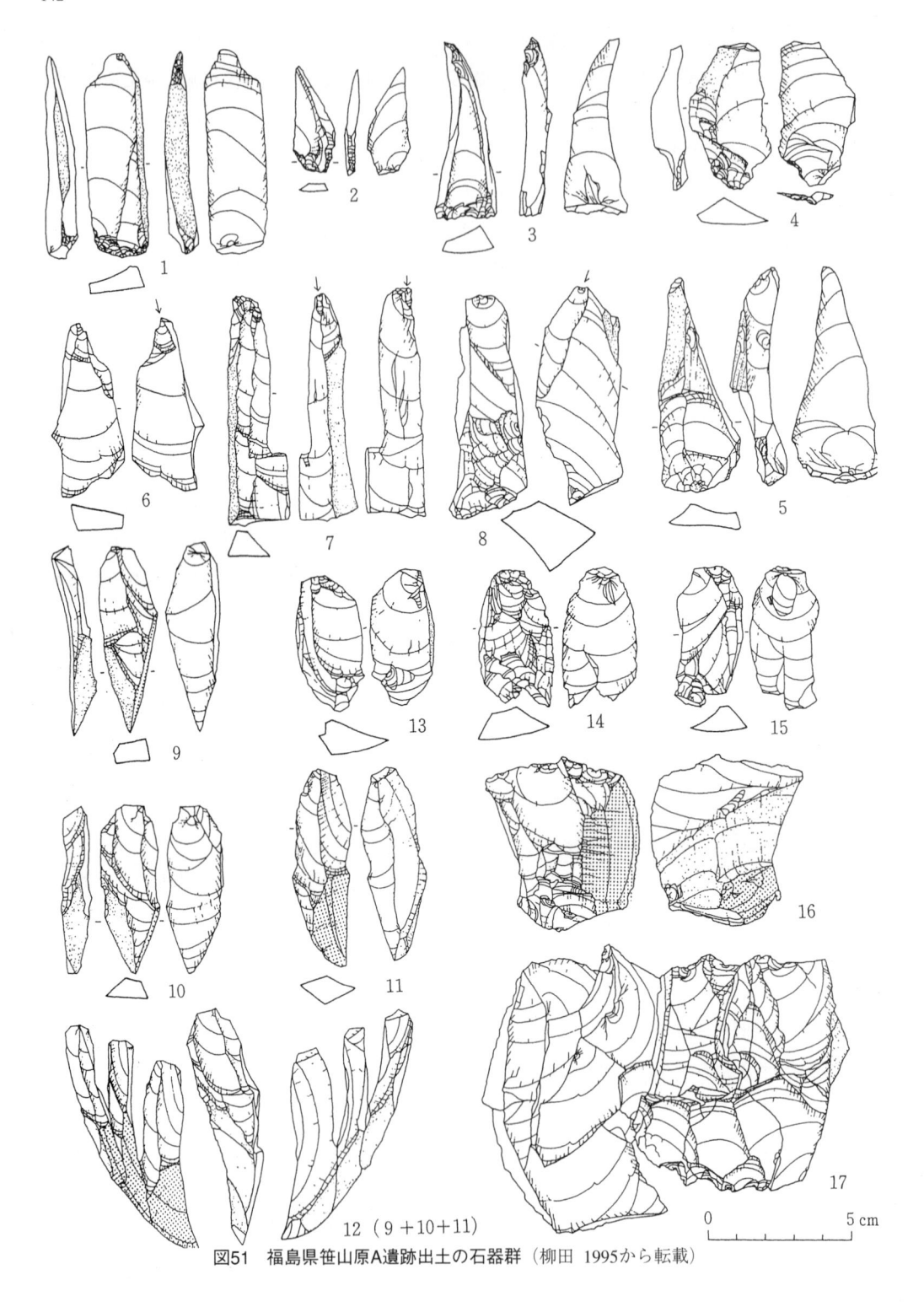

片類」が約850点（図51）、そしてNo.8遺跡からは「ナイフ形石器、ペン先形ナイフ形石器、台形石器、類米ヶ森型台形石器、錐形石器、スクレイパー、石斧、敲石、磨石、石核、剥片、砕片類」が216点（図52）検出された。柳田は前者をCグループに、後者をDグループに編入した（柳田 前掲論文）が、石刃および石刃素材の尖頭形石器の形態とその他の組成石器から見て、A遺跡石器群は武蔵野台地Ⅹ層上部、No.8遺跡石器群はⅨ層中～上部並行期と考えられる。いずれの石器群も石刃モードが卓越している。

(2) 秋田県七曲台遺跡群

秋田市南郊で雄物川に合流する石見川が形成した河岸段丘である七曲台面に、風無台Ⅰ遺跡とⅡ遺跡とが谷を挟んで約250m離れて、また風無台Ⅱ遺跡と松木台Ⅱ遺跡が同一台地上で約120m離れて存在する（大野・ほか編 1985）。さらに谷を挟んで松木台Ⅲ遺跡がある（大野・ほか編 1986）。四つの遺跡の石器群を出土層位から年代づけすることは困難である（図53）。報告者の大野憲司は風無台Ⅱ遺跡と松木台Ⅱ遺跡を同時期として捉え、その後の研究者もこの見解を踏襲しているが、ここではその差異を強調しておく。

大野によれば、松木台Ⅱ遺跡の石器群は径12mの円形を成す単一ブロックを形成し、「定形的な石器は71点で、その内容は、台形様石器51点、掻器11点、その他の石器9点である」。すべて頁岩の小型剥片製石器類で特徴づけられる。端部整形石器を中心として、少数の素刃石器と技術形態学的に不安定な台形様石器からなる。掻器とされている石器も小型剥片にそれらしい加工が見られるものを除いて、掻器としてのカテゴリー化は難しい。大野が、「あるいはこのようなものがナイフ形石器といえるのかもしれない」とした3点は、端部整形尖頭器である。

風無台Ⅱ遺跡の石器群も径12mの円形を成す単一ブロックを形成し、定形的あるいは分類可能な石器は、「台形様石器60点、掻器4点、ハンマー・ストーン1点、その他の石器20点である」。頁岩のほかに、黒曜石4点とチャートの母岩2点とハンマー・ストーンに砂岩が用いられている。大野が「台形様石器」の製作工程を復元して描いているように、「台形様石器」は定形化して数も多い。Ⅱ類としたもののなかに田村隆のいう端部整形石器・端部整形尖頭器を多く含む。報告書の図に掻器らしきもの2点が見られる。

以上の二つの石器群には石刃技法の痕跡が認められない。

松木台Ⅲ遺跡の石器群は径15～20mの不正円形をなす二つのブロックを形成し、定形的な石器は、「ナイフ形石器32点、掻器31点、削器2点、彫刻刀形石器1点」である。打面調整と作業面調整の見られない単純な工程の石刃技法を主にするが、横長剥片を剥離する技術も同居する。石刃石核のリダクションあるいは動作の連鎖はいまだ一貫性に乏しい。横長剥片の剥離で大野が注目していた資料、すなわち「広い板状の一側辺から自然面を打点として打点を左右に移動させながら下端に明瞭な面としての底面を持つすい横長の剥片を剥離し、最後には90度打面を転移して両設打面による縦長剥片を剥離している。この作業の終盤までに得られた底面を持つすい横長剥片がどのような石器の素材となったのかは、これを素材とした石器が検出されていないのでわからない」と記述していたものは、〈盤状連続横打剥片石核〉系の「プロト・米ヶ森技法」と見なせよう。尖頭形石器は、次に記す風無台Ⅰのものに比べ幅が広くて先端が平縁や傾斜するもの―大野は「東山型ナイフ

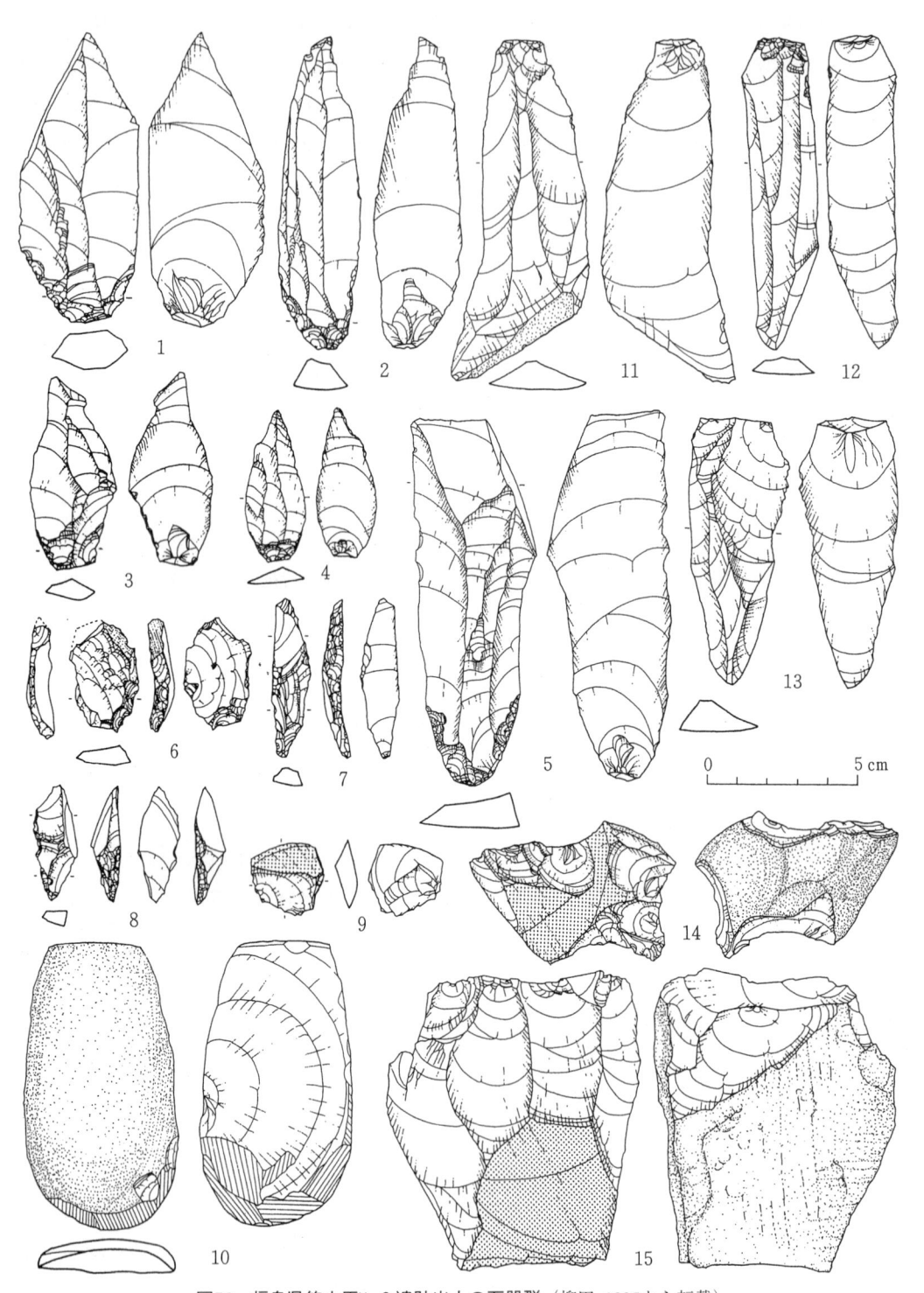

図52　福島県笹山原No.8遺跡出土の石器群（柳田　1995から転載）

形石器」を連想しているが「一応ここでは新しい型のナイフ形石器としておきたい」と記述している―が顕著である。搔器とされたものに典型的な例はなく、鋸歯縁石器や端部整形石器などに再分類できそうである。

風無台Ⅰ遺跡の石器群は径12mの円形を成す単一のブロックを形成し、定形的な石器は「ナイフ形石器16点、搔器9点、石斧1点、台形様石器5点、二次加工のある剥片2点」である。石刃560点を含む遺物総数は6,212点で、石斧とされた1点を除いて合計28個の硬質頁岩の母岩から打ち剥がされたものである。大野によれば、ここで応用された石刃技法には打面調整と作業面調整は見られないが、頭部調整は頻繁に行われて、中型・小型（5〜2.5cm）・極小型石刃を連続剥離していた。中型の石刃が尖頭形石器の素材になっている。良好な石刃が選ばれているが、それでも石刃の形態と基部の加工は安定性に欠けている。「台形様石器」とされた5点も技術形態的に統一性がないが、石刃素材の台形石器が1点含まれる。搔器とされたものは1点を除き、小型剥片の先端部に微小剥離の見られるもので、"真正の"搔器ではない。石斧とされたものは8cmほどの半両面加工の扁平な楕円礫である。

七曲台遺跡群に見られた以上のような小型剥片石器モードと石刃石器モードの二項的あり方が融合し、ついには石刃石器モードに一極化する過程については次章で触れることにする。

3　信越地方

列島中央部の日本海側の編年的整備は、太平洋側とは対照的に今日においてもいまだ十分ではない。最近、佐藤雅一が長年にわたって調査を行ってきた信濃川中流域に形成された津南段丘上にある諸遺跡出土の石器群を、第Ⅰ期から第Ⅳ期までの4群に大別して編年順に紹介している（佐藤2002）。AT下位の石器群として、第Ⅰ期の正面ケ原D遺跡、第Ⅰ期から第Ⅱ期への過渡期の胴抜原A遺跡と大原北Ⅰ遺跡をあげている。武蔵野台地Ⅸ層からⅦ層にかけての石器群で、大原北Ⅰ遺跡石器群はいわゆる「Ⅶ層石器群」である。

さらに西側には、2000年までに14次にわたる発掘調査が行われている野尻湖の立が鼻遺跡がある。1万点以上の骨化石に混じって石器類約250点、骨器・骨資料約100点が検出された「キルサイト」といわれている。中村由克によれば、下部野尻湖層Ⅲ（約4.8万年前）から上部野尻湖層Ⅰ（約3.3万年前）まで続いた「野尻湖文化」には、「骨製スクレイパー、ナイフ形石器、ヘラ形石器、骨製クリーヴァー、骨製基部加工剥片、スクレイパー、基部加工剥片」などが認められる（中村2002）。野尻湖西岸側の陸上では、仲町遺跡のほか、貫ノ木、照月台、清明台、大久保南、上ノ原、東裏、日向林B、吹野原Aなどの遺跡が点在しているが、石器群の細かな編年的位置は明確でない。

（1）新潟県正面ケ原D遺跡

遺跡は長野県境に近い新潟県の南西端、信濃川が形成した段丘である標高210〜370m、現河床からの比高60mの正面面にのっている。報告者の中村真理によれば、「AT降灰ピーク」の下位から検出された石器群（図54）は、「ナイフ形石器14点、彫器3点、石刃14点、石核5点（個体数2）、斧形石器35点（個体数19）、調整剥片99点、砕片301点、磨石1点」の計472点である（佐藤・ほか編2001）。「斧形石器」が凝灰岩系の石材を使っているのに対して、基部加工尖頭形石刃石器（尖頭形

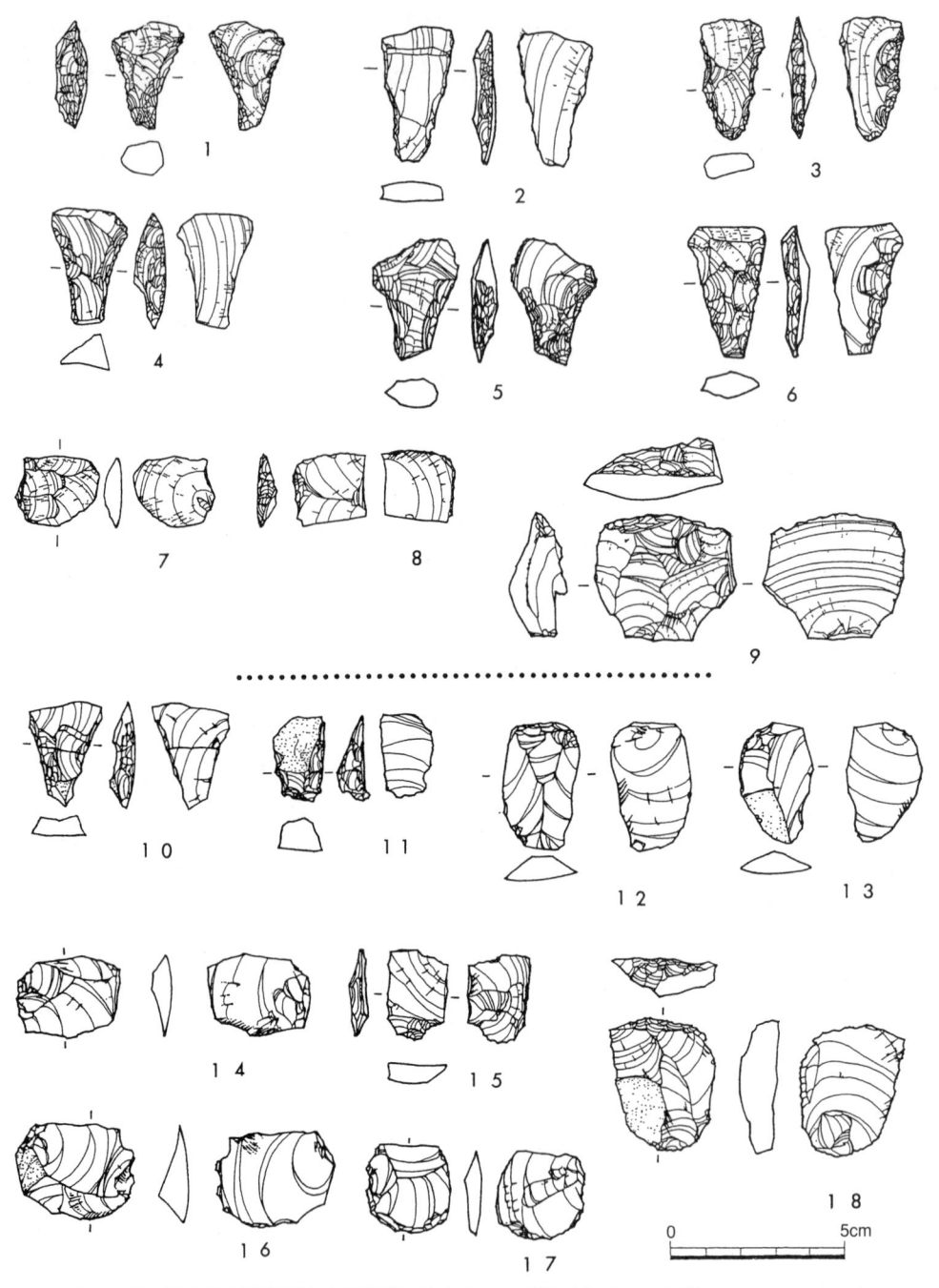

図53　秋田県七曲台遺跡群出土石器群に見られる二項性（大野・ほか編　1985、1986による）
　　1〜9：風無台Ⅱ遺跡
　10〜18：松木台Ⅱ遺跡
　19〜24：風無台Ⅰ遺跡
　25〜29：松木台Ⅲ遺跡

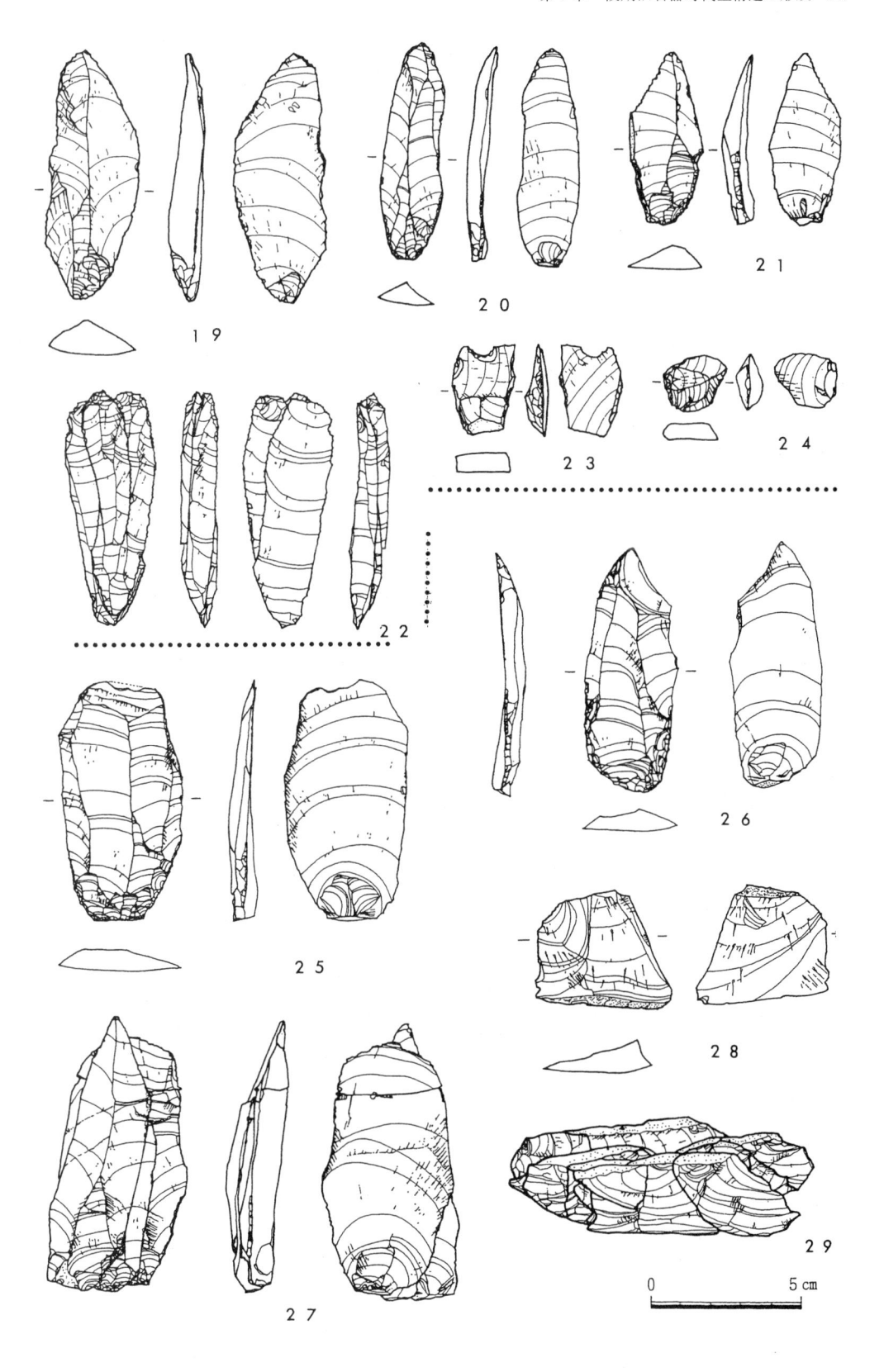

第Ⅴ章　後期旧石器時代型構造の形成　147

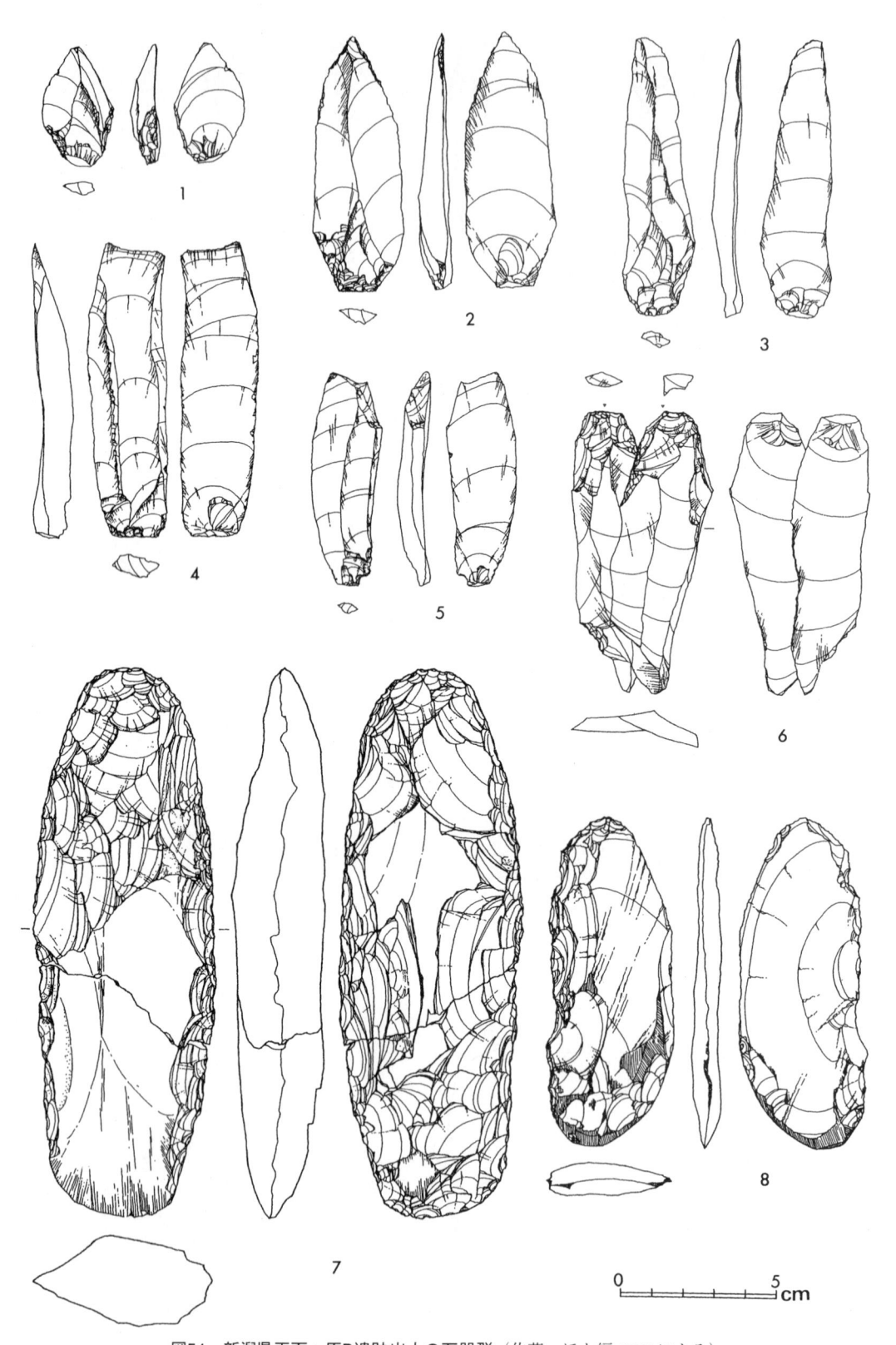

図54　新潟県正面ヶ原D遺跡出土の石器群（佐藤・ほか編　2001による）

石器）を主体とする石刃モード石器群（1～6）は主に頁岩を素材とし、ほかに安山岩と流紋岩が用いられている。石刃の長幅の平均は約7.8cm／3.1cmで、平坦打面である。彫器とされた3点は報告者自身が「典型的な彫器と呼び難いものを含んでいる」と記述し、「彫器の初期形態として扱うことができるのではないかと考えた」類のものである(5)。「ペン先型ナイフ形石器」とされた例(1)は石刃石核のリダクション過程で生じた寸詰まり剥片を素材とした尖頭形石器であって、端部整形尖頭器の系列である「ペン先形ナイフ形石器」―ちなみに端部整形刃器の特殊発展形態は「米ヶ森型台形様石器」である―とは別器種であることに注意を喚起しておきたい。すなわち、一方は石刃モードの石器であり、他方は小型剥片モードの石器である。

残核から推測される石刃技法や尖頭形石器の内容から先述の福島県笹山原No.8遺跡の石器群に対比できるが、本石器群に小型剥片モードの石器類を欠くことから若干新しくなるかもしれない。武蔵野台地Ⅸ層上部／上面あたりであろう。

津南段丘上の諸遺跡で垣間見られた東北日本の石器群と西南日本の石器群との結節現象と、小型剥片石器類を組成するより古い石器群の様相は、さらに西側の長野県野尻湖周辺でより明確で大規模な形で見られる。

(2) 長野県仲町遺跡

仲町遺跡は野尻湖西岸、立が鼻の西約300～400mの仲町丘陵上にある。1994年に行われた丘陵の北端の低い面（Ⅰ区）での発掘で、P列の灰褐色スコリア質砂礫層から「へら形石器、スクレイパー、基部加工剥片」など27点の石器類が出土した（図55）。小型剥片石器類もありそうである。「基部加工剥片」(2)は1979年に行われた発掘の際に出土していた石核と接合する。接合資料から縦長の尖頭形剥片が連続して剥離されていたことがわかる。無斑晶安山岩を主体に碧玉、黒曜石、安山岩が使われている。その上の上部野尻湖層褐色スコリア混じりシルト層からは約1.7cmの黒曜石製「小形ナイフ形石器」1点と剥片など8点が、さらに上位の砂質礫層（スナガラ）からは「ナイフ形石器、クサビ形石器、スクレイパー、ノッチ、石核、剥片」など20点が収納された（野尻湖人類考古グループ 1996）。最下層の石器群がおそらく移行期のものであることはわかるが、上層の石器群の特徴は石刃モードを基盤にしていること以外はっきりしない。

(3) 野尻湖周辺の遺跡群

上信越自動車道建設に関連して行われた大規模発掘により当該期の多数の遺跡が発掘され、大量の石器群が検出された。詳細な検討が今後行われるであろうが、ここでは調査と整理を担当した谷和隆と大竹憲昭の見解を借りた簡単な紹介にとどめておく。全体に堆積状況が比較的不安定なため、石器群の層位的な把握は大雑把なものにならざるを得ない。

日向林B遺跡は野尻湖の南西部に広がる丘陵地帯の南東端に位置し、千曲川・信濃川の水系に当たる。遺跡から出土した石器群は谷和隆によって「日向林Ⅰ石器文化」と「日向林Ⅲ石器文化」として報告された（谷編 2000a）。「日向林Ⅰ石器文化」はⅤb層が生活面と思われる。「斧形石器60点・台形石器59点・ナイフ形石器2点・搔器状石器276点・貝殻状刃器1176点・削器59点・抉入石器31点・鋸歯縁状削器50点・厚刃搔器123点・彫器29点・揉錐器31点・楔形石器11点・2次加工のある剥片114点・微細剥離のある剥片385点・剥片3276点・砕片3007点・石核255点・敲石14点・磨

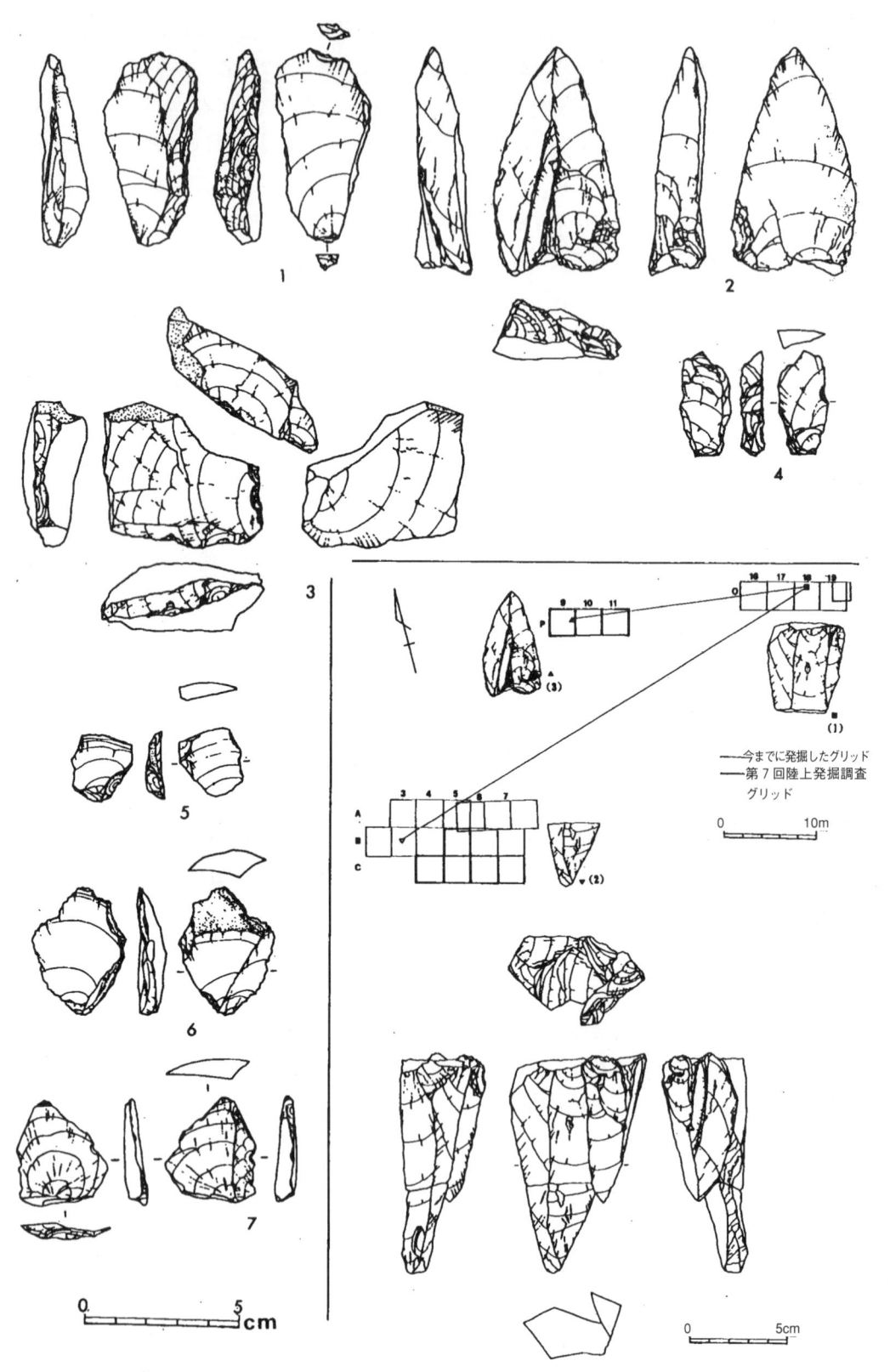

図55　長野県仲町遺跡Ⅰ区P列出土の「移行期」石器群（野尻湖人類考古グループ　1996による）

石4点・有孔石製品1点・砥石2点・斧形調整剥片15点・斧形石器刃部破片9点・斧形石器破片2点・石核破片1点・敲石破片2点・削器破片2点・砥石破片2点・原石3点」で、石器9,001点、礫74点という膨大な量の石器群である。「台形石器」は佐藤宏之の台形様石器分類のⅠ-a-2類およびⅠ-b-3類の一部、「貝殻状刃器」はⅠ-a-1類およびⅠ-b-1、Ⅰ-b-2類、「搔器状石器」はⅢ類を当てている。つまり、日向林B遺跡出土の石器群は、局部磨製石斧を多数組成した小型剥片石器モード―素刃石器・端部整形石器・台形様石器―の石器群であって、台形様石器が大型で様式化していること、小型剥片石器の各類型が同等に揃っていること、石刃石器モードを欠いていることの諸点が特徴である（図56、57）。非常に細身の尖頭形石器（基部加工尖頭形石刃石器）が1点だけ報告されているが、出土層位はⅢ層上部である。

裏ノ山遺跡・東裏遺跡・大久保南遺跡・上ノ原遺跡から出土した石器群は、谷和隆によって層位的に四つの「石器文化」に分けられている（谷編 2000b）。すなわち、「Ⅴb層の石器文化」（AT降灰以前）、「Ⅴa層の石器文化」（AT降灰前後）、「Ⅳ層の石器文化」（AT降灰以降）、「Ⅲ層の石器文化（旧石器時代末）である。AT降灰以前の石器群として次の石器群があげられている。

①「裏ノ山Ⅰ石器文化」：「斧形石器、台形石器、砥石」など少数の石器が検出されただけである。武蔵野台地Ⅸ～Ⅹ層段階。

②「東裏H1Ⅰ石器文化」：「ナイフ形石器、台形石器、貝殻状刃器、搔器状石器、石刃、斧形石器」など石器461点と礫10点が6ヵ所のブロックから検出されている。武蔵野台地Ⅸ～Ⅹ層段階。

③「大久保南Ⅰb石器文化」：「斧形石器、ナイフ形石器、台形石器、楔形石器」など石器568点と礫87点が19ヵ所のブロックと3基の礫群から検出されている。武蔵野台地Ⅸ～Ⅹ層段階。

④「大久保南Ⅰa石器文化」：「斧形石器、ナイフ形石器、楔形石器」など石器694点と礫20点が10ヵ所のブロックから検出されている。武蔵野台地Ⅸ～Ⅹ層段階。

⑤「上ノ原Ⅰa石器文化」：「ナイフ形石器、台形石器、彫器、楔形石器」など石器761点と礫18点が9ヵ所のブロックから検出されている。武蔵野台地Ⅸ～Ⅹ層段階。

⑥「上ノ原Ⅰb石器文化」：「斧形石器、ナイフ形石器、台形石器、貝殻状刃器、搔器状石器、楔形石器」など石器786点と礫96点が10ヵ所のブロックと1基の礫群から検出されている。武蔵野台地Ⅸ～Ⅹ層段階。

なお、東裏H2地点からは11ヵ所のブロックから6,542点の石器が検出されているが、大半が埋没自然流路内に堆積する砂礫層中からの検出で、AT下位石器群から縄紋時代の石器まで含んでいた。

遺物数の少ない裏ノ山Ⅰが剥片石器モードのみの表出であるほかは、剥片石器モードと石刃石器モードの二項性をよく表出している。石刃石器モードはもっぱら尖頭形石器（基部加工尖頭形石刃石器）で、ナイフ形石器が顕著になるのは次の「Ⅴa層の石器文化」（AT降灰前後）以降のようである。武蔵野台地Ⅹ層上部からⅨ層下部並行期に収まりそうである。

貫ノ木遺跡から出土した石器群は、大竹憲昭によって層位的に五つの「石器文化」に分けられている（大竹編 2000）。すなわち、「貫ノ木Ⅰ石器文化」、「貫ノ木Ⅱ石器文化」、「貫ノ木Ⅲa石器文化」、「貫ノ木Ⅲb石器文化」、「貫ノ木Ⅲc石器文化」である。石器群の性格としては「貫ノ木Ⅰ石器文化」が「Ⅴb層の石器文化」に、「貫ノ木Ⅱ石器文化」が「Ⅴa層の石器文化」にほぼ対応している。大

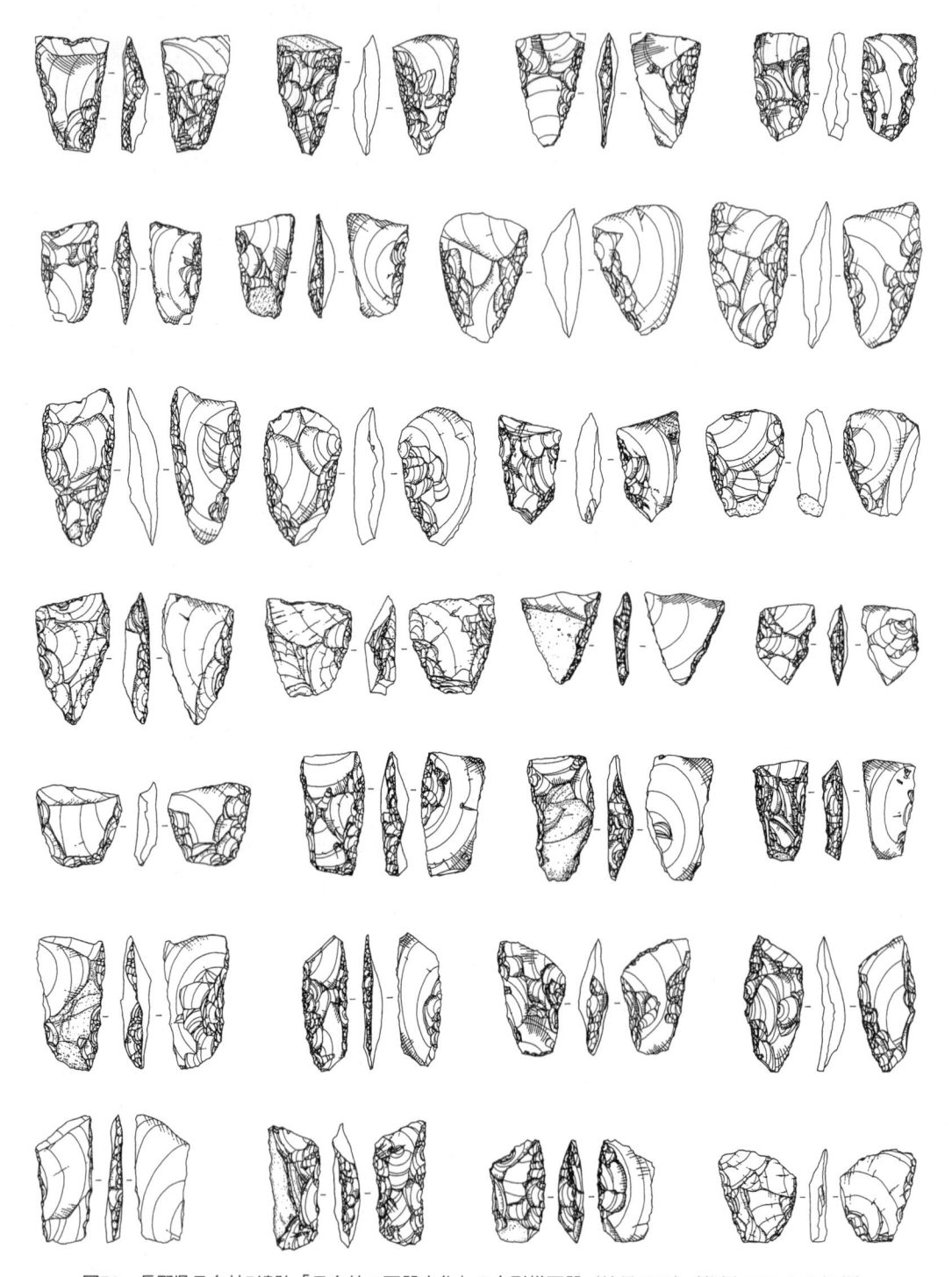

図56　長野県日向林B遺跡「日向林Ⅰ石器文化」の台形様石器（縮尺40%）（谷編 2000から転載）

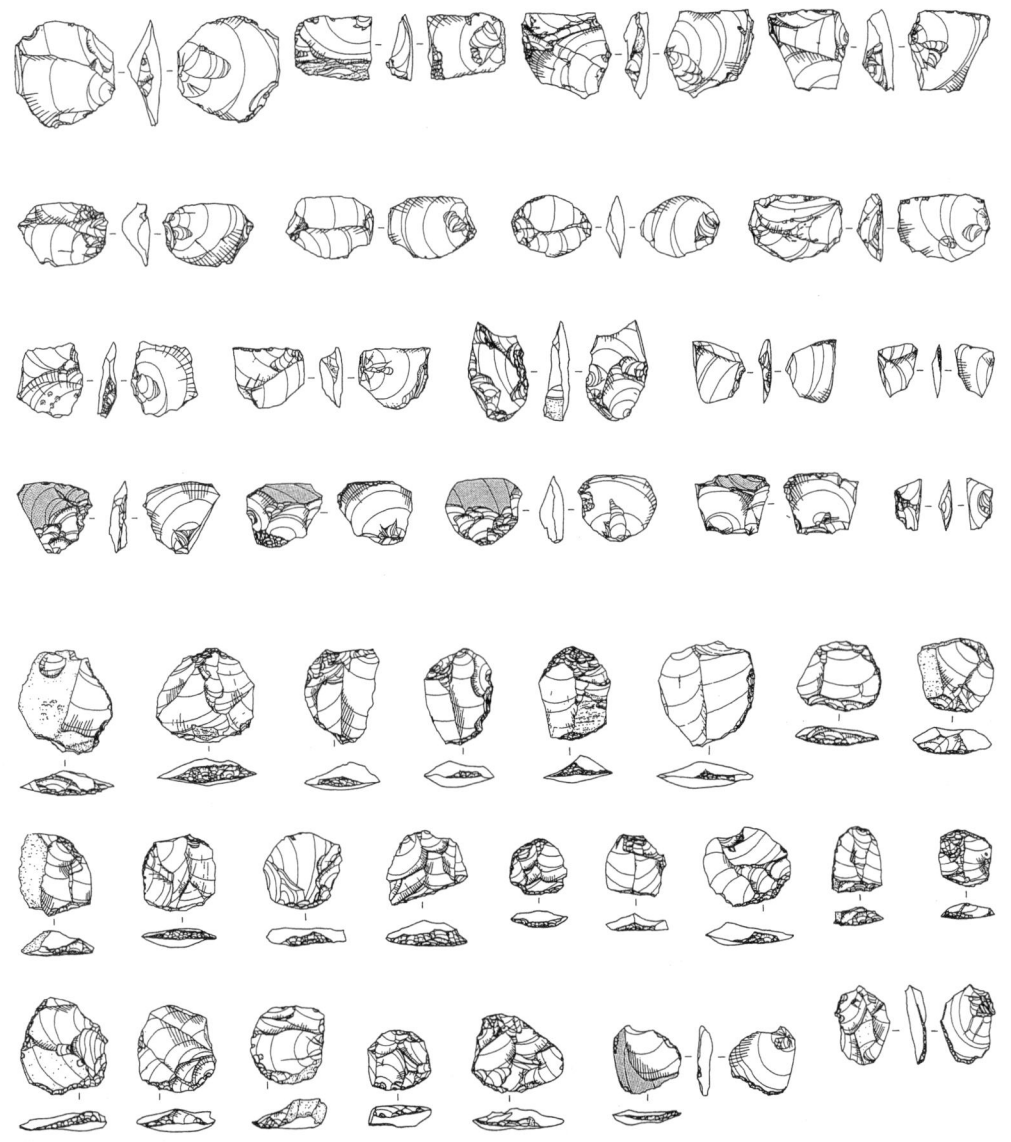

図57 長野県日向林B遺跡「日向林 I 石器文化」の端部整形石器（縮尺40%）（谷編 2000から転載）
谷和隆の「貝殻状刃器」（上）と「掻器状石器」（下）

竹によれば、「貫ノ木 I 石器文化」には第1地点で3ブロック、第2地点で13ブロック、第3地点で32ブロック、第4地点で47ブロックが属し、第3地点と第4地点に多い。第3地点は「ペン先型ナイフ形石器」が顕著で、第4地点は「基部加工のナイフ形石器」が顕著であるという（図58）。ここでも石器群は二項性を表出しているが、石刃石器モードは尖頭形石器で、ナイフ形石器が現れるのは次の「貫ノ木 II 石器文化」になってからである。ちなみにⅤb層の石器群の^{14}C年代値は3万2千年前頃が一つの目安になるようである。

4 近畿・中国地方

東日本と比べて西日本では石器群の変遷およびその研究状況が大きく違っている。石器群の変遷

154

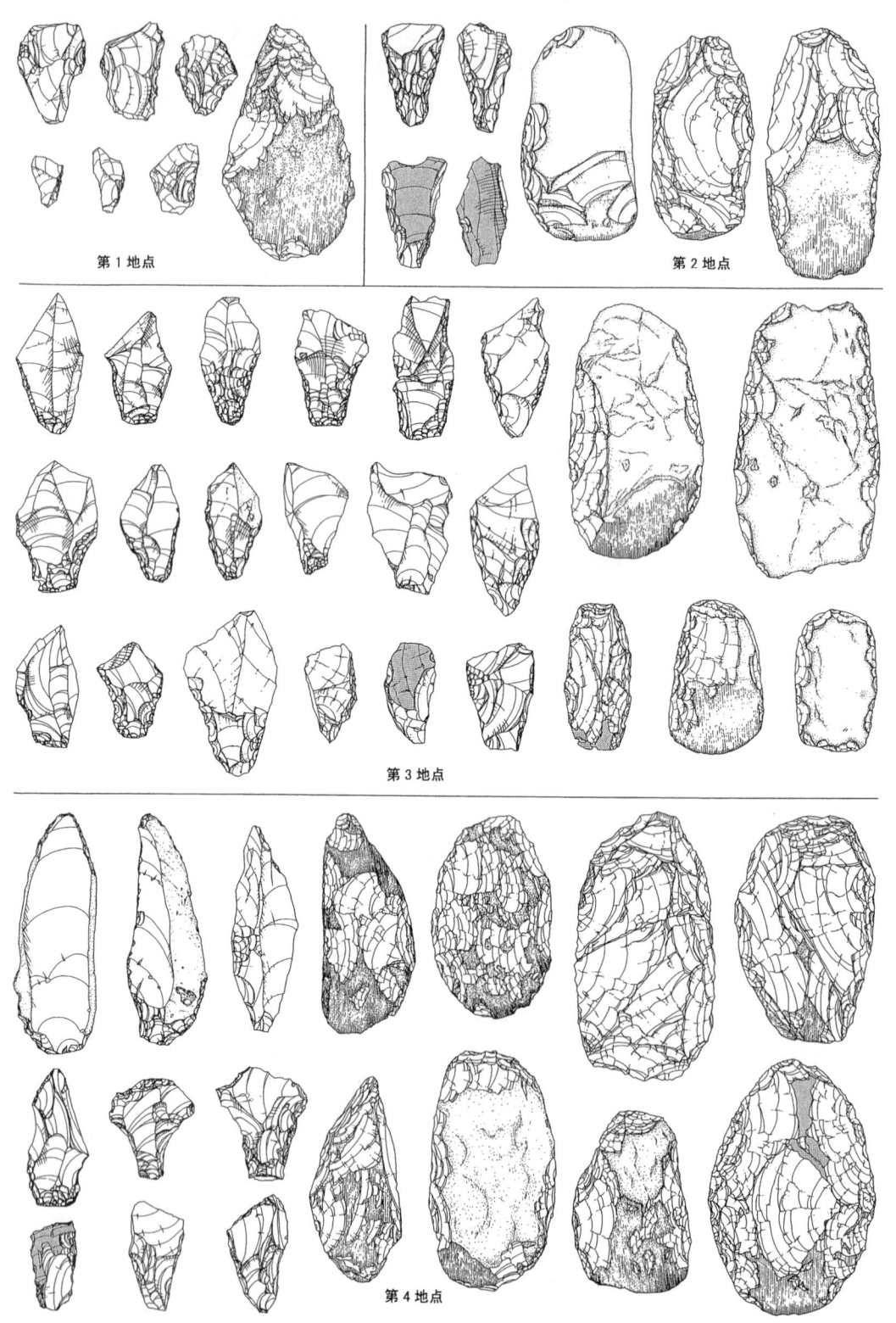

第1地点

第2地点

第3地点

第4地点

図58　長野県貫ノ木遺跡「貫ノ木Ⅰ石器文化」の石器群（縮尺42％）（大竹編 2000から転載）

に関しては石刃石器モードの出現が大幅に遅れ、とくに東日本の初源期に見られた「木口型」石刃技法と尖頭形石器が見られない。そして石刃技法とナイフ形石器の出現はAT直下の「暗色帯」の時期にずれ込んでいる。その研究状況では、近畿・中国地方では1980年代に集中して、現今は停滞気味である。

この地域では、1978年に行われた岡山県野原遺跡群早風A地点の調査でAT下位石器群の存在が明らかになって以降、とくに1980年代に集中的にその発掘調査が行われた。広島大学統合移転地の発掘調査に携わり、当該期石器群を検出・調査した藤野次史は、調査・整理が一段落した1989年に既存の当該期石器群を集成し、それらを4群に分類した（藤野1989）。藤野の分類では第1グループに「恩原遺跡最下層石器群、西ガガラ遺跡第1地点第3～5ブロック、毛割遺跡」、第2グループに「春日・七日市遺跡C地区上層石器群、同G・H区石器群、小林河原遺跡第1・2ブロック、鴻の巣遺跡、地宗寺遺跡、冠遺跡D地点」、第3グループに「法華寺南遺跡、溝口遺跡、春日・七日市C地区下層石器群、板井寺ケ谷遺跡下層石器群、戸谷遺跡第1地点、野原遺跡群早風A地点第Ⅰ期」、第4グループに「下本谷遺跡西側頂上部石器群、松ケ迫遺跡群」が属する。第4グループ→第2グループ→第3グループ→第1グループという変遷観であった。

第4グループが中期旧石器時代から移行期にかけての石器群、第1グループがAT直下の石刃石器モードの出現期（図60-22～25）に対応していると思われるが、第2グループと第3グループについては石器群の認識とその編年的位置づけについて再考を要する。たとえば、野原遺跡群早風A地点の石器群で見れば、Ⅰ期の石器群（図59）は、「ナイフ形石器を主体に、台形様石器、石斧（局部磨製を含む）、掻器、削器、彫器、楔形石器、敲石、槌石」で構成され、Ⅱ期の石器群（図60）は、「台形様石器、削器、石錐、楔形石器、使用痕ある剥片」などを組成するというのが藤野の認識であったが、筆者たちの最近の見方によれば、両石器群はいずれも剥片石器モードに属し、前者は端部整形石器（ナイフ形石器とされた石器は端部整形石器である）を主体とし、後者は台形様石器を主体としている。そのことから考え、それぞれ武蔵野台地Ⅹ層とⅨ層の時期であると思われる。今後、この地域の石器群は再編作業が必要である。

5　九　州

九州も近畿・中国地方と同様な状況にあったが、最近は新しい発掘調査例が増えてきて活況を呈し始めた。3万年前より古い火山灰（種Ⅳ）の下位から出土した種子島の横峯C遺跡と立切遺跡の石器類は剥片石器がきわめて乏しく、「九州本土の旧石器文化とは異質なり植物質食料に依存した旧石器文化として把握できる可能性」がある、「台石・敲石・磨石・礫器・砥石・斧形石器・鉈状石器」などで構成される、といわれている（橘1999）。南九州の地域性が古くからあったことを示唆する資料であるが、その解明はこれからの課題である。

(1) 学史的回顧

九州のAT下位石器群を検討する際に最初に取り上げなければならない重要な人物は池水寛治である。1966年に池水は鹿児島県上場遺跡を発掘した。第2層からは爪形紋土器を伴う細石刃石器群が、第3層からも細石刃石器群が出ている。第3層出土の「その他の石器」として2点の注目すべ

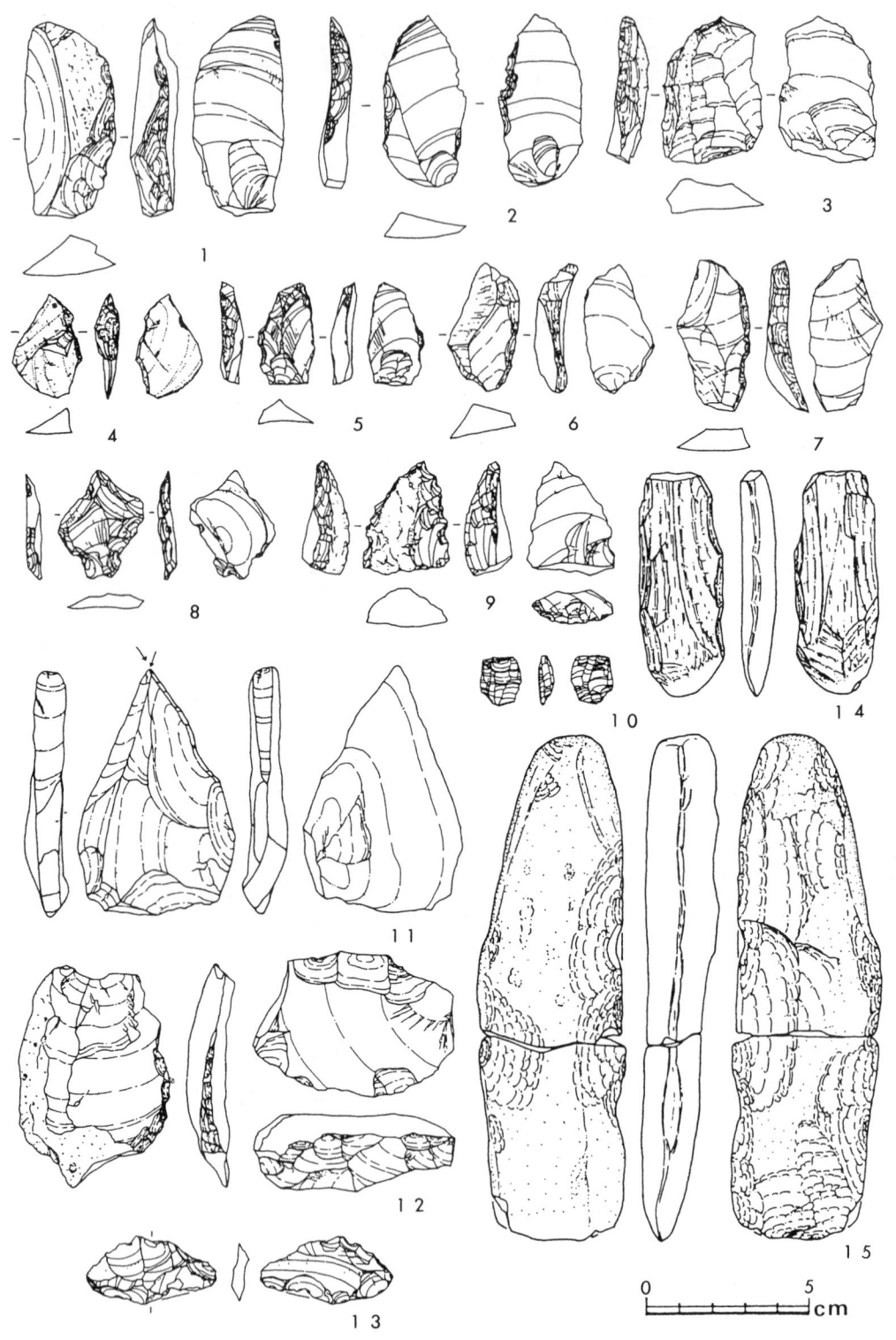

図59　岡山県野原遺跡群早風A地点出土の石器群（Ⅰ期）（藤野 1989から転載）

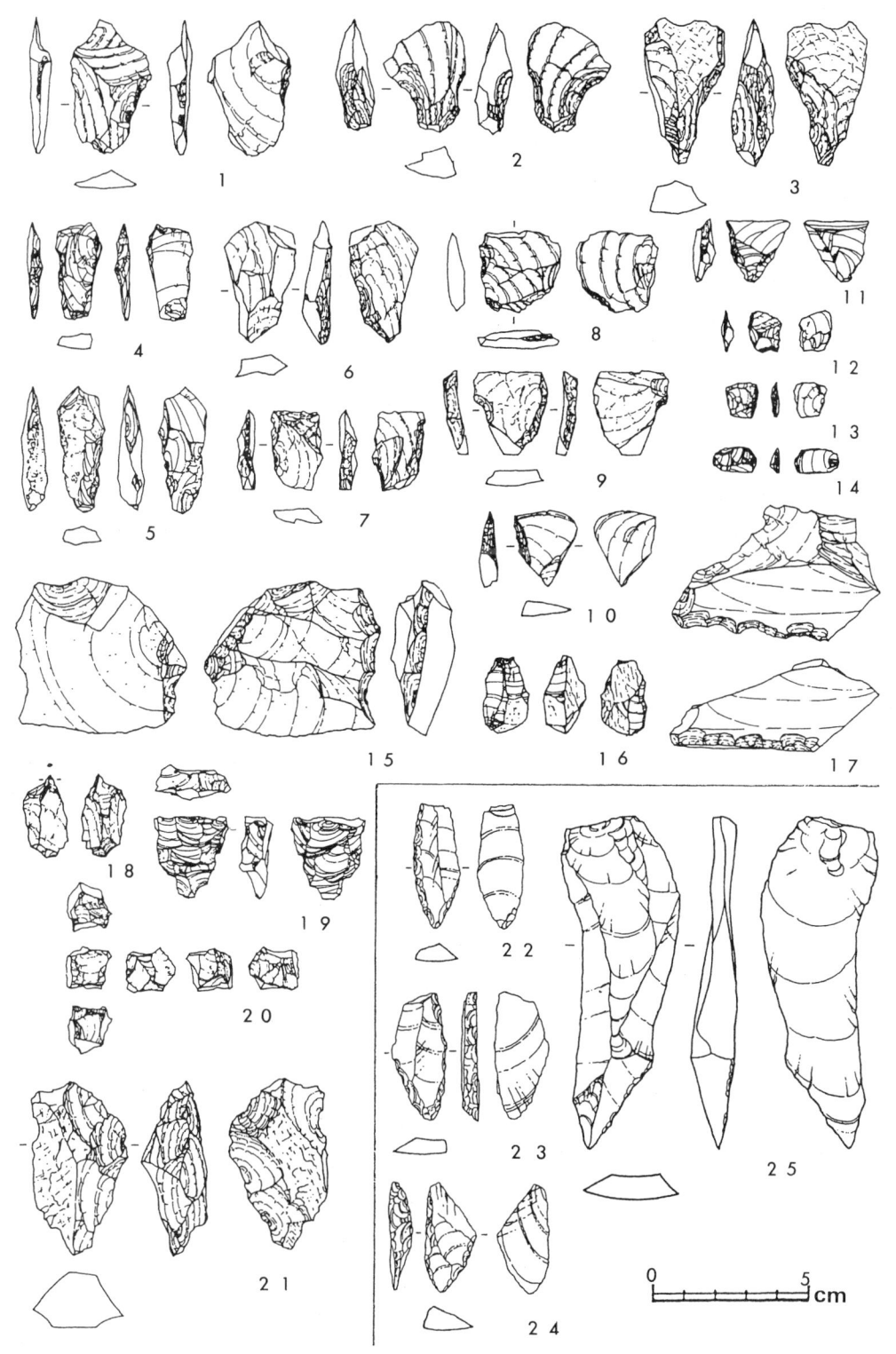

図60 岡山県野原遺跡群早風A地点出土の石器群（Ⅱ期）と恩原遺跡出土の石器群（22〜25）
（藤野 1989から転載）

き石器が図示されている。一方（図61-1）は、「チャートによる横剥ぎ剥片の両側面を切断、先端部を刃部とした刃器であろう。百花台遺跡などに見られる台形石器に共通点が見られるが、ここの場合横剥ぎという点に相違が見られる」。他方(2)は、「頁岩の特殊な形態の剥片で正面右などに細かい周辺剥離が施され、他の部分は使用痕らしきものが見られる」（池水 1967）。いずれも素刃石器の範疇の石器である。つまり、石器のタイプはスタイリッシュなもの以外は編年の指標にならないという例である。

　池水が長崎県福井洞穴7層の石器群に対比した上場遺跡第4層の石器群（6〜13）は、池水がいうように、「短小な縦長剥片を切截したものが多く見られるが台形石器に類した刃器と何らかの関係を持つものであろう」。第5層は無遺物層で、「ナイフ形石器・台形石器・その他の刃器・使用痕のある剥片・搔器・彫器？・磨器？・石核」などからなる第6層の石器群（14〜20）とは時間的隔たりがあることを予測させた。第6層は翌年実施された第2次調査によって上下に分層できることがわかった。池水は次のように記している。

　　上層はナイフ形石器を主体にしており、4層に見られたペンナイフ形のナイフ形石器、基部の丸みをもった九州型ナイフ形石器、横剥ぎの宮田山型ナイフ形石器と、上場技法と呼ぶべき縦長剥片を斜めに切断し、その部分をナイフ形石器の背として先端部の剥離をスクレーパーとしたナイフ形石器などのあることがわかり、また石核のなかにもいくつかに分類できる可能性があり、九州における刃器技法を予測させるものではないかと考えられる。また6層下部はナイフ形石器が認められず、砂岩、頁岩による烏口状の刃器状剥片及び黒曜石を切断した剥片が認められ、これにチョッピング・ツール、楕円形石器などが伴出している。先の黒曜石を切断した剥片については上場型のナイフ形石器の前段階としての刃器状剥片的可能性も考えられる（同上：追補）。

池水の先見性がよく表れた記述である。

　上場遺跡の北4.5kmにある熊本県石飛分校遺跡も、1968年に池水寛治によって発掘調査が行われた。そこでは第3層の細石刃を含む石器群と第6層の「柳葉形ナイフ形石器」を含む石器群に挟まれて、第4層から百花台遺跡のものに類似する台形石器を含む石器群が出土した（池水 1968）。上場遺跡と同様に無遺物層である第5層を間層としているので、第6層の小型ナイフ形石器石器群と第4層の百花台型台形石器石器群との間には時間的隔たりがあるようであった。掲載図で見るかぎりは、第6層の石器は縦長剥片（石刃）を縦位置で使用しているのに対して、第4層の石器は横長剥片を縦位置で使用し、縦長剥片（石刃）は横位置で使用していて（図61）、おそらく当時の研究者には両者間に大きな断絶が存在するように見えたことであろう。

　ところが、池水は上場遺跡の第3次調査を終えた後、上場遺跡と石飛遺跡の各層出土の遺物を対比し、両遺跡の「4層、6層に見られる台形石器への展開」について、次のような考察を試みていた。

　　先ず6層下部では断面三角形烏口形剥片、縦長木葉形剥片、大型縦長剥片などの刃器および剥片のなかに切断剥片が伴いナイフ形石器は認められない。6層上部では柳葉形小形ナイフ、切出状ナイフ、横剥ぎ技法によるナイフなどのナイフ形石器に大型粗製台形石器、削器、搔器などがある。……4層では切断剥片が小型になり、上場では粗雑な整形を施したものと切断剥片

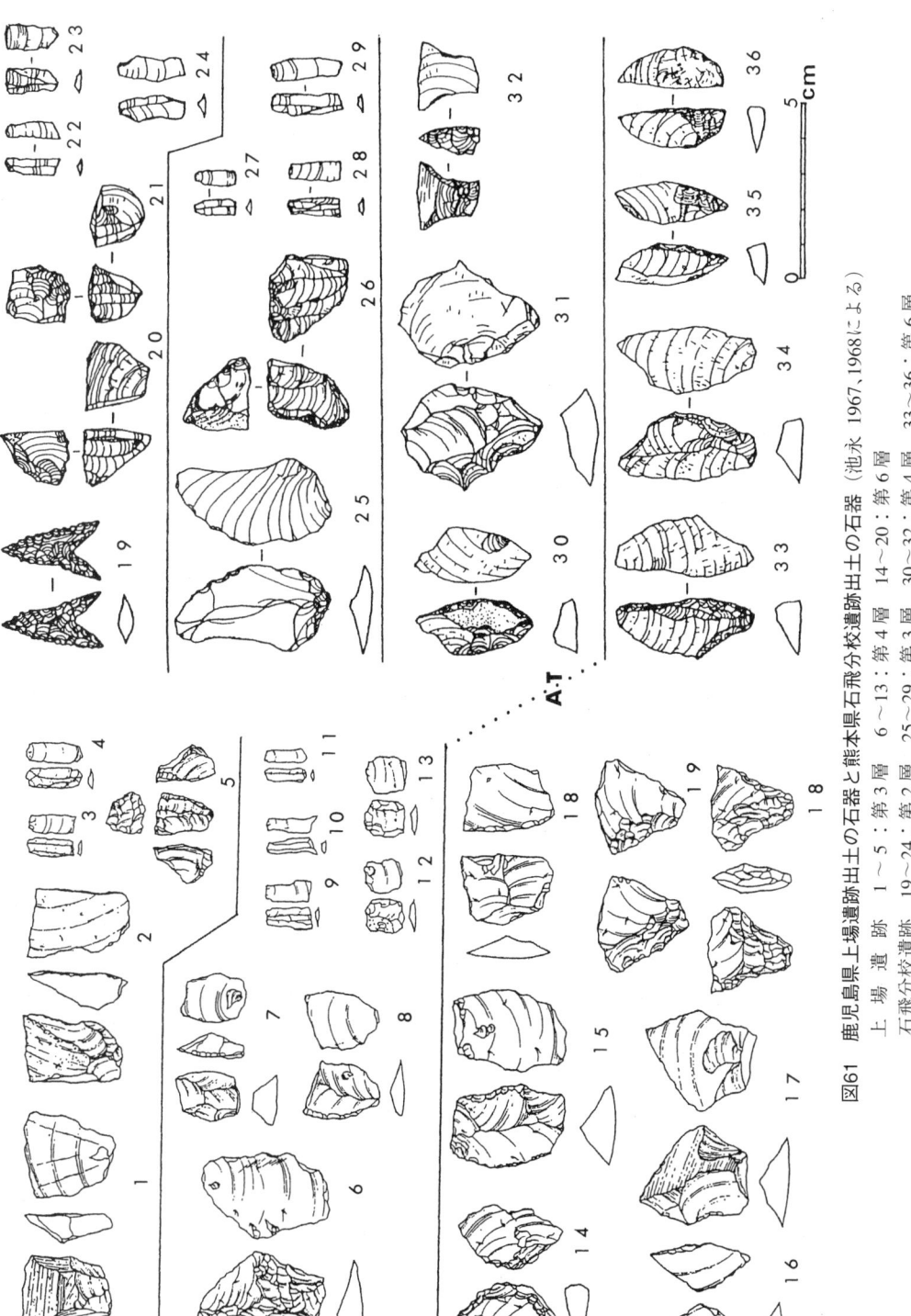

第Ⅴ章　後期旧石器時代型構造の形成　159

図61　鹿児島県上場遺跡出土の石器と熊本県石飛分校遺跡出土の石器（池永1967, 1968による）
上　場　遺　跡　1～5：第3層　6～13：第4層　14～20：第6層
石飛分校遺跡　19～24：第2層　25～29：第3層　30～32：第4層　33～36：第6層

があるが、石飛4層上部では百花台タイプの小型でよく整形されたもの、切断面の片面のみに整形を行ったものの他、粗雑な加工の見られるものなどが切出状ナイフ及び少量の細石刃と伴出している。また4層下部では片面加工のポイント、ポイント状ナイフ、横剥ぎによる半月形ナイフなどが見られ、台形状石器の変遷を知ることができる」(池水1969)。

大枠では今日においても通用する予測である。

石飛分校遺跡の第2次調査の結果では、「4層は上部の台形石器、台形様石器、切断剥片を主にナイフ形石器、有舌の尖頭器状石器、削器などが見られ、6層ではナイフ形石器、切断剥片、削器、掻器の他下部より刃部とバックの平行となったバックドブレイドが出土している」ことが明らかにされた。なお、一言付け加えておくと、池水は、「台形石器及び台形様石器とは厳密にはブレイドまたは縦長剥片でもって作られたものという狭義の見方をとって」いる（池水1971)。石飛遺跡の第2次調査の際に新たに出土した第4層の「有舌尖頭器」(池水1970) はおそらく今日いうところの剥片尖頭器であろうから、両遺跡の無遺物層である第5層を挟んで、その上位が姶良Tn火山灰(AT) 上位の、そして下位がAT下位の石器群であるが、近年までその重要性は認識されてこなかった。上場遺跡第6層下部の石器群は小型剥片石器モード、その上部および石飛遺跡第6層の石器群は石刃石器モードとして捉え直される。

1982年に第3次調査が行われた熊本県曲野遺跡において、AT下位の第Ⅵ層から石器群が検出された。上層の第Ⅴ層はさらにⅤa、Ⅴbに分層され、Ⅴa層がAT降灰後の無遺物層、Ⅴb層がAT降灰前のいわゆる「暗色帯」である。そこで第Ⅵ層の石器群は時期的にかなり古く遡るものと考えられた（江本編1984)。報告者の江本直は「台形石器」を4類に細分し、Ⅰ類は「百花台型」に近く、Ⅱ類は「日ノ岳型」に類似し、Ⅲ類は「枝去木型」との関連が今後問題となると指摘した。江本が「切出形ナイフ形石器」の概念を念頭において抽出した「ナイフ形石器」を含めて、すべてが小型剥片石器モードに属し、石刃石器モードは認められない。曲野遺跡の調査によって石刃製ナイフ形石器以前の石器群の存在を示唆した上場遺跡の結果が検証された。曲野遺跡第Ⅵ層石器群は江本を悩ませたように、台形様石器が多様な形態を表出している（図62)。

(2) 近年の調査成果

宮崎県後牟田遺跡の調査結果に基づいて、橘昌信は前半期の石器群を「移行期、成立期、発展期」の3期に分けて整理している。「移行期」の石器群はAT下位の褐色土層上部～中部に包含される石器群で、「後牟田遺跡第Ⅲ文化層、石の本遺跡8区、血気ケ峯第1文化、岩戸遺跡1次の第3文化層・2次のK文化層」、および候補として「岩戸G～J文化層」をあげる。「成立期」の石器群はAT下位の黒色帯下部～褐色土層上部に包含される石器群で、「血気ケ峯遺跡第2文化層、曲野遺跡、耳切遺跡A地点第1文化層、矢野原遺跡第Ⅰ文化層、牟礼越遺跡第1文化層、潮山遺跡、上場遺跡6層下部、高野原遺跡、立切遺跡、横峯C遺跡」をあげる。「発展期」の石器群はAT下位の黒色帯上部～中部に包含される石器群で、「帖地遺跡第4文化層、前山遺跡、上場遺跡6層上部、狸谷遺跡Ⅰ石器文化、久保遺跡第1文化、クノ原遺跡、耳切遺跡A地点第2文化層、駒方古屋遺跡第2文化層、百枝遺跡C地点第Ⅲ文化層、牟礼越遺跡第2文化層」をあげる（橘2002)。

橘の指摘で注目しておきたいことは、「移行期」の石器群、とくに南九州の石器群が「大型～中

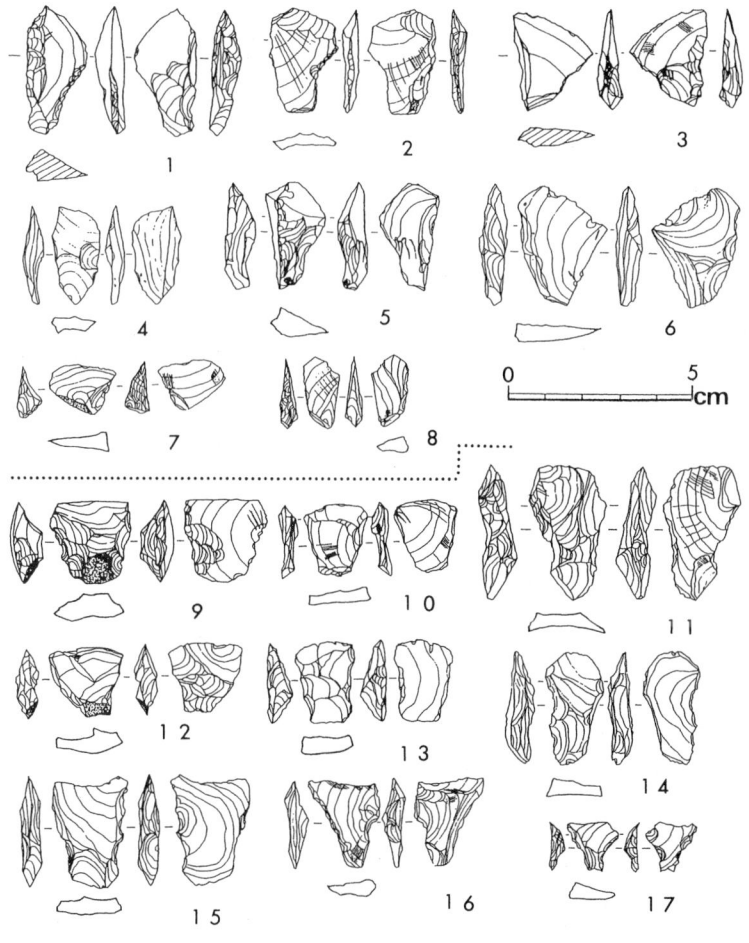

図62 熊本県曲野遺跡出土の台形様石器類（江本 1984による）
1～8：「ナイフ形石器」とされた石器
9～17：「台形石器」とされた石器

型の各種の掻器・削器、鋸歯縁状の石器、錐状石器」を特徴的に組成すること、「成立期」の石器群、とくに南九州や中九州西部の石器群が剥片素材の「台形様石器や切出し形ナイフ形石器」を主体としていて、縦長剥片・石刃素材のナイフ形石器が未発達であること、「発展期」の石器群、とくに中九州東部や西部の石器群が縦長剥片素材のナイフ形石器を主体としていること、以上の3点である。ただし、「成立期」、「発展期」という古い用語に代わって、この橘の指摘を今後は構造変動論の視点から検討する必要がある。

九州地方における後期旧石器時代開始期前後の石器群の変遷を理解するには、とりあえず熊本県大野遺跡群→宮崎県後牟田遺跡→熊本県石の本遺跡→同沈目遺跡の順で最近発行された発掘調査報告書を検討するのが妥当な線であろう。ここでは相前後する三つの台形様石器石器群を見ておく。

① 石の本遺跡

熊本県石の本遺跡（池田編 1999）では8区Ⅵ層で南北20mあまりの間に3ヵ所の炉址―A：2×1.3m楕円形土坑状遺構＋炭化物集中、B：礫群＋炭化物集中、C：大型炭化材＋炭化物集中―がほ

ぼ1列に並んで検出された。3ヵ所の炉址は性格が異なっていて、それぞれ個性的な特徴をもっていた。各炉の周辺に石器の集中が見られず、A炉の周辺の石器類は、その東側に若干離れて明確な環状ブロック群を形成することなく比較的散漫に展開している石器類と頻繁な接合関係が見られるので、その場は日常的活動の中心つまり住居の存在を示唆している。また、B炉とC炉の場所ではそれぞれ異なる作業が行われたことが推測される。報告者の池田朋生によれば、石器群は「台形様石器11点、刃部磨製石斧、楔形器1点、石錐2点のほか、スクレイパー、ピック、チョッパー、尖頭状石器」などで構成されている（図63）。台形様石器の形態が不安定であることや石錐の形態から、石器群を実見した際には武蔵野台地Ⅹb層並行期かなという感触を得たが、石材が多穴質安山岩であること、また黒曜石を利用していることを勘案して、九州地方の最初期の台形様石器群に位置づけておく。石刃石器モードに繋がる特徴はいっさい認められない。「ピックとチョッパー」は石核から転用した小型品である。ちなみに、31,460±270～33,720±430BPの四つの^{14}C年代値が出ている。

　② 耳切遺跡

　熊本県の東北端、大分県境近くに位置する耳切遺跡（村崎編 1999）からはAT下位で二つの「石器包含文化層」が確認された。黒曜石を主要石材としているが、石質が悪いため見た印象は古拙な感じで、素刃石器の範疇に入る石器を多く残している。報告者の村崎孝宏は、「A地点第Ⅰ石器文化→C地点第Ⅰ石器文化・D地点第Ⅰ石器文化→A地点第Ⅱ石器文化」という変遷で理解している（図64）。「A地点第Ⅰ石器文化」中の「ナイフ形石器」（図中の矢印）が、報告者自身可能性を指摘しているように、そして筆者自身はそう確信しているのであるが、「A地点第Ⅱ石器文化」からの混入であるとすれば、村崎の変遷案を支持することができる。その場合、「A地点第Ⅰ石器文化」と「C地点第Ⅰ石器文化」と「D地点第Ⅰ石器文化」は台形様石器石器群として、また、「A地点第Ⅱ石器文化」は台形様・ナイフ形石器石器群として捉えられるかもしれない。ただし、そのナイフ形石器は縦長剥片を素材とする二側縁加工の切出形を基本形態とするものであり、小型剥片石器の方も台形様石器というよりは素刃石器のように粗雑な形態のものであって、厳密にいえば二項的モードといい難い資料である。既存の情報をあわせ考えると、九州における後期旧石器時代は台形様石器石器群を特徴として始まり、AT直下の「暗色帯」期に遅れて石刃石器モードが現れたときまでには、台形様石器は切出形石器に進展していたようである。

　③ 牟礼越遺跡

　大分県牟礼越遺跡（橘編 1999）では六つの「文化層」が確認され、そのうちの「第1文化層」（Ⅵ層）と「第2文化層」（Ⅴ層黒色帯）とがAT下位にある。前者は台形様石器7点と石斧（刃部が欠損していて磨製か打製かは判別できない）1点を主要構成石器とする台形様石器石器群で、剥離技術では当該期の列島全体に広く見られるような、大型剥片の剥離面―ポジ面―の凸面を利用して小型貝殻状剥片を連続して剥離する「連続横打石核」が特徴である。後者は石器類の数が少なくその性格がはっきりしない。「基部加工ナイフ形石器」と記述された石器は打面再生剥片を素材としたもので、東北日本に見られる石刃製基部加工尖頭形石器（尖頭形石器）とは関係がない。剥離技術に関しては寸づまりの縦長剥片が多いようである。

第Ⅴ章　後期旧石器時代型構造の形成　163

図63　熊本県石の本遺跡出土の台形様石器石器群（池田編 1999による）

164

A地点　第Ⅱ石器文化

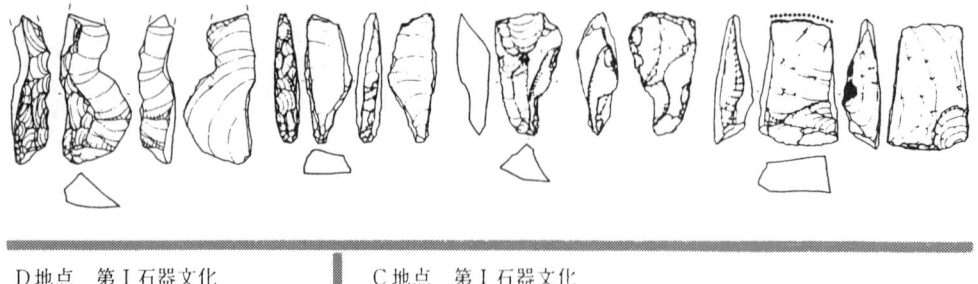

D地点　第Ⅰ石器文化　　　C地点　第Ⅰ石器文化

A地点　第Ⅰ石器文化

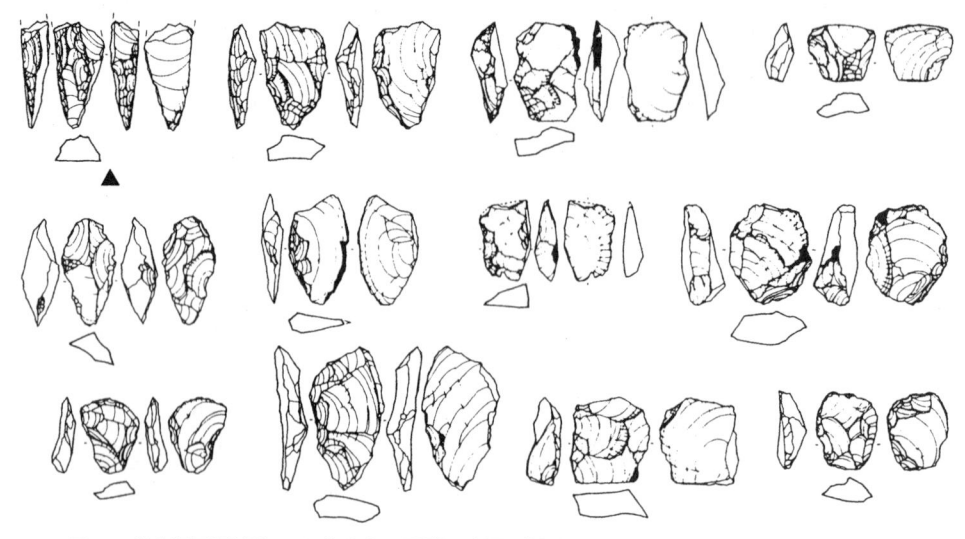

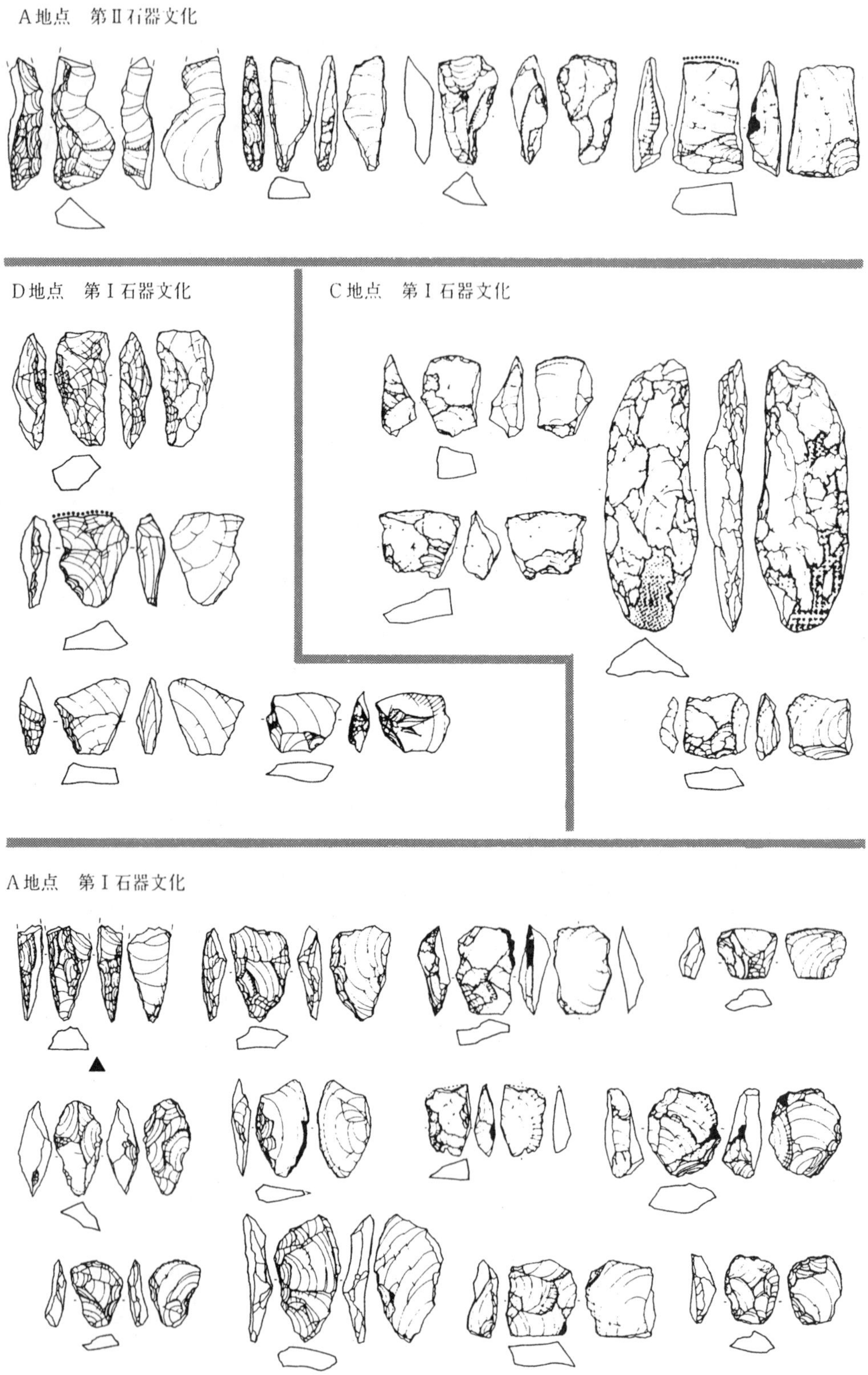

図64　熊本県耳切遺跡AT下位出土石器群の変遷（村崎編　1999から転載。＊矢印を追加）

九州地域は入戸火砕流（AT）の影響がはなはだしく、その後の石器群の様相は九州に独自のものとなった。ただし、筆者が見るところでは、火山灰降下の影響が比較的少なかったと思われる西北九州においては、台形様石器石器群の系統が後期旧石器時代後半まで一貫して続き、状況が安定し始めた被災地域にも再度拡大したようである。そう推測するのは、前半期の台形様石器類と後半期の「原ノ辻型台形石器」など台形様石器・台形石器類との間に系統関係を認めるからである。さらにそれとの関連でいえば、「今峠型ナイフ」も問題含みの石器である。鎌田洋昭によれば、この石器にも型式概念の不統一や拡大解釈がつき纏っている（鎌田 1999）。鎌田も「ナイフ形石器」の範疇でこの石器を捉えているが、素材剥片と製作技術を含めた剥片剥離技術を見ると、筆者自身は、ナイフ形石器の系譜と見るよりは、AT下位の剥片石器モードに繋がる「基部加工尖頭形剥片石器」あるいは端部整形尖頭器と見なしたい。先述の耳切遺跡でもC地点「第Ⅱ石器文化層」から1点出ており、耳切遺跡の石器類の時系列的変遷（報告書の第137図参照）からもそのように判断した。当該石器が当初橘昌信によって「尖頭状石器」という名称を与えられていた（橘 1978）ことも留意したい。

引用文献

安斎正人 1997「台形様・ナイフ形石器石器群 (1)」『先史考古学論集』第6集、79-115頁。

安斎正人 2000「台形様・ナイフ形石器石器群 (2)—構造変動研究法の階層的秩序—」『先史考古学論集』第9集、1-28頁。

池田朋生（編） 1999『石の本遺跡Ⅱ』熊本県文化財調査報告第178集。

池水寛治 1967「鹿児島県出水市上場遺跡」『考古学集刊』第3巻第4号、1-21頁。

池水寛治 1968「熊本県水俣市石飛分校遺跡」『考古学ジャーナル』No.21、18-21頁。

池水寛治 1969「上場技法と台形石器への展開」『日本考古学協会第35回総会研究発表要旨』28-29頁。

池水寛治 1970「水俣市石飛遺跡出土の有舌尖頭器について」『日本考古学協会第36回総会研究発表要旨』3-4頁。

池水寛治 1971「切断剥片について—石飛遺跡の第2次調査より—」『日本考古学協会第37回総会研究発表要旨』18-19頁。

池谷信之（編） 1991『広合遺跡(e区)・二ッ洞遺跡(a区)発掘調査報告書』沼津市文化財調査報告書第52集。

石川治夫（編） 1982『子ノ神・大谷津・山崎Ⅱ・丸尾Ⅱ』沼津市文化財調査報告書第27集。

稲田孝司 1994「水洞溝技法とルヴァロワ技法—東アジア石刃技法形成の一過程—」『考古学研究』第41巻第1号、25-46頁。

岩崎泰一 1988「AT降灰期前の石器群—県内出土石器群の分析—」『群馬の考古学』11-30頁、群馬県埋蔵文化財調査事業団。

岩崎泰一 1989「旧石器人のムラを求めて」『悠久への出発—岩宿遺跡四〇年の軌跡—』63-95頁、上毛新聞社。

岩崎泰一・小島敦子（編） 1986『下触牛伏遺跡』群馬県埋蔵文化財調査事業団。

江本　直（編） 1984『曲野遺跡Ⅱ』熊本県文化財調査報告第65集。

大竹憲昭（編） 2000『上信越自動車道埋蔵文化財発掘調査報告書15 貫ノ木遺跡・西岡A遺跡』長野県埋蔵文化財センター発掘調査報告書48。

大野憲司・ほか（編） 1985『七曲台遺跡群発掘調査報告書』秋田県文化財調査報告書125集。

大野憲司・ほか（編） 1986『東北横断自動車道秋田線発掘調査報告書Ⅰ』秋田県文化財調査報告書第150集。

落合章雄（編）1989『八千代市仲ノ台遺跡・芝山遺跡』千葉県文化財センター埋蔵文化財報告第176集。

加納　実・ほか　2003「房総の石器石材2─白滝層の珪質頁岩─」『千葉県史料研究財団だより』第14号、5-6頁。

鎌田洋昭　1999「今峠型ナイフ形石器について」『人類史研究』第11号、135-157頁。

木村英明　1993「マリタ遺跡(3)」『旧石器考古学』46、3-20頁。

木村英明　1994「北海道地域─列島と北東アジアの文化の架け橋─」『考古学ジャーナル』No.370、2-8頁。

木本元治・岡村道雄・千葉英一　1975「平林遺跡」『福島県文化財調査報告書』47、1-19頁。

栗島義明　1991「ヒトと社会」『石器文化研究』3、231-241頁。

笹原芳郎　1995「第2期・第3期の石器群」『愛鷹・箱根山麓の旧石器時代編年』22-27頁。

笹原芳郎　1996「第3節　愛鷹南麓と箱根西麓のBBⅢ（第Ⅲ黒色帯）内石器群」『下原遺跡Ⅱ』87-107頁、静岡県埋蔵文化財調査研究所調査報告第72集。

笹原芳郎（編）1999『西洞遺跡(b1区－1)発掘調査報告書』沼津市文化財調査報告書第69集。

佐藤宏之　1988「台形様石器研究序論」『考古学雑誌』第73巻第3号、1-37頁。

佐藤宏之　1989「後期旧石器時代前半期の研究─現状・視点・展望─」『考古学ジャーナル』No.309、2-7頁。

佐藤宏之　1992a「へら形石器の機能論的考察─後期旧石器時代成立期の研究(1)─」『東北文化論のための先史学歴史学編集』93-109頁、加藤稔先生還暦記念会。

佐藤宏之　1992b『日本旧石器文化の構造と進化』柏書房。

佐藤宏之　2002a「宮崎県後牟田遺跡」『考古学ジャーナル』No.495、11-15頁。

佐藤宏之　2002b「日本列島旧石器時代陥し穴猟」『先史狩猟採集文化研究の新しい視野』83-108頁、国立民族学博物館調査報告33。

佐藤宏之　2003「北海道の後期旧石器時代前半期の様相─細石刃文化期以前の石器群─」『古代文化』第55巻第4号。

佐藤雅一　2002「新潟県津南段丘における石器群研究の現状と展望─後期旧石器時代から縄文時代草創期に残された活動痕跡─」『先史考古学論集』第11集、1-52頁。

佐藤雅一・ほか（編）2001『正面ケ原D遺跡』津南町文化財調査報告書第34輯。

静岡県考古学会・ほか（編）1995『愛鷹・箱根山麓の旧石器時代編年』静岡県考古学会シンポジウムⅨ。

白石浩之・加藤千鶴子（編）1996『吉岡遺跡群　Ⅱ』かながわ考古学財団調査報告7。

鈴木敏中（編）1992『三島市埋蔵文化財発掘調査報告書Ⅰ』三島市教育委員会。

鈴木敏中（編）1999『初音ヶ原遺跡』三島市教育委員会。

須藤隆司（編）1999『八風山遺跡群』佐久市埋蔵文化財調査報告書第75集。

砂田佳弘（編）1996『吉岡遺跡群Ⅱ』かながわ考古学財団調査報告6。

諏訪間　順　1988「相模野台地における石器群の変遷について─層位的出土例の検討による石器群の段階的把握─」『神奈川考古』第24号、1-30頁。

諏訪間　順　2002「相模野旧石器編年と寒冷期の適応過程」『科学』第72巻第6号、636-643頁。

関口博幸（編）1994『白倉下原・天引向原遺跡Ⅰ』『天引狐崎遺跡Ⅰ』群馬県埋蔵文化財調査事業団調査報告書第161集。

関野哲夫（編）1989/90『清水柳北遺跡発掘調査報告書　その1・その2』沼津市文化財調査報告書第47、48集。

高尾好之（編）1988『土手上・中見代第Ⅱ・第Ⅲ遺跡調査報告』沼津市文化財調査報告書第43集。

高尾好之（編）1989『中見代第Ⅰ遺跡調査報告書』沼津市文化財調査報告書第45集。

高尾好之　1994「愛鷹山南麓・箱根西麓の後期旧石器時代石器群編年試案」『地域と考古学』1-29頁、向坂鋼二先生還暦記念論文集。

高尾好之 1995「第1期の石器群」『愛鷹・箱根山麓の旧石器時代編年』19-21頁。
高尾好之 2002「静岡県愛鷹山麓遺跡群とぬたぶら遺跡」『考古学ジャーナル』No.495、24-27頁。
橘　昌信 1978『大野川中流域における旧石器時代研究の基礎調査(1)：今峠遺跡』別府大学博物館研究報告2。
橘　昌信 1999「南九州の旧石器文化―鹿児島県におけるAT下位石器群の最近の調査―」『鹿児島考古』第33号、59-73頁。
橘　昌信(編) 1999『牟礼越遺跡』三重町文化財調査報告書第5集。
橘　昌信 2002「7　後牟田遺跡AT下位石器群と九州における後期旧石器時代前半期の変遷」『後牟田遺跡』409-429頁、後牟田遺跡調査団・川南町教育委員会。
谷　和隆(編) 2000a『上信越自動車道埋蔵文化財発掘調査報告書15　日向林B遺跡・日向林A遺跡・七ツ栗遺跡・大平B遺跡』長野県文化財センター発掘調査報告書48。
谷　和隆(編) 2000b『上信越自動車道埋蔵文化財発掘調査報告書15　裏ノ山遺跡・東裏遺跡・大久保南遺跡・上ノ原遺跡』長野県埋蔵文化財センター発掘調査報告書48。
田村　隆 1989「二項的モードの推移と巡回―東北日本におけるナイフ形石器群成立期の様相―」『先史考古学研究』第2号、1-52頁。
田村　隆(編) 1993『大網山田台遺跡群Ⅰ』山武郡文化財センター。
田村　隆 2001「重層的二項性と交差変換―端部整形石器範疇の検出と東北日本後期旧石器石器群の生成―」『先史考古学論集』第10集、1-50頁。
田村　隆・澤野　弘 1987『研究紀要11（房総の石器石材の研究）』千葉県文化財センター。
田村　隆・ほか 2003「下野-北総回廊北縁部の石器石材（第1報）―特に珪質頁岩の分布と産状について―」『千葉県史研究』第11号、143-153頁。
津島秀章(編) 1999『三和工業団地Ⅰ遺跡(1)―旧石器時代編―』群馬県埋蔵文化財調査事業団調査報告書第246集。
中島庄一 1999「後期旧石器時代開始期前後の石器群―長野県中野市高丘丘陵の諸遺跡―」『先史考古学論集』第8集、89-99頁。
中村由克 2002「長野県野尻湖畔におけるステージ3の旧石器文化」『考古学ジャーナル』No.495、16-19頁。
野尻湖人類考古グループ 1996「仲町遺跡　第7回陸上発掘の成果」『野尻湖博物館研究報告』第4号、127-164頁。
橋本勝雄 1989「AT降灰以前における特殊な遺物分布の様相―いわゆる『環状ユニット』について（その1）―」『考古学ジャーナル』No.309、25-32頁。
人吉市教育委員会(編) 2002『大野遺跡群―大野C・D・E遺跡―』人吉市文化財調査報告第20集。
藤野次史 1989「中国地方・近畿地方西部におけるAT下位の石器群について」『九州旧石器』創刊号、23-53頁。
宮　重行・永塚俊司(編) 2000『新東京国際空港埋蔵文化財発掘調査報告書XIII』（第1分冊）、千葉県文化財センター調査報告書385集。
村崎孝宏(編) 1999『耳切遺跡』熊本県文化財調査報告書第180集。
望月昭彦・ほか 1994「遺跡内における黒曜石製石器の原産地分布について―沼津市土手上遺跡BBⅤ層の原産地推定から―」『静岡県考古学研究』26、1-24頁。
柳田俊雄 1995「東北地方南部の後期旧石器時代前半期の石刃技法―会津笹山原遺跡群の2石器群の検討から―」『旧石器考古学』50、3-15頁。
山原敏朗 1993「北海道における台形様石器を伴う石器群について」『考古論集』33-44頁、潮見浩先生退官記念事業団。
山原敏朗 1996「北海道における細石刃文化以前の石器群について―十勝地域の恵庭a火山灰降下以前の石器群の分析から―」『帯広百年記念館紀要』第14号、1-28頁。

山本恵一（編） 1995『土手上遺跡（b・c区）発掘調査報告者』沼津市文化財調査報告書第56集。
吉田　充（編） 1996『峠山牧場Ⅰ遺跡B地区範囲確認調査報告』岩手県文化振興事業団埋蔵文化財調査報告書第233集。

第Ⅵ章　姶良Tn火山灰（AT）降下前後の石器群

第1節　Ⅶ層／Ⅵ層並行期

1　前半期／後半期の移行期

　広域降下火山灰である姶良Tn火山灰（AT）が編年的座標軸として有効であることが認識されるにつれて、AT以前の石器群、AT以後の石器群といういい方が一般化した。ATの前後で石器群の特徴が異なることが経験的に知られたからである。しかし九州においては、この火山噴火の影響が甚大であったことが知られているが、その東側の地域における影響は十分に解明されていない。石器群の変遷を細かに見れば、この自然災害をもって時代の画期を設定することには問題がある。

　石器群から想定される社会的・文化的変化は九州を含めた列島内各地で、AT降下以前にも以後にも起こっており、いくつもの編年案を生み出してきた。筆者らは石器群の構造的な変化という視点から後期旧石器時代の前半期と後半期の画期を探ってきた。ATを一応の目安として南関東の石器群を眺めると、AT下位のⅩ層・Ⅸ層石器群に対してAT上位のⅤ層・Ⅳ下層石器群の対照性が際立つ。Ⅹ層・Ⅸ層石器群に後続し石刃石器モードが顕著となるⅦ層・Ⅵ層石器群に対してはⅤ層・Ⅳ下層石器群に後続するⅣ中・上層、いわゆる「砂川期」が対応する。この反復的な—誕生・成長・成熟・衰退・消滅といった方向性をもたない—構造をかつて「反復適応」と呼んだことがある。しかし、ATを挟んだ石器群の類似と相違は表面的であって、構造は異なっていた可能性が大きい。

　図65は田村隆らの労作「先土器時代の石器石材の研究」成果の一つ、南関東での遠隔地石材である黒曜石の時期別出現頻度表である（千葉県文化財センター編 1987）。データは若干古いものであるが、この傾向は今日でも大きな変化はない。石器素材としての黒曜石の利用開始、急増、消去に技術的変化と行動的変化、さらに社会構造あるいは生活構造の変化の象徴を読み取るとすれば、Ⅰ期すなわち武蔵野Ⅹ層相当期、Ⅱa（中）期とⅡa（新）期との間すなわち武蔵野Ⅶ／Ⅵ層並行期、Ⅲa期とⅢb期との間すなわち細石刃石器群と神子柴・長者久保石器群との間に大きな画期があるこ

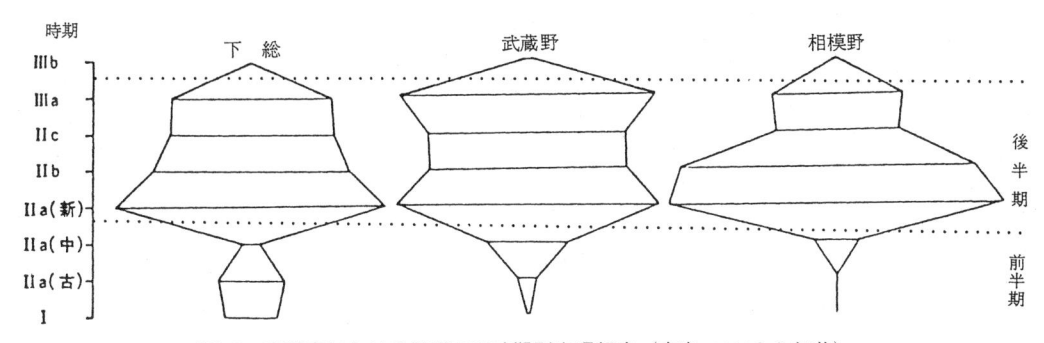

図65　南関東における黒曜石の時期別出現頻度（安斎 1990から転載）

とが読み取れる（安斎 1990）。田村隆によれば、第2黒色帯上部から第Ⅵ層にかけて見られる変化は、黒曜石の急激な増加にとどまらず、この時期に石器製作上の大きな転換点も存在したことがうかがわれるという。すなわち、前者では「磯山型石刃技法」による石刃素材を斜めに大きく截ち切るように二次加工が加えられ、ブランティングも表裏両面に加えられる二側縁加工で、基部が尖り打面の除去されたナイフ形石器が最大の特徴である。これに対して後者は、「砂川型石刃技法」による石刃素材の原形を保持し、ブランティングも部分的なナイフ形石器が増えてくる。重要な指摘であるが、すでに説明したように今日では若干の修正が必要である。先行石器群の系譜が実質的に姿を消すのも第2黒色帯上部である。佐藤宏之によれば、横打剥片製の台形様石器類は完成度の高い「分郷八崎―磯山―上萩森遺跡」の石器群を最後に、直後の「岩宿Ⅰ―後田―東林跡―善上遺跡」の石器群などには見られなくなる（佐藤 1988）。

　南関東と信州の石器群の対比的分析を通じて、構造変動の視点から後期旧石器時代の画期をテーマとする斬新な研究を行ったのが角張淳一（1991）である。角張の論点は、分析の主点を石刃製ナイフ形石器に置いていること、主要石材の獲得は集団の直接採取としていること、南関東と信州の石器群は同一集団によって残されたとしていること、この3点を特徴としている。角張は、たとえば、Ⅹ層・Ⅸ層並行期での石刃石器モードには、信州では黒曜石、群馬県では黒色頁岩と黒色安山岩、武蔵野台地では珪岩・粘板岩・安山岩、下総台地では珪岩・頁岩がそれぞれ利用されていることから、固有の石材原産地を回帰エリアに含む集団群の存在を想定して、これを「地域循環単位型」と呼んだ。同様の手法で、Ⅶ層・Ⅵ層の集団群を「広域循環放射型」―Ⅶ層が揺籃期、Ⅵ層が確立期―、Ⅴ層・Ⅳ下層を「広域循環単位型」とした。なお、「単位型」と「放射型」とはアンソニー・マークスから借用した概念で、前者は遊動中の各居住地点での活動が一般的なものなので石器組成に差の少ない同規模の遺跡群が残されること、後者は遊動中に拠点を中心として地点ごとに異なる活動を回帰的に行うため、拠点遺跡を中心とした石器組成の異なる遺跡群が形成されることを意味している。角張はまた一方で、Ⅹ層からⅥ層までを集団的範型に基づいた石刃製ナイフ形石器の型式成立史と見なし、Ⅴ層・Ⅳ下層を集団的範型の規制が崩壊した時期と解釈したが、その点は筆者の見方と大きく別れるところである。

　上記論文での角張の分析からも明らかなように、Ⅶ層並行期の石器群は石刃製ナイフ形石器に限っても、技術形態が「茂呂型」・「基部加工型」・「厚型」・「折衷型」と多様であるだけでなく、大きさも大型・中型・小型と多様な組成を見せ（図56参照）、角張の意図と相違して前後のⅨ層、Ⅵ層並行期石器群と比べても強い特色を示す。石刃石器モードと剥片石器モードの二項的モード論の視点からは、Ⅶ層段階は石刃石器モード＝尖頭形石器・ナイフ形石器、剥片石器モード＝小型剥片製石器類というそれ以前の時期の二項性が希薄化して石刃石器モードに融合し、Ⅵ層段階では東京都鈴木遺跡Ⅵ層石器群と神奈川県寺尾遺跡「第Ⅵ文化層」石器群のナイフ形石器に見られる擬似的二項性のあり方を介在させて、Ⅴ層・Ⅳ下層段階で剥片石器モード＝切出形石器・角錐状石器・ナイフ形石器に見られる大型品と小型品（国武 2003）という擬似的二項性に変換した、という説明が可能である。他方で、東北地方日本海側ではⅦ／Ⅵ層相当期に、田村がいう「二項的モードの推移群から石刃モードの巡回群」に変換した（田村 1989）。この時期に瀬戸内地方での国府型石器群の

出現、九州地方におけるAT直下黒色帯での石刃石器モードの出現など、列島規模での変動があったことが推測される。この点は後で検証する。

「技術的組織構造」―石材の入手・石器のデザイン・遺棄と廃棄の多層的構造―という視点から石器群の長期的変遷過程を追っている田村隆は、Ⅴ層・Ⅳ下層段階における本格的な社会・政治組織である"mating network"形成に向けた諸条件の整備をⅥ層段階に想定している。すなわち、「多様度の高い石材・石器組成、削器主導型の石器構成、emblemicな様式性の存在、そしてisochresticな空間的変異、稠密なsettlement等の諸パターンから帰納される、Ⅵ層段階からⅣ・Ⅴ層段階に到るlocal groupの生業・居住パターンの変遷は、特定地域の領有、テリトリー化傾向を強めながら、テリトリー内の資源構造の多角的有効利用をはかるとともに、領有主体であるlocal group間の政治的・社会的紐帯の確立へ到る過渡性を示唆するものなのであろう」（田村1992）というのである。

佐藤宏之も技術的組織・変形論・石材受給をキーワードにして、下総台地の当該期に言及している（佐藤1995）。佐藤は、「Nitta effect」（下総型石刃再生技法）、楔形石器のリダクションに関わる「遠山技法」、珪質頁岩製の二側縁加工で基部が尖り打面の除去されたナイフ形石器・基部加工尖頭形石刃石器（尖頭形石器）・掻器―Ⅶ層相当石器群―を主体とする飯仲金掘遺跡B地点石器群を事例にあげて、「遠距離移動を行動原理に採用しながらも、移動先において同質の石材の獲得・調達がきわめて困難なことを予想している集団」が、「下総台地での狩猟環境に規制された石器製作・運用システムにおける信頼性システムreliable system化の一形態であろう」と推測している。

構造変動論に立てば、武蔵野台地Ⅶ層相当期の石器群にまず注目し、その解明に努めざるを得ない。そこでまず当石器群の標準遺跡たり得る群馬県後田遺跡の石器群などで関東の当該期石器群を概観し、その後に他地域のAT前後の石器群変遷をたどっていくことにする。

2 「Ⅶ層石器群」

(1) 千葉県東林跡遺跡

筆者が「Ⅶ層石器群」としてその特異性に最初に注目したのは千葉県東林跡遺跡出土の石器群（麻生・ほか1984）であった。報告書が刊行されていないが、織笠昭（2000）によれば17ヵ所の遺物集中地点から1,389点の遺物が出ている。内訳は、「ナイフ形石器44点・スクレイパー（削器）33点・彫器4点・ドリル（石錐）3点・楔形石器8点・縁辺に微細な剥離痕を残す剥片57点・敲石7点・磨石1点・切断剥片299点・剥片372点・砕片329点・石核30点・原石1点・ほか12点」で、礫が189点である（図66）。石刃石器モード＝尖頭形石器・ナイフ形石器に収斂しているが、石刃素材の掻器は見られない。利用石材と石器の技術形態から後述の後田遺跡との関係性が注目される。

(2) 千葉県御山遺跡

北流して印旛沼に注ぐ鹿島川と手操川の支流に挟まれた標高30mほどの台地上にある御山遺跡（矢本編1994）では、8層の「文化層」が確認され、その石器群の変遷のなかで「Ⅶ層石器群」の特異性が際立っている。Ⅹ層下位の「第Ⅰ文化層」からは二次加工のある剥片ほか6点が、Ⅹ層上位の「第Ⅱ文化層」からは径約22mの環状ブロック群と、南に10m余り隔てて局部磨製石斧の刃部片ほか18点からなるブロックが検出された。この環状ブロック群は局部磨製石斧を組成する石刃モ

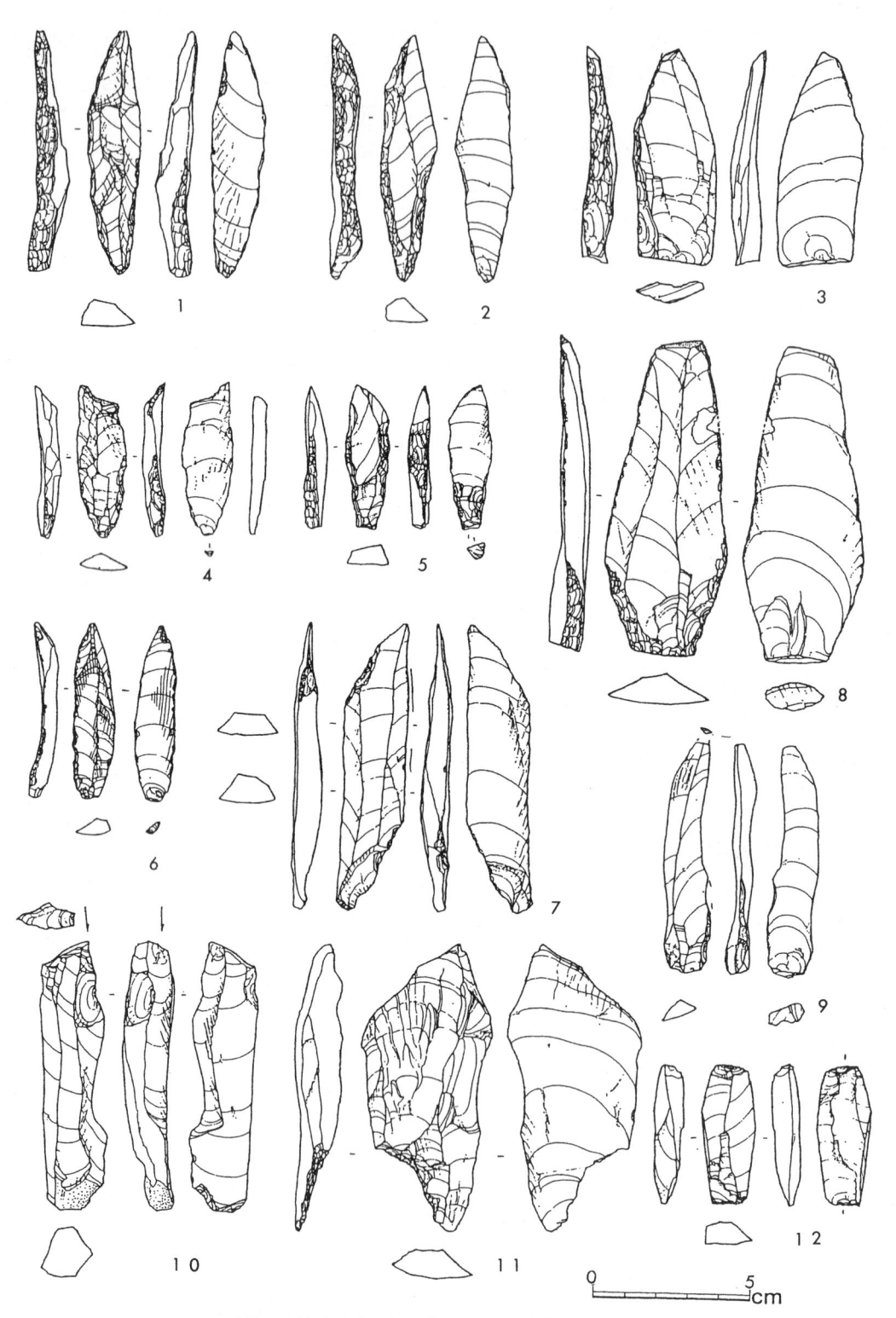

図66　千葉県東林跡遺跡出土の「Ⅶ層石器群」（織笠 2000による）

ードと剥片モードの二項性を表出している（図67）。石刃は7点で客体的なあり方であり、主体の小型剥片石器は田村隆のいう端部整形石器—端部整形刃器と端部整形尖頭器—である。Ⅸc層の「第Ⅲ文化層」からは「ペン先形」の台形様石器を含む小型剥片石器モードの石器群が、Ⅸa層の「第Ⅳ文化層」からは石刃と二側縁加工のナイフ形石器で構成された石刃石器モードの石器群が検出された。

　Ⅶ層の「第Ⅴ文化層」がここで注目する石器群である。報告者の矢本節朗によれば、「ブロック数は4つあり、第10ブロックは中規模で構成されるブロックであるが、その他のブロックは極少数の石器で構成される小規模なブロックである。4つのブロックは御山遺跡調査区の北東側に約25〜50mほどの間隔をおいて分布している。特徴的な器種としては大形石刃が第10ブロックで検出され、それと同一の母岩の大形石刃が約30m離れた第11ブロックで検出されている」。第10ブロックの石器総数は14点にすぎないが、ほとんどが安山岩製の大型石刃で4点ずつ接合する（図68）。「残された接合資料の作業面から推測して少なくとも長さ20cm、幅10cm、厚さ10cmを越える大きさの石核であった」と見られている。

　Ⅵ層の「第Ⅵ文化層」からは小型のナイフ形石器を含む石刃石器群が、Ⅳ〜Ⅴ層の「第Ⅶ文化層」からは切出形石器と角錐状石器を含む石器群が、Ⅲ層の「第Ⅷ文化層」からは「東内野型尖頭器」を特徴とする石器群が同層のやや下位で、ナイフ形石器石器群が同じくやや上位で検出された。

　御山遺跡では層位的に九つの石器群が検出され、南関東における後期旧石器時代の石器群変遷の概略をこの遺跡内で見ることができた。前半部と後半部として2大別するとすれば、改めてⅦ層の大型石刃石器群が注目される。

（3）　群馬県後田遺跡

　県北の三峰山南西麓、利根川が左岸に形成した5段の河岸段丘の最上位段丘面で、南西に流れ出る金山沢・立ノ沢などにより東西の両端が浸食されて形成された南に延びる舌状台地上、標高430〜439mに後田遺跡（麻生編 1987）は立地する。石器は北西部と南東部の二つのまとまりで、前者が径約40m、後者が径約60mのほぼ円形に近い状態で分布していた。とくに前者は見かけ上環状ブロック群の体をなしているが、先行時期のものと異なり、ブロック間の接合関係は希薄である。報告者の麻生敏隆は42ブロック（＋5準ブロック）に分けて報告している（図69）。関連石器の「大部分は第Ⅵ層に包含されており、特に第Ⅵ層下半部から第Ⅶ層上面にかけて集中し、台石・敲石等の大形の石器類が第Ⅶ層上面に潜り込む様にして出土している」。当遺跡では第Ⅵ層がATの検出層順で、第Ⅶ層は淡褐色砂礫層で第Ⅵ層とは不整合の可能性もある。石器群は、「ナイフ形石器30点、石錐1点、掻器1点、彫器6点、楔形石器1点、石斧・礫器7点、石刃・石刃状剥片289点、加工使用剥片139点」など計4,499点からなる。利用石材は黒色安山岩（約67％）と黒色頁岩（約22.2％）が多く、次いで珪質頁岩（約4.8％）であるが、ナイフ形石器では8点と19点、石刃や石刃状剥片では108点と164点という比で、黒色安山岩より黒色頁岩が多用されている。

　ナイフ形石器として報告されたものは多様な器種を含んでいる。もっとも特徴的な形態は石刃・石刃状剥片の打面を取り除き、先端部と基部の双方を尖らせた二側縁加工のナイフ形石器で、厚手の素材を用い加工を腹面と背面の双方から施したものが目立つ。一側縁加工のナイフ形石器にも同

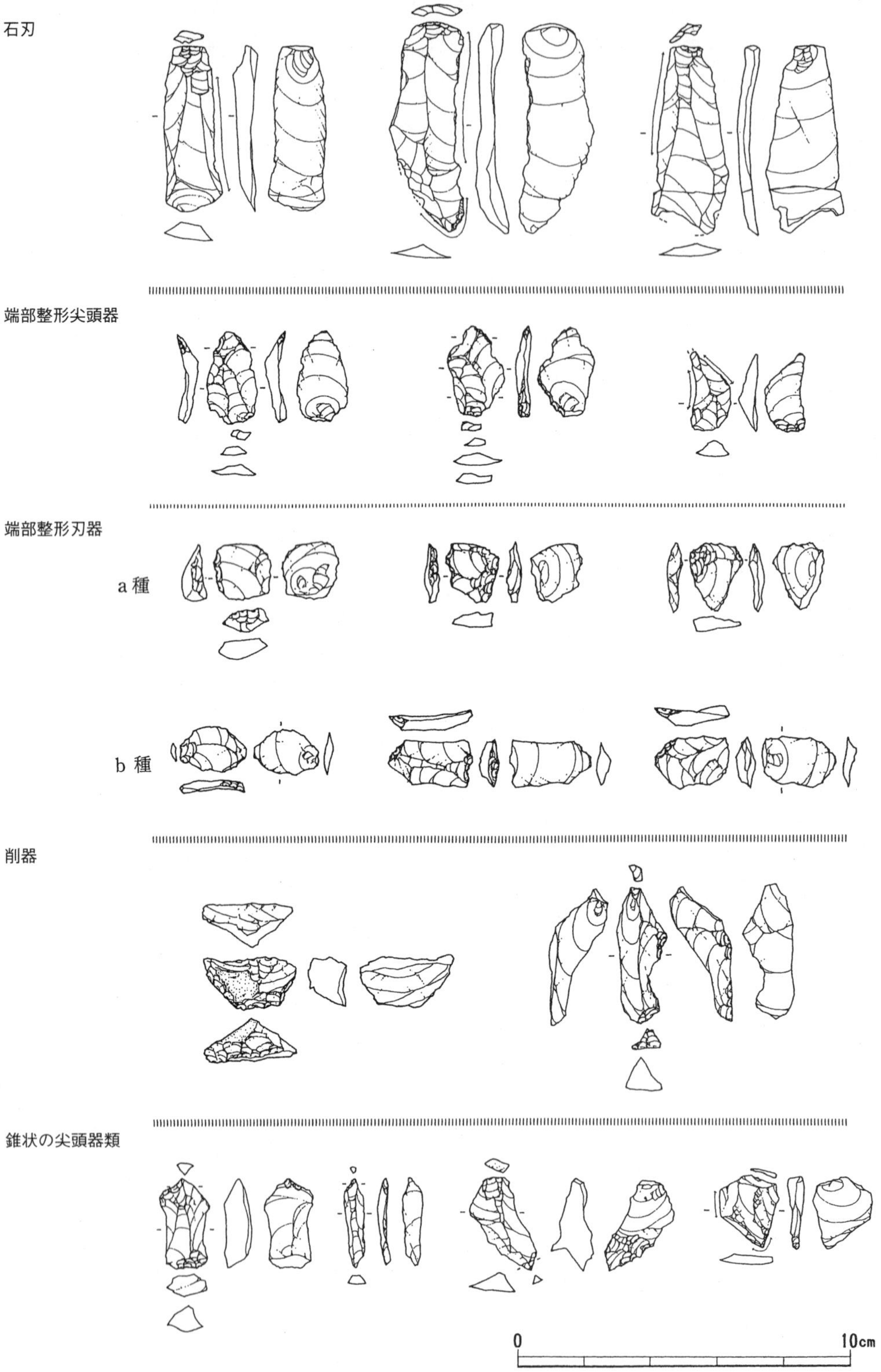

石刃

端部整形尖頭器

端部整形刃器
　　a種

　　b種

削器

錐状の尖頭器類

0　　　　　　　　　　10cm

図67①　千葉県御山遺跡「第Ⅱ文化層」第2ブロックの器種構成（矢本 1994による）

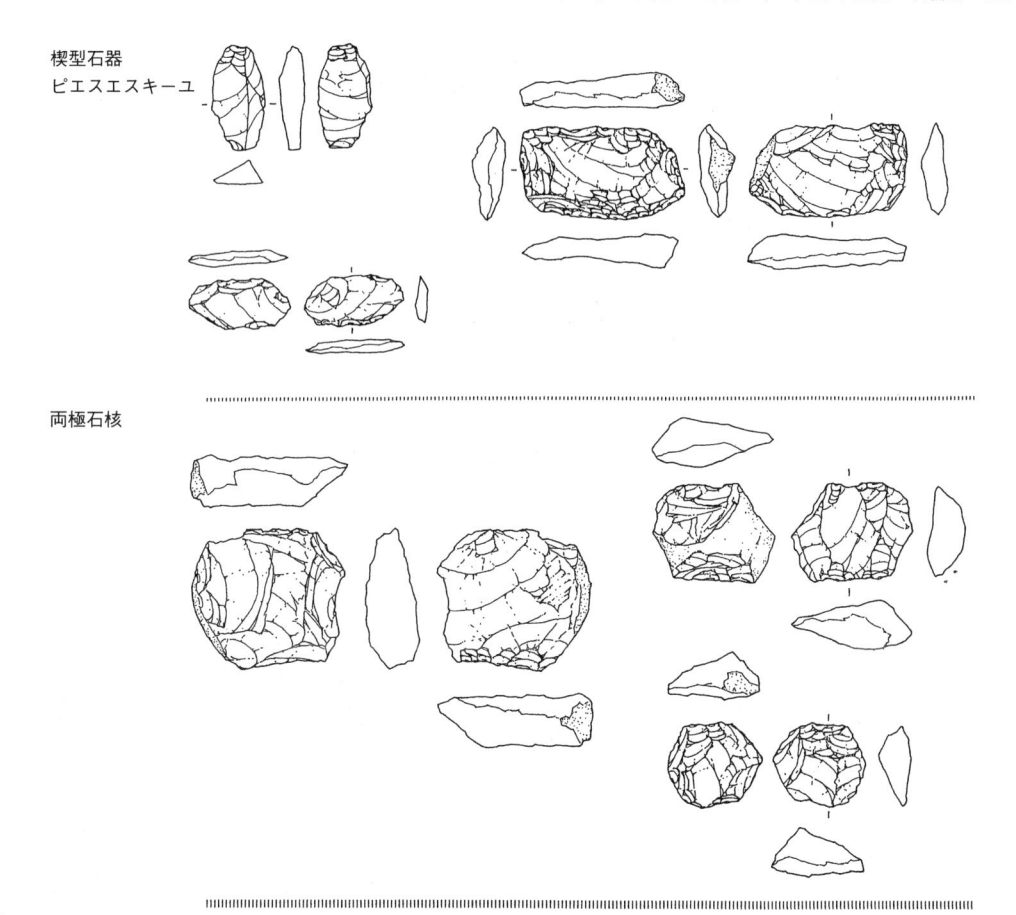

第Ⅵ章 姶良Tn火山灰（AT）降下前後の石器群 175

楔型石器
ピエスエスキーユ

両極石核

局部磨製石斧

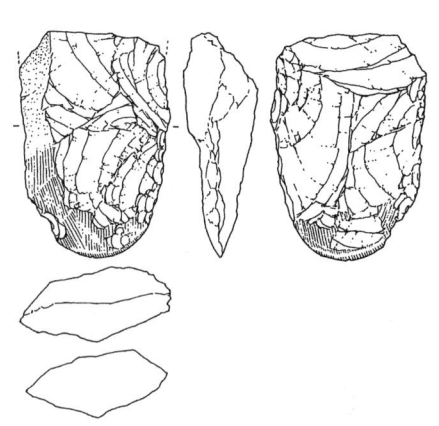

図67② 千葉県御山遺跡「第Ⅱ文化層」第2ブロックの器種構成（矢本 1994による）

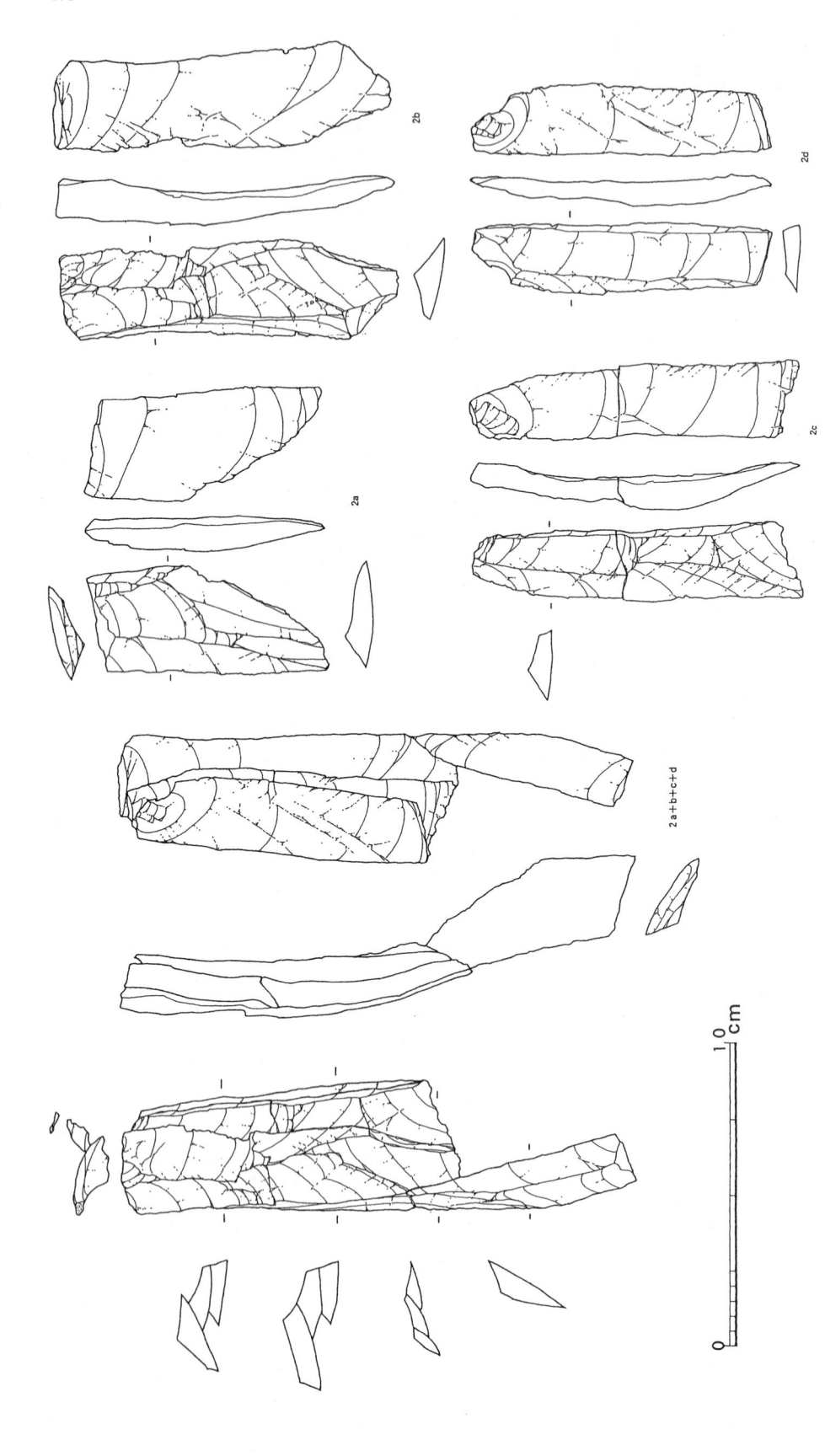

図68 千葉県御山遺跡「第V文化層」第10ブロックの大型石刃接合資料（矢本 1996による）

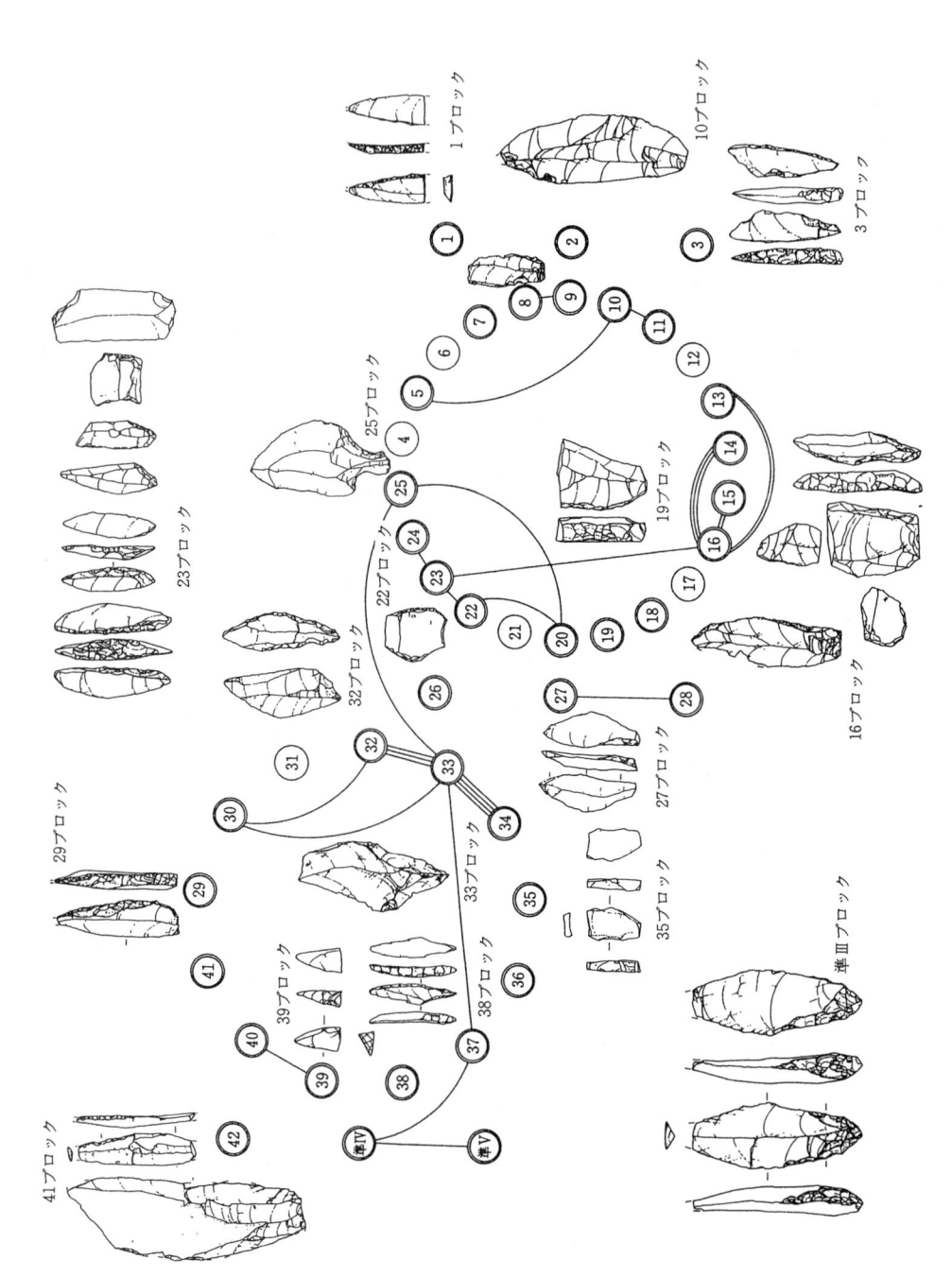

第Ⅵ章　姶良Tn火山灰（AT）降下前後の石器群　177

図69　群馬県後田遺跡の「Ⅶ層石器群」相当期のブロック概念と石刃モード石器類（角張 1991から転載）

様の技術形態的特徴が見られる。基部加工尖頭形石刃石器（尖頭形石器）は基部および先端部、あるいはそのどちらか一方のみに調整を施したものなど調整加工はさまざまである。ほとんど一側縁加工のナイフ形石器と区別をつけがたい例と、基部の両側の抉りが深く茎をつくり出した例も含んでいる。さらにもう一つ特徴のある器種は石刃あるいは縦長剥片の側縁を刃部とし、それに直行する両側の切断面を加工して台形状に整形したものである。先行時期の小型剥片石器（端部整形石器・台形様石器）と区別して台形石器と呼んでおく（安斎 2000）。石刃モードが主体となるなかで素材を小型剥片から石刃・縦長剥片に代替した、当該期を特徴づける石器の一つである。「加工痕ある剥片」として一括されたなかに小型剥片石器―素刃石器・端部整形石器・台形様石器―が少なからず含まれている。佐藤宏之の「台形様石器研究序論」の発表以前の刊行なので、麻生は、「剥片の先端部や側縁部にブランティングに近い調整や、あるいは平坦剥離が施されている資料が存在している。これらについて当初、ナイフ形石器の範疇として把握しようとしたが、本石器群の本来のナイフ形石器と比較して、小形で、調整自体も顕著でない事から」、加工痕ある剥片としたのだが、「立野ヶ原型ナイフ形石器」との関連も考えられるとして20点ほど指摘していた。石刃剥離作業が顕著であるが、大型の盤状剥片を素材とした円盤状の求心方向への剥片剥離モードもなお認められる。背面に広く礫面を残す大型剥片を素材とし、両側からの調整が両面ともそれほど顕著でない打製石斧を1点伴っている。石材は黒色頁岩である。

第2節　AT前後の石器群

1　東北地方

(1)　家の下遺跡

近年報告書が出た秋田県家の下遺跡（高橋・五十嵐編 1998）からは、先述の七曲台遺跡群より時期が下ると思われる能代市此掛沢Ⅱ遺跡（柴田編 1984）や下堤G遺跡と同様の石器群が出土している。遺跡は八郎潟残存湖の東部に隣接する出羽丘陵の北西辺の低丘陵上、標高23～25mの地点にある南北32m、東西25mの楕円状を呈するブロック群であるが、西側の一部を県道によって破壊されているので、石器群は径32m前後の環状ブロック群をなしていた可能性が高い。

石器群は石刃石器モード（尖頭形石器など328点、石刃446点）と小型剥片石器モード（「米ヶ森型台形様石器」―端部整形刃器の様式化した形態―379点、小型貝殻状剥片658点）の顕著な対照を見せている（図70）。各石器に対応する素材剥片―石刃・縦長剥片、寸詰り縦長剥片、小型貝殻状剥片―を剥離する工程は、一応それぞれ原石の選択から一貫した個別の剥離技術として併存しているが、石刃・縦長剥片の剥離が進み石核の法量が小さくなったところで、小型貝殻状剥片の剥離に転じている石核も存在することから、石刃技法と「米ヶ森技法」の二つの剥離技術はもはや二項的対立関係にあるのではなく、同一原石個体のリダクション過程に組み込まれていたことがわかる。つまり、石刃剥離モードと小型剥片剥離モードとが共存関係にあるというだけではなくて、一貫したリダクションとして融合していたといえるのである―このような異なる剥離技術の融合現象の好例は北海道で石刃技法と細石刃技法の一貫したリダクション過程に認められる―。ブロック間の接

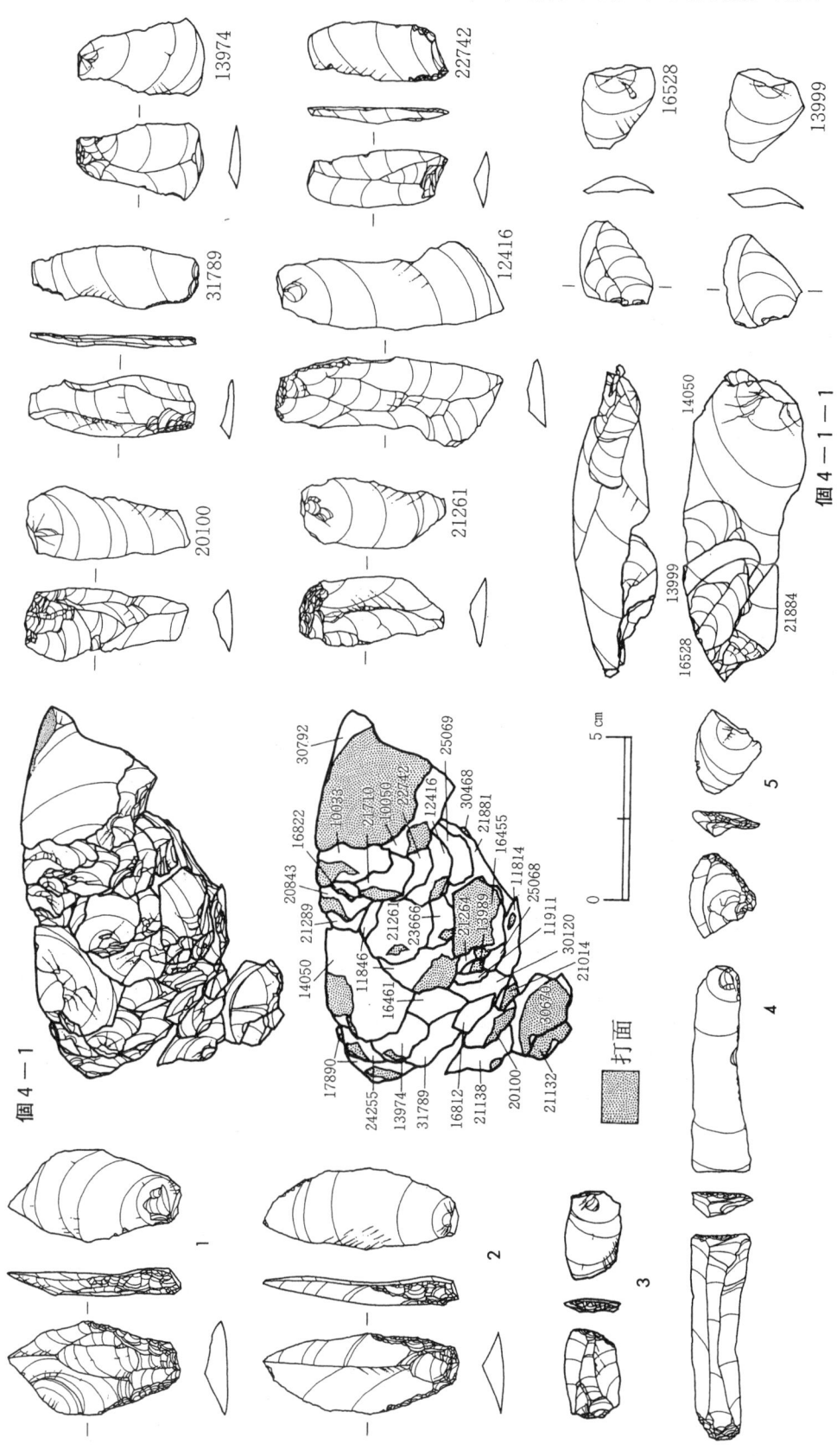

第Ⅵ章　姶良Tn火山灰（AT）降下前後の石器群　179

図70　秋田県家ノ下遺跡出土の石器群（高橋・五十嵐編 1998による）

合関係や、尖頭形石器・石刃と「米ヶ森型台形様石器」・小型貝殻状剥片との分布の重なり具合から見ても、ブロック間でも二つのモード間に対立関係は見られない。この時期には端部整形石器は規格化されて、貝殻状剥片を素材とする「米ヶ森型台形様石器」と小石刃を素材とする「立野ヶ原型台形様石器」が明確につくり分けられる一方、搔器（21点）、削器（34点）、彫器（4点）、抉入石器（16点）などの石器は定形石器としては技術形態学的になお不安定な状態にあり、石刃モードに完全には組み込まれていない。此掛沢Ⅱ遺跡で出ていた石斧が、ここでは欠落していることに編年的意味があるかどうかは明確でない。

雄物川水系に属する小出Ⅰ遺跡（石川・ほか編 1991）では家の下遺跡と同様の小石刃を素材とする「立野ヶ原型台形様石器」を主体とする石器群が検出されたが、貝殻状剥片を量産して「米ヶ森型台形様石器」を製作する技術を欠いている。基部加工石刃類の形態も規格性に欠ける。局部磨製石斧を伴出しており、おそらく家の下遺跡の石器群に先行した石器群であろう。なお、家の下遺跡の編年的位置を推測するには、奥羽山脈分水嶺の東（太平洋）側の遺跡であるが、県境に近い岩手県大渡Ⅱ遺跡の石器群が示唆的である。

（2）大渡Ⅱ遺跡

大渡Ⅱ遺跡（中川・ほか編 1995）は岩手県中央部の西端、和賀川水系に属する標高260〜280mの地点にある。ここでは東北地方北半の遺跡には珍しいAT層が検出され、しかもその上下の層から石器群（図71）が出て、田村隆のいう「推移的構造から巡回的構造」への転換過程を実証している。また、更新世に属する泥炭層も検出され、花粉分析、植物珪酸体分析、昆虫分析、および被覆層中に含まれていた材の分析から遺跡付近の古環境復元も行われた。石器群が絡む第三泥炭層—AT層を含む—の時期の植生はトウヒ属を優占種とする亜高山性針葉樹林・亜寒帯性針葉樹林が生成し、現在のサハリン南部に準ずる気候のようであった。

AT直下すなわち「第1文化層」の遺物は、自然堤防および鬼ヶ瀬川の流下方向と分布軸を同じくして、南から北へ15m、22m、13mの距離をとって4ヵ所に集中（第1〜第4集中区）が認められた。いずれにも炭化物の集中（炉址）が伴うが、石器類は南側の2ヵ所—第2、第3集中区—に限られていた。中川重紀によれば、「第1文化層」の石器組成は、「ナイフ形石器11点、台形様石器2点、彫／搔器2点、彫刻刀形石器3点、搔器2点、抉入石器1点、削器1点、彫刻刀削片7点、石刃14点、屑片2341点、敲石1点」で、剥片剥離後に両設打面の円筒形石核が残る"真正の"石刃技法が見られる。尖頭形石器（基部加工尖頭形石刃石器）、彫器、搔器、彫／搔器など主要石器はすべて石刃素材で、小型剥片石器の系譜のものは貝殻状剥片を素材とする「米ヶ森型台形様石器」の崩れたような形態のものが2点検出されたにすぎない。

AT直上すなわち「第2文化層」の遺物も、「第1文化層」の遺物と同様の配列で7ヵ所に集中（第5〜第11集中区）していた。いずれも多量の木炭片の集中（炉の存在）が見られるが、石器類の集中は北端の1ヵ所（第5集中区）と南端の2ヵ所（第7、第8集中区）に限られていた。第5集中区は五つの石器ブロックから、また第7と第8集中区はそれぞれ三つの石器ブロックからなる。最大規模の第7集中区の西側に広がる泥炭層からは両端を尖らせた加工木片（木槍？）と焼かれた痕のある材片と大型動物の足跡が検出された。中川によれば、「第2文化層」の石器組成は、「ナイ

フ形石器18点、彫刻刀形石器 5 点、彫／掻器 2 点、掻器 8 点、石錐状石器 1 点、彫刻刀削片 6 点、石刃32点、剥片 8 点、屑片5833点、敲石 3 点、台石 2 点」で、石器群は「第 1 文化層」に現れた諸特徴が一層顕著になっている。掻器や彫器にも基部加工が多用される一方で、尖頭形石器に代って先端が平形のいわゆる「東山型ナイフ形石器」が目につく。第 5 集中区から出た二側縁加工のナイフ形石器は基部を鋭く尖らせたもので、在地の伝統のなかからつくり出されたのであろう。

　上記の石器群の南に約120m離れて「第 3 文化層」の 4 ヵ所の遺物集中（第12〜第15集中区）が見つかっている。この石器群は東北地方北半のこれまでの伝統—基部加工尖頭形石刃石器—とは異なり、整った小型石刃を素材とする柳葉形の尖頭形石器（「杉久保型ナイフ形石器」）を特徴としており、おそらく南の新潟方面から進出してきた集団のものと思われる。

2　西日本

　AT下位の石器群と上位の石器群とを全般的に比較すると、両者の違いが非常に大きいので、その変化の原因が火山災害であったように思われてくる。しかし、先に見たように、小型剥片石器モードの伝統のなかに石刃石器モードが出現したのはAT直下の「暗色帯」であり、また小型剥片石器モードはATによって断絶することはなかった。とくに九州西北部においてはAT降灰後も技術形態的に多様な台形様石器・台形石器の進展を見たのである。こうした認識を背景にして石器群の画期の見直し作業は始まったばかりで、構造変動論的解釈は今後の課題である。

(1)　板井寺ケ谷遺跡

　板井寺ケ谷遺跡（山口編 1991）は兵庫県北東部、京都府との県境に近い篠山盆地に位置する。中国地方の遺跡群は低地の瀬戸内系と山地の中国山地系の遺跡群に分けて理解されている。当遺跡は中国山地地域に含まれる。ここではATを挟んで二つの石器群が検出された。報告者の山口卓也によれば、「下位文化層」には南側に沼沢地が広がる舌状の微高地を居住地に選定した人々の「配石・配礫・礫ブロック」、縄紋時代の集積土壙に近似した「土壙」、炭化物・炭化材密集箇所など、火を盛んに使った活動の痕跡が残されていた。

　石器群は「台形様・ナイフ形石器群」の様相である（図72）。石器の素材には在地産のチャートと遠隔地（二上山・淡路島岩屋）産のサヌカイトがほぼ拮抗して使用されており、チャート製石器は主に北側に分布し、サヌカイト製石器は南側に分布していた。チャート製石器は石刃石器モード、サヌカイト製石器は剥片石器モードというように素材による二項性が認められる。ただし、石刃モードの発達は弱く、また同時に、チャートとサヌカイトそれぞれの石材中においても擬似的な二項性が存在する。チャート製の一側縁加工ナイフ形石器と二側縁加工ナイフ形石器(11〜13)は技術形態的な特徴があり、この「中国山地系」のナイフ形石器は関東方面よりは九州地方のAT直下のナイフ形石器に近似している。問題なのは、サヌカイトの横長剥片を縦位置に用いたナイフ形石器(5)で、同様な石器はチャート製にもある(10)。サヌカイトの「底面」を有する横長剥片や、作業面幅いっぱいの目的剥片を一方向に後退しながら剥離した石核が、数は多くないが存在している(6)。しかし、母岩を分割・剥離してつくる石核素材を剥離する大型剥片は見当たらない。こうした石器組成は〈瀬戸内技法〉完成直前の様相なのか、それとも〈瀬戸内技法〉のオリジナルな出現地域の

182

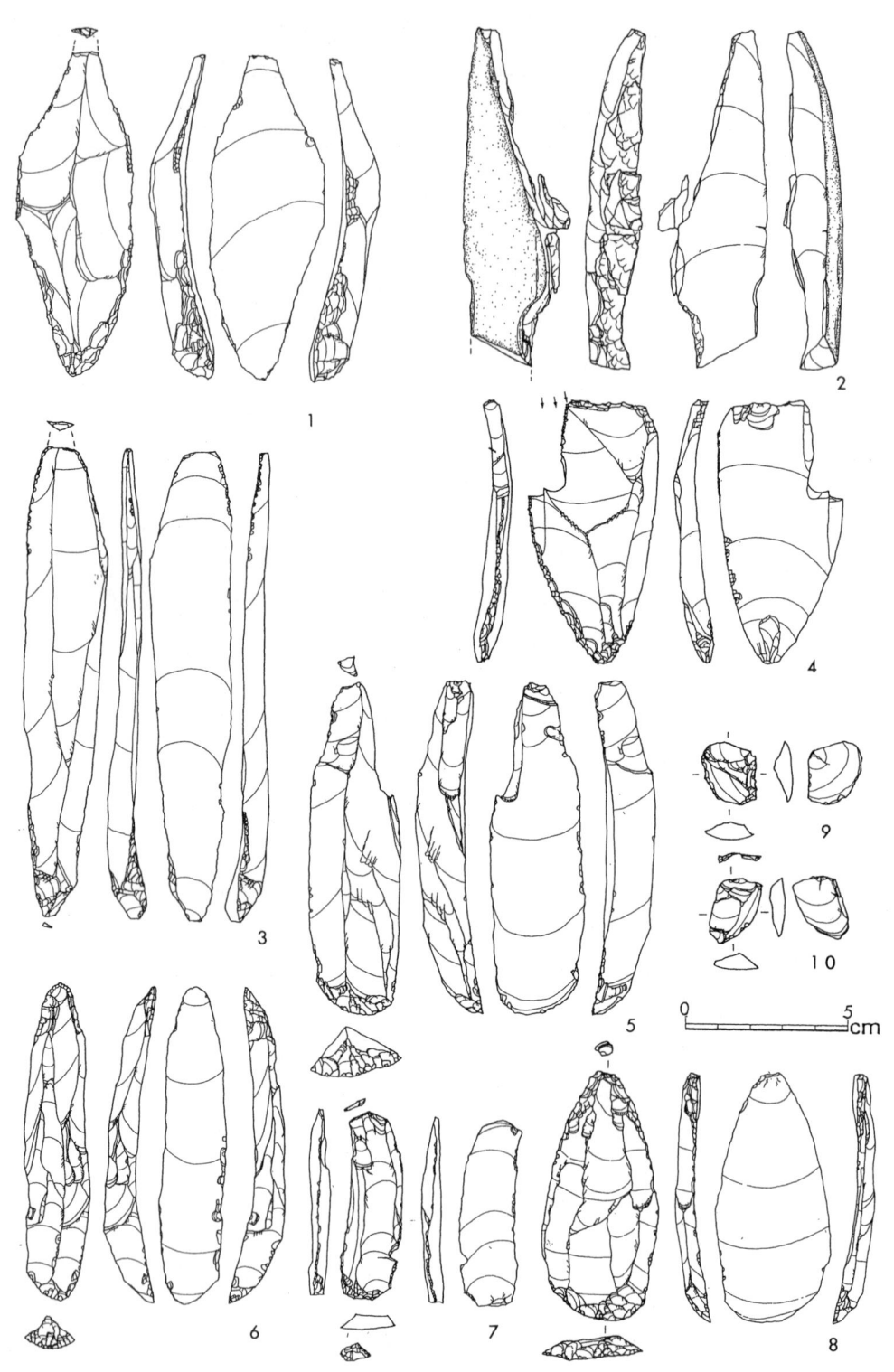

図71 岩手県大渡Ⅱ遺跡出土の石器群（中川編 1995による）
　　1～10：「第1文化層」　　11～20：「第2文化層」
　　21、22：「第3文化層」　　23、24：集中区外

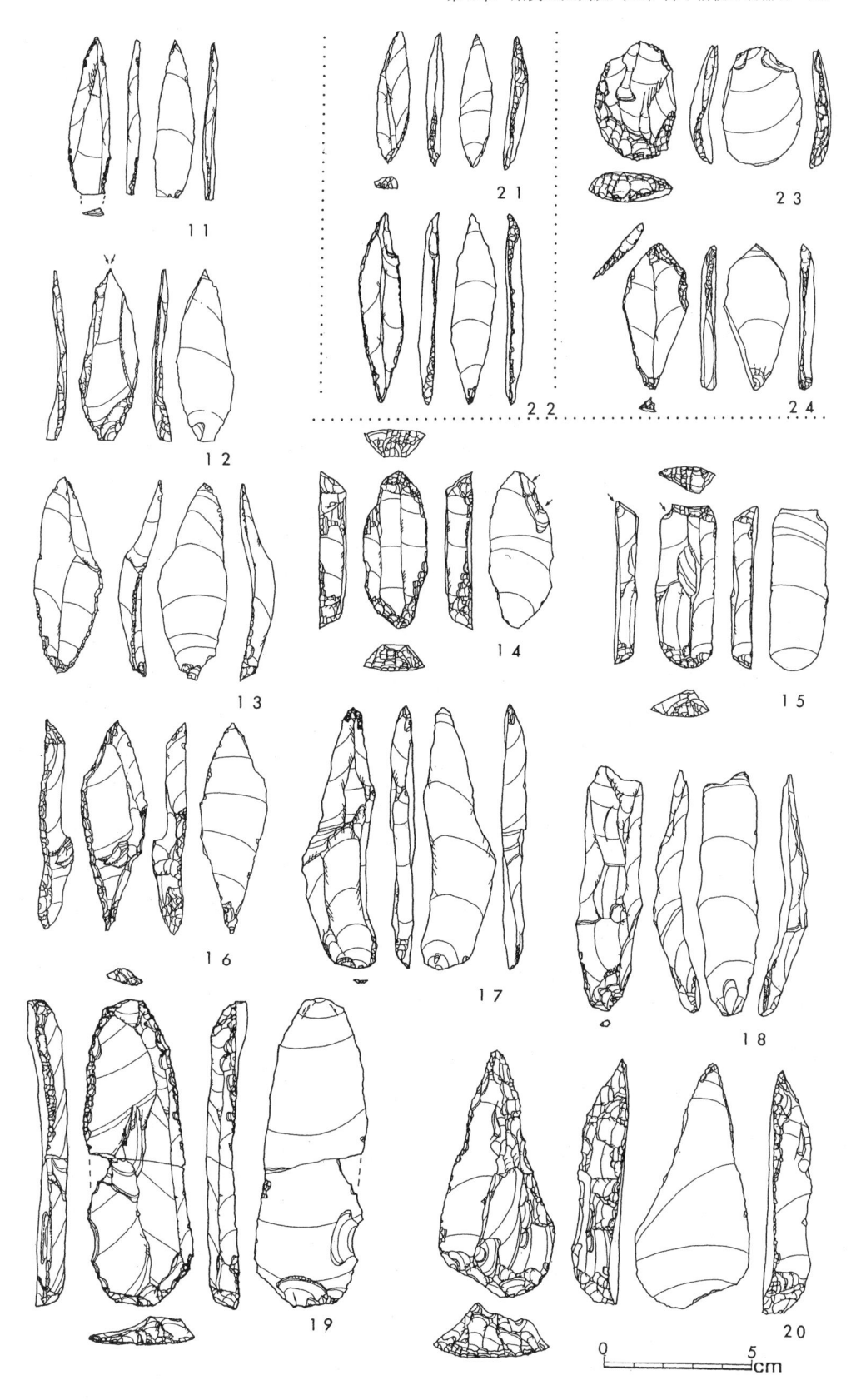

第Ⅵ章　姶良Tn火山灰（AT）降下前後の石器群　183

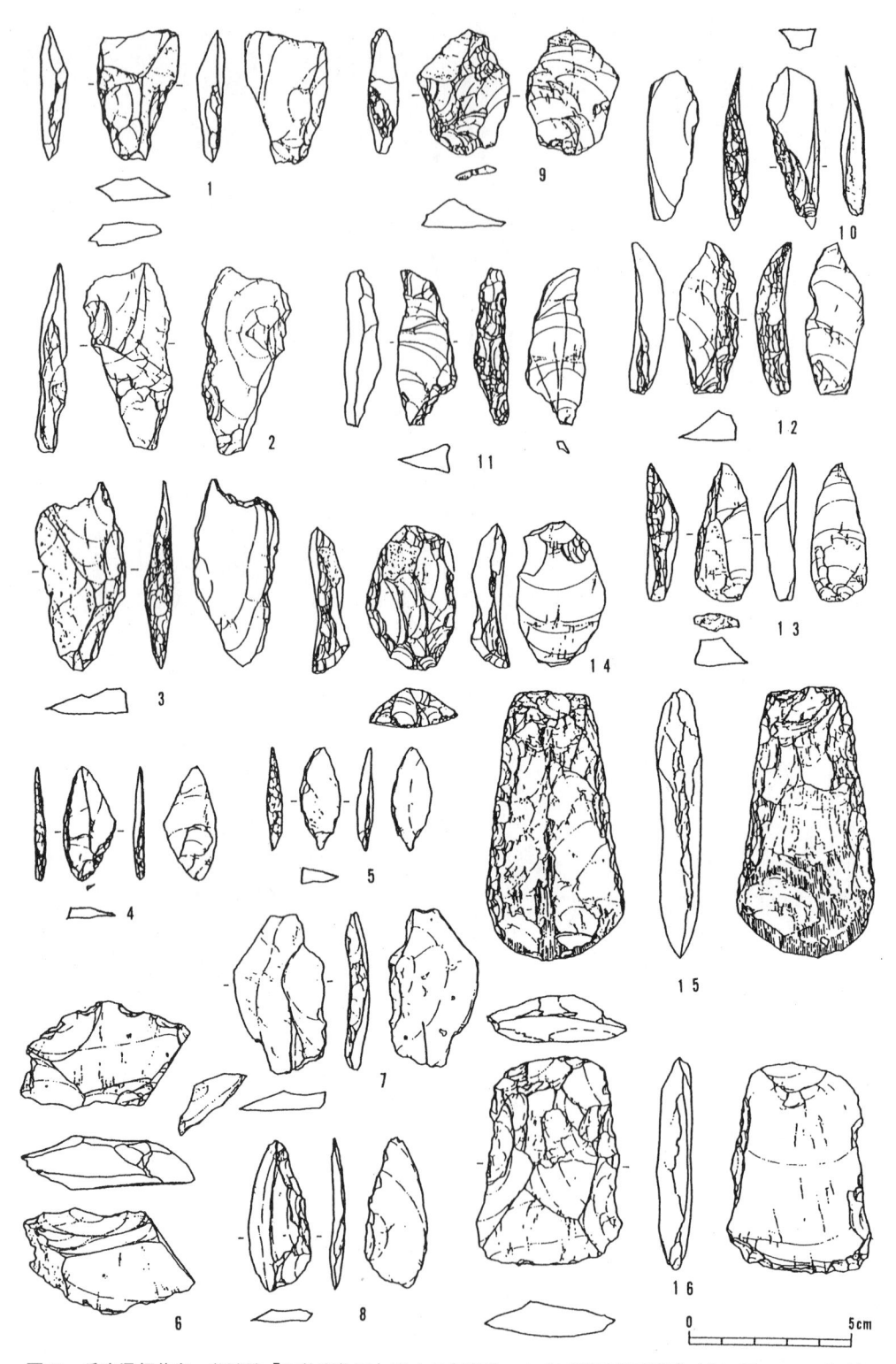

図72 兵庫県板井寺ヶ谷遺跡「下位文化層」出土の台形様・ナイフ形石器石器群（山口編 1991による）
1～8：サヌカイト製（6～8は「瀬戸内技法」関連資料） 9～14：チャート製

周辺部に位置したために、山口が分析したように素材剥片を異所からの搬入に頼っていたことによるのか、あるいはその両者の故であったのか、資料不足で判断はできない。また、先述のような二重の二項性が、山口らが示唆する「瀬戸内系」と「中国山地系」の二つの異なる社会集団の共存によってもたらされたことなのかどうかも、予断を許さない。「瀬戸内系」石器群と「中国山地系」石器群それぞれの出現経緯とその変遷過程とを明らかにすることが先決である。

報告書では台形様石器と明記された例は1点だけであったが、山口卓也が報告時には「ナイフ形石器」、「削器」、「加工痕有剥片」としたものから台形様石器と見なせる石器を再度取り出し、サヌカイト製19点、チャート製9点の計28点を図示している（山口 1994）。議論の余地を残すものを含んでいるが、東日本と比べると台形様石器群の伝統の強さが印象づけられる。

板井寺ケ谷遺跡においては、AT降灰直後の「上位文化層」からは「下位文化層」の石器群とはまったく様相の異なる石器群、すなわち「角錐状石器（三稜尖頭器）石器群」が出ている。この一見突発的石器群の変化の要因が解明されなければならないが、それは本著のテーマ外のことである。

瀬戸内地方においては、前半期から後半期への移行は小型剥片石器モード、とりわけ台形様石器石器群から大型剥片石器モードの「国府石器群」への転換として捉えられる。それは技術論的には、盤状石核の作業面の周縁に沿って打点を横に移動させながら、台形様石器の素材剥片である貝殻状小型剥片を複数剥離する〈盤状横打技法〉から、盤状石核の打面を固定して打点を奥にジグザグ後退させながら、国府型ナイフ形石器の素材剥片である作業面いっぱいの大きさの翼状剥片を複数剥離する〈瀬戸内技法〉への技術転換であった。このアイディアは以前1989年度大阪府長原遺跡第37次調査区出土の接合資料（趙編 1997）（図73）を実見したときに思いついたものである。その石核はかつて佐藤達夫が群馬県権現山遺跡の石器群中に見出した「反転横打剥片石核」（図14-7参照）に技術系譜上連なる石核で、瀬戸内技法の出現以後も一般的横剥ぎ技法として使い続けられたものである。この技術的特殊化がサヌカイトという石材から大型・中型剥片を剥離する必要から生じたことは、先学たちの「国府型ナイフ形石器・瀬戸内技法」研究が示唆するところである（山口・山本 1999）。問題はなぜ大型剥片を必要としたかということである。この転換は関東方面では「Ⅶ層石器群」、九州ではAT直下の「暗色帯」の石刃石器モードの出現と歩調を合わせたもの、いい換えれば、列島規模での生活構造・社会構造─あるいはその基盤である生態系─変動の視点から説明づけられねばならない、と筆者は考えている。

(2) 狸谷遺跡

熊本県狸谷遺跡（木崎編 1987）は曲野遺跡の報告書が刊行された1984年に発掘調査が行われ、ATを挟んで二つの石器群が検出された遺跡である。入戸火砕流（AT）下位の「狸谷Ⅰ石器文化」はそれまでに例のない多量の磨石・敲石と石皿・台石を組成することで特徴づけられる石器群であるが、同時に、石刃石器モードと剥片石器モードとの緩やかな二項性によっても特徴づけられる（図74-11～20）。

報告者の木崎康弘が4類に分類した「ナイフ形石器」のうち、「1a」とされた二側縁加工ナイフ形石器（42点）はもっぱら寸詰まりで幅広の縦長剥片を素材としている。ただし少ないながら石刃製のナイフ形石器も含んでいる。横長剥片を縦位置に使った例が2点入っている。「2a」とされた一

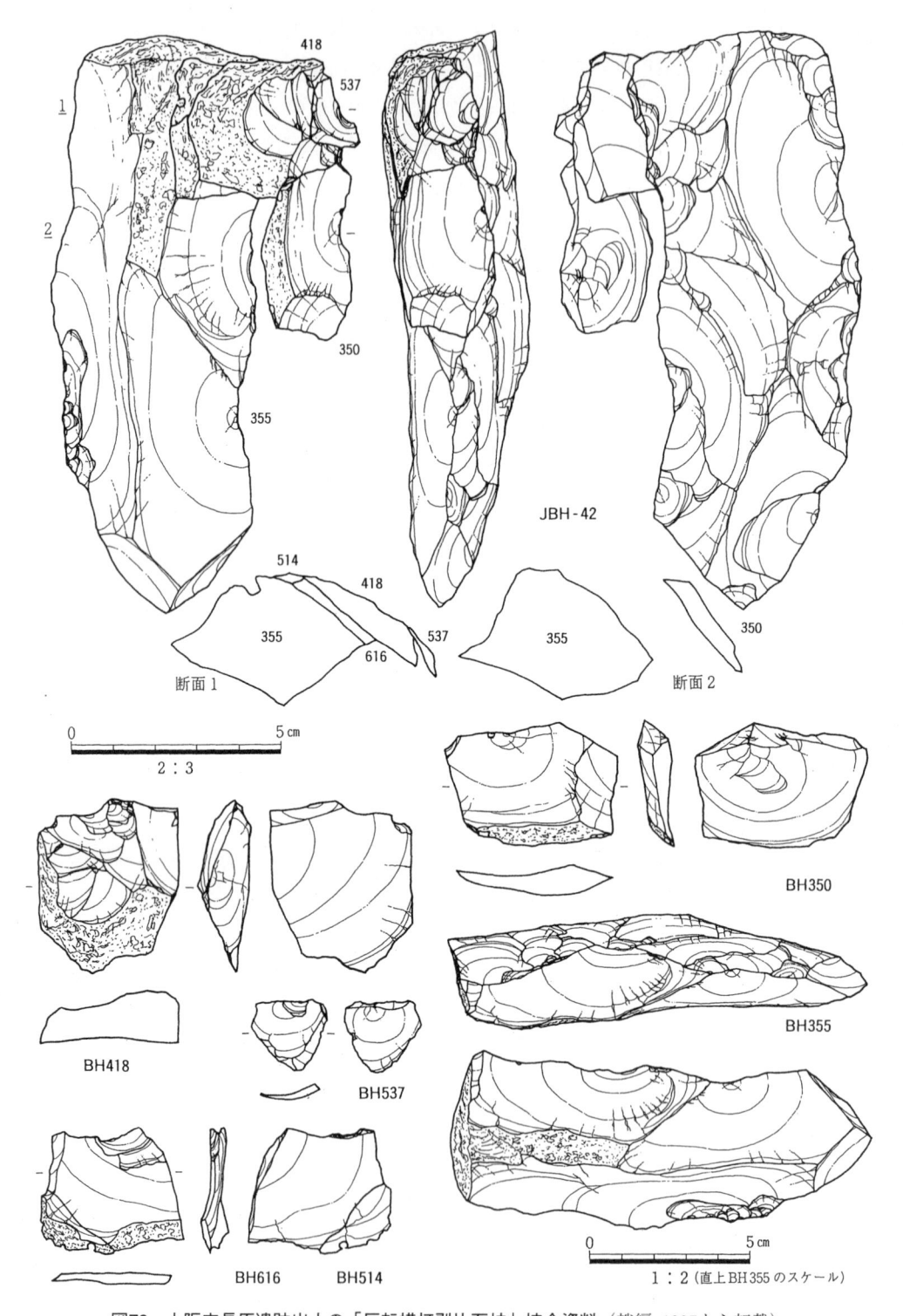

図73　大阪府長原遺跡出土の「反転横打剥片石核」接合資料（趙編 1997から転載）

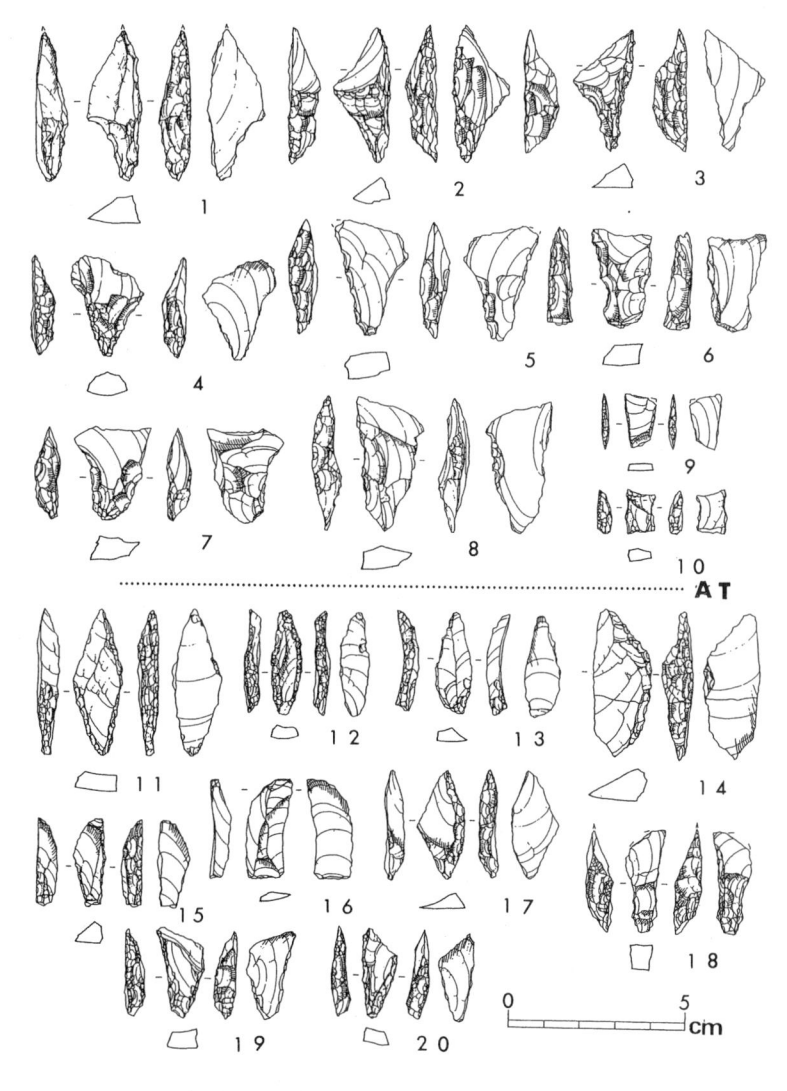

図74　熊本県狸谷遺跡出土の石器群（木崎編 1987による）
1〜10：「狸谷Ⅱ石器文化」　11〜20：「狸谷Ⅰ石器文化」

側縁加工ナイフ形石器も横長剥片を素材とする例を含むが、素材の主体はやはり寸詰まりで幅広の縦長剥片である。他方、「1b」とされた切出形石器は縦長剥片製のものが見られるが、中心は横長剥片を素材としたものである。「2b」とされた部分加工の石器はナイフ形石器のカテゴリーからはずすべき一群である。そのなかに先端部に加工を施して尖頭形を強調した「刃器状剥片に似たもの」（6点）が注目されるが、基部が未加工なので尖頭形石器（基部加工尖頭形石刃石器）とは関係がないであろう。小型剥片石器類が姿を消しているが、切出形石器が台形様石器の位置を代替しているようにも見える。「緩やかな二項性」といったのは、石刃石器モードのナイフ形石器と剥片石器モードの切出形石器の共存を指してのことであるが、台形様石器類系列の継続性を問題にするとき、「1b」中で特異な存在とされた石器(18)は見落とせない。かつてこの石器群を実見した際に、推測の域を出なかった上場遺跡6層上部の石器群の内容に近いのではないか、そしてその唐突とも思え

る出現は九州在地の伝統のなかから発展したのではなく、他地域からの石刃モードの移入によるのではないかと思ったし、今ではその感を深くしている。

　上層の「狸谷Ⅱ石器文化」（図74-1～10）は下層の石器群から大きく変容している。その変容の要因が入戸火砕流にあることは確かである（松藤1987）。ここで注目しておきたいのは、基本的に石刃石器モードが姿を消して、石器群が剥片石器モードに偏向していることである。木崎が「ナイフ形石器」とした48点の石器は、切出形石器を主体に台形様石器類を加えたものである。前者が技術形態的にきわめて規格性の高いのに注目した松藤和人が、それらを「狸谷型ナイフ形石器」と命名している（松藤1992）。この命名は「ナイフ形石器文化」を前提にしたものであって、剥片を素材とする当該石器の系譜を考えれば「狸谷型切出形石器」の方がふさわしい名称である。「AT降灰後の一時期にあって南九州を中心に盛行した小形切出形・三角形ナイフ形石器との関連を指摘し、……狸谷型ナイフ形石器の系譜を議論する場合、それらの祖型形態としてAT下位の上場遺跡Ⅵ層石器群・狸谷Ⅰ石器群に伴う小形切出形・三角形ナイフ形石器も有力な候補にあげられる」という松藤の論旨を、二項モード論的に読み替えてみると、「切出形石器」というカテゴリーを独立させるのがふさわしいと思われるからである。その場合には、すでに示唆してきたように、切出形石器は台形様石器類の一形態から分岐・進展したと見なすのである。「狸谷Ⅱ石器文化」に話を戻せば、「狸谷型切出形石器」に見るように在地性の強い石器群であるが、西北九州に偏在する「原の辻型台形様石器」の存在から、その方面との関係も暗示されている（中川1994）。ただし、本著に石器の図を掲載していないが、石器群は三稜尖頭器、剥片尖頭器、「国府型ナイフ形石器に類似したもの」など下層の石器群に見られなかった石器類を組成しており、石器群の性格はたいへん複雑になってきている。

(3) 百花台D遺跡

　九州においてはAT前後以降の石器群の変遷で少なくとも東北部、西北部、南部という地域性が顕著になったようである。ここではそれ以前の小型剥片石器モードの伝統を強く残したと思われる西北部に眼を向け、比較的多層位の記録を残している長崎県百花台D遺跡を取り上げてみる。

　百花台D遺跡（田川・ほか編1988）は1982～1985年に発掘調査が行われ、AT前後以降の石器群が重層的に検出された。第Ⅶ層、第Ⅵb層がAT降灰以前、第Ⅵ層がAT降灰前後、第Ⅵa層～第Ⅳ層がAT降灰後に位置づけられ、福井15層→百花台第Ⅶ層→百花台第Ⅵb層→百花台第Ⅵ層・日ノ岳Ⅲ・西輪久道下層→百花台第Ⅵa層・第Ⅴ層→日ノ岳Ⅱ・西輪久道上層→百花台第Ⅳ層という編年案が提出された。ちなみに、第Ⅶ層が約3万3千年前、第Ⅵ層が約2万2千年前、第Ⅴ層が約2万1千年前という^{14}C年代値が得られている。ただし、少なくと第Ⅶ層の年代値は石器群の特徴と整合しない。かつて第Ⅶ層の石器群を九州の広範囲に見られるAT直下の「暗色帯」期のナイフ形石器群に対比したことのある松藤和人は、発掘調査報告書の検討を通じてその見解を撤回し、慎重に検討することを促している（松藤1994）。松藤の指摘にあるように、各層ごとの石器類の伴出関係は問題含みであるが、一般的な傾向としてこの遺跡では第Ⅶ層から第Ⅳ層まで一貫して石刃石器モードのナイフ形石器類が存続し続けたようであり、とくに第Ⅵ層と第Ⅴ層で顕著である。一方、最下層の第Ⅶ層と第Ⅵb層での小型剥片石器モードの存在がはっきりせず、台形様石器類が顕著になるのが

第Ⅵ層以降である。百花台型台形石器が第Ⅳ層に限って出土している（図75）。

　簡単に記したように、百花台D遺跡においてはAT上位のとくに第Ⅵ層と第Ⅴ層で、石刃石器モードのナイフ形石器と小型剥片モードの台形様石器とが、列島中央部の武蔵野台地Ⅸ層並行期に見られたような二項性をはっきり表出している点が注目される。ただし、この遺跡でもAT直下の台形様石器のあり方は明らかになっていない。その一方で、剥片石器モードのナイフ形石器が数は少ないものの一貫して存在しており(35、40、43、47、55)、百花台D遺跡第Ⅵb層以外にも佐賀県船塚遺跡でもAT下位から同種の石器が出土しているので、従来、瀬戸内系といわれてきた九州の国府型ナイフ形石器の初現を西北九州に想定する見方もある（清水1998）。切出形石器もATを挟んで存続している。そうはいうものの、先の松藤の指摘にもあるように、石器群の連続性を強調するわけにいかないのは、AT降灰以後のとくに東北・南九州地域における石器群中に、石刃石器モードの剥片尖頭器と剥片石器モードの三稜尖頭器という新たな二項性が突然出現したうえに、剥片石器モードの国府型ナイフ形石器も顕著になって、九州地方の石器製作システムが非常に複雑化したからである。その多様性・複雑性は東北日本の「石刃モードの巡回性」（田村1989）の対極にある。

3　九州における石器群の変遷

　狸谷遺跡を発掘調査した木崎康弘は「九州ナイフ形石器文化」を4期に分け、そのうちの第Ⅰ期と第Ⅱ期をAT下位に置いた（木崎1989）。そして木崎は第Ⅰ期の「石器文化」を広義の「ナイフ形石器」の形態・形態組成・製作方法によって次のように特徴づけた。「曲野石器文化を標識とする時期であり、第2形態Cや第3形態Aを基本として、それに第1形態A・第3形態Cを加えたナイフ形石器の形態組成によって特徴づけられる。製作方法は、第2形態Cが刃潰し加工と切断、それに切断面側の背面や腹面の平坦剥離加工であり、第3形態Aでは平坦剥離加工や刃潰し加工、第1形態Aでは粗い刃潰し加工、第3形態Cは刃潰し加工である」。説明を加えなければ理解し難い文章であるが、曲野遺跡の台形様石器石器群を伝統的な「ナイフ形石器文化」のパラダイムに忠実に翻案するとこうなるという好例である。木崎はさらに第Ⅰ期に見られるそうした多様な製作方法は、「ナイフ形石器の成立過程における過渡的製作技術を示している」という見方をとり、同様に「第Ⅱ期に至り、駒方古屋石器文化や堤西牟田Ⅰ石器文化の例が示すように、九州に刃器技法が現れる。しかも、製作されるナイフ形石器（第2形態A・第4形態）は、刃器状剥片を含む縦長剥片や幅広の剥片が素材で、刃潰し加工が調整加工の中心をなしている。こうした変化は、前段階の第Ⅰ期からすれば突然の出来事であり、第Ⅰ期から第Ⅱ期への変遷が極めて急激であったことを示している」と解釈した。現象の把握は他人と共通するものであるが、木崎はこの急激な変遷は東日本の「ナイフ形石器文化」の影響によって引き起こされたと考えた。そうした木崎の考え方は、「第2形態Aナイフ形石器の成立過程の有様（安蒜1984、須藤1986）を念頭に置いたものであった」と記述しているように、安蒜政雄ら明治大学出身者たちが中心となって推進してきた「石器文化論」とその記述方法に則ったものであった。

　近年の論考でも木崎は「石器文化論」とその記述方法を踏襲して、AT上位の第Ⅲ期を「九州石槍文化」、第Ⅳ期を「九州型ナイフ・細石刃複合様相」と呼び直している（木崎1997）。先に百花

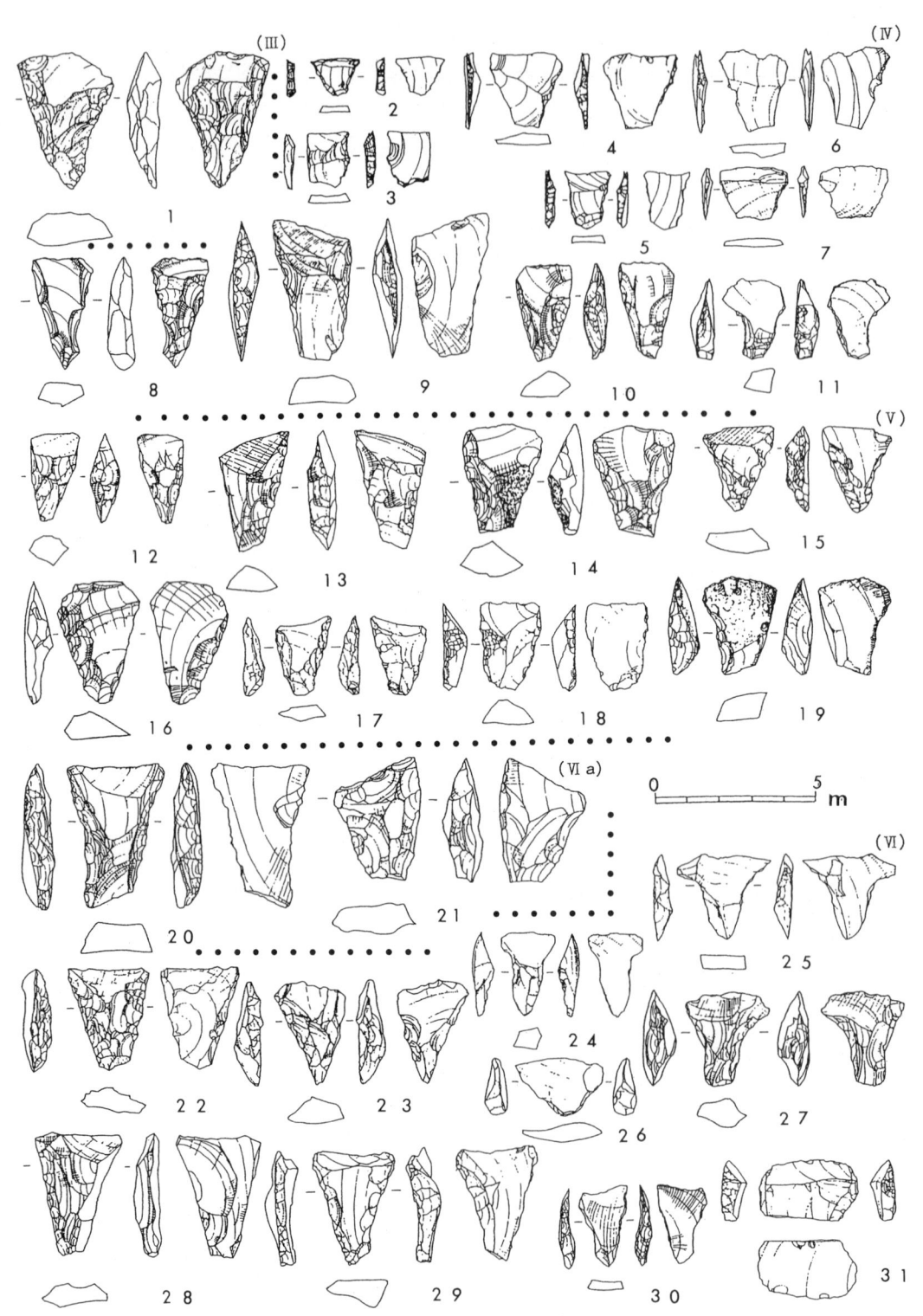

図75 長崎県百花台D遺跡の「台形様・ナイフ形石器群」(田川・ほか編 1988による)
1：第Ⅲ層　2〜11、32〜35：第Ⅳ層　12〜19、36〜40：第Ⅴ層　20、21、41〜43：第Ⅵa層　22〜31、44〜50：第Ⅵ層　54、55：第Ⅵb層　51〜53：第Ⅶ層

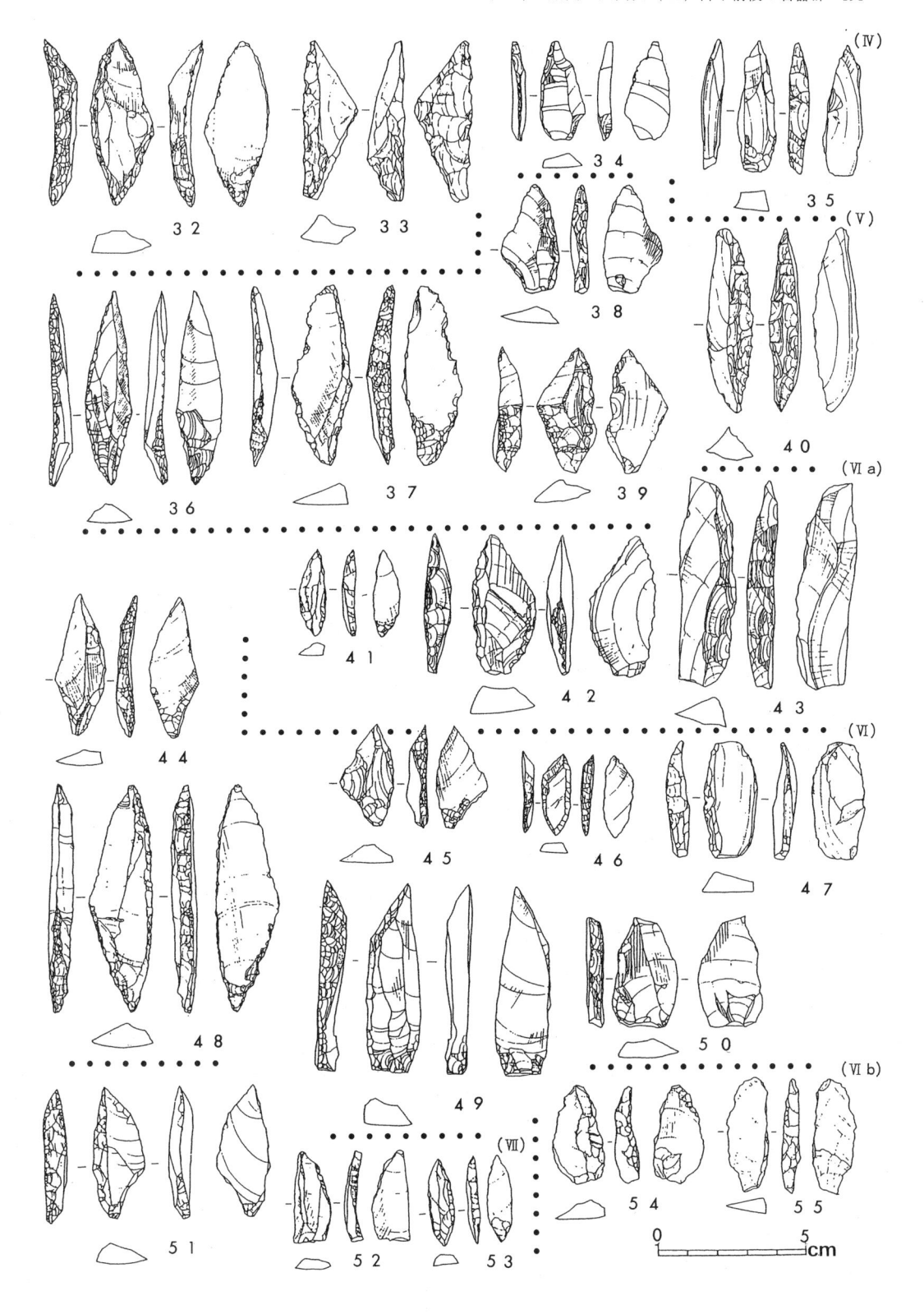

第Ⅵ章　姶良Tn火山灰（AT）降下前後の石器群　191

台D遺跡の項で一瞥しただけでも、当該期の石器群構成は複雑な展開を遂げていたことがわかろう。ただ「九州石槍文化」という概念だけで統括・説明できるか疑問である。AT直下の石器群を「西日本型柳葉形ナイフ様相」、AT直上の石器群を「西日本型切出形ナイフ様相」と単純化して呼ぶことも問題を残してしまう。この変遷の木崎による説明はこうである。AT降灰によって生じた「状況が落ち着いたある段階、西日本型柳葉形ナイフ様相を担った人びとが九州島に帰ってきた。また、その一方で、『マンモスハンター』たちは、剥片尖頭器や三稜尖頭器などの大型石器を穂先に付けた狩猟具を持って、『対馬水道』を越えてきた。ここに、技術基盤の伝統を異にする二つの狩猟具、すなわち、大型狩猟具と小型狩猟具が九州地方で合流したのである」。中範囲の研究を介在させないとき、静態的考古資料から動態的行動解釈へ直接飛躍するとどうなるかという、これまた好例である。

百花台東遺跡の発掘調査と出土資料の詳細な分析作業を指導した松藤は、「九州における後期旧石器文化の変遷」を大きく、①台形様石器・石斧石器群→②AT直下のナイフ形石器群→③AT降灰直後の石器群のように捉えている（松藤1994）。そして、AT直下のナイフ形石器群は、「まさに九州におけるナイフ形石器文化の幕開けを告げる石器群として評価される。注目すべきことに、本石器群には台形石器がまったく見られないか、存在しても石器組成中に大きな比率を占めない。この点で、先行する台形様石器・石斧石器群との間に不連続性を示している」と見なすが、同時に、「AT降灰後ほどなく剥片尖頭器、中原型ナイフ形石器、角錐状石器、三面加工石器、国府系ナイフ形石器に代表されるような特徴的な器種が九州全域で普遍的に認められる一方で、地域化した石器型式の出現に示されるように九州島のなかで地域色が顕在化してくる」なかで、その実例としてあげる肥前半島を中心とした地域に濃密な分布をもつ「原の辻型台形石器」は、台形様石器・石斧石器群にその系譜をたどれる蓋然性が高いので、その剥片生産技術も台形様石器のそれの延長上で捉えることができそうであり、また、分布が南九州から東九州の一部の地域に限られる傾向を見せる「狸谷型ナイフ形石器」も、その剥片生産技術と絡めてAT降灰以前の「石器文化」のなかに系譜をたどれる可能性がある、とも述べている。この一見矛盾とも見える現象は従来のような発展段階論からは説明困難であり、構造変動論の視点からの石器群変化のプロセスを検討する必要があろう。

萩原博文は他地域の石器群との比較を参考にして、平戸島の遺跡を中心とする西北九州の諸遺跡の石器群を編年的に細分した（萩原1995）。早期・前期・中期・後期・晩期に大別し、後期の3細別以外は各期を4細別しての都合19細別案である。細別した石器群のなかにも時間差を認めているものがあるので、石器群の時間差は20以上にもなるであろう。堆積状況が良くない地域での示準器種の技術・形態変化を拠りどころとする細別に伴う脆弱さは隠せない。しかし、ともかくも萩原も自覚しているとおり、「九州では、細別編年が論議されずに、初めての試みであり、今後さらに深く検討」していくための踏み台となろう。構造変動論へ踏み込むためには避けて通れない道である。近年の研究成果を取り入れて萩原も、「石器群の構造」の変化をAT直前の「前期」と「中期」との間に認めている。他方で、「ナイフ形石器文化後半期」の石器製作システムの変化をもっともよく表している「狸谷Ⅰ石器群」に対して、西北九州では当該期石器群は伝統的石刃技法を保守的に保持し、石器群の変容も大きなものでないとの認識に立って、「ナイフ形石器を中心とする技術革新

は、狸谷遺跡を含む南九州においてなされた」と考えている。そのほかにも、西北九州の細石刃石器群の発生については福井洞穴第7層を通して「西北九州ナイフ形石器文化」のなかに求めようとするなど、地域的進化の視点が随所に見られる。ただしこの論考は「ナイフ形石器」を中心とする編年作業に力点がおかれており、石器製作システムの変遷過程論としては不備も目立つ。AT前後の石器群を扱った最近の論考（萩原 1996、1997）では、「ナイフ形石器類」、「台形石器類」、「尖頭器類」という三項的認識からの退行が見られた。掲載図版では、「ナイフ形石器」あるいは「ナイフ形石器・尖頭器」、「その他の石器」、「石核」の三項建てとなっている。また、「構造変容」と「石器製作システム・サブシステム」の用語が頻繁に使われているが、それらの意味・内容が具体的に示されず、記述は要素（個別器種）の組成論に基づいたものである点が、筆者には気がかりである。

以上先行研究者3人の論点を整理してみたが、後期旧石器時代後半期においても九州地域の石器群の変遷は構造変動論の視点から分析することが課題として残された。

引用文献

麻生敏隆（編）1987『後田遺跡』群馬県教育委員会。
麻生　優・ほか 1984「千葉県鎌ヶ谷市東林跡遺跡の調査」『日本考古学協会第50回総会研究発表要旨』9-10頁。
安斎正人 1990「V-4 ナイフ形石器文化の時代」『無文字社会の考古学』204-216頁、同成社。
安斎正人 2000「台形様石器と台形石器—台形様・ナイフ形石器石器群(3)—」『九州旧石器』第4号、53-70頁。
石川恵美子・ほか（編）1991『東北横断自動車道秋田線発掘調査報告書Ⅷ』秋田県文化財調査報告書第206集。
織笠　昭 2000「7 東林跡遺跡」『千葉県の歴史 資料編 考古1』26-27頁、千葉県史料研究財団。
角張淳一 1991「黒曜石原産地遺跡と消費地遺跡のダイナミズム—後期旧石器時代石器群の行動論的理解—」『先史考古学論集』第1集、25-82頁。
木崎康弘（編）1987『狸谷遺跡』熊本県文化財調査報告第90集。
木崎康弘 1989「姶良Tn火山灰下位の九州ナイフ形石器文化」『九州旧石器』創刊号、5-22頁。
木崎康弘 1997「九州石槍文化の展開と細石器文化の出現」『九州旧石器』第3号、23-38頁。
国武貞克 2003「両面体調整石器群の由来—関東地方Ⅴ層・Ⅵ層下部段階から砂川期にかけての石材消費戦略の連続性—」『考古学Ⅰ』52-77頁、安斎正人編・発行。
佐藤宏之 1988「台形様石器研究序論」『考古学雑誌』第73巻第3号、1-37頁。
佐藤宏之 1995「技術的組織・変形論・石材受給—下総台地後期旧石器時代の社会生態学的考察—」『考古学研究』第42巻第1号、27-53頁。
柴田陽一郎（編）1984『此掛沢Ⅱ遺跡・上の山Ⅱ遺跡』秋田県文化財調査報告書第114集。
清水宗昭 1998「九州地方の瀬戸内系石器に関する一考察」『列島の考古学—渡辺誠先生還暦記念論集』609-627頁。
高橋　学・五十嵐一治（編）1998『家の下遺跡(2)』秋田県文化財調査報告書第275集。
田川　肇・ほか（編）1988『百花台広域公園建設に伴う埋蔵文化財緊急発掘調査報告書』長崎県文化財調査報告書第92集。
田村　隆 1989「二項的モードの推移と巡回—東北日本におけるナイフ形石器群成立期の様相—」『先史考古学研究』第2号、1-52頁。
田村　隆 1992「遠い山・黒い石—武蔵野Ⅱ期石器群の社会生態学的一考察—」『先史考古学論集』第2集、1-46

頁。

千葉県文化財センター(編) 1987『研究紀要』11。

趙　哲済(編) 1997『長原・瓜破遺跡発掘調査報告Ⅸ』大阪市文化財協会。

中川和哉 1994「原の辻型台形石器に関する若干の考察」『百花台東遺跡』317-330頁、同志社大学文学部考古学調査報告第8冊。

中川重紀・ほか(編) 1995『大渡Ⅱ遺跡発掘調査報告書』岩手県文化振興事業団埋蔵文化財調査報告書第215集。

萩原博文 1995「第2章 平戸の旧石器時代」『平戸市史―自然・考古編―』223-318頁。

萩原博文 1996「西南日本後期旧石器時代後半期における石器群の構造変容」『考古学研究』第43巻第3号、62-85頁。

萩原博文 1997「AT降灰前後の石器群」『九州旧石器』第3号、11-22頁。

松藤和人 1987「海を渡った旧石器"剥片尖頭器"」『花園史学』第8号、8-19頁。

松藤和人 1992「南九州における姶良Tn火山灰降下直後の石器群の評価をめぐって」『考古学と生活文化』同志社大学考古学シリーズⅤ、21-36頁。

松藤和人 1994「百花台東Ⅰ石器群の編年的位置づけとその評価」『百花台東遺跡』369-392頁、同志社大学文学部考古学調査報告第8冊。

山口卓也(編) 1991『板井寺ケ谷遺跡』兵庫県文化財調査報告書第96-1冊。

山口卓也 1994「近畿地方台形様石器群の一様相―板井寺ケ谷下位文化層の台形様石器―」『旧石器考古学』48、15-26頁。

山口卓也・山本　誠 1999「地域研究50年の成果と展望　近畿地方」『旧石器考古学』58、37-44頁。

矢本節朗(編) 1994『四街道市御山遺跡(1)』千葉県文化財センター調査報告第242集。

第Ⅶ章　後期旧石器時代後半期

　後期旧石器時代後半期を二分するとすれば、その前葉は武蔵野台地Ⅴ層・Ⅳ下層石器群とその並行期石器群が相当する。地域化が顕在化して列島に多様な石器群が並立した時期で、構造変動論からの分析にとっては魅力的な時期であるが、これまで当該期の研究を行っていない筆者の手に余るテーマである。角張淳一の先駆的研究（角張 1991、1992）以降、当該期石器群への構造変動論的アプローチが試みられていないが、最近、国武貞克が取り組み始めており（国武 2003）、研究の進展が楽しみである。

　後半期後葉は槍先形尖頭器と細石刃の出現、いい換えれば、田村隆のいう「両面体石器生産にかかわるデザイン戦略」（田村 1998）の登場をもって始まる。後期旧石器時代から縄紋時代への変動期は、基本的には後期旧石器時代後半期後葉に現れた地域的な諸集団の変容過程として捉えられる。それは、ヴュルム氷期最寒冷期が終わり、激しい変動を繰り返しながら温暖化しつつあった地球規模での気候変動を背景とした、列島内の各地域における生息環境の変遷に応じた適応、すなわち、それぞれの地域伝統集団群の遊動領域圏をこえた生業活動と社会活動がもたらした生活構造の変革過程であった。

第1節　槍先形尖頭器石器群

　北海道に本拠を置いた細石刃石器群を装備した集団が南下したとき、遭遇したのは槍先形尖頭器を装備した在地の集団群であった。神子柴・長者久保石器群の発生契機となった「細石刃石器集団」の南下に言及する前に、東北日本の槍先形尖頭器石器群について簡単に言及しておく。

1　「中部高地の尖頭器文化」

　1965年に戸沢充則によって発表された「尖頭器文化」（戸沢 1965）をパラダイムとするシンポジウムが1989年に開かれた（長野県考古学会編 1989）。

　堤隆は中部高地の槍先形尖頭器を形態と製作法の両面から検討して、出現時期の先行した「有樋尖頭器」と後続の「木葉形尖頭器」に分けた。いずれも10cmを越える大型品を含まず、「神子柴段階」との間に「狩猟形態の変化や狩猟対象の変化」を想定した（堤 1989）。

　宮坂清は石器組成の面から分類を試みた（宮坂 1989）。宮坂によれば、①「ナイフ形石器を多く含む尖頭器石器群」：渋川遺跡第2地点―「尖頭器74点・ナイフ形石器123点・スクレイパー70点・彫器5点・揉錐器2点・敲石2点」―、男女倉遺跡B地点―「両面加工石器38点・尖頭器6点・ナイフ形石器101点（男女倉型7点）・搔器266点（男女倉型12点）・彫器97点（男女倉型46

点)・ドリル2点・ハンマーストーン4点」—のほか、上ゲ屋遺跡と男女倉遺跡J地点があげられる。上記の堤の見解との関連では、10cm以上の大型木葉形の両面加工石器・尖頭器はブランクの可能性があるという。②「尖頭器を主体としてナイフ形石器を少量伴う尖頭器石器群」：八島遺跡—「尖頭器65点・ナイフ形石器7点・スクレイパー17点・彫器2点」—、男女倉遺跡第3地点—「尖頭器270点・ナイフ形石器13点・スクレイパー35点」—があげられる。「両石器群が数量的また遺跡の立地的な現象面で似てはいるものの、内容においては異なるものである」。③「より発達した尖頭器を主体とする石器群」：上ノ平遺跡—「尖頭器57点・偏形尖頭器16点・掻器13点・削器50点・揉錐器7点」—、池の平遺跡群大反遺跡—「尖頭器29点・スクレイパー5点・使用された剥片2点」—、馬場平遺跡—「尖頭器33点・ナイフ形石器5点・スクレイパー10点・鋸歯縁石器2点・ノッチ1点・石錐3点・ピエスエスキーユ3点・切断調整石器3点」—のほか、北踊場遺跡があげられる。上ノ平遺跡の「削器、偏形尖頭器は尖頭器の未製品と思われるものが多い」。馬場平遺跡の「ナイフ形石器は小形で、切出形石器に含まれるものである。明らかに尖頭器に伴うかは不明である」。④「大形の尖頭器を主体とする石器群」：横倉遺跡—「尖頭器43点を主体に若干の剥片」—、神子柴遺跡—「尖頭器16点・石斧14点・掻器3点・砥石3点・石刃12点」—があげられる。

　須藤隆司は渋川遺跡第2地点の石器群と男女倉遺跡B・J地点の石器群の分析を通して、槍先形尖頭器の成立過程を追った（須藤1989）。すなわち、渋川遺跡第2地点においては、「切出形状」の槍先形尖頭器と「切出形態のナイフ形石器」、「面的整形のナイフ形石器」および製作技術などに両石器の親和性が見られるが、男女倉遺跡B・J地点においては槍先形尖頭器とナイフ形石器とは、より対照的な技術によってつくり分けられている。須藤は層位的事例の豊富な相模野台地の石器群と比較することで、「中部槍先形尖頭器文化の構造」を第Ⅰ段階（渋川段階）—下九沢山谷遺跡第Ⅳ文化層並行—、第Ⅱ段階（男女倉段階）—相模野第Ⅳ期前半—、第Ⅲ段階—相模野第Ⅳ期後半—の3段階に区分した。

2　相模野台地で見られた変遷

　この間の石器群の変遷過程が層位的にもっとも詳細に捉えられている相模野台地の例を使って、諏訪間順が段階的変遷案（図76）（諏訪間1988）を提示しているので、これを参考にして相模野台地における槍先形尖頭器を含む石器群の層位的変遷をまず確認しておこう。

　現在層位的に確実な槍先形尖頭器といわれているものの最古の出土例は、神奈川県柏ヶ谷長ヲサ遺跡「第Ⅸ文化層」と同下九沢山谷遺跡「Ⅳ文化層」出土の2例で、B2L層中部から上面で見つかっている。諏訪間のいう段階Ⅴで、「切出形ナイフ形石器、基部加工ナイフ形石器、角錐状石器、円形掻器が特徴的な器種となる段階である」（諏訪間2002）。2点の出土例はいずれも大きさと形態が同時期のナイフ形石器に類似しており、整形加工に若干の差異が認められるにすぎない。したがって、両者が個別の機能を有していたかどうかははっきりしない。ナイフ形石器とこの槍先形尖頭器の「技術的親和性」から見て、相模野台地におけるこの器種の発現は、在地のナイフ形石器製作の「ブレ」のなかにおさまるものと思われる。関西方面から到来した角錐状石器を媒介として、その在地化を契機として引き起こされたのかもしれないという、角錐状石器と槍先形尖頭器との関係

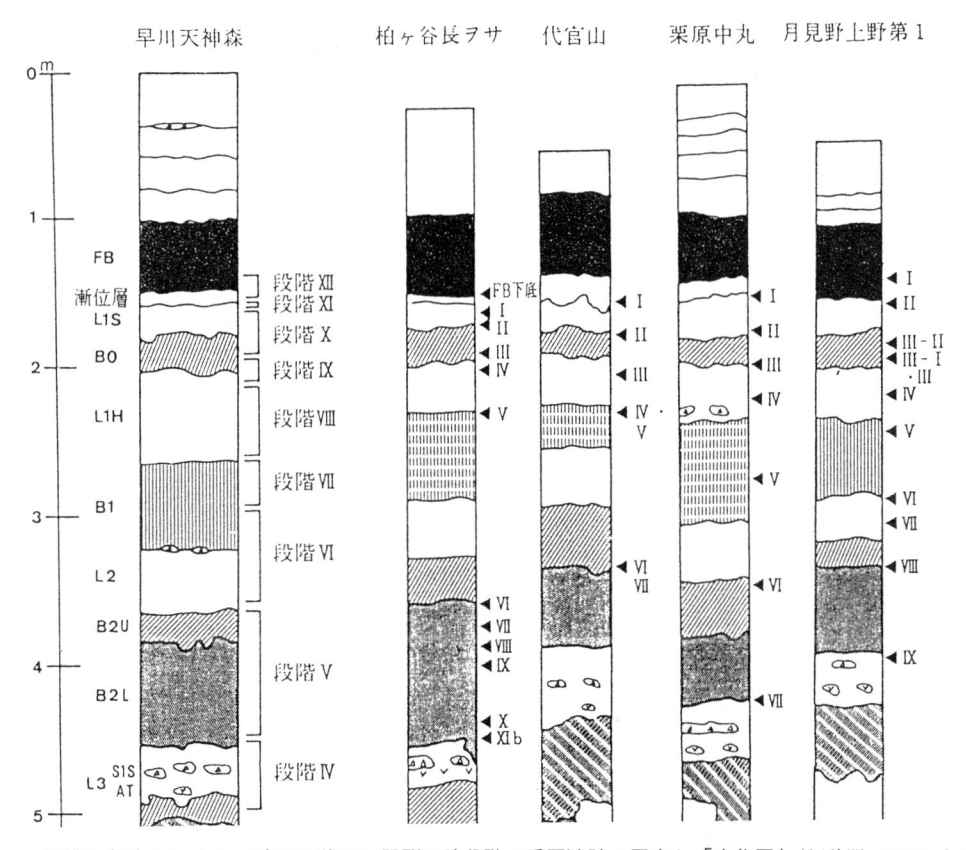

図76 相模野台地におけるAT降灰以後の石器群の諸段階：重層遺跡の層序と「文化層」（諏訪間 1988による）

についての白石浩之によるかつての指摘（白石 1974、1979）のように、前者から後者へ直線的に進化したわけではあるまい。確かにこれら3器種に分類されているB2層出土の石器を意図的・選択的に並べてみると、技術形態学的な境界線はあいまいになり、相互の「技術的親和性」が浮かび上がる（図77）。しかし今日に至るまで、この時期に現れた槍先形尖頭器が系統的に次の段階に現れた両面調整の槍先形尖頭器に継起していく証拠は得られていない。おそらく、地域的かつ一時的な現象であったと思われる。

両面調整の槍先形尖頭器が南九州や北九州（木崎 1996）、瀬戸内東岸地域でも、また東北地方でも在地の石器製作の技術体系中で一時的に出現した可能性を示す資料がある。その広範囲な出現の背景には、〈瀬戸内技法〉と国府型ナイフ形石器の広範な分布に見るように、列島規模での地域集団相互の社会的ネットワークの整備があったものと考えられる。

槍先形尖頭器はその後B1層下底から下部、いわゆる「砂川期」に両面に調整加工を施し、先端部に樋状剥離を有する特徴的な形態が登場する。諏訪間のいう段階Ⅵで、「二側縁加工と部分加工のナイフ形石器、男女倉型有樋尖頭器、が特徴的な段階である。他に先刃掻器、上ヶ屋型彫器、小坂型彫器、ノッチなどの加工具類が豊富になる点も指摘できる」（諏訪間 同上）。この尖頭器は信州を中心としたより北の地域に分布の中心をもっており、相模野台地では客体的な石器である。そのあり方は当初多数のナイフ形石器に数点の尖頭器が伴うという形で、常備の狩猟具というよりも、

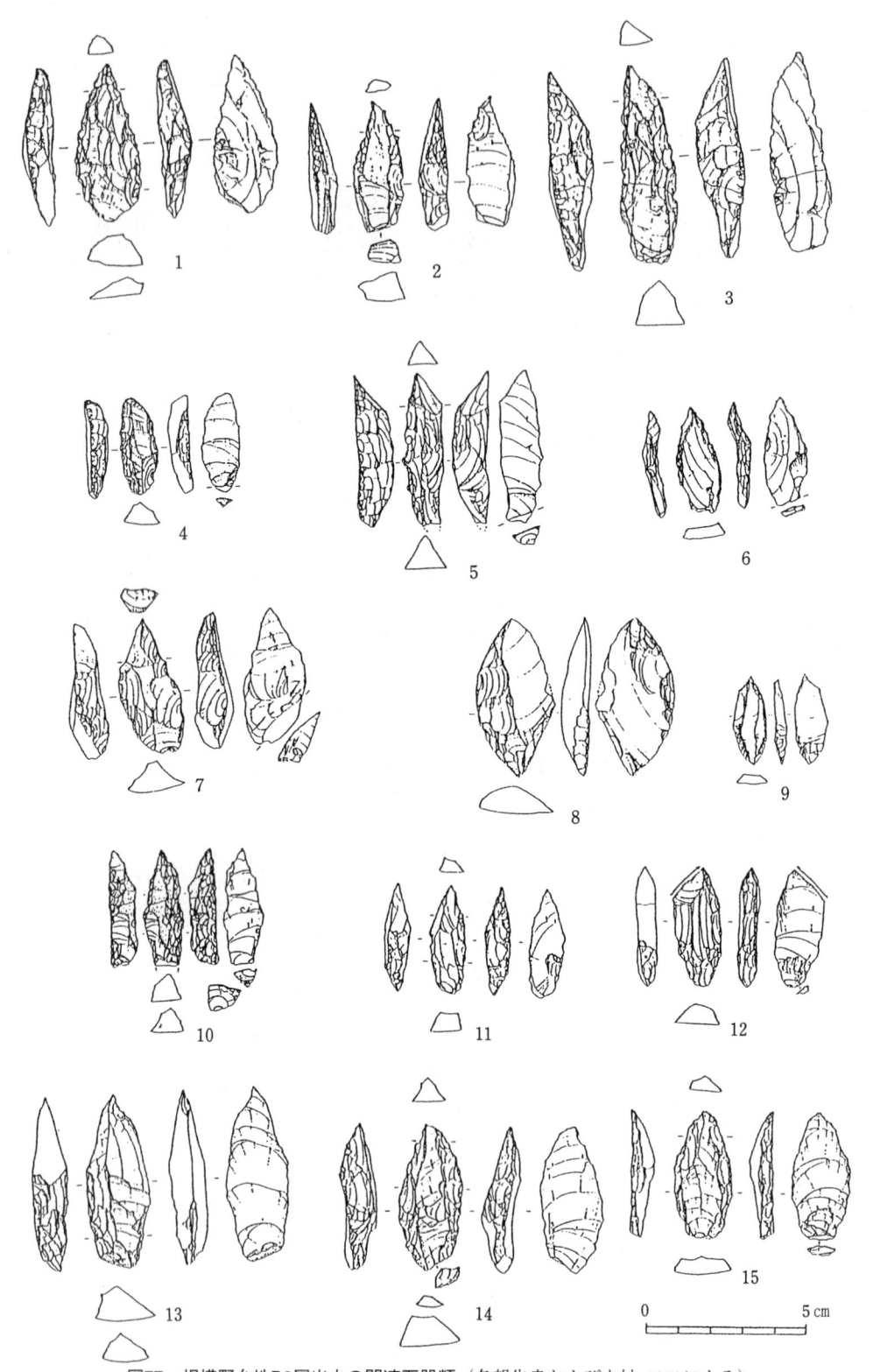

図77 相模野台地B2層出土の関連石器類（各報告書および中村 1979による）
1～3：上草柳第2地点第Ⅱ「文化層」　4～7：代官山「第Ⅵ文化層」　8、9：下九沢山谷「第Ⅳ文化層」
10：上野第1地点「第Ⅷ文化層」　11～15：柏ヶ谷長ヲサ「第Ⅸ文化層」

あたかも相模野台地の地域集団に社会的交渉を通じてもたらされた信州の地域集団の象徴的な石器であったかのようである。

　関口博幸が、槍先形尖頭器の製作から廃棄までが実際に個々の遺跡でどのようなプロセスをもって行われていたかという行動論的な視点から、3段階の過程を経て変容したことを示そうとした（関口1992）。関口は、「砂川期」の第1段階では相模野台地に遺跡を残した集団が石刃技法によるナイフ形石器製作システムとそれとは異なる槍先形尖頭器製作システムを保持しており、彼らの石器製作構造はこの二つのシステムによって構成されていたと解釈した。彼の解釈は中部高地、とくに黒曜石原産地直下の男女倉遺跡群で出現した槍先形尖頭器が南関東に伝播したという多くの研究者が取る見解を否定している。つまり彼は、男女倉遺跡群と相模野台地の遺跡が時間的に相互に並行する製作地と消費地の関係にあった、と考えたのである。しかし、この段階における南関東の男女倉型尖頭器のあり方は、それが異集団からの贈与交換品であったか、あるいはそれを携えた異集団からの狩猟者が在地の集団に参加したような事態を想定させる。関口が第1段階に設定した同一集団による二つの石器製作システムの所有ということは、彼が設定した第2段階の実態に近いのではないだろうか。

　相模野台地で槍先形尖頭器が主体的な位置を示すようになるのはB1層上部から上面にかけて、すなわち諏訪間のいう段階Ⅶで、「小型の尖頭器が大量に伴うようになり、ナイフ形石器は、打面を残置する幅広の二側縁加工や小型幾何形ナイフ形石器が主体となる」（諏訪間 同上）。槍先形尖頭器はナイフ形石器と同じ技術体系として一つの母岩に組み込まれ、この新形態が次第に旧形態に取って代わっていく過程で、槍先形尖頭器は両面・片面・周辺の調整加工により形態が多様化する。一方で、ナイフ形石器の方は小型化・幾何形化していき、細石刃の出現を準備するような様相となる。一般に両器種の消長に強い相関関係が認められ、鈴木次郎によれば、ナイフ形石器が姿を消す直前の槍先形尖頭器との比率やナイフ形石器自体の形態組成の違いが石器群によって著しいといわれる（鈴木1986）。そしてL1中部では完全に槍先形尖頭器主体の石器群となっている。諏訪間のいう段階Ⅷで、「中型の尖頭器が主体となる段階である。尖頭器は両面加工、半両面加工、片面加工とバラエティーを持つが、両面加工のものが多い。大きさのバラエティーも顕著である。ナイフ形石器は各石器群に数点と極めて少ない。加工具類は大型の削器が伴う。大型の剥片や縦長剥片を素材とした尖頭器が主体であり、遺跡内での剥片剥離を残さない場合も多い」（諏訪間 同上）。相模野台地で「槍先形尖頭器石器群」と呼べるのはこの二つの段階に限られる。

　諏訪間のいう段階ⅨとⅩとが細石刃石器群―前者は「代官山型」から「野岳・休場型」、後者が「野岳・休場型」から「船野型」―で、いわゆる北方系細石刃石器群はその後の段階Ⅺに神子柴・長者久保系石器群の組成要素として出現するにすぎない。

　鈴木次郎は上記の槍先形尖頭器のあり方とその推移を6期に分け、土器出現期の槍先形尖頭器のあり方についても、細石刃の登場前の槍先形尖頭器類が細石刃の登場後も部分的に保持され、細石刃の衰退後にそれらに改良が加えられて再び隆盛を迎えた、というような一貫した流れとして解釈している（鈴木1989）。簡単にいうとこうである。1期で新たに登場した槍先形尖頭器はナイフ形石器を主体とする石器群のなかに客体的に少数存在し、ナイフ形石器とは異なった技術基盤により

製作されていた。2期では槍先形尖頭器の数量は確実に増加し、ナイフ形石器の技術基盤（とくに剥離技術）が槍先形尖頭器の製作をも可能なように変容し、両器種が同一の技術基盤により製作されるようになった。これが3期になると、石器群の主体は槍先形尖頭器に交替し、ナイフ形石器は逆に客体的に少数存在するだけとなった。そして、すべての器種が槍先形尖頭器と同じ技術基盤により製作された。その後、槍先形尖頭器は4期になって一時細石刃の登場の影響を受けて数量を減じたものの細石刃と並存する形で存続し、5期で再び石器群の主体をなすようになった。神子柴・長者久保石器群に位置づけられる5期の槍先形尖頭器は大型・中型・小型で構成され、柳葉形を含む3期とは内容が大きく異なっているが、このような特徴はすでに4期にその萌芽が認められる。さらに6期には狩猟具の主体は有舌尖頭器や石鏃にとって替わられ、槍先形尖頭器は再び客体的位置を占めるにすぎなくなった、というものである。槍先形尖頭器の製作技術を分析する藤野次史も、技術的連続性から「発達期」の槍先形尖頭器と「土器出現期」の槍先形尖頭器の系統性を主張している（藤野1991、1993）。

　連続性を主張する鈴木次郎や藤野次史らの論点は、神子柴・長者久保石器群中の槍先形尖頭器が大陸からの「渡来石器」であるという観点に対立する。筆者も列島内での発達説を支持するが、槍先形尖頭器の出現と発達という面においても後期旧石器時代後半期に確立した列島内の地域性を考慮する必要がある。列島を横断する形の段階的発達論を展開するよりも、地域的個別性の形成過程論の探究を優先したい。相模野台地で発達していた段階ⅦとⅧの槍先形尖頭器と、おそらく東北地方北半で発達した長者久保石器群あるいは中部高地で発達した神子柴石器群に組成される槍先形尖頭器とは、その意味で系統も機能も異なっていたのではないかと考えている。神奈川県上野遺跡第1地点「第Ⅳ文化層」（L1H層中位）出土の長さ9cmの槍先形尖頭器や、同栗原中丸遺跡第Ⅲ文化層（B0層上位）出土の16.8cmもの長さの槍先形尖頭器（図78）は、鈴木の見解を支持しているようにも見えるが、全体的に見れば伊藤恒彦がいうように、いったん狩猟具としての位置を細石刃に取って代わられた槍先形尖頭器が再び隆盛を迎えるに当たっては、土器出現期の槍先形尖頭器石器群は完成された石器群として突然現れたという印象は拭えない（図79）（伊藤1988）。栗原中丸遺跡の大型品（鈴木・ほか編1984）にしても、麻生順司が「寺尾段階」以後に置く東京都風間遺跡群第1地区「第1文化層」の尖頭器石器群がB0層上部から出ている（法政大学多摩校地城山地区遺跡調査委員会編1989、麻生1993）ことを見ても、必ずしも層位を優先させて見る必要はないが、この場合は遺跡形成論上の問題に解消してしまうわけにもいかない。そういうわけで、鈴木次郎の3期と5期の間に直線的進化関係を想定するのではなく、細石刃の消失と槍先形尖頭器の再現に地域社会の伝統の崩壊と再編成を読み取るべきである。いうまでもなく、その背景には先述のように列島規模、地球規模での気候の激変に伴った生息環境の変動があったと推測される。

　細石刃石器群を挟んだ上下の槍先形尖頭器石器群が連続するのか断絶するのか、議論が多いが、この議論には地域集団の伝統と集団間ネットワークおよび列島規模での変遷という二つの視点が混同されている。相模野台地を分析対象として、「ナイフ形石器多出期・尖頭器多出期・細石刃多出期・有舌尖頭器多出期」を通して「連続的に変遷している」という最近の榊剛史の変遷観にもこの欠陥が現れている（榊2000）。連続性は、たとえば相模野台地における細石刃石器群の技術的・系

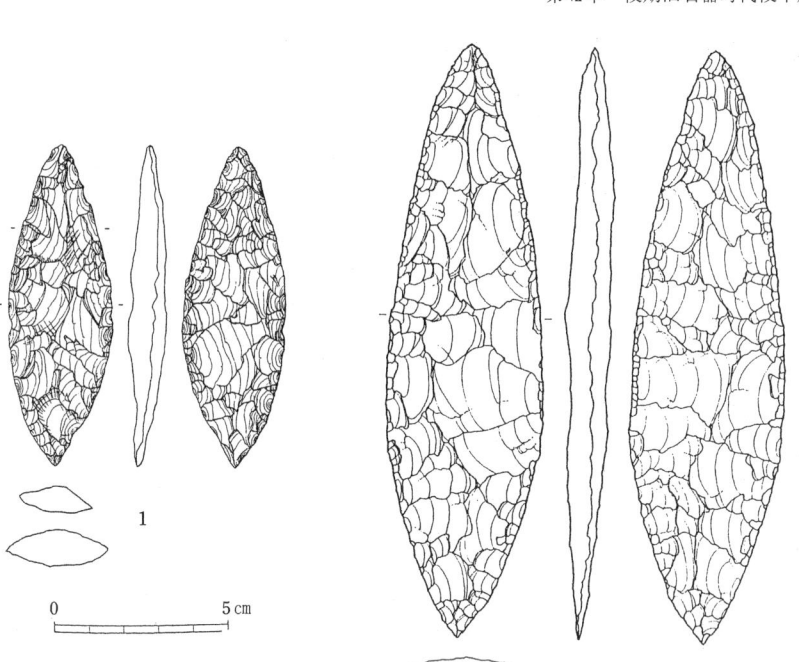

図78 神奈川県上野遺跡第1地点「第Ⅳ文化層」出土の中型尖頭器と同栗原中丸遺跡「第Ⅲ文化層」出土の大型尖頭器（相田編 1986，鈴木・ほか編 1984による）

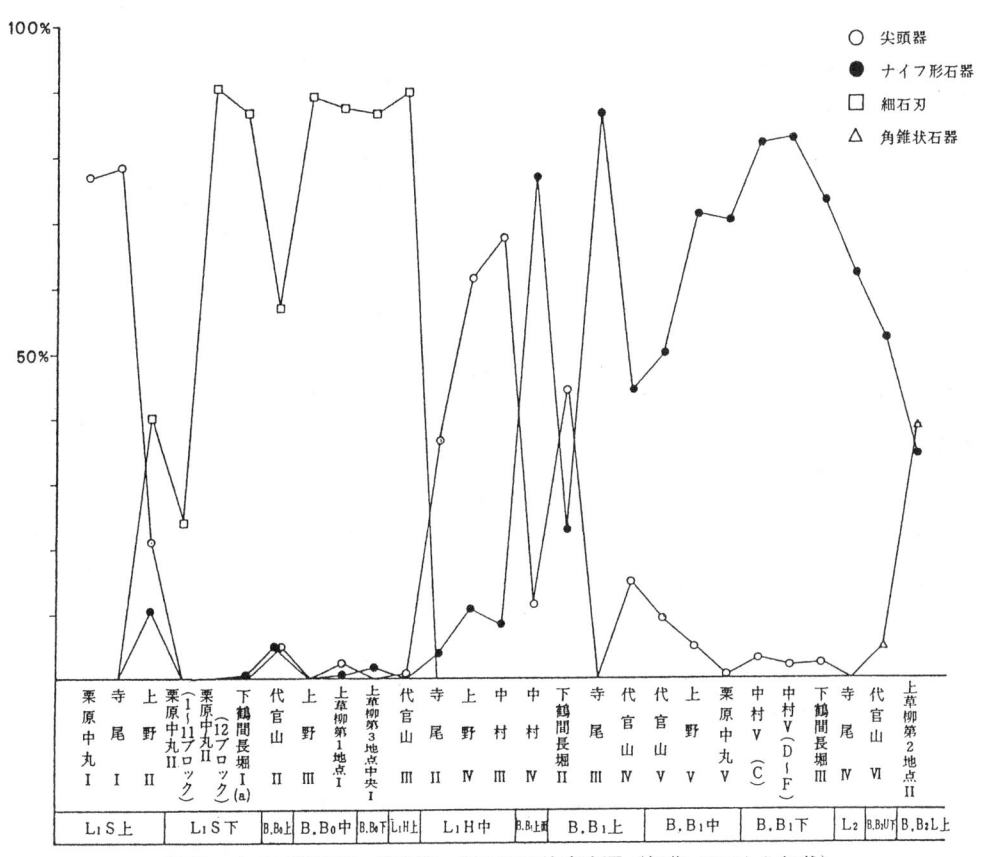

図79 ナイフ形石器・尖頭器・細石刃の比率変遷（伊藤 1988から転載）

統的差異—「代官山型」・「野岳・休場型」・「船野型」・「北方系削片型」—を解消して「細石刃多出期」として一括した資料操作に伴う見かけ上のものである。筆者が細石刃石器群出現以前と以後の槍先形尖頭器は系統も機能も大きく異なるとしたのは、相模野台地に遺跡を残した集団に関してのことである。他方で、筆者は神子柴・長者久保石器群の大陸渡来説を批判している。その意味するところは、槍先形尖頭器を含んだその石器群が列島内在地の伝統のなかから発展してきたということであった（安斎 1994）。後に述べるように、東北北半および中部高地では在地の槍先形尖頭器石器製作の伝統が、北海道から南下してきた細石刃石器群集団との接触を契機に、神子柴・長者久保型に転換した、というシナリオである。蛇足になるが、相模野台地で見られる細石刃石器群の上位の槍先形尖頭器は下位の在地の伝統に連なるものではなく、神子柴・長者久保系のものである。

3　房総半島の槍先形尖頭器石器群

[下野‐北総回廊」という社会生態学的概念を使った東部関東における遊動集団の石材消費戦略を視座として、田村隆が最近房総半島の槍先形尖頭器石器群を暫定的に7群に分けている（図80）（田村 2003）。「尖頭器石器群A」は片面打製の「割取り系尖頭器石器群」で、出現期に位置づけられる。「尖頭器石器群B」は「面取り石槍石器群」—男女倉型「有樋尖頭器」石器群—である。「尖頭器石器群C」は同じく「面取り石槍石器群」の東内野型である。「尖頭器石器群D」は「両面打製尖頭器石器群」で、一部に「割出し手法」が採用されている。石器群B以降の各石器群に並行していた可能性を指摘している。「尖頭器石器群E」は石器群Cの変換態で「非面取り尖頭器石器群」である。「尖頭器石器群F」は「大型割出し系尖頭器石器群」で木葉型石槍を特徴とする石器群（F1）と大小の形態変異の著しい石器群（F2）に分けられ、F1が古くF2が新しい。「尖頭器石器群G」は有舌尖頭器・石鏃石器群である。これらの石器群は田村自身が3群に分ける細石器石器群とほぼ並行していた、と田村は考えている。

4　北関東の槍先形尖頭器石器群

出土層位と指標テフラの関係から比較的編年作業の進んできた群馬県の槍先形尖頭器石器群の編年を、最近の坂下貴則(2002)の研究で見ておこう。群馬県内では槍先形尖頭器石器群が関連する指標テフラとして、浅間板鼻褐色軽石群(As-BPGroup：約2.4～1.9万年前)、浅間白糸軽石(As-Sr：約1.8万年前)、浅間大窪沢第1軽石(As-Ok1：約1.7万年前)、浅間大窪沢第2軽石(As-Ok2：約1.6万年前)、浅間板鼻黄色軽石(As-YP：約1.4～1.3万年前)が知られている。武井遺跡と下触牛伏遺跡ではAs-Srの確認される前後で、東長岡戸井口遺跡ではAs-Ok1降灰前後で、見立溜井遺跡ではAs-YPに近いところから石器群が検出されている。さらに槍先形尖頭器の形態を見てみると、長幅比が2:1～1:1で形態的変異が大きく安定性にかける御正作遺跡と三ツ屋遺跡、長幅比がほぼ2:1の下触牛伏遺跡と東長岡戸井口遺跡、長幅比が3:1前後の見立溜井遺跡と元宿遺跡に分けられた（図81）。さらに武井遺跡と下触牛伏遺跡では「有樋尖頭器」を伴うことを勘案して、坂下は、御正作・三ツ屋→武井・下触牛伏／東長岡戸井口→見立溜井・元宿という編年案を提示している。なお、坂下が調査に参加した新潟県真人原遺跡（小野編 2002）は見立溜井・元宿並行としている。

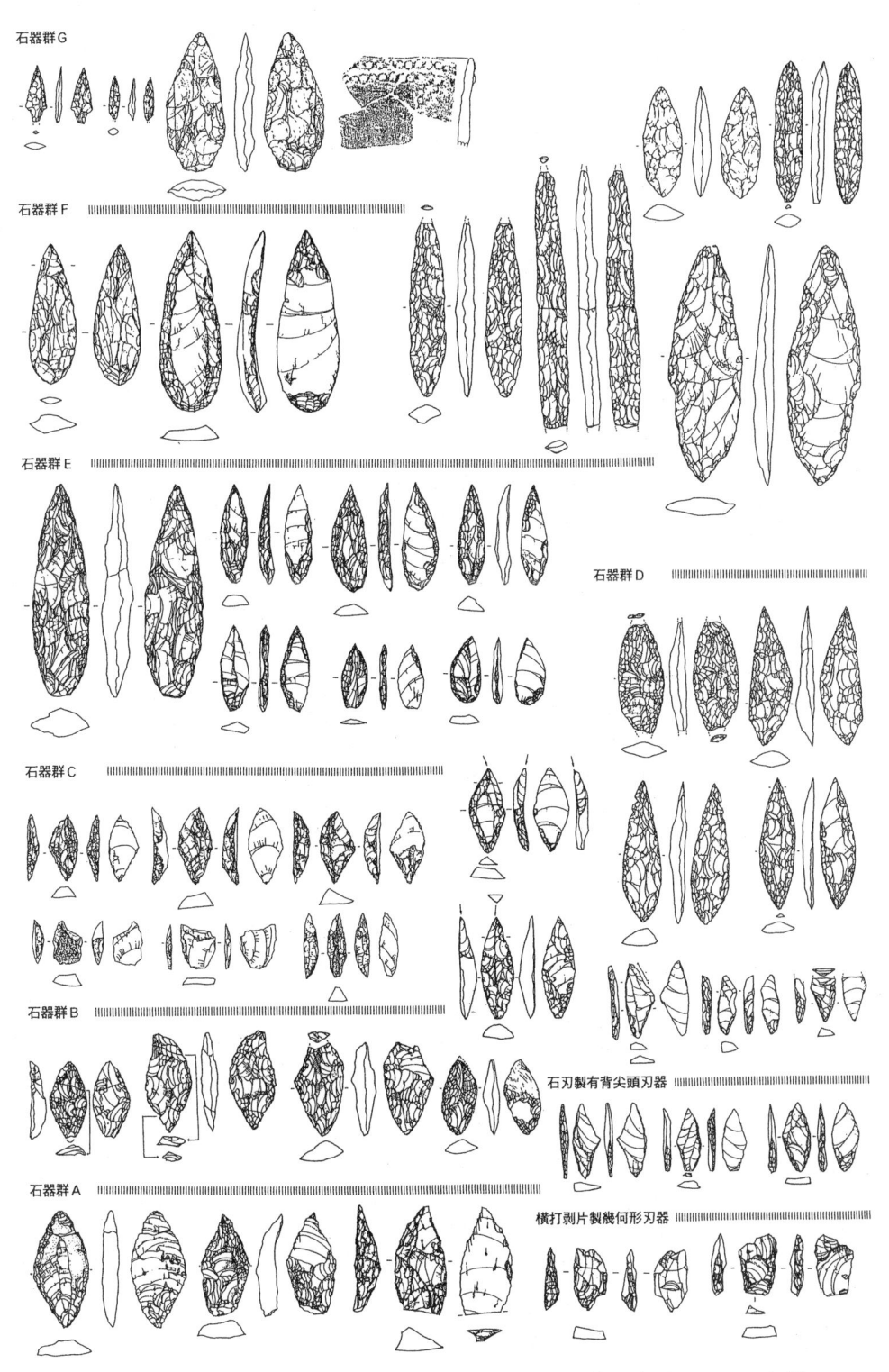

第Ⅶ章　後期旧石器時代後半期　203

図80　田村隆による房総半島槍先形尖頭器石器群の概念的な変遷（田村 2003から転載）

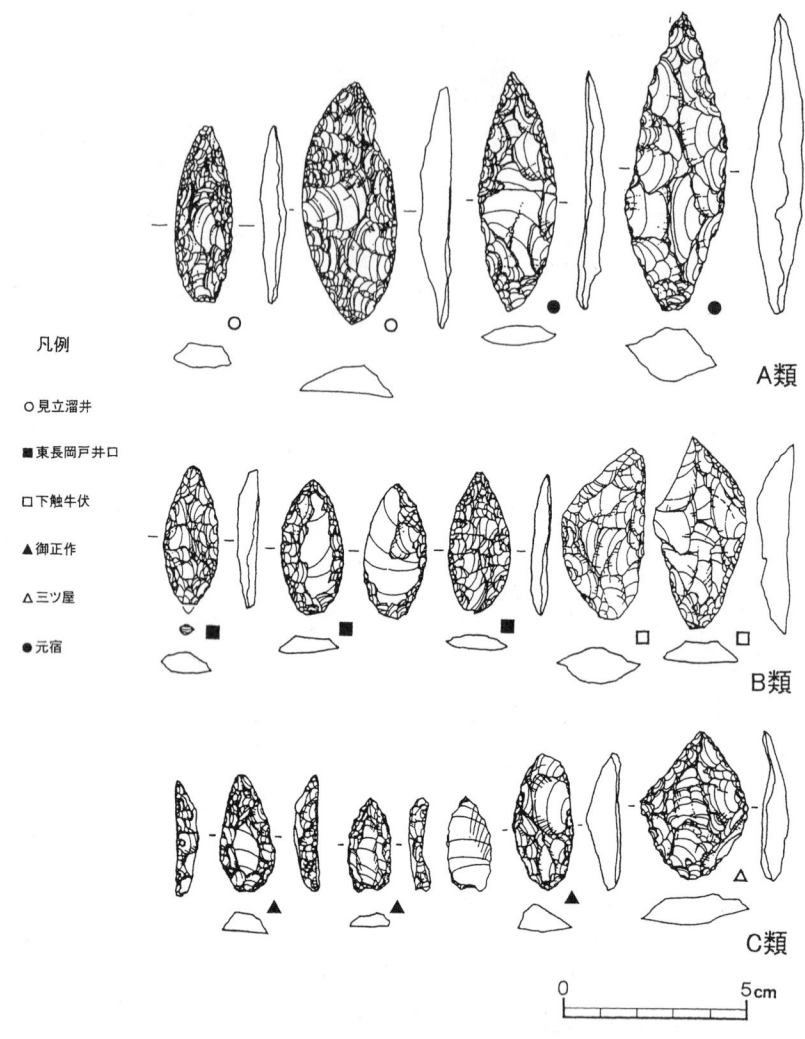

図81　坂下貴則による群馬県下の槍先形尖頭器の諸類型（坂下 2002から転載）

　ここまで編年を中心に中部高地と相模野台地と房総半島および北関東の槍先形尖頭器石器群を見てきた。神子柴・長者久保石器群以前の槍先形石器石器群は、「有樋尖頭器」を指標としてその前と後の3段階に大別されること、発生期の槍先形尖頭器はズングリして技術形態的に安定していないこと、時期が下るにつれて形態が細長くなること、などの共通点が見られた。北方系細石刃石器群の南下以前の東北地方においても同様の現象があったと推測される。いい換えれば、槍先形尖頭器石器群の「第4段階」に当たる神子柴・長者久保石器群は「第3段階」の槍先形尖頭器石器群から直接進展したのではなく、伝統の異なる集団間—在地の槍先形尖頭器集団と南下してきた細石刃石器集団—の接触によって生じた緊張下での在地集団の「文化革命」の結果であって、その出現は社会生態学的な説明を要する。

5　東北日本の槍先形尖頭器石器群

　東北地方における槍先形尖頭器石器群については加藤稔が調査した山形県越中山遺跡群—A地点、

A'地点、E地点、S'地点—出土のものがよく知られている。しかし、その全容および編年的位置はいまだに解明されていない。

　山形県平林遺跡（加藤 1963）は飯豊・朝日連峰に源を発し、日本海に注ぐ荒川がその支流の一つの横川と合流するあたり、小国盆地の東縁の河岸段丘上にある。1961年に加藤稔らによって調査された。出土石器は、「ナイフ形石器12点、尖頭器6点、彫器4点、搔器32点、縦長剥片25点、石核16点、剥片・石片635点」の731点と報告された。「ナイフ形石器」はやや幅広で長さ5〜10cmの木の葉形剥片を素材とした特異な形態で、加藤によって「平林型ナイフ」と名づけられた。現在の見方では、それらはナイフ形石器の範疇から外れるものである。その後に分析を行った会田容弘（1989）によれば、「彫器1点、搔器24点、厚形削器2点、薄形削器9点、ノッチ6点、鋸歯縁石器1点、背付き石器5点、切断り石器5点、基部整形石器4点、剥片尖頭器—剥片製の片面加工尖頭器—3点、錐1点、両面加工尖頭器2点、チョッピングツール2点、二次加工ある剥片15点」のほかに、「石刃11点、石刃状剥片62点、剥片321点、横形剥片24点、細石刃9点」など計615点である（図82）。

　先に見たように、石刃製の基部加工尖頭形石刃石器（尖頭形石器）の伝統—「金谷原型ナイフ形石器」・「東山型ナイフ形石器」・「杉久保型ナイフ形石器」—が強い地域である。その系譜の石器を若干含んでいるようなので、稲田孝司がかつて述べたように槍先形尖頭器石器群の出現期に位置づけられる石器群と思われる（稲田 1969）。その後も類例が見つかっておらず、しばらく忘れられたようなこの石器群をここで取り上げたのは、後述するように新潟県樽口遺跡で出土した「白滝型細石刃核」を指標とする細石刃石器群中に、類似しているが技術形態的により進展した片面加工・半両面加工の槍先形尖頭器が組成されていたからである。

第2節　北方系細石刃石器群の南下

1　東北アジアの細石刃石器群

　長年にわたってシベリアの旧石器時代を研究してきた木村英明の包括的研究書（木村 1997）によれば、北・東北アジアの細石刃石器群を特徴づける「楔形細石刃技法」はマリタ遺跡で観察された四つの剥片剥離技法のうち、木村が「剥片剥離技法C」（図83）と呼んだものを祖形として生み出された。木村によれば、シベリアの細石刃石器群は空間的に七つの地域に集中分布する。①より西方の幾何形細石刃石器群との関連の強いエニセイ川以西の西シベリア、②楔形細石刃核を伴う細石刃石器群のエニセイ川流域、③「湧別技法」に対比できる技法と「横断型彫器」が見られるアンガラ川流域・レナ川上流域・バイカル湖北岸と④ザバイカル、⑤同様の細石刃石器群に木葉形尖頭器が伴うレナ川中・上流域、⑥極東東北部、⑦極東南部（アムール川下流域・沿海州・サハリン）である。北海道の細石刃石器群の理解にとってもっとも重要なのは近隣のアムール川下流域・沿海州・サハリンの状況であることはいうまでもないことである。

　北アジアにおける後期更新世の氷期編年はカザンツェヴォ間氷期、ズィリャンカ氷期、カルギンスク亜間氷期、サルタン氷期と変遷し、加藤博文によれば、温暖期から寒冷期への変化の節目ごとに寒冷環境への適応が繰り返されたことが、石器群の変遷によく現れているという（加藤 2000）。

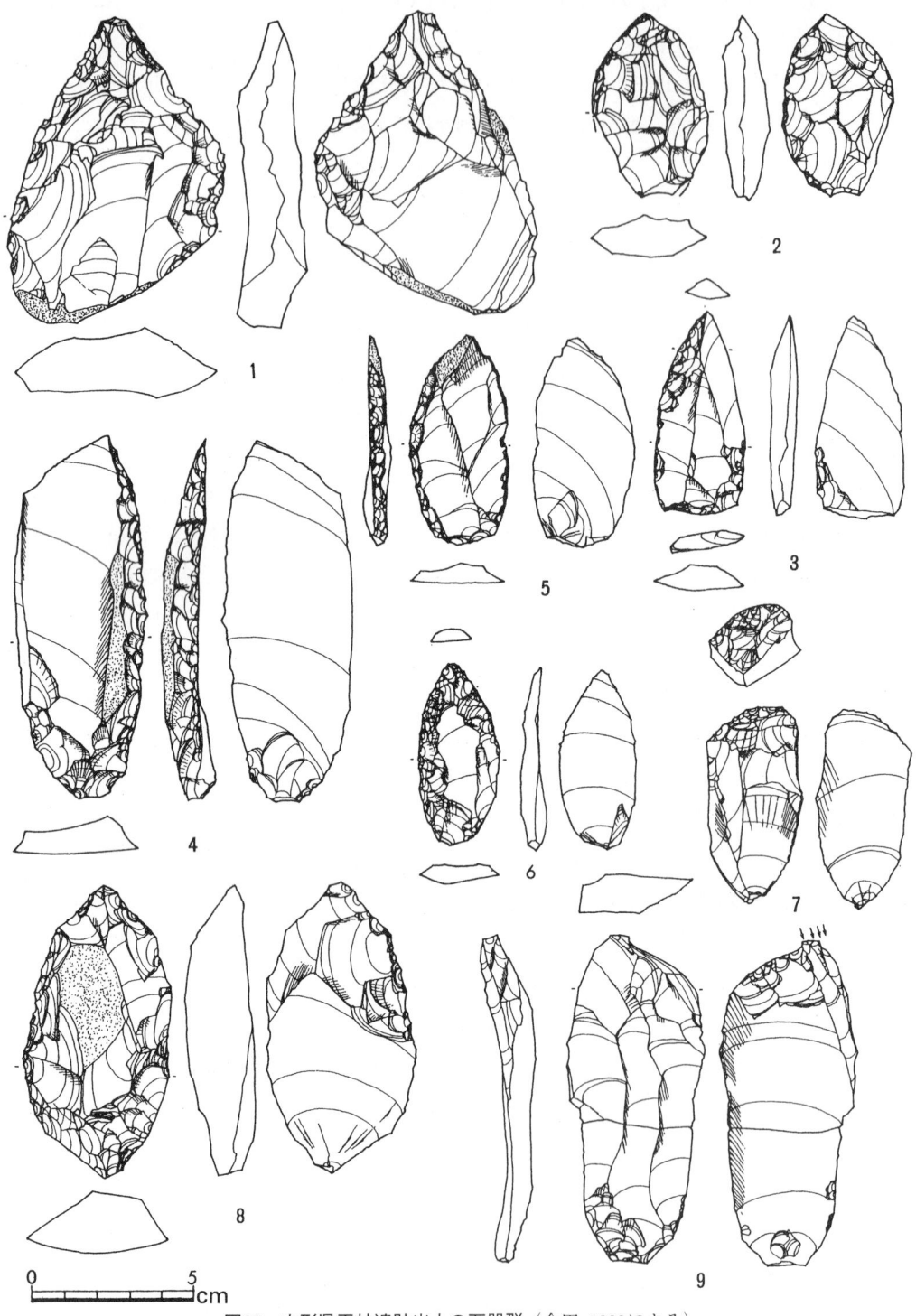

図82 山形県平林遺跡出土の石器群（会田 1989による）

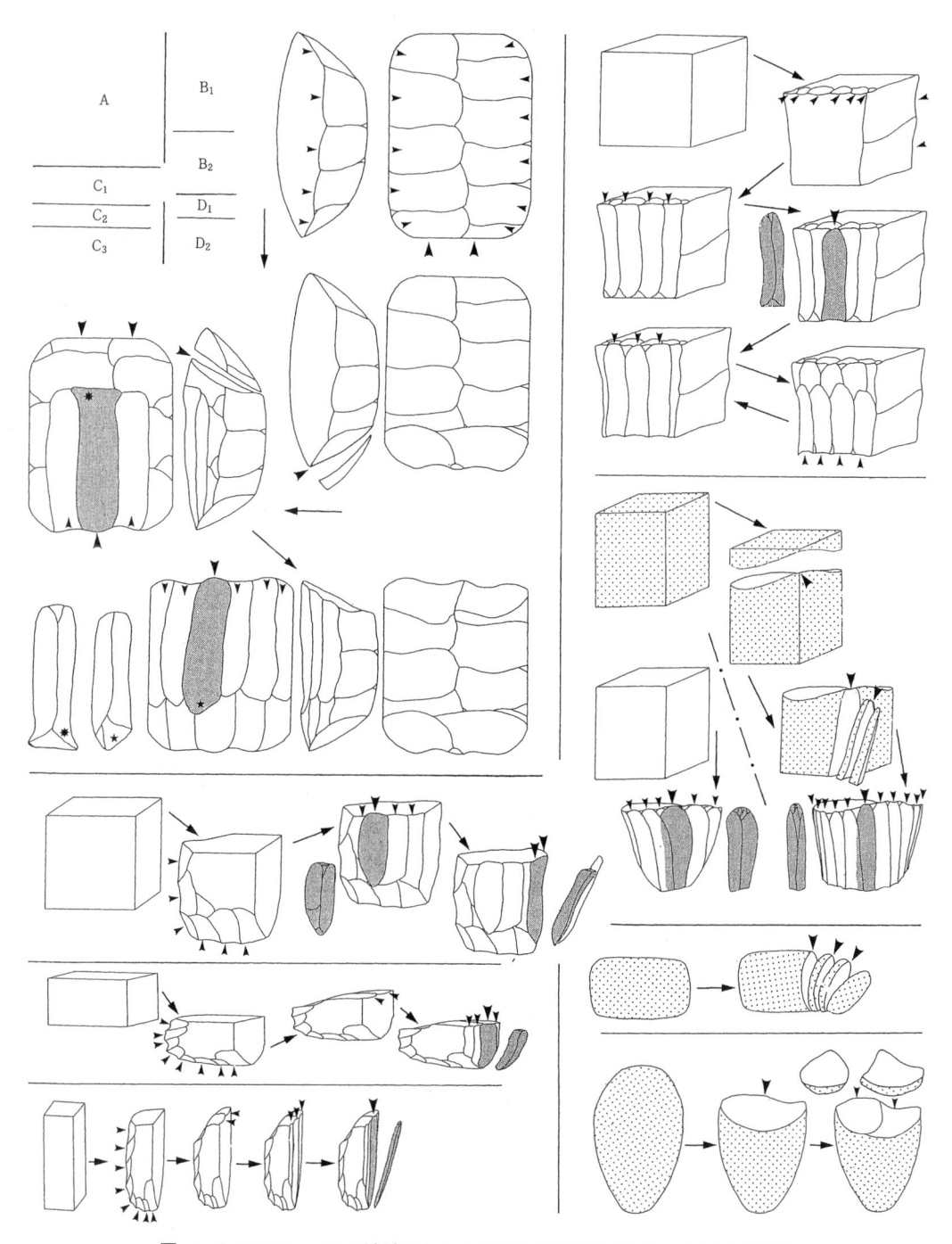

第Ⅶ章 後期旧石器時代後半期 207

図83 シベリア・マリタ遺跡で見られる剥片剥離技法（木村 1993から転載）

石器の細石器化はカルギンスク亜間氷期からサルタン氷期への移行に対応している。

中央シベリア南部エニセイ川上流部やバイカル湖周辺地域では、2万2千年前頃に比べ 2万〜1万8千年前頃の年代を示す遺跡数がはっきり減少している。より東側のアルダン川流域や沿海州地域でも2万1千年前頃に比べ2万〜1万5千年前頃の年代を示す遺跡数がやはり減少している。そして前者が1万6千年前、後者が1万4千年前頃から逆に遺跡数が急激に増加したようである(Dolukhanov et al. 2002)。

アムール川に流れ込むゼーヤ川の最大支流セレムジャ川流域の細石刃石器群は包含層によって4期（4文化層）に分けられている。暗褐色ローム層中の「第Ⅰ文化層」の石器群—"湧別"や"幌加"を組成するといわれる—は最終氷期中の温暖期に対比され、2万5千〜2万3千年前頃とされる。褐色ローム層下部に「第Ⅱ文化層」の石器群、その上部に「第Ⅲ文化層」の石器群が含まれる。この褐色ローム層のトップに氷楔が認められることから、サルタン氷期中の寒冷なギダン・ステージ（20,900±300〜19,900±500BP）か、あるいは同じく寒冷なニャパン・ステージ（14,320±300〜13,300±30BP）よりは古いとされる。そして淡黄色砂質ローム層の「第Ⅳ文化層」の石器群中には石刃鏃が組成される(Derevianko 1996)。「第Ⅱ文化層」期のウスチ‐ウリマ1遺跡2b層は19,320±65BP(SOAN-2619)という年代が与えられている(Kuzmin et al. 1998)。

中国においては1970年代に小型剥片石器群から自生したという説が唱えられたことがあったが、細石刃石器群に関する考古学的データはいまだ十分ではない。^{14}C年代値に関してはDingcun 77:01地点の不確かな値26,450±590BPを除いては、1万6千〜1万1千年前に集中するようで(Lie 1998)、その起源を北方に求めてもよさそうである。かつて西南日本の細石刃石器群の源流地と目されたこともある広西省の西樵山遺跡の年代は7,000年前を遡る数値が出ていない。

北海道においては千歳市柏台1遺跡出土の蘭越型細石刃核を含む細石刃石器群の年代がおよそ2万年前という測定結果が最近出された。最終氷期の最寒冷期に東行・南下を始めた東シベリアの細石刃石器群集団の一部が北海道に移動してきたというシナリオが現実味を帯びてきた。

2　北海道の細石刃文化期

層位学的対比においても理化学的年代測定値においても、北海道の細石刃石器群の年代的位置づけは困難であったが、1997年から2シーズンにわたって発掘調査が行われた柏台1遺跡で良好な結果が得られた。この遺跡では恵庭a降下軽石層の下から二つの異なる石器群が出土した。ブロック1〜3・6・12・14・15が頁岩を主石材とする細石刃石器群で、ブロック4・5・7〜11・13が黒曜石を主石材とする「不定形剥片石器群」である（図84）。両石器群のブロック分布は重複しないだけでなく、層位的にも前者がⅣ層下部であるのに対して、後者はⅣ層下部からⅤ層上部であった。この時期的差は、細石刃石器群が約20,500yBP付近に中央値がくるのに対して、「不定形剥片石器群」が約22,000yBP付近に中央値がくる^{14}C年代測定値にも現れている（福井編 1999）。以上のことは、最終氷期中の最寒冷化による生息環境の悪化を避けて、大陸から移動してきた細石刃石器群集団が先住集団と交替したことを示唆している。

北海道埋蔵文化財センターによる発掘調査の一連の報告書が出始めた1985年頃以前と以降とで

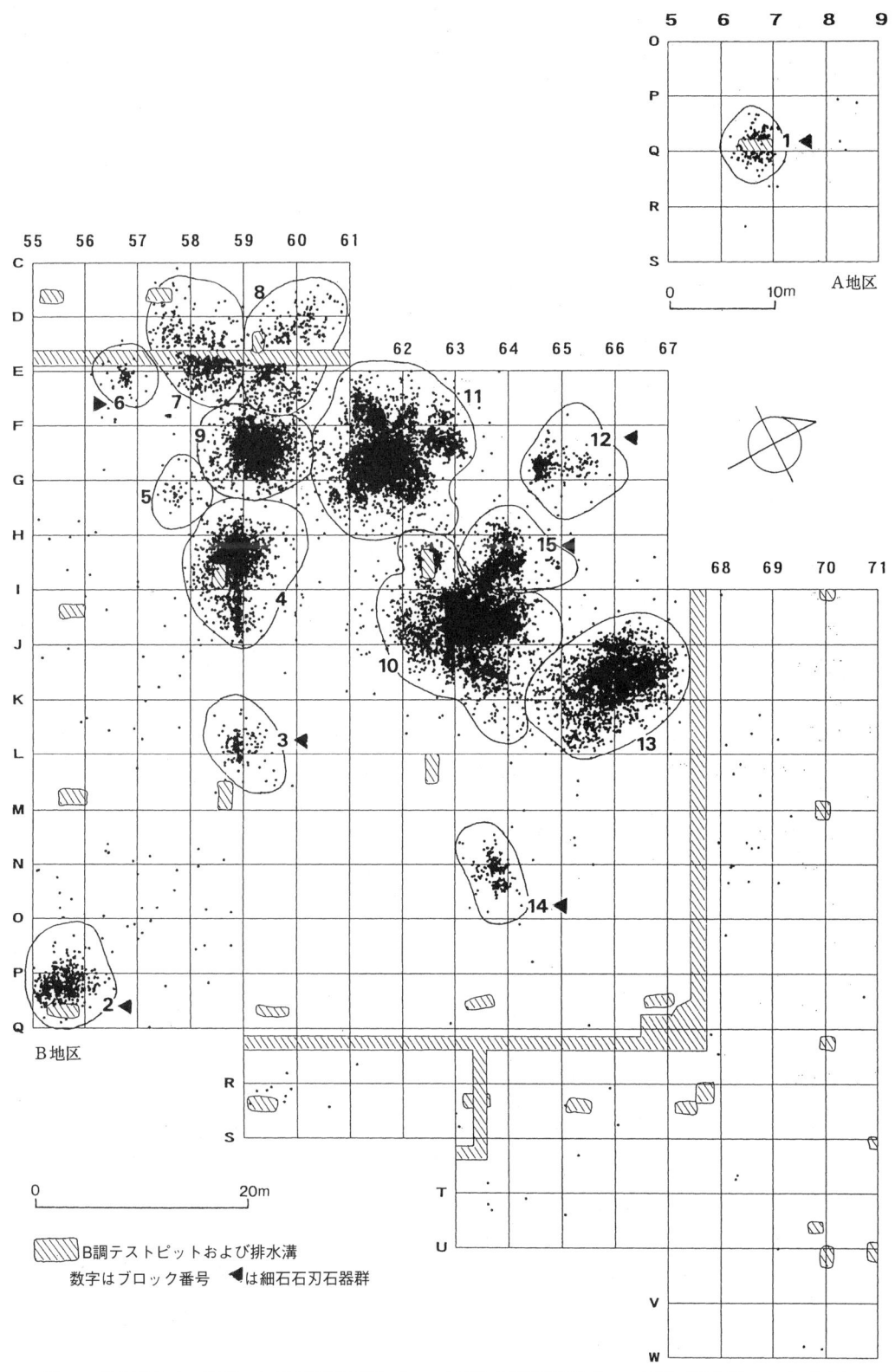

第Ⅶ章 後期旧石器時代後半期 209

図84 北海道柏台1遺跡の不定形剥片石器ブロック群と細石刃石器ブロック群（福井編 1999による）

は、北海道の細石刃文化について見方が大きく変化した。細石刃核の形態差による系統的編年観（鶴丸 1979）の見直しが始まり、石刃技法をまだもたない I 期、石刃技法をもつ II a・II b 期、細石刃技法を伴う III a・III b 期という北海道旧石器時代の編年的序列（上野・宮塚 1981）は、いったん解体して再構成する必要が生じた。

かつて佐藤達夫は「神子柴・長者久保文化」の古段階（モサンル段階）として、立川 II、III、IV地点、樽岸、中本、置戸安住の一部、ホロカ沢 I 地点、北上、タチカルシュナイ A 地点上層、白滝 13 地点をあげて、多くの研究者が細石刃段階以前に置いた石刃石器群を細石刃段階以後の「神子柴・長者久保文化」の古段階に伴う石刃と見なしたのである（佐藤 1974）。この佐藤の指摘は、細石刃石器群と神子柴・長者久保石器群あるいはその個々の要素が共時的・共伴的であることが、北海道における細石刃文化後半期の特徴である可能性を暗示していた。

（1） モサンル遺跡・置戸安住遺跡・立川遺跡

芹沢長介によって調査されたモサンル遺跡では、遺跡の西方数キロメートルにある切通しにメノウ質頁岩の露頭が見られることから、この在地の石材を利用して石刃と石刃素材の掻器がつくられ、使われたようである（芹沢編 1982）。製作途中で折れたために彫器に再加工された柳葉形尖頭器（？）も同じ石材が使われている。この遺跡を特徴づけていた「神子柴・長者久保文化」の片刃石斧は荒屋型彫器と同じ頁岩製であって、黒曜石製の峠下型細石刃核・オショロッコ型細石刃核などと同様に、遺跡周辺に不在の石材を素材としたこれらの石器類は他所で製作され、遺跡まで携帯されたものが使い捨てられたのである。一方に石刃石器群、他方で有舌尖頭器・峠下型細石刃核を含んだ石器群と 2 群に分けて、前者を II b 期（モサンル I）、後者を III b 期（モサンル II）とする（上野・宮塚 同上）よりも、遺跡のあるこの場所は、細石刃文化期の「バンド社会」の生業と居住形態を規制した遊動型狩猟採集民の「埋込み戦略」に基づいた石材入手の場であった、と解釈しておきたい。

同様に、黒曜石原産地での活動の痕跡が戸沢充則によって調査された置戸安住遺跡である。遺跡はオンネアンズ沢を 2 km 遡ると黒曜石の露頭がある大きな石器製作址である（戸沢 1968）。細石刃核の諸形態が存在することから見て、ある程度長期にわたって石材の調達場所として利用された場所である。そうだとすれば、中型・大型石刃、槍先形尖頭器、舟底形石器、局部磨製石斧、打製石斧なども細石刃石器群を装備した集団の道具であった可能性が高い。

吉崎昌一によって調査された立川遺跡は当初、①細石刃、蘭越型細石刃核、「立川形ナイフ」、舟底形石器、荒屋型彫器、「オショロッコ形彫刻刀」、石刃と石刃素材の掻器、「チョッパー」などを組成する第 I 地点、②荒屋型彫器、錐器、立川型有舌尖頭器、石刃と石刃素材の掻器、「立川形ナイフ」、局部磨製石斧などを組成する第 II 地点、③「立川形ナイフ」、立川型有舌尖頭器、荒屋型彫器、大型尖頭器、石皿などを組成する第 III 地点、④もっぱら大型・中型石刃と「ファブリケーター」だけを組成する第 IV 地点、というそれぞれ異なった「石器文化」が地質学的には同一層順で出土したが、上記の順で変遷したと報告された（吉崎 1959）。しかしながら、1978 年の報告書の再刊時には、「立川形ナイフ」は荒屋型彫器の素材であり、「オショロッコ形彫刻刀」もオショロッコ型細石刃核として、「チョッパー」は打製石斧として、また「ファブリケーター」もホロカ技法による舟

底形石器と認識し直されると同時に、第Ⅱ地点にもオショロッコ型細石刃核が存在したことが補足されて、④→③→①・②のように編年が逆転した（吉崎 1978）。こうした編年観の逆転現象に象徴されたように、石器組成の違いを「石器文化」の差異に読み直して、文化の新旧を推測する方法はその基盤が脆弱であった。立川遺跡は珪質頁岩と黒曜石それぞれの原産地からある程度離れた場所にある。「バンド社会」の通年の生存戦略上に占める位置いかんで、同じ場所でも土地利用形態の相違が生じ、結果的に地点ごとの石器組成に差異が生じた典型的な遺跡である。

まずは学史上名高い3遺跡を行動論的に再解釈してみた。近年調査された遺跡でこの観点を補強しておく。

(2) 湯の里4遺跡

上磯郡知内町にある湯の里4遺跡では、出土石器が分布範囲によって2群に分けられた（図85）。有舌尖頭器・槍先形尖頭器・両面調整石器（細石刃核素材？）・掻器・荒屋型彫器・粗雑な舟底形石器・磨製石斧・たたき石・石皿などを主な組成とするA群と、峠下型細石刃核・細石刃・角二山型掻器・荒屋型および広郷Ⅵ型彫器・舟底形石器などを主な組成とするB群とである。黒曜石水和層年代測定値によって後者が古く前者が新しいことが示唆されている（畑編1985）。

しかし、A群の遺物集中域内から検出された墓にかんらん岩製の垂飾や玉とともに蘭越型細石刃核が副葬されていたこと、A群の分布域からやや離れてホロカ型細石刃核も単独で出土していることなどからも、この遺跡が細石刃段階と尖頭器段階の異なる二つの文化から構成されていると見なすよりも、峠下型、蘭越型、ホロカ型細石刃核を有する細石刃文化期の石器群の異なる表現型と見なせよう。なお、B群の石器の大部分は黒曜石製で、その原産地は十勝地産75％、白滝産13％、赤井川産6％であるという。ただし重量比では十勝と白滝は逆転する。頁岩の多い渡島半島南端に位置するこの遺跡に黒曜石が、しかも遺跡にもっとも近い赤井川産の黒曜石が極端に少なくて、遠方の白滝と十勝の黒曜石が多く残されていたことは、「バンド社会」の居住形態あるいは年間の移動形態に組み込まれた良質石材の獲得と消費のスケジュール、または地域集団間のネットワークの存在をうかがわせて興味深い。

(3) 美利河1遺跡

湯の里4遺跡と同時期に調査された瀬棚郡今金町美利河1遺跡では、出土石器群がⅠ、ⅡA、ⅡB、ⅢA、ⅢBの5群に分けられた。しかも層位的な関係からⅠ→ⅡA・ⅡB→ⅢA・ⅢBという変遷で捉えられた（図86）。Ⅰ石器群は湯の里4遺跡のB群に類似して、峠下型細石刃核と荒屋型彫器を特徴とする。ⅡA石器群の細石刃核は峠下型と札滑型の剥離工程の特徴を併せもつということで、新たに「美利河技法」が提唱された。ⅡB石器群は湯の里4遺跡の土坑（墓）出土品や立川遺跡第Ⅰ地点に類似して、蘭越型細石刃核とかんらん岩製の玉からなる。ⅢA石器群は湯の里4遺跡のA群から墓の出土品を除いたものや立川遺跡の第Ⅱ・Ⅲ・Ⅳ地点に類似して、有舌尖頭器を含む各種の尖頭器と局部磨製石斧からなる。ⅢB石器群は有舌尖頭器を含む各種の両面加工の尖頭器と「多面体彫器」と大型石刃からなる（長沼編1985）。

この流れは「細石刃文化」から「尖頭器文化」への移行を示唆しているように見えるが、ⅢB石器群の「多面体彫器」を広郷型細石刃核として捉え、この遺跡では出ていないオショロッコ型細石

・細石刃 (sh)
・細石刃 (ob)

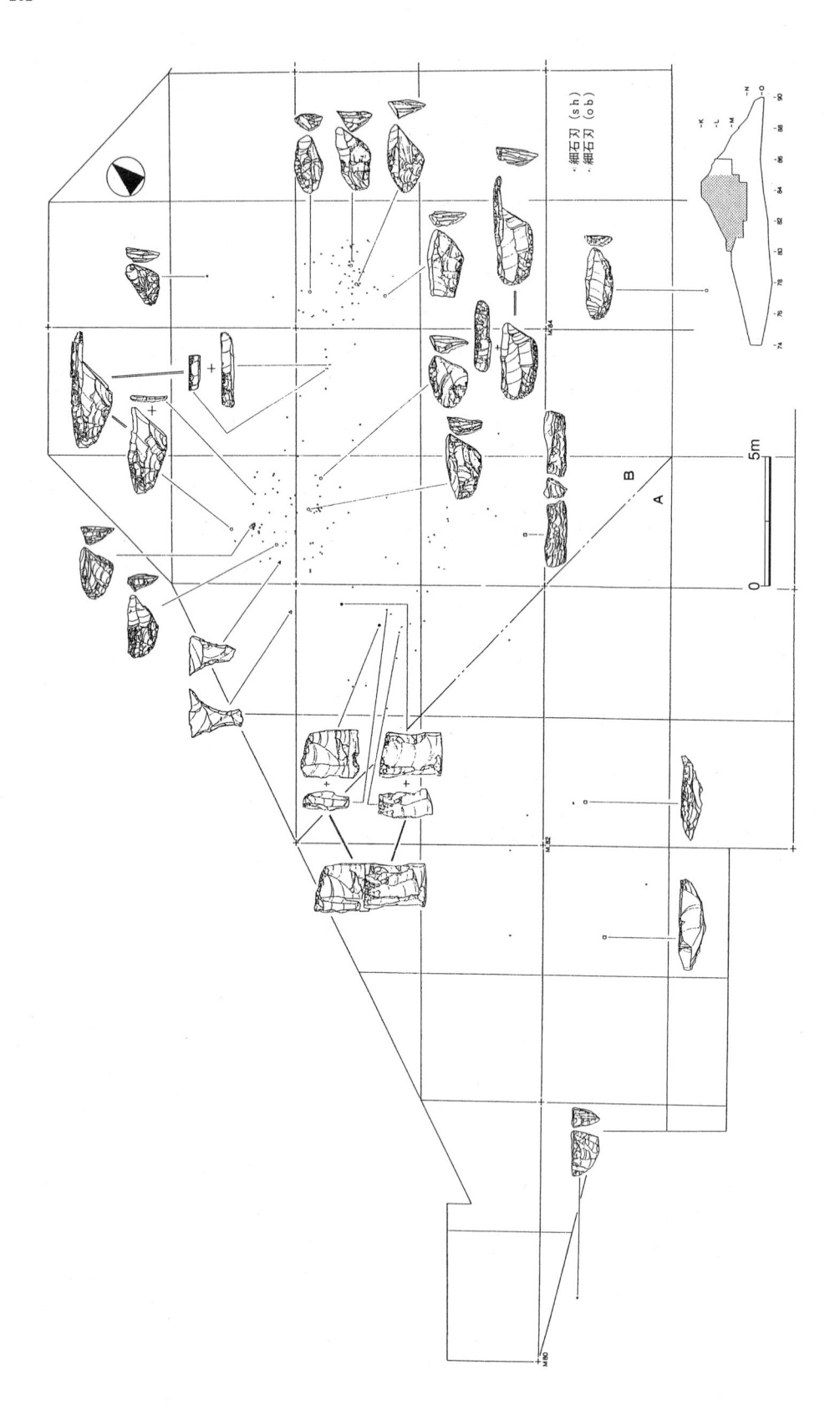

5m

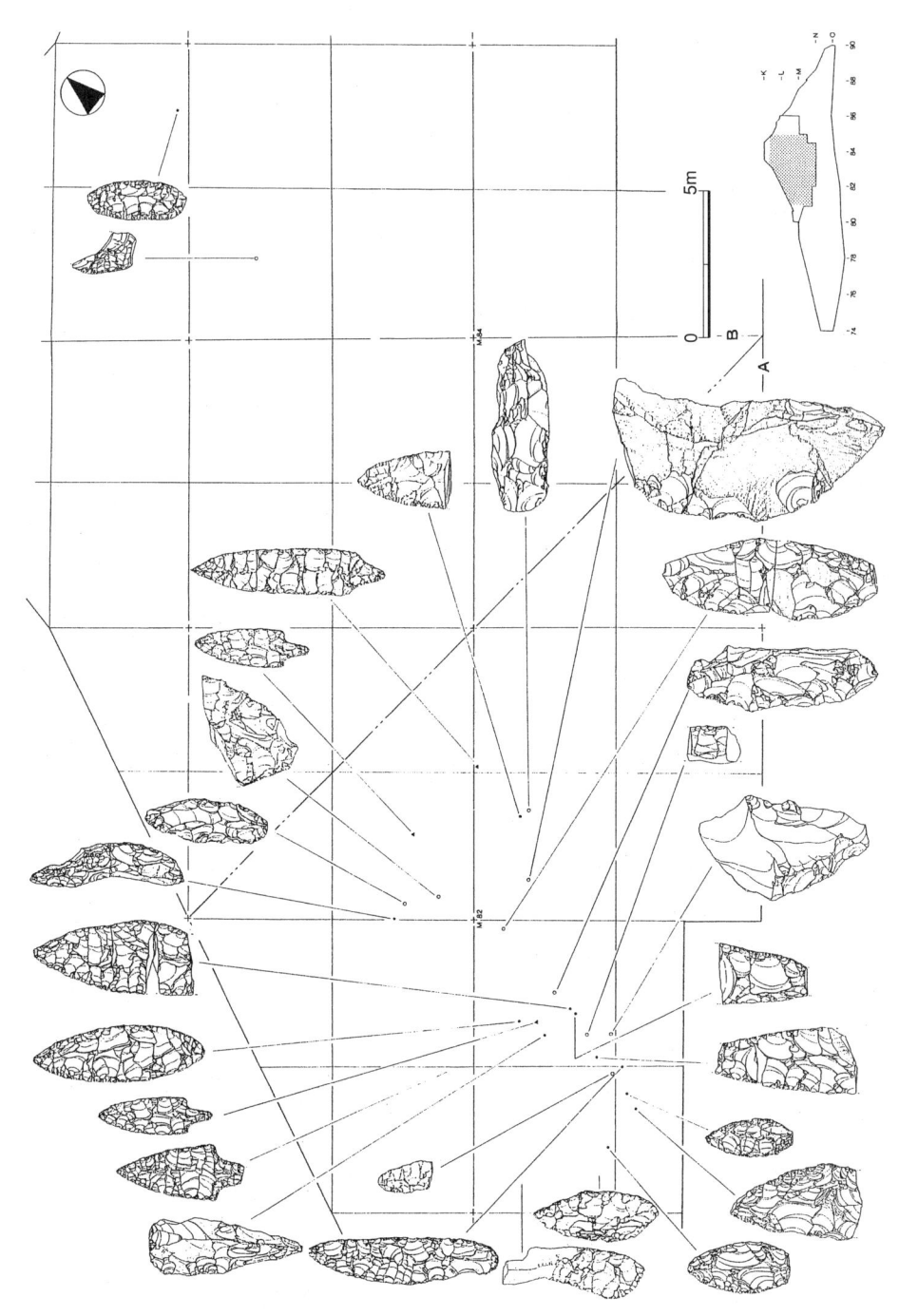

第Ⅶ章　後期旧石器時代後半期　213

図85　北海道知内町湯の里 4 遺跡Ⅴ層出土の石器群（畑編 1985による）
細石刃核・細石刃類の分布（上）と尖頭器・両面体石器の分布（下）

美利河 I　Sb-1, 2, 3

※ ¹⁴C年代
・20,100±335yB.P.（N-4936）
・20,900±260yB.P.（KSU-689）

美利河 II A　Sb-11a, 12b, 13a

美利河 II B　Sb-4, 10, 11b, 12a

※ ¹⁴C年代 ・19,800±380yB.P.（KSU-687）
※ 水和層年代 ・11,700±600yB.P.
　　　　　　 ・11,500±500yB.P.

美利河 III A　Sb-12c, 13b

※ ¹⁴C年代
・18,200±230yB.P.（N-4936）
・17,500±200yB.P.（KSU-688）

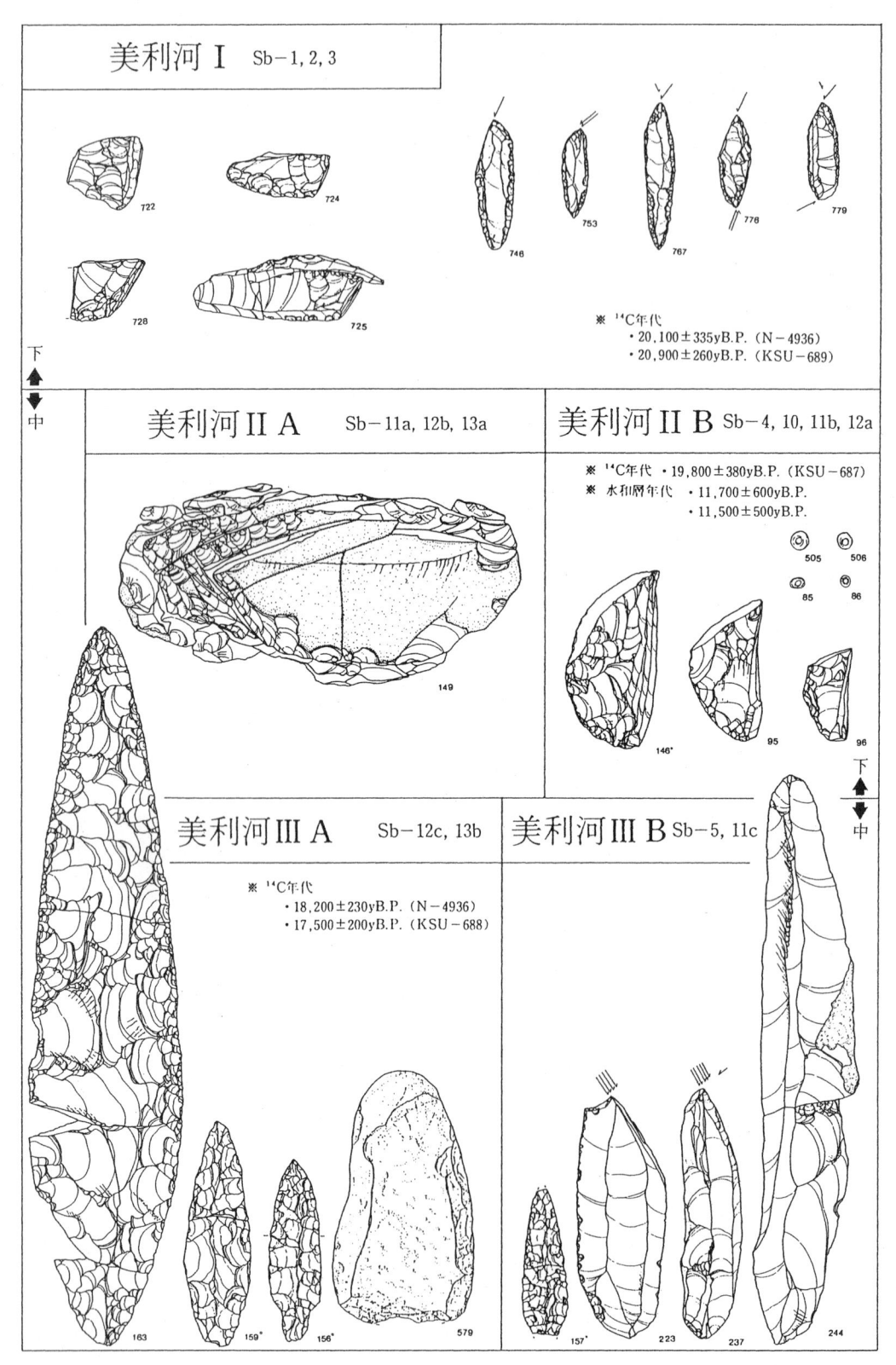

美利河 III B　Sb-5, 11c

図86　北海道今金町美利河 1 遺跡の石器群編年図（長沼編　1985から転載）

刃核を特徴とする祝梅三角山遺跡上層の石器群を勘案すると、美利河1遺跡の5群の石器群はいずれも細石刃文化内での変遷として理解することが可能である。その場合、北海道の細石刃文化は大型尖頭器、局部磨製石斧と打製石斧、大型石刃など長者久保石器群と共有する要素を組成する新しい段階と、それらをもたない古い段階とに大きく二分できる。

美利河1遺跡は焼土ブロック7ヵ所、炭化木片ブロック7ヵ所、石器ブロック16ヵ所、石器2,626点—細石刃1,107点、細石刃核30点、尖頭器53点、両面調整石器29点、彫器84点、錐器18点、舟底形石器46点、掻器39点、削器137点、石刃804点、石核198点、石斧5点、礫石器65点、玉7点—を含む総数11万点余の石器・石片類を出した大遺跡であるが、いわゆる原産地遺跡ではなくて、繰り返し利用された拠点的遺跡である。石器の84.5％を占める硬質頁岩が採取できる場所は直線距離にして5kmほど離れているが、残されていたものだけで重量は250kgにもなる。表採品ではあるが、大型の板状剥片の形で運び込まれ、調整は粗いが柳葉形に近い形に整形された両面調整石器は、44.7×18.6×6.8cm、4.4kgにも及ぶ大きさで、実用性はない。大型の槍先形尖頭器—33.1×7.5×1.8cm、330g—と同様に象徴的な意味をもっていたようである。黒曜石は全体の1％にすぎないが、赤井川、白滝、置戸、十勝の4地域のものが確認されている。湯の里4遺跡と異なり、もっとも近い100kmほど離れた赤井川産のものが9割近くを占めている。

ところで、^{14}C年代測定値はⅠ石器群で20,100±335yBP(N-4936)と20,900±260yBP(KSU-689)、ⅡB石器群で19,800±380yBP(KSU-687)、ⅢA石器群で18,200±230yBP(N-4936)と17,500±200yBP(KSU-688)の数値が得られていた。当初疑問視されていたが、最近、Ⅱ石器群と類似の蘭越型細石刃核を有する柏台1遺跡の細石刃石器群で、その^{14}C年代の測定値が約2万年前と出たことで、美利河1遺跡の年代値も信憑性が高くなった。

(4) 石川1遺跡

函館市の石川1遺跡では焼土ブロック1ヵ所、炭化木片ブロック4ヵ所、石器ブロック7ヵ所が確認された（図87）。細石刃、両面調整石器、彫器、錐器、掻器、削器などを組成し、炭化木炭ブロックを伴う第2、3、7ブロック（細石刃核が加わる）が居住空間であり、主に尖頭器とその製作剥片、および石核と縦長剥片だけを組成する第4ブロックが石器製作の場であり、両面調整石器に縦長剥片が伴う第5ブロックと小規模な第1、第6ブロックは二次的な道具使用の作業場であり、したがって、この遺跡は三つの「世帯ユニット」で構成された「交差型集落」（鈴木1984）であったと解釈された（長沼編1988、長沼1990）。

石材の44％を占める硬質頁岩は石器あるいはある程度加工された素材の状態で遺跡にもち込まれている。黒曜石は2％で、すべて350km離れた白滝産のものが細石刃・削器・剥片および砕片の形で残され、総重量も133gにすぎない。対照的なのが石材の42％を占める遺跡の近辺で調達されたと思われるメノウ質頁岩で、13kg余りの原石はもっぱら第4ブロック内での尖頭器と石刃の製作に消費されていた。

細石刃を伴わない四つのブロック、ことに第4、第5ブロックは、もしも単独もしくはそれらだけで検出された場合には、以前であれば細石刃段階よりも新しい段階に位置づけられたはずである。ブロック間の石器接合と母岩の共有関係で同時性が保障されているので、細石刃核・細石刃を有さ

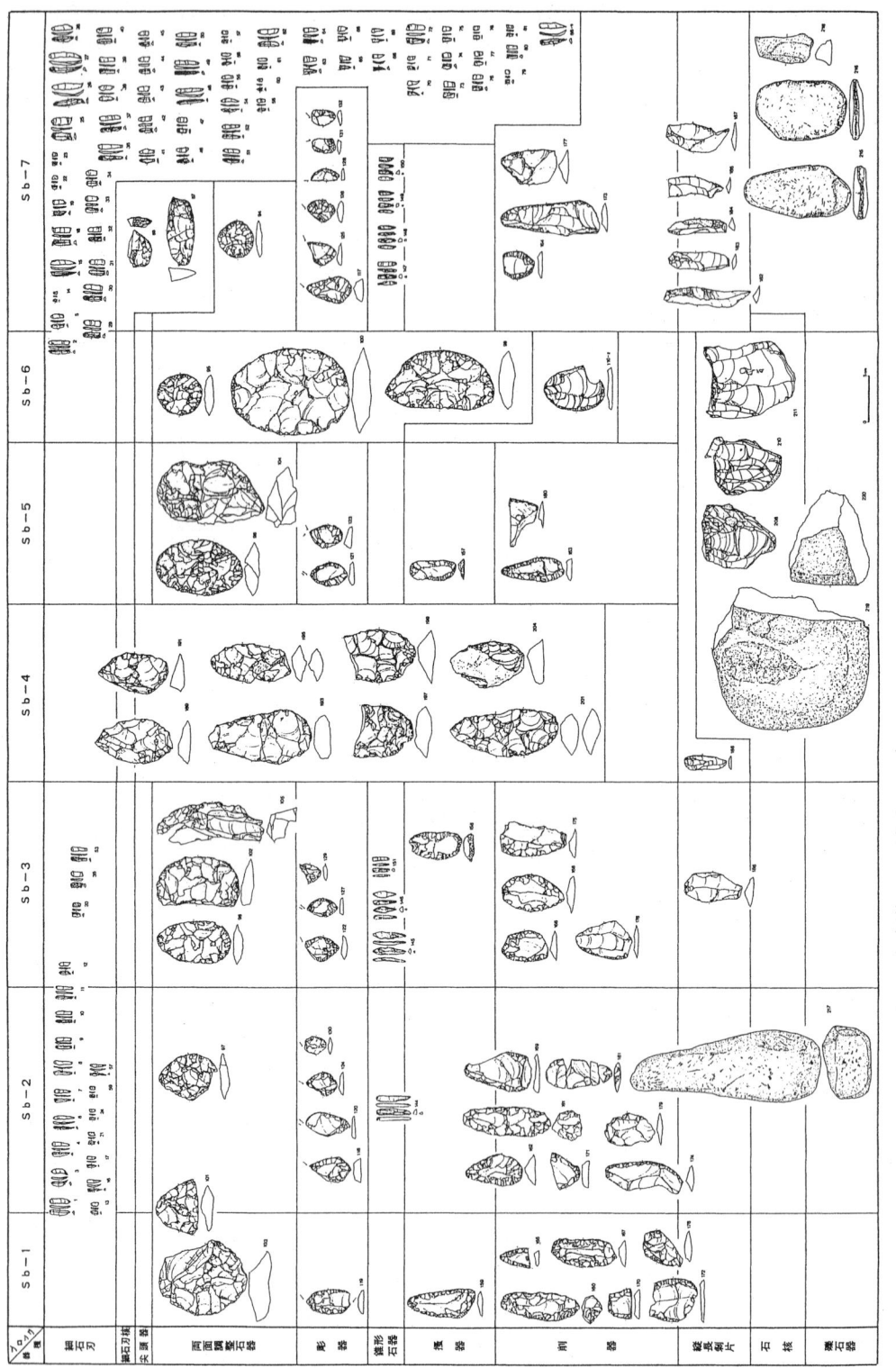

図87 北海道石川1遺跡石器ブロック別の石器組成（長沼編 1988から転載）

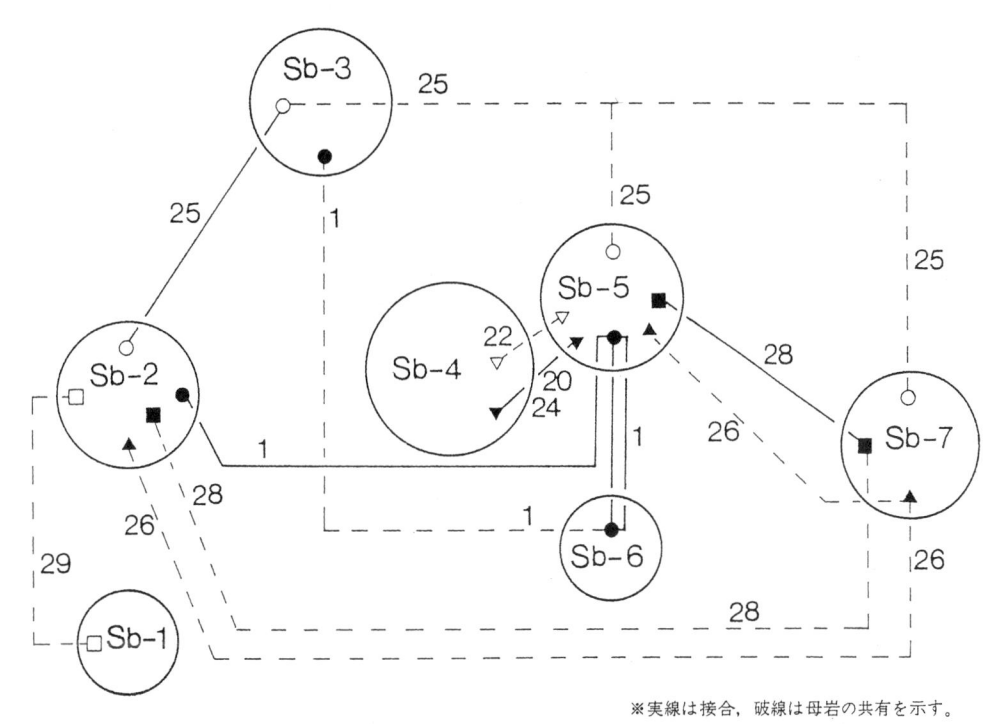

図88　北海道石川1遺跡の石器ブロック間の接合と母岩共有関係（長沼編 1988から転載）

※実線は接合，破線は母岩の共有を示す。

ない細石刃石器群が存在しうることが、間接的ながら示されている（図88）。細石刃核は「美利河技法」との関連が考えられ、「美利河ⅡA石器群」に近い時期とされる。そうだとすれば、この石器群の編年的な位置づけは難しくなる。第4ブロックの尖頭器と石刃、第5ブロックに集中する両面調整石器がそれほど古く位置づけられるであろうか。細石刃核は従来の「削片系石核」の範疇でいいと思われる。

　両面調整石器の形状と大きさは変化に富んでおり、リダクション現象が見られる。リダクション過程で生じる調整剥片が彫器、搔器、削器の素材として利用されていて、報告者の長沼孝は、円盤状に近い石核からの縦長剥片の剥離、石核の両面調整石器化、両面調整石器の再調整とポイントフレイクの獲得などの流れが、初期の段階から意図的に行われていたと推測している（長沼 1988）。長沼のこの推測は、神子柴遺跡の円盤状の石刃石核を経て、縄紋草創期石器群の両面調整石器へと続く系統関係を想起させる。石核と削器の二重の性格を有すると考えられた一部の両面調整石器は、宮城県野川遺跡（吉岡・工藤 1992）や福島県仙台内前遺跡（文化財調査室編 1988）の両面調整石器と相同の石器である。

　（5）新道4遺跡

　湯の里4遺跡に距離的に近い上磯郡木古内町の新道4遺跡では、細石刃核が未製品を含めて少なくとも75個の母岩から136点生産されており、そのうち出土したものが77点、他の場所にもち出されたと思われるものが77点ある（千葉 1990）。それとは対照的に石器は搔器、削器、彫器が各3点ずつ出ているだけであって、遺跡は細石刃核の生産・製作に関連した作業場であったようである（北海道埋蔵文化財センター編 1988）。石器製作のために遺跡にもち込まれた原石の数は大小取り

混ぜて120個を下回らないといわれ、頁岩の原産地は確認されなかったが、報告者が推測しているように遺跡に近かったであろう。黒曜石は赤井川産で削器2点、細石刃核の打面再生剥片1点、細石刃9点、剥片・石屑12点が残っていたにすぎない。この遺跡では両面調整石器を素材とした細石刃核は1点もなくて、原石の核や石刃を素材とする美利河型細石刃核、峠下型細石刃核、ホロカ型細石刃核（？）が共伴しており、少なくとも美利河型と峠下型は一つの技術体系として共有されていたことが知られた。またそこでは同一母岩から石刃と細石刃とが生産されていた。石核はそのリダクション過程で多目的に消費されていたことがわかる。

細石刃核の形態を指標とする年代観（千葉 1985）は再考を促された。なお、白滝4地点の石器の出土状況から、オショロッコ型細石刃核、射的山（広郷型）細石刃核、有舌尖頭器は近接する時期であることが推測された（千葉 1989）。

(6) 祝梅三角山遺跡上層・メボシ川2遺跡

千歳市の祝梅三角山遺跡上層の石器群については、現在石器を保管している佐久間光平の配慮で観察する機会があった。佐久間が作成した石器組成を紹介しておく。石刃石核2点、石刃156点、オショロッコ型細石刃核11点、細石刃158点、石刃製掻器158点、荒屋型などの彫器18点、錐器4点、有舌尖頭器状石器2点、両面調整石器2点、局部磨製石斧1点、打製石斧2点、磨石1点、その他を加えて計約6,550点を数える。なお、佐久間は石斧の製作途上に生じる調整剥片の母岩の違いから、4～5点の石斧が搬出されたと考えている。また、局部磨製石斧の刃部破片が1点あるが、面取りしてあるので縄紋時代のものであろうとも考えている。オショロッコ型細石刃核とともにリダクションの激しい石刃素材の掻器を多数含むこの石器群が暗示するのは、少なくともこの時期、季節的に集中した狩猟活動を行っていたということである。報告書が刊行されていないのでこれ以上言及できないが、地理的に近いメボシ川2遺跡の石器群が類似した様相を見せる。

メボシ川2遺跡では4ヵ所の遺物集地点が確認された。とくに「Aユニット」の石器群で石刃製掻器73点と石刃112点が目につく。ほかにオショロッコ型細石刃核7点、細石刃203点、有舌尖頭器1点、局部磨製石斧1点などを組成する。「Bユニット」も同様の組成であるが、有舌尖頭器2点、局部磨製石斧と打製石斧を各1点ずつもつ。「Cユニット」は小規模であるが、彫器が5点ある。掻器と彫器の分布の不一致が調査者の注意を引いていた（田村編 1983）が、現生狩猟採集民による動物遺体の解体の場を参照すれば、この道具の組成差がその場で行われた作業の違いを暗示していることに気づく。

(7) 近年の研究成果

次のような諸事実が明らかになっている。

①東北アジアの視点で見ると、細石刃石器群は、細石刃→細石刃＋槍先形尖頭器→細石刃＋槍先形尖頭器＋局部磨製石斧、という順に組成変化が見られる。北海道も例外ではないと思われる。

②北海道の細石刃核は、石刃技法との関係で2群に分けられる。1.関連する峠下型石核・蘭越型石核・広郷型石核・紅葉山型石核と、2.そうでない幌加型石核・札滑型石核・白滝型石核・忍路子型石核とである。1.は石刃を素材とする峠下型石核・広郷型（射的山型）石核―前者は一部、後者は全部―と、石刃石核のリダクションが進んだ過程で細石刃核に転用する蘭越型石

核・紅葉山型（置戸型）石核—前者は作業面を一端に限定、後者は作業面が全周に及ぶ—とに細分される。2. は厚手の剥片を素材とするホロカ型石核と両面調整石器を原形とする札滑型石核・白滝型石核・オショロッコ型石核に細分される。

③本州に広く拡散したのはホロカ型石核・札滑型石核・白滝型石核に関連する技術である。

④千歳市柏台1遺跡の発掘調査の結果、細石刃石器群が恵庭a降下軽石層の下から出ることが明らかになった。^{14}Cによる年代測定値は約2万年前である。蘭越型細石刃核と細石刃、石刃と石刃および剥片素材の搔器、荒屋型彫器などからなる石器群である（図89）。琥珀玉、顔料原材と顔料付台石が伴出している。湯の里4遺跡での出土状況などとともに、もっとも大陸的な様相を感じさせる石器群である。

上で述べたような状況を勘案して、寺崎康史が「石刃技法」系と「両面調整加工技術」系との2系統並存の変遷案を提示した（寺崎1999a, b）。現在のところもっとも整備された編年案であって、峠下1類＋美利河技法→蘭越技法→峠下2類＋湧別技法（札滑型）→湧別技法（白滝型）→オショロッコ技法→広郷技法→紅葉山技法、という展開になっている。この編年案に依拠した場合、「細石刃文化最終段階」が「神子柴文化の波及段階」であるという栗島義明の言説の整合性は、紅葉山技法に並行して置かれた「有舌尖頭器を伴わない尖頭器石器群」において達成されるが、その妥当性はまったくない。白滝型石核に槍先形尖頭器が伴う可能性もある（日本考古学協会釧路大会実行委員会編1999）が、これをもって「神子柴文化の波及段階」とはいえまい。寺崎の集成図(1999b: 第1図～第10図)中に「神子柴文化」だといえる石器群は見当たらない。

3　東北日本の北方系細石刃石器群

本州の東北部―信濃川と利根川を結ぶ線の北側―に広く分布する北方系細石刃石器群は北海道の細石刃石器群との関係を想定した呼称であるが、両地域の石器群間および本州内の各石器群間の編年的関係は十分に解明されたとはいいがたい。東北地方の細石刃石器群に関してもっとも豊富な調査経験をもつ加藤稔は、山形県角二山遺跡に顕現した札滑型細石刃核、荒屋型彫器、角二山型搔器、錐器を伴う珪質頁岩を使った特徴的な削片系細石刃石器群よりも古いと目される細石刃核の諸型式として、類峠下型、白滝型、両者の融合型を検出しようとしている（加藤1990）。そして、「杉久保型ナイフ形石器文化の一部」は、類峠下型細石刃核と結びついて南下したと考えている。見方によっては、「ナイフ形石器文化段階」、「細石刃文化段階」、「尖頭器文化段階」といった「石器文化の階梯論」から開放されているともとれるが、加藤の思考はこの時期の東北地方の複雑な様相を反映して錯綜しており、提示されている資料は説得性に欠ける。

最近、佐野勝宏が「石器製作システム内における石器製作の工程の連続性と、石器製作システムそのものの変化に焦点を当て」、北方系細石刃石器群を3期に区分している。珪質頁岩の両面調整石器のリダクションが細石刃の供給とともにその他の剥片石器の素材も供給していた第Ⅰ期、そのシステムが崩壊の兆しを見せ始めた第Ⅱ期、細石刃とその他の剥片石器の素材が別のシステムで製作された第Ⅲ期、という区分である（佐野2002）。佐野の論考は筆者の考え（安斎1994）と大きく矛盾するものではなく、なおかつ筆者に不明確であった各石器群編年の体系的な考察で益するとこ

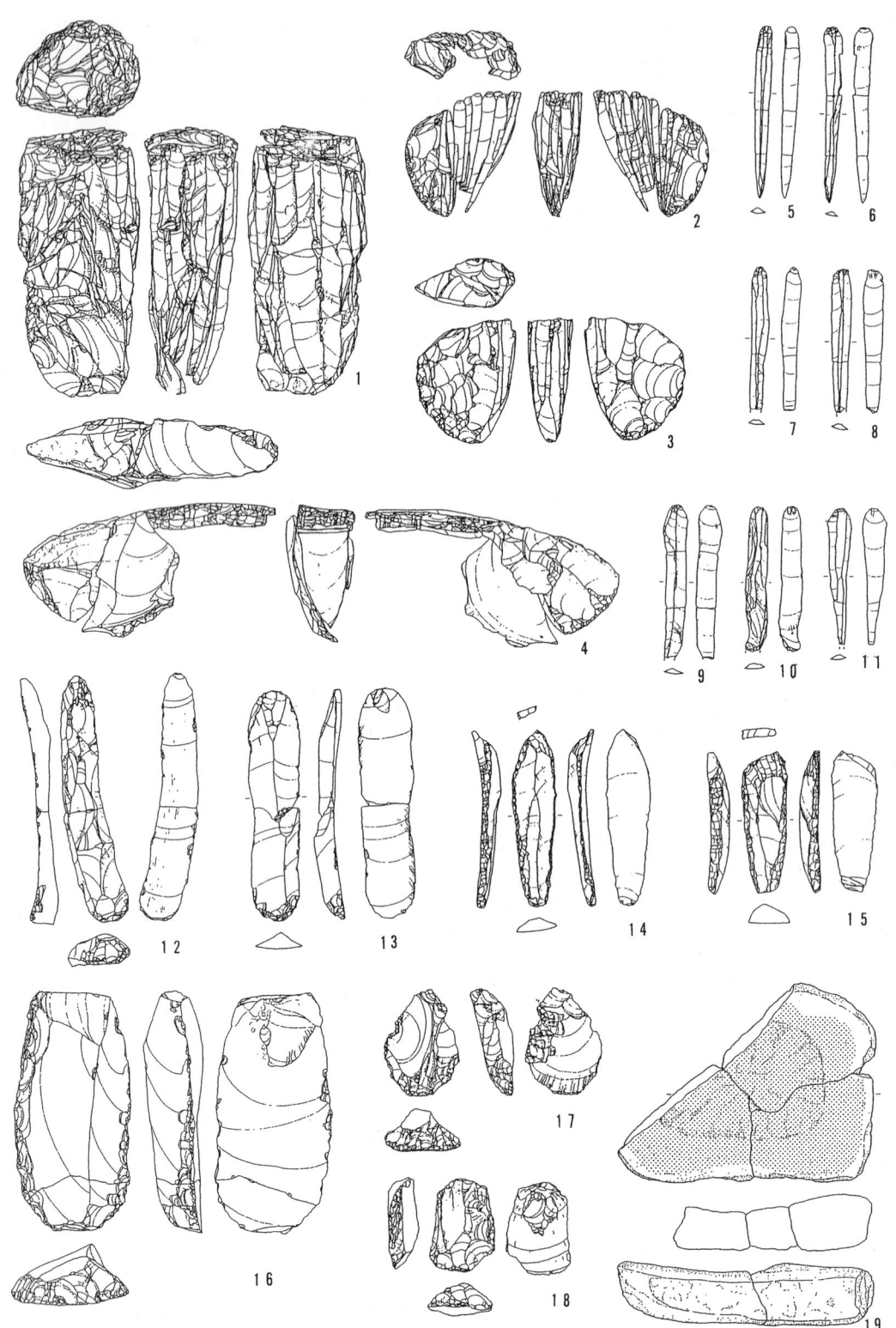

図89 千歳市柏台1遺跡出土の細石刃石器群 (1～15) および不定形剥片石器群 (16～19) (福井 1999 による) 1～4：蘭越型の接合資料の残核　5～11：細石刃　12、13：石刃製掻器　14、15：荒屋型彫器　16～18：掻器　19：顔料付台石　(縮尺19(1/5)以外は1/3)

ろ大である。佐野の編年と行動形態についての言説をいい換えれば、北海道の細石刃石器群の伝統であった「動作の連鎖」（シェーンオペラトワール）を維持した第Ⅰ期、伝統の「動作の連鎖」に揺らぎが生じた第Ⅱ期、本州の各地で在地化したか在地集団に採用されたかして「動作の連鎖」が異化した第Ⅲ期ということになる。

　これら3期の期間は佐野がいうような段階差を生じるほど長期にわたるものではなかったと思っている。第Ⅰ期の新潟県荒屋遺跡で出ている両面調整石器素材の石刃石核と長野県神子柴遺跡で出ている円盤状石刃石核とは同系統の石核であって、近い関係を思わせる。さらに、佐野がいうように、第Ⅰ期が"湧別技法"と"幌加技法"が同一の石器製作システムに内蔵（図90上）されているのに対して、第Ⅲ期が両者の分離（同図下）で特徴づけられるのであれば、次に述べるように、青森県大平山元Ⅱ遺跡の"湧別技法"による細石刃核（横山祐平による第Ⅰ文化層）と"幌加技法"による細石刃核（三宅徹也による第1文化層）は、それぞれ第Ⅰ期と第Ⅲ期の別個の石器群であって、後者は大平山元Ⅰ遺跡の長者久保系石器群の直前か同時期ということになろう。ちなみに、群馬県桝形遺跡（相沢・関矢 1988）のような在地の黒色頁岩やチャートの"幌加技法"による細石刃核を主体とする石器群は第Ⅲ期ということになる。

　こうした視点から東北日本の北方系細石刃石器群を出土した遺跡のいくつかを検討してみたい。

(1)　青森県大平山元Ⅱ・Ⅲ遺跡

　北海道からの入口に当たる津軽半島にある大平山元遺跡では、相互に120〜250mの距離をおいた3地点から当該期の石器群が見つかっている。津軽海峡を挟んで渡島半島に近い位置にあるにもかかわらず、石器群は渡島半島の細石刃石器群に直接的には対比できない。

　第Ⅱ地点の石器群（図91）は層位的に3群に分けることができる（三宅編 1980）。第2層下部の石器群は樋状剝離を有する尖頭器、「両面加工品を素材とする彫器」、ナイフ形石器などを特徴とする。樋状剝離を有する尖頭器は千葉県東内野遺跡や長野県男女倉B遺跡など関東・中部地方のいわゆる「砂川期」段階および直後に現れる石器で、大平山元Ⅱ遺跡には飛び地のような分布である。「両面加工品を素材とする彫器」のなかには札滑型細石刃核やオショロッコ型細石刃核の打面形成時の形態に類似するものがあるが、変異の幅が大きく、また細石刃を剝離する例を含まない。調査者の三宅徹也は湧別技法との違いを重視して「大平山元技法」を提唱し、大平山元技法は男女倉技法の流れを汲むものであり、さらに湧別技法の母体をなしたと解釈した（三宅編 1980, 1981）。ユニークな考えである。湧別技法に類似の細石刃剝離技術が大陸側にも広く分布している事実からも、この技法の南から北への流れの可能性は少ない。三宅の解釈の背景には、「ナイフ形石器文化」と「細石刃文化」の旧新二段階論があるものと思われるが、本州のナイフ形石器文化と北海道の細石刃文化とは少なくとも約2万年前以降併存していたのであるから、ここは、関東・中部地方と東北地方北部と北海道における両面調整技術の併存を強調するにとどめたい。

　第2層上部の石器群は数が少ないが、片面調整の槍先形尖頭器と薄手の柳葉形の槍先形尖頭器を特徴とするらしい。柳葉形の槍先形尖頭器は第1層の石器群にも組成されるらしいが、この石器群は「舟底形石器」を主体としている。12点の「舟底形石器」の甲板面には光沢が、また縁辺には細かな剝離が観察される例が多く、火熱を受けたものを5点含むことから、三宅は、「縞状剝離」の

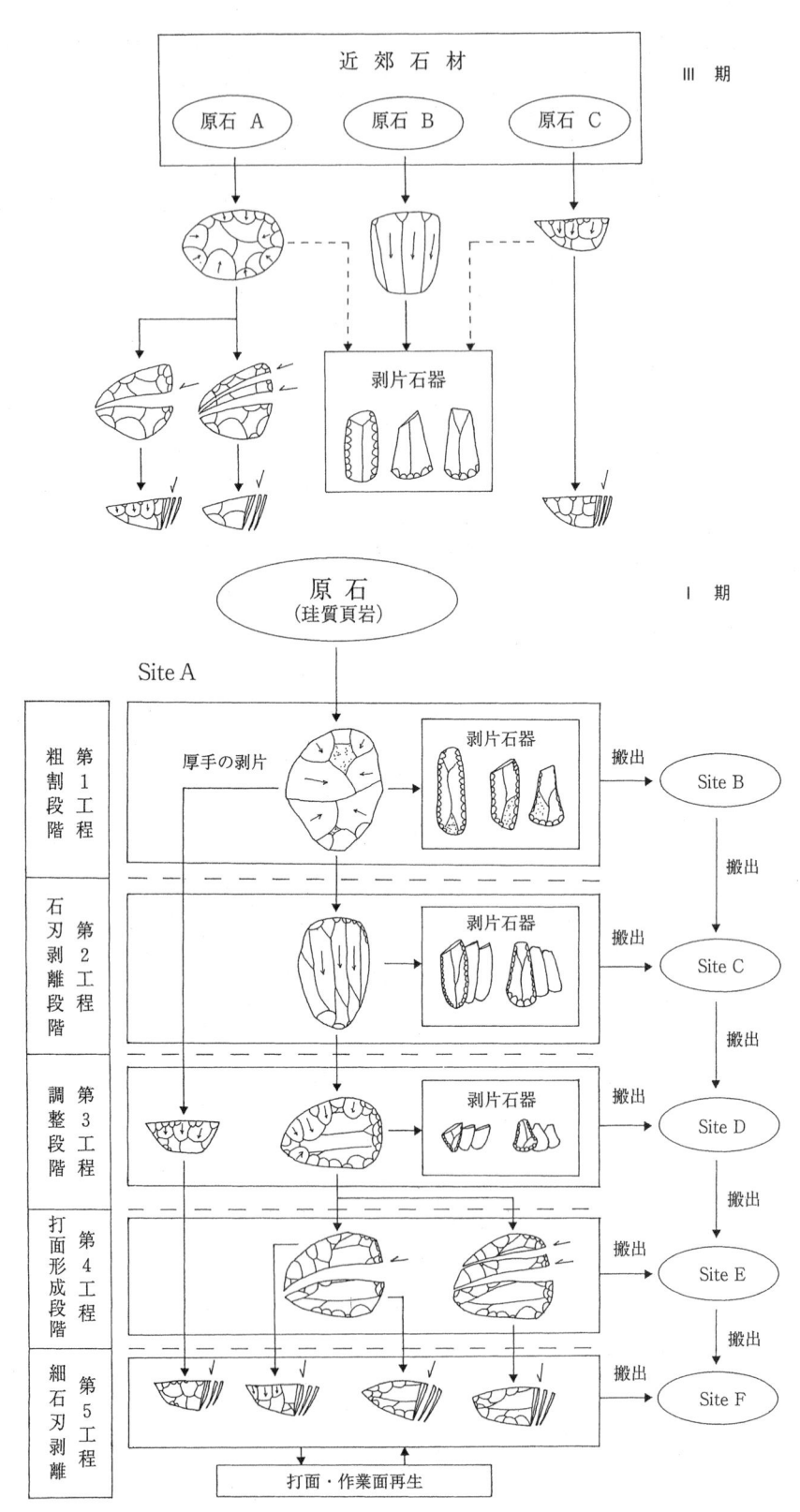

図90 北方系細石刃石器群の石器製作システム（佐野 2002による）

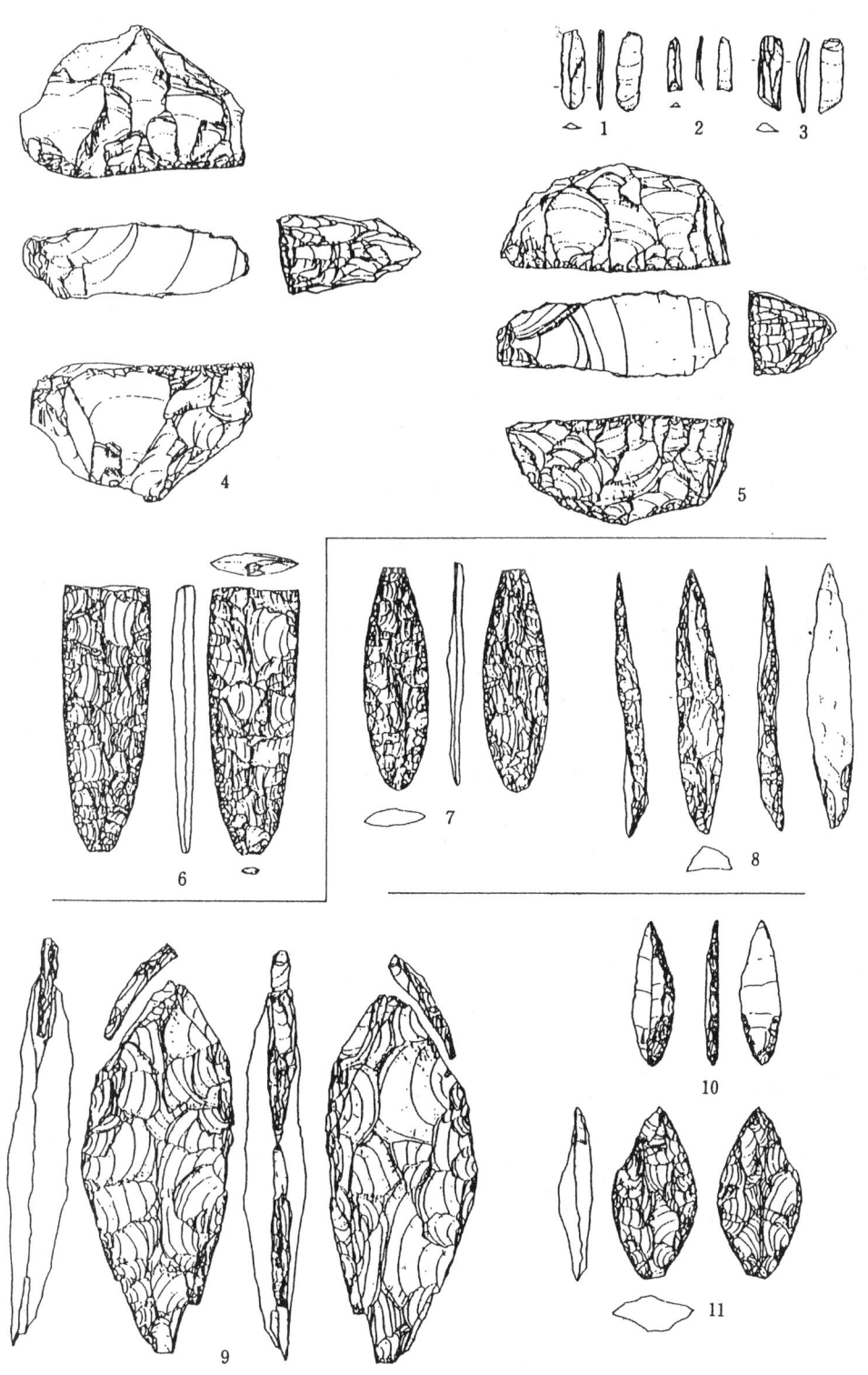

第Ⅶ章　後期旧石器時代後半期　223

図91　大平山元Ⅱ遺跡の郷土資料館による調査資料（縮尺1/3）（三宅編 1980による）
　　　1～6：第1層　7、8：第2層上部　9～11：第2層下部

有無にかかわらず細石刃の剥離を目的とした石核ではなくて、何らかの機能を有した石器として理解している。しかし、ホロカ型細石刃核と細石刃と見立てて何ら問題のない個体が存在していることを重視すべきである。

　第Ⅲ地点の石器群も第Ⅱ地点の石器群とほぼ同時期に残されたもののようである。「ユニット1」は大型の「両面加工尖頭器を素材とする彫器」を特徴とする尖頭器の製作址で、第Ⅱ地点の2層下部の石器群を残した集団と同じ伝統集団が残したものであろう。「ユニット2」はナイフ形石器と尖頭状削器が特徴で、基部加工の「尖頭状ナイフ形石器」と「小坂型？」彫器から、三宅は「ユニット1」より古く考えた（三宅編1981）。

　遺跡は地表面から40～50cmほど削平されていたために、発掘で包含層の確認ができなかったが、黒曜石製の野岳・休場型細石刃核が3点とその打面作出剥片が4点表採されている。分布域を大きく外れたこの種の細石刃核については判断を留保せざるを得ない。

　津軽半島蟹田町にある大平山元遺跡群は、北海道の人・もの・情報の入口として、また北海道への人・もの・情報の出口として、伝播論者に劣らず形成論者にとって重要な位置を占める遺跡群である。横山祐平による大平山元Ⅱ遺跡の再調査（横山編1992）、谷口康浩による大平山元Ⅰ遺跡の再調査（谷口編1999）の結果、青森県立郷土資料館による調査時には欠落していた資料が補完された。いずれすべての資料を前にしての検討が必要となるであろうが、ここでは本著のテーマに関連した部分で、新資料に簡単に触れておく。

　横山祐平は大平山元Ⅱ遺跡出土の石器群を4期に分けている。一番古い「第Ⅳ文化層」からは黒曜石・頁岩の剥片・砕片と石刃石核しか出ていないが、黒曜石剥片の特徴から両面調整技術の存在を想定している。「第Ⅲ文化層」からは樋状剥離面を有する尖頭器、小型尖頭器、両面調整石器、ナイフ形石器、彫器などが出ている。「第Ⅱ文化層」は尖頭器、大小のナイフ形石器、彫器、搔器、削器という組成である。一番上の「第Ⅰ文化層」の石器群が質量ともにもっとも豊かで、樋状剥離面を有する尖頭器、湧別技法による細石刃核原形とスポール、細石刃核、石刃石核、両面調整石器、彫器、搔器、削器などで構成される（図92）。帰属文化層不明の遺物として、長者久保型の「丸鑿」の原形と有舌尖頭器が出ているが、少なくとも前者はⅡ遺跡よりもⅠ遺跡の石器群に関係するものと思われる。

　石器群の単位ブロックが不明確で石器類の組合わせに問題を残しているし、峠下型細石刃核（5）や美利河型細石刃核原形（6）とされている石器も検討の余地があるものの、郷土資料館による調査結果とあわせ考えると、北海道の湧別技法に関連する細石刃石器群を有する集団と、東北地方北半の樋状剥離面を有する尖頭器石器群（有樋尖頭器と尖頭形彫刻刀形石器）を有する集団の交流を示唆している。川口潤が指摘するように、湧別技法による細石刃核原形（4）と尖頭形彫刻刀形石器が技術的に親和的である一方で、石刃核からは細石刃が剥離されておらず、細石刃も出土していない（川口2001）。この時点では在地の集団はなお細石刃を必要としていなかったのかもしれない。ホロカ型細石刃核と細石刃が出ているのは郷土資料館による調査の際の「第1層」からである。

　(2)　岩手県早坂平遺跡

　1989年に筆者らが調査した岩手県山形村の早坂平遺跡は久慈川支流の川井川と遠別川の合流点に

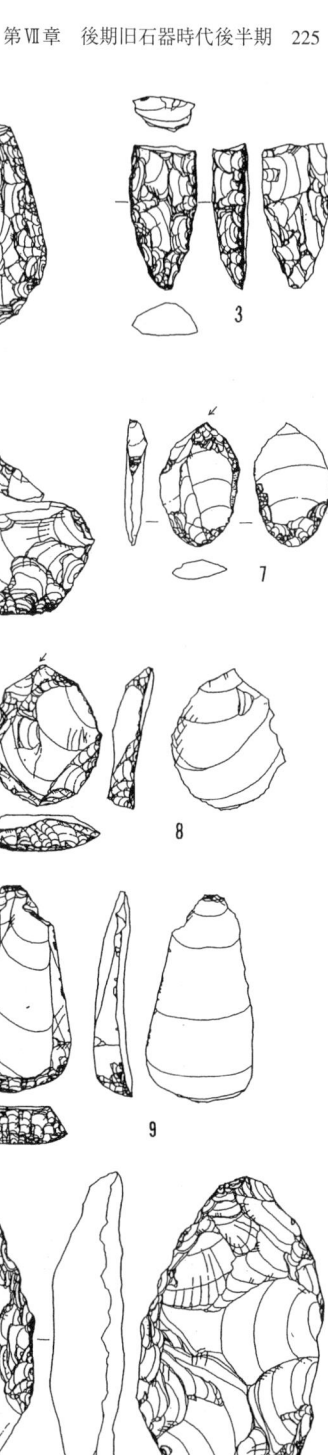

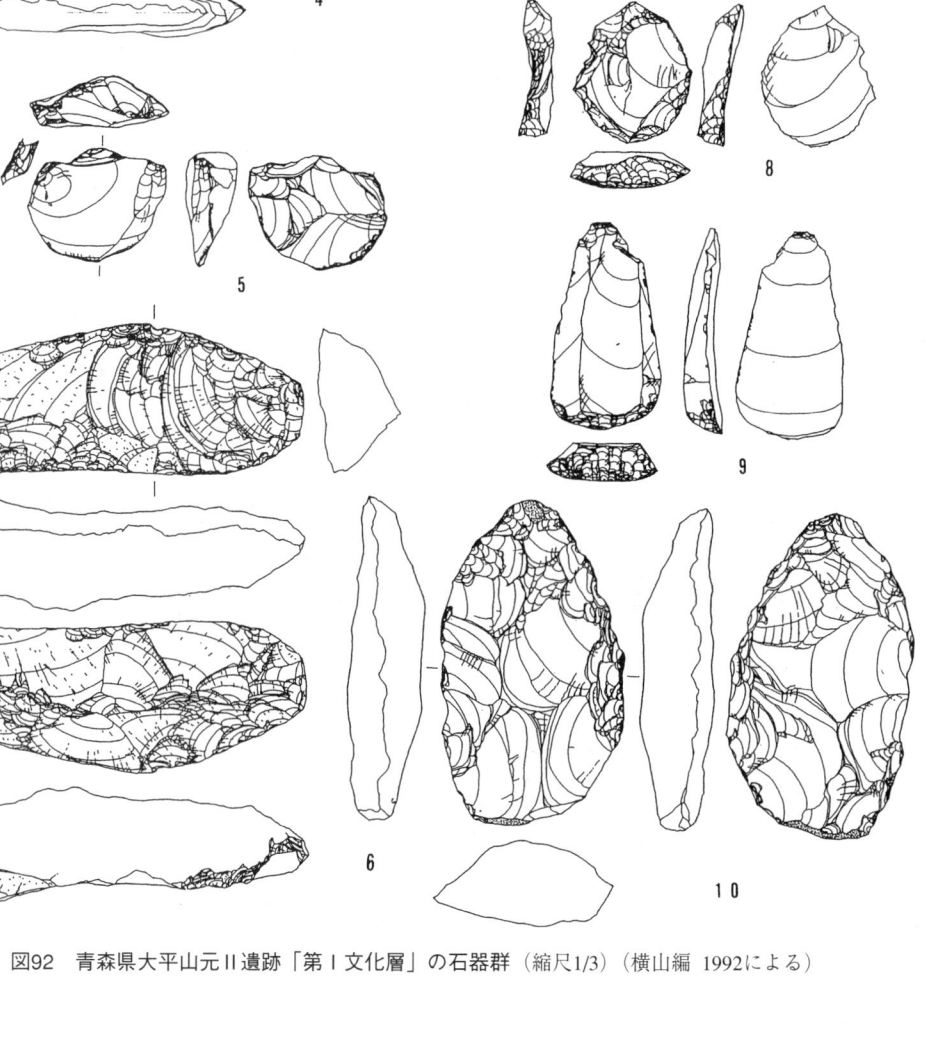

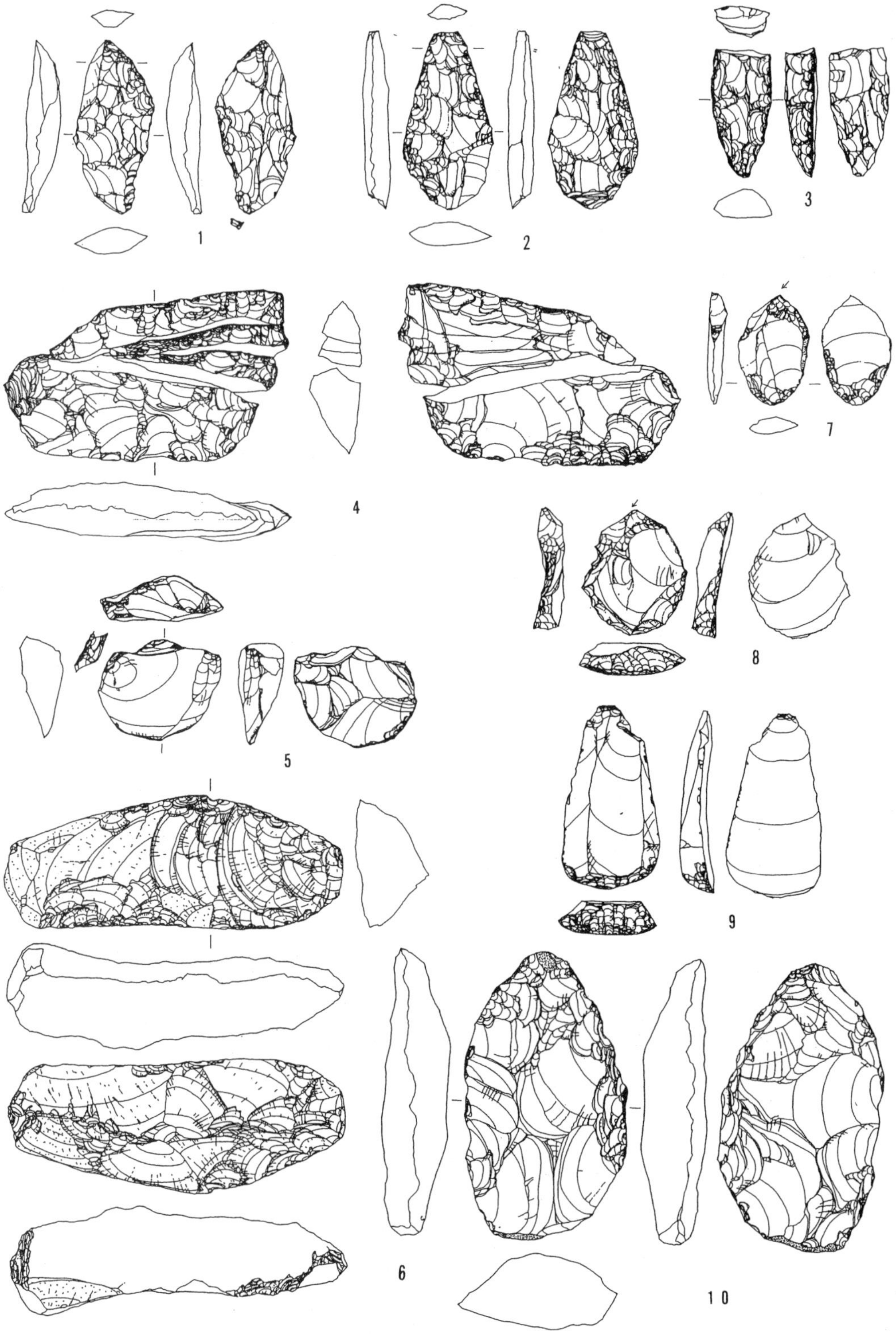

第Ⅶ章 後期旧石器時代後半期 225

図92 青森県大平山元Ⅱ遺跡「第Ⅰ文化層」の石器群（縮尺1/3）（横山編 1992による）

位置している（口絵写真）。調査時に二つの石器群が確認された。下位からは大型の石刃石器群が、上位からは新潟県小瀬ヶ沢洞穴遺跡の槍先形尖頭器に類似する尖頭器(1)を含む8点の槍先形尖頭器が出土した（図93）。遺跡の近傍に黒色頁岩の露頭があり、石刃石器群は原産地遺跡の特徴が認められたが、ナイフ形石器群に帰属するものであるのか、それとも長者久保石器群に帰属するものであるのか、その時点では決定できなかった。珪質頁岩製の彫器とスポールが1点ずつ出ており、北上山地を越えた西側との交通という点で注目された（安斎編1991）。

2001～2002年の岩手県埋蔵文化財センターによる第2次調査によって、本著のテーマに関わる重要な事実が二つ判明した。一つは先の2石器群の間に細石刃石器群が介在していたことである。細石刃と細石刃核は検出されなかったが、荒屋型彫器3点が掻器や彫/掻器とともに出土し、北方系細石刃石器群が東北北部でも太平洋側に進出していたことが確認された。もう一つは大型の石刃石器群に珪質頁岩製のナイフ形石器が伴う事実である。このナイフ形石器は大渡Ⅱ遺跡におけるAT直上の「第2文化層」出土の二側縁加工ナイフ形石器（図71-16参照）に技術形態学的に類似しており、「第2文化層」あるいは「第3文化層」に近い時期のものと思われる。また、この大型の石刃石器群に長さ32cmの在地石材製の「斧形石器」が伴って見つかったと報じられたが、打製石斧の範疇で捉えられるか、技術形態学的に微妙なところである。峠山牧場B遺跡から出ている大型の「ハンドアックス」―字義どおり手にもって伐採に使うような斧の形態―など、大型の伐採具のようなものが当該期に諸所に存在していたのかもしれない。

(3) 新潟県樽口遺跡

新潟県と山形県の県境をなしている朝日連峰に源を発する三面川と末沢川との合流地点南側、三面川左岸の狭い段丘上に樽口遺跡は立地する（立木編1996）。報告者の立木宏明によれば、Ⅲ～Ⅳ層にかけて細石刃石器群―A-MH文化層（ホロカ型細石刃核を指標石器とする文化層）とA-MS文化層（白滝型細石刃核を指標とする文化層）に細分―、Ⅴ層を中心に「ナイフ形石器群」―A-KSU文化層（「杉久保型ナイフ形石器」を指標とする文化層）とA-KH文化層（瀬戸内系のナイフ形石器を指標とする文化層）に細分―、Ⅶ層から「ナイフ形石器」と台形状の石器群―A-KH文化層（「基部調整のナイフ形石器」と「東山型ナイフ形石器」を指標とする文化層）とA-KATD文化層（台形状の石器を指標とする文化層）に細分―が検出された（図94）。ちなみに、Ⅵ層は姶良Tn火山灰（AT）層である。第Ⅱ章第4節で述べたように、日本海側の頁岩地帯では基部加工尖頭形石刃石器（尖頭形石器）の伝統が長く続いたのであるが、ここ樽口遺跡でもその点がよく表示されている。三面川を遡った最奥部、というよりも山形方面から三面川を下ってきて最初に開ける場所に、AT降灰以前から人が住み続けていたことが明らかになった。

ところで、「白滝型細石刃核」（1、2）を指標とする細石刃石器群の方は、「細石刃1220点、細石刃核16点、細石刃核母型13点、細石刃核削片102点、彫器1点、掻器19点、尖頭器状スクレイパー1点、スクレイパー22点」（図95）などで構成される。彫器(10)は荒屋型である。ブロック1で198点、ブロック2で483点、ブロック3で296点、ブロック4で796点検出された。使用石材はほとんど黒曜石―産地同定結果：18例中男鹿産11例、男鹿産？6例、和田峠産1例―であるが、無斑晶質安山岩・珪質頁岩製の大型槍先形尖頭器8点が出土層位と分布範囲を重ねて出土している。両面調整品

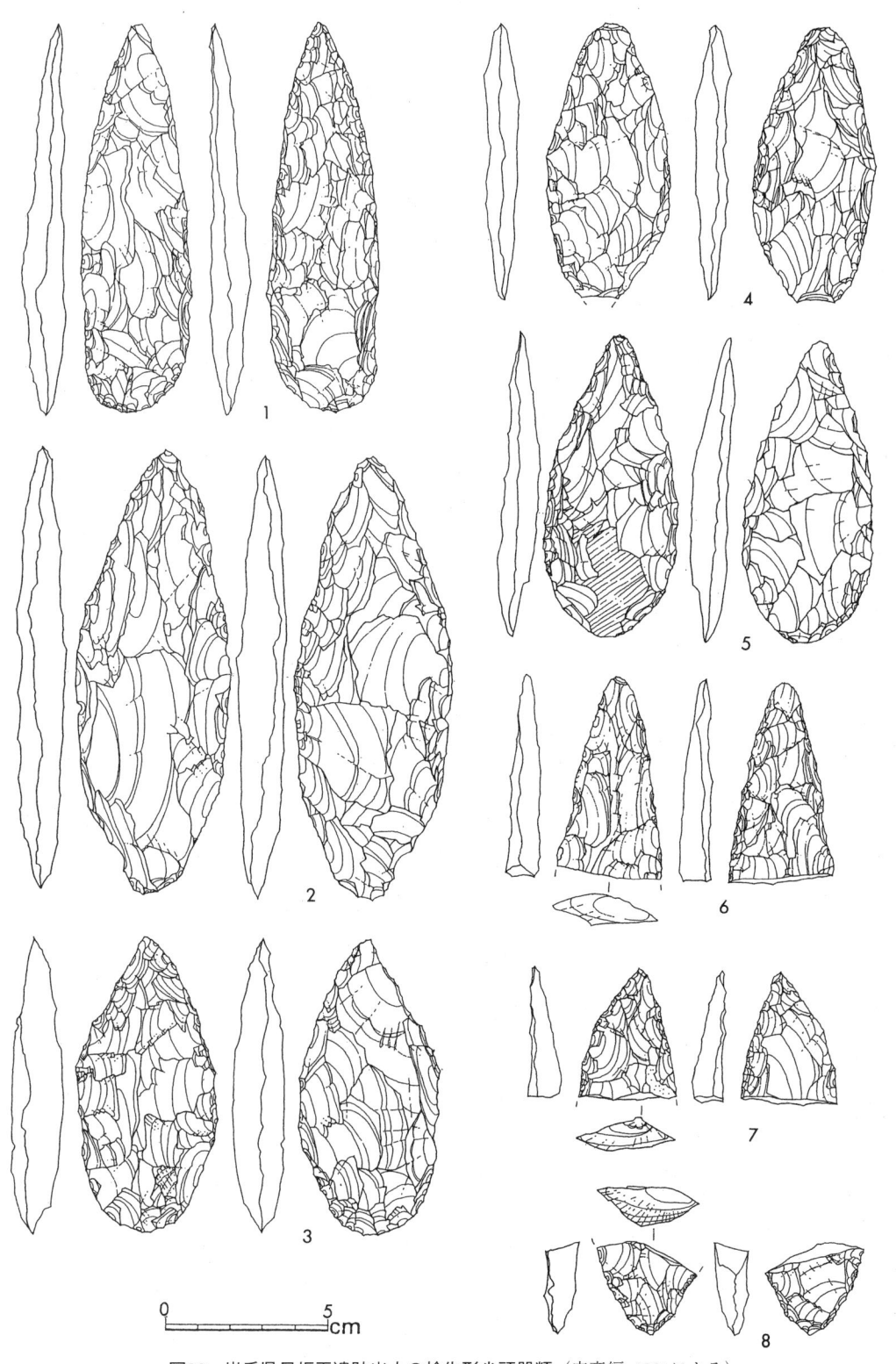

第Ⅶ章 後期旧石器時代後半期 227

図93 岩手県早坂平遺跡出土の槍先形尖頭器類（安斎編 1991による）

228

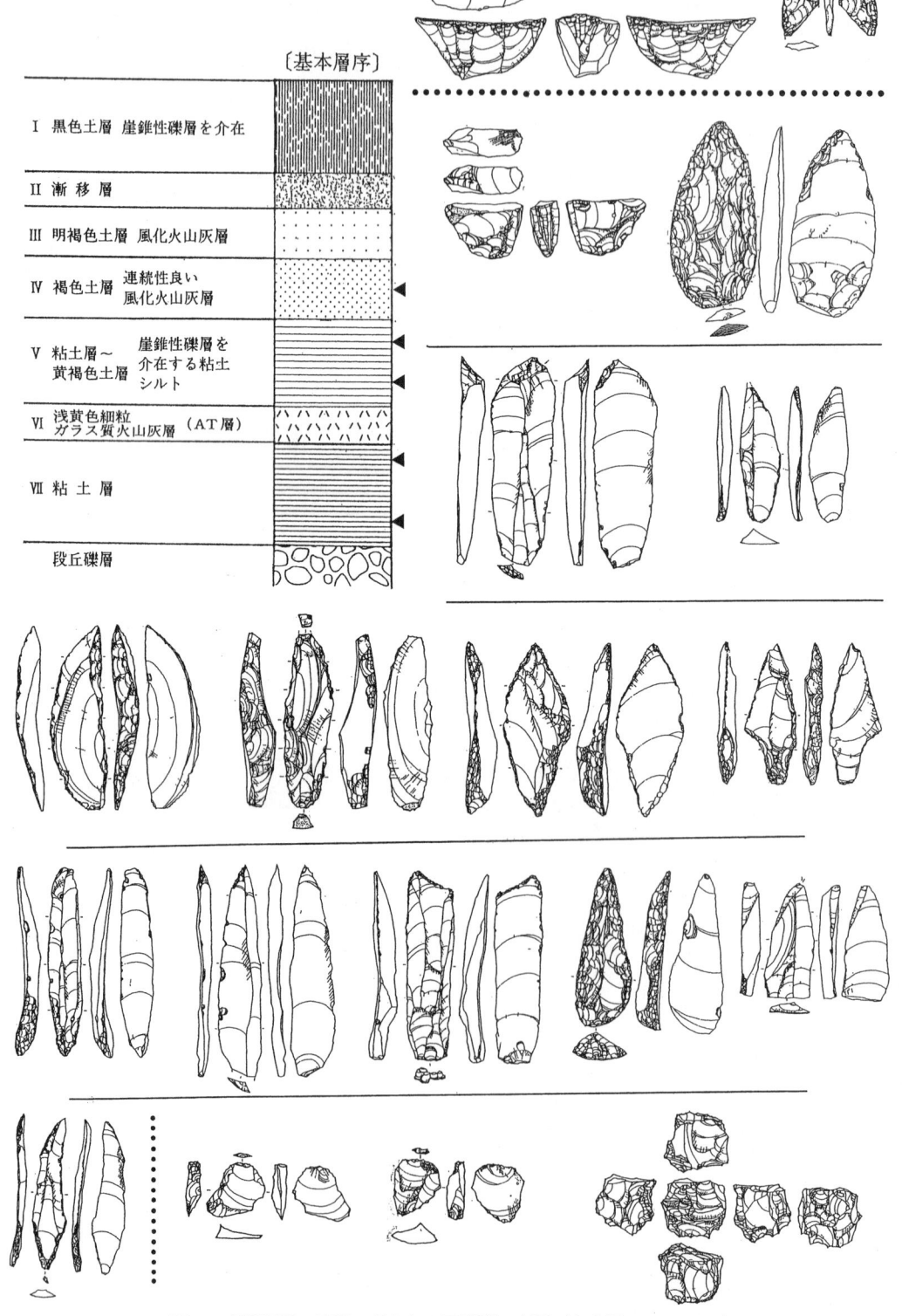

〔基本層序〕

I	黒色土層 崖錐性礫層を介在
II	漸移層
III	明褐色土層 風化火山灰層
IV	褐色土層 連続性良い風化火山灰層
V	粘土層～黄褐色土層 崖錐性礫層を介在する粘土シルト
VI	浅黄色細粒ガラス質火山灰層（AT層）
VII	粘土層
	段丘礫層

図94　新潟県樽口遺跡に見られる石器群の変遷（立木編　1996による）

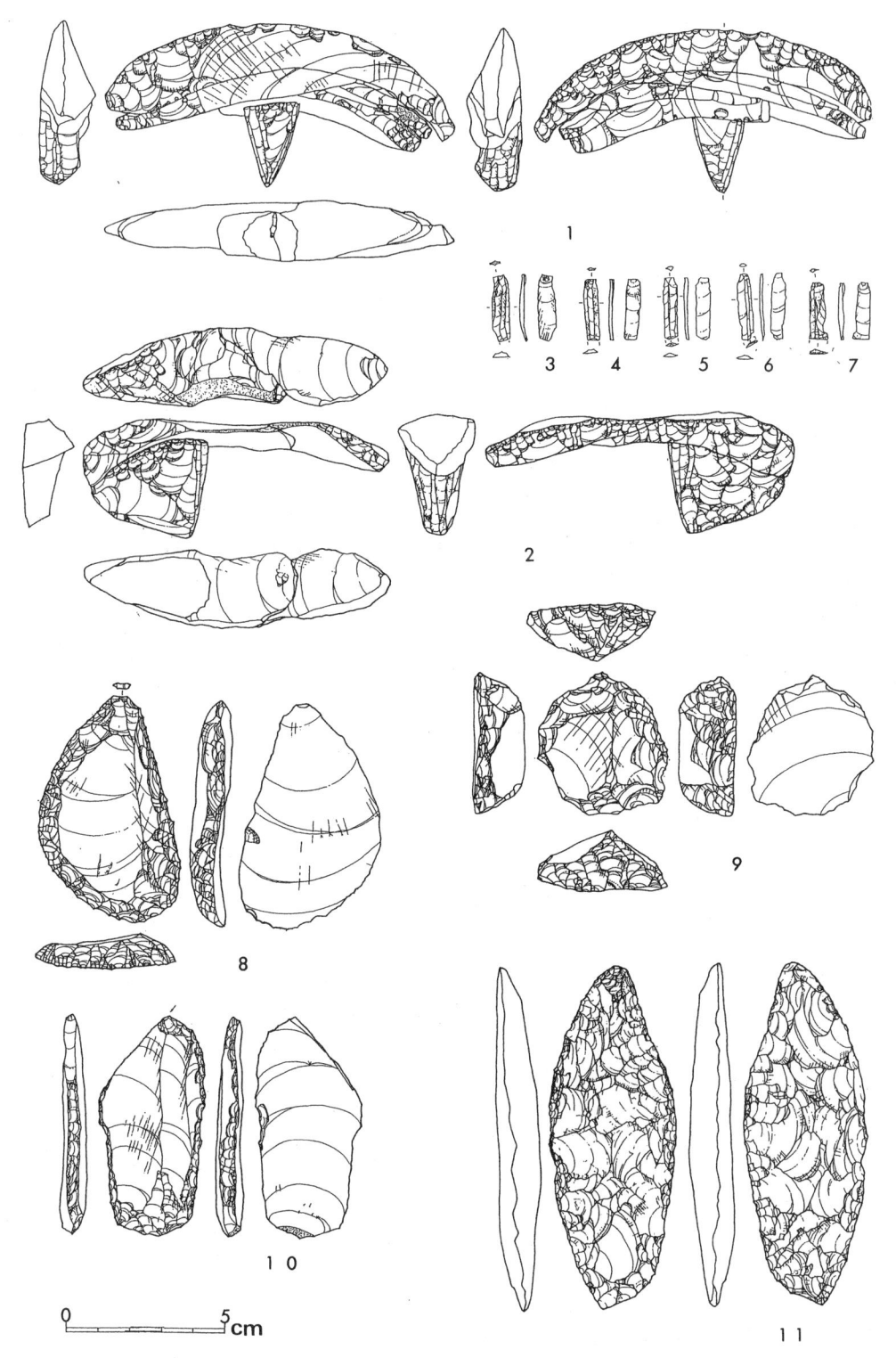

第Ⅶ章 後期旧石器時代後半期 229

図95 新潟県樽口遺跡出土の「白滝型細石刃石核」を指標とする細石刃石器群（立木編 1996による）

(11)は1点だけで、ほかは片面ないしは半両面調整品である。山形県湯の花遺跡採集の黒曜石も男鹿産であることから、立木は「この集団は北海道域から渡航し、秋田県男鹿半島で黒曜石を直接採取し、日本海沿岸を通って当地に赴いた移住民第一世代あるいは第二世代であろう」と推測している。

移住民が未知の土地で石材産地の情報をどのようにして入手したのか、北海道における当該細石刃石器群は槍先形尖頭器を組成していないといった点を考慮すると、在地の槍先形尖頭器石器群の荷担者たちと接触していたと見なすのが自然であろう。

「ホロカ型細石刃石核」（1、2）を指標とする細石刃石器群は、「細石刃118点、細石刃核3点、彫器2点、搔器19点、彫搔器7点、尖頭器状スクレイパー2点、尖頭器1点」（図96）などで構成される。ブロック1で20点、ブロック2で15点、ブロック3で102点が検出された。石材は玉髄が若干混じるほかはすべて珪質頁岩が使われており、細石刃製作にかかわる石器以外は石器自体が遺跡に搬入されている。彫/搔器(10)が多いことと、「尖頭器状スクレイパー」（9、11）の存在に特徴が認められる。両石材の最寄りの産地は山形県小国町荒川流域である。良質の珪質頁岩を使っていることで、立木は先に取り上げた大平山元Ⅱ遺跡や後述の額田大宮遺跡と同類の石器群と見ている。

(4) 新潟県正面中島遺跡

正面中島遺跡は信濃川流域に発達した津南段丘のうち、貝坂面と正面面を画す崖線沿いに流れてきた清水川の屈曲点と、その河道の背後にある湧水の沢頭に挟まれた半島状の地形に位置する（佐野編 2002）。津南段丘に立地する遺跡群を長年にわたって調査してきた佐藤雅一は、すぐね遺跡の「有樋尖頭器」を含む上層石器群→道下遺跡・貝坂桐ノ木平A遺跡の両面調整・周縁調整・半両面調整の槍先形尖頭器石器群→越那A遺跡のやや大型の槍先形尖頭器を伴うナイフ形石器石器群→上原E遺跡の北方系細石刃石器群→正面中島遺跡→寺田上A遺跡の大型槍先形尖頭器石器群、の編年順で当該期の石器群を紹介している（佐藤 2002）。

報告者の佐野勝宏によれば、正面中島遺跡における石器群は「遺物散布域」1ヵ所、「遺物集中部」8ヵ所から出ている。「石器集中部」の1、2、3が細石刃石器群関連で、5、6、7、8が槍先形尖頭器石器群関連の資料である（図97）。「遺物集中部3」からは「細石刃19点、細石刃様剥片7点、細石刃核スポール1点、彫刻刀形石器7点、彫刻刀形石器スポール26点、エンド・スクレイパー6点」など計100点の石器が出ており（図98）、「遺物集中部2」からも細石刃核原形1点(7)が出ている。石器中には荒屋型彫器（1～3）や角二山型搔器(4)が見られる。石材は珪質頁岩・頁岩が主体で、ほかに玉髄が使われており、佐野は山形県方面での採取を想定している。

一方、2ヵ所の製作跡からなる「遺物集中部7」からは「尖頭器19点、斧形石器1点、エンド・スクレイパー3点、石刃4点」など計695点の石器が出ており、「尖頭器」はほかに「石器集中部6」から16点、「石器集中部5」から4点、「石器集中部8」から3点出ている（図99）。石器群は「神子柴石器群」とはいいがたいが、石器組成や石器の形態から見てその直前の姿であると思われる。ここでは母岩から槍先形尖頭器が製作されていく過程で生じる剥片類が搔器や削器、さらには小型の槍先形尖頭器の素材として利用されていく工程がわかりやすく図面化されている（図100）。なお、「石器集中部6」から土器の小片らしきもの1点が検出されている。石材は頁岩を主体に凝灰岩、黒

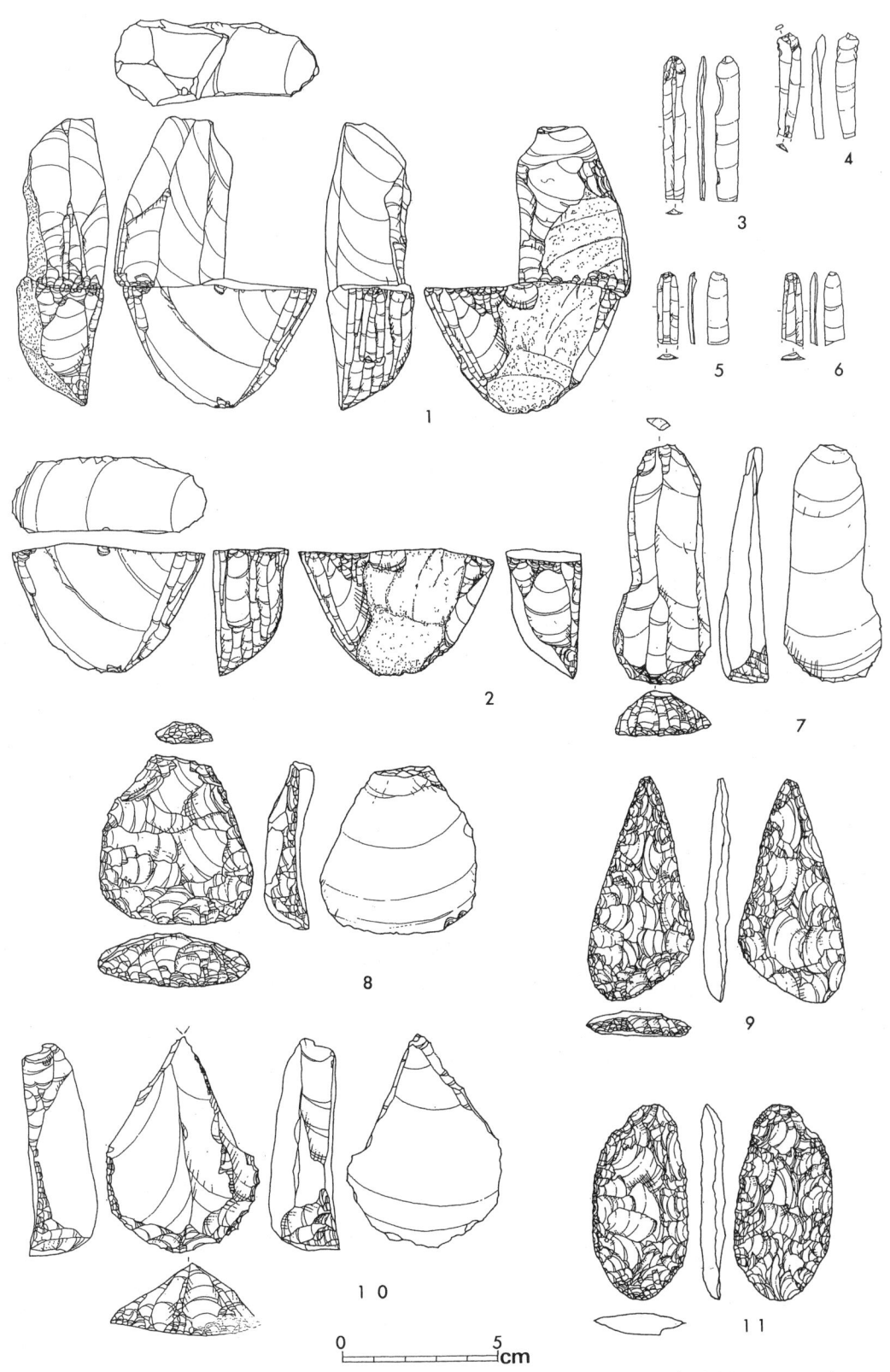

図96 新潟県樽口遺跡出土の「ホロカ型細石刃核」を指標とする細石刃石器群（立木編 1996による）

S＝1/1000

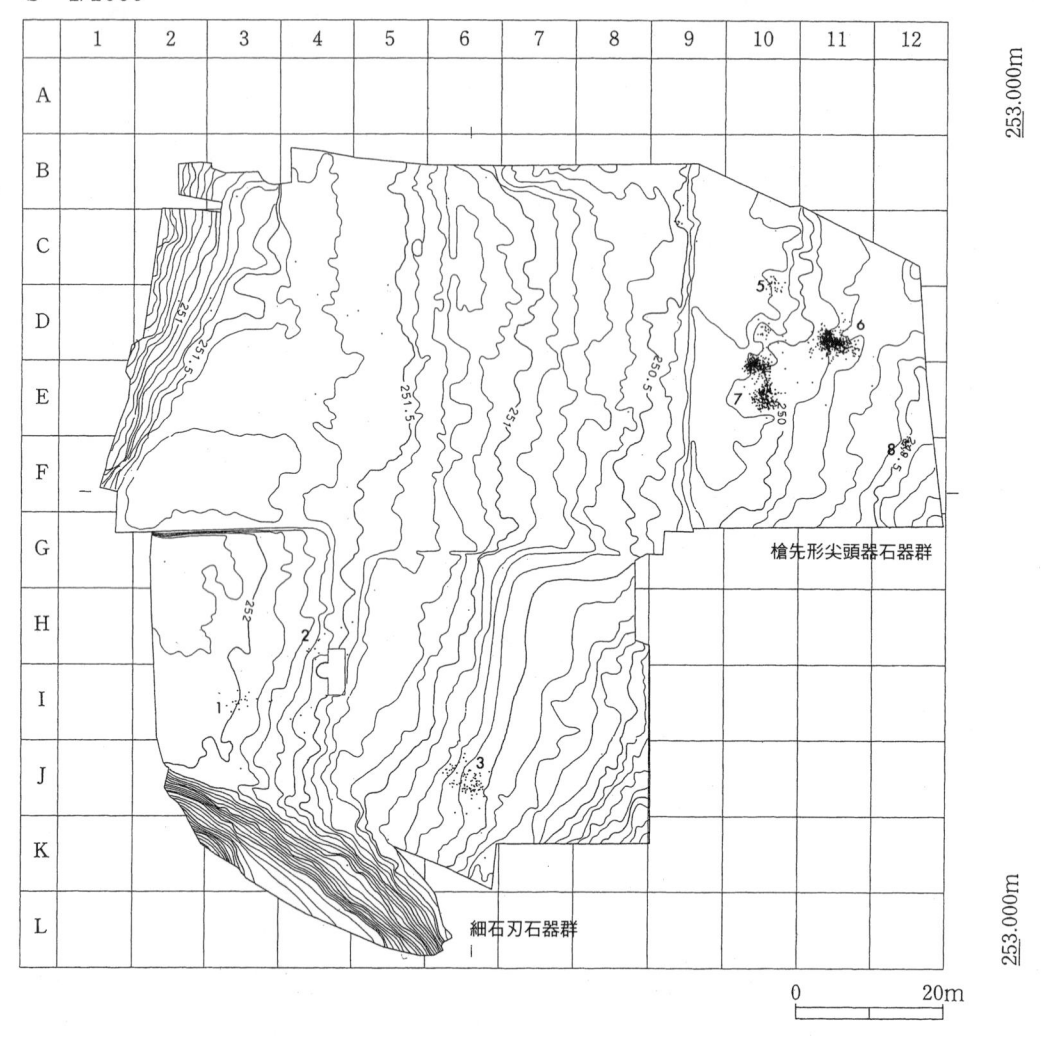

槍先形尖頭器石器群

細石刃石器群

0　　20m

253.000m　　　　　　　　　　　　　　　　　　　　　　　　　253.000m

　　図97　新潟県正面中島遺跡の「細石刃石器群」と「槍先形尖頭器石器群」（佐野編 2002による）

色安山岩など遺跡の近くで採取可能な多彩な石材が利用されている。

　「石器集中部3」と「石器集中部7」とは直線距離にして60m以上離れており、分布範囲が重複しないし母岩も共有していないことから、別集団の残した石器群であると見なせる。佐野は、「細石刃石器群が残された後に、大型尖頭器石器群が残された可能性が高い」と指摘しているが、両者の前後関係は決定できない。時空間において近接していたことは確かであって、いい換えれば、在地の伝統集団と南下してきた異邦集団とが異常接近した可能性があったということである。

　(5)　茨城県後野遺跡

　茨城県の久慈川と那珂川との間に発達した那珂台地、那珂川の支流本郷川谷に突出する標高29.5mの低丘陵上にある。組成を異にする石器群が二つの地区に分かれて出土した（後野遺跡調査団編 1976）。台地南縁のB地区では、褐色軟質ローム層に集中して層の上面に及ぶ範囲から、削片

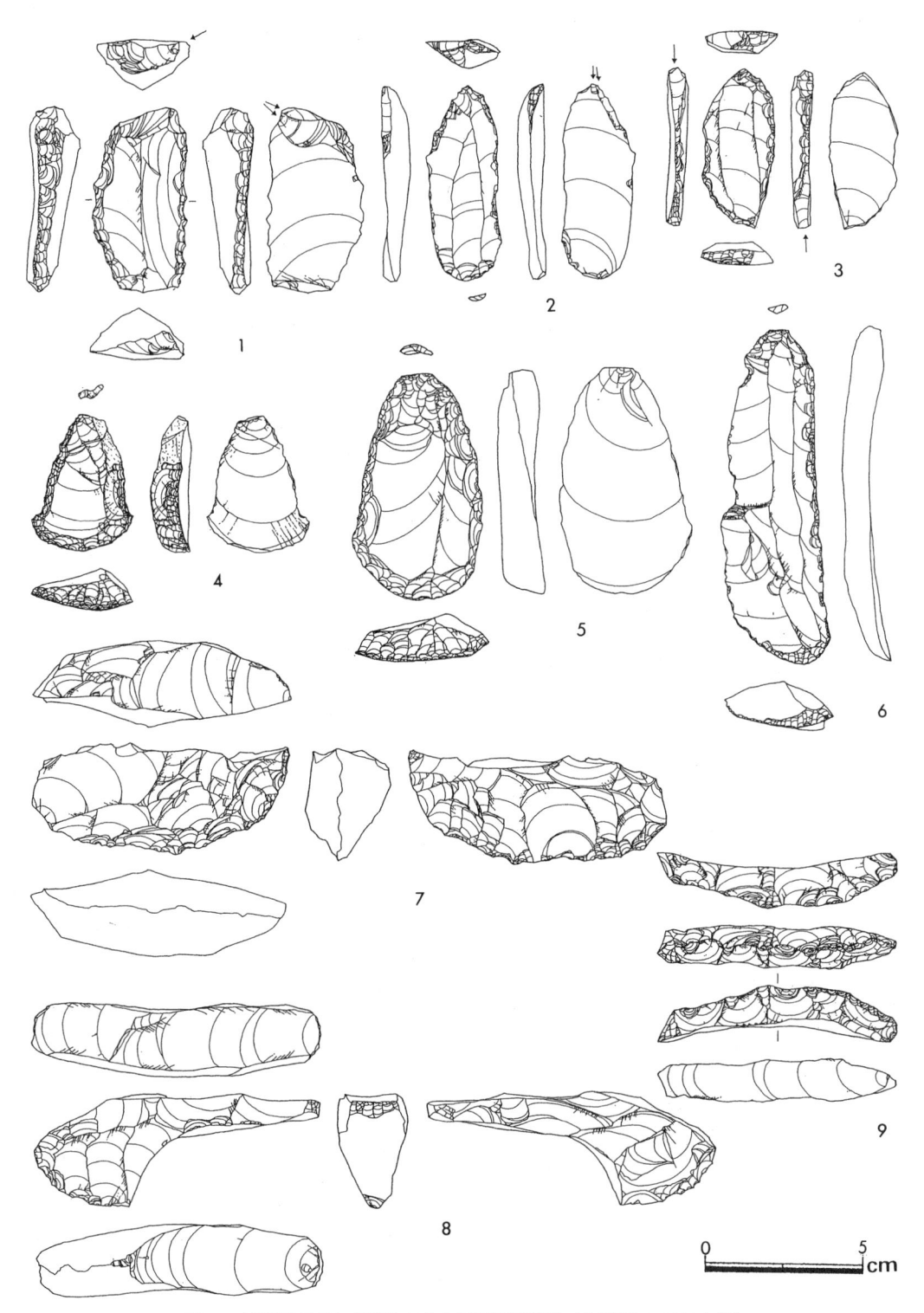

第Ⅶ章 後期旧石器時代後半期　233

図98　新潟県正面中島遺跡出土の細石刃石器群（佐野編 2002による）

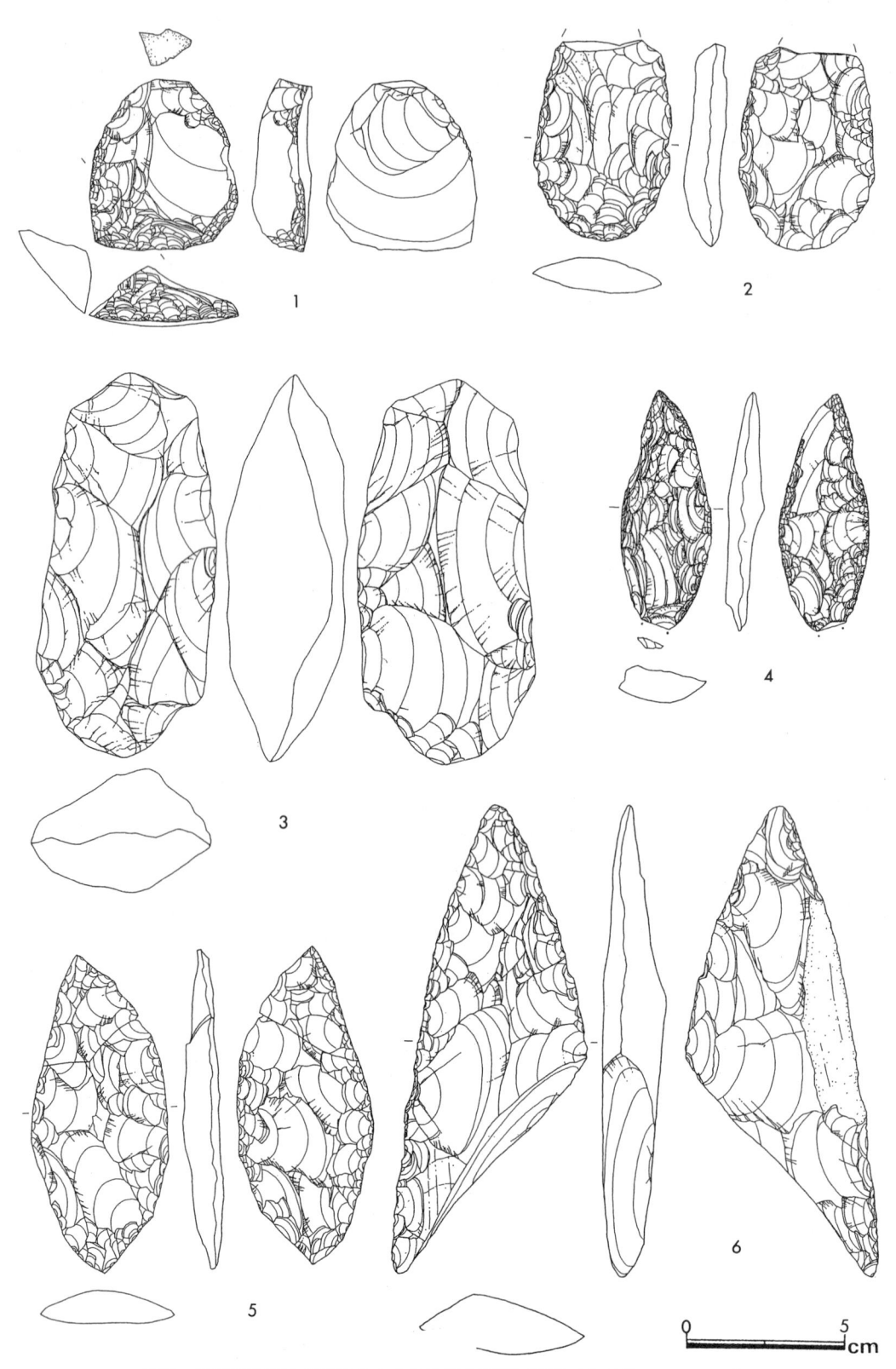

図99　新潟県正面中島遺跡出土の槍先形尖頭器石器群（佐野編　2002による）

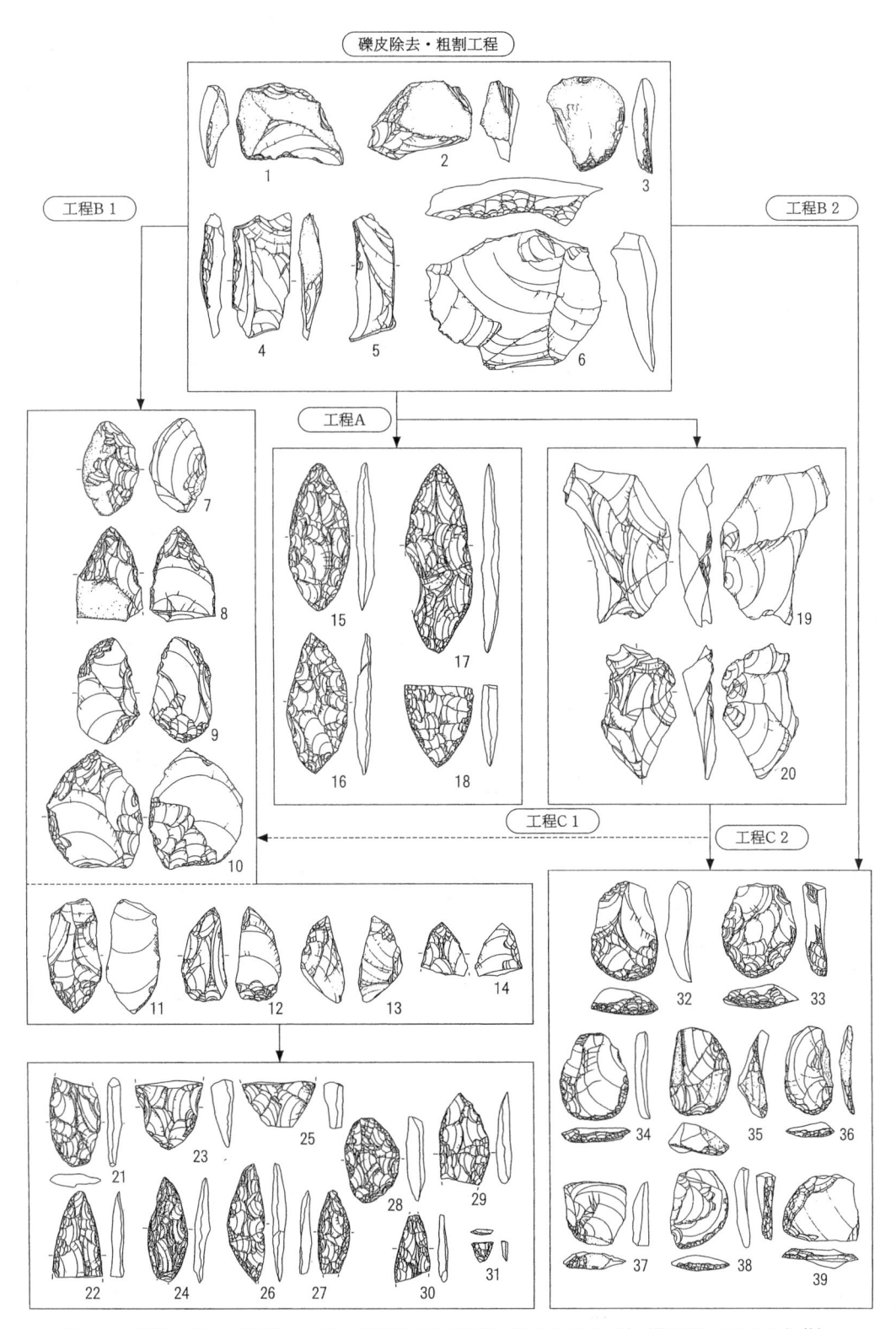

第Ⅶ章　後期旧石器時代後半期　235

礫皮除去・粗割工程

工程B1　　工程A　　工程B2

工程C1　　工程C2

図100　新潟県正面中島遺跡における諸石器の製作過程（母岩210の場合）（佐野編 2002から転載）

系細石刃核とその変形形態が4点、荒屋型彫器などの彫器7点、彫器削片18点、削器3点、尖頭器1点、礫器2点、剥片544点の総数748点からなる石器群が出土した（図101）。石器群は荒屋遺跡の石器群に近似している。報告者が片刃石斧の機能的代替品と見なした礫器に閃緑岩が使われているほかは、石材はすべて田代層産珪質頁岩と「下野－北総回廊」外縁部産チョコレート頁岩である（田村 2003）。

　B地区の北20mの台地中央部A地区からは、打製石斧、槍先形尖頭器、掻器、彫／掻器、削器、石刃と剥片など87点の石器が黄褐色パミス層に集中して、若干が褐色軟質ローム層の上面から出土した（同図）。石器はすべて搬入された様子で、製作剥片を欠いている。石材は「下野－北総回廊」外縁部産珪質頁岩である（田村 2003）が、石斧には軟質頁岩が、尖頭器には流紋岩が使われており、黒曜石と凝灰岩の剥片も出ている。石斧は刃部が破損していて器形がはっきりしないが、基部形態などから見て神子柴型であった可能性もある。尖頭器も尖頭部と基部とが欠損しているが、長者久保遺跡出土の薄手で大型柳葉形のものと同形と思われる。石器ブロックから約2m離れて2個体分（？）の土器片が廃棄された状態で1ヵ所にかたまって出ている。大平山元Ⅰ遺跡出土例と同様に無紋である。

　(6)　茨城県額田大宮遺跡

　後野遺跡の北方、久慈川に臨む額田台地の北側縁辺部に位置する額田大宮遺跡から頁岩製のホロカ型細石刃核が表採された。採集地点より10mほど北側で行われた発掘では、頁岩製細石刃が204点、掻器と彫器を伴って出土した。この頁岩製の石器群より全体的には若干下位という所見もあるが、ほとんど混在状態で安山岩製掻器を主体とする大型石刃石器群が出ている。ホロカ型細石刃核に大型石刃の伴う石器群がほかにも見つかってきており、この遺跡でも共伴と見なしてよいであろう。これに加えて硬砂岩、安山岩製の打製石斧と片面調整石器がこの石器群を特徴づけている（図102）（川崎・ほか編 1978）。報告者の川崎純徳は後者を円鑿形石器と呼んで、円鑿形石斧との関連を想定しているようである。かつては後野B→額田大宮→後野Aという川崎の変遷観は妥当なものであると評価したが、現在はこの種の漸進的な進化観を精算している。

　先に触れたように、最近田村隆は「下野－北総回廊」とこれに連なる分水界区を分析単位として、旧石器時代に房総半島を活動の場としていたバンド社会集団の石材消費戦略を明らかにしつつある。東部関東の神子柴・長者久保石器群、例えば額田大宮遺跡においては、「ほとんど全ての石材は遺跡近傍において採取可能であるが、産地の比較的限定される、つまり特定の沢筋でしかとれない極細粒珪質塊状岩は非分割舟底形両面体専用であり、ふんだんに、また広域に分布する黒色緻密質安山岩はもっぱら大型剥片石器の生産に振り向けられている。さらに、下野－北総回廊（東部高地）外縁部産チョコレート頁岸も認められるので、本遺跡の形成主体は、その地域から両面体石器及び両面体石器生産にともなってカリングされた各種サポートを携帯しながら那珂川・久慈川分水界に沿って南下してきたことが推定される。したがって、ここにおいても分水界に沿った南北移動パターンを認めることができる」（田村 2003）と総括している。

　(7)　群馬県桝形遺跡

　群馬県赤木山南麓の桝形遺跡はホロカ型細石刃核を出した典型的な遺跡である（相沢・関矢

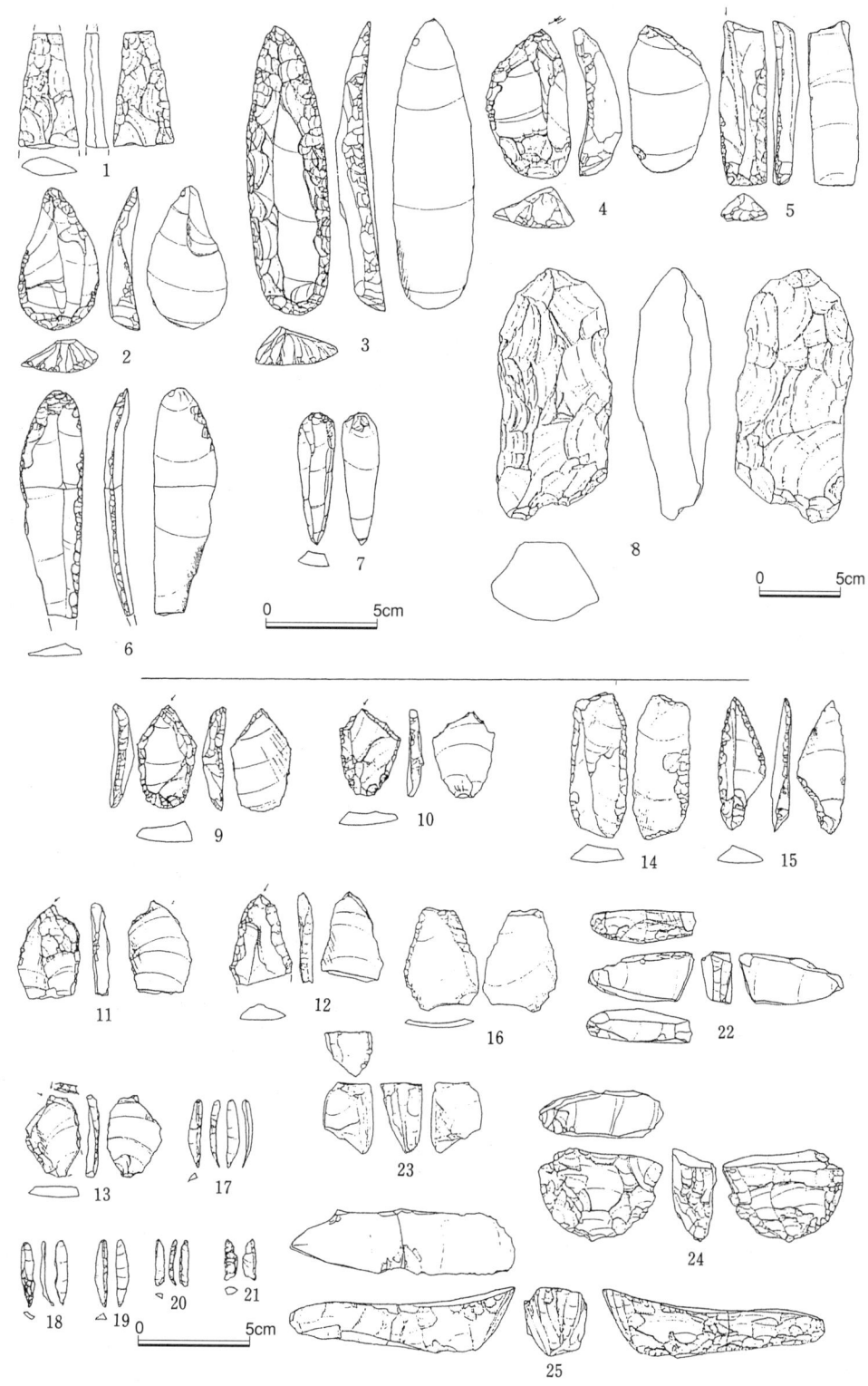

図101 茨城県後野遺跡出土の石器群（後野遺跡調査団編 1976による）
1～8：A地区（神子柴・長久保系）
9～25：B地区（北方系細石刃石器群）

238

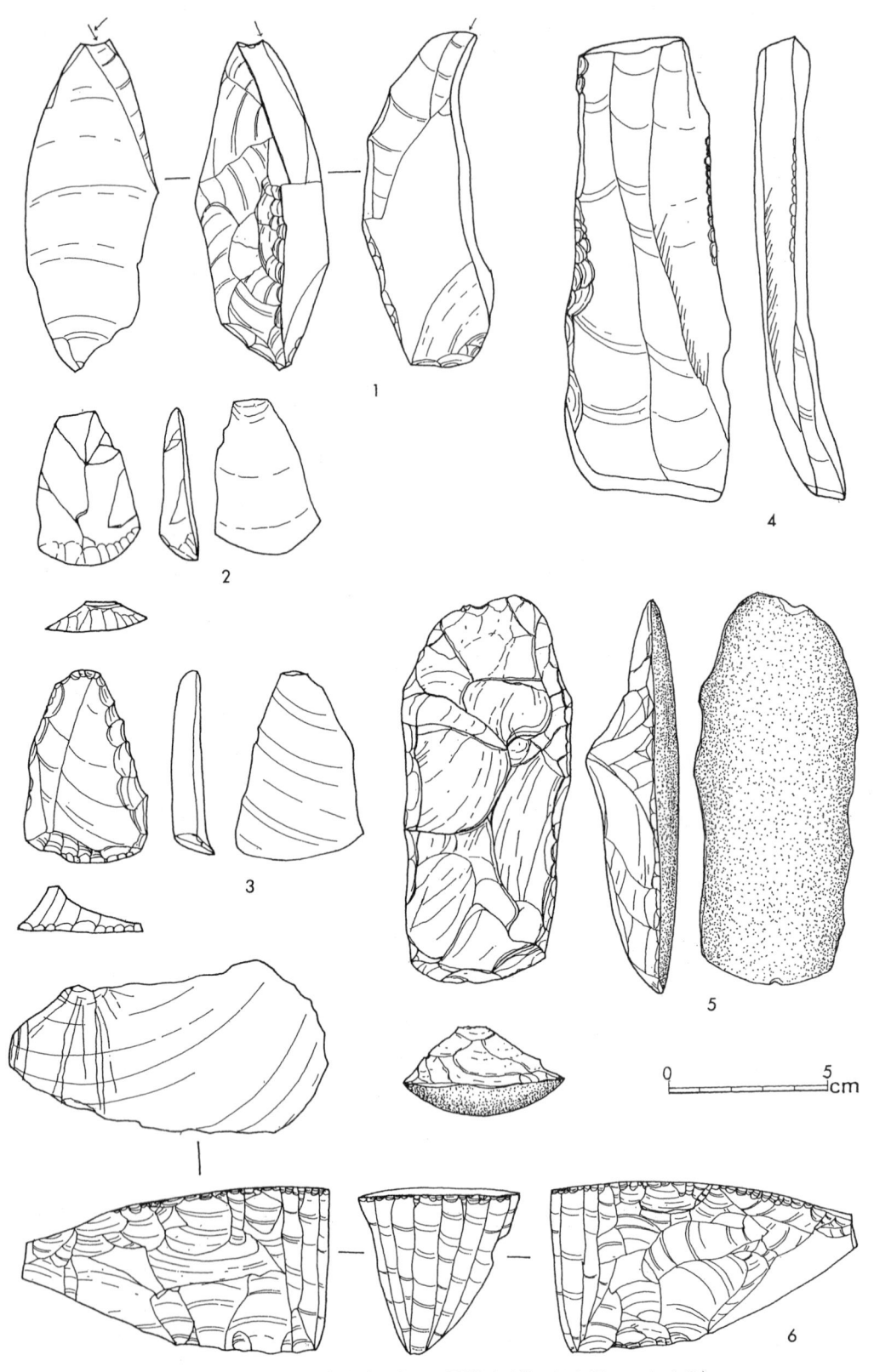

図102 茨城県額田大宮遺跡出土の石器群（川崎・ほか編 1978による）

1988)。第2次調査の報告書（関矢編 1981）中で、関矢晃が細石刃用石核としてあげた12点はいずれもホロカ型およびその変形形態として理解できる石核である。また「舟底形石器」とした5点も大平山元Ⅱ遺跡の「舟底形石器」と同様にホロカ型細石刃核・細石刃核原形の範疇に入れてしかるべき例であろう。第1次調査の際に14点出ているので、少なくともホロカ型関連の石核が31点になる。石材は在地の頁岩とチャートが使われている。39点の細石刃中には日本海側に産する珪質頁岩―田村らの石材産地の踏査研究の進展いかんで、産地が変更される可能性がある―のものが混じっている。ほかに石刃、彫器、掻器、削器、礫器などを組成する（図103）。第1次調査の際の出土数がわからないので、石器群全体の様相は確実でないが、珪質頁岩の利用はきわめて少なく、その地域性が際立っている。

(8) 埼玉県白草遺跡

白草遺跡は荒川の右岸、その支流吉野川が河川改修以前には南に大きく曲流していた、その曲流部に向けてせり出した江南台地の北側縁辺部に位置する。5ヵ所の石器ブロックから、細石刃核原形1点、スキー状削片6点、細石刃478点、荒屋型彫器およびその変形形態21点、彫器削片225点、角二山型掻器と大型掻器各1点、削器2点、小剥離痕を有する剥片117点、礫器1点などおよそ4,500点の石器類が出土した（図104）（川口編 1993）。石材はもっぱら珪質頁岩だけを使用している。したがって、チャート製の小型ナイフ形石器2点がこの石器群に帰属するかどうかが問題である。つまり、伝統的にナイフ形石器を使っていた在地の集団と、荒川を渡ってきた削片系細石刃石器群を有した集団とが、直接接触する機会があったかどうかという問題である。当面は類例を待つことになる。

この遺跡では5ヶ所の石器集中地点が確認されているが、石器・石片類の大部分は土坑が見つかった「第一ユニット」に集中していた。スキー状削片、細石刃、彫器、彫器削片、小剥離痕を有する剥片・砕片が集中するその場所は、石器を製作し使用した活動の中心部であった。稜付き削片が見つかっていないところをみると、出土した細石刃核原形に近い形で両面調整石器をもち込み、整形しながら細石刃を生産し、整形途上に生じる調整剥片を適宜彫器の素材とし、また削器として使っていたようである。土坑からは火の使用を裏づけるデータは得られていないが、佐藤宏之(1992)が荒屋遺跡の遺構に関して推測したように、サケなどの内水面漁撈と関連した遺構かもしれない。

報告者の川口潤が各石器集中地点で石器組成に偏りが見られることを指摘している。地点ごとに個別の作業が行われていたのかもしれない。約500m離れた荷鞍ヶ谷戸遺跡で採集された彫器と、「第一ユニット」出土の彫器削片とが接合している。土坑の傍らでつくり出した彫器を携えて、その場から500mほど歩いて行ったその場所で彫器を使い捨てたのかもしれない。

(9) 中部高地の遺跡

利根川・荒川水系、信濃川水系を越えた削片系細石刃石器群はさらに西、南へ進出している。ただし、この場合は石器群の特徴から見て、おそらく北方集団の直接的な移動ではなくて、在地化した集団の移動であったか、あるいは別の在地集団が従来の細石刃技法に替わる新技術およびそれに関連する生業システムを受容するという形での拡散であった。

なぜなら、中部高地においても二つの細石刃石器群、すなわち北部の河川地帯に分布する一群と、

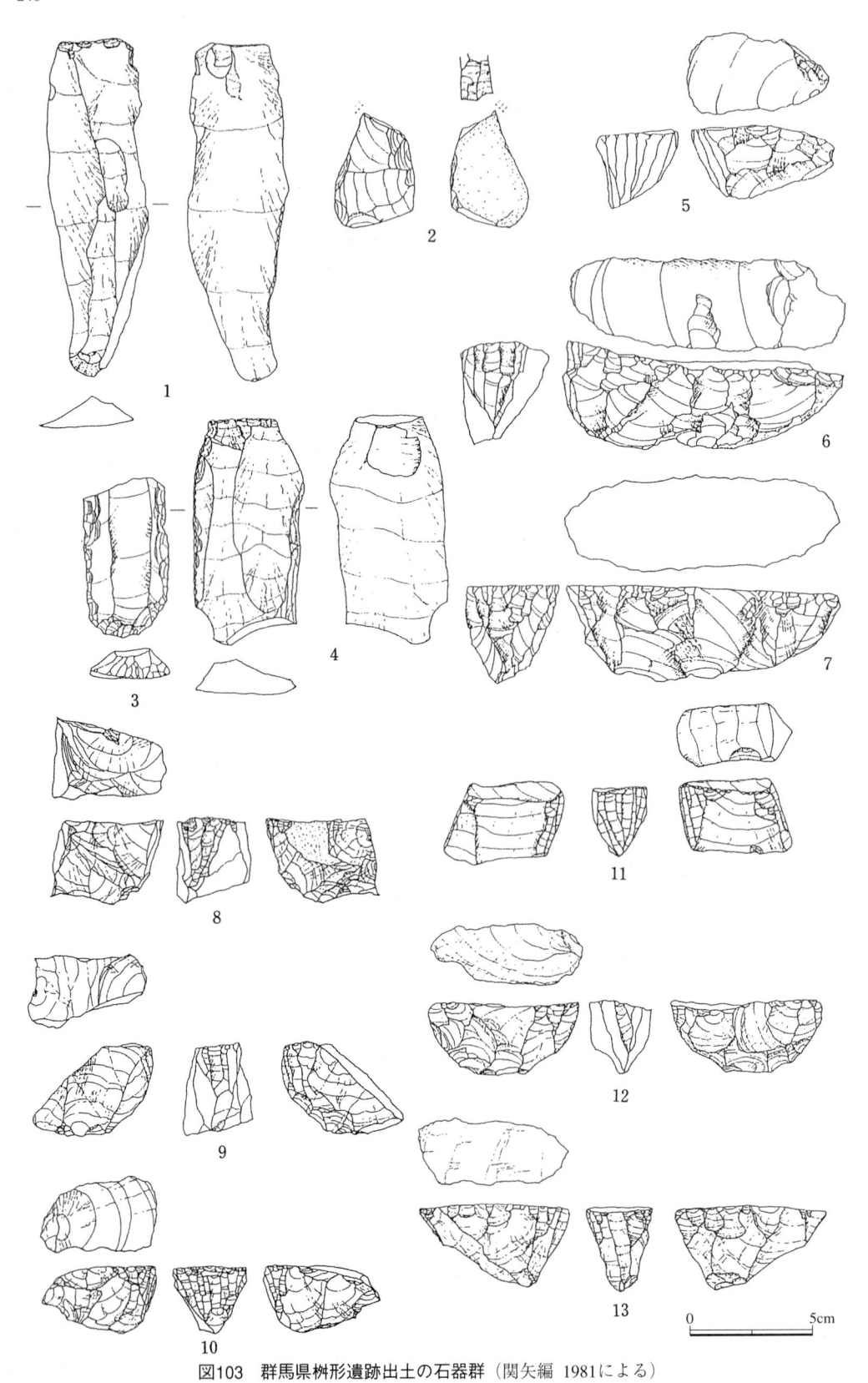

図103 群馬県桝形遺跡出土の石器群（関矢編 1981による）

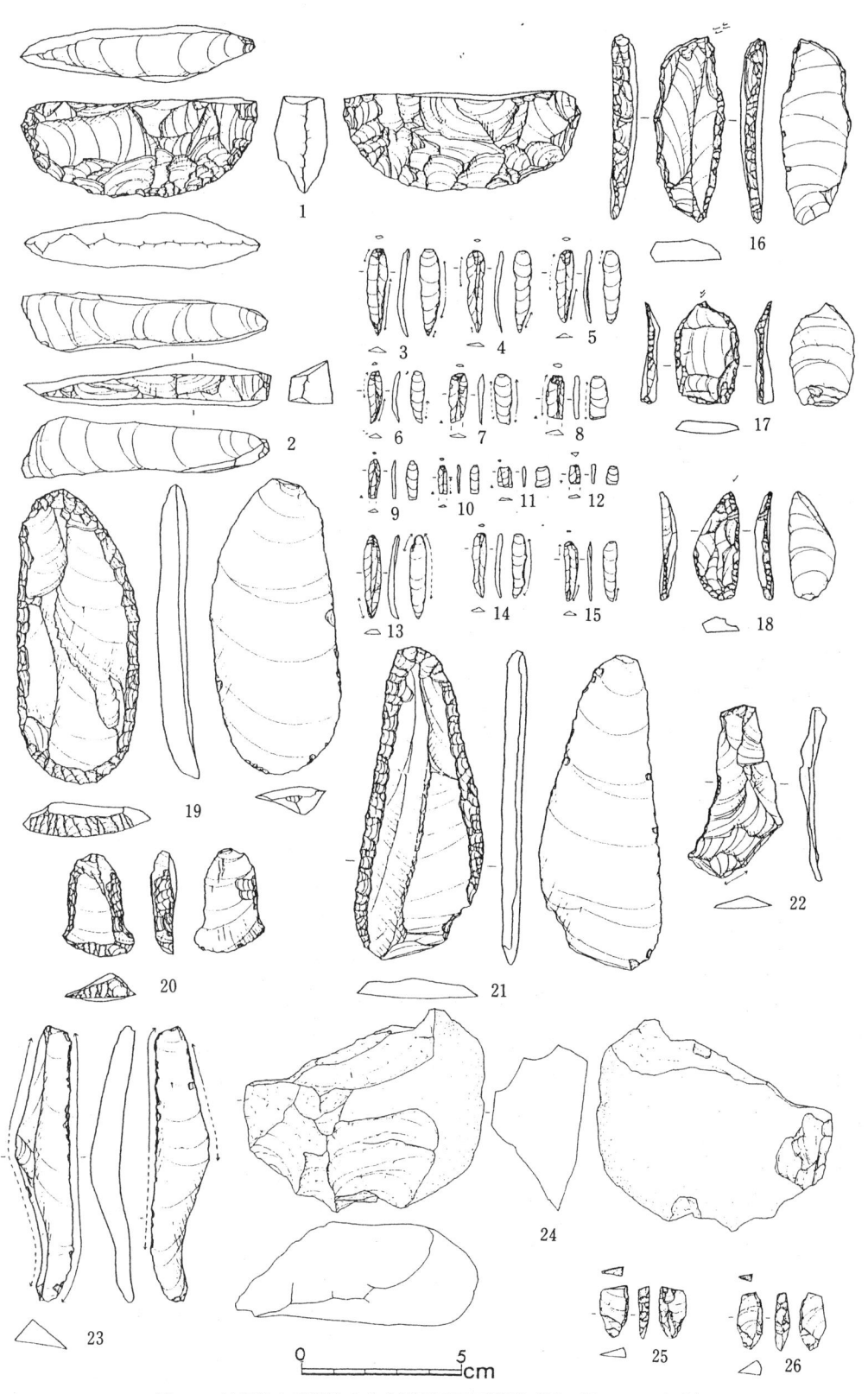

第Ⅶ章 後期旧石器時代後半期 241

図104 埼玉県白草遺跡の北方系細石刃石器群（川口編 1993による）

中部より南部の高原地帯に分布する一群（森嶋 1985a）とは、生業を異にする個別の集団の残した石器群であって、しかも特定の時期に相互に交流があったことが見て取れるからである。

木曾御岳山の北東山麓に広がる開田高原の南東部、標高約1,200mにある柳又遺跡からは、森嶋稔が「幌加型+X」と見なした細石刃核が知られていた（森嶋 1985b）。近年の國學院大學の発掘調査によって削片系細石刃石器群の良好な資料が見つかった。すなわち、C地点では下層から野岳・休場型黒曜石製細石刃核の一群が、そして上層およびA地点から玻璃質安山岩—下呂石（堤 1996）—製と黒曜石製の楔形細石刃核の一群が出土した。谷口康浩はA地点の細石刃核を3類型に分類した。I類は札滑型の系統を汲むもの、II・III類はI類の受容を契機として、楔形の形式だけを採用しながら素材の形状に応じてつくり分けられた「応用型」と解釈した（谷口 1991）。

同様の現象は信濃川水系最上流部野辺山の中ッ原第5遺跡B地点（堤編 1991）とその周辺の遺跡群でも観察できる。堤隆は「技術的組織」の概念を援用して、中ッ原第5遺跡B地点と中ッ原第1遺跡G地点の石器群の構成、石器製作技術、場の機能、石材補給などを比較検討した結果、中ッ原をめぐる次のような集団の行動を推測した（堤 1996）。①前地点（下呂〜開田周辺）からの移動→②黒曜石・チャート原産地での石材補給→③中ッ原5B地点への移動・居留（→石材の枯渇）→④黒曜石・チャート原産地への移動・石材補給→⑤中ッ原（1G地点）への回帰・居留→他への移動。さらに、この石器群と「柳又細石刃石器群」および「荒屋系細石刃石器群」を比較してみると、前2者と後者との間に石器製作システムに違いが見られることから、「削片系細石刃石器群」をめぐる「技術的組織」の「異相」を導き出した。堤は、野辺山あるいは開田高原を活動領域の一部とした「矢出川細石刃石器群」の集団が、「荒屋系細石刃石器群」をもつ集団との接触によって、新たな技術系である「削片系細石刃製作システム」を受容した、と解釈した。

この水系の若干西側、野尻湖の西にある上ノ原遺跡では野岳・休場型黒曜石製細石刃核の一群に神子柴型類似の局部磨製石斧が伴い、ブロックを違えて槍先形尖頭器石器群が出ている（中村 1992）。「石器文化の階梯論」では解釈のつかない現象である。神子柴石器群の発生過程を示唆している、と筆者は考える。

⑽ 相模野台地の遺跡

神奈川県長堀北遺跡では、無紋土器、打製石斧、局部磨製石斧、隆起線紋土器、有舌尖頭器など縄紋時代草創期の遺物を出した層の下、L1S層中位をピークとして、槍先形尖頭器、打製石斧、細石刃、細石刃核、あるいは槍先形尖頭器、細石刃、細石刃核原形などで組成された五つの石器ブロックが見つかった（図105）（相武考古学研究所編 1990/91）。

細石刃核原形は、「ゴロッとした左右非対称な尖頭器状の素材からファーストスポールを剥離した後に甲板面から細かい調整を施し、更にスキー状スポールを剥離し放棄され」たもので、スキー状スポールと接合する。一方、細石刃核の方は、舟底状を呈するが、素材は厚い横長剥片で素材剥離に先行する剥離面を甲板面にしている。両面調整の細石刃核を意識した、いわば「応用型」といったもので、いずれの例も石材は身近な安山岩である。この石器群は先述の北方系細石刃石器群の直接的な表現とは見なせない。この種の石器をどのように見るかは見解の分かれるところである。栗島義明は、「在地系の影響を受けた削片系」と表現している。相模野台地の大型の槍先形尖頭器

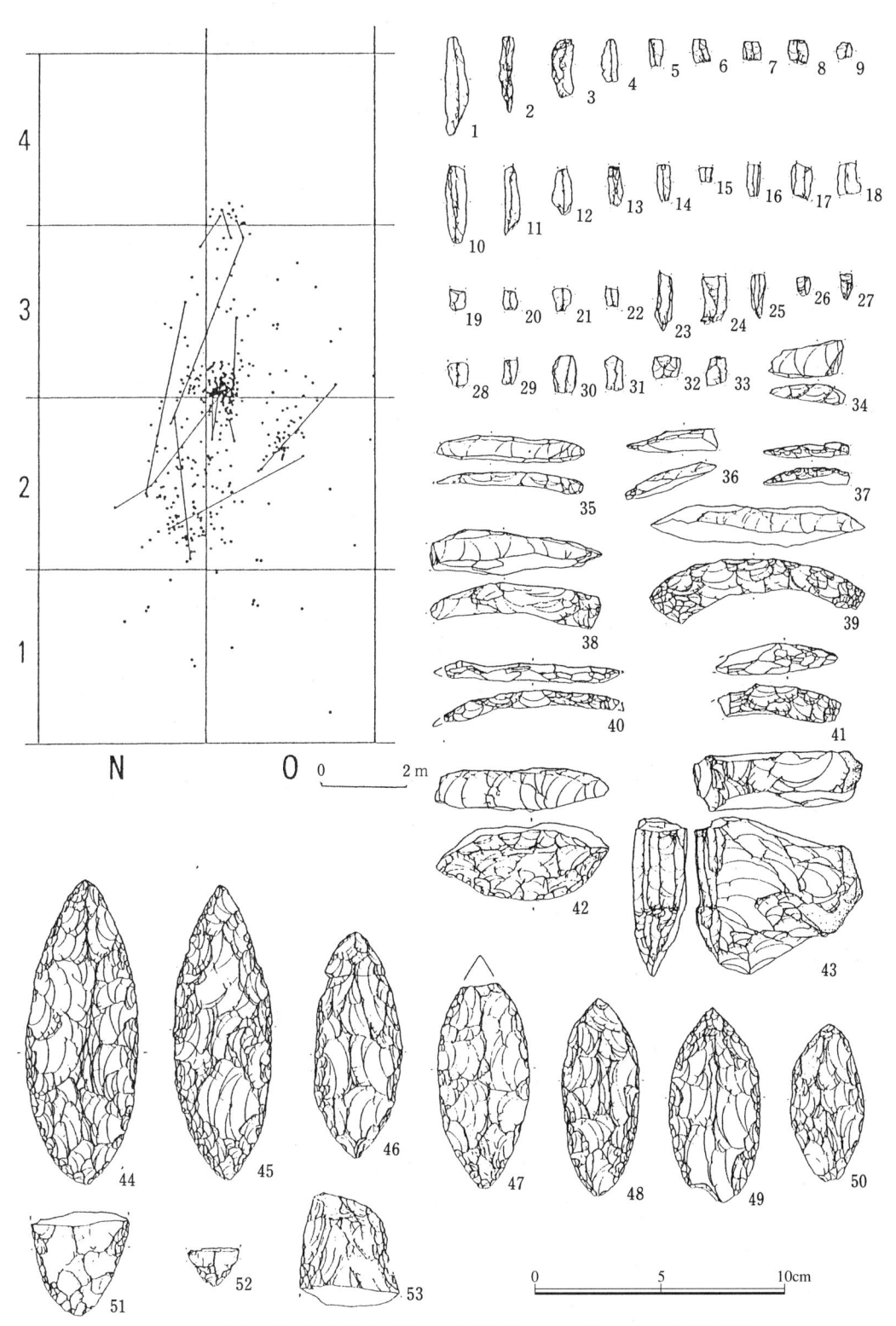

第Ⅶ章 後期旧石器時代後半期 243

図105 神奈川県長堀北遺跡「第Ⅱ文化層」第1～5ブロックと出土石器群
（相武考古学研究所編 1990、1991による）

に伴う細石刃核は「湧別技法の工程的形骸化」として、中部高地のものは「湧別技法にない一つの地域的な技術的適応」として把握している（栗島 1993）。筆者は、前者の白草遺跡のような場合は「埋込み理論」を根拠に、技術の本来の所有集団が珪質頁岩の産地を遠く離れた地域で石材を効率的に使用した結果と見なし、相模野台地や中部高地の場合は技術を受容した在地の集団の手になるがゆえの変容である、と解釈している。調査者の小池聡は、凝灰岩とチャートの細石刃は石核が見つかっていないが、その形態から在地に伝統的な野岳・休場型細石刃核から剥離されたものである、と報告している。

　伴出した凝灰岩製の槍先形尖頭器は最大幅を胴部中位にもつ木葉形で、11cm以上の大型品と7〜8cmの中型品がある。これら「第Ⅱ文化層」の槍先形尖頭器は下位にある「第Ⅳ文化層」の黒曜石製小型槍先形尖頭器とは、前にも述べたように別系統のものである。現在のところ、利根川以北に当石器群と同じ組成の石器群が見当たらないことから、石斧と槍先形尖頭器は長者久保系石器群に繋がるのではなくて、中部地方方面の神子柴系石器群に繋がるものと思われる。

　上野遺跡第1地点、相模野第149遺跡、寺尾遺跡、勝坂遺跡などの石器群も同様である。

引用文献

相沢忠洋・関矢 晃 1988『赤木山麓の旧石器』講談社。
麻生順司 1993「先土器時代終末から縄文時代草創期初頭にかけての尖頭器文化―風間Ⅰ石器文化層の位置づけ―」『考古論叢神奈河』第2集、1-22頁。
安斎正人（編）1991『岩手県山形村 早坂平遺跡』山形村埋蔵文化財調査報告書2。
安斎正人 1994「縄紋文化の発現―日本旧石器時代構造変動論(3)―」『先史考古学論集』第3集、43-82頁。
伊藤恒彦 1988「相模野台地の二種類の尖頭器石器群」『大和のあけぼのⅡ』93-113頁、大和市教育委員会。
稲田孝司 1969「尖頭器文化の出現と旧石器的石器製作の解体」『考古学研究』第15巻第3号、3-18頁。
上野秀一・宮塚義人 1981『モサンル』北海道下川町教育委員会。
後野遺跡調査団（編）1976『後野遺跡』勝田市教育委員会。
小野 昭（編）2002『真人原遺跡』真人原遺跡発掘調査団。
角張淳一 1991「黒曜石原産地遺跡と消費地遺跡のダイナミズム―後期旧石器時代石器群の行動論的理解―」『先史考古学論集』第1集、25-82頁。
角張淳一 1992「武蔵野台地Ⅴ層石器群の分析―Ⅵ層石器群の解体と新しい地域性の生成―」『國學院大學考古学資料館紀要』第8輯、1-61頁。
加藤博文 2000「北アジアにおける最終氷期と人類の適応行動」『専修考古学』第8号、3-23頁。
加藤 稔 1963「山形県平林の石器文化」『考古学集刊』第2巻第1号、1-16頁。
加藤 稔 1990「東北日本の細石刃核―『湧別技法＝角二山型』以前の諸型式について―」『考古学古代史論攷』25-49頁、伊東信雄先生追悼論文集。
川口 潤（編）1993『白草遺跡Ⅰ・北篠場遺跡』埼玉県埋蔵文化財調査事業団第129集。
川崎純徳・ほか（編）1978『額田大宮遺跡』茨城県那珂町史編纂委員会。
木崎康弘 1996「石槍の出現と気候寒冷化―地域文化としての九州石槍文化の提唱―」『旧石器考古学』53、43-56頁。
木村英明 1997『シベリアの旧石器文化』北海道大学図書刊行会。

国武貞克 2003「両面体調整石器群の由来—関東地方Ⅳ下・Ⅴ層段階から砂川期の石材消費戦略の連続性—」『考古学Ⅰ』52-77頁、安斎正人編・発行。

栗島義明 1993「湧別技法の波及—削片系と在地系の細石刃核について—」『土曜考古』第17号、1-38頁。

榊　剛史 2000「両面調整尖頭器の変遷観—相模野台地における検討—」『専修考古学』第8号、25-49頁。

坂下貴則 2002「真人原遺跡の編年的位置」『真人原遺跡』99-105頁、真人原遺跡調査団。

佐藤達夫 1974「時代の区分・文化の特質」「日本の旧石器文化はどのようなものであったか」「無土器文化」「日本周囲の文化との関係」『日本考古学の視点』上、24-29頁、35-39頁、44-55頁、56-63頁、日本書籍。（『日本の先史文化』河出書房新社に再録）

佐藤宏之 1992「北方系削片系細石器石器群と定住化仮説」『法政大学大学院紀要』第29号、55-83頁。

佐藤雅一 2002「新潟県津南段丘における石器群研究の現状と展望—後期旧石器時代から縄文時代草創期に残された活動痕跡—」『先史考古学論集』第11集、1-52頁。

佐野勝宏 2002「北方系細石刃石器群を残した人類の行動形態」『考古学研究』第49巻第1号、38-58頁。

佐野勝宏（編）2002『正面中島遺跡』津南町文化財調査報告第37輯。

白石浩之 1974「尖頭器出現過程における内容と評価」『信濃』第26巻第1号、86-93頁。

白石浩之 1979「尖頭器石器群研究の現状と展望」『神奈川考古』第7号、117-148頁。

鈴木次郎 1986「ナイフ形石器の終末と槍先形尖頭器石器群の出現—相模野第Ⅳ期石器群の構造的理解—」『神奈川考古』第22号、79-102頁。

鈴木次郎 1989「相模野台地における槍先形尖頭器石器群」『神奈川考古』第25号、27-55頁。

鈴木次郎・ほか（編）1984『栗原中丸遺跡』神奈川県立埋蔵文化財センター調査報告3。

鈴木忠司 1984『先土器時代の知識』考古学シリーズ3、東京美術。

須藤隆司 1989「中部槍先形尖頭器文化の成立」『長野考古学会誌』59・60、111-134頁。

諏訪間　順 1988「相模野台地における石器群の変遷について—層位的出土例の検討による石器群の段階的把握—」『神奈川考古』第24号、1-30頁。

諏訪間　順 2002「相模野旧石器編年と寒冷期の適応過程」『科学』第72巻第6号、636-643頁。

関口博幸 1992「槍先形尖頭器の変容過程—相模野台地における槍先形尖頭器の製作と廃棄プロセス—」『研究紀要』10、1-26頁、群馬県埋蔵文化財調査事業団。

関矢　晃（編）1981『桝形遺跡調査報告書』群馬県宮城村教育委員会。

芹沢長介（編）1982『モサンル』東北大学文学部考古学研究室考古学資料集第4冊。

相田　薫（編）1986『月見野遺跡群上野遺跡第1地点』大和市文化財調査報告書第21集。

相武考古学研究所（編）1990/91『長堀北遺跡』大和市文化財調査報告書第39集。

谷口康浩 1991「木曾開田高原柳又遺跡における細石刃文化」『國學院雑誌』第92巻第2号、21-51頁。

立木宏明（編）1996『樽口遺跡』朝日村文化財報告書第11集。

田村　隆 2003「林小原子台再訪—東部関東における長者久保-神子柴石器群—」『考古学Ⅰ』1-51頁、安斎正人編・発行。

田村俊之（編）1983『メボシ川2遺跡における考古学的調査』千歳市文化財調査報告書Ⅸ。

千葉英一 1985「日本の旧石器—北海道(3)—」『考古学ジャーナル』249、28-31頁。

千葉英一 1989「北海道地方の細石器文化」『考古学ジャーナル』306、6-11頁。

千葉英一 1990「木古内町新道4遺跡出土の石器群について」『北海道考古学』第26輯、43-51頁。

堤　隆 1989「尖頭器の形態的把握とその製作について」『長野県考古学会誌』59・60、45-63頁。

堤　隆（編）1991『中ッ原第5遺跡B地点の研究』八ヶ岳石器研究グループ。

堤　　隆　1996「削片系細石刃石器群をめぐる技術的組織の異相―中ッ原細石刃石器群を中心として―」『古代』第102号、36-61頁。

鶴丸俊明　1979「北海道地方の細石刃文化」『駿台史学』第47号、23-50頁。

寺崎康史　1999a「北海道細石刃石器群理解への一試論」『先史考古学論集』第8集、71-88頁。

寺崎康史　1999b「細石刃石器群の変遷と終末」『海峡と北の考古学』シンポジウム・テーマ1資料集Ⅰ、45-61頁、日本考古学協会釧路大会実行委員会。

戸沢充則　1965「尖頭器文化」『先土器時代』日本の考古学Ⅰ、145-160頁、河出書房。

戸沢充則　1968「北海道置戸安住遺跡の調査とその石器群」『考古学集刊』第3巻第3号、1-44頁。

中川重紀・ほか（編）1995『大渡Ⅱ遺跡発掘調査報告書』岩手県文化振興事業団埋蔵文化財調査報告書215集。

長沼　孝（編）1985『今金町　美利河1遺跡』北海道埋蔵文化財センター調査報告書第23集。

長沼　孝（編）1988『函館市　石川1遺跡』北海道埋蔵文化財センター調査報告書第45集。

長沼　孝　1988「Ⅴまとめ―2旧石器時代の遺構と遺物―」『函館市　石川1遺跡』278-296頁。

長沼　孝　1990「美利河1・石川1遺跡の分析」『北海道考古学』第26輯、31-42頁。

長野県考古学会（編）1989「中部高地の尖頭器文化」『長野県考古学会誌』59・60。

中村由克　1992「長野県上ノ原遺跡における細石器文化の遺構（Ⅰ・Ⅱ）」『考古学ジャーナル』№342、42-44頁、№344、33-36頁。

日本考古学協会釧路大会実行委員会（編）1999『海峡と北の考古学』シンポジウム・テーマ1資料集Ⅰ。

畑　宏明（編）1985『湯の里遺跡群』北海道埋蔵文化財センター調査報告第18集。

福井淳一（編）1999『千歳市柏台1遺跡』北海道埋蔵文化財センター調査報告書第138集。

藤野次史　1991「土器出現期における槍先形尖頭器製作技術」『先史考古学論集』第1集、83-111頁。

藤野次史　1993「発達期槍先形尖頭器の製作技術」『考古論集』45-60頁、潮見浩先生退官記念論文集。

文化財調査室（編）1988『仙台内前遺跡』福島市埋蔵文化財報告書第25集。

法政大学多摩校地城山地区遺跡調査委員会（編）1989『風間遺跡群発掘調査報告書』法政大学。

北海道埋蔵文化財センター（編）1988『木古内町　新道4遺跡』調査報告第52集。

三宅徹也（編）1979『大平山元Ⅰ遺跡発掘調査報告書』青森県立郷土資料館調査報告書第5集・考古‐2。

三宅徹也（編）1980『大平山元Ⅱ遺跡発掘調査報告書』青森県立郷土資料館調査報告書第8集・考古‐4。

三宅徹也（編）1981『大平山元Ⅲ遺跡発掘調査報告書』青森県立郷土資料館調査報告書第11集・考古‐5。

宮坂　清　1989「尖頭器石器群の石器組成」『長野県考古学会誌』59・60、89-101頁。

森嶋　稔　1985a「中部高地における二つの細石刃文化」『考古学ジャーナル』№243、2-7頁。

森嶋　稔　1985b「中部高地の楔形細石刃核」『信濃』第37巻第11号、158-168頁。

吉崎昌一　1959「立川遺跡の出土状態と遺物」「結語」『立川―北海道磯谷郡蘭越町立川遺跡における無土器文化の発掘調査―』市立函館博物館紀要6、25-64頁。

吉崎昌一　1978「立川以後」同上、別添、1-4頁。

Derevianko A.P. 1996 Late Pleistocene sites of the Selemdga River basin. In *American Beginnings: The Prehistory and Palaeoecology of Beringia*, edited by F.H.West, pp.282-289. The University of Chicago Press: Chicago.

Dolukhanov P.M. et al. 2002 Colonization of northern Eurasia by Modern Humans: radiocarbon chronology and environment. *Journal of Archaeological Science 29*: 593-606.

Kuzmin et al. 1998 ^{14}C chronology of the Stone Age cultures, Russia Far East. *Radiocarbon* 40(2): 675-686.

Lie Dan-Lu 1998 The microblade tradition in China: regional chronologies and significance in the transition to Neolithic. *Asian Perspectives* 37(1): 84-112.

第Ⅷ章　後期旧石器時代から縄紋時代へ
―神子柴・長者久保石器群の再検討―

　稲田孝司が旧石器時代から縄紋時代への過渡期を「縄文変革」と呼び、その変革が初期尖頭器から弓矢の出現に至る狩猟具の変革過程と、土器の起源や石皿、磨石など植物性食物調理の変革過程からなるという「縄文変革二段階論」（稲田 1986）を展開して、この研究領域に新しい視点を導入したことについては先に触れた。その変革論を批判的に継承し、構造変動論の視点から当該期研究を進展させていく。

第 1 節　社会生態学的背景

1　更新世／完新世移行期の気候変動

　これまで一般には、約 1 万年前に氷河期の旧石器時代が終わり、後氷期の新石器時代が始まったといわれてきた。近年、放射性炭素の加速器質量分析（AMS）法による直接検出法および年輪年代や年縞編年によるその暦年較正など年代測定の高精度化が実現した。グリーンランドの氷床コアの調査（GRIPとGRIP2プロジェクト）などによって、私たちの古気候に関する知識は飛躍的に増大した。私たち考古学者の関心は世界的規模の気候変動が見られた最後の大きなエピソード、すなわち最終氷期から現在の間氷期である完新世への移行期に集中してきている。今日、この移行は緩やかな変化などではなく、急激で突然のイヴェントの連続であったことが知られている。

　当該期、とりわけ最寒冷期（2万～1万8千年前）以降の気候の温暖化過程中に突然始まり、およそ1,100年間（10,760～9,640BC）続いて突然終了した冷涼な新ドリアス期前後の気候変動は、日本列島に居住した狩猟採集民の生活構造にも大きな影響を及ぼした。最近、谷口康浩と川口潤によって発表された、青森県大平山元Ⅰ遺跡で長者久保石器群（図106）に伴って出土した土器に付着した炭化物の加速器質量分析（AMS）法による^{14}C年代測定値は12,680±140～13,780±170BPで、暫定的であるがその暦年較正年代は15,320～16,540calBPとなる（谷口・川口 2001）。これは神子柴・長者久保石器群が晩氷期を越えて最終氷期まで遡ることを示唆している（図107）。後に言及する氷床が近くに存在した北ドイツのようなヨーロッパの高緯度地帯（およそ北緯50～55度：サハリン北半相当）と比べて、氷床から遠い日本列島（およそ北緯30～45度）では後期旧石器時代から縄紋時代への変化が早めに、かつ複雑に現れたようである（春成 2001）。青森県大平山元Ⅰ遺跡の発掘調査報告書を作成する過程でその事実を認識した谷口康浩は、新ドリアス期から先ボレアル期への移行、すなわち完新世の始まりが縄紋時代早期初頭に当たること、しかも縄紋時代の考古学的特徴とされてきた基本的要素の多くがその時点で現れたことから、新ドリアス期終了直後の9,250calBC前後に始まる早期初頭をもって縄紋時代の開始期とした（谷口 2002）。従来、「縄紋時代草創期」、

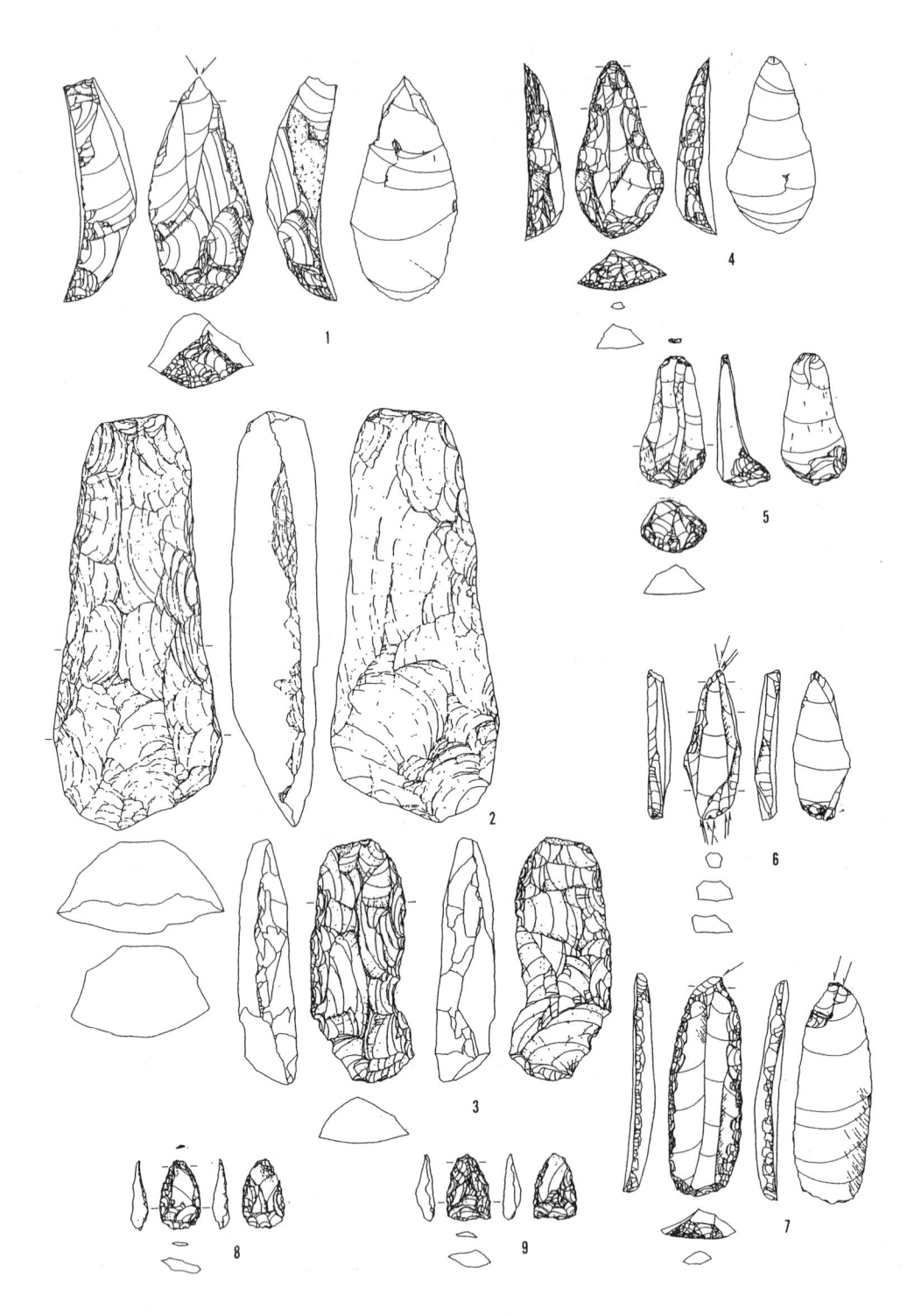

図106　青森県大平山元Ⅰ遺跡出土の長者久保系石器群（縮尺1/3）（谷口編　1999による）
　　　ここに槍形尖頭器と土器が伴う。

第Ⅷ章　後期旧石器時代から縄紋時代へ　249

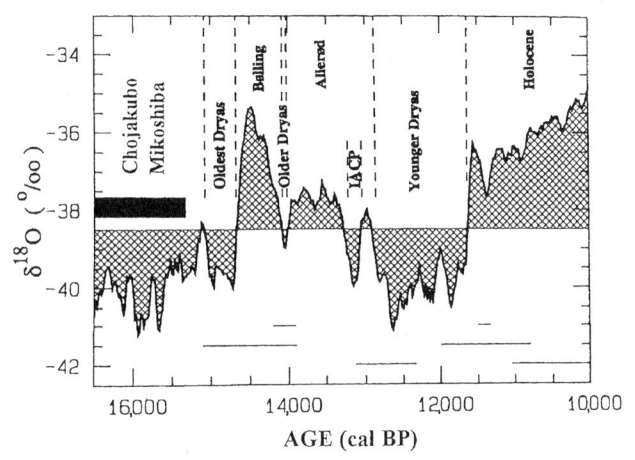

図107　大平山元Ⅰ遺跡の暦年較正年代域（谷口・川口 2001から転載）

「神子柴・長者久保文化期」と呼ばれてきた時期が旧石器時代から縄紋時代への移行期であることが強調されている。

　一方、田村隆は文化＝社会理論の方面から石器製作の慣習的行為（プラティーク）に注目して、デザイン理論という見方で当該移行期の石器群の分析を試みている。神奈川県サザランケ遺跡「第Ⅴ、Ⅳ、Ⅲ、Ⅱ文化層」の各石器群、同月見野上野遺跡第1地点「第Ⅱ文化層」石器群、同花見山遺跡石器群、東京都はけうえ遺跡石器群を分析資料として、11種のデザイン要素―石刃核リダクション、剥片剥離石核リダクション、両面体リダクション、細石刃核リダクション、円礫加工具、円礫端部リダクション、磨製石器リダクション、バイポーラ・リダクション、分割礫リダクション、礫斧リダクション、イデオロギー石器リダクション―と、埋込み戦略など10種の石材採取・消費戦略を設定して、それらを駆使して各石器群の分析を試みている。結果だけをいえば、旧石器から縄紋石器群への転換をデザインの特殊化から一般化への転轍と見る田村によれば、花見山遺跡の石器群は半縄紋的であり、かつ擬旧石器でもあると評価され、上野遺跡第1地点「第Ⅱ文化層」石器群は非縄紋的であり属旧石器的である。そして、縄紋時代人が複合的狩猟・採集民であったとすれば、はけうえ遺跡の主要な石器群が残された縄紋時代草創期後半頃にその開始が見られた、というのである（田村 1998）。

　仲田大人も南関東の当該期石器群を分析対象にして、遺跡立地、遺構の有無、遺構面積および遺物密度、集中部の形成、技術構造などを指標として居住形態の類型化を行い、これに気候変動や資源変動のデータを加味して、最適化モデルによる検討を行っている。その結果、第1類石器群（細石刃石器類）・第2類石器群（隆起線紋土器以前の無紋土器を伴う石器群）と、第3類石器群（花見山遺跡・能見堂遺跡・なすな原遺跡・前田耕地遺跡など）との間に構造的変化を見て取った（仲田 2001）。仲田は第3類石器類の出現をもって縄紋時代の始まりとし、その時期的位置をアレレード期から新ドリアス期への移行期頃に置く。

　旧石器時代から縄紋時代への移行期についての関心は共通するものの、今のところ結論は三者三様である。筆者の関心事も後期旧石器時代後半期後葉の槍先形尖頭器石器群から「縄紋時代草創期」にかけて目まぐるしく変転した石器群の背後にある構造変動とその社会生態学的説明にあるが、当

面は更新世から完新世への気候変動との関係に注目している。

　ドイツで先行するこの方面の新しい研究動向を小野昭が紹介している（小野 2001）。小野があげているライン川中流域と南西ドイツ・ドナウ上流域に加える形で、ドイツの北東部の例を掲載しておく（図108）。マルティン・ストレートらのレヴューによれば、樹木年輪による放射性炭素の暦年較正年代値で、新ドリアス期から先ボレアル期への移行は9,640BCで、中石器時代の開始が示唆されている。完新世の気候状態はわずかに数十年を時間的単位とするめまぐるしい変動であるが、文化とりわけ北部の文化の変化はその種の変動ではなく、急激で突然の変化が引金となったようである。晩氷期内での温暖期に当たる亜間氷期はおよそ12,720BCに始まり10,760BCに終わっている（1e〜1a期）。マイエンドルフ・ベーリング亜間氷期（1e期）にはマグダレニアン文化が継続し、北部ではハンブルギアンに交替していった。アレレード期亜間氷期（1c3〜1a期）中にわずか数十年であるが顕著な2回の気候悪化（1d期と1c2期）と寒冷な時期（1b期）とが認められるが、その時期には古ドリアス期(1d期)とともに始まったフェーダーメッサー文化が継続していた。しかし北部では、新ドリアス期に入るとハベット型有茎尖頭器を特徴とする石器群（アーレンスブルギアン）が現れてきた。一般にこの時期は森林の発達によって特徴づけられ、マイエンドルフ期に樹木花粉の増加が始まり、アレレード期の開始に伴ってカバノキ科花粉の急激な増加が見られたようである。完新世に入ってからも中石器時代の前期から後期への変化、中石器時代から新石器時代への移行は気候的変動と対応関係にあると捉えられている(Street et al. 2001)。

2　南西ドイツの狩猟採集民の景観：比較研究

　列島内に話を戻す前に、先述の気候変動に伴う景観の変化を経験しつつあった旧石器時代終末から中石器時代にかけて、南西ドイツのフェダゼー(Federsee)湖の旧湖岸沿いに遺跡を残していた狩猟採集民のセトルメント・システムをテーマにした、プロセス考古学の系譜に連なるマイケル・ジョッチムの近著『狩猟採集民の景観』(Jochim 1998)を取り上げてみたい。ジョッチムは、中石器時代人の居住形態は湖岸と河川流域、開地と洞穴・岩陰のような局地的生態系の違いとどのように関連していたのか、とくにそうした局地生態系が潜在的に有する彼らにとっての経済的可能性の季節的変化に注目した土地利用、とりわけ湖の果たす役割─他の季節に比べて大型小型を問わず狩猟獣の重要性が低下し、魚類や植物性食料が重要となってくる夏期には、湖岸が人をもっとも引きつける居住地となっていた─を仮定して、湖岸遺跡の発掘調査を行い、発掘資料に基づいた近隣地域との比較研究を行っている。

　比較研究用の資料は、当該地域230×200kmの範囲を自然景観に応じて区画した8区域、すなわち①ライン川低地帯、②ライン川上流域、③ネッカー川水域、④黒い森、⑤アルプス山麓、⑥シュバビッシェ・アルプ山地、⑦オーバシュヴァーベン湖沼地帯、⑧コンスタンス（ボーデン）湖盆地の8地域内における遺跡の分布密度、立地、規格、遺物内容などである。

　オーバシュヴァーベン湖沼地帯にあるフェダゼー湖─ここから流れ出る川はダニューブ川上流の一支流─の旧湖岸泥炭地遺跡であるヘナウホフ・ノルトヴェスト遺跡においては、最下層（第6層）が新ドリアス期の旧石器時代最終末、次いで、先ボレアル期の第5層、ボレアル期の第4層、アト

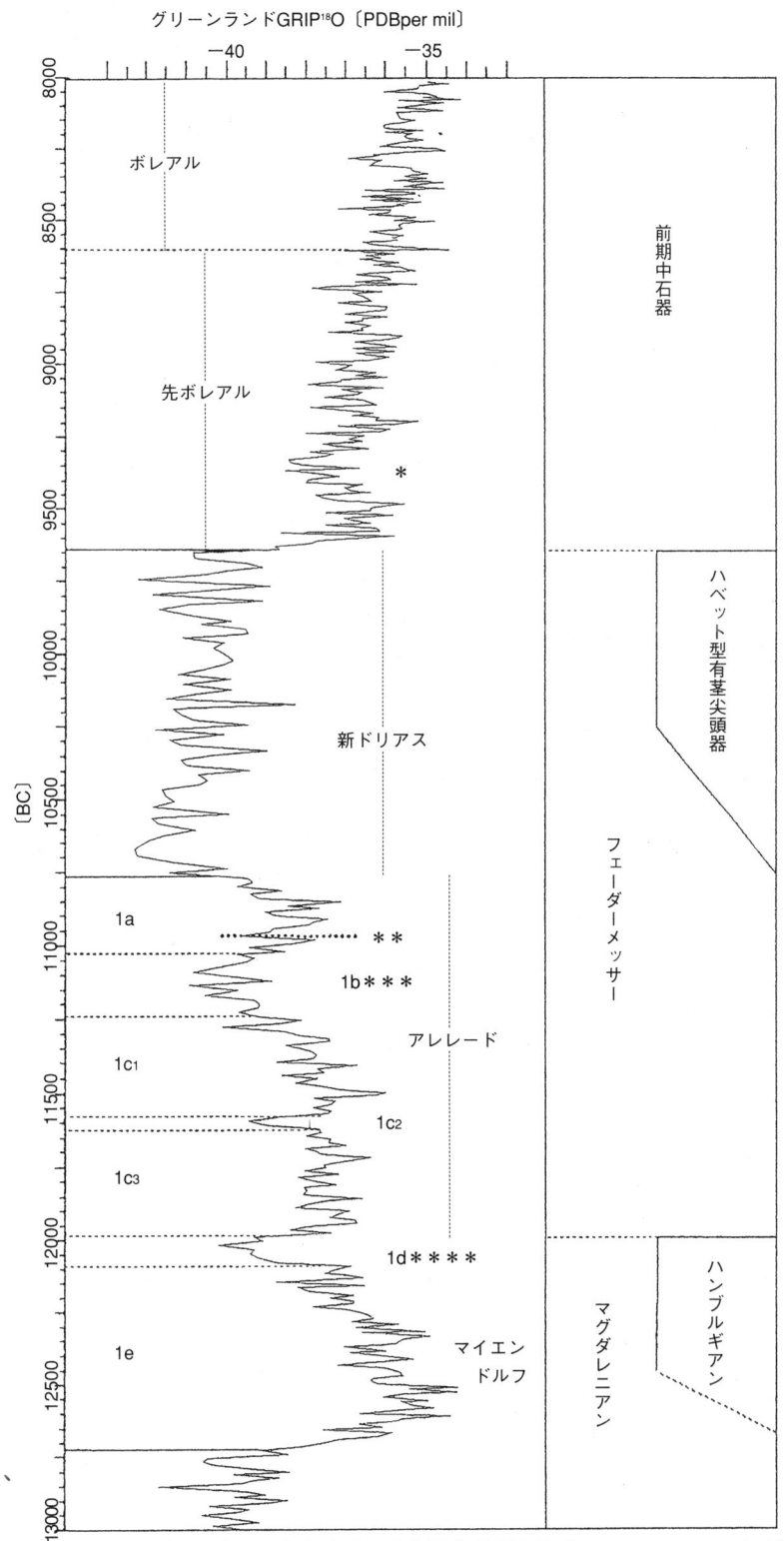

第Ⅷ章 後期旧石器時代から縄紋時代へ 251

図108 更新世末〜完新世初頭の気候変動と考古学的時期区分（Street et al. 2001による）
＊先ボレアル期振動　＊＊標準テフラ　＊＊＊アレレード期内の寒冷期
＊＊＊＊古ドリアス期

ランティック期の第3層の順で中石器時代各時期の遺物が出ている。ただし、石刃・細石刃のほかに彫器や搔器などの石器を含んではいるが、遺跡が旧湖岸とその斜面に位置したせいか、遺構ともども全体に組成も数量も石器資料は貧弱であった。これを補って余りあるのが動物骨についての多くの情報で、全体的傾向としては、旧石器時代終末期の野生の牛馬を含む動物相から、中石器時代のアカシカ・ノロシカ・イノシシを主体とする小動物・淡水魚類・水鳥類へと移っていたことが知られる。この遺跡では後期旧石器時代の終末には長期的生活が営まれていたが、中石器時代の後期には対照的に数種の大型獣の狩猟と解体作業に短期間だけ使われたようである。ヘナウホフ・ノルヴェスト2遺跡も、中石器時代後期に少人数が晩夏から秋にかけ短期的に居住したとされている。

こうしたセトルメント・パターンの変化は、動物相、大型獣の種と組成率、魚類と鳥類の比率、石器技術と組成、骨製槍、居住の季節性などの分析結果から導かれており、自然科学的データとりわけ動物遺存体に欠けるわが国当該期の研究者にとって、その方法は自己点検の鏡面になろう。

後期旧石器時代終末から中石器時代を通して新石器時代へ至るまでの文化的・社会的変化は、自然環境に見られる局地的変化によって決定されたと同様に、集団間の社会関係や地域集団が有する歴史によっても決定されていたことが予想される。

(1) 環境変化と文化変化

南西ドイツは更新世後期から完新世初期にかけて劇的な環境変化を経験していた。最寒冷期にはこの地域は実質上極地性の不毛の土地であって、強風と長い冬、乏しい植生を特色としていた。続く1千年間は変化の連続であったことが知られている。温暖化に伴って、草本類の豊かなツンドラが発達し、次第に森林へと変化していって、種々の動物に格好の生息地を提供した。更新世末の豊かなツンドラの発達に伴って、移動するトナカイの群れの周辺にいて、そこにうまく適応していた人々が流入してきた。

後期旧石器時代終末期に大集団の形成や高度に芸術的な活動の証拠が考古学的記録の上で消滅したことは、ある意味で行動上の重大な変化を示している。石器や骨角器の器種が比較的減少し、居住の中心がアルプ石灰岩地帯の狭い渓谷を離れて、開けて緩やかに起伏するオーバシュヴァーベン地方へと移る傾向が現れた。これらの変化は局地生態学的観点で意味がある。動きの予測が可能であったトナカイの群れが姿を消し、より小型で分散型の動物の生息地であるマツ／カバ林の発達で、人の移動と居住に柔軟性が要求され、大集団の定期的な集合は困難になった。

中石器時代にもこうした傾向が継続した。動物のまばらな混交落葉樹林内では移動を続けなければならず、結果的にこの時期の遺跡は実質上あらゆる環境と地形的場所に広く分布するようになった。その多くは小さく、特定の季節的パターンを示唆するものはない。驚くべき増加に見る細石器技術の大きな変化は、ますます深くなる森での獲物の追跡と、出会い頭の動物を狩るのに都合がよいような、容易に取替えがきく複合式の矢の採用を意味している、と解釈されている。最適捕獲理論によれば、食料獲得と移動とのコストとリスクが変ると、生業と居住の形態も変らざるを得ないことが予想される。

(2) 環境史の重要性

ジョッチムは南西ドイツで見られた文化パターンの変化を局地的な適応の変化で説明するだけで

は不十分であると見なす。そこで焦点を拡大している。中石器時代後期の北ドイツ、デンマーク、イギリス、オランダ、ベルギー、ルクセンブルクなどの北方地域では、中石器時代前期と比較して遺跡数が増加している。そして大型の遺跡と厚い堆積の証拠から社会がかなり複雑化したことが暗示されており、そのことによって特徴づけられている。すべては南ドイツのパターンと顕著な対照をなしている。

　南北両地域ともにツンドラから深い森林への移行が見られたが、南部では5千年以上にわたるゆっくりした長い過程であったのに対して、北部では森林の再生が新ドリアス期の顕著な気候上の事件によって中断されたので、最終的な移行はずっと短い期間に押し詰められた。さらに、この移行期間中の気候の多様性と環境の多様性とは北部でずっと大きかったようである。そのうえ、北部ではこの期間中の海水準の上昇によって以前の陸地のかなりを喪失してしまったが、南部ではそうではなかった。この海面の上昇によってイギリスは大陸から切り離され、そのため中石器時代後期にはひとり文化的な孤立を経験した。このように地域に特有な環境史が異なっていたために、結果的に文化変化も異なったのである。

　北部では以前の陸地が失われたので集団は集中化せざるを得ず、人口密度は相対的に大きくなった。氷床の後退と地殻の上昇とによって新たに出現した地域でこうした問題のいくつかは軽減された。さらに、急激な環境変化と環境の多様化があいまって、南部の現実と比べてはるかに劇的な行動変換が必要だった。北部の集団は食料のスペクトルを広げ、ある種の資源に生業を集約化した。墓地と社会的差異を示す要素の出現は居住形態の変化および資源の制御力の増加に関連するかもしれない。一つの変化が次の変化を準備した。農耕民集団が近隣に現れるまでには、狩猟採集経済に成功し集約化した人々がドイツとデンマークに居住し、結果的にこの地域への農耕の浸透は1千年あまり遅滞した。

　南西ドイツでは別の環境と文化の軌跡が見られた。もっとゆっくりした変化の少ない環境変化と人口の稠密化がなかったことで、行動上の変化もそれほど劇的ではなかった。石材利用と季節的移動の面で時間的連続性が見られたし、ある時期には技術、遺跡利用、および一般的な経済パターンの面で連続性を反映させていた。一つの顕著な文化的慣性がこの地域を特徴づけていたようであり、強い文化的伝統を背景として、必要なときには、居住形態・技術・経済・祭祀行動に変化が生じていた。新石器時代への移行について以前考えられていた以上に中石器時代後期との連続性を認めようとする人がいることは、生業上のストレスを被っていた地域集団の文化変容を示唆している。

(3)　社会関係の重要性

　文化変化を解釈する際に局地的生態系を時系列的に見ていく必要があるとすれば、社会的環境においても同様である。過去のあらゆる時期に、地域集団は社会関係のネットに組み込まれており、それは直面する問題やその解決手段に深く影響していた。社会的ネットワークを十分に理解しようとするなら、歴史的軌跡の場合と同様に、さまざまな空間的規模においても調べる必要がある。

　後期旧石器時代と中石器時代とを通して、南西ドイツは物質的類似性に現れたさまざまな地域空間の階層序列に組み込まれていた。おそらく多様な社会的相互関係と交通関係とを反映しているものと思われる。マグダレニアン期にはスペインからモラヴィアに展開する石器と芸術の広大なゾー

ン内の一地域を構成していた。このゾーン内では南ドイツとスイスは、経済的な焦点—ウマではなくてトナカイ—、芸術品用の素材—石や牙よりも緻密な黒い石炭—、小型芸術のモティーフ—マンモス・多毛サイよりも昆虫—によって、ライン川中流や中部ドイツのような隣接地域とは異なっていた。その地域に目を移すと、ダニューブ川上流域でもっとも研究されているが、さらに小地域に分割され、それぞれが相互に特徴的な季節的移動パターンを見せるより局地的な集団の周年的な土地利用を表していると思われる。

中石器時代中期になると、南西ドイツは細石器のスタイルと石核の主要な打面調整法を基準にして決められた地域圏—ボロニアン—の中心となった。これはヨーロッパに多数見られる平均して径200kmの様式圏の一つであった。ベルギーとその周辺地域の中石器時代に見られる片面調整の槍先形尖頭器がやはり同じような規模で、最大径200km圏に分布していた。ダニューブ川上流域の中石器時代前期と後期に、通常、東方原産の縞チャートと北西方向からもたらされた貝化石が少数見られるが、いずれも産地は200kmほどの距離である。この種の分布は隣接集団間の定期的な交換と交流の記録のようである。そうした地域圏は石材分布、生業経済、季節的な移動パターンによって規定されたより狭い地域群で構成されていた。そしてそれらが生業活動の大部分が行われた年間の遊動範囲であって、およそ径40～50kmであった。ダニューブ川上流域、コンスタンス湖、ライン川流域、ネッカー川流域に区別できる。

中石器時代後期になってこうした空間的形態に変化が生じた。石器の様式化がこの時期のベルギーとオランダで顕著になることが知られている。おそらくこの地域の植生がいっそう安定し、人口が増大したからであろう。中石器時代後期の様式圏がわずか径25kmにコンパクト化したというデンマークでの調査例がある。事実、北部ヨーロッパ平原全体で様式圏が小型化し顕著化したという。南西部ドイツでは魚の歯を装飾品にしており、肉食獣と大型草食獣の歯を利用した北部と対照をなしている。様式圏が狭まるのと対照的に、この地域の交換網は中石器時代後期に拡張したようである。地中海おそらくフランスの海岸からもたらされた貝が600km離れたドイツ南部の諸遺跡に現れた。同様に400kmかそれ以上離れたダニューブ川中流域の貝化石も現れた。

南西ドイツがその独自の歴史的軌跡に沿って局地的環境変化に適応しつつ、伝統継続の中心であったとしても、孤立してそうしていたわけではなかった。南西ドイツに見られた変化のある種のものは社会関係を反映しているといえる。局地的生態系からはまったく予測できないその種の社会関係の結果をはっきり示す例が、台形石器の出現と農耕の出現である。台形石器は南西ドイツでは発達しなかった。つまり、中石器時代後期になってその地に現れたのは、この時期西ヨーロッパの大部分の地域に分布を一挙に広げた、その一支流であった。この新型の細石器はその種の槍先として殺傷力に優れていたために南西ドイツの諸集団に採用されたのかもしれないが、しかしその採用の理由は、たとえば、同じ武器を共有することによってパートナー関係あるいは同盟関係を安定維持させるとか、あるいは狩猟活動か戦争で近隣の競争相手よりも有利になるといった、もっと社会的な次元で説明できるかもしれない。

ジョッチムの研究からは2、3仮説的な示唆を得ることができる。当該期の日本列島においても気候変動の影響が大きかったであろうが、少なくとも北海道、東北日本、西南日本それぞれの地域

の歴史的な経緯が移行期のあり様を規定・規制していたであろうこと、上記の地域内にあった複数の局地的社会集団間、および地域を越えた地域集団間の社会的ネットワークが文化の維持と変化に重要な役割を果たしたであろう、という仮構的なイメージを以下の諸節で検討してみる。

第2節 神子柴・長者久保石器群

1 問題設定

1998年7月4日、5日の両日、長野県上伊那郷土資料館において、神子柴遺跡の発掘調査者である林茂樹を囲んで、その出土石器群の検討会が行われた。この検討会を受けて、当該石器群に関する、接近法の異なる論考が続けて発表された。一方は、岡本東三の論考であり（岡本1999、2002）、他方は筆者のものである（安斎1999、2001）。

岡本は、「神子柴文化縄紋時代説」に立つ鈴木忠司、栗島義明、稲田孝司それぞれの論理の不整合を指摘し、自らの「神子柴文化先土器時代説」を再論する。前者の諸論が基本的に土器の出現を指標としているのに対して、石刃技法の消長を基準としての批判である（岡本1999）。この点は正論であると思う。

ところで、他方で岡本は、長崎県福井洞穴の4層と3層との間の細石刃核の型式学的な変遷を、福井4層→泉福寺11・10層→福井3・泉福寺9～7層と捉え、さらに福井4層と泉福寺11・10層との間にもう一つの削片系細石刃核「唐津型」を挿入させて、九州地方の独自性を強調するとともに、福井4層と「唐津型」の間に「神子柴インパクト」を介在させて、「先土器時代」と縄紋時代との画期とした（岡本2002）。岡本は「神子柴文化」のバブル化を批判し、「神子柴文化のホライゾン」と「神子柴インパクト」という用語を採用しているものの、筆者は岡本を含めた諸氏が基本的に立脚する「石器文化段階論」に反対である。したがって、岡本のように基本的に「神子柴文化」を文化としての一階梯として設定することには疑問がある―ただし、旧石器文化から縄紋文化への移行期の、両文化と異なる独特の移行文化の存在を肯定する場合に限って「神子柴・長者久保文化」が設定できよう。それが可能な場合、筆者は神子柴・長者久保石器群の出現から縄紋草創期までの期間を想定している―。つまり筆者は、次の表現の細部に多少違和があるものの、「細石器や神子柴型石器群や有舌尖頭器を複合的な文化とみなし、生業、集団間、受容、地域性といった相違によって、それぞれの装備を異にした集団が、ほぼ同時に棲息したと解釈する」立場、いい換えれば「地域集団のネットワーク論」を立論の基本に据えている。岡本はこの立場を、「余りにも混沌としてはいまいか」と危惧している（岡本1999、15頁）が、そうした複雑な現象に秩序を与える方法論―たとえば、居住形態論、石材論、技術的組織論、社会生態論、象徴論、景観論など―の探求こそが現代考古学の課題である、と筆者は考えている。

前節で言及したマイケル・ジョッチムの研究が示唆するように、先史社会の生態学的関係は自然環境と社会環境との双方を含み、集団の行動形成に際して他の地域集団との相互関係が自然の領域での相互関係と同様に重要である。さらにいえば、人は過去の歴史によって規制された一連の既知の行動を取ることで環境変化に反応しているので、環境問題に対して完全に革新的な解決を見ると

いうことはまれである。文化変化の一つ一つが当該地域の歴史的軌跡に影響されているが、それぞれの変化は列島の、さらに究極的には東北アジアの多くの地域と結びついた一連の社会的関係のなかで起こったことである。一地域の文化史を理解する場合にも、局地的な環境を越え社会的領域に目を向け、さらに時間を遡って過去と向き合うことが必要である。そして、そうするためにさまざまな地理空間レベル―長者久保遺跡・東北日本・日本列島・環日本海・東北アジアなど―を階層的に用いることが大切である。

2 神子柴遺跡とその石器群についての林茂樹の所見

長野県神子柴遺跡の第1次発掘調査は1958年に行われた。調査担当の藤沢宗平と林茂樹の2氏は出土石器類のコンテクスト認識を概報において、「各群は一メートル内外の長さに配列、或いは集積された状態で他の群と接触しつつ全体は長軸（南北）五メートル、東西三メートルの楕円状を描いて配列されていた」というように記し、「予想以上に特異な」これらの石器群を6群に分けて、「石屑が極めて少なかったことなどからみて、何らかの目的をもって配置された特殊な遺構である」と報告した（藤沢・林 1961）。石器群が楕円状に分布したその中心部分からは何ら特別な遺構は検出されなかった。ただし、「トレンチⅢの中央部第三層に微量の炭化物」を検出していた。そこが炉址であったとすれば、遺跡の性格を解釈するうえで重要な意味をもつことになる（図109）。

集積状に出土した石器群の間にある対照が認められた。発掘時にNos.12,14,15,16と番号をつけられた一群が、「巾五センチ、長さ一八～一五センチの黄白色柳葉形ポイント四本、先端を交叉して放射状に積み重ねられたまま検出された」のに対して、Nos.25～38の一群は、「石器の組み合わせがポイント六箇、ブレイド五箇、エンドスクレイパー三箇、異形一箇、計一五箇で器形の複雑な点、破損した石器が多い点がちがっている」―この部分に先行する出土状態の説明では、ポイント3点、槍先3点、ブレイド1点、石刃2点、削器2点、掻器2点、小型丸鑿石斧1点で記述に一貫性を欠いていた―。ここで「異形」と報告されたのは図110-4の石斧であって、実は刃部破損による再生品である。両石器群のちょうど中間の地点から、「その形態の大きさと優美さにおいて恐らく他に類例を見ないであろう」、「長さ二五センチ・最大巾五センチの柳葉形ポイント」（図109-23、図110-1）が出土している。その優美な大型尖頭器に「近接した遺物はなく、孤立して配置されていたものと認められる。先端部がやや変色し酸化度が進んでいること。基部は変色なく最下層から出土したことから考えて、先端を上に向けて立てられていたものと考えられる」と、そのあり方の特異性を林は強調していた（林 1959b）。

そのほかにも、石斧の一群（図109-18～20）、石核の一群（同88～90）、石刃・削器・黒曜石片の一群（同55～93）が顕著に目につき、林自身は組合わせを次のようにまとめていた。「石器の様相によって二分され、長円の北環部Aと南環部Bとに分けられる。その差異はAが石斧、槍先形尖頭器、石核等、大形、完形の石器群と剥離、破壊された黒曜石片の組み合わせであり、Bは破損、摩滅した石器と新鮮な石器の組み合わせである」。そしてそのような出土状態が示唆する意味については、「墓地としての副葬の形。住居における用具の配置、経済行為としての貯蔵、祭祀儀礼中の献納等石器時代人の社会や生活の情報として重要である」と、当初その特定化を避けていた（林

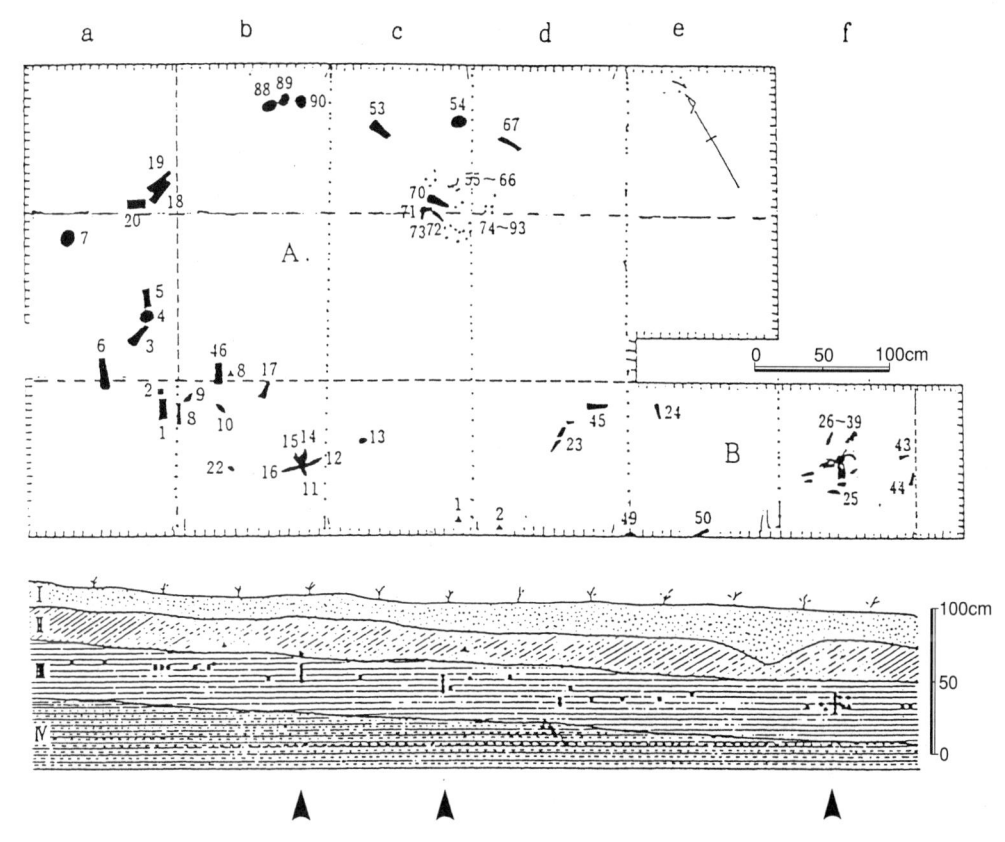

図109 神子柴遺跡A地点トレンチ遺物出土状況（林 1995による。矢印を補足）

1959a）。林は山内清男から「デポ説」を、また芹沢長介から「死体埋葬説」を直接に聞いていた（林・藤沢 1959）が、自身は「泉の丘の上で大猟を祝う祭りが盛大に開かれた。彼らは石器を種類別にまとめて、槍は穂先をそろえて、石刃や石の中に獲物を積み重ねて祝いの歌と踊りとがくりひろがれる」、そのような光景を想像していた（林 1961）。

　石器群については、「槍先形尖頭器を主体として磨製及び打製の大型石斧、石刃、搔器、石核などが……一連のセットとしての組み合わせをもっている」。槍先形尖頭器は、「槍先としてよりも短剣としての機能をもつように思われる」平均14〜17cmの「美麗な形状」の主に「角岩質」の大型品と、黒曜石製の「中型類品」から成っている。石斧も大型品と中型品とに分けられた。前者は主に「閃緑岩質」の「長さ二二センチ、幅八センチ、厚さ五センチ内外の短冊形に近い」形態で、「側縁の中ほどの部分が心もち狭くなり、刃部やや広く刃部は弧状にはり出し厚さは薄くなる。基部はやや細く分厚い。断面三角形で正面の基部より中部にかけて稜が盛り上がり背面は扁平である」。後者は「飛白岩質」などの「杏仁形尖頭器に類似した形態」で、「大型斧形石器とはその機能を異にしたいわゆる斧としての石器である」と認識していた。さらに石核についても、「形態においては扁平な円盤形と不正の円筒形があり」、前者には「縁辺の一部に刃部調整の認められるものがあり、極限まで使用した石核を一種の搔器的用途をもった石器として使用した疑いが強い」と判断していた（藤沢・林 1961）。石核の転用に関してはとくに認められるわけではない。むしろ、7

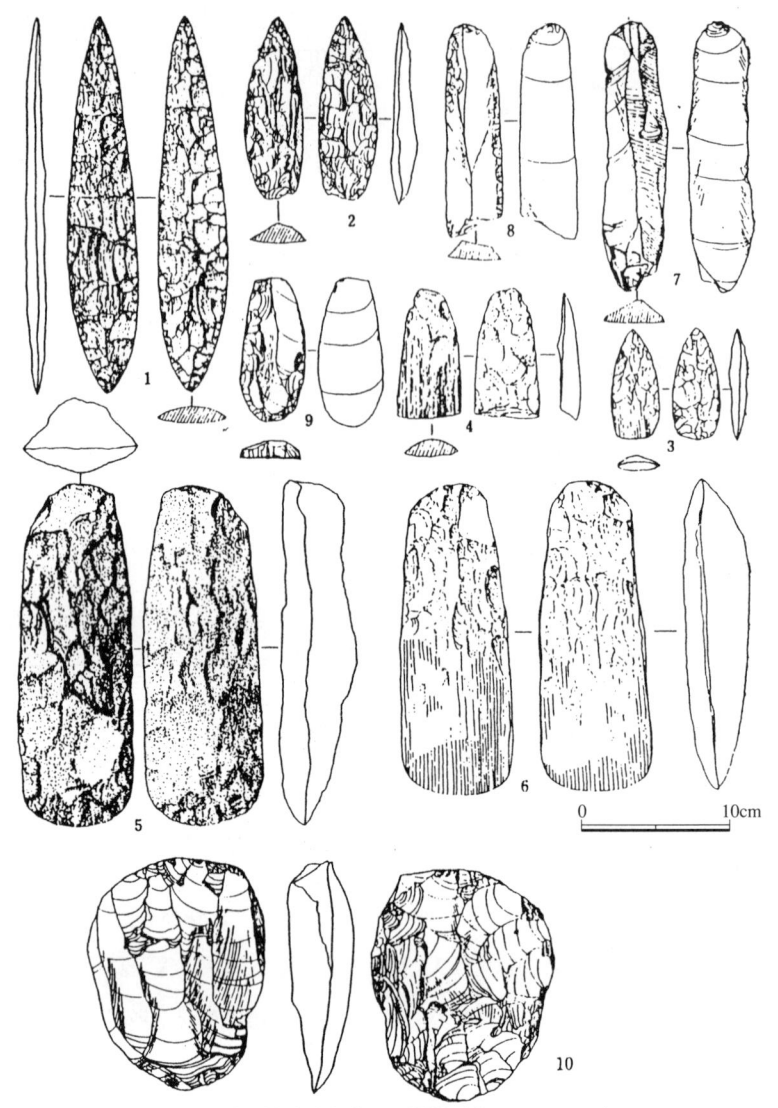

図110　神子柴遺跡出土の石器群（林 1995による）

点の石核のうち6点が黒曜石であるが、対応する黒曜石製の石刃はわずかに1点出土しているにすぎないことが注目される。

　神子柴遺跡の石器群（図110）の編年と系統・分布の問題については、とくに「やや小型の片刃石斧asymmetrical adzeに近い特殊な石器」とする「円鑿形石器No.33」（4）を取り上げて考察し、編年的には「白滝三十三地点、タチカルシュナイC地点によって代表される無土器文化の円鑿形石器と縄文式文化早期の撚糸文土器に伴う円鑿形片刃石斧の形態上の差異の間」に置くことができ、系統的にはその性格が北方的なものである、と指摘した（林 1960）。そして既知の細石器とはまったくかけ離れた存在であったので、「神子柴型石器という呼び方が生まれ、神子柴文化という一種の文化が存在したことを想定しなければならないことになってきた」と、林茂樹は新たな一文化階梯の創出を考えた（林 1961）。

3　長者久保遺跡とその石器群についての山内清男・佐藤達夫の所見

　青森県長者久保遺跡の第1次発掘調査は1962年に行われ、翌1963、64年に九学会連合下北半島綜合調査に際し、第2次、3次発掘調査が行われた。調査時の出土石器は順に2点、2点、4点の計8点であった（山内・佐藤 1967）。第1次調査の際に見つかった局部磨製の「円鑿」がバイカル地方の新石器時代におけるイサコヴォ期の円鑿に酷似することから、山内清男と佐藤達夫は、植刃・断面三角形の錐・半月形のナイフなどとともに大陸渡来の石器であると見なした（山内・佐藤 1962）。そして、「北方からの文化の波及があって、恐らくこの時期に石槍等も伝来したものと見」なし、「さらに北方から土器、石鏃その他のものをこの土地にもたらした大きな波が来て、ついに新石器らしい縄紋文化が生じたといえよう」というように伝播論を唱え、以後のパラダイムとなった（山内・佐藤 1964）。

　遺跡では石器は直径4〜5mの範囲から見出されているが、出土状態の復元は不可能である。また、とくに遺構というべきものは明らかでなかった。石器包含層はかつて湿地状の微高地面であったようである。採集品を含め発見された石器は、「円鑿一、大型・小型打製石斧各一、石槍二、彫器－端削器三、彫器七、端削器六、円形削器二、側削器二、錐一、石刃一二、縦長剥片八、剥片三、礫一」など計50点である（口絵写真）（山内・佐藤 1967）。個別の石器類は次のように認識された。局部磨製の「円鑿」は「その型式学的調査を通じ、無土器ならびに縄紋文化の年代決定に重要な寄与をなす」。7点の彫器は「この遺跡の顕著な石器と認められる」。そのうち両端が彫器につくられている例の刃部のつくり方は「荒屋形と呼ばれるものに近い」。3点ある「彫器－端削器」は、「類例が北海道にあるようであるが、……この遺跡の特色とされよう」。つまり、「以上の長者久保の石器群は、要約すれば円鑿、斧状の石器、石槍等をもち、各種の彫器、削器（特色ある彫器－削器を含む）を伴い、石刃技法が顕著である」。長者久保石器群はその「円鑿」がバイカル地方の新石器時代、イサコヴォ期のそれに酷似していることで、当初からこの時期におけるシベリア方面からの文化の波及によるものであることは疑いえないとされながらも、「しかし石器群は一致しない。……将来両者の中間地帯における同時期の文化が明らかになれば、日本への文化波及の実態を知ることができよう」（山内・佐藤 1966）と課題化された。列島内では長者久保に関連ある石器群として、神子柴遺跡、立ヶ鼻・砂間・狐久保・小丸山（？）など野尻湖およびその付近の遺跡、北海道モサンル遺跡、同立川遺跡や新潟県柏崎、福島県貝沼、埼玉県市場坂などの遺跡をあげて、「長者久保に近縁の石器群が、北海道から中部地方にわたる広範な地域に、ほぼ連続して分布したことが推定される。したがってこの文化が無土器文化中の一時期を占めることは確実とみなければならない。この時代における中部以西の諸地域が、いかなる状態にあったかは、きわめて興味深い問題である」と、以後の研究課題とした（山内・佐藤 1967）。

4　その後の諸氏の解釈

(1)　森嶋稔の見解

　神子柴遺跡を調査した林茂樹や長者久保遺跡を調査した佐藤達夫らが、神子柴石器群や長者久保石器群を「無土器文化」中の一段階を形づくる新発見の文化であると見なしたのとは対照的に、

「神子柴文化」とは後期旧石器時代末期から縄紋時代初頭に及ぶ一系列の文化であったと主張して、今日でいう「プロセス」的な思考法を導入したのが森嶋稔である。森嶋は、「神子柴型石斧に伴う一群の石器文化を神子柴系文化」と呼び、それが「神子柴型石斧が次第に形態変化をとげながら、神子柴型尖頭器を伴いつつ、更に①大形石刃などを伴う一群、②彫刻器などを伴う一群、③尖頭器を多量に伴う一群、④有舌尖頭器を伴う一群、⑤植刃などを伴う一群、⑥土器を伴う一群など、仮にまとめることのできる群（それは時間的ステージをも意味する）が把握できるものと理解」していたのである（森嶋1967）。神子柴遺跡出土の尖頭器は素材・製作技術・形態・大きさなどが一様ではないのであるが、森嶋がそこで「神子柴型尖頭器」と呼んでいたものは、そのうちの「長大、扁平、基部よりに最大幅をもつ」例であった。それは一見非実用的な石器という印象を受けがちであるが、森嶋はそれが儀器でも副葬品でもなく、石槍としての実用性を備えた石器であると見なし、その着柄法を図上復元して見せた。しかし、その長大な尖頭器が対象とした獲物が何であるかまでは言及しなかった。

森嶋のいう「神子柴系文化」は上述のように、「単にある限られた一時期の文化ではなく、その系譜の内部には、神子柴型石斧が次第に形態変化を遂げながらいくつかの文化階梯を内包している、いわば後期旧石器文化をつらぬいて縄文文化初頭にまで及ぶ一系列の文化」として捉えており、神子柴遺跡がその標準遺跡というわけである。ところで、当時の有力なパラダイムであった唯物史観的発展段階論を共有していたと見られる森嶋は、道具の形態変化は機能の変化に対応し、その機能変化は生産階梯の変化に対応し、さらにその生産階梯の変化は時間的空間的変化に対応する、という「史的唯物論」的な公準に則り、「神子柴型石斧」の平面形の変化、正面形の変化、側面形の変化、断面形の変化、石器製作上の技法の変化それぞれが座標軸上の点として焦点化され、その焦点の移動が時間的・空間的変化として認識できる方法の探究を試みた（森嶋1968）。

その具体的な方法は次のようなことであった。まず、「神子柴型石斧と呼ばれる石斧を標識とする文化」にとって「神子柴型石斧」とは何かという問いはもっとも重要であるから、当然それをはっきりさせることが必要である。それまでいろいろに呼ばれてきた名称・概念—局部磨製石斧、断面三角形・三面調整石斧、片刃石斧—では不十分である。森嶋にとっての「神子柴型石斧」とは、巨視的に見れば、「平面形は狭長で、断面は三角形を基本とする石斧」であり、微視的に見れば、その刃部が片刃か円鑿かによってまず分けられ、次に磨製か打製かによって分けられ、最後に角形か円形かによって細分される一群の石斧であった（森嶋1970）。しかし、実際には断面三角形としていいのか判断の分かれる小型の一群も含めたため、標準遺跡の神子柴遺跡においても「神子柴型石斧」に多様性が生じていた。この型式認定の問題は「神子柴系石斧」という名称・概念で今日にもち越されている。

森嶋の編年観は標準遺跡である神子柴遺跡での石器・石器組成を根拠が示されないまま基底においている。そして第Ⅰ期の特徴として次の8点が列挙された。①石器が大型で重量感があること。②神子柴型石斧は大型で最大幅に対する長さの比はおよそ2.5でずんぐり型の幅広いものが多い。③平面形にやや括れ部があるものがあり、打製の円鑿を基端部に作出するものがある。④純然たる円鑿が存在する。⑤刃部平面形は角形が多い。⑥打製のもの、磨製のものは相半ばする。⑦石器組

成の基本形が揃っている。⑧土器は伴っていない。第Ⅰ期の特徴は神子柴遺跡の石器群から抽出されたことなので、それらが最古の「文化要素」である説得性に欠けるし、事実、今日に至るまで同様の石器群の出土を見ていない。「神子柴型石斧」の狭長化・小型化を指標とする「神子柴系文化」のその後の展開は、唐沢B遺跡などを第Ⅱ期、長者久保遺跡などを第Ⅲ期、さらに有舌尖頭器と隆起線紋土器が加わる田沢遺跡などを第Ⅳ期、石鏃（矢柄研磨器）の出現する小瀬ヶ沢洞穴遺跡などを第Ⅴ期、隆起線紋土器以外の土器が加わる日向洞穴遺跡などを第Ⅵ期とする編年案（図111）を提示した。「神子柴型石斧」の狭長化・小型化という一般的傾向は画期の基準としては主観的にすぎるが、「Ⅱ期とⅢ期の間にはもう一期の存在があるかもしれない。神子柴型石斧の小形化があまりにも著しいからである」、あるいは「Ⅲ期とⅣ期の間に土器を伴わない有舌尖頭器を組成しているという時期があるであろうか」といった類のプロセス論的言及は、地域的生態に応じた社会進化という今日的視点からすれば旧態依然という誇りを免れられないが、森嶋の見解の特徴であって評価できることである。縄紋文化の起源に関して、「Ⅵ期の直後こそが、日本列島における系列の消滅による縄文文化そのものの成立の時点ではないか」といった大胆な仮説も今日注目されるところである。

　最近、芹澤清八が栃木県内の「神子柴系石斧」の資料を紹介するなかで、神子柴遺跡出土の大型石斧（神子柴型石斧）を出土した川木谷遺跡例(1)を初源として、整形剥離の簡素化・粗雑化と形態の小型化と伴出例を基準とした3段階の変遷案を提示している（図112）。最終段階に編入された鹿沼流通業務団地内遺跡出土例（7～9）には「ハ」の字爪形紋土器が、また大谷寺洞穴出土例(16、17)には大谷寺Ⅲ式（表裏縄紋）土器が伴う（芹澤・大関 2002）。森嶋流にいえば、それ以降が「縄紋文化」ということになる。

　(2)　岡本東三の見解

　森島稔の一連の考察が発表された後しばらくの間、神子柴・長者久保石器群に関する本格的な考察が途絶えていた。1979年に、先に言及した山内清男・佐藤達夫の考え方を受けて、岡本東三が論文「神子柴・長者久保文化」を発表した（岡本 1979）。岡本は森嶋のいう「神子柴型石斧」を全国的に集成して、これを3型式12種に分類した。論文中で、「終末期に出現する多様な形態をもつ石斧を神子柴型として一括することは若干の問題もあろう。神子柴・長者久保文化の石斧は一系統の文化の中から出現したと断定し得ない複雑な様相をもっている」と岡本も述べているように、森嶋のいう、したがって岡本が分類した「神子柴型石斧」は先に言及したように問題含みの概念である。ところで、「神子柴型石斧」を旧石器時代から縄紋時代にわたる6期に区分した森嶋に対して、岡本は「神子柴型石斧」を神子柴・長者久保期と縄紋草創期とに二大別し、大型で重量があり、比較的ていねいに調整を施した局部磨製石斧が多い神子柴・長者久保期に対し、縄紋草創期になると、小型化し調整も粗雑なⅡd型が増える傾向が認められ、形態的には退化していく、と見なした。

　型式分類はもっぱら技術・形態的指標に基づいていた当時にあって、機能的側面の一つの指標である重量を取り上げ、3群—1,000g前後のもの、500g前後のもの、100g以下のもの—に分けて、大型が伐採用、中型が荒仕上げ用、小型が加工用に使われた、と石斧の機能に言及しているのも岡本論文が評価されるところである。重要な指摘ではあるが、伐採・荒仕上げ・加工という一連の木工

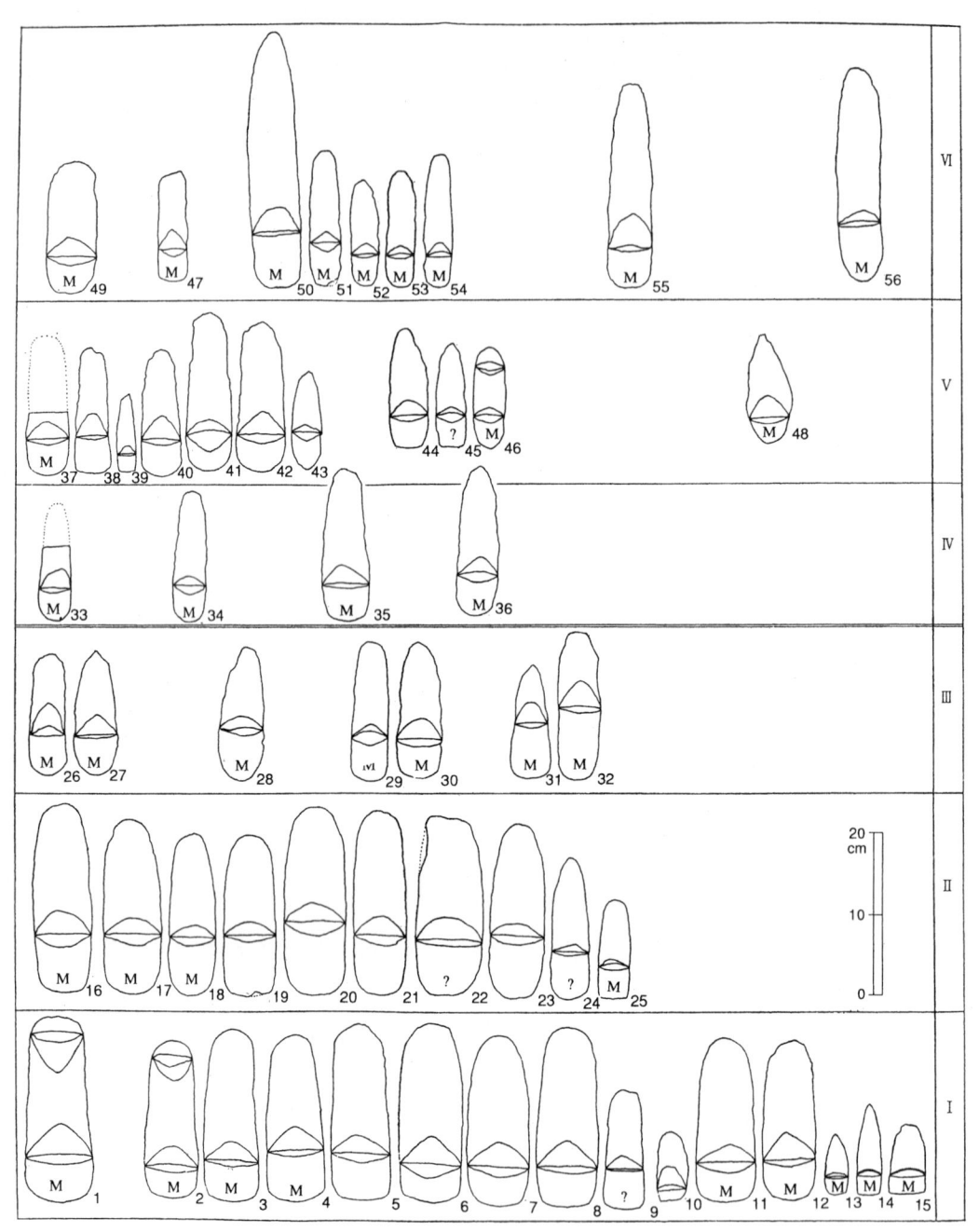

図111 森嶋稔による「神子柴型石斧」の編年（森嶋・ほか編 1998から転載）
1：手児塚　2〜15：神子柴　16〜25：唐沢B　26、27：長者久保　28：猪ノ平　29、30：立ヶ鼻　31、32：杉村　33：狐久保　34：小島沖　35：砂間　36：小丸山　37〜43：小瀬ヶ沢　44〜46：西又　47：シャチノミジュリンナ　48：市場坂　49：日向洞穴　50〜54：宮ノ入　55：柏崎　56：仁礼

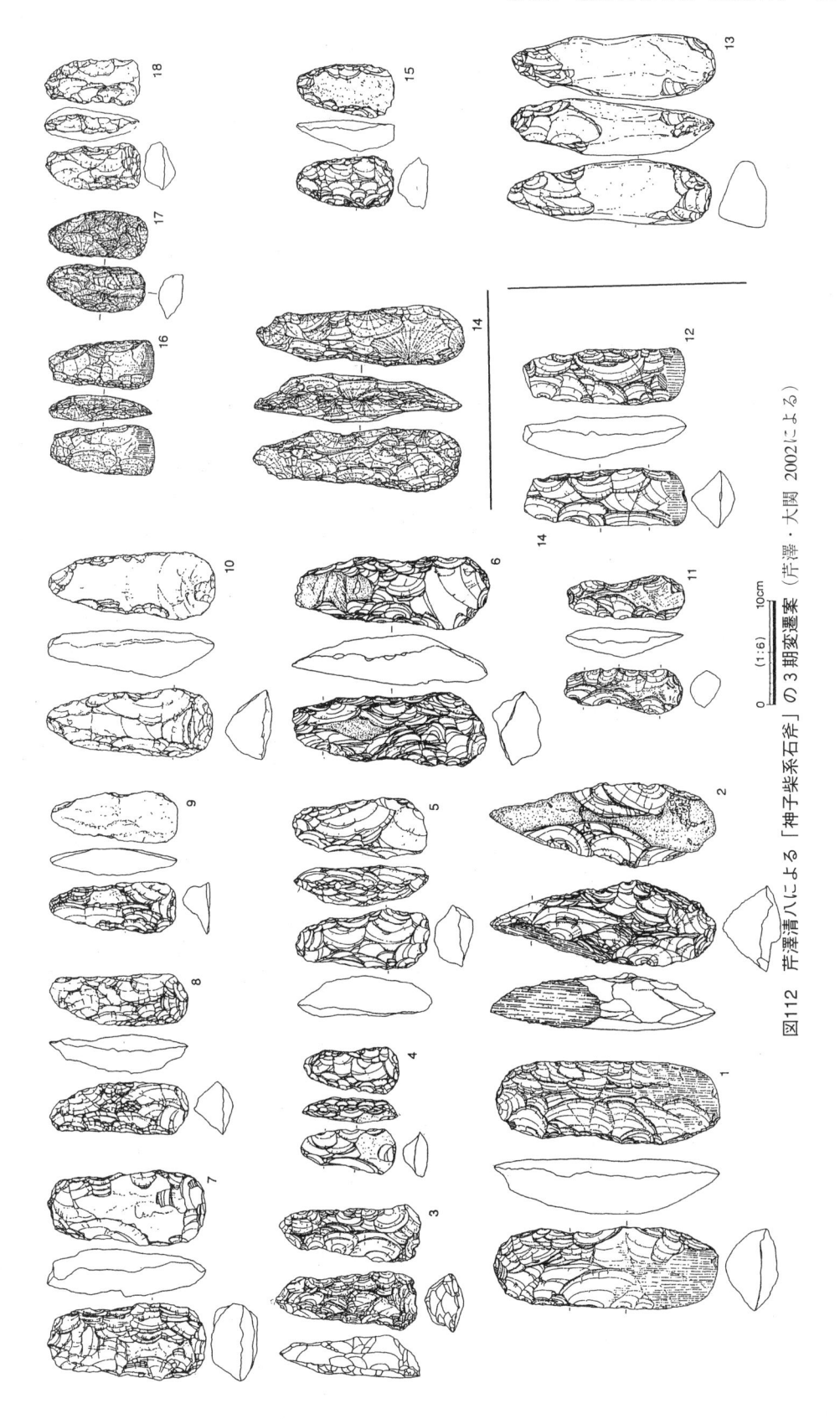

第Ⅷ章　後期旧石器時代から縄紋時代へ　263

図112　芹澤清八による「神子柴系石斧」の3期変遷案（芹澤・大関 2002による）

作業においてセットで使われたとしたならば、その重量級・中量級・軽量級の3本の石斧がもう少し普遍的な出方をしてもいいように思われるし、大型（重量）から小型（軽量）へという時系列的変遷観とも矛盾してしまっている。編年についても、神子柴石器群における「新しい要素」である円盤形石核と「Ⅲd型石斧」の存在、および彫器と彫／掻器の欠如を根拠とする逆転編年──長者久保→神子柴──、すなわち中部地方と東北北部において特異な石器組成を見せる両遺跡の石器群の前後関係がどの程度の意味があるのか、今なお未解決の問題である。

そういうわけで、岡本論文でもっとも注目されるのは、北海道～中国・四国地方の「神子柴・長者久保文化」に対して、九州地方に「続細石器文化」を対峙・並立させたことである。この論点を敷衍すると、それまでの旧石器時代研究の基盤であった「石器文化」の汎列島的階梯論が崩壊するからである。筆者の観点からいえば、北海道は「神子柴・長者久保文化」圏には属さず、「細石刃文化」の終末期に相当するし、近畿・中国・四国地方にも「神子柴・長者久保文化」の存在を支持する積極的な資料はいまだに検出されないことから推して、あるいは在地的伝統の石器群が存続していたのかもしれない。

最後につけ加えれば、山内・佐藤のデポ説を継承して、岡本も神子柴遺跡のほかにも、秋田県綴子遺跡、岩手県持川遺跡、長野県横倉遺跡、同宮ノ入遺跡、福井県鳴鹿山鹿遺跡をあげ、当該期を「社会的余剰の現象を示すデポが出現する」時期であると規定した。新石器時代および青銅器時代の経済を意味づけた「社会的余剰」というよりも、筆者は「社会的象徴」という側面から捉えてみたい。

(3) 田中英司の見解

神子柴遺跡とその石器群に関する研究に質的転換をもたらしたのは田中英司の1982年の論文である（田中 1982）。それまでの編年論的・系統論的・文化論的な議論と一線を画した、「デポ」を主題とした遺跡構造論的・遺跡機能論的な画期的な論文であった。田中は、林茂樹らの報告から出土資料の位置だけでなく出土状態が知り得ること、つまり単なるドット表現ではなく出土石器のシルエット表現になっていることに注目し、その表記法を高く評価したうえで、その情報に基づいて石斧と尖頭器の着柄状態（「原位置」）を想定した詳細な空間分析を行った（図113）。あくまで説明の都合上と断ったうえで、石器の分布密度と石器間の距離を目安にして出土石器を8群に分け、そして遺跡の北半部に全体的に半円状に並んだ五つのブロックと南半部の三つのブロックとの間に空域がある分布傾向を見て取った。神子柴遺跡においては、ブロック間だけでなくそれらを構成する各石器が相互に関係して特定のコンテクストをつくり出し、そのなかで初めて石器は意味をもつと思われるので、田中が行った石器ごとの分布分析は遺跡の理解法に大きな貢献を果たすことになった。田中の指摘のように、石斧に関しては大型と小型の分布上の差異は明らかで、「ひとつの群中における複数の石斧は、第三群を除き40cm前後の間隔を置いて分布する」。大型と小型の分布上の差異は尖頭器でも顕著であるし、その他の石器でもやや大型例が第1群に、比較的小型で大きさにまとまりのあるものが第8群に多い点で共通の傾向を示しており、石核・原石に関しても同様の差異──北半部にあって南半部にない──を指摘していた。第1群に集中していた黒曜石の剥片について、田中は原石を打ち欠くという神子柴遺跡でのおそらく唯一の明確な作業行為の痕跡であると推測して

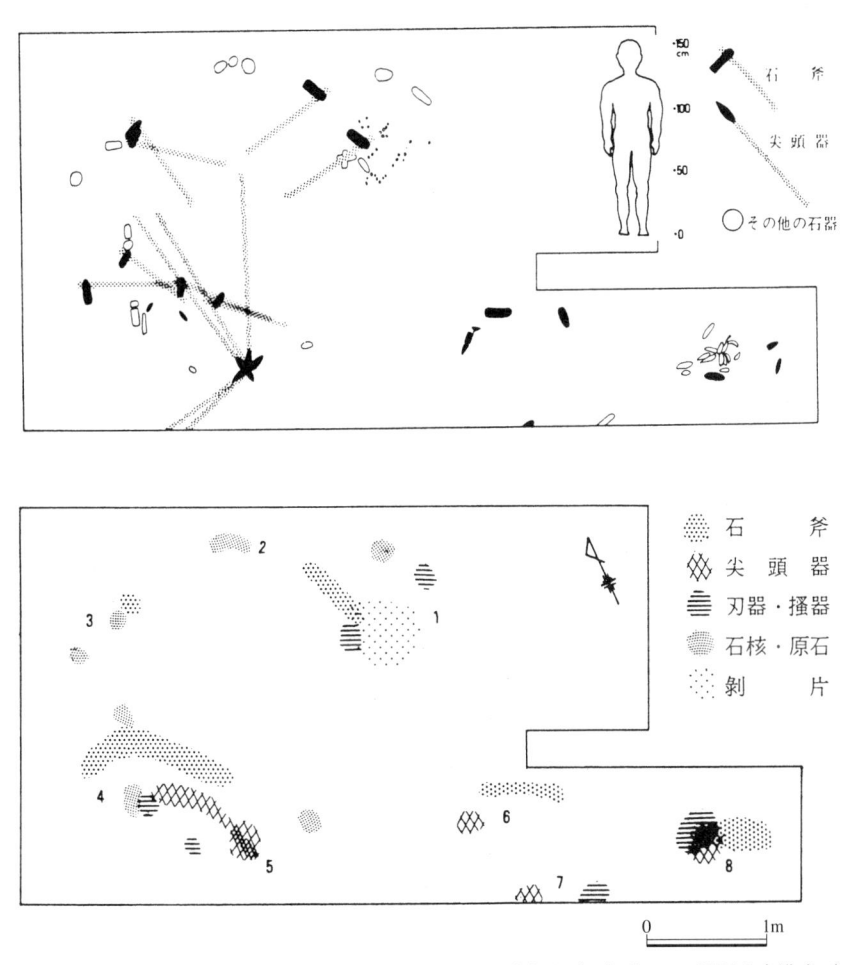

図113　田中英司による神子柴遺跡出土の石斧と尖頭器の着柄想定（上）と石器別分布模式（下）
　　　（田中 1982から転載）

いたが、栗島義明の指摘のように、それらの黒曜石塊は人為的な打ち欠きではなくて被熱による破砕であった。つまり、この遺跡内では日常的な石刃・剝片の剝離作業は行われていなかったわけである。さらに、人為的な加熱処理であったとすれば、黒曜石の石塊をバラバラにした行為の象徴的な意味が問われなければならない。石材によって分布が形づくられることはほとんどないようである、という田中の判断についても、視点—石材の色—を変えれば別様に見えてくる。民族誌の知見では色彩は象徴的な意味、たとえば、黒色は男と関連し、東の方位を表し、制御できる肯定的な超自然の力と結びついているのに対して、赤色は女、西、危険で手におえない超自然の力を意味する場合がある。尖頭器は狩猟具であるが、シャーマンの儀礼具でもあり、その際には色彩の象徴的意義が重要であった(Whitley 1998)。神子柴遺跡の尖頭器が祭祀・儀礼の場で用いられたとすれば、尖頭器（石材）の二項対立的なあり方—大型の精巧品（珪質凝灰岩質頁岩あるいは玉髄：白色）と中型の通常品（黒曜石：黒色）—に色彩象徴論的な意味が込められていたかもしれない。両者の中間的位置から検出された最大の神子柴型尖頭器（下呂石：風化すると灰色）の出方にも象徴された意味があったかもしれない。いうまでもなく、二項対立は普遍的な現象なので、象徴論的・構造論

的解釈が常に意図性・恣意性の陥穽にはまる危険（板橋 1989）を伴うことに留意しなければならない。色彩象徴論的解釈については最後にもう一度触れることにする。

田中の分析結果、すなわち「分布は大まかに小円状、やや大円状、棒状の三つの形となって現われている。形状に差はあれ各石器ごとの分布が基本的に混じり合わない位置に存在する傾向が伺える。大形の石斧と尖頭器においてそれが最も強い。石器の種類による個別的な配置が中心であることがわかる。逆に混じり合う傾向にあるものが尖頭器、刃器・掻器、小形の石斧の三者である」ような配置や出土状態は、「道具本位の機能・用途により区分され、おそらくそれが用いられる機会に対応するために実用的に配置された様相」であると、田中は解釈した。そして「デポ説」に与したうえで、「神子柴遺跡に認められるような石斧・尖頭器以外の刃器・掻器や石核・原石の集積は道具の一括的な搬入や搬出の必要性というものが石斧・尖頭器などに止まらないごく日常の品物まで幅広くおよんでいた可能性を示している。デポが決して特殊な遺構などではなく、普段の生活と密接な結びつきの上で成立しているという視点から、製作址・墳墓などの予想される他の遺構の存在も含めて再評価すべきではないだろうか」と、当然といえば当然な問題提起を行った。伝統的な狩猟採集民の生活にあっては、信仰的・政治的・社会経済的領域が未分化で渾然一体化している。田中のいう「普段の生活と密接な結びつき」—筆者流にいえば「生活構造」—はこの意味で有効なのであって、遺跡の特殊性はその視点から探っていかねばならない。

(4) 栗島義明の見解

1980年代後半から1990年代にかけて、旧石器時代研究の分野で新しい動きを示唆する論考が相次いで発表された。伝統的なパラダイム—編年論的・系統論的・文化階梯論的枠組—の「神子柴文化論」（栗島 1988）を発表した後で、栗島義明もそうしたパラダイム転換に与する論文を1990年に発表した。前論文では神子柴遺跡とその石器群に関する所論の総括という点以外にほとんど取り上げるべき新しい認識の提示がなかったが、後の論文では田中英司の「デポ説」を受けて、いっそう切り込んだデポの分析を行い、民族誌的知見も導入して神子柴遺跡の「石器交換場説」を提案した（栗島 1990）。

栗島は、田中の研究は神子柴遺跡をデポと認識したうえで他の製作・生活遺跡との比較を行ったことから、神子柴遺跡以外のデポ遺跡が等閑視されてしまったが、一般的なデポの分析を踏まえたうえでの比較研究をまず行うべきである、というのである。栗島がデポの一般的特質を抽出するために注目したのは北海道陸別遺跡であった。陸別遺跡では槍先形尖頭器を中心とした石器が、①礫層まで掘り込んだピット状遺構から検出されたこと、②槍先形尖頭器に完形品と未製品があること、③黒曜石製槍先形尖頭器に異系統石材の頁岩製のものが混じること、④数点がまとまった状態で何ヵ所かの集中を形成していること、⑤互いに水平方向に点在し、各々が一部折り重なったような状態で出土したこと、などの諸特徴が見られたというのである。この陸別遺跡のほかにも、秋田県綴子遺跡、岩手県持川遺跡、埼玉県大宮バイパスNo.4遺跡、長野県横倉遺跡、同宮ノ入遺跡、同小鍛冶遺跡、福井県鳴鹿山鹿遺跡から、栗島が抽出したデポに関する主要な知見を列挙してみる。

①デポを構成する資料が槍先形尖頭器と石斧の集積に限られること。

②デポは完形品によって構成されたものと、欠損品を含むものとに二分される。

③デポは在地性の石材を使った石器（分配によって入手）と、遠隔地産の石材を使った石器（交換によって入手）に区分でき、その背景には当時の石器供給システムが潜在的に関わっていた。

④デポの石器には石材・製作技術・形態に斉一性が認められ、その背景には特定の石器製作者の存在が想定される。

⑤デポは単数の斉一性―単数の製作者―を示す石器群と、複数の斉一性―複数の製作者―を示す石器群とに二分される。

つまり、単一の斉一性をもった完形品によって構成された石器群のデポと、複数の斉一性をもつむしろ欠損品を主体とした石器群のデポとは、構成面からもその成因面からも区分し、石器供給の形態を示す経済的色彩の強い石器の集積である前者を「石器集積」、未製品を含む完形品という使用以前の石器と、欠損してしまったかあるいは意識的に欠損させて使用後の形態に仕上げた石器をまとめるという、儀礼的な意味をもった石器群の埋納である後者を「石器埋納」と呼び分けて、別個の範疇とすることを提案した。

こうしたデポの予備的考察を経て栗島は、「石器交換の場としての神子柴遺跡」説を導く分析に入る。石器の分布を東側（Ⅰ群）、西側（Ⅱ群）、南側（Ⅲ群）の3群に大別し、概報のセクション図からそれぞれの群中に石器の折り重なりが存在したことを確認して、Ⅰ群（石斧＋掻器＋削器）を埋納として、Ⅱ群（石槍群）とⅢ群（掻器群）を集積と見なした。さらに、石斧と槍先形尖頭器と掻器のそれぞれの石器器種に見られる斉一性に「製作者の単位」を読み取り、同時に、石器器種群の特定の分布域を越えて点在する同一器種ながら異質の石器の存在に「石器の交換関係」を読み込んだ。すなわち、Ⅰ～Ⅲ群の石器分布は空間的・器種的な自立性を示す一方で、各群を単位として保有した特定石器を他と交換していた可能性を指摘したのである。Ⅰ群での黒曜石製槍先形尖頭器、Ⅱ群での石斧、Ⅲ群での頁岩製掻器が交換品で、Ⅱ群での槍先形尖頭器、Ⅲ群での掻器が交換用にストックされたものと見なしたのである。神子柴遺跡はそうした石器群がもち寄られて交換が行われた場所であった、と栗島は考えたのである。

Ⅰ群の黒曜石の原石、Ⅱ群での黒曜石製石斧、Ⅲ群での大形槍先形尖頭器に意図的な破砕行為を見て取り、石器交換の不履行に際してはもっとも価値の高い石器をそれぞれ破壊するという行為が行われたと説明しているが、遺物―石器の破損品―と行為―交換不履行の代償―とが、両者―考古学的資料と過去の行為―を媒介する「中範囲の研究」を省略したまま直接的に対応されているので説得性にかける。また、交換の場になぜ交換品である石器が多数遺棄されているのかの説明もされていない。

5　最近の伝播論

大陸の旧石器時代研究を専門にしている研究者が、列島内の研究の進展を考慮せずに、不用意にこの問題に言及する例が増えている。啓蒙書においてではあるが、あるいはそうであるがために、佐川正敏の記述は見すごせない（佐川 1999）。栗島義明の主張を参照しているようであるが、「中部地方など列島中央部の遺跡では、先の長者久保・神子柴文化の円孔文土器などが下層から、隆起線文土器が上層から見つかることが多い」とか、「ヤンガー・ドリアスの寒冷化が人類の南下を引

き起こし、その一部が列島に移住して長者久保・神子柴文化をもたらした」といった記述は、先史考古学の基礎的な知識の欠如を物語っているし、「北海道での当該文化の確認が重要な鍵となろう」とは、20年前の謂いであろう。掲載図（同：図6-6）を見ると、「神子柴文化」の源郷をアムール川下流あたりに想定しているようである。美利河ⅢB期・ⅢA期、有舌尖頭器が印字されている点も見落とせない。

　小畑弘己は、東北アジアに広く見られる細石刃と両面加工の尖頭器（石槍）との共存現象を取り上げて、以前からの植刃槍に加えて、更新世末期の環境変化、すなわち森林の拡大に伴って増加した森林性動物（ヘラジカやノロ）を対象とする狩猟具として、後者が新たに装備された結果であると解釈した（小畑 2000）。狩猟の対象獣は北海道など地域によって変異はあろうが、小畑の解釈にとりわけ異論はない。というよりも、日本の今の研究段階では云々できない問題である。問題にしたいのは簡単に言及されている「神子柴文化」観である。

　言及は2ヵ所あって、前者はこうである。「同様の石器組成は汎東北シベリア規模で認められ、上部レナ、ザバイカル東南部にも存在する。その地域文化の一つが北海道南西部〜本州・九州にまで展開する神子柴文化と考えられる。これらは細石刃と両面加工槍先をもつという点で共通するが、石器組成や土器の有無、また存続期間など地域的な差異が認められる」（270頁）。しかし、「神子柴文化」の標準遺跡である神子柴遺跡の石器組成は、大小の槍先形尖頭器、大小の局部磨製石斧、および石刃とそれを素材とする石器類であって、細石刃は含まれない。また、そうした組成の石器群は、少なくとも西日本には今のところ確実なものは見つかっていない。

　もう1ヵ所はこうである。「とくに神子柴文化の波及は森林環境への適応であり、地域的に多様な石器組成を示すことから、細かい地域圏が形成されたものと考えられる」（275頁）。この論文でははっきり言及されていないが、文章の流れから推測すれば、小畑は「神子柴文化」の源郷を東北シベリアと考えているらしい。しかし、どこを探しても標準遺跡の石器組成と同様の石器群は見当たらない。「波及」と「適応」という用語の併記も安易にすぎよう（たとえば、フランスのマグダレニアンを担ったトナカイ狩猟民が、更新世から完新世への環境変化に直面したときに、留まって森林性のアカシカなどの猟に生業を変えたアジリアンの場合が「適応」であり、北上するトナカイを追って同じような生業を維持しようとしたドイツ北部のアーレンスブルギアンの場合が「波及」である）。さらに、「地域的に多様な石器組成を示す」のであれば、そうした多様性を統一して同一の文化圏とする基準は何であろうか。それが先に引用した文章中の「細石刃と両面加工槍先をもつという点」であるとすれば、「神子柴文化」はそこからはずさざるを得まい（なお、2001年10月15日の「ホロンバイル細石器研究会」での談話で、小畑は「神子柴文化」大陸起源をはっきり否定した。小畑の著書(2001)に掲載された図（図114）は同時性と伝播の方向を論じるには大まかすぎるが、それでも少なくとも「神子柴文化」の大陸渡来説には与しない）。

　近年、九州の研究者間に、「九州の細石刃文化期に神子柴・長者久保系石器が波及した」という認識が広がっている。先行時期の石器群中に見られない局部磨製石斧と槍先形尖頭器が、それぞれ単品―帖地遺跡と茶園遺跡では共伴―ながら九州全域から見つかっているからである。それらの議論は「神子柴・長者久保文化」の存在を前提にしている。しかしそれらの「伝播論」的記述は10年

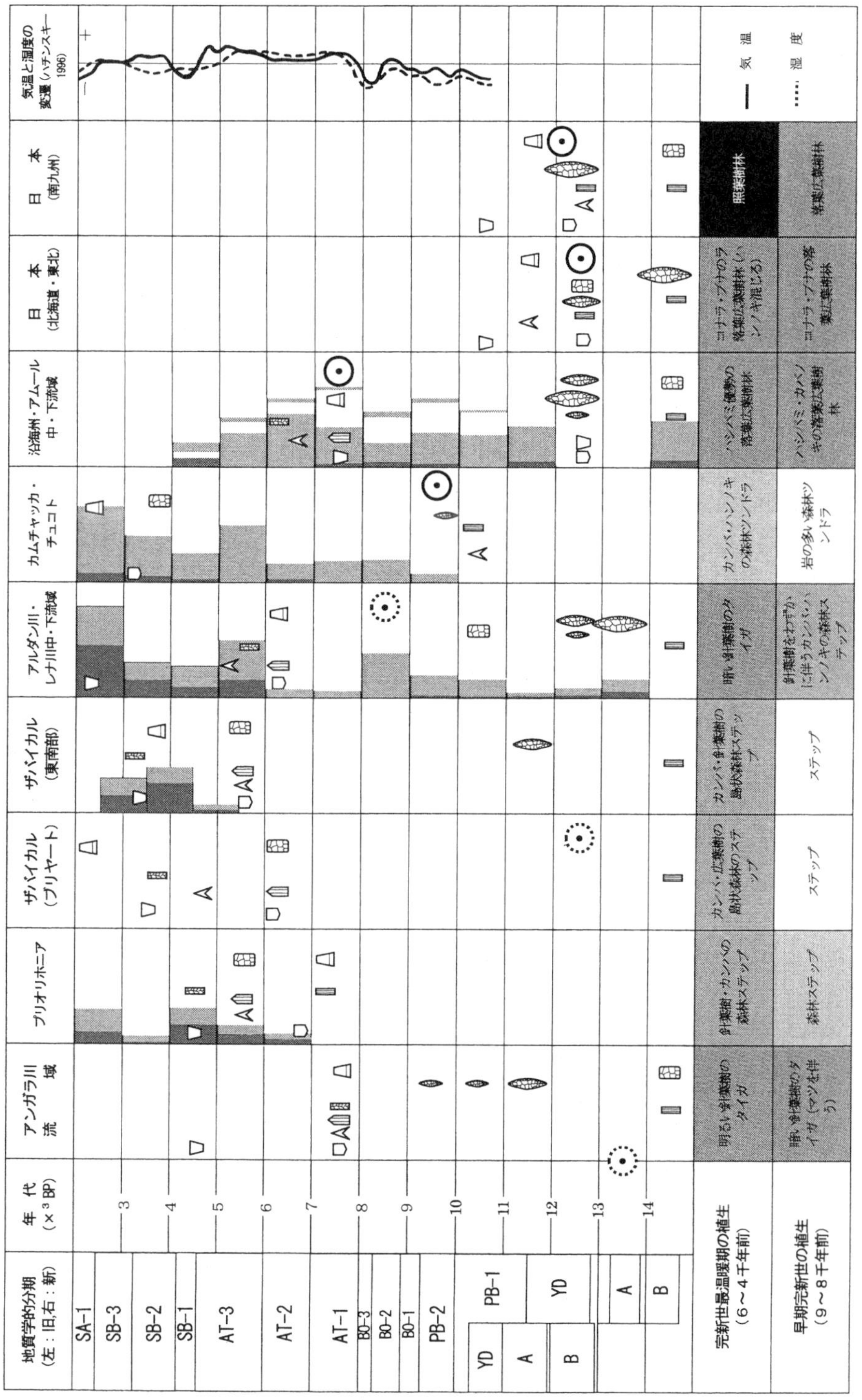

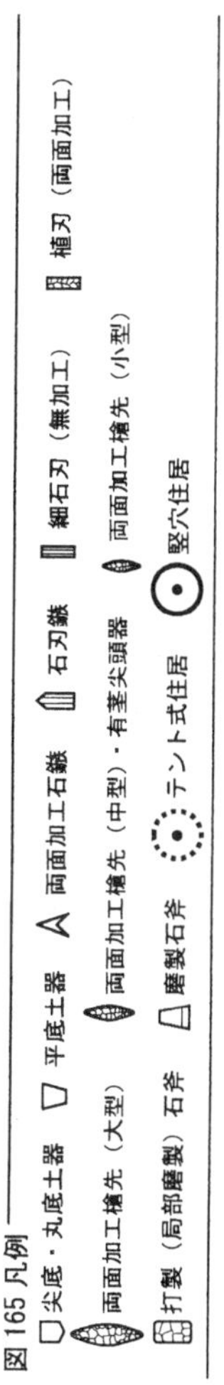

第VIII章 後期旧石器時代から縄紋時代へ 269

図114 東北アジアの更新世末～完新世の石器・土器組成の変遷（小畑 2001から転載）

図165 凡例
◇尖底・丸底土器　▽平底土器　A両面加工槍先（大型）　🗄細石刃　🞂植刃（両面加工）
🜚両面加工石鏃　🛆有茎尖頭器　⊙両面加工槍先（小型）
両面加工（局部磨製）石斧　🜂磨製石斧　⊙テント式住居　◉竪穴式住居
🞀打製

1日のごとく変化が見られない。どこから、またなぜ組成石器全体でなくて1、2の要素だけが波及してきたのであろうか。そうした説明はいっさい見られない。村崎孝宏の論文に掲載された図を見ると、中国・四国地方を経由してきたような表現であるが、その先の東側は不明である（村崎2000）。細石刃との共伴ということであれば、先に引用した小畑論文が想起されよう。スヴォロヴォ遺跡群など沿海州南西部地域への配視も忘れてはならないのである。それが「環海の考古学」(2001年4月29日に開催された公開セミナーのテーマ）の視点と方法である。

　萩原博文が長崎県泉福寺洞穴の層位的出土例を基準として、最近「縄文草創期の細石刃石器群」の編年を試みている（表1）（萩原2001）。第Ⅰ章で述べたように、萩原の思考法はナイフ形石器にせよ細石刃核にせよ、また槍先形尖頭器にせよ技術や形態的特徴を抽出してそれらを時間的組列に組み立て、しかも細別化することである。本論で萩原は槍先形尖頭器を、多久茶園原・帖地2A→茶園Ⅳ層→泉福寺5層→田崎→泉福寺4層のように変遷し、九州の「神子柴系」石器群は、多久茶園原・帖地2A・市ノ久保→門田・茶園Ⅳ層・帖地1Bという2段階に区分している。そして、

　　福井第4層に尖頭器や石斧を組成する点を考慮すると、草創期初頭・前葉にも引き続き存続していた可能性が強い。多久盆地の三年山・長尾開拓遺跡や出羽洞穴がこの段階に位置づけられる可能性があるが、細石刃石器群との共伴例は現在のところ認められない。尖頭器石器群は、草創期中葉の山王遺跡や茶園遺跡への連続した発展が考えられ、尖頭器断絶期は存在しないと思われる。茶園遺跡の尖頭器は三年山や長尾開拓に比べ薄くしあげ、調整技術もていねいなので、「神子柴文化」の影響と考えられる。しかしながら茶園遺跡や山王遺跡に特徴的な圭頭形は「神子柴文化」には認められず、九州の尖頭器石器群の様相は不明な点が多く、「神子柴文化」との関係も明らかにされていない点があり、今後の課題である。

としている。しかし今後の課題は、石器の細別編年や伝播系統論の枠組を解体し、萩原自身も取り入れている「石器製作システム」、「地域集団間交流連鎖」などの概念に基づいた方法論の徹底化で

表1　萩原博文の九州における土器出現期の細石刃石器群の編年案（萩原 2001から転載）

時代区分		泉福寺洞穴	周辺地域	南九州
縄文時代草創期	後葉	泉福寺　4層		岩下Ⅸ層
	中葉	泉福寺　5層 泉福寺　6層	田崎 茶園 福井　2層下	塚ノ越 横井竹ノ山
	前葉	泉福寺　8層 泉福寺　9層	福井　3層	帖地　2A地区
	初頭	泉福寺　10層上 泉福寺　10層下 泉福寺　11層	中の原	加治屋園 加栗山32ユニット
旧石器時代			福井4層	榎崎B

あろう。なお萩原も、「新しい文化を特徴づける要素の出現をもって編年の画期とすべきであり、現時点では土器の出現により縄文時代の画期と考えたい」と述べているが、この考え方の基本は筆者が批判してきた「文化要素主義」にある。画期は構造─〈認知系‐行動系‐技術系〉システムあるいは生活構造─の変動期におくべきである。

それではロシア側の研究者はこの件をどう見ているのであろうか。ニーナ・コノニェンコは、ウスチノフカ6遺跡の石鏃、ウスチノフカ4遺跡の有茎尖頭器、ウスチノフカ3遺跡やスヴォロヴォ6遺跡の刃部磨製石斧および土器などは、日本列島本州地域からの影響と見ている（コノニェンコ1999）。ただし、根拠は両地域における類似石器群の放射性炭素年代値の新旧─13,000〜11,000BPと11,500〜9,500BP）にすぎない。また、その「神子柴文化」観もおぼつかない。「東日本地域では細石刃文化伝統を基礎とした神子柴文化が形成された。この点は該当地域における神子柴文化の古段階の遺跡に前段階の石器製作技術が残存していることから明らかである」（同140頁）といった程度の認識である。

以上の諸論考は直接間接に栗島義明の考察を下敷きにしているようである。そこで次に彼の論点を検討してみよう。

6　栗島説批判

栗島義明の近年の研究論文には日本考古学に伝統的な視点と日本考古学に新たな視点との奇妙な混交が見られる。後者が主調をなす論文（栗島1990）は先に言及したように高く評価できるが、そうでない場合は世評と違って評価できない。研究論文ではなく、ニーナ論文への論評という形式をとっているが、彼のそうした面が顕な「神子柴文化の系統問題」（栗島1999）を取り上げて、批判を加えてみたい。

まず、文中に挿入された次のような文章である。「日本列島における移行期の文化としての神子柴文化を、一律に伝播（渡来）、拡散という思考で捉えることも再検討する必要に迫られてこよう。……今後は地域的分離を強調せずに、日本海域を取り巻く同一地域として包括的に解してゆくことの方が、より実体に即したものとなるかもしれない」(162頁)。この種の表現は一般には論文の結論部に見られるものである。前後の文を読めば、確かにこれが栗島のいいたいことの中核であることがわかる。伝播論の先鋒と目されてきた栗島が、「一律に伝播（渡来）、拡散という思考で捉えることも再検討する」姿勢を見せている。評価したいところであるが、それでは代わってどういう視点や方法をとるのかというと、「地域的分離を強調せずに、日本海域を取り巻く同一地域として包括的に解してゆく」というのである。これは筆者と対極にある姿勢である。筆者は、列島内においても、少なくとも北海道（細石刃石器群伝統）、東北地方（長者久保石器群伝統）、中部地方（神子柴石器群伝統）は区分して、社会生態学的視点から各地の石器群の形成過程を追究することを目論んでいるからである。地域的分離と環日本海という視点とは対抗的なものではなくて、分析レベルでの大小でしかない。

栗島の総体的な目論見があいまいなので、具体的でなければならない個別的記述までもが不明瞭になっている。「著名なガーシャ遺跡やオシポフカ遺跡などの石器群そのものを、例えば列島の神

子柴文化期の遺物と比較した場合、寧ろ両者の間に差異を見出すことの方が困難との印象がある。両文化を同一の母体として……」(161頁)という文章から見ていこう。この文章には科学的な厳密さに欠けた稚拙なレトリックが見られる。大陸側の2遺跡の石器群と比較されるのは神子柴文化期の遺物であって、神子柴遺跡や長者久保遺跡の石器群ではない。ガーシャ遺跡の石器群中には確かに神子柴型尖頭器に対比してもいい槍先形尖頭器が見られる（大貫1999：第8図）が、放射性炭素による測定年代値が12,960±120であることを見落としてはならない（オクラドニコフ・メドヴェージェフ1990）。栗島が掲載したガーシャとオシポフカの石器群（栗島1991:図3）にさえ差異を見出せる。神子柴遺跡と長者久保遺跡の石器群の差異については以前言及した。また文章後半の部分は、「オシポフカ文化」と「神子柴文化」が先行のある文化を母体として派生した「姉妹文化」という意味なのか、それとも両文化を同一の文化母体として後出の文化が派生した「親文化」という意味なのか、はっきりしない。しかしいずれにしても、考古資料の現状からは証拠づけることのできない言説である。したがって、「日本列島における神子柴文化段階の遺物が東日本地域、とりわけ東北以北に偏在している状況も、沿海州地域のオシポフカ文化との強い関連性を示すものと思われる」(161頁)という記述にも問題が生じてくる。栗島は「細石刃文化最終段階」が「神子柴文化の波及段階」であるとも書いている。文化段階説に対する批判は、筆者が口をすっぱくして繰り返してきたことであるが、ここでも表明されている。「強い関連性」という言葉も抽象的すぎて内容がない表現である。

　この強い関連性を示唆する考古資料として栗島は、「有茎尖頭器」、「石器素材の埋納行為」、「石器製作に於ける熱加工処理」、「土器製作の板作り（パッチワーク）」の4点をあげているが、いかにもお手軽である。案の定、土器製作上の「パッチワーク」とは、栗島の理解と違って「型づくり」であると、大塚達朗に一蹴されている（大塚2000）。

　批判に入る前に、「神子柴文化」という用語・概念を再度検討しておこう。

　考古学上の伝統的な「文化」概念は、周知のように、わが国においてもゴードン・チャイルドのものを踏襲していることになっている。チャイルドは、「特定型式の手斧・短剣・剃刀・装身具が同時使用を示す状況で特定型式の墓や住居からまとまってしばしば発見される……このような頻繁に見られる考古学的型式の一定の組合わせassemblage」を「文化」と呼んだが、同時に「頻繁に見られる石器の組合わせがあっても、それが一定の住居や墓にかぎって発見されるということもなく、また特別な献立を示す獲物の破砕骨とさえももっぱら共存することのない場合、"インダストリー"industryと名づけるべきであって文化とよぶべきでない」ともいっている（チャイルド1981）。ある民族が残したと仮定される遺物・遺構の特徴的な型式群に見られる特定の組合わせが、空間的な広がりと時間的な幅をもっている場合に、この特定型式群の組成を文化と呼んだのであるが、ただし、どんな動物を食べていたのか、住居はどうであったのか、どのような埋葬法であったのか、こうした生活様式を推測できる資料を欠いて、石器しか出ていないような場合には、「インダストリー」と呼んでおいたほうがよいというのである。

　チャイルド流の文化概念に対してはルイス・ビンフォードらの批判があるが、それを一応置いてチャイルドに倣えば、「神子柴インダストリー」ないしは「神子柴石器群」と呼ぶのがふさわしい。

百歩譲って「神子柴文化」と呼ぶのであれば、基準遺跡である神子柴遺跡における石器の特定型式群の組成―大小の局部磨製石斧・大小の石槍・石刃および石刃素材の搔器と彫器など―を重視しなければならないはずである。細石刃を加えるのは原則からの大きな逸脱である。神子柴遺跡の石器群と同じ特定型式群の組成が空間的な広がり、時間的な幅をもって「文化」と呼ぶのにふさわしい証拠は見当たらず、目につくのは、「神子柴系石器」と細石刃石器群との共伴例ばかりである。

「石器組成も東北日本に於いてよりオシポフカ遺跡との類似を色濃く残している印象が強い。石刃技法の保有や彫器や彫搔器の石器組成内での安定した姿などはその一例とも言えようか」(164頁)。この常軌を逸した表現に対して何といえばいいのであろう。石刃技法は後期旧石器時代前半期以来連綿と続いてきたものであり、彫器も古くから使われてきた道具である。彫/搔器をもつ個々の石器群の正確な年代的位置ははっきりしないが、この石器も神子柴石器群の出現以前から北海道や東北北部に存在していたようである。石刃技法や彫器や彫/搔器が先行のものと異なる特徴的な型式群でない限りは、「オシポフカ文化」との関連性を云々するためにわざわざ引張り出すような遺物ではないはずである。

栗島の1991年の論考で彼の思考法をもう少し追ってみよう。彼の伝播論は山内清男の「渡来石器」を踏襲している。「縄文草創期には少なくとも3度にわたっての石器渡来が存在したものと考えられるのである。その最初は石斧・石槍そして土器の渡来であり、次に有茎尖頭器、そして半月形石器、石鏃、断面三角形錐、矢柄研磨器の渡来である」と述べ、栗島はその意味を、「単なる新来の遺物の伝播としてではなく文化の伝播として評価」する。すなわち、「神子柴文化」の出現である。進化論的接近法、生態学的接近法、形成過程論的接近法、情報論的接近法、象徴論的接近法、行為者（エイジェンシー）論的接近法、景観論的接近法など、多様な方法論を経験ずみの現代考古学においては、何とも古めかしい言説である。もう少し新しいいい方をすれば、「他地域の文化的要素を取り込みつつ形成されたのが神子柴文化である」ともいえよう。筆者の場合ははじめに記したように、「細石器や神子柴型石器群や有舌尖頭器を複合的な文化とみなし、生業、集団間、受容、地域性といった相違によって、それぞれの装備を異にした集団が、ほぼ同時に棲息したと解釈」して、縄紋文化のダイナミックな形成過程を上記のさまざまな方法論を駆使して構築する立場をとっている。

それはさておき、最後に「神子柴系遺物との共伴関係」とその解釈を取り上げておこう。

栗島は、北海道では丸子山遺跡、モサンル遺跡、立川Ⅰ遺跡、祝梅三角山（上層）遺跡、メボシ川2遺跡を、東北では越中山遺跡と山屋遺跡を、中部では樽口遺跡、大刈野遺跡、宮ノ前遺跡を、九州では福井洞穴（4層）、市ノ久保遺跡、上下田遺跡、帖地遺跡を例にあげている。北海道では白滝型細石刃核とオショロッコ型細石刃核との共伴例をあげているが、そうすると「細石刃文化最終段階」が「神子柴文化の波及段階」であるという前言との整合性をどう取るのであろうか。北海道については後ほど詳しく検証することにして、ここでは九州の帖地遺跡に簡単に触れておきたい。

鹿児島県帖地遺跡は細石刃・土器・槍先形尖頭器・局部磨製石斧・石鏃の「5点セット」の出土で有名になった。報告書（永野編 2000）が出たので簡単に検討しておこう。いずれの遺物も薩摩桜島火山灰層(Sz-S)下のⅩⅡ層から出ている。しかしブロックを構成していなかったので、厳密な

同時性には問題を残すこととなった。いずれも細石刃石器群のコンテクストながら、直線距離にして70m以上離れた二つの発掘区に分かれて出ている。局部磨製石斧は1B区の南西端において単独で出ており、もっとも近い細石刃核(0576)とも2m弱離れている。石鏃も北東端において単独で出ており、もっとも近い細石刃(0097)とは2.5m余、土器片(0089)とは3.5m余離れている。槍先形尖頭器は2A区の南西端においてほぼ単独で出ており、もっとも近い細石刃核(3919)とも4mほど離れている（図115）。こうした遺物の分布状況からは、この遺跡の形成過程を単純に明言することは困難である。

図116には可能性の高い石器組成を掲載した。1B区ではこれに土器が加わる。問題の局部磨製石斧と槍先形尖頭器は厳密にいえば「神子柴型」ではない。これを「神子柴系」と呼ぶかどうかは主観の問題だが、旧石器／縄紋時代移行期観にかかわることである。槍先形尖頭器はその生産地遺跡と目される佐賀県多久三年山・茶園原遺跡を念頭において、まずその九州での展開を明らかにすることが先であろう。

先に言及したように、九州の研究者たちに少なからず影響を及ぼしている、「神子柴文化の波及は、こうした日本列島を東西に二分する細石器文化圏を席巻するように南下していった蓋然性がたかい」(166頁)という栗島説は、上で見てきたように仮構である。

第3節　神子柴・長者久保石器群の列島内発生

1　筆者自説の展開

青森県長者久保遺跡は恩師の佐藤達夫が調査した遺跡であり、北海道常呂での調査実習の帰路に佐藤に伴われて、遺跡の発見者角鹿扇三邸に宿泊した機縁もあり、長者久保石器群は何度か手にとって観察してきた馴染み深い石器群である。一度見たら忘れがたい佐藤による「丸鑿形石斧」の実測図は『先史考古学研究』の表紙を飾ってきた。筆者は長い間佐藤説（佐藤1974）の信奉者であった。

最初にこの問題に言及したのは、『旧石器考古学』誌上の連載論考中の註においてであった（安斎1987）。註4の該当部分はこうである。

……特に、内発的開化の要因であるナイフ形石器終末期の社会の内部矛盾とその構造的崩壊、そして外発的開化の要因である細石刃文化と神子柴・長者久保文化の伝播の影響の探究が重要課題である。とりわけ神子柴・長者久保文化の列島内での展開と在地化の過程（稲田1987）は、稲田孝司が指摘する以上に縄文文化の起源にとって重要である、と私は考えている。「極東沿岸部の土器出現前後の段階にはアムール川下流と沿海州南部では今の所、大分石器組成に差がありそうだが共通して尖頭器とクサビ形細石刃核が伴い、日本の長者久保・神子柴石器群そのものを大陸に求めるのは難しい」（大貫1987）現状だが、列島内にそれ以前の過渡期がみあたらないのは、おそらく大陸側の石器・技術複合体の要素と技術者及びこれらの要素のイデオロギー的側面が在地の尖頭器文化をになう集団によって選択受容されたからではないだろうか。ここに始まる縄文文化の急激な勃興は、単一民族による万世一系の前進的変化の連続性を示す

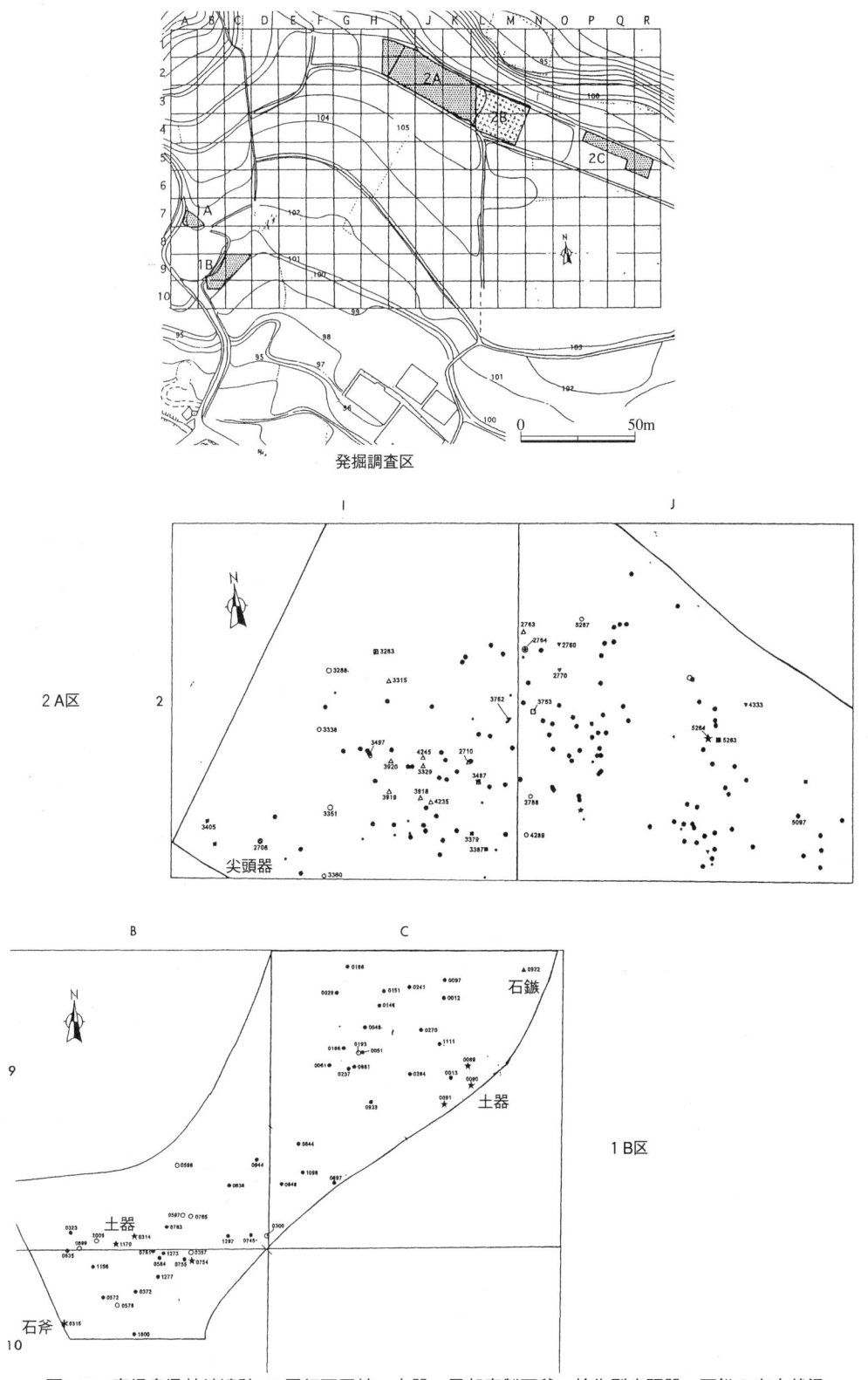

図115　鹿児島県帖地遺跡 XII 層細石刃核・土器・局部磨製石斧・槍先型尖頭器・石鏃の出土状況
　　　（永野編　2000による）

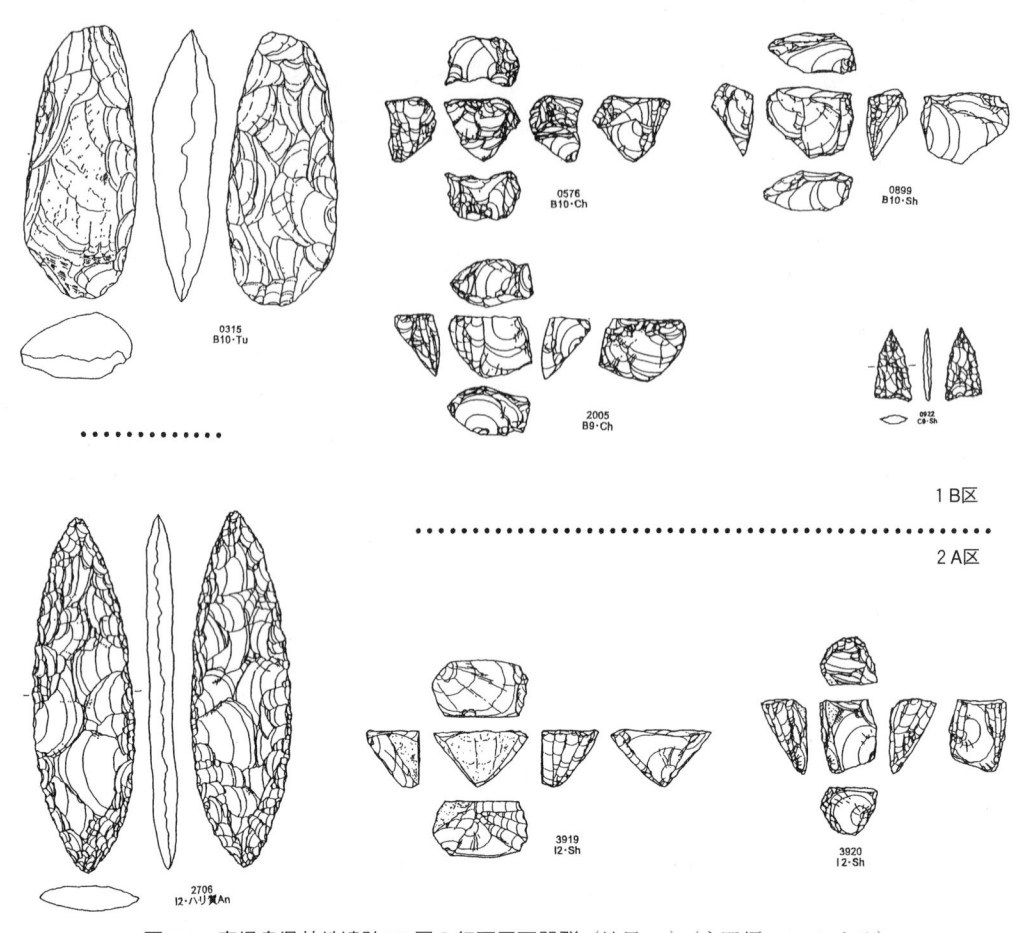

図116　鹿児島県帖地遺跡 XII 層の細石刃石器群（縮尺1/3）（永野編 2000による）

変化ではなくて、異なる比較的特殊化していない文化によって達成された、歴史的・系統発生的不連続を示す変化であった、と思う（12頁）。
　註5においては「デポ」に関連して、〈威信材〉・〈交換材〉説に次のように言及した。
　岡本東三は、秋田県綴子遺跡・岩手県持川遺跡・長野県横倉遺跡・同宮ノ入遺跡・同神子柴遺跡・福井県鳴鹿山鹿遺跡の六箇所を挙げている。ただし、数多い神子柴・長者久保系の石斧と尖頭器の表採資料や単独出土のもので、佐原真（1985）の謂う〈単数埋納遺物〉に相当するものを勘案すれば、この種の遺跡は相当の数にのぼるものと考えられる。岡本は「神子柴・長者久保文化の石斧は一系統の文化の中から出現したと断定しえない複雑な様相をもっている」（1979、10頁）と、この特異な形態をもつ石斧の出生の秘密を暗示している。私が想像するに、これは系統の問題であるとともに文化受容に関連しているのではないだろうか。すなわち、この新しい形態の石斧（及び尖頭器）はその魅力と新奇なことがいっしょになって、当初〈生活材〉としてよりも〈威信材〉・〈交換材〉として受容され、おそらく動揺する社会の統合のシンボルとしての機能を与えられていたのが、生計維持様式の変化・安定化（縄紋文化化）と歩調を合わせるようにして、しかも後続の渡来石器といっしょになって次第に象徴的なものから現

実的なものへ転化されていき、結果として縄文社会の主要な生産手段になったと考えられる。例えば、北海道の間村遺跡出土及び白滝村ホロカ沢表採の2点の片刃打製石斧ないしは丸ノミ形石斧は黒曜石製であるため、杉浦重信が、「他のタイプの片刃石斧と同列に扱うには疑問があり、石斧とは用途を異にする石器と考えた方が妥当であろう」(1987、126頁)と、特別視したものであるが、この2点の石斧の存在などは〈威信材〉説の傍証になり得る。儀器・祭具として機能したかもしれない。細石刃文化期から神子柴・長者久保文化期にかけては社会的に不安定な時期であった。地域諸集団は文化的同一意識の再確認と社会的統合のために祭儀活動などの増大・強化に努めていたと推測される。隣接集団は機会を作っては頻繁に集合を繰り返していた。神子柴遺跡の石器出土状態を丹念に分析した田中英司(1982)は、「神子柴遺跡の小範囲から検出された石器群は、どれひとつのみでも遺構として成立するような個別性の強い小群を単位としつつ集合していること」(67頁)が大きな特徴であると述べている。散会に際し次回に備えて、各集団を象徴する石器が収蔵あるいは埋納されたのかもしれない。出現期のデポのこのような性格は、縄文草創期にはいって次第に経済的なものに変化していったと思われる(12-13頁)。

この連載論考は筆者自身の考古学的パラダイム転換を準備したものであったが、註4も註5も転換にはほど遠い新旧折衷の思考と文章であった。これを土台として、パラダイム転換へとさらに踏み込んだものが『無文字社会の考古学』(1990)であった。そのなかから関連部分を抜き出して再録しておく。

　神子柴・長者久保系石器群から縄文時代草創期の石器群にかけてみられる石器の特異なあり方、特に尖頭器・石斧の技術・形態的特徴とその出土状態に注目する研究者は以前からあったが、特に近年の東京都前田耕地遺跡、長野県下茂内遺跡など膨大な量の接合資料を出土した尖頭器の製作址遺跡の分析如何では、稲田の指摘した特別な目的の場合や季節的に石器製作に従事する半専門家(part-time specialists)の存在を推測できるデータが得られるかもしれない。長野県横倉遺跡からの採集品を中心に神子柴型尖頭器をいわば《固体識別法》とでもいった手法で分析している森山公一(1986)の仕事などを通して、「石器は土器のように人(individual)を語り得るか」という問題（安斎1986、1990）に回答の鍵が与えられるかもしれない。

　すばらしい石器作りの技量の持ち主として、所属集団の日常の消費石器ばかりでなく、交換用・儀礼用の石器も専ら作り、その製作品は富と威信の象徴となるがゆえに、見返りに社会的名声と威信とが授けられ、年老いて食糧獲得活動に参加できなくなっても、身に付けたノウハウの伝習者として社会的存在であり続ける人―渡辺仁の《退役狩猟者》(Watanabe 1983、渡辺1987)―のような存在を想定しながら、この時期の石器群を分析してみれば、従来とは異なった成果が得られるかもしれない(116頁)。

このような民族誌例―サーリンズの『石器時代の経済学』で紹介されているオーストラリア北クィーンズランドの部族間交易連鎖―からすぐ念頭に浮かんでくるのは、縄文時代直前に現われる神子柴型尖頭器、神子柴石斧の一種特有なあり方である。また、旧くは渡辺仁(1950)が上

流の地域から半製品（割裂片）としてもたらされた可能性を指摘し、最近では鶴丸俊明(1985)が細石刃文化期の黒曜石供給の一形態としてとらえた、北海道の黒曜石原産地あるいは原産地付近の遺跡に典型例が多く見られる粗大な尖頭器や大型両面調整石器の機能が、単に運搬上の便宜から整形されたのではなくて、恐らくそこには遠くへ運ばれていく財に付着する重要性と関連する交換レートの問題が絡んでいたと推測されてくる(188頁)。

……後期旧石器時代の終末期を、ナイフ形石器文化→尖頭器文化→細石刃文化→神子柴・長者久保文化というように、特徴的な石器及びその組成を基準にして文化の階梯を設定した従来の静態的歴史観には、全体的構造とその進化的動態のプロセスをとらえる視点が欠落していた。当該時期は、狩猟採集民経済から農耕民経済への変化（一般進化）という世界史的側面と、ナイフ形石器文化から縄文文化への変化（特殊進化）という地域史的側面の両面から追究すべきであって、ナイフ形石器文化終末期の社会的矛盾とその構造的崩壊（稲田 1968）の中に縄文文化の内発的開化の要因を探り、同時に更新世から完新世への気候的変化に応じた適応戦略の変化と大陸側からの新しい文化要素の渡来の中に縄文文化の外発的開化の要因を見つけ出すことが重要課題となっている。考古学的に観察できる石器の形態及び組成変化の原因を自然環境の変化（機能の変化）、あるいは外地からの伝播か内地での発明による変化（伝統の変化）、あるいはその両者に求めるだけでは不十分である。《使用上の機能》と《学習の場》が同じであると考えられる状況下においてさえ、道具の形態と組成は集団規模・祭祀儀礼・居住期間・贈与交換等の社会的要素との関連に左右されることが考えられるからである(212-213頁)。

以上のような方法論的認識に基づいた「神子柴・長者久保石器群」の記述は以下のようであった。

それではこの神子柴・長者久保石器群の出自はどこに求められるであろうか。大貫静夫(1987、35頁)によれば、「極東沿岸部の土器出現前後の段階にはアムール川下流と沿海州南部では今の所、大分石器組成に差がありそうだが共通して尖頭器とクサビ形細石刃核がともない、日本の長者久保・神子柴石器群そのものを大陸に求めるのは難しい」ようである。来日したデレヴィアンコにこの点を尋ねたところ、シベリアには日本と対比できるほど古い時期の神子柴型石斧の出土例はないということで、むしろ発生地は日本ではないかという意見であった。時期や石器組成がはっきりしないが、沿海州のナホトカにちかいウスチノフカ遺跡から局部磨製の丸鑿形石斧が出土している事実を木村英明（1988）が報告している。現在までの断片的な資料から大胆に推測してみれば、日本海を囲む北海道・東北地方北半と沿海州にまたがる地帯に共通して石刃技法を残した諸集団の、生態系の変化に対応した活動的適応の過程で発生したものであったかもしれない。

神子柴・長者久保系の石斧と尖頭器がデポ状に残された遺跡のほかに、表採資料や単独出土のもので佐原眞(1985)の言う《単数埋納遺跡》に相当するもの（森嶋 1968）を勘案すれば、この種の遺跡は相当の数に上るものと考えられる。それらは、岡本東三(1979)が、「神子柴・長者久保文化の石斧は一系統の文化の中から出現したと断定し得ない複雑な様相をもっている」と述べているように、この特異な形態を持つ石斧類の発生は複雑な系統の問題であるとともに、

同時に生産活動の生態的適応の変化の問題—縄文時代の木工・木造建築の発達（渡辺 1990）の
ための先適応—でもあり、また《物質文化》を構成する新しい要素の受容と変容に関連してい
ることも暗示している。

　かつて森島稔(1970)は、「神子柴系の石器組成はある限られた時期に特徴的なのではなく、旧
石器文化終末期から縄文文化最初頭までの一系列をなす文化であるものと考えられる」と正し
く予見していたが、森島の見解に触発されてこの時期の石斧・尖頭器から縄文草創期の石斧・
尖頭器への変遷をとどってみた時に、少なくともそれらの一部は北海道・東北地方の地域文化
において、更に南に接する地域の文化システムの中で、最初生産用具として機能した《生活財》
としてよりも、《威信財》あるいは《交換財》として受容されて恐らく転換期の動揺する社会
でその統合のシンボルとして、儀器・祭具の機能を与えられていたものが、生計活動の変化と
それに続く社会の安定化とともに次第に象徴的なものから現実的なものに転化していき、結果
的に縄文社会の主要な生産手段になった、という考えが脳裏にひらめいた。渡辺仁の用語を借
りれば、筆者のこの《機能転化》仮説は今後考古学的検証を必要としているが、例えば、黒曜
石製であるため、杉浦重信が「他のタイプの片刃石斧と同列に扱うには疑問があり、石斧とは
用途を異にする石器と考えたほうが妥当であろう」（富良野市教育委員会編 1987、126頁）と
特別視した、北海道の間村遺跡出土及び白滝村ホロカ沢表採の2点の片刃打製石斧あるいは丸
鑿形石斧をその傍証とする。また、ナイフ形石器文化の終末から当該期にかけての転換期は社
会的に不安定な時期であって、地域諸集団はその文化的同属意識の再確認と社会的統合のため
に、頻繁に集合を繰り返しては祭儀活動などの増大・強化に努めていたという仮定に基づいて
いる。神子柴遺跡の石器の出土状態を丹念に分析した田中英司(1982)は、「神子柴遺跡の小範
囲から検出された石器群は、どれかひとつのみでも遺構として成立するような個別性の強い小
群を単位としつつ集合していること」（67頁）が大きな特徴であると述べている。筆者は集会
後の用具の埋納址であったと想像している。この時期のデポ状の出土例は経済的意味合い以上
に社会的な意味を秘めているように思われてならない(214-216頁)。

　この1990年の著書の4年後に「土器出現期」という用語を借りて、旧石器時代から縄紋時代への
移行過程を石器群の変遷の面から記述した論考を発表した（安斎 1994）。そこには角鹿扇三と渡辺
兼庸が編集した資料集から長者久保遺跡出土石器50点—円鑿形局部磨製石斧1点、打製片刃石斧大
小各1点、槍先形尖頭器大小各1点、彫／掻器3点、彫器7点、掻器8点、削器2点、石刃・剥片23
点、黒曜石の礫1点—の写真を転載した（口絵写真Ⅳ）。テーマをより明確にするため、この文章
を添削し構成し直したものが『現代考古学』の第6章「遊動から定住へ」（安斎 1996）である。そ
こでの論点を整理しておく。

①後期旧石器時代後半期の北海道は、本州以南のナイフ形石器文化の発展と対照的に、細石刃
　文化の発展過程によって特徴づけられる。
②北海道の細石刃文化の後半期は、細石刃石器群と長者久保石器群（あるいはその個々の要素）
　の共時的・共伴的存在を特徴とする。
③モサンル遺跡、置戸安住遺跡、立川遺跡、湯の里4遺跡、美利河1遺跡、石川1遺跡、新道4

遺跡などは、機能論・行動論的に解釈することで、細石刃文化期の成熟したバンド社会の生業と居住形態に関する新しい理解が得られる。

④東北地方における細石刃石器群の登場は、人の出入りがあったとしても、地域集団の全体的な入れ替わりではなくて、基本的には生業形態の変化に伴う在地集団による狩猟具・採集具の技術革新、新技術の導入過程として説明できる。

⑤青森県大平山元Ⅱ遺跡の石器群はナイフ形石器文化の終末期のもので、北海道の細石刃文化と交通関係を有するものの、狩猟具としては細石刃よりも槍先形尖頭器に比重を置いた、伝統的地域集団が残したものである。

⑥大平山元Ⅰ遺跡の長者久保石器群に組成される局部磨製石斧と打製石斧は北海道方面（祝梅三角山遺跡上層出土品と対比）から導入された（後に述べるように、今回はこの見解を撤回し流入の方向を逆転させる）。

⑦青森県長者久保遺跡に典型的な石器群は、北海道南西部の細石刃文化との交通関係のなかで、東北地方北部のナイフ形石器文化（あるいはその槍先形尖頭器石器群様相）を母胎として、東北地方北部での生息環境の変化に応じて進化してきた。

⑧技術・形態的に変形した削片系細石刃核の存在については、茨城県後野遺跡例は技術の本来の所有集団が珪質頁岩の産地を遠くはなれた場所で石材を効率的に使用しようとした結果であり――最近の田村隆（2003）による石材産地の踏査・研究は、こうした視点の見直しを迫っている――、相模野台地や中部高地の出土例は、技術の本来の所有集団ではなくて、技術を受容した集団の手になるが故の変容である。

⑨利根川水系と信濃川水系の以北と以南とでは石器群は類似していても、それらの形成の背景は異なる。前者を長者久保系石器群、後者を神子柴系石器群と呼ぶ。

⑩沿海州に発した「神子柴・長者久保文化」が北海道に渡来し、以後、順次青森を経過して長野に至り、さらに九州地方にまで南下したという従来の「文化伝播論」は、説明原理としての有効性を失った。

⑪相模野台地において明示されているナイフ形石器→槍先形尖頭器→細石刃→槍先形尖頭器という狩猟具の変遷過程においては、細石刃石器群をはさんだ上下の槍先形尖頭器石器群は、技術体系も系統も機能もはっきり異なる。この図式は本州のほかの地域にも当てはまると思われる。

⑫九州、とりわけその南部の地方では上記とは異なる縄紋化の過程があった。

以上の著作・論考で論争には決着がつくと思っていたが、先に引用したように旧説に固着する研究者がなお少なくない。大陸渡来説は日本海横断説（佐藤達夫と佐々木洋治と最近の栗島義明）もあるが、暗黙に北海道を中継地としている。そこでかの地の最近の研究成果と筆者自身の新知見を以下に述べて、伝播論の道程を断ち切りたい。

2 形成過程論の課題

湧別技法に関連する細石刃石器群集団の本州への拡散に直面した、ナイフ形石器文化後半期の在地の槍先形尖頭器石器群集団および細石刃石器群集団自体の文化変容によって、長者久保石器群や

神子柴石器群が発生したというのが、筆者が描いたシナリオであった。それらの形成過程を構築する今後の作業のために、いくつかの課題を素描しておく。

(1) 渡島半島南端部の遺跡群

函館市石川1遺跡、木古内町新道4遺跡、知内町湯の里4遺跡で良好な細石刃石器群の資料が出土している。湯の里4遺跡からは峠下型細石刃核に伴う石器群と有舌尖頭器に伴う石器群を主体に、墓壙内副葬品として蘭越型細石刃核と単品でホロカ型細石刃核が出ている。新道4遺跡では峠下型細石刃核・美利河型細石刃核・ホロカ型細石刃核（?）に彫器と石刃・石刃製掻器が伴って出ている。石川1遺跡からは削片系細石刃核（報告書では美利河型細石刃核と示唆されている）・掻器・彫器・両面調整石器・石刃核と石刃が出ている。石川1遺跡の細石刃核が美利河型だとすれば、細石刃石器群はいずれも前半期のもので、本州で「北方系・削片系」と呼ばれる「両面調整加工技術」系の細石刃核は認められないことになるが、「両面調整加工技術」系集団は南下の際にこの地域を素通りしていったわけではないから、いずれこの現象の説明を可能とする資料が発見されるであろう。筆者は実見していないので断言できないが、伴出石器類から判断すると、石川1遺跡の例は削片系ではないかと思われる。

本州側と関連するのは湯の里4遺跡（畑編1985）のホロカ型細石刃核と、有舌尖頭器石器群中に見られる槍先形尖頭器・局部磨製石斧（の破片類）・彫器・石刃と石刃製掻器（図117）や、石川1遺跡の両面調整石器などである。槍先形尖頭器は厳密には神子柴型あるいは長者久保型とはいいがたい。局部磨製石斧は緑色泥岩製であるので、祝梅三角山遺跡上層出土のタイプかと思われる。組成とあわせ考え、これらをもって長者久保石器群とは呼び得ない。むしろ、共通要素の存在をどのように解釈するかが課題であろう。

(2) 槍先形尖頭器

上記のように後期旧石器時代後半期後葉には津軽海峡をはさんで共存していた伝統を異にする集団間に交流が認められた。交流は一方的なものとは思われない。

1985年に調査報告書が出された北海道今金町美利河1遺跡では、峠下型細石刃核石器群（美利河Ⅰ）→美利河型細石刃核石器群（美利河ⅡA）・蘭越型細石刃核石器群（美利河ⅡB）→有舌尖頭器石器群（美利河ⅢA）・広郷型細石刃核石器群（美利河ⅢB）の層順で石器群が出土した（図86参照）。柏台1遺跡の調査結果により、当初疑問視されていた当遺跡の蘭越型細石刃核石器群の放射性炭素による年代測定値19,800±380yBPの信憑性が高まっている。そうすると、有舌尖頭器石器群の測定値18,200±230yBPと17,500±200yBPも疑う理由がなくなってしまうのであるが、ここではとりあえず従来の編年観を前提にして論を進めることにする。取り上げるのはこの図にも示されている、大きさが33.1×7.5×1.8cm、重さが330gグラムの大型の槍先形尖頭器である。この石器の出自が北海道の細石刃石器群中にあるのか、それとも本州の槍先形尖頭器石器群中にあるのか、予断を許さない状況であるが、機能性を逸脱して大型化させるイデオロギーは神子柴・長者久保石器群と共有しているように思われる。

このイデオロギーは本州起源であると考えている。その傍証は八雲町大関遺跡の吉崎昌一資料にある（図118）。資料は局部磨製石斧を欠いているが、安山岩製の槍先形尖頭器の形態からも明らか

282

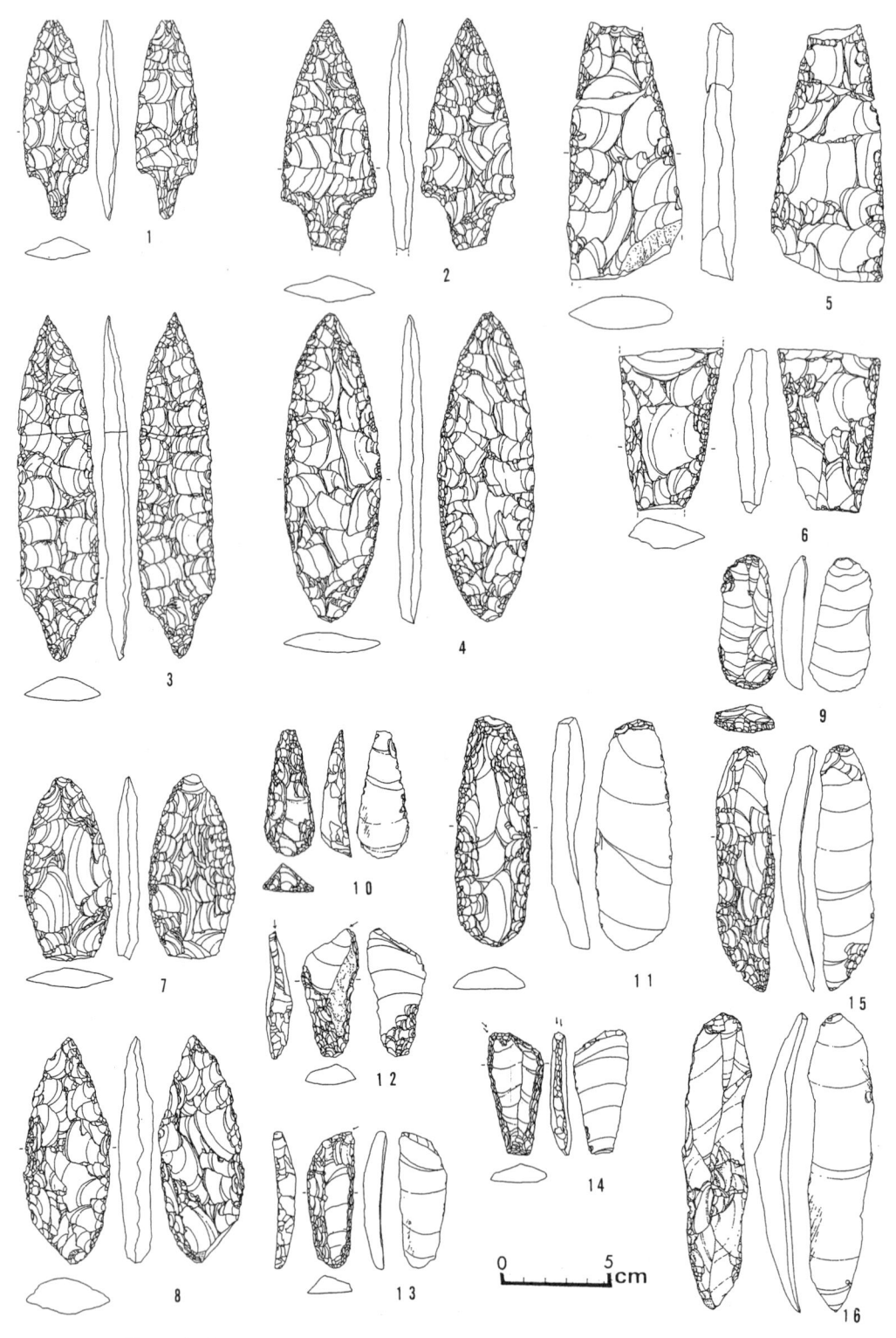

図117 知内町湯の里4遺跡出土の有舌尖頭器石器群（縮尺1/3）（畑 1985による）
ここに局部磨製石斧が伴う。

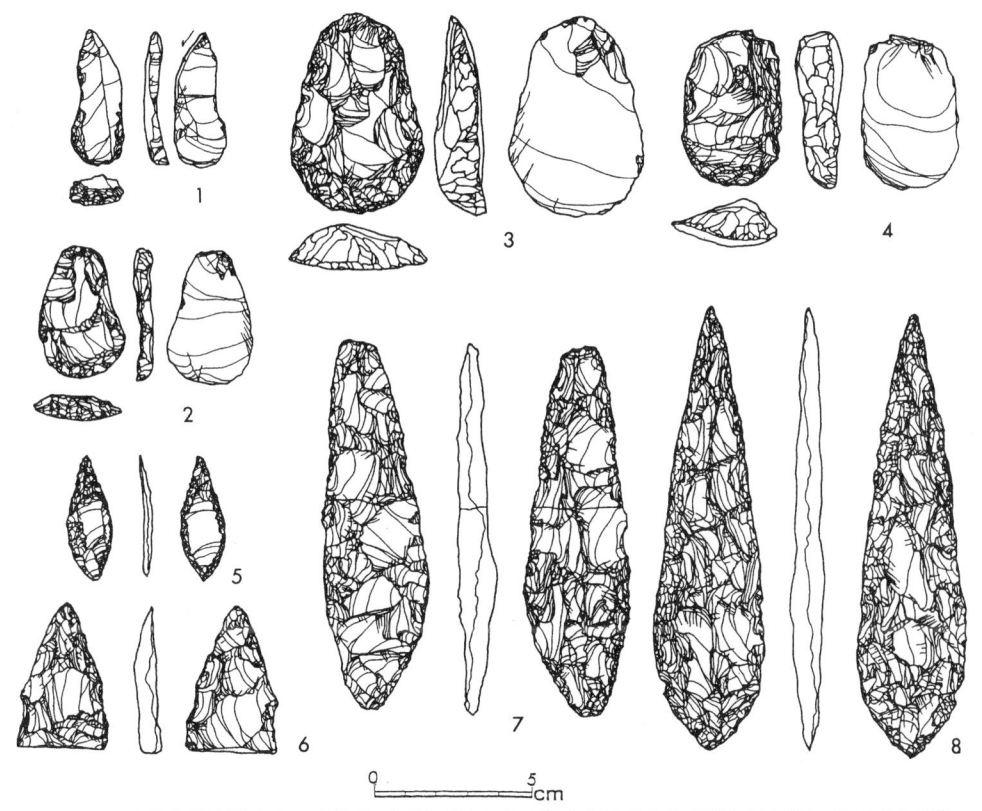

図118 北海道大関遺跡出土の吉崎昌一資料（日本考古学協会釧路大会実行委員会編 1999から転載）

なように、長者久保系石器群である。すなわち、少なくとも渡島半島の奥深くまで長者久保系石器群を有する集団が入り込んでいたことがわかる。そう見ることによってはじめて、千歳市周辺に分布するオショロッコ型細石刃核石器群中の大型局部磨製石斧の存在が理解できるのである。

(3) 局部磨製石斧

佐藤達夫は、沿海州と日本に共通して森林的景観の発達があったため、周辺地域よりもやや早く細石刃文化が終息したとして、沿海州地域にその系統を求めた（佐藤1974）。卓見ではあったが、佐藤の死後に急速に発達した旧石器時代研究の成果を見ると、列島は後期旧石器時代に入った当時から森林的景観であり、したがって局部磨製石斧も主要道具として早くから出現していたのである。最寒冷期前後の森林減退期に一時使われなくなったが、森林景観の回復に伴って再び必要な道具となった。このような植生景観のコンテクストにおいては、神子柴・長者久保石器群中の石斧の発祥地を外地に求める必要はないであろう。というよりも、既存の大型石斧の分布と年代を斟酌すれば、最寒冷期以後の温暖化に伴っていち早く森林が回復していった北海道南西部において細石刃石器群中に組み込まれた石斧は、沿海州、アムール川下流域、サハリン、北海道北部を通って北方より伝播してきたと見なすよりも、津軽海峡の南側にいた集団（長者久保石器群の荷担者）との交流のなかで受容されたと考えるほうが妥当性は高い。すなわち、北海道の細石刃石器群中の石斧は南から伝えられたものであろう。

山原敏朗が「忍路子石器群」、「広郷石器群」、「有舌尖頭器石器群」のそれぞれに伴う石斧類の類

別作業を行っている（山原1998）。これを見ると、大型石斧は北海道南西部の「忍路子石器群」の遺跡に集中している。このことも上記の仮説を暗示しているようである。

仙台市「地底の森ミュージアム」での特別展で久しぶりに長者久保遺跡の「円鑿」を見た（2002年9月18日）。刃部がアヒルの嘴状に大きく弧を描く特異な形態で注目された局部磨製石斧であるが、今日にいたるまでその個性は他に類を見ない。隣に展示された山形県八森遺跡の出土例などと比較しながら見ていたとき、これは本来の形態ではなくて再生刃部ではないか、という考えがひらめいた。本来は八森例などと同じ両刃ないしは緩い曲線の片刃石斧であって、背部が高まる部分で折れたために現状の特異形態となったのである（図119）。「神子柴系石斧」は八森遺跡例や神子柴遺跡例でわかるように、中央部でもっとも厚いのであるが、長者久保遺跡例では刃部よりに最高部が片寄っている。これは刃部先端部が折れたためと思われる。本例は若干小ぶりであるが、折れたと想定される刃部を復元してみると、同時期の大型石斧の部類に復帰できるのである。筆者のこの推定の傍証として、神子柴遺跡の小型石斧（図110-4参照）、長野県唐沢B遺跡の小型石斧（図121-23参照）、神奈川県吉岡遺跡群A区出土の小型石斧（砂田・三瓶編1998、第319図）などをあげることができる。いずれも刃部再生例と見なせるもので、刃部、とくにその腹面側の調整剥離に共通の特徴が見出せる（口絵写真V参照）。

もし上の想定が正しいとすれば、長者久保遺跡の「円鑿」はけっして特異な形態ではなく、大陸側の新石器時代に現れた「円鑿」との類似は偶発的な他人の空似ということになる。しかも〈威信財〉・〈交換財〉としての機能を脱して、〈生活財〉としての機能を有していたと見なせる。その意味で、時間的な布置は神子柴→長者久保ということになる。

第4節　神子柴遺跡の研究

1　神子柴遺跡の文化的象徴性

先に神子柴遺跡とその石器群が内在する象徴性について暗示しておいた。以下はその要点である。

発掘調査者の林茂樹によると、当遺跡は、「石屑が極めて少なかったことなどからみて、何らかの目的をもって配置された特殊な遺構」である。その特殊性を構造的な二項モードの視点から整理すると、

①炉（「トレンチ③の中央部第3層に微量の炭化物」）を中心として、一方に石斧、槍先形尖頭器、石核などと、大型で完形の石器群と剥離または破壊された黒曜石片で構成された「北環部A」と、他方に破損し摩滅した石器と新鮮な石器で構成された「南環部B」との対照。

②一方に先端を交差して放射状に積み重ねられた幅5cm、長さ18～15cmの黄白色柳葉形尖頭器4点の一群（Nos.12,14,15,16）に対して、他方に石器の組合わせが尖頭器6点、石刃5点、掻器3点、刃部再生石斧1点の計15点で、組成が複雑で破損した石器が多い点で違っている一群(Nos.25～38)との対照。

③上記の両石器群のちょうど中間点に、先端を上に向けて立てられたと考えられた長さ25cm、最大幅5cmの柳葉形尖頭器(No.23)の特異なあり方。

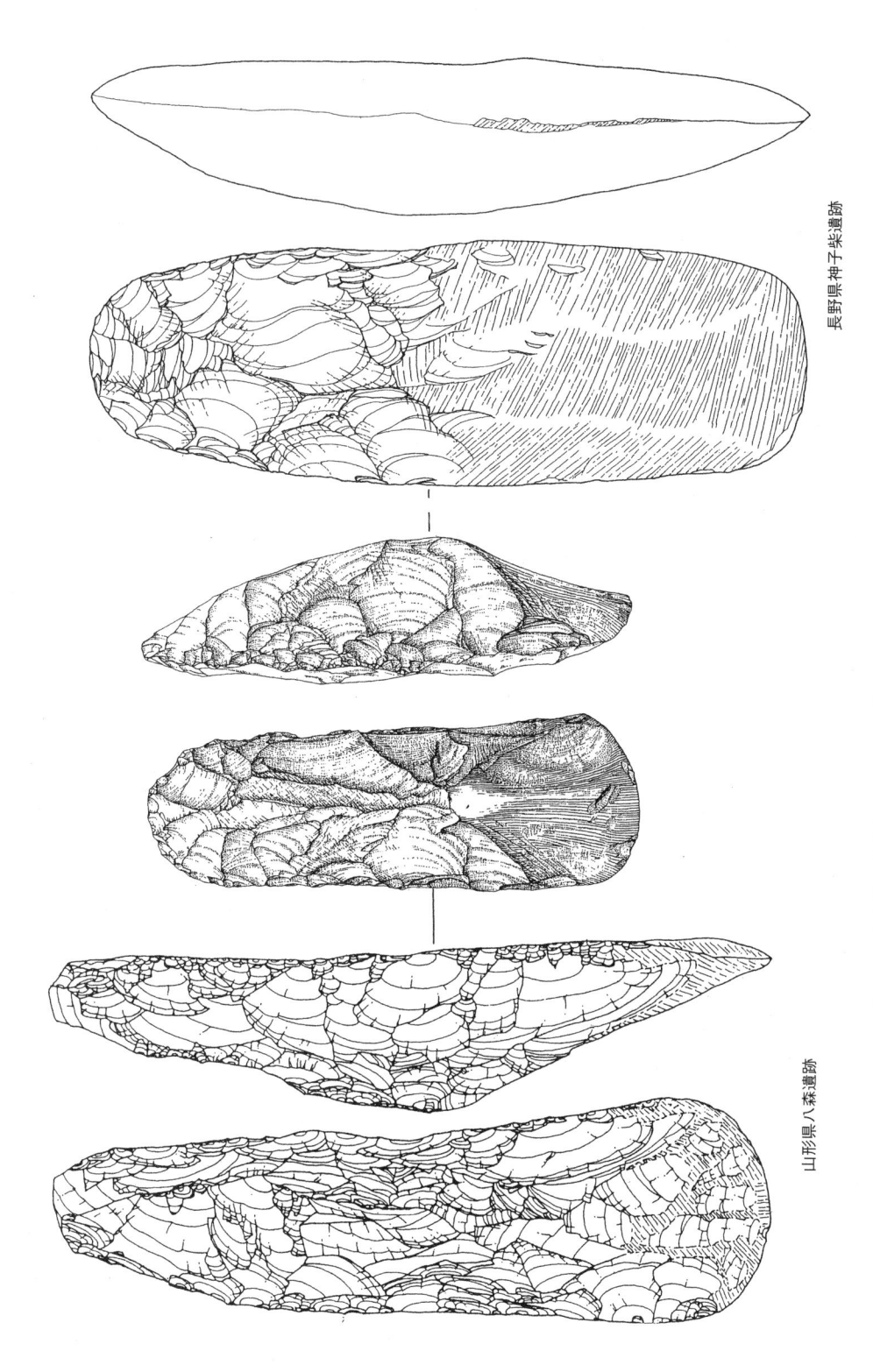

第Ⅷ章　後期旧石器時代から縄紋時代へ　285

長野県神子柴遺跡

青森県長者久保遺跡

山形県八森遺跡

図119　青森県長者久保遺跡出土の「丸鑿」と「神子柴型石斧」（縮尺60%）

④尖頭器類に見られる、一方に槍先としてよりも短剣としての機能をもつように思われた平均14〜17cmの美麗な形状を呈する珪質凝灰岩質頁岩あるいは玉髄製の大型品（神子柴型尖頭器）と、他方に使用痕の著しい黒曜石製中型類品との対照。

⑤石斧に見られる、一方に長さ22cm、幅8cm、厚さ5cm内外の短冊形に近い大型品（神子柴型石斧）と、他方に杏仁形尖頭器に類似した形態で、前者の「大型斧形石器とはその機能を異にしたいわゆる斧としての石器である」と報告された中型品との対照。

⑥石核に見られる、一方に扁平な円盤形と、他方に不正円筒形との対照。

⑦7点の石核のうち6点が黒曜石である石刃石核に対して、黒曜石製石刃が1点しか検出されないその対照。

「予想以上に特異な」遺跡と実感した林が、「墓地としての副葬の形。住居における用具の配置、経済行為としての貯蔵、祭祀儀礼の中の献納等石器時代人の社会や生活の情報として重要である」と、遺跡の機能の特定化を避けながらも、「泉の丘の上で大猟を祝う祭りが盛大に開かれた。彼らは石器を種類別にまとめて、槍は穂先をそろえて、石刃や石の中に獲物を積み重ねて祝の踊りとがくりひろげられる」、そのような光景を想像していたことは先に触れた。林は後年、前述の石器群の楕円形配置は平地におけるテント状屋内の配置を裏づけるものとして、住居址説の立場を取った（林1983）が、しかしこの説も定説化することはなかった。その後も立証する新たな考古学的証拠が見つかっていない。

狩猟採集民の土地利用は生態と生産性——資源・季節性・人口と資源のバランス・技術・資源利用戦術の動機づけなど——を考慮に入れ、食料の確保が予測できて長期にわたるリスクが避けられ、交換用の資源が確保できて社会的競争に勝てるように組織立てられている。彼らはそうした状況に、居住地移動、資源の調達・補給活動、食糧貯蔵、他集団との互恵的関係などによって適応している。しかしそれと同時に、狩猟採集民が特定の景観をコミュニケーションの手段として、所有権の主張として、意味の構造や力の構造として利用することも、民族誌の記録から知られている。民族誌的知見に基づき神子柴遺跡に関しては数々の設問が可能であるし、その回答も無数にある。しかし、新しい設問を可能にするのは考古学の学史的理解と学史的過程での相互批判のみが磨き上げる理論的知識とである。神子柴遺跡は分散していた単位集団の集合地であると同時に、集団間での交換の場でもあり、祭祀の場でもあった。しかも遺跡は、周年スケジュールに組み込まれた季節的・日常的遊動狩猟民の複合的な諸活動が、伊那谷を見下ろす孤立丘上という景観に象徴的に関連づけられていたという複合的な観点から新しい設問を試みてみたい。

2　景観考古学

(1)　風景と景観

最近は景観という言葉をよく目にするようになったが、以前から使われていた風景とどう違うのかわかりにくい言葉である。日本同様に古い人工景観の歴史をもつ英国においては、「風景」(scenery)と「景観」(landscape)はすでに近代に入る時点で区別されていたようである。風景が人々の審美的・芸術的対象となるのに対し、美的・詩的・倫理的・物質的あるいは超現実的対象となる

景観は、風景のなかから論理的・哲学的に訓練された目でもって読み取らねばならないものであった。歴史の長い年月にわたって変遷を繰り返してきてその最終地点にある今日の景観は、氷山の一角のようにその実態の一部にすぎず、素人の目には景観を形成してきた各時代の歴史的痕跡の多くは隠されてしまっているからである(Roberts 1987)。

明治期の日本において西洋の美的モデルが大量に導入されたことによって、少なくとも当初は教養あるエリート層の間に日本の自然に対して西洋の価値の浸透した視線を注ぐ傾向が生じた。同時に、またその欧化の行きすぎから反対方向の反応も伴っていた。たとえば、地理学者の志賀重昂は一方では西欧の地理学に学んだ「景観」という客観的な視点を取り入れていながら、他方で1894年の『日本風景論』においては執拗に日本の風景の特異性を強調していた。

ここで注意しておかなければならないのは、「風景」という用語は類義語の「光景」や「景色」さらには「山水」と同様に中国渡来の言葉で、この言葉と並んで中国から導入された一揃いの美的図式が平安時代に文字どおり日本の風景を成立させたのであった。そして他方で、1980年代を通じて風景の質という観点からと生態学的な観点とから、高度経済成長期に著しく悪化した生活環境の質が問われ出し、アメニティという概念とともに景観という問題が議論の前面に押し出されてきた（ベルク 1990）。景観考古学の導入に際して忘れてならないことは、そうした歴史的・社会的な背景である。

1981年に出た樋口忠彦の『日本の景観』が好評を収めたのはその一例である。樋口はふるさとの原型としての日本の景観を、①盆地の景観―「秋津洲やまと型」景観と「八葉蓮華型」景観―、②谷の景観―「水分神社型」景観と「隠国型」景観―、③山の辺の景観―「蔵風得水型」景観と「神奈備山型」景観と「国見山型」景観―の3大別（7類型）に分類して説明したうえで、現在の都市に生きた景観をつくっていくためにそれらを生かすべきであると主張していた（樋口 1993）。典型的な日本の景観とされていたのは弥生時代以降、とくに古代を意識して設定されている。

「日本の原風景」として弥生時代以前の景観を問題化したのが小林達雄である。小林は「イエとソト」をキーワードにして、イエ（竪穴住居）を中心としてその外側にまずムラ（人工的な空間）という近景があり、次にハラ（人と自然が共生する空間）という中景があり、そしてヤマ（自然的な空間）という遠景があり、その先にあの世であるソラがある、というような縄紋人の空間認識を想定して、そのようにつくり出した景観を「縄文ランドスケープ」と呼んでいる（小林 1999）。群馬県中野谷松原遺跡の縄紋人にとってのそのようなヤマは浅間山であり、長野県阿久遺跡の人々にとっては蓼科山であった（小林 1996）。おそらく伝統的な山村をイメージして設定したのであろうが、縄紋時代人の生業―狩猟活動・採集活動・漁撈活動―の場であった森や河川、湖沼や海岸など多様な地域的景観を今後どう取り込んでいくか、新しい研究領域としての魅力に富んでいる。

(2) 景観を読み取る方法

現代の考古学は他の研究領域との共同研究を盛んに行い、他分野の研究成果を貪欲に吸収している。たとえば、考古学は近代的な学問としての形成期以来地質学との関係が深かったが、近年さらにスコープの広がった地球科学との間に〈地球考古学〉(geoarchaeology)を創生した。「考古学的諸事象の解釈や環境復元に、地球科学とりわけ地形学や堆積学を貢献させること」、あるいは「地

球科学の方法と概念を用いた考古学的調査を意味する」(日下 1991)。この用語を表題とする国際的学術雑誌が1986年に創刊され、毎年8冊ずつ刊行されている。同様に、19世紀初頭から関係が深かった生物学により比重を置いて、花粉・プラントオパール・珪藻などの分析を基礎とした古生態学の方法を応用する〈環境考古学〉(安田 1980、シャクリー 1985)がある。日本考古学におけるこの分野は、伝統的な貝塚研究とあいまって〈動物考古学〉が突出している。この用語を表題とする雑誌が1993年以来、西本豊弘らによって刊行されている。

小牧実繁が樹立した歴史地理学(古地理学)は「過去の自然環境と人間活動との関係を明らかにしようとする学問分野」である。古代景観の復元作業などにおいて考古学と共通の土俵を有することが多い。日下雅義による摂津・河内・和泉の復元景観図(日下 前掲書)で弥生時代頃の景観と比べると、6～7世紀頃の景観はさまざまな人工景観が新しく生まれている点が大きく異なるところである。いうまでもなく明治期以降、とくに1960年代からの「列島改造」が生み出した人工景観がそうした古代の景観も大きく変容させてしまった。つまりここでいいたいことは、縄紋時代さらには旧石器時代の研究に景観考古学の方法を応用しようとする場合、気候変動の激しかった当時の「野生の」景観はまったく残されておらず、田園景観が形成された弥生時代の農村景観でさえ、今日の田園空間、都市近郊空間からはまったく想像もつかないほどに違ったものであった、という認識を前提にしなければならないということである。

歴史地理学の分野でより考古学に比重を置いたものに、小牧の研究を継いで藤岡謙二郎が提唱した考古地理学がある。藤岡らが編集に当たった『講座考古地理学』──第1巻『総論と研究法』(1982)、第2巻『古代都市』(1983)、第3巻『歴史的都市』(1985)、第4巻『村落と開発』(1985)、第5巻『生産と流通』(1989)──が学生社から出ている。「広義の歴史地理学に属し、土地や地域に結びついた遺跡や遺物を決め手の資料に使って、人類時代の過去の地理を明らかにする学問」と定義した小野忠凞(1986a)は、「高地性集落」研究の先鞭をつけ、さらに時代を遡って縄紋時代や旧石器時代にも探究の手を広げた。本州西端部の下末吉海進期並行の海岸段丘で発見されたとされる旧石器(「綾羅木①文化」)の報告が、1960年代前半の「前期旧石器存否論争」に一石を投じたことは旧石器研究史上よく知られている。小野は段丘地形やそれをつくる更新世の地層と結びつけて、山口県磯上遺跡の「水晶製旧石器」とその集積跡や島根県鳥ケ崎遺跡などの玉髄系石材の「旧石器類」を中期旧石器時代であると主張した(1986b)。

歴史地理学の分野でも遺跡を取り巻く古環境の復元に力を注ぐだけでなく、『魏志倭人伝』、『記紀』、『万葉集』、各『風土記』などの記述や描写、および古地図や絵図から古代の空間の意味を解き明かす作業──歴史考古学と共通の方法の──の一つとして、記号論的な操作も試みられている。詳細はわからないが、千田稔が著書『風景の考古学』のなかでそういっている(千田 1996)。景観の自然科学的な意味だけでなく人文社会的意味、すなわち人や社会にとって景観がもつ意味への言及として注目される。さらに最近の歴史学においても、たとえば「村落研究史」において、木村礎は古代・中世・近世という長期的展望のもとに「集落移動」をテーマとして、文書調査のほかにも民俗学的調査や考古学的調査を加えて、歴史の方法としての「村落景観論」を正面から掲げて具体的な研究を旗揚げしている(木村 2000)。

(3) 無文字社会の民族誌

「日本の風景」が文字どおり成立したのは平安時代であったが、まさに景観とは歴史的な産物である。文書・古地図・絵図などの資料を有する歴史考古学の領域と違い、遺跡・遺物を資料とする先史考古学ではそれらを残した人々の自然観や空間認識を直接に知りえる資料を有しない。そこで民族誌的情報の援用が要請されるのである。

アイヌの民族誌的調査に長年携わった渡辺仁によれば、その生活の場との関係において機能するシステムとしてアイヌ集団の行動を理解するには、私たちの科学的な自然観によるよりも、アイヌによって観られ、感じられ、認められるままのものとして、すなわちアイヌのコスモロジーに反映されているアイヌ自身にとっての〈主体的環境〉との関係を明らかにする必要がある。現代生物学の研究対象に覆われた地表は、アイヌにとっては一時的に仮装したカムイの群れに覆われたものとして存在する。アイヌにとっての自然環境はカムイたちの活動の場にほかならない。それがまたアイヌ集団の行動を条件づけてもいるのである（渡辺 1963）。

もう一つの例をあげておこう。アフリカの狩猟採集民ピグミー・ミブティ族と焼畑農耕民バンツー族とは、同一の環境（熱帯雨林）について対立する表象をつくり上げている。モーリス・ゴドリエ(1986)によれば、ピグミーにとって森はやさしく迎えてくれる友好的で好意的な現実を表していて、この森をバンツー族が開墾した空間と対立させている。バンツー族の開地はひどく暑くて、水は汚れ、危険で、病気は数知れないと考えているからである。一方、バンツー族にとって森は敵意に満ち、生命の危険にかかわる現実であって、常に大きな災厄が待ち受けているので、めったに足を踏み入れてはならない場所である。この対立は何よりも異なる技術、経済システムに基づいた森の二つの利用形態に対応している。この例から明らかなように、環境の社会的知覚は伝統的マルクス主義にいう技術・経済システムの機能的制約の、多少とも正確な表象からつくられているだけではなく、価値判断や幻想的信念からもつくられている。構造主義的マルクス主義者のゴドリエはそういうのである。

この2例のように人間の行動を律しているものが近代的精神によって弁別される客観的存在に限らず、実は虚構の実在性しか有していないものがあることを、批判的マルクス主義哲学者の廣松渉もその著『生態史観と唯物史観』(1986)のなかで次のように記している。

　人々の〈環境〉は、「自然的環境」と「社会的環境」とには限られない。これら2種の環境に関するかぎり、或る意味では動物生態系の一般則ということもできよう。ところが、homo symbolicus（象徴人）とかhomo religiosus（宗教人）とかとも呼ばれるゆえんであるが、人々は──記憶や予期のdispositionを絡めた相で現前世界を観取するという域を越えて──情報的に伝達された世界像や共同的に観念された世界像を環境としつつそこに〈内－存在〉している。……人間の場合、感性的知覚に現前する世界だけでなく、観念的に構築された世界をも環境としつつ、この「表象的環境」とのあいだにも一種の生態系を形成していること、このことが人間生態系の一特質として明記されねばならない」(162頁)。

さらにこうも述べている。

　それは単なる頭の中の観念といったものではなく、人々の日常生活をアクチュアルに律するい

うなれば外部的環境の一部なんですね。われわれの見地から分析すれば、それは共同主観的に形成された観念的世界であるにしても、当事者たちの日常意識にとっては、れっきとした外部的環境世界の一部をなしている。……規範意識といったものも含むこの表象的世界への内存在という点で、単に言語をもつといった次元をこえて、人間生態系の特質があると思うのです(177頁)。

渡辺のいう〈主体的環境〉もしくは廣松のいう〈表象的環境〉は、日本考古学においては考古資料の解釈に際して考慮されてこなかった。かつて経済的合理性という観点から、現代地理学的分析によって設定された同心円状のキャッチメント・エアリアが通文化的に適用されたことがあった。しかしながら、自己の属する集団の領域の外側はありとあらゆる種類の空想やつくり話で充満させた〈向こう側の土地〉であるといった〈心象地理〉が、先史時代の人々の行動を規制した要因として数え上げられるとしたならば、考古学者が仮定した一般的行動圏というものは、彼らの世界では虚構にすぎなくなる。このことは心に留めておく必要がある。彼らの〈心象地理〉は資源の分布に限定されない、技術・時間・社会的要因が作用する距離感、経済的・社会的・象徴的・美的意味が込められた位置観、物理的・社会的接近の難度観などが複雑に絡み合った空間感覚で描かれたものであろう。

(4) 考古学の方法論

空間および景観を重視するセトルメントアーケオロジーの創出によって、人間活動の痕跡を探る私たち考古学者の関心は「点的な遺跡」を越えて、特定の地域内および地域全域に分布するさまざまな関連場所に向けられつつある。そのような観点は、バーナード・クナップとウェンディ・アシュモアの表現を借りれば、「遺跡なき考古学」(siteless archaeology)、「遺跡外考古学」(off-site archaeology)、「分布考古学」(distributional archaeology)などと呼ばれており、ほかにも景観考古学のアプローチがいくつかあるようである(Knapp and Ashmore 1999)。わが国においては行政調査による広域発掘によって、伝統的な野外考古学でいう「遺跡」の範囲を超えた広範囲に配置された遺構群—水田・畑地、町並み、街道など—が、その周辺の地形を含めて全面的に発掘され、空間分析に適した質の高いデータが集積されている。それらのデータを使って、人と遺跡、人と場所、人と自然地形などの複雑で微妙な関係の時空的変遷を明らかにしていくことを景観考古学と呼び、その方法論の開発が目指されている。

先に引用した論文中でクナップとアシュモアは、過去の景観つまり考古学的景観をその性格に基づいて、①巨石記念物や庭園や集落などが建設されてつくり出された人工景観(constructed landscape)、②社会的な行為や経験を通じて意味づけがなされ心に刷り込まれたイメージ景観(conceptualized landscape)、③「聖なる」または「象徴的」ものを含めての仮想的な理想景観(ideational landscape)の実質三つに分けて論じている。そして景観考古学の今日的なテーマとして、彼らは、①地理的空間でかつて起こった社会的事件の歴史や個人の歴史を記憶にとどめておく装置としての景観(landscape as memory)、②祭祀・儀礼を執り行うことによって社会的・文化的アイデンティティーを生み出す景観(landscape as identity)、③文化的関係を社会的に秩序づけるために構成された景観(landscape as social order)、④時の経過や繰り返される社会秩序の変化に応じて人の世界観・人生観

に変化をもたらす景観(landscape as transformation)、この四つのテーマをあげている。

　景観を取り扱う際に注意しておくことは、地域の自然地形が象徴の源泉であり主題であるということである。つまり、景観はそれを眺める人と無関係な客観的概観ではなく、社会的・政治的・観念的に条件づけられたその土地の個人や共同体がさまざまに意味を投げかけた対象として存在するのである。そこで過去の象徴的表現の形態と意味を解明するための分析に有効であるといわれているのが、アンソニー・ギデンズの〈構造化〉、ピエール・ブルデューの〈慣行的実践〉、マーガレット・コンキーとジョアン・ジェローの〈フェミニスト論〉、クリストファー・ゴスデンやジュリアン・トーマスの〈現象学〉などのポストプロセス考古学に応用されてきた分析概念であって、景観考古学においても同様である(Ashmore and Knapp 1999)。

3　象徴考古学
(1)　神話的思考

　考古学にもっとも関連が深い研究分野の一つが人類学であって、アメリカの文化人類学、イギリスの社会人類学、フランスの構造人類学などの影響下に、「人類考古学」、「社会考古学」、「構造主義考古学」などが提唱されてきた。近年も認識（認知）人類学や象徴人類学からの影響が見られる。プロセス考古学とポストプロセス考古学との間に見られたような原理的立場や方法や理論の違いが、認識人類学と象徴人類学との間にもあるようである（松井 1989）。現代考古学の認識論的道程を踏まえれば、認識人類学は当然としても、象徴人類学（青木 1984）への関心は避けられまい。

　象徴を問題にするに当たって、まず象徴の問題を表面に出したレヴィ＝ストロースの〈象徴的二元論〉に注目しておく。親族体系は記号を構造化する体系または構造化された記号の体系—象徴的体系—であることを明らかにした彼の構造論においては、見えない部分で人間の行為を決定している構造と目に見える現実とをつなぐのが象徴であるとされている。

　対をなした機能的差異で構成された複雑なパターンという概念、すなわち〈二項対立〉と呼ばれてきたその認識は子供が行う「最初の論理的操作」といわれ、その操作のなかに私たちは文化が自然に対して行う主要かつ特有な干渉作用を認めようとするのである。二項的あるいは対をなす「対立要素」をつくり出し知覚する能力と活動のなかに、人間の思考の基本的かつ特徴的な操作—構造をつくり出していく操作—の存在が認められるのである。

　レヴィ＝ストロースによれば、「神話的思考は、常に対立を認知することに始まり、その解消に向かって進む」のである。親族の構造、神話の構造の分析を通じて、「人間精神」の構造を一貫して探究しているレヴィ＝ストロースは親族の構造を分析した後で、神話の構造の分析に入る前に主にトーテミズムの問題を扱っている『今日のトーテミズム』と、さまざまな民族の動植物の分類体系に係わる「野生の思考」の問題を詳細に論じた『野生の思考』の2著を発表している。そこでは「未開人」の呪術的思考・神話的思考は「文明人」の「抽象の論理」とは異なった「具体の論理」に基づいているのであって、けっして「野蛮人」の思考ではない、と主張されている。「野生の思考」の本性はその言語の構造においてと同様、神話の構造において自らを明らかにするという意味で、言語と神話の関係は彼の「野生の思考」についての考えのなかで中心的位置を占めている（レ

ヴィ＝ストロース 1976)。

ここはその構造(その体系と一般法則)に言及する場ではない。先述の〈主体的環境〉と〈表象的環境〉の延長において、共同体の成員によって意識的に体験される社会生活とその基である「無意識の基盤」が想定される、「未開共同体」のシャーマンによる「病気治療」に関する記述部分を、ここに注目事例として引用しておく。レヴィ＝ストロースが指摘しているように、近代科学は私たちに病気と病原菌の間の因果関係を明示しているが、シャーマンの「治療」は病気を患者が本気で信じている神話と悪霊の世界に結びつける彼／彼女の能力に依存しているのである。

　シャーマンの神話体系、客観的現実に一致していないというようなことがあったとしても、それは問題でない。患者は神話を信じ、そして、それを信じる社会に属しているのである。守護霊や悪霊、超自然的怪物や呪術的動物は、すべて宇宙についての原住民の考えを形成している緊密な体系の一部である。患者の婦人は、これらの神話上の生き物を受け入れる。もっと正確にいえば、決してそれらの存在を疑ったことがないのである。彼女が受け入れないのは、つじつまの合わない、いわれのない苦痛である。それは、彼女の世界にとっては相容れない要素であるが、シャーマンは神話の助けを借りて、すべてが意味をもつ一つの全体へと再統合するのである。

　しかし、患者は一度理解すればそれに身をまかせるだけではない。治癒されるのである（197頁）。

私たちの考古学的解釈は近代的意識と異なるそうしたさまざまな「認知構造」の存在を前提として行われるのである。

(2) 考古学の方法論

近年の日本考古学、とりわけ縄紋時代の研究領域において、技術、資源、生業、経済戦略、交換・交易といったテーマをめぐって研究が活発化しつつある。そこでこれまでの技術・生業・経済的研究の諸成果を基盤として、旧石器時代と縄紋時代の研究領域で社会的・精神的領域にかかわる研究テーマを展開していくために、改めてイアン・ホダーによる1982年の問題提起(Hodder 1982a)まで回帰してみたい。当時ホダーは考古学は「文化科学」であるべきで、社会的戦略や適応の概念はすべて文化的コンテクスト、象徴的意味をもつコンテクストの構成部分として理解されるべきである、という考えをもっていた。すでによく知られているように、ホダーは「ニューアーケオロジー」の機能主義を批判し、システムとしての構造やパターンとしての構造やスタイルとしての構造など、プロセス考古学者がそれまでさまざまに用いてきた構造の概念を排し、システムの背後にありシステムを生み出すコードないしルールとしての構造概念を提示した。そして、コードとしての構造と社会-生態的組織との関係およびその変化を説明するために、特殊な歴史的コンテクストとその歴史的コンテクストにおいて社会変化をつくり出す個人の社会的意味をもつ行為・活動を重視した。そうした研究テーマへのアプローチをホダーは〈コンテクスト考古学〉と称したのであった(Hodder 1982b)。

その〈コンテクスト考古学〉においてホダーは、過去の象徴的意味を取り扱う場合には、記号論、構造主義、言語学、歴史学などにかかわる用語・概念を取り込んだ方法論を要請しつつ、民族史学

(ethnohistory)からの類推法を使った二項的分析—コンテクストを下地とする類似と差異—を行うよう奨励していた(Hodder 1987)。

　要するに、筆者はここで人間が集団として恣意的につくり出した記号体系として〈文化〉を捉えようとする立場に注目を促しているのである。この立場に立つ考古学者は自分が観察できる文化的現象や対象の分析に基づいて、その背後のコード—その文化を機能させている仕組み—を読み解こうとするのである。たとえば、そこに関与している当人にそれと自覚がなくても、身ぶりや動作、ファッション（モード）、祭祀などはコード化されており、個々の要素にそれぞれ意味が付与されていることが知られている。事物のもっている意味は第一にその用途ないし機能によって決まっているが、しかし、物事はさらに象徴的な意味を帯びていることも多い。とりわけ呪術や祭祀では、象徴的な意味を帯びたモノ—縄紋土偶など—によって現実や願望が演じられるという意味合いが強いのである。渡辺仁はその遺作において、民族誌的情報を体系的に援用して、縄紋土偶の「家神および産神」としての象徴的意味を明らかにしている（渡辺 2001）。

　この種のテーマの場合には、とくに考古学的解釈が問題になる。このようにいうと、考古学には解釈がつきもので何をいまさら、という人がいるかもしれない。しかし、ここであえてそこに言及したのは、プロセス考古学とポストプロセス考古学との論争を踏まえたうえで、マイケル・シャンクスとホダーが問題提起した〈解釈考古学〉(Shanks and Hodder 1995)への目配りが必要だからである。考古学上の解釈にかかわる諸側面として、彼らは次の諸点をあげている。

①解釈という実践行為では、解釈をする人の人となりと仕事振りが前面に出てくる。他のところですでに規定されている規則や手続きの背後に隠れずに、自己の行動や解釈に責任を取ることが要求される。

②その結果として、考古学は現在における物質的な実践行為、すなわち過去の物質的な痕跡から物事—知識、物語、著書、報告など—をつくり出す行為である。つくり出すのではあるが、つくり出された物事自体は現実的で真実の確かな構築物として捉えられる。

③考古学を含めて社会的実践行為は意味、すなわち物事を理解することに関連している。人が働き、行為し、活動し、つくるということは解釈するということである。

④解釈的行為である考古学は常に進行し続ける過程であって、過去は「こうであった」というような究極的かつ決定的な説明ではない。

⑤社会的事柄の解釈は因果的な説明—「こういう理由であった」とか「そのために起こった」という類の説明—というよりは、あまり確実でない事柄あるいは確信がもてない物事の理解ないし意味づけということに、より関連している。

⑥したがって解釈は多義的で、同じ領域でも異なる解釈が可能である。

⑦それゆえ解釈者の抱く個別の目的や要求や願望に応じて、複数の考古学的解釈が生じてくる。

⑧つまり、解釈とはさまざまな支持者たち—物質的な過去に関心をもつか関心を表明している個人、集団、共同体—の利益と要求と願望に対応した創造的な関心と反応である。しかしそれにもかかわらず、それは批判的な行為となることなのである。

4 神子柴遺跡における場の機能

　神子柴遺跡とその出土石器群は先に見たように1958年の発掘調査以来さまざまに「解釈」されてきた。一つの遺跡がいろいろなことを意味してきたという点で神子柴遺跡は多義性の象徴的存在である。そこでホダーのいうようにこの多義的な遺跡をコンテクストとして「読む」必要がある (Hodder 1986)。神子柴遺跡において現象化した土器出現期の社会構造とその意味の解釈は、従来の考古学的遺物の型式学「コード」に基づいていては解読不能である。考古学的遺物の解釈「コード」の変換を絶えず考慮しながら、同時期の他の遺跡との類似と差異の二項的分析を通じてのみ、神子柴遺跡が含意する「メッセージ」が現前化し、意味をなしてくるのである。

　人類学的情報からの類推によれば、神子柴遺跡を残した個々人も空間に区切りを入れて命名し分類し、そのうえで個々の空間にさまざまな文化的かつ社会的な意味を付与していたと考えられる。その結果、空間はさまざまな価値を担うシンボルと化し、社会集団員として共有するコスモロジーを反映した象徴性を帯びるようになっていた。先に記述した「遺跡空間と石器群との二項的配置」のもつ象徴的な意味については、今後より深い考察が必要である。ここでは遺跡空間について問題設定を二つだけしておく。

(1) 祭祀の場

　問題設定の一つは社会的統合のための祭祀・儀礼に関するものである。神子柴遺跡が祭祀・儀礼とかかわっていた遺跡であるとすると、どのようなことが考えられるであろうか。まず儀礼一般について考えてみる。宗教的な儀礼—聖地での祭祀など—、人生の節目の通過儀礼—誕生・成人・結社加入・婚姻・葬送—、春分・夏至・秋分・冬至など季節の分かれ目に執り行われた活動などの季節的な行事がある。狩猟採集民のその種の祭祀・儀礼がどのような空間で執り行われ、その種の行為がどのような物質的痕跡を残すものなのか、そうしたデータに関する民族誌的情報の援用が遺跡の解釈に必須であるが、現時点ではこの研究領域での民族考古学・土俗考古学は萌芽的である（渡辺 2001）。そこで、これからの記述は準備的なものにならざるを得ない。

　まず神子柴遺跡が彼らにとって聖なる場所であったかどうかが問われる。『世界宗教事典』では「聖地」は次のように定義されている。「信仰または伝承によって神聖視される一定の地域をいい、崇拝・巡拝の対象とされるとともに、みだりに出入りすることのできない禁忌の場所である。聖地は大きく分けて、①山、森、林、岩、川、樹木、和泉、湖、井戸などの自然景観にかかわる場所、および②聖者や聖人、修行者や英雄にゆかりのある霊地、本山、墓所、という2種の系列が考えられる。とはいっても、実際は①の自然景観と②の霊地における諸建造物とが一体となって聖地空間を形成している場合が多い」（山折 1991）。

　こうした場所は日本では神道考古学における祭祀遺跡として認識されてきた。大場磐雄による祭祀遺跡の分類は次のようなものである（大場 1972、1981）。

　A：遺跡を主とするもの（祭祀の対象が明らかなもの）

　　1 自然物を対象とする遺跡：山岳・岩石・樹木・湖沼池泉・海洋島嶼など。2 古社の境内および関係地。3 墳墓。4 住居跡。

　B：遺物を主とするもの

1 祭祀遺物の単独出土地。2 子持勾玉発見地。3 土馬発見地。
C：遺物の発見されないもの

　大場があげる祭祀遺跡、すなわち「巨岩上の祭祀遺跡」、「岩陰祭祀遺跡」、「半岩陰・半露天の祭祀遺跡」、「露天の祭祀遺跡」で構成された沖ノ島（海洋島嶼）、古来禁足地とされてきた石上神宮（古社の境内および関係地）、聖山・山岳信仰の対象であった二荒山（男体山：山岳）、山伏塚・鉦打塚・行人塚などとともに全国に散在する一三塚、大神神社の神体である三輪山、鏡その他が発見される水霊信仰の対象である鏡ケ池（湖沼池泉）、峠神奉斎の遺跡である神坂峠などの範疇に神子柴遺跡を直接加入させることはできない。

　神子柴遺跡が祭祀遺跡であったとすれば、上記A-1とB-1の複合遺跡のような場合が考えられるが、現地に足を運んでみたが、上記の定義に沿うような自然景観やメルクマールとなる巨石のような目印を見出すことができなかった。したがって、その方面からも積極的に聖地説を提示するわけにはいかない。また、出土石器類は「日常的」なものと「非日常的」なものという対立、すなわち使用痕がないか希少な大型製作品と、繰り返し使用されたような痕跡を残す中・小型品の二項的なあり方が顕著であって、前者だけを取り出し積極的に祭祀遺跡とする根拠はない。ただし、加熱による破砕を受けた黒曜石塊が遺跡に残されており、しかもその破砕が意図的なことであったようなので、炭化物（炉址？）との関わりで何か火にまつわる祭祀行為が行われたと推測できる余地は残されている。

　通過儀礼に関しては筆者は何ら言及することができない。季節性についていえば、最近小林達雄は栃木県寺野東遺跡が葬送儀礼だけでなくさまざまな儀礼のほとんどすべてが執り行われた多目的祭祀場であった、という考えを表明している（小林 1996）。この遺跡が長期間にわたって築かれた径175mもの巨大なドーナツ状の盛土遺構をもち、盛土のなかに墳墓を設け、土偶や石棒石剣などの儀器あるいは「呪術具としての第二の道具」が豊富に残されていたからである。この遺跡を残した人々にとっては筑波山が冬至の日とかかわる特別な意味をもっていたという。同様の意味で、秋田県大湯環状列石（夏至の日）、青森県小牧野遺跡のストーンサークル（夏至の日）、群馬県天神原遺跡のストーンサークル（春分・秋分の日、冬至の日）などの例から、小林は縄紋人が太陽の運行に合わせてそうした日々に重要な祭事を執り行っていたと推測している。

　こうした小林の視点が遊動的狩猟採集民の季節的生活ないし祭祀活動に適用できるかどうかは問題である。遊動的生活様式には太陽の運行よりは月の満ち欠けの方が身近であったろう。西ヨーロッパの後期旧石器時代には、季節的活動を示唆する月の満ち欠けを記録したといわれる、刻みを入れた板状の骨製遺物が報告されている(Marshack 1972)。神子柴遺跡を残した狩猟集団も季節的に離合集散を繰り返していたと想定できるが、動植物遺存体など季節の同定に寄与する資料を欠くため、その場が冬季の集団猟に備えた集合地であった、といった類の仮定が検証できないのが現状である。

(2) 儀礼的交換の場

　集団間の贈与・交換が執り行われる場での活動に関しては、贈与・交換財としての神子柴型石斧と神子柴型尖頭器の機能的・象徴的な意味の考察が課題となる。筆者自身はかつてこの問題に言及して、次のように記したことがある。

この新しい形態の石斧（及び尖頭器）はその魅力と新奇なことがいっしょになって、当初〈生活財〉としてよりも〈威信財〉・〈交換財〉として受容され、おそらく動揺する社会の統合のシンボルとしての機能を与えられていたのが、……儀器・祭具として機能したかもしれない。細石刃文化期から神子柴・長者久保文化期にかけては社会的に不安定な時期であった。地域諸集団はその文化的同一意識の再確認と社会的統合のために祭儀活動などの増大・強化に努めていたと推測される。隣接集団は機会を作っては頻繁に集合を繰り返していた。……散会に際し次回に備えて各集団を象徴する石器が収蔵あるいは埋納されたのかもしれない。出現期のデポのこのような性格は、縄文草創期に入って次第に経済的なものに変化していったと思われる（安斎1987）。

　更新世末期の自然環境の大きな変化に応じて、北海道方面から南下してきた細石刃石器群を装備した集団と遭遇した、在地の槍先形尖頭器石器群を装備した人々は深刻な文化的・社会的変質に直面し、そうした危機的状況で従来のネットワークの利用法を拡大していった。そして拡大した情報網のなかで伝統的な生活様式と新しい社会生態学的な状況に折りあいをつけさせるような効果的な象徴をつくり出していった。先の論文ではそのように推測して、遺跡のコンテクストから彼らの象徴的行動を読み取ろうとしたのであった。更新世末期の大きな環境変化と異文化集団との接触という危機に対処するには、従来の社会秩序をたびたび確認することが必要になってくる。そうした機能をもつものが儀礼である。栗島義明(1990)がいうように、神子柴遺跡が石斧の製作者と槍先形尖頭器の製作者の交換の場であったとしても、個人的／日常的／経済的な交換の場というより、集団的／非日常的／社会的な交換の場であって、儀礼的行事を伴っていた、という方向で探究を進めていきたい。

5　唐沢B遺跡

　今日にいたるまで神子柴遺跡とその出土石器群は特異な存在であり続ける。唯一対比が可能な遺跡・石器群は唐沢B遺跡である。1968年に森嶋稔らによって調査され、最近、堤隆らによって報告者が刊行された（森嶋・ほか編1998）。

　遺跡は長野県菅平高原の東端を流れる千曲川水系の唐沢川右岸に臨む平坦面の標高1,260mの微高地上に立地する。「尖頭器5(2)、掻器1、削器4(2)、石刃1、剥片11(2)、局部磨製石斧5(2)、打製石斧6(2)、砥石2、礫1」の計36点（カッコ内は表面採集品）の石器のほか、焼礫炉1基、土坑6基、ピット4基が検出された（図120）。石器は径3m前後で弧状に、石斧類とその他の石器類とが対置的に分布しており、遺跡内で剥片剥離作業が行われた痕跡はない。大型石斧は、未使用状態であること、小型槍先型尖頭器が片面加工であることが注目される。石材構成は硬質頁岩8点、珪質凝灰岩8点、黒色頁岩7点を主体に、凝灰質頁岩・頁岩・安山岩・黒曜石・アルコース砂岩が各2点、ガラス質黒色安山岩・ホルンフェルス・砂岩各1点で、新潟や東北方面との関連を示唆している。2号土坑と3号土坑の底部にはそれぞれ2cmと3cmほどの炭化物の堆積が認められた。

　神子柴遺跡では槍先型尖頭器と石斧の点数が均衡し、横倉遺跡は槍先型尖頭器のみであるのと対照的に、唐沢B遺跡では石斧に偏向している（図121）。以上のような状況を勘案して、堤隆は「自

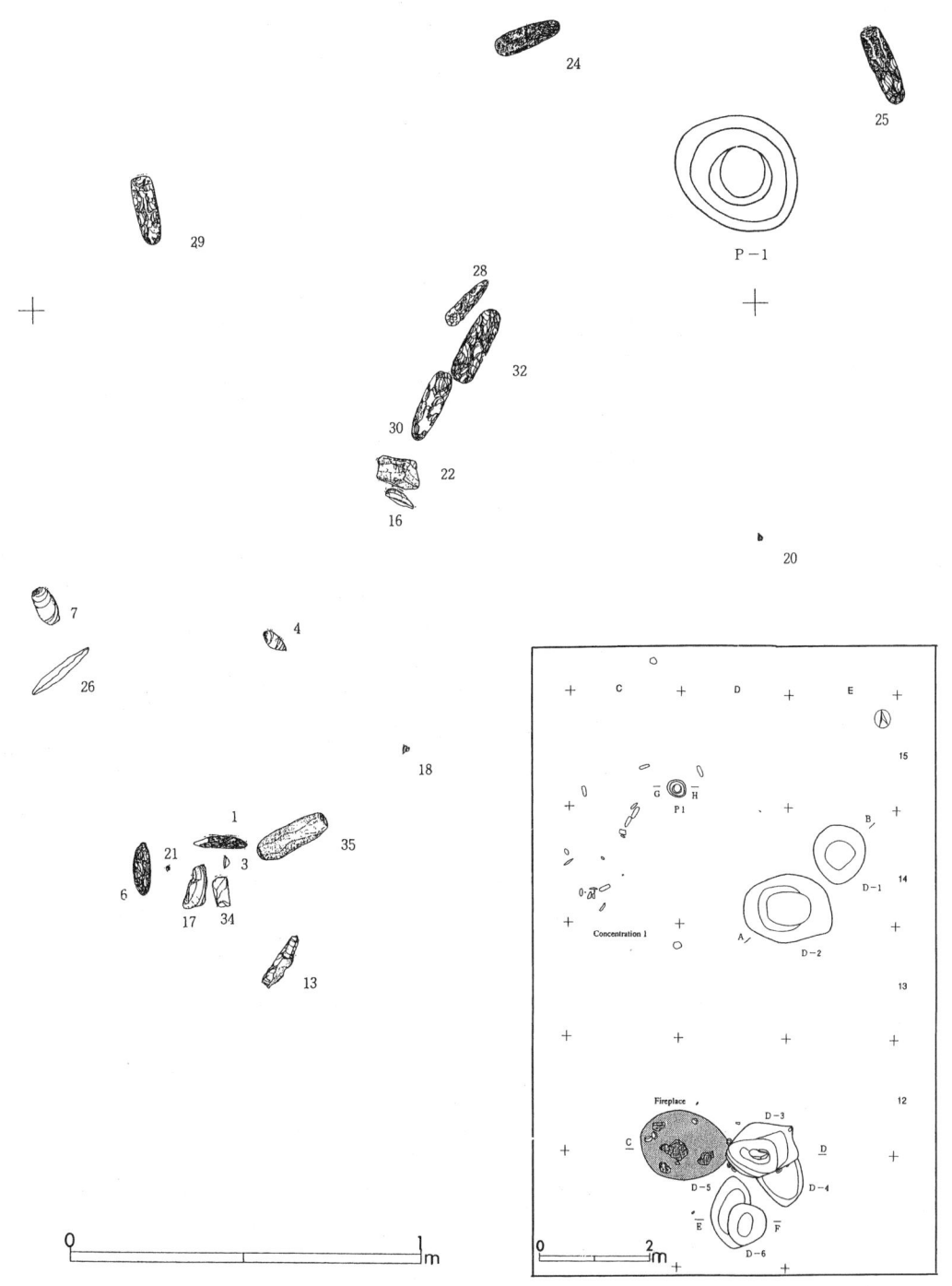

第Ⅷ章 後期旧石器時代から縄紋時代へ 297

図120 長野県唐沢B遺跡の遺構分布と「ブロック1」の石器分布（森嶋・ほか編 1998による）

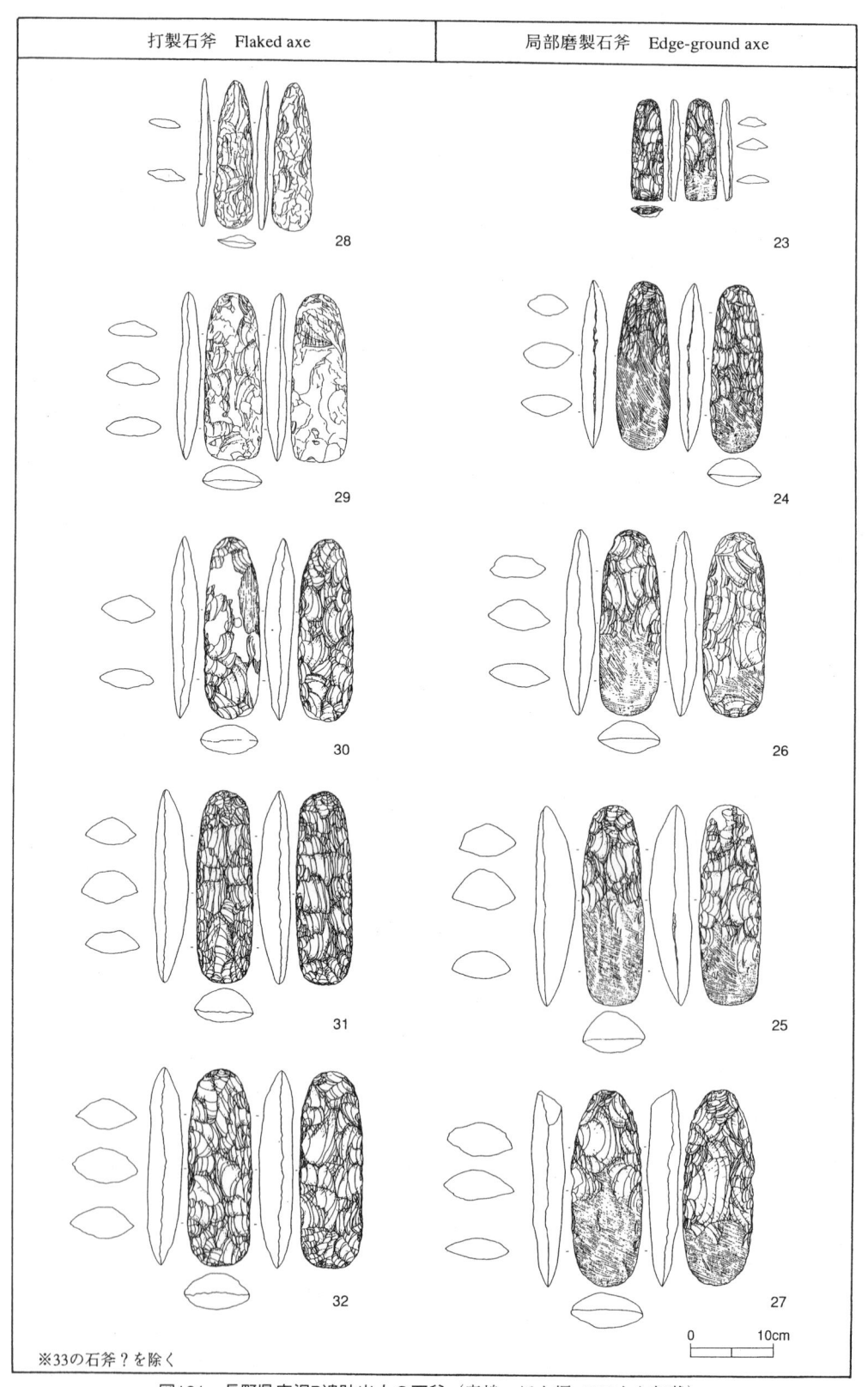

打製石斧　Flaked axe	局部磨製石斧　Edge-ground axe
28	23
29	24
30	26
31	25
32	27

0　10cm

※33の石斧？を除く

図121　長野県唐沢B遺跡出土の石斧（森嶋・ほか編　1998から転載）

己領域内に石器石材原産とを持たない集団において、細石刃＝石器素材の補給－石器自己生産という補給構造から、石斧・尖頭器＝石器製品補給－石器非自己生産という補給構造へと質的に変換した」時期に特有の遺跡のあり方を読み取っている（堤 1998）。

6 遺跡の自然景観と遺物の色彩象徴

〈祭祀の場〉であろうと〈贈与・交換の場〉であろうと、神子柴遺跡の立地する土地の景観が社会的機能を果たしていたと考えられる（図122）。

そこで神子柴遺跡が残された空間がどのような場所であるかを見ておきたい。遺跡は西の木曽山脈と東の赤石山脈とに挟まれて南北に流れる天竜川の右岸、上位の大泉段丘の東端にある孤立丘の上、海抜713mの平坦面にあり、川面からの比高は約60mである。現在、遺跡は指摘されないとそうとはわからない平凡な畑地であるが、調査時の遺跡写真（『長野県史』）を見ると、丘の高まりはよりはっきりしていた。遺跡に立つと、背後には緩やかな斜面の先に木曽谷へと続く権兵衛峠の窪みを挟んで中央アルプスの山々が連なり、前面には遠く眼下の伊那谷の先に南アルプスの連峰が見渡せ、広大に開けた展望である。木曽谷側から峠を越えて伊那谷へと山を降りてきた人々にとって、段丘先端のこの小丘は格好の目印となった。同様に、諏訪方面から天竜川沿いに南下し、峠を目指して支流の谷を西に向かった人々にとっても、段丘先端のこの丘は最初に目に入る場所であった。

遺跡を中心として西およそ60kmの所に下呂石の山地である湯ヶ峰山が、北40kmの所に黒曜石の山地である霧が峰や和田峠があり、さらに北へ20kmで唐沢B遺跡である。信濃川に沿って下流へと向かえば硬質頁岩・珪質凝灰岩質頁岩（玉髄）の産地が想定された日本海沿岸地域である。この地理的配置から想定した集団群の季節的移動と長距離間交換網は図122のとおりである。

ところで、考古学とくに旧石器考古学の世界は色彩に乏しい。論文も発掘報告書も黒線の実測図と黒白写真で埋め尽くされている。そのためだけではないだろうが、過去の諸社会も色を認識し採用していたであろうが、旧石器研究者は色彩感覚に鈍感である。人類学者、心理学者、美術史学者など他の研究分野の研究者にとっては重要な研究分野である。彼らの研究によれば、伝統社会では白と黒の2色が重要で、もう1色加えるとすると赤であるという。

民族誌のデータでは色彩は象徴的な意味、たとえば黒色は男と関連し、東の方位を表し、制御できる肯定的な超自然の力と結びついているのに対して、赤色は女・西・危険で、手におえない超自然の力を意味している。尖頭器は狩猟具ではあるが、シャーマンの儀礼具でもあり、その際には色彩の象徴的意義が重要である（Whitley 1998）。神子柴遺跡の槍先形尖頭器が祭祀・儀礼のコンテクストで用いられたとすれば、大型精巧品が珪質凝灰岩質頁岩あるいは玉髄製で、中型通常品が黒曜石製であることに色彩象徴論的な意味が含意されていたかもしれない。最大の神子柴型尖頭器が下呂石製である点にも単に石材流通論以上の意味があるかもしれない。

アフリカ諸文化を一般的に見た場合、白と黒が象徴している事象はかなり似かよっている。白はポジティブな価値に結びつき、黒はネガティブな側面を示すという傾向が見られる。さらに多くの社会では、白は男性そして右手に、黒は女性そして左手に関連している。ただし、色彩語彙としての白と黒が象徴的次元においてプラスの価値とマイナスの価値の両方とも意味し得るのである。ン

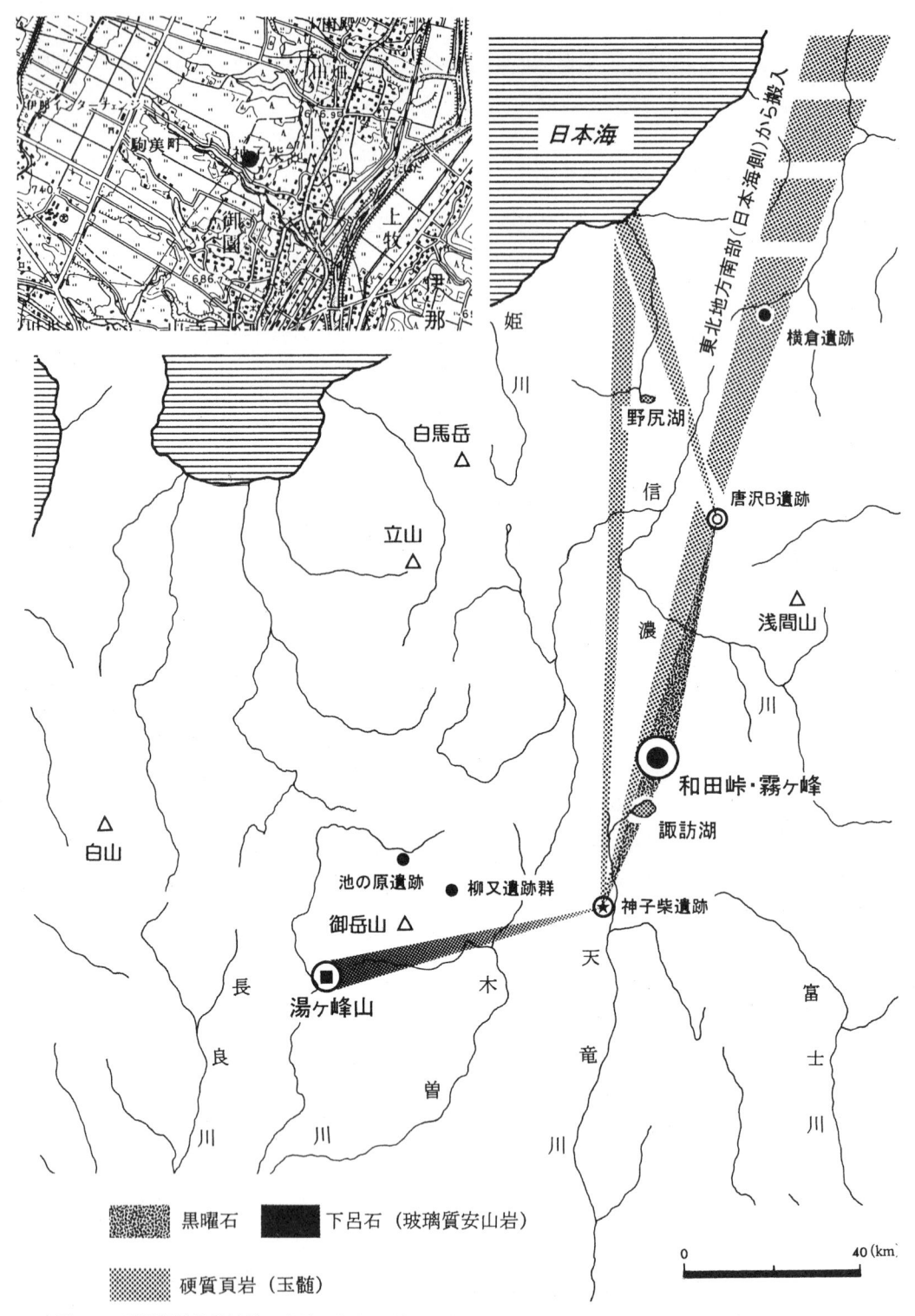

図122 長野県神子柴遺跡の立地と搬入石材が示唆する広域ネットワーク（図版は仲田大人氏作製）
南信と北信および北越をそれぞれ遊動域とする地域集団の存在を仮定している。

デンブ族の社会において、白／赤という2色の対立が男性／女性を象徴するという表面的な二項対立が、もう一つ「陰の第三者」とでもいうべき黒が存在する、より大きな三極構造のなかで機能していることを明らかにしたヴィクター・ターナーの業績（Turner 1967）を踏まえ、小川了が西アフリカの半農半牧民フルベ族の象徴的次元での白／黒の対立と、白と黒の象徴するところが実は両義的なものであることを示している（小川 1989）。この点に関しても、神子柴遺跡の槍先形尖頭器の色彩（白／黒）が遺跡内空間の構造化に重要な役割をはたしていたかもしれない。さらに一個体に接合した一群の黒曜石砕片（図110－55〜66、74〜93）が人為的打剥でなく加熱による剥離であったが、人為的な加熱処理であったとすれば、黒曜石塊をバラバラにした行為の象徴的な意味が問われなければならない。従来からの遠隔地産石材としての黒曜石にかかわる機能論だけでなく、黒曜石と他の石材―たとえば、北海道の細石刃石器群に見られる黒曜石と珪質頁岩―との象徴論的関係にかかわる設問と回答を準備していくことが課題である。

　筆者は自身の研究パラダイムを転換して以降「神子柴・長者久保文化」とはいわず、「神子柴・長者久保石器群」といってきた。日本考古学では「縄紋文化」や「旧石器文化」と同列で「ナイフ形石器文化」という用語を前提なしに使ってきた。しかし、縄紋文化を「縄紋石器群」といい換えることはできないけれども、「ナイフ形石器文化」をナイフ形石器石器群といい換えても違和感はほとんどない。日本考古学における「文化」概念の深層にあるゴードン・チャイルドの「考古学的文化」の概念、すなわち、「土器、道具、装身具、埋葬儀礼、家屋形態などの特定型式の遺物が、繰り返し一緒に出ることがある。共伴するそのような特徴ある集合を、〈文化集団〉あるいは〈文化〉と呼ぶことにする。そのような集合は〈民族〉の物質的表出であると思われる」(Childe 1929: V－VI)という定義から縄紋文化は外れないが、他方、「ナイフ形石器文化」の方では経験的に知ることができるのはもっぱらナイフ形石器―この器種自体の定義に問題があることは何度も言及してきた―を指標とする石器組成だけで、ある種の前提や推測を加えなければ、チャイルドの定義を満たし得ないからである。

　「縄紋文化」と「旧石器文化」との間に〈民族〉的違いがあったかどうかは現在のところ決定できない。しかしながら、両者の文化的違い―ここでは生活構造の違い―は既存の考古学的資料から検証可能である。それでは「神子柴・長者久保石器群」の場合、上記の意味で「神子柴・長者久保文化」といい換えることが可能であろうか。いくつかの前提と条件次第では、「旧石器文化」と「縄紋文化」との間に介在した「移行期文化」―構造変動期の文化―として可能である、と筆者は考えるに至った。本書は「考古学的文化」観に関するパラダイム転換の予備作業でもある。

引用文献

青木　保（編）1984『象徴人類学』現代のエスプリ別冊、現代の人類学4、至文堂。
安斎正人 1987「先史学の方法と理論―渡辺仁著『ヒトはなぜ立ちあがったか』を読む(4)―」『旧石器考古学』35、1-16頁。
安斎正人 1990『無文字社会の考古学』六興出版。

安斎正人 1994「縄紋文化の発現―日本旧石器時代構造変動論(3)―」『先史考古学論集』第3集、43-82頁。
安斎正人 1996「第六章 遊動から定住へ」『現代考古学』187-245頁、同成社。
安斎正人 1999「狩猟採集民の象徴的空間―神子柴遺跡とその石器群―」『長野県考古学会誌』89、1-20頁。
安斎正人 2001「長野県神子柴遺跡の象徴性―方法としての景観考古学と象徴考古学―」『先史考古学論集』第10集、51-72頁。
板橋作美 1989「象徴論的解釈の危険性あるいは恣意性」『異文化の読解』3-53頁、平河出版社。
稲田孝司 1986「縄文文化の形成」『岩波講座 日本考古学』6、65-117頁。
大塚達朗 2000「1999年の歴史学界―回顧と展望― 日本 考古二」『史学雑誌』第109編第5号、16-22頁。
大貫静夫 1987「昂々渓採集の遺物について―額拉蘇C（オロス）遺跡出土遺物を中心として―」『東京大学文学部考古学研究室研究紀要』第6号、1-44頁。
大貫静夫 1999「東北アジア先史社会の変容と極東の成立―旧石器時代から新石器時代へ―」『海峡と北の考古学』シンポジウム・テーマ1資料集Ⅰ、3-22頁、日本考古学協会釧路大会実行委員会。
大場磐雄 1972「総説」『神道考古学講座』第5巻、1-7頁、雄山閣。
大場盤雄 1981「神道考古学の体系」『神道考古学講座』第1巻、1-28頁、雄山閣。
岡本東三 1979「神子柴・長者久保文化について」『研究論集』Ⅴ、1-57頁、奈良国立文化財研究所学報（第35冊）。
岡本東三 1999「神子柴文化をめぐる40年の軌跡―移行期をめぐるカオス―」『先史考古学研究』第7号、1-22頁。
岡本東三 2002「九州島の細石器文化と神子柴文化」『泉福寺洞穴研究編』155-170頁。
小川 了 1989「フルベ文化における白と黒」『人類学とは何か―言語・儀礼・象徴・歴史―』87-108頁、日本放送出版協会。
オクラードニコフ A.П.・B.E.メドヴェージェフ（清水睦夫・村上恭通訳）1990「アムール河下流、ガーシャ多層位集落遺跡の研究」『古代文化』第42巻第5号、38-43頁。
小野 昭 2001「中部ヨーロッパにおける最終氷期―後氷期の較正年代と考古学―」『第四紀研究』第40巻第6号、527-534頁。
小野忠熈 1986a『日本考古地理学研究』大明堂。
小野忠熈 1986b「Ⅶ 旧石器文化の考古地理」『日本考古地理学研究』321-368頁。
小畑弘己 2000「ジュクタイ文化とセレムジャ文化再考―植刃槍と両面加工石槍―」『九州旧石器』第4号、249-278頁。
小畑弘己 2001『シベリア先史考古学』中国書店。
川口 潤 2001「東北地方の有樋尖頭器について」『平成13年度企画展公開シンポジウム「有樋尖頭器の発生・変遷・終焉」予稿集』71-84頁、千葉県立房総風土記の丘。
木村 礎 2000「すむ場所を変えた村の人々」『ものがたり 日本列島に生きた人たち 10景観』185-235頁、岩波書店。
日下雅義 1991『古代景観の復元』中央公論社。
栗島義明 1988「神子柴文化をめぐる諸問題―先土器・縄文の画期をめぐる問題(1)―」『研究紀要』第4号、1-92頁、埼玉県埋蔵異文化財調査事業団。
栗島義明 1990「デポの意義―縄文時代草創期の石器交換をめぐる遺跡連鎖―」『研究紀要』第7号、1-44頁、埼玉県埋蔵文化財事業団。
栗島義明 1991「北からの新石器革命」『考古学ジャーナル』No.341、8-13頁。
栗島義明 1999「神子柴文化の系統問題―ニーナ論文に寄せて―」『土曜考古』第23号、157-170頁。
ゴドリエ M.（山内昶訳）1986『観念と物質―思考・経済・社会―』法政大学出版局。

コノニェンコ H.(栗島義明訳) 1999「東アジア地域に於ける更新世後期から完新世初期への石器製作技術の移行」『土曜考古』第23号、137-156頁。

小林達雄 1996『縄文人の世界』朝日選書557。

小林達雄 1999「縄文世界における空間認識」『祭祀空間・儀礼空間』1-32頁、國學院大學日本文化研究所。

佐川正敏 1999「第6章 旧石器考古学の新視点」安田喜憲(編)『はじめて出会う日本考古学』161-190頁、有斐閣アルマ。

佐藤達夫 1974「時代の区分・文化の特質」「日本の旧石器文化はどのようなものであったか」「無土器文化」「日本周囲の文化との関係」『日本考古学の視点』上、24-29頁、35-39頁、44-55頁、56-63頁。(『日本の先史文化』河出書房新社に再録)

佐原 真 1985「ヨーロッパ先史考古学における埋納の概念」『国立歴史民俗博物館研究報告』第7集、523-573頁。

シャクリー M.(加藤晋平・松本美枝子訳) 1985『環境考古学』(Ⅰ・Ⅱ)、雄山閣。

砂田佳弘・三瓶裕司(編) 1998『吉岡遺跡群Ⅴ』かながわ考古学財団調査報告38。

芹澤清八・大関利之 2002「亀が窪採集の神子柴系石斧をめぐって」『栃木県考古学会誌』第23集、19-42頁。

千田 稔 1996『風景の考古学』地人書房。

田中英司 1982「神子柴遺跡におけるデポの認識」『考古学研究』第29巻第3号、56-78頁。

谷口康浩(編) 1999『大平山元Ⅰ遺跡の考古学的調査』大平山元Ⅰ遺跡発掘調査団。

谷口康浩 2002「縄文早期のはじまる頃」『異貌』弐拾、2-36頁。

谷口康浩・川口潤 2001「長者久保・神子柴文化期における土器出現の^{14}C年代・較正暦年代」『第四紀研究』第40巻第6号、485-498頁。

田村 隆 1998「移行の論理—石器群のデザイン分析と文化＝社会理論—」『先史考古学論集』第7集、1-48頁。

田村 隆 2003「林小原子台再訪—東部関東における長者久保-神子柴石器群—」『考古学Ⅰ』1-51頁、安斎正人編・発行。

チャイルド V.G.(近藤義郎訳) 1981『考古学の方法』河出書房新社。

堤 隆 1998「6 唐沢B遺跡の様相」『唐沢B遺跡』57-72頁、千曲川水系古代文化研究所。

仲田大人 2001「南関東における縄文時代草創期前半の居住形態—最適化モデルによる予備的検討—」『先史考古学論集』第10集、73-116頁。

長沼 孝(編) 1985『今金町美利河1遺跡』北海道埋蔵文化財センター調査報告書23集。

永野達朗(編) 2000『帖地遺跡（旧石器編）』鹿児島県喜入町教育委員会。

萩原博文 2001「縄文草創期の細石刃石器群」『日本考古学』第12号、1-19頁。

畑 宏明(編) 1985『湯の里遺跡群』北海道埋蔵文化財センター。

林 茂樹 1959a「神子柴遺跡調査略報—伊那谷に於ける無土器文化の様相—」『上伊那教育』第21号（『伊那の石槍』1995に再録）。

林 茂樹 1959b「神子柴遺跡発掘覚え書抄」『伊那路』第3巻第3号（『伊那の石槍』1995に再録）。

林 茂樹 1960「長野県上伊那郡南箕輪村神子柴遺跡出土の円鑿形石斧について」『信濃』第12巻第6号、16-20頁。

林 茂樹 1961「神子柴遺跡の意味するもの—原始カオス期の伊那谷—」『上伊那教育』第26号（『伊那の石槍』1995に再録）。

林 茂樹 1983「長野県 神子柴遺跡」『探訪先土器の遺跡』286-290頁、有斐閣。

林 茂樹 1995『伊那の石槍』伊那埋蔵文化財研究所。

林　茂樹・藤沢宗平　1959「神子柴遺跡について」『信州ローム』No.5、21-24頁。

春成秀爾　2001「旧石器時代から縄文時代へ」『第四紀研究』第40巻第6号、517-526頁。

樋口忠彦　1993『日本の景観―ふるさとの原型―』ちくま学芸文庫。

廣松　渉　1986『生態史観と唯物史観』ユニテ。

藤沢宗平・林　茂樹　1961「神子柴遺跡―第一次発掘調査概報―」『古代学』第9巻第3号、142-158頁。

ベルク A.(篠田勝英訳)　1990『日本の風景・西欧の景観―そして造景の時代―』講談社現代新書1007。

松井　健　1989「認識人類学と象徴人類学」『人類学とは何か―言語・儀礼・象徴・歴史―』305-334頁、日本放送出版協会。

三宅哲也(編)　1980『大平山元Ⅱ遺跡発掘調査報告書』青森県立郷土館。

村崎孝宏　2000「九州における細石刃文化期の研究（Ⅰ）―神子柴・長者久保系石器群の波及と展開―」『九州旧石器』第4号、279-288頁。

森嶋　稔　1967「長野県長野市信田町上和沢出土の尖頭器―その神子柴系文化の系譜試論（予報）―」『信濃』第19巻第4号、33-35頁。

森嶋　稔　1968「神子柴型石斧をめぐっての試論」『信濃』第20巻第4号、11-22頁。

森嶋　稔　1970「神子柴型石斧をめぐっての再論―その神子柴系文化の系譜について―」『信濃』第22巻第10号、156-172頁。

森嶋　稔・ほか(編)　1998『唐沢B遺跡』千曲川水系古代文化研究所。

安田喜憲　1980『環境考古学事始』NHKブックス。

山内清男・佐藤達夫　1962「縄紋土器の古さ」『科学読売』第14巻第13号、1-11頁（『東アジアの先史文化と日本』六興出版に再録）。

山内清男・佐藤達夫　1964「Ⅱ　無土器文化」『日本原始美術』1、137-140頁（『東アジアの先史文化と日本』六興出版に再録）。

山内清男・佐藤達夫　1966「青森県上北郡甲地村長者久保遺跡調査略報」『人類科学』第17集、61-67頁（『東アジアの先史文化と日本』六興出版に再録）。

山内清男・佐藤達夫　1967「下北の無土器文化―青森県上北郡東北町長者久保遺跡発掘報告―」九学会連合下北調査委員会編『下北―自然・文化・社会―』98-109頁、平凡社（『日本の先史文化』河出書房新社に再録）。

山折哲雄(監修)　1991『世界宗教大事典』1085-1086頁、平凡社。

レヴィ＝ストロース C.(大橋保夫訳)　1976『野生の思考』みすず書房。

渡辺　仁　1963「アイヌのナワバリとしてのサケの産卵区域」『民族学ノート』278-297頁、平凡社。

渡辺　仁　2001『縄文土偶と女神信仰―民族誌的情報の考古学への体系的援用に関する研究―』同成社。

Ashmore, W. and A. B. Knapp (eds.)　1999 *Archaeologies of Landscape: Contemporary Perspectives.* Blackwell: Oxford.

Childe, V. G.　1929 *The Danube in Prehistory.* Oxford University Press: Oxford.

Hodder, I. (ed.)　1982a *Symbolic and Structual Archaeology.* Cambridge University Press: Cambridge.

Hodder, I.　1982b Theoretical archaeology: a reactionary view. In Hodder 1982a, pp.1-16.

Hodder, I.　1986 *Reading the Past: Current Approaches to Interpretation in Archaeology.* Cambridge University Press: Cambridge.

Hodder, I.　1987 The contextual analysis of symbolic meanings. In *The Archaeology of Contextual Meanings*, edited by I. Hodder, pp.1-10. Cambridge University Press: Cambridge.

Jochim, M. A.　1998 *A Hunter-gatherer Landscape: Southwest Germany in the Late Paleolithic and Mesolithic.* Plenum: New York.

Knapp, A.B. and W.Ashmore 1999 Archaeological landscapes: constructed, conceptualized, ideational. In W. Ashmore and A. B. Knapp, 1999, pp.1-30.

Marshack, A. 1972 *The Roots of Civilization*. McGraw-Hill: New York.

Roberts, B.K. 1987 Landscape archaeology. In *Landscape and Culture: Geographical and Archaeological Perspectives*, edited by J.M.Wagstaff, pp.77-95. Blackwell: Oxford.

Shanks, M. and I. Hodder 1995 Processual, postprocessual and interpretive archaeology. In *Interpreting Archaeology :Finding Meaning in the Past*, edited by I. Hodder et al. 1995, pp.3-29. Routledge: London.

Street,M. et al. 2001 Final Paleolithic and Mesolithic research in reunified Germany. *Journal of World Prehistory* 15(4): 365-453.

Turner, V. 1967 Color classification in Ndembu ritual: a problem in primitive classification. In *The Forest of Symbols: Aspects of Ndembu Ritual*, pp.59-92. Cornell University Press: New York.

Whitley, D.S. 1998 New approaches to old problems: archaeology in search of an ever elusive past. In *Reader in Archaeological Theory: Post-Processual and Cognitive Approaches*, edited by D.S.Whitley, pp.1-28. Routledge: London.

あとがき

　私の考古学研究は1967年に始まった。この年本郷の考古学専攻課程に進学し、前年から非常勤講師として出講していた佐藤達夫先生に出会って、さっそく京王線沿線での「前期旧石器」探索行にごいっしょしたことを覚えている。先生の年譜を見てみると、1962年に大分県丹生遺跡の石器に関する論考を矢継ぎ早に出しておられた。その前後の年には青森県長者久保遺跡について同様に精力的に取り組んでおられたことが知られる。そして「ナイフ形石器の編年的一考察」は「東大闘争」最中の1969年に発表されていた。いずれのテーマについても各時点で直接話を伺ったわけではなかったが、大学院生として身近に接していた間に、何度となく話には聞いていた。このように記したのも、本著を書き終えて不思議な感慨にとらわれたからである。西アジアの新石器時代の研究に始まって、私自身の研究歴は紆余曲折を経たにもかかわらず、本著の目次を一瞥してわかるように、その章立はほとんど先生のテーマを踏襲したことになる。まさに「身に染みついていた」からであろう。

　先生が亡くなられた1976年前後あたりから、考古学の新しい発掘資料が質量ともに急激に増加し出した。私はもっぱらアジアの旧石器時代についての論文を書いていたが、北海道から九州まで新しい資料が出たと聞けば、勇んで見に出かけ、そして佐藤先生の枠組みで「ああでもない」、「こうでもない」と考え続けたが、論文にまとめるに至らなかった。1980年代半ばに私自身の「パラダイム転換」を経てようやく列島の旧石器に関する論文を書けるようになった。それらは同世代の研究者たちの考え方とは大きく異なるものであった。そして本著を執筆しているときに、突然展望がパッと開け、全体が見通せたように感じた。しかしそれは佐藤先生の考えとはまったく異なるものとなっている。その点を書き記した年賀状の返事に、角鹿キミさん（長者久保遺跡に関連した角鹿扇三氏のご子息麟一氏夫人）は、「（年月を経て考古学が進展した証拠だと）先生は喜んでいらっしゃいますよ」と書き送ってくださった。温かい心遣いに感謝を申し上げます。

　曲がりなりにも「パラダイム転換」を口にできるのは、渡辺仁先生と廣松渉先生の学恩に与ったからで、今は亡きお二人に感謝の気持ちを伝えたい。また、日本考古学協会の高松大会からの帰路、四国・中国地方の遺跡を見て回って以降、「（佐藤夫人とよりも）今月は安斎さんと一緒にいる時間のほうが多いですよ」といわれたくらいの頻度で、全国の石器をいっしょに見て回った佐藤宏之氏、そしてその時々に同行された竹尾進氏、長崎潤一氏、鈴木美保さん、西秋良宏氏、五十嵐彰氏、およびその際に石器見学の便宜を図り、遺跡を案内してくださった各地の多くの研究者の方々、「ボン・アート」「ルノアール」での石器研究会に参加してくれた人たちにもお礼の言葉を述べたい。本著は彼らとの有意な談論、楽しい思い出の賜物でもある。同志ともいうべき田村隆氏からは常に大きな刺激を受けてきた。その学恩も計り知れない。大沼克彦氏は石器製作技術の教師であるばかりでなく、「公開セミナー：考古学の新たな動向」の共同主催者としても得がたい友人である。そ

のほか本著に挙げた同世代の研究者以外にも、いちいちお名前はあげないが、多くの研究者の論文からも多くを学んだ。本著のテーマに直接関わる方の名前は引用文献で記しているが、触れ得なかった人も少なくない。この場を借りてお礼を申し上げたい。

　なお、本著は学位請求論文として早稲田大学に提出した論文に基づくものである。最後になったが、審査にあたられた菊地徹夫、高橋龍三郎、佐藤宏之のお三方にお礼を申し上げる。
　　2003年　誕生の日に

初出誌一覧

1986　「1985年の歴史学界、考古一」『史学雑誌』95編5号、11-16頁。
1986/87　「先史学の方法と理論 (1)～(4)」『旧石器考古学』32：1-10頁、33：1-16頁、34：1-15頁、35：1-16頁。
1988　「斜軸尖頭器石器群からナイフ形石器群への移行―前・中期／後期旧石器時代過渡期の研究―」『先史考古学研究』第1号、1-48頁。
1990　「石器は人 (individuals) を語れるか」『先史考古学研究』第3号、35-44頁。
1990　「1989年の歴史学界、考古一」『史学雑誌』99編5号、11-17頁。
1991　「日本旧石器時代構造変動試論」『早坂平遺跡―原石産地遺跡の研究―』103-124頁。
1991　「斜軸尖頭器石器群の進展―日本旧石器時代構造変動論 (1)―」『先史考古学論集』第1集、1-23頁。
1991　「ナイフ形石器群の発生―日本旧石器時代構造変動論 (2)―」『東京大学文学部考古学研究室研究紀要』第10号、103-127頁。
1994　「縄紋文化の発現―日本旧石器時代構造変動論 (3)―」『先史考古学論集』第3集、43-82頁。
1995　「旧石器時代研究のパラダイム―第二期の検討―」『旧石器考古学』51、1-10頁。
1996　「考古学における構造変動論」『古代』第102号、1-14頁。
1997　「台形様・ナイフ形石器石器群 (1)」『先史考古学論集』第6集、79-115頁。
1999　「狩猟採集民の象徴的空間―神子柴遺跡とその石器群―」『長野県考古学会誌』89、1-20頁。
2000　「台形様・ナイフ形石器石器群 (2)―構造変動研究法の階層的秩序―」『先史考古学論集』第9集、1-28頁。
2000　「台形様石器と台形石器―台形様・ナイフ形石器石器群 (3)―」『九州旧石器』第4号、53-70頁。
2001　「長野県神子柴遺跡の象徴性―方法としての景観考古学と象徴考古学―」『先史考古学論集』第10集、51-72頁。
2002　「『神子柴・長者久保文化』の大陸渡来説批判―伝播系統論から形成過程論へ―」『物質文化』72、1-20頁。
2002　「後期旧石器時代開始期前後の石器群」『考古学ジャーナル』No.495、4-5頁。

主要遺跡索引

あ 行

足高尾上遺跡群　90, 93, 96
天引狐崎遺跡　136
天引向原遺跡　136
荒屋遺跡　81, 221, 236, 239
家の下遺跡　178
石川1遺跡　215, 279, 281
石子原遺跡　20, 45, 46, 63, 69, 84
石飛（分校）遺跡　75, 158, 160
石の本遺跡　160, 161
磯山遺跡　74, 90, 170
板井寺ケ谷遺跡　78, 155, 181, 185
市ノ久保遺跡　14, 81, 270, 273
岩宿遺跡　170
岩戸遺跡　6, 9, 19, 160
上ノ原遺跡　14, 145, 151, 242
上場遺跡　75, 155, 158, 160, 187, 188
後田遺跡　74, 75, 88, 89, 90, 108, 113, 129, 170, 171, 173
後野遺跡　81, 232, 236, 280
後牟田遺跡　14, 69, 160, 161
越中山遺跡群　10, 78, 80, 204, 273
大平山元Ⅰ遺跡　81, 221, 224, 236, 247, 280
大平山元Ⅱ遺跡　80, 221, 224, 230, 239, 280
大平山元Ⅲ遺跡　221
大渡Ⅱ遺跡　180, 226
置戸安住遺跡　210, 279
帯広空港南A遺跡　75, 139, 140
男女倉遺跡群　195, 196, 199, 221
御山遺跡　171, 173
恩原遺跡　14, 81, 155

か 行

加生沢遺跡　5, 68, 68
角二山遺跡　10, 219
風無台Ⅰ遺跡　75, 140, 141, 143
風無台Ⅱ遺跡　3, 5, 75, 140, 141, 143
柏台1遺跡　140, 208, 215, 219, 281
春日・七日市遺跡　155
勝坂遺跡　14, 80, 244
勝保沢中ノ山遺跡　19, 88, 89, 113
金取遺跡　69, 83
上萩森遺跡　46, 75, 140, 141, 170
唐沢B遺跡　261, 284, 296, 299

貫ノ木遺跡　145, 151
桔梗2遺跡　75, 139, 140
北山遺跡　33, 88, 89
岐阜第2遺跡　75, 139, 140
共栄3遺跡　139, 140
小出Ⅰ遺跡　140, 180
古城遺跡　33, 88, 89
小瀬ヶ沢洞穴遺跡　226, 261
此掛沢Ⅱ遺跡　7, 75, 141, 178, 180
権現山遺跡　65, 69, 83, 185

さ 行

相模野台地遺跡群　9, 80, 244
笹原山A遺跡　141, 143
笹原山No.8遺跡　141, 143, 149
三和工業団地Ⅰ遺跡　33, 129
嶋木遺跡　75, 139, 140
清水柳北遺跡　102, 105, 108, 113
下九沢山谷遺跡　79, 196
下里本邑遺跡　74, 90
下堤G遺跡　141, 178
下触牛伏遺跡　33, 74, 88, 89, 90, 93, 129, 136, 202
下茂内遺跡　277
祝梅（三角山）遺跡　75, 80, 139, 140, 215, 218, 273, 280, 281
正面ケ原D遺跡　145
正面中島遺跡　230
白倉下原遺跡　136
白草遺跡　81, 239, 244
新道4遺跡　15, 217, 279, 281
鈴木遺跡　14, 19, 21, 63, 64, 65, 76, 80, 90, 170
砂川遺跡　9, 10, 13, 16, 32
善上遺跡　74, 88, 89, 170

た 行

大関遺跡　281
高井戸東遺跡　11, 63, 74, 90
武井遺跡　88, 89, 202
立が鼻遺跡　17, 145, 149, 259
立川遺跡群　210, 211, 259
立切遺跡　155, 160
狸谷遺跡　20, 78, 160, 185, 189, 193
樽口遺跡　205, 226, 273
茶園遺跡　268, 270
長者久保遺跡　82, 236, 256, 259, 261, 272, 274,

279, 280
帖地遺跡　160, 268, 270, 273
月見野上野遺跡第1地点　14, 80, 200, 244, 249
綴子遺跡　264, 266, 276
寺尾遺跡　14, 76, 80, 90, 170, 244

な 行

中ッ原遺跡　242
長原遺跡　185
長堀北遺跡　14, 80, 242
中見代第Ⅰ遺跡　93, 96, 102, 105
中見代第Ⅱ遺跡　93, 105, 108
中見代第Ⅲ遺跡　108
仲町遺跡　145, 149
中山新田Ⅰ遺跡　74, 76, 89, 90, 121, 129
中山谷遺跡　6, 69, 74, 90
鳴鹿山鹿遺跡　264, 266, 276
七曲台遺跡群　74, 143, 145, 178
西大曲遺跡　113
西ガガラ遺跡　155
西洞遺跡　93, 105, 108, 113
西之台B遺跡　11, 63
丹生遺跡　5, 19, 65
額田大宮遺跡　81, 230, 236
野川遺跡　9, 63, 217
野原遺跡群早風A地点　155

は 行

初音ヶ原遺跡群　19, 113
八風山Ⅱ遺跡　134
早坂平遺跡　224
東林跡遺跡　113, 170, 171
東峰御幸畑西（空港No.61）遺跡　121, 127
日ノ岳遺跡　18, 188
百花台遺跡　75, 78, 79, 81, 158, 188
百花台D遺跡　188, 189, 189
日向林遺跡　145, 149, 151
平林遺跡（福島県）　20, 45, 46, 69, 84, 140, 141

平林遺跡（山形県）　205
美利河1遺跡　80, 211, 215, 279, 281
福井洞穴遺跡　63, 69, 81, 158, 188, 193, 255, 273
不二山遺跡　65, 69
船塚遺跡　19, 79, 189
船野遺跡　13, 81
分郷八崎遺跡　33, 74, 75, 88, 89, 170
平代坂遺跡　11, 63
星野遺跡　5, 10, 21, 68, 69

ま 行

前田耕地遺跡　249, 277
曲野遺跡　75, 160, 185, 189
真人原遺跡　17, 202
桝形遺跡　81, 221, 236
松木台Ⅱ遺跡　5, 75, 140, 141, 143
松木台Ⅲ遺跡　140, 141, 143
丸子山遺跡　140, 273
神子柴遺跡　82, 196, 217, 221, 255, 256, 259, 260, 261, 264, 265, 266, 267, 268, 272, 273, 276, 277, 279, 284, 286, 294, 295, 296, 299, 301
耳切遺跡　160, 162, 165
武蔵台遺跡　35, 48, 74, 90, 93, 121
牟礼越遺跡　14, 36, 37, 160, 162
メボシ川2遺跡　140, 218, 273
モサンル遺跡　210, 259, 273, 279

や 行

藪塚遺跡　88, 89
湯の里4遺跡　5, 77, 79, 211, 215, 219, 279, 281
弓張平B遺跡　10, 79
横倉遺跡　196, 264, 266, 276, 277, 296
吉岡遺跡群　37, 117, 121, 284
米ヶ森遺跡　46, 141

わ 行

和賀仙人遺跡　79
和田遺跡　33, 74, 88, 89

旧石器社会の構造変動

■著者略歴

安斎　正人（あんざい　まさひと）
1945年　中国（東北地方・海城）に生まれる
1970年　東京大学文学部考古学科卒業
1975年　東京大学大学院人文科学研究科博士課程退学
現　在　東京大学大学院人文社会系研究科助手
主要著書・論文　『無文字社会の考古学』（六興出版）、『理論考古学』（柏書房）、『現代考古学』（同成社）、「〈神子柴・長者久保文化〉の大陸渡来説批判」（『物質文化』72）、「北方狩猟民の社会」（『縄文社会論』下）、「石器から見た人の行動的進化」『考古学Ⅰ』）ほか

2003年10月25日発行

著　者　安斎正人
発行者　山脇洋亮
印　刷　㈱深高社
　　　　モリモト印刷㈱

発行所　東京都千代田区飯田橋4-4-8 東京中央ビル内　㈱同成社
　　　　TEL 03-3239-1467　振替 00140-0-20618

ⓒAnzai Masahito 2003. Printed in Japan
ISBN4-88621-276-X C3021